日本怪異幽霊事典

怪異妖怪愛好家・作家
朝里樹

はじめに

人間が死んだ後、その人間はどうなるのか。この疑問は、時代や地域を問わず、人間が疑問に思い、答えを求め続けてきた問いです。もちろん、その解答はこの令和の時代になってもまだ明確になってはおりませんが、人々は宗教や伝承、物語などの中で、死後の人間を語り、描いてきました。

そしてこの事典は、この日本において人々がどのように人の死のその先を記録し、創作してきたかといった事例を集めた事典です。

本書のタイトルは『日本怪異幽霊事典』ですが、収集対象としているのは「幽霊」と呼ばれるものに限らず、「人間が死後、何らかの形で存在を示したもの」全般です。

霊魂が姿を見せたもの、死体が動き出したもの、夢の中に死者が現れたもの、死者が火の玉や人魂となって出現したもの、動物等に転生したもの、地獄や餓鬼道など死後の世界に現れたもの、産女《うぶめ》や舟幽霊など死者が妖怪となったもの、音や声が聞こえる・物を動かすなど、姿は見えないものの、死者が現象を発生させたと考えられるもの、死者にまつわる俗信など、包括的に扱います。ただし、例外的に死霊と関連が深い「生霊」も扱います。

収集の範囲も実際に出現した事例として語られているもの、物語の中で創作されたもの、絵画や映像などで視覚的に表現されたものなど、伝承・創作を問わず広く収集しています。

また、時代ごとの人々の死者に対する考え方や表現方法の変遷を追うため、項目はそれぞれ出典資料が成立した時代ごとに古代（奈良～平安時代）、中世（鎌倉～安土桃山時代）、近世（江戸時代）、近代（明治～昭和前期）、現代（昭和後期～令和）に分けて収録しています。また、項目中で使用する「死者を表す言葉」は基本的に出典資料に記されている語をそのまま使います。例えば「霊」と記されている場合は「霊」、「死霊」と記されている場合は「死霊」、「鬼」と書かれている場合は「鬼」とします。そのため、たとえば怨みを持って現れた霊が登場した場合でも、こちらの判断で「怨霊」とは表記せず、出典資料に出てくる語のみを使います。これにより、各時代の死者の捉え方を考える際の一助となれば幸いです。

さて、長くなってしまいましたが、次のページからはいよいよこの事典の本編が始まります。古代から現代にかけての生者と死者の関係を垣間見るきっかけとなれば、幸いです。

目次

日本怪異幽霊事典

凡例

一、本書は、日本の伝承、伝説、創作等において、人間が死後、なんらかの形でその存在を示したものを収集対象としている。ただし、死者の霊と類似した働きをする「生霊」についても例外的に収集している。

一、出典資料は項目ごとに記載する。書籍、映画の名称は『　』を、論文やＷＥＢサイトの名称は「　」を用いて記載している。掲載の順番については特に意味を持たせていない。

一、各項目は、初出と思われる資料が発表された時代に合わせて古代、中世、近世、近代、現代に振り分け、掲載している。なお、あくまで筆者が確認した中で初出と思われる時代としているため、項目によっては初出の時代がより遡《さかのぼ》る可能性がある。

一、ＷＥＢサイトを出典とする項目の場合、2ちゃんねる（現・5ちゃんねる）といった電子掲示板の場合、怪談を掲示板上に書き込んだ人物を表す表記として「報告者」という言葉を、閲覧者が怪談を投稿する形のＷＥＢサイトにおいて、投稿した人物を表す表記として「投稿者」をそれぞれ使用している。

一、文中に登場する名称について、事典内に別に独立した項目が存在する場合も一部を除き、太字を用いている。

一、項目中における「霊」「幽霊」「怨霊」「御霊」「死霊」「物の気」「物の怪」「邪気」など死者を表す言葉については、出典資料における表現をそのまま使用する。これは時代や資料によって語句の使い方が異なるため、別の言葉で言い換えることで各時代、資料における用法が不明とならないようにするためである。またこれらの語句については各項目中で頻出するため、読みやすさの観点から基本的に太字としていない。

一、項目名については、出典資料中に固有の名称がある場合はその名称を使用し、ない場合は出典資料中で使用されている言葉を用いて項目名を作成している。

一、出典資料中で旧字体となっている文言については、読みやすさの観点から新字体に直している。

古代

（奈良～平安時代）

【あ】

悪霊［あくりょう］

主に生きている人間に対し害をなす死者を指す言葉。怨霊に近いが、こちらは怨恨の有無にかかわらず人に危害を加える死者も指すため、範囲が広い。

古代において恨みから死後に他人を攻撃した例としては、**藤原朝成**《ふじわらのあさひら》、**藤原広嗣**、「悪霊左府」と呼ばれた**藤原顕光**などがある。

また、平安末期の説話集『今昔物語集』は悪霊の使用例が幅広く、現在の感覚に近いものとしては巻一六第二二「唖女、石山観音の助けに依《よ》り言語を得る語」では、女性に取り憑《つ》いて言葉を発せなくさせていた霊が悪霊と呼ばれている（**女に憑き、口を塞《ふさ》いだ悪霊**を参照）。

また、生前の悪業により悪道に堕ちた僧侶の霊を「悪霊」と呼んでいるものも見られ、これは巻一三第四四「定法寺の別当法花を説くを聞きて益を得る語」および巻一九第一九「東大寺の僧、山に於いて死にし僧と値《あ》ふ語」にて確認できる（**定法寺の別当の悪霊**、**東大寺の死にし僧**を参照）。

どちらも生前欲望に耽《ふけ》ったり、怠けたりしてきちんと仏法を修めなかった僧侶の死後が描かれる。前者は悪道に堕ちた僧侶が大蛇に転生し、その霊が生前の妻に憑いて自身が責め苦を受けていることを告げ、供養してほしいと願う話で、生きている人間には害を加えず、またその気配も見せないが、悪霊と呼ばれる。後者は死んだ僧侶と生前知り合いだった東大寺の僧侶が奥山の中でこの死んだ僧侶を見ただけで「悪霊になったのか」と考える様子が描かれており、こちらも生者に危害を加える描写はない。

今のところこの用例は『今昔物語集』にしか見られないため、同書の編者独自の使い方の可能性もあるが、今後、類例がないか注視していきたい。なお、繁田信一著『呪いの都　平安京』は「苦しむ悪霊」として地獄の責め苦を受けている霊がその責め苦を訴えるために現世に現れ、人々を苦しめる例があったことを記している。『今昔物語集』における悪霊はこの「苦しむ悪霊」から人を苦しめる部分が抜け落ち、地獄や地獄に準じる責め苦を訴えるという部分と「悪霊」の名称が残った可能性がある。

この他に『今昔物語集』には巻二四第二〇「人の妻悪霊と成り、其《そ》の害を除きし陰陽師の語」という話があるが、ここでは死体が動き、生前の夫を襲うものが悪霊と呼ばれている（**人の妻の悪霊**を参照）。

中世では『平家物語』『太平記』などの軍記物語に他者を祟る霊が悪霊と記されているのが見え、近世でも怨霊と同じく復讐《ふくしゅう》のために人に害をなす死者に悪霊という語がよく使われている。

近代以降は無差別に人に害をなす存在を悪霊とする例が多く、怨霊に比べるとその攻撃に正当性がないものが悪霊と呼ばれやすいようだ。

敦康親王［あつやすしんのう］

敦康親王は平安時代中期の皇子で、一条天皇と藤原定子の子。二〇歳の若さで寛仁三年（一〇一九）に亡くなっているが、平安中期に記された藤原実資《ふじわらのさねすけ》の日記『小右記』の寛仁四年（一〇二〇）一〇月二日の条には敦康親王の霊が現れたとの記述がある。それによれば、後一条天皇の病が断続的に発生し、その原因が物の気であると考えられていた。そこで願立てをしたところ、故式部卿親王の霊が現れた、とある。この故式部卿親王が敦康親王のことを指す。

敦成《あつひら》親王（後の後一条天皇）は藤原彰子と一条天皇の子であり、本来であれば敦康親王が皇太子となると考えられていたが、彰子の父である**藤原道長**の意向により、敦成親王が四歳で皇太子となっている。敦康親王は彼に思うところがあったのか、それとも世間の人々が二人の間に確執を見出し、後一条天皇の物の気は敦康親王の霊のためだと考えたのか、それは今となっては不明である。

穴君の弟公［あなぎみのおとぎみ］

髑髏《どくろ》が霊の姿を現したもの。平安初期の説話集『日本霊異記』巻下第二七「髑髏の目の穴の笋《たかんな》を掲《ぬ》き脱《はな》ちて、以て祈《ねが》ひて霊《くす》しき表《しるし》を示し縁」に記される。

光仁天皇の時代、宝亀九年（七七八）一二月のこと。備後国葦田郡《びんごのくにあしだぐん》（現・広島県府中市の辺り）大山の里の品知牧人《ほむちのまきひと》が正月用の物品を買おうと深津郡（現・同県福山市の辺り）の市場に向かっている途中、日が暮れたため竹藪《たけやぶ》で夜を明かそうとしていると、どこからか「目が痛い」という声が聞こえてきた。

そこで明るくなってからその主を探すと、一つの髑髏の目の穴に筍《たけのこ》が生えていた。そのため筍を抜き、髑髏を解放してから干し飯を供えて「私に幸福を与えてください」と祈り、その場を後にした。

すると市場では自分の思う通りの品物が安く買えた。あの髑髏が恩を返してくれたのだろうかと思いながら帰っていると、同じ竹藪であの髑髏が人の姿になって現れ、彼に話しかけてきた。

それによれば、髑髏は葦田郡屋穴国《やなくに》の郷の穴君の弟公という人物で、盗賊である伯父の秋丸に殺された。しかし牧人のおかげで苦しみから救われたから恩返しがしたいので、今月晦日《みそか》の夕べに自分の家に来てほしいとのことだった。

そこで牧人がその通りにすると、弟公の霊が牧人の手を取って家の中を案内し、さまざまな供え物の中のご馳走を食べさせ、残った食べ物と供え物とされていた品物も分けてくれた。それからしばらくしてその霊は消えた。

その直後、弟公の父母が彼の霊を弔おうと部屋に入ってきた。彼らは牧人を見て驚いた様子だったため、牧人が事情を話すと、父親が秋丸を捕らえて問いただした。すると秋丸は弟公を殺したことを白状し、これにより、牧人は弟公の父母からさらなるもてなしを受けたという。

この話では生前と同じ姿で現れた死者を「霊」と呼んでいる。また牧人の手を取っていることから、物理的に触れられる存在として認識されていたことも分かる。その一方、自由に現れたり消えたりするなど、生者とは異なる様相も見せている。

これに類似した話は『日本霊異記』にもうひとつある。詳細は**人や獣に踏まれた髑髏の死霊**を参照。

阿倍仲麻呂［あべのなかまろ］

死者が鬼となったもの。阿倍仲麻呂は奈良時代の遣唐使。大和国（奈良県）の出身で、養老元年（七一七）、遣唐使として唐の長安に渡る。その後唐で科挙を通過し、第六代皇帝の玄宗に仕えた。また李白等の文人と交流した記録も残る。その後帰国を願うも、船が遭難し、ついに戻れず唐に残り、そこで没した。

平安後期に大江匡房《おおえのまさふさ》によって記された説話集『江談抄』巻三第一「吉備入唐の間の事」には、鬼の姿となった仲麻呂が同じく遣唐使である吉備真備と出会う話がある。

真備は唐に渡ってから才覚を発揮し、あらゆる分野で活躍したため、唐の一部の人間たちから嫉妬され、ある楼に幽閉された。その楼は人が入れば生きて出てくることが稀《まれ》であるとされる鬼が棲む場所で、唐の者たちは真備をその鬼に殺させようという魂胆だった。

深夜になると、風が吹いて雨が降り、鬼がやって来たため、真備は姿を隠す術を使い、鬼の目から逃れて「私は日本国王の使いである。王の使いである私に手出しはできぬであろう。お前は何者であるか」と問いかけた。すると鬼は「喜ばしきことです。私も日本国の遣唐使です。あなたの話をお聞きしたい」と言った。

真備が「それならば、鬼の姿ではなく人の姿でこちらへ来なさい」と告げると、鬼は衣冠を身に着けた姿で彼の前に現れた。鬼が言う。

「我が子孫の阿倍氏はどうなったか、そのことを聞こうと思うのに、今は叶わぬこととなっております。私はこの楼に閉じ込められ、食物も与えられず飢え死に、鬼となりました。この楼に登る人を害する心は持っていないのですが、知らずのうちに害を与えてしまいます。このように日本のことを尋ねようと思うのに、その前に死んでしまうのです。あなたに会えたのは喜ばしきこと。私の子孫はどうなりましたか」

真備がこれに答えると、仲麻呂は大いに感じ入って「こんなに嬉しいことはない。この恩として、あなたに唐のことをすべてお話ししましょう」と言う。真備もまた大いに感激し、「まことにありがたい」と言い、語り合った後、朝になって仲麻呂は帰って行った。

飛行自在の術を持ち、狭い隙間をも潜り抜けることができた仲麻呂は、その後も数ヶ月にわたり真備を助けた。真備に食事が与えられなくなった時は外部から食物を運び、真備に無理難題が課された際にはその答えや助言を与えた。結界により自分が真備に干渉できないようにされそうになった際には、それを真備に伝えた。真備はそれを聞き、仲麻呂に一〇〇年を経た双六《すごろく》の筒、さいころを求め、仲麻呂はそれに応えた。そうして得たさいころに真備が筒を被せると、唐の空に太陽も月も昇らなくなり、唐の人々は大いに狼狽《ろうばい》した。真備は空に太陽と月を戻すことを条件として、日本に戻ることができたという。

この話は『吉備大臣入唐絵巻』という絵巻でも残されており、ここでは阿倍仲麻呂は赤鬼として描かれている。また、この物語は後に安倍晴明や九尾の狐こと玉藻前《たまものまえ》の伝説にも取り入れられている。

生霊 ［いきりょう］

「いきすだま」と読まれる場合もある。その名の通り生きた人間の霊魂のことで、日本では古代からこれが体から遊離して人に祟ったり、執着する人間のもとを訪れると考えられた。死者が存在を表すものではないが、死者の霊と類似した行いをすることから、例外的に本書でも取り扱う。

奈良時代に編纂《へんさん》された和歌集『万葉集』には、すでに生きた人間の魂が体を離れ、夢を通して恋しい人間のもとを訪れる、という歌がいくつか収録されているが、生霊とは呼ばれていない。

平安時代にはこの言葉が広まっていたようで、平安中期の辞書『倭名類聚抄《わみょうるいじゅうしょう》』は「窮鬼」と書いて「伊岐須太萬《いきすだま》のこと」としている。清少納言の『枕草子』にも「名おそろしき物」と書かれた一連のものの中で、「名よりも見るのが恐ろしい」として「いきすだま」が挙げられている。創作としては紫式部の『源氏物語』でも**六条御息所**《ろくじょうのみやすどころ》の生霊が葵上《あおいのうえ》を苦しめ、ついには死に至らしめる。また説話集においても平安末期の『今昔物語集』に生霊が人を殺害する話がある（**近江国の生霊**を参照）。

一方、貴族の日記など史料性の高い文献には生霊の記録は出てこない。これについて、繁田信一著『呪いの都 平安京』では、古記録や史書など信頼性の高い史料には生霊に関する記述は皆無であることから、平安貴族の間では実在視されていなかったという説を記している。またその元になったものとして「悪念」があり、他人に対する強い悪意が災厄を起こすものとして考えられていた、とも述べている。

中世以降も生霊が出現したという話は多く、生霊の祟りから逃れるための習俗が伝わっていたり、実際に生霊と遭遇した人間の記録が残されていたりする。現代においても怪談本などに実体験としての生霊の話が載ることは定番のため、平安貴族よりもそれ以降の人々の方が生霊の実在を信じているのかもしれない。

伊邪那美命 ［いざなみのみこと］

記紀神話に見られる女神。奈良時代の歴

史書『古事記』上巻によれば、天地開闢《かいびゃく》において神世七代の最後に生まれた神とされ、兄である伊耶那岐《いざなぎ》と夫婦になり、日本列島をはじめとした数々の島々や数多《あまた》の神々を産んだ。しかし迦具土神《かぐつちのかみ》を産んだ際に火傷を負い、死亡。その後、亡骸は比婆山（広島県庄原市または島根県安来市）に葬られる。しかし夫である伊耶那岐は彼女を忘れることができず、生きたまま黄泉国《よみのくに》へと伊邪那美を追って現れる。

　しかしそこで伊耶那岐は、決して姿を見ないでほしいという伊邪那美との約束を破り、死後の彼女を見てしまう。そこにあったのは腐敗した体に蛆《うじ》が湧き、全身に八柱の雷神を纏《まと》った恐ろしい姿であった。その醜い姿を見られたことに怒りを覚えた伊邪那美が、逃げる伊耶那岐を己の配下の怪物たちに追わせ、また自らも追うも最後には黄泉の出入り口を塞《ふさ》がれ、伊耶那岐に対して「あなたの国の民を一五〇〇殺そう」という呪詛《じゅそ》の言葉を吐き、離縁が行われたと伝えられている。

「伊邪那美命」の表記は『古事記』によるもので、『日本書紀』では「伊弉冉尊」と表記される。人間ではなく神が死後に現れた例だが、日本の記録上初めて生者と死者が相まみえたものであるため、例外的に掲載する。

縊死鬼［いしき］

平安時代、安倍晴明が撰したとされる陰陽道の書物『占事略決』に病の原因として挙げられる霊鬼のひとつ。首を吊って死んだ人間の霊鬼。近代の**縊鬼**《いき》も参照。

井戸の霊［いどのりょう］

死後も物に執着した霊の話。平安後期の説話集『今昔物語集』巻二七第二七「白井君銀の提《ひさげ》井に入りて取らるる語」にあるもの。

　それによれば、昔、白井の君と呼ばれる人がおり、彼が井戸を掘っていた時、何か金属を叩いたような音がしたため、近づいて見てみると銀でできた椀《わん》があった。白井の君はそれに別の銀などを混ぜて、提に作り変えて使うこととした。

　ある時、備後守の藤原良貞の娘たちが下女を連れて白井の君の僧房を訪れた。その折、下女のひとりが先ほどの銀の提を借りて井戸に行き、水汲みをしていた際、誤って提を井戸の中に落としてしまった。

　白井の君もその様子を見ていたため、人を呼んでそれを探させたところ、いっこうに見つからない。最終的には水を全部汲み出したが、それでも見当たらなかった。

　そのため、人々はあの銀の椀の元の持ち主が霊となって取り返してしまったのだろうと噂《うわさ》したという。

　霊が井戸に出現しているものとしては最古の例となり、ある意味**お菊**（近世）や**山村貞子**（現代）の大先輩ともいえる存在だ。

犬になった病人

［いぬになったびょうにん］

死者が犬に生まれ変わり、復讐《ふくしゅう》を果たしたもの。平安初期の説話集『日本霊異記』巻下の第二「生物《いきもの》を殺して怨《あた》を結び、狐と狗《いぬ》とに作《な》って互に相報ひし縁」にあるもの。それによれば、永興禅師という僧が紀伊国牟婁《むろ》郡熊野村（現・和歌山県田辺市熊野）で修行をしていた時、村にひとりの病人がおり、禅師のいる寺に連れてこられ、祈禱《きとう》を頼まれていた。

そのため、永興禅師は彼の病を見て祈禱したが、その祈禱の間は病が治り、終わると再発するということが何日も続いた。それでも永興禅師が祈禱を続けていると、病人に狐が憑《つ》き、「私は狐である。簡単には参らない。無理に祈禱するな」と言う。

その理由を永興禅師が問うと、狐は「この病人は前世で私を殺したので、その恨みを晴らしているのだ。しかし、この人が死ねば今度は犬に生まれて私を殺すだろう」と告げた。

禅師はこれを聞いて不思議に思い、狐を教え導いたが、狐は聞かず、病人はついに死亡した。その一年後、その病人が伏していた部屋に永興禅師の弟子が寝ていたが、ある時、人が犬を連れてやって来た。その犬は突然吠えて走り出そうとしたため、永興禅師が犬の飼い主にその犬を放してやりなさいと言うと、犬は伏していた弟子の部屋に入り、狐を引き摺《ず》り出し、そのまま噛《か》み殺してしまった。それで、死んだ人が犬に生まれ変わり、恨みを晴らしたのだと分かったという。

井上内親王

［いのえないしんのう］

死後、怨魂として語られた皇后。井上内親王は奈良時代の聖武天皇の皇女であり、後に光仁天皇の后となった。しかし宝亀三年（七七二）、光仁天皇を呪ったという罪で廃后となり、子の他戸《おさべ》親王も廃太子とされ、山部親王（後の桓武天皇）が立太子された。さらに翌年には光仁天皇の姉、難波内親王を呪詛《じゅそ》した疑いを掛けられ、幽閉された後、宝亀六年（七七五）に他戸親王と同日に没する。

この呪詛については冤罪《えんざい》で、山部親王の立太子をもくろむ藤原良継や藤原百川《ふじわらのももかわ》らの陰謀であったという説もある。そのためか『日本後紀』の延暦二四年（八〇五）の条においては、二月六日、宮中で僧一五〇人に大般若経を読経させたこと、霊安寺に倉を一棟建て、稲三〇束を納め、神霊の怨魂を慰撫するために調綿一五〇斤、庸綿一五〇斤を納めたことが記されているが、この慰撫の対象となった神霊が井上内親王と他戸親王であると考えられている。なお、日本の文献上初めて「怨霊」という言葉が使われているのがこの『日本後紀』の延暦二四年の四月の条であるため、この井上内親王らを示していると思われる「怨魂」という言葉は「怨霊」よりも先に登場していることになる。

また、鎌倉時代に記された『水鏡』の光

仁天皇の条には、死後の井上内親王の様子が以下のように記されている。

　幽閉されて命を終えた井上内親王は、その身を龍に変化させた。そして宝亀七年（七七六）九月には平城京にて空から土塊や瓦、石などが二〇日間にわたって降り注ぐ怪事が起き、翌年の冬には雨が降らず、井戸の水が絶え、宇治川の水が涸《か》れ果てるなどのことが起きた。また、光仁天皇とその皇太子である山部親王、また廃后の黒幕ともいわれている藤原百川の夢の中に、同時に数百の甲冑《かっちゅう》を纏《まと》った者が現れ、百川の命を取ろうとした。これらは井上内親王と他戸親王の霊の仕業《しわざ》であるとされ、二人の鎮魂のため、全国の国分寺にて金剛般若経が転読されたという。

　しかしそれでも井上内親王の恨みは収まらなかったらしく、その三年後の宝亀一〇年（七七九）、ある巫女《みこ》が百川に固く物忌みをしろと告げた日のこと。百川はその言いつけを守ったが、彼が懇意にしていた泰隆という僧が夢で井上内親王を殺した罪により百川が首を斬られる光景を見て、彼にそれを告げに行った。しかし百川は物忌み中であると来客を拒み、その夜、突然死してしまったという。

伊予親王［いよしんのう］

　平安時代に御霊として祀《まつ》られた人物。大同二年（八〇七）母、**藤原吉子**《ふじわらのよしこ》の兄である藤原雄友《ふじわらのおとも》が伊予親王に謀反《むほん》の疑いがあるとして藤原内麿《ふじわらのうちまろ》に報告。これにより吉子、伊予親王母子は大和国の川原寺（奈良県高市郡か）に幽閉されるが、二人とも毒を飲んで自害した（伊予親王の変）。しかし、実は伊予親王に謀反の企てはなく皇位継承が絡んだ疑獄事件であった。

　このためか、貞観五年（八六三）神泉苑（京都府京都市中京区）における御霊会では疫病が頻発した原因のひとつにこの伊予親王の無念の死があったとされ、母の藤原吉子や**早良《さわら》親王**らとともに御霊として慰撫の対象とされたことが『日本三代実録』に記されている。

牛を借りた佐大夫の霊［うしをかりたさだゆうのりょう］

　夢に霊が現れたもの。平安後期の説話集『今昔物語集』巻二七第二六「河内の禅師の牛霊の為に借らるる語」にある。それによれば、播磨守の佐伯の公行という人がおり、その子は佐大夫なにがしと呼ばれた。この佐大夫は阿波守である藤原定成の朝臣とともに阿波（徳島県）に下った際、その舟から父とともに海に入って死んでしまった。

　その佐大夫の知り合いであった河内禅師は黄斑《あめまだら》の牛を所持していたが、この牛は非常に力が強く、樋集《ひづめ》の橋という橋で引いている牛車が橋の上から落ちても、牛自身は橋の上に踏み留まっているほどだった。ある時その牛が河内禅師のもとから忽然《こつぜん》と消え失せ、河内禅師はこれは何事かと狼狽《ろうばい》して探し回ったが、けっきょく見つけることはできず、寝込んでしまった。

　そんな河内禅師の夢に佐大夫が現れ、河

内禅師は夢の中で怖いと思ったが、「海に落ちて死んだと聞いている人がどうしてここにいるのか」と問うと、佐大夫は「私は死んだあと、この丑寅《うしとら》の角にいますが、日に一度、樋集の橋に行って苦を受けているのです。そして私の罪が深いため、この身も極めて重くなり、とうてい乗り物には乗れません。しかし歩いて行くと大変苦しいので、この黄の斑の牛を借りました。この牛は力が強く、乗ることができるので、しばらく借りて乗っております。しかし、あなたが探し求めているので、今から五日間お借りし、六日目の巳《み》の時（午前一〇時頃）ばかりにお返しします。無理に求めて騒ぐのはおやめください」と言った。河内禅師はそこで目が覚め、「こんな不思議な夢を見た」と人に語り、牛を探すのをやめた。

　それから六日後、本当に巳の時になると牛がいずこからか歩いて帰ってきた。牛は大変な仕事をしたような様子であったという。

　あの樋集の橋で車が落ちたのに牛が堪《こら》えて橋の上に留まった時、佐大夫の霊が、それを見て「力の強い牛だ」と感じ、借りて乗って行ったのだということだ。

産女［うぶめ］

女性の死者が現れたもの。産女はよく知られた妖怪のひとつだが、歴史上初めて記録されたのは平安後期の説話集『今昔物語集』だとされ、巻二七第四三「頼光の郎等平季武《たいらのすえたけ》産女に値《あ》ふ語」に産女が登場する。

　昔、源頼光が美濃守であった頃、武士が部屋に集まり、物語をすることがあった。そこで「この国の渡というところに産女がいて、夜になって川を渡ろうとすると泣いている赤子を差し出して、この子を抱いてくださいと言うそうだ」という話が出た。武士たちの中のひとりが「誰か今すぐにその場所に行ってみる者はいないか」と言うと、頼光の郎等のひとりである平季武が「私が行こう」と申し出た。集まった武士たちは絶対に渡ることなどできないなどと言うため、その者たちと渡れるかどうかの賭けをして、実際に出かけて行った。

　季武はその川に至った後、川を渡った証拠として向こう岸に矢を突き刺し、引き返そうとした。すると女の声で「この子を抱いてください」と言う者があり、赤子の鳴き声が響いた。直後、生臭いにおいが漂い始め、子を抱いた女が現れた。

　季武はひとつも怯《ひる》まず、「では抱いてやろう」と言ったので、女は子を渡したが、季武はそのまま子を抱いてその場を去ろうとした。すると女の方が焦った様子で「その子を返してください」と言う。季武は「返してやるものか」と告げて岸へと戻ってしまった。

　そしてそのまま武士たちの待つ部屋へと戻ったが、赤子はいつの間にか木の葉に変じていた。しかし季武が本当に川を渡ったのか、こっそりついてきて一部始終を見ていた者が三人いたため、その様子を詳しく話して聞かせた。そこで季武が本当に川を渡ったことが知れ、皆が彼を誉めそやした。

この産女は狐が化けたものとも、産褥《さんじょく》で死んだ女が霊となったものともいわれていたという。

この話では産女は狐や死者が正体の人ならざるものとされているが、『今昔物語集』巻二七第一五「産女南山科《みなみやましな》に行き鬼に値《あ》ひて逃ぐる語」では子を生んだ人間の女が産女と呼ばれている。

以降、産女は民間伝承の中で語られるようにもなるが、子を渡してくるという性質は変わらぬものの、その子どもがどんどん重くなり、それを落とさずに持ち続けた結果、大力や黄金を授かるといった話も多い。また、中国の妖怪である姑獲鳥《うぶめ》と混同される例も目立つ。

姑獲鳥は人間の子どもをさらって自分の子とするという、産女とは真逆の性質を持つが、その正体は難産で死んだ女性のなれの果てともいわれている。木場貴俊著『怪異をつくる』によれば、両者を結び付けたのは林羅山が近世初期に書いた和漢名対照辞典『新刊多識編』で、これが広まり、「姑獲鳥」を「うぶめ」や「うぶめどり」と呼ぶようになったようだ。

冤魂 ［えんこん］

冤罪を受けた死者の霊魂。平安中期に記された歴史書『日本三代実録』によれば、貞観五年（八六三）神泉苑（京都府京都市中京区）にて、頻発した疫病を治めるために御霊会が行われている。この時は、崇道天皇（**早良《さわら》親王**）、**伊予親王**、藤原夫人（**藤原吉子**）、観察使（藤原仲成か）、**橘逸勢《たちばなのはやなり》**、**文室宮田麻呂《ふんやのみやたまろ》**が慰撫の対象とされているが、彼らは御霊の他に冤魂とも呼ばれており、また現在判明している彼らの生前の状況からも冤罪によって罰を被ったものと考えられる。そのため、彼らが御霊として祀《まつ》られたのはただ恨みを持って死んだ死者であるというだけでなく、罪もなく罰を受けたことを恨む冤魂であったことも重要だったのではないかと考えられる。

類似したものに「冤霊」という言葉があるが、こちらは**藤原師輔《ふじわらのもろすけ》**によって記された日記『九暦』天暦四年（九五〇）六月一五日の条にて**人康親王女《さねやすしんのうのむすめ》**の霊を指す言葉として見られる。

近江国の生霊 ［おうみのくにのいきりょう］

生きた人間を取り殺したとされる生霊。平安後期の説話集『今昔物語集』巻二七第二〇「近江国の生霊、京に来て人を殺す語」にあるもの。それによれば、昔、京から美濃（岐阜県）、尾張（愛知県西部）の方へ下ろうと考えた下郎が夜遅くに歩いていると、ある辻で青みがかった衣を着た女房を見かけた。下郎がその前を通り過ぎようとすると、女房は下郎を呼び止め、「この辺りに民部の大夫の何某《なにがし》という人の家があると聞いているのですが、どこにあるのでしょうか。そこへ行こうとしているのに、道に迷ってしまったのです。私をそこへ連れて行ってくださいませんか」などと言う。

下郎は道を急いでいるから、と断ろうと

したが、女房が食い下がるため、しぶしぶその家へと連れて行った。そして家の前に着き、ここがその家の門だと伝えると、女は「本当に嬉しいことです。私は近江国（滋賀県）のある家の娘です。東国へいらっしゃるのなら、その道中、お寄りください」と言ってかき消すように消えてしまった。

下郎が閉じたままの門を見て恐ろしく思っていると、家の中から騒ぐ声が聞こえてきて、どうやら人が死んだらしいことが分かった。下郎は「不思議なことだ」と思い、その辺りをしばらくうろついた後、夜が明けてからその家を訪ねると、知った人がいたため何があったのかを問うた。この家の殿は、近江国の女の生霊が入ってきたといって以前から病を患っていたが、突然「その生霊の気配がする」と言って、亡くなったのだという。

それから下郎は東国に下る際、あの女の家を訪ねると、実際に女房がおり、下郎に礼をした。下郎はいよいよ恐ろしくなり、土産を受け取って尾張へと下った。

このように、生霊は生きている人間が自覚している状態で現れることもある。この女房は、民部の大夫の妻となったが、離縁され、恨めしく思って生霊となり、民部の大夫を取り殺したのだという、と記されている。

鬼殿の霊［おにどののりょう］

平安時代に記された特定の場所に現れる死者の霊。『今昔物語集』巻二七第一「三条東洞院の鬼殿の霊の語」にあるもの。それによれば、舞台はまだ平安京として京が移されていなかった頃の三条東洞院（京都府京都市中京区）。鬼殿と呼ばれた殿の跡地に大きな松の木が生えていたという。

かつてある男が馬に乗り、矢を入れる胡籙《やなぐい》を背負ってその辺りを通りかかった時、雷鳴が轟《とどろ》き、雨が酷《ひど》く降ってきたため、馬を止めて松の木の下で雨宿りした。しかしそこに雷が落ち、男と馬の体を引き裂いて殺してしまった。

そうして、この男はやがて霊となった。その後、京がここに移ってきて平安京となり、この男が死んだ場所にも人が住むようになった。しかし、男の霊はその場所を去らなかったため、人々は霊がいまだそこにいると語り伝えた。こうして、男は極めて長い間存在する霊となった。そのため、この場所では幾度も良からぬことがあったという。

死者の霊が自分の死んだ場所に留まる話は現代でもいくつも見られ、時に**地縛霊**（現代）と称される。

鬼火［おにび］

空中を漂う怪火の一種。人や動物の死者、狐などの動物、鬼や神が発生させるなどという。日本の記録上最古の鬼火は『日本書紀』巻二六の斉明天皇七年五月九日の条にあるもので、天皇が朝倉橘広庭宮（福岡県朝倉市の須川地区か）に移ったが、この宮を造る際、朝倉社の木を取り除いたため、神が怒り、殿を壊したという。また宮の中に鬼火が多く見られた、というもので、神が発生させたものとして記されている。

　平安初期に記された『続日本紀』では延暦八年（七八九）七月の条で、桓武天皇の命令により蝦夷《えみし》征討に派遣された紀朝臣古佐美が、蝦夷を攻めあぐね、逆に官軍に甚大な被害を出した際、虚飾した奏状を送る描写があるが、その奏状の中に「天兵（官軍）の進む先に強敵などおりません。海の浦にある蝦夷の窟《いわや》の住まいには人も煙も見えず、山谷の賊の巣穴にもただ鬼火が見えるのみです」となっており、殲滅《せんめつ》した蝦夷の住む場所から鬼火が見える、という描写から、死者のあるところに鬼火が発生する、という思想がすでにあったことがうかがえる。

　さらにはっきりと示されているのは平安中期に記された『和名類聚抄《わみょうるいじゅうしょう》』で、「燐火」の項目にて燐火は鬼火であり、人および牛馬兵の死者の血が変化したものである、と記されている。

　中世以降も鬼火は死者そのものであったり、死者の霊とともに現れる形で鬼火が語られたり、描かれるなどしている。またそういった死者が発生させる怪火を総称して鬼火と呼ぶこともある。

　正徳二年（一七一二）刊行の寺島良安の類書『和漢三才図会』でも中国の『本草綱目』を引いて「燐もしくは鬼火は人や牛馬の兵で死んだ者の血が土に入り、長年を経て化けたもので、皆精霊の極である。その色は青く、形は松明《たいまつ》のよう。集まったり散ったりして、近づいた人の精気を吸う。ただし馬の鐙《あぶみ》を打ち合わせて音を出せば消滅する」とあり、その後に良安の考察としてその正体は鳥ではないかと述べられている。

女に憑き、口を塞いだ悪霊
［おんなにつき、くちをふさいだあくりょう］

　女に憑き、言葉を発することができないようにしていた悪霊。平安後期の説話集『今昔物語集』巻一六第二二「唖女、石山観音の助けに依《よ》り言語を得る語」に記されているもの。

　それによれば、平安京に美しい娘がいたが、生まれた時から今まで言葉を話すことができなかった。両親は神の祟りか、霊の仕業《しわざ》かと疑い、神仏に祈り、高僧を呼んで祈禱《きとう》させたが、効果はなかった。それから父母が死に、残った乳母はせめてこの娘を結婚させようと奮闘し、ひとりの男を見つけてくるが、娘が言葉を話せないのを男が知って疎遠になったため、娘は跡を残さず平安京を去った。

　そして石山の御堂に赴き、心を込めて「病からお救いください」と何日も念じていると、ひとりの世に優れた阿闍梨《あじゃり》が御堂にやって来た。阿闍梨は娘との筆談により彼女が言葉を発せないことを知り、三日三晩にわたり彼女のために読経した。

　そして阿闍梨が大声を発すると、娘の口から何かが吐き出され、それが一時ばかりも続いた。その後、娘は普通の人のように言葉を発することができるようになり、娘が言葉を発することができなかったのは悪霊の仕業であったことが分かった。

娘は阿闍梨に感謝し、阿闍梨は山を下りたが、その際に乳母が娘のために見つけたあの男が娘を探してやって来たため、彼女のことを教えた。男は娘と再会し、それぞれのことを語り合って、ともに平安京に帰り、夫婦として暮らしたという。

怨霊［おんりょう］

なんらかの理由で怨恨を抱いたまま死亡した人間が、その怨恨の原因となった人間もしくはその人間に近しい人間に対し危害を加えたり、疫病の流行や自然災害の発生など、国家に対し大規模な損害を与えたと考えられる場合、この名称で呼ばれることがある。

日本の記録上初めて怨霊の語が使われたのは**早良《さわら》親王**に対してで、『日本後紀』延暦二四年（八〇五）四月の条で、早良親王を慰撫するため、諸国に小倉を建て、国忌と奉幣の例に加え、その怨霊に謝したとある。これ以前に飢饉《ききん》が発生し、桓武天皇の周辺の人々の死が相次ぎ、さらに桓武天皇も病に伏せたため、その被害の終息を期待しての慰撫であったと考えられる。

なお、同書の同年二月六日の条において**井上《いのえ》内親王**を慰撫する際に怨魂という語が使われているため、語としては怨霊より怨魂の方が早い。

古代の怨霊と呼ばれる存在が必ずしも大規模な祟りを起こすわけではなく、例えば平安中期に源経頼が記した日記『左経記』の長元五年（一〇三二）三月二五日の条には、経頼が堀河殿（京都府京都市中京区）を訪れたことが記されており、この屋敷は誠に素晴らしいが、**橘逸勢《たちばなのはやなり》**の怨霊がこの地に留まっているため、代々の領主は心地よく住むことができなかった、とあり、特定の場所に執着する死者が怨霊と呼ばれている。また『左経記』の翌年一一月一三日の条には、春宮大夫《とうぐうのだいぶ》の北の方が長年の風邪並びに怨霊等に責められ、死去した、と記されており、個人に祟る霊を指して怨霊という語を使っていたことも分かる。

また平安後期に記された『扶桑略記』延喜九年（九〇九）四月四日の条では**菅原道真**の祟りによって藤原時平が病に伏せた際、道真を怨霊と呼んでいるのが見える。三条実房の日記『愚昧記』安元三年（一一七七）五月九日の条には讃岐院《さぬきいん》に**崇徳院**の名が贈られたが、これはその怨霊を恐れたため、と記されており、古代においても両者が怨霊と呼ばれていたことが分かる。

一方、現在、『日本霊異記』にて祟りにより疫病を流行らせたと語られるため、最初期の怨霊の例としてよく取り上げられる**長屋親王**については、古代の時点では怨霊とは呼ばれていない。また、怨霊の延長線上にあるものとして語られる御霊および御霊会について記されている『日本三代実録』には怨霊という言葉は出てこない。古代においてはこういった疫病を流行させるなどの大規模な祟りを行う死者を必ずしも怨霊と呼んだわけではなく、怨霊の語で括《くく》るようになるのは近現代以降と考えられる。

　中世でも怨恨を抱いて死んだ人間が死後に復讐《ふくしゅう》を行う場合、怨霊として語られているが、武士や貴族、皇族に対し使われている例が多い。近世に入ると身分にかかわらず怨恨を抱いて死んだ人間がその原因となった対象に祟る場合、広く怨霊という語が使われる事例が見られるようになる。これは出版文化の発達や識字率の向上などにより、身分の上下にかかわらず市井の人々の記録や創造した物語が残されるようになったことも要因のひとつだろう。

　近代以降も恨みを抱いて死んだ人間がその対象に祟る場合を怨霊と呼ぶ例が多く、現在でも頻繁に使われる言葉となっている。

【か】

海渚餓鬼〔かいしょがき〕

　人間が死後、餓鬼道に堕ちた場合になるという餓鬼のひとつ。平安中期、天台宗の僧である源信が記した仏教書『往生要集』にあるもの。これは海の中州に生まれたもので、木々もなければ真水もなく、炎熱のたち込める場所なのだという。人間の世界の夏を一〇〇〇倍にしたよりも遥《はる》かに暑いが、この餓鬼になった者は海の中州に棲みながら、海が涸《か》れていると思い込む。

　この餓鬼になるのは生前、旅行く商人が病苦に行き倒れていた時、その商品を騙《だま》し取り、わずかな代金を与えただけで私腹を肥やそうとした者だという。

鑊身餓鬼〔かくしんがき〕

　人間が死後、餓鬼道に堕ちた場合になるという餓鬼のひとつ。平安中期、天台宗の僧である源信が記した仏教書『往生要集』にあるもの。身長が普通の人間の二倍ほどあり、顔には目がなく、手足は鑊《かなえ》（釜）の足のように非常に細く、常にその身は炎で焼かれている。生前、財宝を貪り、生あるものを屠《ほふ》った人間がなるという。

賀静〔がしょう〕

　霊として現れた僧侶。賀静は平安中期の天台宗の僧で、延暦寺（滋賀県大津市）の仁観に弟子入りした。長年宮中で内供奉を務めたが、天台座《ざ》主《す》の座を良源と争って敗れ、直後、病に倒れて康保四年（九六七）に死去する。

　しかし賀静はその死後、猛威を振るった。その様子は藤原実資《ふじわらのさねすけ》の日記『小右記』に詳しく記されている。まず長和四年（一〇一五）五月七日の条では、心誉という僧が女房を加持したところ、賀静と**藤原元方**の霊が現れ、「主上（三条天皇）の眼病は賀静のなすところである。賀静は冷泉天皇（のちの**冷泉院**）の前におり、翼を開く時には帝の目が見えるようになる。ただし帝の命運が尽きぬため、体には憑《つ》かず、周辺にいるのだ」と言った。賀静に翼があるのは、賀静の霊が人間の姿ではなく、天狗《てんぐ》のような姿で現れたということなのだろうと思われるが、天狗とは明記されていない。さらに翌日の五月八日には藤原資平《ふじわらのすけひら》が「賀静の霊が贈位を賜りたい旨のことを語っていた」と話したことが記されている。同年の五月二〇日の条ではまた資平が「賀静の霊は本執により、天台座主の位を贈るように申していた」と報告している。

　続く五月二二日の条では、賀静の霊が「先日、天台座主に任じられるべき由《よし》を申した。しかし、そうすれば今の座主の忿気《ふんき》は凄まじいことになるだろう。必ずや怨霊と化す。我より勝るかもしれぬ。今に至っては、我が悪心もようやく解け、仏道に帰した。天台の旧台において阿弥陀護摩懺法《あみだごませんぼう》を修してほしい。座主に任じるのはやめよ。ただ、僧正職が欲しい」と伝えた。ちなみにこの条では賀静の霊が邪気とも呼ばれている。そして同年六月一九日の条では賀静の霊の言葉通り、彼に僧正の位が贈位されている。

兼明親王「かねあきらしんのう」

兼明親王は平安時代の公卿。小倉親王と呼ばれる場合もある。醍醐天皇の子で、一時は臣籍降下して源姓を名乗り、左大臣等を務めるが、晩年皇籍に復帰し、中務卿《なかつかさきょう》を務めた。和歌や書道に優れ、**藤原佐理**《ふじわらのすけまさ》、藤原行成とともに能書家の中でも特に優れた三人を指す三蹟《さんせき》に数えられることもある。ただし、一般的に三蹟といえば先の二人に加え、兼明親王ではなく小野道風《おののみちかぜ》を指す場合が多い。

　平安後期の『江談抄』巻三第三五「小蔵（倉）親王の生霊佐理を煩はす事」によれば、兼明親王が生霊と化したとある。兼明親王が隠棲《いんせい》した頃、同じ三蹟と称えられる佐理が朝廷からひっきりなしに筆の仕事を与えられていた。しかしその間、佐理は兼明親王の生霊に悩まされ続けたという。

　同書ではこの話の直前に佐理が生霊と化し、同じく三蹟の行成を祟った話が載せられているが、その話は間違いで、兼明親王が佐理に祟った話が正しい、といった書き方がなされている。

上毛野君田道命「かみつけぬのきみたみちのみこと」

人間が死後、蛇に変化したもの。『日本書紀』によれば、仁徳五五年（三六七）、田道《たじ》は天皇の勅命により反乱を起こした東北の蝦夷《えみし》討伐のために遣わされるが、そこで戦死する。しかし後に蝦夷たちが田道の墓を掘り返したところ、そこから大蛇が現れ、蝦夷たちに食らいつき、その毒気によって皆殺しにした。当時の人々は「田道は死んでついに仇《かたき》を報いた」と田道を称えたと伝えられる。

元興寺の鬼［がんごうじのおに］

平安初期の説話集『日本霊異記』上巻第三「雷の憙《むがしび》を得て生ま令《し》め子の強き力在る縁」に登場するもの。飛鳥時代、平城京の元興寺の鐘楼で夜ごとに人を殺していたという鬼。ある時、この殺人を止めるため、雷神の子である寺の童子が鐘楼でこの鬼を待ち伏せし、髪の毛を摑《つか》んで夜明けまで引き摺《ず》り回した。鬼は何とか自分の頭皮を引き剝《は》がして逃げた。童子がその血の跡を追うと、かつて元興寺で悪事を働いていた奴《やっこ》（使用人）を埋めた辻に辿《たど》り着いたため、鬼の正体がその奴の霊鬼であったと判明したという。また鬼の頭髪は元興寺に宝として保管されていると記されている。

この鬼は近世の画家、佐脇嵩之《さわきすうし》の絵巻物『百怪図巻』に描かれた「がごぜ」や同じく近世の画家、鳥山石燕の妖怪画集『画図百鬼夜行』にて描かれた「元興寺《がごぜ》」の題材となったと考えられているが、これらの絵画では布を頭から被った鬼として描かれる。また「お化け」を意味する幼児語として使われていた「がごぜ」「がごじ」といった言葉はこの元興寺を由来とする説が近世より存在している。

桓算［かんさん］

僧侶の霊が現れたもの。桓算は平安時代にいたとされる僧侶。『大鏡』や『平家物語』に名前が載るが、経歴等が不明で、架空の人物ではないかという説がある。

平安後期の歴史物語である『大鏡』「六十七代　三条院」においては三条天皇の眼病の原因ではないかとされ、「桓算供奉のもののけが首に乗り、左右の羽で目を覆って羽ばたくため、ときどき見えるのである」と記述されている。恐らくここでの桓算は天狗《てんぐ》のような姿でイメージされているものと思われるが、天狗とは記されていない（この直後に山の天狗の仕業《しわざ》か、という文言はある）。

平安後期の軍記物語である『平家物語』においては「観算」と表記され、同書の巻三「赦文《ゆるしぶみ》」では、三条院の目が見えないのは観算供奉の霊のせいであるとかや、と記されている。

なお、『小右記』では三条天皇の目が見えなくなったのは**賀静**という僧のためと記されている。

また、平安末期の仏教説話集『宝物集』では「観算」という法師が政《まつりごと》を恨み、雷となって清涼殿の上に落ち、清貫民部卿（藤《ふじ》原清貫《わらのきよつら》）、希世弁（平希世《たいらのまれよ》）を殺した、と書かれている。多くの場合、この雷は**菅原道真**の仕業とされる。

客死鬼［きゃくしき］

平安時代、安倍晴明が撰したとされる陰陽道の書物『占事略決』に病の原因として挙げられる霊鬼のひとつ。客死した人間の霊鬼。

求食鬼［くじきき］

平安時代、安倍晴明が撰したとされる陰陽道の書物『占事略决』に病の原因として挙げられる霊鬼のひとつ。食い物を求める霊鬼か。

藤原実資《ふじわらのさねすけ》の日記『小右記』長保元年（九九九）九月一六日の条では、実資が病を患ったため、賀茂光栄を呼んで占わせたところ、「求食鬼によるものです」と言われたので、その夜に鬼気祭を行わせた、とある。『占事略决』に挙げられる病の原因としての霊鬼は古記録の中ではほぼ出てこないため、実際に占いの結果として登場するのはかなり珍しい例である。

悕望餓鬼［けもうがき］

人間が死後、餓鬼道に堕ちた場合になるという餓鬼のひとつ。平安中期、天台宗の僧である源信が記した仏教書『往生要集』にあるもの。亡き父母を祀《まつ》る人がいると、その供え物を奪って食う餓鬼で、供え物がないと腹を満たすことができないという。

これは人が苦労辛酸の末に得た報酬を誑《たぶら》かして横取りした者がなるのだとされる。

玄昉［げんぼう］

古代日本で「幽霊」の語句が使われた例。玄昉は奈良時代の法相宗《ほっそうしゅう》の僧で、吉備真備らとともに唐に留学し、法相宗を学び帰国。僧正に任じられ、真備とともに権勢をふるったが、真備や玄昉を除くために**藤原広嗣**が反乱を起こすなどのこともあり、失脚。筑紫観世音寺（福岡県太宰府市）に左遷され、そこで死去した。

天平一九年（七四七）に記された願文「唐僧善意大般若波羅蜜多経奥書願文」には、玄昉の幽霊を指す文言が見える。その内容は玄昉の弟子である善意が、私財を投げ打って大般若経を写経した。これは玄昉の幽霊に捧げるためのものであったという。

『幽霊の歴史文化学』に収録された小山聡子の「幽霊ではなかった幽霊——古代・中世における実像」によれば、これは日本の文献上もっとも早く幽霊という言葉が記された例であるという。なお、ここでいう幽霊はいまだ成仏していないと考えられた死者としての玄昉を指しており、現在でいう幽霊のように死者がなんらかの形で出現したことをいっているわけではない。

また、玄昉の死は藤原広嗣の霊によって引き起こされたとされる話も残っている。

康仙［こうぜん］

僧の霊が現れたもの。平安中期の説話集『法華験記』巻上第三七「六波羅蜜寺の定読師康仙」にあるもの。

それによれば、康仙は六波羅蜜寺（京都府京都市東山区）の僧で、この寺は京の人々が講を行うところであった。そのため、康仙はこの寺で講が行われるたびに読師を務めていた。康仙はそのまま六波羅密寺で生涯を終えた。人々は皆、「康仙は最後まで正念であったから、極楽に参り、天上に生まれたのだろう」と語った。

しかししばらくして康仙の霊が人に憑《つ》き、こう言った。

「我はこの寺に住んでいた定読師の康仙です。我は長年法華経を読み、常に聞いていたことにより、時折道心を発し、極楽を願い、念仏を怠ることがありませんでした。しかし小さなことで小蛇の身を受けております。そのゆえは、我は生きている頃、房の前に橘《たちばな》の木を植えましたが、年月を経るにつれてそれが成長し、枝が茂り、葉が栄え、花が咲き、木の実を結びました。二葉の芽が出た時から、実を結ぶまで、常にこれを守り、愛でていたのです。そのことは重い罪にはならずとも、愛執が過ぎたことで小蛇の身を受け、その木の下に住んでいます。願わくば、我がために法華経を書写し、供養して、この苦を抜き、善所に生まれることができるようにしてください」

寺の僧らはこれを聞き、まず康仙の房に行って橘の木の下を見ると、三尺（約九〇センチ）の蛇が木の根に巻きついていた。これを見て本当のことだったのかと僧らは嘆き悲しみ、皆心をひとつにして法華経を書写し、奉って康仙を供養した。

その後、寺の僧の夢に康仙がきちんと法服を着た姿で現れ、礼拝して無事蛇道を離れ、浄土に生まれることができたと告げた。夢を見た僧は他の僧にこのことを告げ、皆で橘の木の下を見ると、小蛇はすでに死んでいたという。

平安後期の説話集『今昔物語集』巻一三第四二「六波羅の僧講仙、法花を説くを聞きて益を得る語」では、「講仙」という名で同様の話が載せられている。

小松僧都 ［こまつのそうず］

死者がもののけとして現れたもの。小松僧都は平安時代中期の僧、隆円のことで、藤原道隆の子。延暦寺（滋賀県大津市）の実因の弟子。後に小松寺（場所は不明）の住持となった実因にちなみ、小松僧都と呼ばれた。長和四年（一〇一五）二月四日に三六歳で死去した。

平安後期の歴史物語『栄花物語』巻二一「後くゐの大将」においては、小松僧都（隆円）の霊がもののけとして現れたものの、藤原教通《ふじわらののりみち》と親しくなり、何年にもわたって交流したという話が載せられている。教通は最初、小松僧都の霊を恐れていたが、次第に心を開き、小松僧都のほうでも吉凶など何事も教通に伝えていた。しかし教通の北の方が出産後、病に苦しんでいたため、僧を呼んで加持をさせていたところ、小松僧都が「この加持をやめよ」と言うため教通が従うと、北の方はそのまま息を引き取ったという。

史実においては隆円と教通は従弟の関係にあり、確執はない。しかし隆円の父である藤原道隆と教通の祖父である**藤原道長**は兄弟でありながら、道隆の死後、その息子で隆円の兄でもある藤原伊周《ふじわらのこれちか》と道長が争い、長徳の変で伊周が敗れた。その結果、道隆の一族が排斥されることとなったため、道長や教通は道隆の一族の霊を恐れていたという事情がある。

御霊［ごりょう］

死者の霊や神霊などを尊んで呼ぶ言葉、または非業の死を遂げたことで死後、疫病の流行など祟りを発生させ、それを慰撫するために祀《まつ》られた霊のこと。現在「みたま」と読む場合は前者を、「ごりょう」と読む場合は後者を指す場合が多い。

よく知られているのは、『日本三大実録』に書かれたものである。その記述によれば、貞観五年（八六三）五月二〇日に神泉苑（京都府京都市中京区）で御霊会が行われた。ここでいう御霊とは、崇道天皇（**早良《さわら》親王**）、伊豫《いよ》親王（**伊予親王**）、藤原夫人（**藤原吉子**）および観察使（藤原仲成か）、**橘逸勢《たちばなのはやなり》**、**文室宮田麻呂《ふんやのみやたまろ》**であり、彼らは無実の罪で殺され、冤魂《えんこん》となった。その祟りのため、近年、疫病がたびたび起こり、死者の数が甚大であったことから、それを治めるために御霊会が行われた、とある。

現在、御霊は怨霊を祀り、鎮めることで御霊とし、祟りを免れる、という怨霊の延長線上にあるものと考えられているが、そもそも『日本三代実録』には「怨霊」という言葉が一度も出てこない。また『日本三代実録』でもこの御霊会の場面が「御霊」という言葉の初出というわけではなく、同書の貞観三年（八六一）正月二一日丙申《ひのえさる》の条において、「本願天皇及先帝御霊（称徳天皇および先帝、淳仁天皇の御霊）」と記している。称徳天皇や淳仁天皇は何か祟りを起こしたという話はないため、ここでは死者への敬称として御霊という言葉が使われているものと考えられる。

このため、もともとは「御霊」は単に死者への敬称として使われるものであったと思われる。貞観五年五月二〇日の御霊会においても重要なのはあくまで冤魂、すなわち無実で殺された者たちが祟りの原因であるということであり、御霊はそれら死者を呼ぶ際の敬称で、御霊そのものに怨霊と繫《つな》がる意味はなかったのではないだろうかと考えられる。

古代において死者の霊が出現した際、その霊への尊称として「御霊」の語を使う例は他にも見られ、例えば『小右記』長和四年（一〇一五）六月三〇日の条では冷泉天皇（**冷泉院**）の霊が現れたことについて、「冷泉院の御霊、顕はれ給ひ、雑事を仰せらる。頗《すこぶ》る信じ難き事有り」と記している。冷泉院は三条天皇に邪気として憑《つ》いて眼病を煩わせた、という話はあるが、怨霊が御霊として祀られた、という話があるわけではなく、またこの『小右記』の該当部分では雑事を伝えただけで、何か恨みから害をなしたわけでも、そのために祀られたわけでもない。

また藤原行成の日記『権記』の長保二年（一〇〇〇）五月一九日の条に**藤原道兼**の御霊が弟の**藤原道長**のもとに現れたと記さ

れているが、道兼は道長にさまざまな雑事を告げ、呉が越に敗れたことを語り、その意気は生前同様だったとあり、何か祟りを起こしたわけではない。このように、「御霊」は必ずしも祟りをなした死者を祀り上げるために使われた言葉ではなかった。御霊を怨霊と結び付けるようになったのは、後世の解釈によるところが大きいと考えられる。

　この「御霊」という言葉の使い方について、東アジア恠異《かいい》学会のホームページにおける「怪異学用語集」の「御霊」の項目を見ると、「御霊がすべて怨霊のように、個性を持つ死者の霊魂と認識されていたかは疑問である。確かに『日本三代実録』の貞観御霊会の記事に先行する史料にみえる『御霊』は個人の霊魂のことを意味すると考えられるものが多い。例えば延暦二四年九月二四日内侍宣には『太上天皇御霊』（**早良親王**、あるいは光仁天皇・聖武天皇など諸説あり）という言葉が見え、最澄の『長講金光明経会式』にも聖徳太子・崇道天皇たちが『御霊』として姿を見せる。もっともこれらの『御霊』たちが災いの原因とされていたかどうかはよくわからない」「『御霊』とは怨霊の延長線上に存在するものではなく、神・霊を問わず霊威の強い存在を指す言葉であり、『御霊信仰』としてひとくくりにできない多様性を持っていたと考えられるのである」と指摘している。

子を食う餓鬼［こをくうがき］

　人間が死後、餓鬼道に堕ちた場合になるという餓鬼のひとつ。平安中期、天台宗の僧である源信が記した仏教書『往生要集』にあるもの。それによれば、この餓鬼は昼夜にそれぞれ五人の子を生み、その都度子を食べる。しかし飢えを逃れることはできないという。この餓鬼になるのは生前いかなる所業をなした人間なのか、『往生要集』には記載がない。

【さ】

人康親王女［さねやすしんのうのむすめ］

　人康親王女は人康親王の娘であり、醍醐天皇の中宮である藤原穏子の母。平安中期、**藤原師輔**《ふじわらのもろすけ》によって記された日記『九暦』天暦四年（九五〇）六月一五日の条には、この人康親王女の冤霊《えんりょう》の噂《うわさ》について記されている。それによれば、延喜天皇（醍醐天皇）の元服の儀礼を行った日、洞院后（班子《はんし》）女王の娘である妃内親王（為子《いし》内親王）と今の太皇大后（藤原穏子）の二人が入内を求めた。しかし、醍醐天皇の父の宇多法皇は、妹であり、妃内親王の母でもある班子女王の意見を聞き入れ、穏子の入内に反対した。その後、為子内親王がいくばくもせず出産のために崩じた。その際、班子女王は「中宮（藤原穏子）の母（人康親王女）の冤霊のためにこのようなことが起きた」という噂を語ったという。

「冤霊」は字の並びからして冤罪を被った者の霊かと思われるが、『九暦』は現在逸文しか残っておらず、人康親王女についての記録も少ないため、どのような形で冤霊と呼ばれたのかは不明。類似した言葉に**冤魂**がある。

猴の家の子 ［さるのいえのこ］

前世の霊が夢に現れたもの。平安初期の説話集『日本霊異記』上巻第一八「法花経を憶持し、現報もて奇《あや》しき表《しるし》を示しし縁」にある。それによれば、昔、大和国（奈良県）葛木上郡に一人の持経者がいた。この持経者は生まれながらに賢く、八歳以前に法華経を暗誦することができたが、ひとつの文字だけはどうしても覚えられなかった。そのため、観音菩薩《ぼさつ》に祈って前世の罪を懺悔《ざんげ》したところ、夢にひとりの男が現れ、言った。

「お前は前世で伊予国別郡（現・愛媛県松山市の北西部）日下部《くさかべ》の猴という者の子であった。その時、法華経をよく読んでいたが、灯火で経文の一字を焼いてしまった。ゆえにお前はその字だけは覚えることができないのだ。すぐにでもその家に行ってみるといい」

夢から醒め、不思議に思った持経者は伊予国に赴き、猴という人の家を訪ねた。門を叩いて人を呼ぶと下女が出てきて、にっこりと笑って家の中に入り、その家の婦人に「門にお客様が見えております。まるで亡くなられたご子息にそっくりの方です」と言った。そこで家の長が出てきて不思議そうな様子で「あなたは一体どなたですか」と尋ねた。それに対し持経者が答え、持経者が逆に家長に名前を訪ねると、夢で聞いた通りの名を答えた。これにより持経者はこの人たちが前世の親であることをはっきりと知り、ひざまずいて挨拶《あいさつ》した。家長の猴もまた持経者を愛しく思い、家に入れて客座に座らせ、「もしかして、昔死んだ我が子の霊かと思ったよ」と言う。そこで持経者が夢で見たことを詳しく話したところ、猴の老夫婦は息子の名前を彼に教え、息子が法華経を読んでいた堂と持っていた水瓶を教えてくれた。持経者がさっそくその堂に入ると、夢で聞いた通り、そこにある法華経からは彼がどうしても覚えられなかった文字の部分が焼け失せていた。その後、経の一部を焼いた前世の罪を悔い、経を修復すると、その文字を覚えることができるようになった

そして持経者は猴の老夫婦と改めて親子の契りを結び、その後、孝養を失うことはなかったという。

この話では生まれ変わりで息子と瓜二つの持経者を見て、両親が「我が子の霊かと思った」と語っていることから、この時代においても「霊」は死者が生前と同じ姿で現れるものと考えられていたことが分かる。

早良親王［さわらしんのう］

日本で初めて怨霊と呼ばれた人物。早良親王は奈良時代の皇子で、桓武天皇の同母弟であり、桓武天皇の即位とともに皇太子となったが、長岡京で造営中に暗殺された藤原種継の事件に関与したとして捕らえられる。その後、皇太子を廃され、淡路国（兵庫県淡路島）に配流される途中、無実を訴えるため断食し、絶命した。

その後、『日本後紀』には延暦一一年（七九二）、早良親王の後に皇太子となった安《あ》殿《て》親王が、早良親王の祟りのために病に伏せたため、淡路国でその霊に謝したと記録される。さらに延暦一八年（七九九）には安殿親王の平癒を願い、春宮亮大伴宿禰是《とうぐうのすけおおとものすくねこれ》成《なり》、伝燈大法師位泰信《でんとうだいほうしいやすのぶ》らが淡路国に遣わされ、やはり早良親王の霊に奉幣し、謝している。また、翌年には早良親王に崇道天皇の号が奉られ、陰陽師や僧侶が集められて淡路国の崇道天皇陵と改められた陵墓で鎮謝されている。

しかし早良親王の祟りは終わらず、桓武天皇は自身が病に伏せた延暦二四年（八〇五）四月、諸国に命じて小倉を建てさせ、早良親王の怨霊に謝したとある。この「怨霊」が日本の歴史上で初めて「怨霊」という言葉が使われた例になるという。それでも桓武天皇の病は平癒せず、大同元年（八〇六）に亡くなった。

平安後期の私撰歴史書『扶桑略紀』においては、生前の早良親王が廃太子とされた際、唯一読経を引き受けてくれた善珠という僧がいたことについて記されている。善珠はその際、早良親王の使いに対し、前世の業のためにこうした状況になってしまったが、恨みを連鎖させてはならないことを告げ、それを使者から聞いた早良親王は喜び、決して誰も恨まず、処罰も恐れないことを述べたと記されている。その後、延暦一六年（七九七）に早良親王が安殿親王に取り憑《つ》き悩ませた際には、善珠がその時のことを思い出させ、般若経を読経することで祟りが静まったと、調伏《ちょうぶく》するのではなく仏の教えによる救いによって、早良親王と安殿親王の二人を同時に救ったことが記されている。

また、『日本三代実録』によれば、貞観五年（八六三）神泉苑（京都府京都市中京区）において頻発した疫病を治めるために御霊会が行われているが、この時、早良親王もまた慰撫される御霊のひとりとして名前を挙げられている。

厠鬼［しき］

平安時代、安倍晴明が撰したとされる陰陽道の書物『占事略決』に病の原因として挙げられる霊鬼のひとつ。厠《かわや》で死んだ人間の霊鬼か。また中国の『西陽雑俎《ゆうようざっそ》』や『弘賛法華伝』には厠で糞《くそ》を食う霊鬼が「厠鬼」として登場するため、それを指している可能性もある。後者の鬼は『今昔物語集』巻七第二一「予洲（愛媛県）の恵果、法花経を読誦《どくじゅ》して厠の鬼を救へる語」においても語られている。

食火炭餓鬼 ［じきかたんがき］

人間が死後、餓鬼道に堕ちた場合になるという餓鬼のひとつ。平安中期、天台宗の僧である源信が記した仏教書『往生要集』にあるもの。この餓鬼はいつも墓場にやって来て、日に焼けて焦げた死体を食らう。しかし食えども食えども満腹にならない。この餓鬼になる者は生前、監獄の看守でありながら食べ物を奪った人間なのだという。

食気餓鬼 ［じきけがき］

人間が死後、餓鬼道に堕ちた場合になるという餓鬼のひとつ。平安中期、天台宗の僧である源信が記した仏教書『往生要集』にあるもの。人が病を患った際、水辺や林の中に祭壇を設け、天の祭りを行うが、この餓鬼はその祭壇に立ち昇る香の匂いしか食うことができないという。この餓鬼になるのは生前、妻子を前にして平然と美食を行った者だとされる。

食水餓鬼 ［じきすいがき］

人間が死後、餓鬼道に堕ちた場合になるという餓鬼のひとつ。平安中期、天台宗の僧である源信が記した仏教書『往生要集』にあるもの。その顔は長い髪で覆われており、前を見ることができない。飢えと渇きに身を焼く餓鬼で、狼狽《うろた》えて騒ぎ、水を探し求めるが、水にありつくことはできないという。川の畔《あぜ》に走って行って、もし人が川を渡ってその足から雫《しずく》が落ちていれば、かろうじてそれを吸い、命を繋《つな》ぐことができる。もしくは誰か水を掬《すく》って、亡くなった父母に供養する者があれば、その水で命を繋ぐことができる。

もし自分で水を掬おうとしようものなら、獄卒に杖《つえ》でしたたかに打ちのめされる。この餓鬼になるのは昔、酒を売る際に水を混ぜ不当な利潤を得た者や、ミミズや蛾《が》などの抵抗する力のない生き物を水中に沈めていじめた者だとされる。

食吐餓鬼 ［じきとがき］

人間が死後、餓鬼道に堕ちた場合になるという餓鬼のひとつ。平安中期、天台宗の僧である源信が記した仏教書『往生要集』にあるもの。この餓鬼はとてつもなく大きく、体は半由旬《ゆじゅん》（約五・五〜七・三キロ）にもなる。常に吐き出した物を食い漁ろうとするが、苦しむばかりで嘔吐物《おうとぶつ》にはありつくこともできない。

この餓鬼になるのはもっぱら美食を求め、配偶者や子には与えなかった者だという。

食法餓鬼 ［じきほうがき］

人間が死後、餓鬼道に堕ちた場合になるという餓鬼のひとつ。平安中期、天台宗の僧である源信が記した仏教書『往生要集』にあるもの。この餓鬼は険峻《けんしゅん》な崖のようなところにおり、危険にさらされながら常に食物を求めて走り回っている。その色は黒雲のようにどす黒く、ひとたび泣き喚《わめ》けば滝のように涙を流す。誰かが僧房に来て祈《き》禱《とう》したり説法したりする機に出遭えば、ようやくこれにより力を得て命を繫《つな》ぐことができる。これは名誉や利得を得ようと不浄な説法をなした者がなるという。

邪気〔じゃけ〕

人に取り憑《つ》き、病を引き起こさせる目に見えない霊的な存在、もしくはその病。物の気の漢語的表現で、その正体は人間の死者、神霊、鬼、天狗《てんぐ》など多岐にわたり、正体不明の場合もある。

邪気に憑かれ、患った場合は物の気と同じようにヨリマシに移され、調伏されたり、慰撫されるなどして対処された。

当時漢文で記されていた貴族の日記などに多く確認でき、古くは平安中期、**藤原師《ふじわらのもろ》輔《すけ》**によって記された日記『九暦』天徳元年（九五七）六月六日の条に「一品公主、御産。邪気に依《よ》り、入滅の事」とある。一品公主は康子内親王のことで、師輔の四番目の正妻。康子内親王は師輔の一二男を産んだ際に産褥《さんじょく》で亡くなっているが、この原因を邪気のためとしている。

これ以降、『小右記』『権記』『御堂関白記』『春記』『中右記』『民経記』といった平安貴族の日記にこの語が頻出する。特に『小右記』には邪気の記述が多く、当時の平安貴族が邪気を恐れていた様子が確認できる。例えば『小右記』長和四年（一〇一五）五月四日の条では三条天皇の眼病が**冷泉院**の邪気のためであると記されている。

他にも仏教説話集にも邪気の語が見られ、例えば『今昔物語集』巻一二第三五「神明の睿《えい》実《じつ》持経者の語」には円融天皇が重病を患った描写があるが、その原因を邪気としている。巻一二第三六「天王寺の別当道命阿闍《あじゃ》梨《り》の語」では、強い邪気に患った女が堂に籠もった際、道命の読経を聞いたところ、悪霊がたちまち現れ、女の夫だと告げた描写があり、邪気として病を引き起こしていたものが悪霊と化した人間であったことが示されている。

また、珍しいものとしては鎌倉初期の仏教説話集『古今著聞集』巻三では、貞崇という僧のもとに邪気が巨大な人間のような足音を立ててやって来たが、貞崇が大般若経を読経していたために退散していったという、邪気が足音を立ててやって来る話が載せられている。

邪霊〔じゃれい〕

人に憑《つ》き、病を起こす霊のこと。邪気と同様の意味で使われることが多く、平安中期の藤原行成の日記『権記』や藤原実資《ふじわらのさねすけ》の日記『小右記』に用例が見られる。

例えば『権記』長徳四年（九九八）三月二一日の条では、病身にある者に対し「邪霊の気がある」と記している。長保二年（一〇〇〇）一二月一六日の条では前典侍《さきのないしのすけ》（藤原繁子）が邪霊のために狂乱し、大臣（**藤**

原道長）に摑《つか》みかかった、という話が女房たちの口から語られたことが記録されている。また同日の条では道長自身がこの事件について語ったことが記されているが、繁子に憑いた霊は道長の兄、**藤原道隆**もしくは**藤原道兼**の霊のようでもあったという（**藤原繁子に憑いた邪霊**も参照）。

樹中住餓鬼 [じゅちゅうじゅうがき]

人間が死後、餓鬼道に堕ちた場合になるという餓鬼のひとつ。平安中期、天台宗の僧である源信が記した仏教書『往生要集』にあるもの。この餓鬼は常に樹の中におり、木賊虫《とくさむし》のようにぺしゃんこに押し込められているため、体を動かすだけで大きな苦しみを受けるという。この餓鬼になるのは生前、日陰を作る樹を容赦なく伐り倒したり、僧たちの住む精舎の森を伐採したりした者だという。

定法寺の別当の悪霊 [じょうほうじのべっとうのあくりょう]

死後、悪道に落ちた僧が現れたもの。平安後期の仏教説話集『今昔物語集』巻一三第四四「定法寺の別当法花を説くを聞きて益を得る語」にある。

定法寺（京都府京都市東山区）の別当であったこの僧は、僧侶でありながら三宝を敬わず、因果を悟らず、常に碁《ご》や双六《すごろく》を好み、飲食に耽《ふけ》り、女遊びを常としていた。

ある時、この別当が友人の僧とともに清水（現・同区清水の辺り）へ赴き、六波羅の寺で法華経を講じているのを聴いて「貴い」と思った。そしてこれが別当にとって生涯で唯一の善根となった。

それから年月が経ち、この別当は病によって死んだが、しばらくして別当の妻に悪霊が憑《つ》き、涙を流してこう言った。

「我はお前の夫である。前世において悪業のみを好み、善根を修することがなかった。このため、我は大毒蛇の身となり、限りなく苦を受け続けている。体は常に火に当たるように熱く、数多《あまた》の毒の小虫が鱗《うろこ》の中に棲み着き、肉と皮を食う。飲食を求めても得ることができず、常に空腹である。しかし、我は生前、清水に参じた際、六波羅の寺で法華経を講じているのを聴いて、一念『貴い』と思った功徳により、一日に一度、末時にのみ六波羅の方から涼しき風が吹いて我が身を扇ぎ、その時だけ苦を受けずに済んでいる。どうか法華経を書写供養し、奉って我をこの苦しみから救ってほしい」

これを聞き、妻子は泣き悲しみ、多くの貯えを捨てて心を尽くして法華経一部を書写供養し、奉った。その後、悪霊がまた妻に憑き、「多くの苦から逃れることができた。この恩は忘れぬ」と告げたという。

この話では人に害をなす霊ではなく、生前悪業を行った僧の霊が「悪霊」と呼ばれている。実はこの話は平安中期に記された『法華験記』巻上の第二九「定法寺の別当法師」を元にしているが、『法華験記』では別当の霊は「蛇の霊」と呼ばれている。蛇に転生した後、その霊が妻に憑いているため、こちらの方が素直な表記となるが、『今昔物語集』では表記を改めていることから、悪道に堕ちた僧侶の霊をあえて「悪霊」と呼んだ可能性がある。その根拠に、『今昔物語集』ではもう一例、悪道に堕ちたと思しき僧の死者で、かつ正者に悪行を行っていない者を「悪霊」と呼んだ話が掲載されている（詳細は**東大寺の死にし僧**を参照）。

聖霊［しょうりょう］

死者の霊魂を表す言葉のひとつ。仏教語。高貴な立場にある人物の霊を表す際によく使用される。また『続日本後紀』承和四年（八三七）一二月丁酉《ひのととり》の条などでは聖徳太子を表す言葉として使われており、現在も奈良県生駒郡《いこまぐん》斑鳩町《いかるがちょう》に残る法隆寺の塔頭《たっちゅう》、聖霊院は聖徳太子を祀《まつ》る仏堂である。

食を得ざる餓鬼［しょくをえざるがき］

人間が死後、餓鬼道に堕ちた場合になるという餓鬼のひとつ。平安中期、天台宗の僧である源信が記した仏教書『往生要集』にあるもの。それによれば、この餓鬼は外部からの妨害にあって食べることができない餓鬼で、常に飢渇に責められ、体は痩せ細り、枯れてカサカサに乾いている。たまに清流を望見すると、我も忘れて走って行くが、大力の鬼がいてこの餓鬼を杖《つえ》で力任せに打ち伏せる。また時には清流がたちまち変じて火の河となり、あるいは涸《か》れ果ててしまうため、水を飲むことはできないのだという。またこの餓鬼とは逆に内部、すなわち自らの体のために食べることができない餓鬼もいる。この餓鬼の口は針の穴のように小さく、腹だけは大きな山を思わせるように巨大に膨らみ、突き出ている。たとえ食べ物にありつけてもこの巨大な腹を満たすことはできないという。

その他の要因で食うことができない餓鬼もいる。この餓鬼はたまたま食にありつくことができても、口にするや否や食べた物が凄まじい炎を上げて体を焼き貫くのだという。

いかなる人間が死後これらの餓鬼になるのか、『往生要集』には記されていない。

死霊［しりょう］

名前の通り死んだ人間の霊。初出は早く、平安初期の説話集『日本霊異記』上巻第一二「人・畜に履《ふ》まれし髑髏《ひとかしら》の、救ひ収めらえて霊《あや》しき表《しるし》を示して、現に報いし縁」にすでに死者の霊を死霊と呼ぶ例が見られる（**人や獣に踏まれた髑髏の死霊**も参照）。その後も死者の霊を表す言葉として多く使用され、例えば近世には**累**《かさね》、**助**という死霊が出現した際の話を実際に当事者たちに聞いて回り、それを記録したという体裁で記された『死霊解脱物語聞書』などがある。

現代でも同じように死者の霊を表す言葉

として使われるが、現代になって現れた独特の使い方として、**ゾンビ**（現代）や死体が動き出す存在を扱った映画の邦題で、生ける屍《しかばね》を表す言葉として死霊を使うものがある。

伊藤美和編著『ゾンビ映画大事典』を見ると、一九四一年公開の『KING OF THE ZOMBIES』の邦題にすでに『死霊が漂う孤島』とあるのが見えるが、映画の場合、テレビ放映やソフト化に伴って邦題がつけられる場合があるため、初出がこれであるとは断言しづらい。

有名なのはサム・ライミ監督の長編デビュー作『死霊のはらわた』（一九八一年公開）、ジョージ・A・ロメロ監督のリビングデッドシリーズ三作目『死霊のえじき』（一九八五年公開）だろう。前者は悪霊に憑依《ひょうい》されて動き出す死体を、後者はゾンビとして蘇《よみがえ》る死体を指して死霊と呼んでいる。なお、『死霊のえじき』では劇中でゾンビが死霊と呼ばれることはないが、これについては他のゾンビ映画も同様で、邦題に死霊とつけるだけで劇中ではゾンビと呼ぶことの方が多い。

光永康則の漫画『怪物王女』では先述のリビングデッドシリーズを元にした話が描かれているが、この話ではゾンビに当たる存在が「死霊」と呼ばれている。

真済［しんぜい］

平安時代の僧侶。真言宗の僧であり、空海の弟子。師の跡を継いで神護寺（京都府京都市右京区）の住持となる。その後、東寺（京都府京都市南区）の長者となり僧正へと進んだ。空海の詩文を集めた『性霊集』を編纂《へんさん》している。

平安前期に記された天台宗の僧相応の伝記『天台南山無動寺建立和尚伝』では、貞観七年（八六五）、文徳天皇の皇后であった染殿后《そめどののきさき》（藤原明子）に天狐が憑《つ》き、悩ませたが、その正体は不動法に優れた真済であったため、不動明王による呪では効果がなく、大威徳明王の法をもって退散させた、と記されている。ここでいう「天狐」は今でいう「天狗《てんぐ》」のことで、『拾遺往生伝』巻下「相応和尚《そうおうかしょう》」や『古事談』巻三「相応、染殿后のために天狗を退くる事」では、かつて真済が染殿后に恋心を抱き、邪執によって天狗道に堕ちた。これは柿下天狗などと呼ばれ、明子に取り憑いて悩ませた。そこで相応という僧侶が呼ばれ、真済は祈禱《きとう》によって調伏させられたと記されている。

また別の話として、『扶桑略記』巻三や先に挙げた『拾遺往生伝』巻中「大法師浄蔵」では、カササギの姿で現れる真済の話が載せられている。玄昭という天台僧が修法を行っていたところ、真済の霊がカササギの姿となって現れたため、玄昭は護摩壇《ごまだん》にこれを置いて焼き殺した。すると今度は小人の姿で真済が空から現れるようになり、その姿を見るたびに玄師は心を乱されるようになる。そこで弟子の浄蔵がこの霊を調伏したという。

真済が化した天狗は太郎坊とも呼ばれ、日本最高位の天狗とされる愛宕山《あたごやま》（京都府京都市右京区）の太郎坊天狗と同一視されることもある。ただし、『太平記』においては太郎坊と真済は別人として登場している。

菅原道真［すがわらのみちざね］

もっともよく知られた怨霊のひとつ。菅原道真は平安時代の公卿。宇多・醍醐両天皇に重用され、文章博士や蔵人頭等を歴任し、右大臣にまで至る。しかし左大臣であった藤原時平の謀略により、醍醐天皇に、道真が天皇を廃立して娘婿である斉世《ときよ》親王を即位させようとしていると嘘《うそ》の密告をされたことで大宰権師《だざいのごんのそち》に左遷され、延喜三年（九〇三）、大宰府で没した。現在は学問の神として親しまれている。

道真が怨霊と化した記録はさまざまな文献に残されている。まず平安後期に記された歴史物語『大鏡』「左大臣時平」には、道真が死後、神となって清涼殿に向かって雷を落とそうとしていたことが語られている。その際、清涼殿の大臣であった時平は太刀を抜き、「御身は生前私の次の位におられた。今、神になったからといって、現世においては私に一目置くのが当然であろう」と雷神の方を睨《にら》んで言ったところ、その時だけは雷が収まったという。ただし、これについては『大鏡』では時平の位が上であったためではなく、道真が朝廷の掟《おきて》を乱してはならないという道理と不道理の弁《わきま》えを示したためだろうと記している。

平安後期に記された歴史書『扶桑略記』延喜三年四月二〇日の条には、道真の死とともに「勅号火雷天神」と記されている。この「火雷天神」は道真の別称として頻繁に使われる。延喜九年（九〇九）には、道真の祟りにより時平が急病で床に伏した様子が記されている。この時、僧侶である浄蔵が怨霊を退散させる祈禱《きとう》を任されており、浄蔵の父であり、生前の道真と対立していた三善清行が見舞いに来ていた。すると二人の前で時平の左右の耳から道真が青竜の姿で現れ、加持祈禱を止めさせるように迫った。そのため浄蔵が祈禱を止めると、まもなく時平は死亡したという。さらに続いて道真の後に右大臣となり、失脚の首謀者のひとりとされる源光が狩りの最中に溺死する。次に醍醐天皇の息子、孫が次々と病死した。『日本紀略』延長元年（九二三）三月二一日の条では、これを「道真の霊魂の宿怨のため」と記している。

平安後期の説話集『江談抄』巻三の第三三「公忠の弁たちまちに頓滅するも蘇生し、にはかに参内する事」では、源公忠が急死した後、三日後に突然蘇《よみがえ》った。そこで公忠が語った内容は「急死した際、思いがけず私は冥官（地獄の役所）に至りました。門前には身の丈が一丈（約三メートル）余りのひとりの人間がおり、紫の袍《ほう》を身に纏《まと》い、金の文字で書かれた書状を捧げ、延喜の主（醍醐天皇）の行いはまったく良くない、と言っておりました。そして堂の上には朱と紫の印綬《いんじゅ》（身分や位階を表す印を下げた組み紐《ひも》）を纏った者が二、三〇人おり、その中で第二の座に座っていた者が『醍醐天皇は大変に軽率だ。それとも改元して態度を改めるか』と言っておりました。これを聞いた後、私はたちまち蘇生したのです」ということだった。これを聞いて醍醐天皇はすぐに改元し、元号を延長（九二三～九三一）としたという。この公忠が遭遇した丈一丈余りの者も道真だったと考えられている。

また、先述した『扶桑略記』天慶四年（九四一）八月二日の条に引用されている『道《どう》賢《せん》上人冥途記』にも死から蘇生した人間が道真と遭遇した体験談が記されている。それによれば、日蔵という僧が金峰山（山梨県甲府市・北杜市、長野県南佐久郡川上村）にて断食の修行の末、息絶えた。しかしそこに執金剛神（仏教における護法善神）が現れ、日蔵を蔵王菩薩《ぼさつ》（修験道の本尊）のもとに導いた。蔵王菩薩は日蔵を金峰山の浄土へと連れて行き、そこで金剛力士、雷神鬼王、夜叉《やしゃ》などの眷属《けんぞく》を引き連れた日本太政威徳天（菅原道真）に引き合わせる。道真は日蔵を白馬に乗せ、行数百里。巨大な池の中にある島へと連れて行った。その島には八肘《ちゅう》（約三・七メートル）の方壇があり、中には蓮華が飾られ、その上に塔が立ち、中に法蓮華経が置いてあった。またそこから北を見ると、大きな城があり、光明に照らされていた。その城は道真のもので、道真は日蔵を城に招き入れた。

そこで道真は「醍醐天皇に右大臣の位を追われ、無念の死を遂げた恨みから病や災害を引き起こし、人民を損傷させ、国土を穢《けが》したいと考えていた。私の生前流した涙は、必ずや日本国を滅ぼす海の水となるだろうと。しかし、それから八四年経ち、日本では私の愛する密教が流行り、神仏も私を慰撫する。そのため、もう恨みは一〇分の一もない」と告げた。さらに「だからいまだ国土を滅ぼすような災厄は起こしていない。私の眷属には一六万八〇〇〇の毒竜、悪鬼、水火、雷電、風伯、雨師、毒害、邪神がいる。その気になれば、これらの者たちがあらゆるところで災害を引き起こすことができる。さる延長八年（九三〇）の夏、清貫ら朝臣を殺した。この天火は我が第三の使者、火雷天気毒王によるものである」と言った。

そこで日蔵は「日本の人々は身分の上下にかかわらず火雷天神を敬い、信仰しています。どうしてまだ恨みの心があるのでしょうか」と尋ねた。道真は「この国は私にとって怨賊《おんぞく》だからだ。しかし私もいつかこの古い怨嗟《えんさ》と悪心を忘れたいと思っている。しかし、仏にならぬ限りはそれも難しいだろう。私の形像を作り名号を唱えて慇懃《いんぎん》に祈る者には、災厄を与えないことを誓おう」と告げた。

その後、日蔵は地獄へと行き、その鉄窟で地獄の責め苦を受ける醍醐天皇と出会う。彼は生前の罪と道真の怨念により地獄に落ちたことを日蔵に告げた。そして自分の苦難を救うため、善根を施してほしいと頼む。

そしてその地獄を抜けた後、日蔵は現世に帰還したという。

延長八年六月に発生した清涼殿への落雷

事件は多くの場合、道真によるものとされる。笠井昌昭の論文「北野天神縁起説話の成立過程」によれば、『道賢上人冥途記』は道真と清涼殿の落雷を結び付けた最初の資料であるという。ただしここでは火雷天神（火雷天気毒王）は道真とは別物であり、あくまで道真の使者として扱われている。しかし先述したように、この『扶桑略記』では延喜三年の時点で道真に勅号として火雷天神の名を授けたとあるため、平安後期には道真と火雷天神は同一視されていたものと考えられる。

その後、平安末期にはこの道真の怨霊を鎮めるため、北野天神（京都府京都市上京区の北野天満宮）が設立している。『北野天神縁起』などによれば、まず天慶五年（九四二）に多治比奇子《たじひのあやこ》という人物に、続いて天暦元年（九四七）には近江国（滋賀県）比良宮の禰宜《ねぎ》、また神良種《みわのよしたね》の子に道真の霊の託宣があり、彼らによって社殿が建設されたという。以降、道真は神として信仰されるようになり、現在も道真に対する信仰は厚い。

現在学問の神としてよく知られる道真だが、山田雄司著『怨霊とは何か』によれば、寛和二年（九八六）七月二〇日の慶滋保胤《よししげのやすたね》による「菅丞相廟《かんじょうしょうびょう》に賽《さい》する願文」にはすでに詩文の神として崇められるようになっていたことが記されているという。

崇徳院［すとくいん］

古代に語られる怨霊。崇徳院は平安時代の天皇で、鳥羽天皇の第一子。五歳にして即位したが、白河法皇および鳥羽上皇が院政を取ったため、実権はなかった。その後、鳥羽上皇の意向により近衛天皇に皇位を譲り、上皇となって新院と呼ばれるが、本院と称される鳥羽上皇との対立が激化。そんな中で近衛天皇が一七歳で逝去し、崇徳院は我が子の即位に望みをかけるが、同母弟の雅仁親王が後白河天皇に即位する。そしてついに鳥羽上皇（法皇）の死後、藤原頼長らとともに挙兵し、保元の乱を引き起こす。しかし天皇側に敗れ、讃岐国《さぬきのくに》（香川県）に配流され、失意のうちに没した。

崇徳院が死後、怨霊になったという話はよく知られているが、早い段階の記録は三条実房の日記『愚昧記』安元三年（一一七七）五月九日の条にあり、天下の悪事は讃岐院（崇徳院）および宇治左府（藤原頼長）の祟りによる疑いがあり、それを鎮めることが重要である、と記されている。この時期、平安京では安元の大火、鹿ヶ谷事件など、さまざまな事件が発生していた。また同年の七月二九日の条では讃岐院に崇徳院の名が贈られたことが記されているが、これは怨霊を恐れたためである、とも記されている。

保元の乱の顚末《てんまつ》を描いた鎌倉時代前期頃成立の軍記物語『保元物語』下巻「新院御経沈めの事付けたり崩御の事」では、讃岐に流された新院（後の崇徳院）はせめて来世で救われようと指から血を滴らせ、五部の大乗経を三年かけて写経し、それを都の鳥羽（現・京都府京都市南区上鳥羽および鳥羽同市伏見区下鳥羽）か八幡（現・京都府八幡市）の辺りにでも納めてほしいと訴えたが、許されなかった。このため、後世のために書いた経文を安置する敷地も許されないのであれば、生きていても無益だとして、その後は髪も剃《そ》らず、爪も切らず、生きたまま天狗《てんぐ》の姿となった。

　そして新院は終えた写経を目の前に積み、「この行業を三悪道（地獄・餓鬼・畜生道）に投げ込み、その力をもって日本国に対する大魔縁になろう。そして皇を民に引き摺《ず》り下ろし、民を皇となさん」と宣言するや、自分の舌を噛《か》み切って、その血で写本の最後にその誓いの言葉を記し、海に沈めたという。

　その九年後、新院は死亡し、亡骸《なきがら》は白峰という場所に移され、火葬された。その際、執念によるものか、火葬の煙は都に向かってたなびいたという。この時、新院は讃岐院という名が贈られたが、治承（一一七七〜八一）に死霊たちを宥《なだ》めることが行われた際、崇徳院の名が贈られたという。

　その後も崇徳院の怨霊は軍記物語の中にさまざまに登場した。鎌倉前期の軍記物語『平家物語』巻三「赦文《ゆるしぶみ》」には、次のように書かれている。平清盛の娘、建礼門院（平徳子）が懐妊したが、体調が優れず、日に日に弱っていく、ということがあった。さまざまな僧侶が呼ばれ、祈禱《きとう》が行われたが、事態は好転せず、逆に物の怪たちはその機を狙って彼女の体に取り憑《つ》いた。

　そのため、よりましを用意し、不動明王の縄目に掛けたところ、霊たちが姿を現した。彼らは讃岐の院（崇徳院）の御霊、宇治の悪左府（藤原頼長）の怨念、**藤原成親**（中世）の死霊、西光法師（**藤原師光**（中世））の悪霊、そして鬼界ヶ島の流人たちの生霊たちであった。そこで清盛は慌ててこの霊たちを慰めたという話が記されている。

　また南北朝時代に記された軍記物語『太平記』巻二七「雲景未来記の事」では、雲景という山伏が愛宕山《あたごやま》（京都府京都市）の山伏によって白雲寺という寺に連れて行かれた際、そこで金色の鳶《とび》の姿となった崇徳院をはじめ、八男八郎冠者為朝（**源為朝**（中世））、淡路の廃帝（淳仁天皇）、井上皇后（**井上《いのえ》内親王**）、後鳥羽院（**後鳥羽天皇**（中世））、後醍醐院（**後醍醐天皇**（中世））らが悪魔王の棟梁に、**玄昉《げんぼう》**、**真済**、**寛朝**（中世）、慈慧《じえ》（**良源**）、**頼豪**（中世）、**仁海《にんがい》**（中世）、尊雲（**護良《もりよし》親王**（中世））たち高僧らが大魔王となり、天下を乱そうと評定している姿を見たと記されている。

　近世では上田秋成が『雨月物語』の中の一編「白峰」にて、西行が崇徳院の菩提《ぼだい》を弔おうと白峰を訪れ、そこで怨霊となった崇徳院と対話するという、『撰集抄』に描かれる西行法師の白峰の御墓の訪問を元にした物語を記している。また曲亭馬琴の読本『椿説《ちんせつ》弓張月』でも崇徳院が怨霊となって登場し、主人公、源為朝を救う。

　崇徳院は現在でも京都府京都市上京区の白峯神宮に祀《まつ》られており、香川県坂出市には崇徳天皇陵が今も残されている。そして多くの人々が今も崇徳院のもとを訪れている。

住む所の霊 ［すむところのりょう］

特定の家に現れる霊。平安中期に記された藤原実資《ふじわらのさねすけ》の日記『小右記』の長和四年（一〇一五）の条には藤原資平《ふじわらのすけひら》が昨日の夜、物忌みで籠もっていると痢病《りびょう》が起き、苦しんだため、陰陽師の安倍吉平に占わせたとある。その結果、霊の仕業《しわざ》だということになり、その霊は「所に付くの霊」であり「住む所の霊」、すなわち資平の住む家に棲み付いた霊であったという。

この「住む所の霊」という言い方は『小右記』において**藤原道隆**の霊を指すものとしても登場する。

また、同じく平安時代、特定の家や場所に現れた死者としては**源融**《みなもとのとおる》、**橘逸勢**《たちばなのはやなり》、**鬼殿の霊**がある。

生前の姿で現れた夫 ［せいぜんのすがたであらわれたおっと］

死に別れた妻のもとに現れた男。『今昔物語集』巻二七第二六「女死ぬる夫の来たるを見る語」にあるもの。それによれば、昔、大和国（奈良県）に美しいひとりの娘がおり、河内国（大阪府）の美男と夫婦になり、仲睦まじく暮らした。しかし三年ほどして夫が思いがけない病に倒れ、数日で死んでしまった。

女はこれを嘆き、深く悲しんで他の男の求婚には耳も貸さず、ただ死んだ夫を思って三年を過ごした。その秋のこと、女が泣き伏していると、真夜中になって笛の音が聞こえてきた。それは死んだ夫が吹いていた笛の音によく似ていたため、いっそう悲しい気持ちでいると、笛の音が近づいてきて、女の部屋の前に来て「ここを開けてくれ」と声がした。それは紛れもなく死んだ夫のものであったため、女は嬉しくも恐ろしく、そっと覗いてみると生前のままの夫がそこにいた。

夫は妻に「死出の山、越えぬる人の、侘《わび》しきは、恋しき人に、会わぬなりけり（死出の山を越えて、今冥途にいる私がこうも悲しいのは、恋しい人に会えぬからなのだ）」と告げた。その袴《はかま》の紐《ひも》は解けており（当時、紐を結ぶことで魂を結び付けるという俗信があった）、体からは煙が立ち上っている。女は恐ろしく、言葉を発せないでいたが、夫は彼女に対し、「そなたが私をあまりに恋い慕っておられるのが哀れで、なかなかもらえない暇《いとま》をもらい、やって来たのだ。そのように怖がるのであれば、もう帰ろう。私は日に三度、焦熱の苦しみを受けているのだ」と告げ、消えてしまった。

女はこれは夢かと思ったが、現《うつつ》のことであったため、不思議に思うばかりだった。思うに、人が死んでもこのようにはっきりと見えるものなのだ、と語り伝えられているのだという。

生前の姿で現れた前妻 ［せいぜんのすがたであらわれたぜんさい］

死者が生前の姿で現れたもの。平安後期の説話集『今昔物語集』巻二七第二四「人の妻死にて後旧の夫に会ふ語」に記されている。それによれば、昔、京に若く貧しい侍がいた。ある時、侍は旧知の人物の紹介で、彼が国守をしている国で働けることになった。侍には長年ともに暮らした妻がいたが、侍は京を離れる際にその妻と離縁し、富のある家の別の妻を貰《もら》い、ともに任国に下った。

　しかし衣食が満ち足りた生活をしていると、今度は京に残してきた妻が恋しくなった。やがて任が終わったため、国守が上京するのに従って侍も京に向かい、また元の妻とともに暮らそうと考えた。

　やがて京に着くと、侍は今の妻を新しい家に行かせて、自分はもともと住んでいた家に向かった。しかしその家は荒れ果て、人の住んでいる気配もなかった。侍が家に入ると、前妻がひとりでそこにいた。前妻は恨んだような様子もなく、侍を見て喜び、「どうしたのです。いつお帰りになられたのですか」と尋ねた。侍は任国でずっと前妻のことを考えていたと告げ、「これからはここに住む。任国から持ってきた物を今日明日には取り寄せ、従者なども呼ぼう。今夜はこのことを伝えようと思って来たのだ」と言った。

　それから二人は語り合い、夜も更けると抱き合って寝た。そして夜が明け、侍が目を覚ますと、驚いたことに彼が抱いていたのは骨と皮ばかりになった死人であった。恐れおののいた侍は慌てて着替え、隣人に今初めて尋ねるような様子で「この家の隣の人はどこにいるのだろうか」と問うた。しかし隣人は「その人は長年連れ添った夫が遠い国に下ったため、それを嘆いているうちに病になりました。看病する人もおらず、今年の夏に亡くなりました。葬送する人もいないので、亡骸《なきがら》はそのままになっています。今はもう恐れて近づく人もいません」と答えた。

　侍はますます恐ろしくなり、しかしどうすることもできず新しい家に帰って行った。

　この家には前妻の魂が留まっており、長年の思いに堪えられず、旧夫との再会を果たしたのだ、ということだ。

　死者が生前の姿をとって現れる話は多いが、この話では死体が生前の姿になって現れており、その理由として魂が留まっていたから、と記されている。

赤馬に乗る人 [せきばにのるひと]

　奈良時代の史書『日本書紀』に記録された死者と思しきものの話。同書の雄略天皇の条にこう記されている。

　雄略天皇九年秋七月一日、飛鳥戸郡《あすかべのこおり》の田辺伯孫《たなべのはくそん》という人物が娘の出産祝いをした帰り、誉田陵《こんだりょう》（応神天皇陵）のもとで赤馬に乗っている人と出会った。その馬は龍のように蛇行したり、鴻《こうのとり》のように駆けたりし、普通の馬よりも大変優れていた。伯孫はこの馬が欲しいと思ったが、それを察したのか赤馬に乗る人が伯孫と馬を交換してくれた。

　伯孫は大いに喜びこの馬を家の厩《うまや》に入れ、秣《かいば》を与えるなどして寝たが、翌朝見ると赤馬は土馬（埴輪《はにわ》の馬）に変わっていた。伯孫は驚き、誉田陵に戻ってみると、そこに交換した自分の馬が他の土馬の間にいたため、持ってきた土馬と交換し、連れて帰ったという。

　誉田陵に現れた不可思議な存在であるため、この赤馬に乗る者は応神天皇の霊であると解釈される場合があるが、『日本書紀』にはそれを明示するものは記されていない。

先霊［せんれい］

　先祖の霊のこと。古代の文献においては、平安時代初期に編纂《へんさん》された勅撰史書『続日本紀』にて、天平神護元年（七六五）に和気王が謀反《むほん》を起こし誅伐《ちゅうばつ》されたという内容の中に、和気王が先霊に祈願し恨んでいる男女二人（称徳天皇と道鏡）を殺してほしいと願ったという記述が見える。また、ここにおいては先祖の霊を尊霊とも書いている。

　先祖の霊に呪詛《じゅそ》を祈願する例は他にも見られ、平安時代末期、藤原頼長によって記された日記『台記』には、藤原全子が亡父である**藤原俊家**に、離縁された夫・藤原師《ふじわらのもろ》通《みち》とその妻へ恨みを報いることを願ったところ、夢に俊家が現れたという話が記されている。

蘇我蝦夷［そがのえみし］

　蘇我蝦夷は飛鳥時代の貴族であり、推古天皇から皇極天皇の時代に大臣として権勢を振るった人物であるが、中大兄皇子と中臣鎌足によって子の蘇我入鹿が暗殺されると、自ら邸宅に火を点け、自害したと伝えられている。

　この蝦夷の霊が現れたという記録がいくつか残されている。『扶桑略記』巻四の斉明天皇の条にはこう記されている。斉明天皇即位元年（六五五）五月、空中に龍に乗る者が現れ、その容貌は唐人に似ていた。青い衣を纏《まと》い、笠を被っており、葛城嶺《かづらぎのみね》（奈良県御所市と大阪府南河内郡千早赤阪村の境にある葛城山）から胆駒山《いこまやま》（奈良県生駒市と大阪府東大阪市の境にある生駒山）へと駆けて行った。当時の人はこれを「蘇我《そがの》豊浦大臣《とゆらのおおおみ》（蘇我蝦夷）の霊だ」と語ったという。また斉明天皇七年（六六一）の夏には群臣が数多く死に、当時の人々はこれもまた「豊浦大臣の霊魂のせいだ」と語ったことが記されている。

　他にも鎌倉時代初期の史書『愚管抄』においては、斉明天皇が崩御した際、その葬儀を山の上から見つめる鬼の姿があったが、これも蘇我蝦夷であったと記されている。

　これらの龍に乗る者や斉明天皇の葬儀を見る鬼のことは『日本書紀』にすでに記されているが、この時点では正体が蘇我蝦夷であるとは語られていない。平安時代以降にその正体が蝦夷の霊であると記されるようになったようだ。

【た】

平将門［たいらのまさかど］

平安時代の武将。下総国（千葉県北部、茨城県南西部および埼玉県東部）の出身で、平安京に上り藤原忠平に仕えるも、志を得ず下総国に戻る。その後関東にて勢力を養い、幾度もの内乱を経て下野《しもつけ》、上野国《こうずけのくに》（栃木県・群馬県）を制圧。新皇と称して関東の独立を図って平将門の乱を引き起こす。しかし天慶三年（九四〇）に藤原秀郷、平貞盛らによって討たれた。

将門は怨霊として知られているが、その伝説は古くは平安中期、永観二年（九八四）に成立した仏教説話集『三宝絵詞』に収録される「僧妙立蘇生注記」にある。そこでは、将門は日本の悪王たちを召し遣うために生まれ、前世は天王であったが、天台座主尊意（平将門の乱で大威徳法を修し、将門調伏のために祈禱《きとう》を行った僧）は悪しき修法にて将門を滅ぼした。そのため、尊意は若くして死んだが、冥界において将門と一日に一〇度戦わねばならぬ運命に置かれたと記されており、将門の死後の様子が記されている。

また、南北朝時代の『太平記』では、秀郷が将門の首を落とし、獄門に懸けたが、三ヶ月経っても色が変わらず、目を見開き、常に歯を噛《か》みしめて「斬られた我が五体はどこにある。ここに来い。首を繋《つな》いでもう一度戦をしよう」と夜な夜な叫んだ。ある時、通りすがりの人物がこれを聞いて「将門は　こめかみよりぞ　斬られける　俵藤太が　謀《はかりごと》にて」と詠んだところ、将門の首はからからと笑って目はたちまちに塞《ふさ》がり、その屍《しかばね》はついに枯れた、と記されている。

近世においても将門の伝説はさまざまに語られ、創作の題材となったが、彼を怨霊として知らしめたのは近代になってからである。東京都千代田区大手町の一角に現在も将門の首塚、将門塚が存在しているが、山田雄司著『怨霊とは何か』によれば、大正一二年（一九二三）、関東大震災が発生した折、その場所に置かれていた大蔵省も被災し、首塚も破損したため、その機会に発掘調査が行われた。その後、塚があった場所に大蔵省の仮庁舎が建てられたが、大蔵省の官僚や工事関係者に病人、怪我人、死者が多発した。またアキレス腱を切った者が多かったという。このために将門の祟りが噂《うわさ》され、仮庁舎は壊され、昭和三年（一九二八）に将門鎮魂祭が行われた。しかしその後も将門の祟りは続き、昭和一五年（一九四〇）六月二〇日には都内二〇ヶ所余りで落雷があった。この年は将門没後一〇〇〇年に当たったことから、庁舎は移転され、一千年祭が挙行されたという。

その後、第二次世界大戦の空襲によりその辺りは焦土と化したが、戦後、ＧＨＱがモータープール建設用地として接収し、米軍のブルドーザーが焼け跡を整地していたところ、ブルドーザーが地表面に突出していた石にぶつかって転倒し、二人がブルドーザーの下敷きになってひとりが即死した。また、労務者の怪我も絶えなかったため、調べてみると、ブルドーザーがぶつかったのは将門塚の石標であることが分かったという。その後、町内会長であった遠藤政蔵が司令部に塚の由来を説明し、壊さないように陳情したことにより、GHQも了承し、塚は残されることになった。

現在もこの首塚にまつわる都市伝説はさまざまに語られており、**心霊スポット**（現代）として紹介されることもある。並んで語られることが多い**菅原道真**、**崇徳院**はこの時代、祟りを起こしたという話は聞かなくなっているが、将門はまだまだ怨霊として現役のようだ。

高階成忠 ［たかしなのなりただ］

生者に祟った死者。平安時代の公卿、藤原行成の日記『権記』の長保二年（一〇〇〇）五月二二日の条に記録されている。それによれば、**藤原道長**の病を平癒させるため、大般若経を読経した。その中で、院（東三条院、藤原詮子《ふじわらのせんし》）が病を患った時、静昭闍梨《じゃり》がこれを行うと、高二位（高階成忠。静昭の父）の霊が出て功徳、殊勝であった旨を語り、院の病が平癒したため、同じことを行った、と記されている。

高階成忠は藤原伊周《ふじわらのこれちか》、定子の外祖父に当たる人物だが、この二人にまつわる東三条院の因縁が存在する。東三条院は道長を執政者とさせるために伊周を圧迫し、これにより伊周と道長は対立。長徳の変で伊周は大宰権帥《だざいのごんのそち》に左遷され、権力を失うことになる。さらに一条天皇の皇后であった妹の定子はこれを受けて出家し、それでもまだ后位にある中、東三条院が入内させた藤原彰子が中宮に冊立《さくりつ》され、それからまもなく定子は難産により死去した。

このため、成忠にとって東三条院は孫たちを不幸にした人物であり、その恨みから彼女に祟ったと見なされたのだろう。

また、平安中期の藤原実資《ふじわらのさねすけ》の日記『小右記』長和四年（一〇一五）五月二二日の条では、藤原資平《ふじわらのすけひら》が語った内容として、民部《みんぶ》掌侍《ないしのじょう》（女性の役職名）に陁観《だかん》（高階成忠）の霊が憑《つ》き、近くにいた童子を殴り始めた。これを見た主上（三条天皇）が童子を抱き抱えて守ったが、民部掌侍は憤怒して童子を踏み、叩いたため、蔵人がこれを引き離したと記されている。

橘逸勢 ［たちばなのはやなり］

平安京に存在した屋敷・堀河殿にいたという怨霊。平安中期に源経頼《みなもとのつねより》が記した日記『左経記』の長元五年（一〇三二）三月二五日の条には、経頼が堀河殿を訪れたことが記されており、この屋敷は誠に素晴らしいが、橘逸勢の怨霊がこの地に留まっているため、代々の領主は心地よく住むことができなかったとある。

橘逸勢は平安時代初期の貴族で、承和九年（八四二）嵯峨《さが》上皇が没した後、謀反《むほん》を企てた疑いで捕縛され、姓を改められた上で伊豆国（静岡県の伊豆半島・伊豆諸島）へ配流されることとなった。これは承和の変と呼ばれ、逸勢は伊豆国への護送中に病没した。死後、逸勢はその罪を許されて京に改葬されたが、貞観五年（八六三）神泉苑（京都府京都市中京区）における御霊会で**早良《さわら》親王**らとともに御霊として慰撫の対象とされたことが『日本三代実録』に記されている。ただし逸勢は堀河殿に住んでいた記録はなく、ここに住んでいたのは悪霊と名高い**藤原顕光《ふじわらのあきみつ》**である。

溺死鬼［できしき］

平安時代、安倍晴明が撰したとされる陰陽道の書物『占事略決』に病の原因として挙げられる霊鬼のひとつ。溺死した人間の霊鬼。

春宮大夫の北の方を襲った怨霊［とうぐうのだいぶのきたのかたをおそったおんりょう］

個人に祟ったとされる怨霊。平安中期、源経頼《みなもとのつねより》が記した日記『左経記』の長元六年（一〇三三）一一月一三日の条には、春宮大夫の北の方が長年の風邪並びに怨霊等に責められ、死去したことを風の噂《うわさ》に聞いた、という旨のことが記されている。

また、これ以前にも『小右記』長元四年（一〇三一）八月三日の条には春宮大夫の室の病について、霊気を人に移している間に湯治した、と記されている。

当時の春宮大夫は藤原頼宗《ふじわらのよりむね》であるため、彼の正室が霊による病に悩まされていたのだろう。しかし彼女を襲った霊が何者であるかは不明である。

東大寺の死にし僧［とうだいじのしにしそう］

僧侶の死者が現れたもの。平安後期の仏教説話集『今昔物語集』巻一九第一九「東大寺の僧、山に於いて死にし僧と値《あ》ふ語」にある。

昔、東大寺（奈良県奈良市）の僧が花を摘むために東にある奥山に行った際、道を間違えて山中で迷ってしまった。ここがどこかも分からず谷間を歩いていると、僧房のようなものが見えた。恐る恐る中に入ると、そこにはかつて東大寺におり、すでに死んだはずの僧がいた。「この場所は死んだ僧が悪霊となって棲むところだったのか」と恐ろしいことは限りなかったが、死んだ僧は東大寺の僧を見て「汝《なんじ》はどうしてこの場所に来たのか。ここは人が来るような場所ではない。珍しいことだ」と言った。そこで東大寺の僧が答えると、死んだ僧は改めて対面できたことを喜び、限りなく涙を流したため、東大寺の僧もまたともに泣いた。

それから死んだ僧が「私は寺にいた頃、必要以上に僧供を請い、飲食に耽《ふけ》った。怠けたい日は堂にも入らず、学問もしなかった。その罪によって一日に一度、限りなく耐えがたい責め苦を受けているのだ。その時間がやって来た」と言い、東大寺の僧に壺屋（物置）に隠れて穴から自分の様子を見ているように言った。その通りにすると、穴の向こうで額に布をつけた唐人のような姿をした者たちが現れ、僧たち一〇人ばかりを縄に繋《つな》いで連れてきて、磔台《はりつけだい》に磔にし、その口に溶けた銅を流し込んでいるのが見えた。

やがて責め苦が終わると僧たちは元の僧房に返され、責め苦を行っていた者たちも空を飛んで消えた。東大寺の僧は生きた心地がせずにいたが、死んだ僧が壺屋を開けたため、どうしてこのような責め苦を受けているのかと死んだ僧に問うた。すると死んだ僧は「私は死んですぐこの場所に来て、この僧房に住んだ。寺にて不必要な信施《しんせ》を受け、償う方法がなかったため、ここで責め苦を受けているのだ。しかし大きな罪を犯してはいないため、地獄には堕ちなかった。汝も早くお帰りなさい」と言うため、東大寺の僧は僧房を出て元の道を帰ると、今度は東大寺に戻ることができた。この僧は道心を発し、貴き聖人となったという。

道命［どうみょう］

平安後期の説話集『今昔物語集』巻一二第三六「天王寺の別当、道命阿闍梨《あじゃり》の語」にあるもの。この話では道命についてのさまざまな逸話が語られているが、その最後に彼の死後のことが記されている。それによれば、道命が亡くなった後、親しくしていた人が「阿闍梨はどこに生まれ変わったのだろう」と考えていると、その人の夢に道命が現れた。道命は蓮の咲く大きな池の中におり、経を読んでいた。夢の主がそれに気づくと、道命は手に経文を持ち、口では経を誦《しょう》しながら舟で夢の主の方に近づいてきた。

そして道命は「私は生前、三業《さんごう》を整えず、五戒を保たず、心のままに罪を作りました。特に天王寺の別当であった頃、自然に寺のものを盗用していたのです。その罪により浄土に生まれることはできませんでしたが、法華経を読み奉っていたその力により、三悪道に堕ちることなく、この池に住み、法華経を読み奉っているのです。苦はなく、これより二、三年を経た後、観率天《とそつてん》（兜率天）に生まれることでしょう。昔、あなたと親しくしていたことを忘れず、今来て伝えたのです」と告げたという。

道路鬼［どうろき］

平安時代、安倍晴明が撰したとされる陰陽道の書物『占事略决』に病の原因として挙げられる霊鬼のひとつ。路上で行き倒れた者の霊鬼だろうか。

伴善男［とものよしお］

死者が神となって現れたもの。伴善男は平安初期の公卿。大納言として権勢を振るった。しかし貞観八年（八六六）、権力を争っていた源信に応天門への放火の罪を着せようとするも、罪が明らかになって伊豆国（静岡県の伊豆半島・伊豆諸島）へ配流となり、そこで没した。この事件は応天門の変と呼ばれ、大伴氏の没落のきっかけとなった。

平安後期の説話集『今昔物語集』巻二七第一一「或る所の膳部《かしわでべ》善雄の伴の大納言の霊を見る語」には善男が死後に現れた話が載せられている。それによれば、ある時国中で咳病（咳の出る病）が流行り、身分の高低にかかわらず皆病床に伏していた。その頃、ある屋敷で働いていた調理人が夜に帰宅する途中、赤い上衣に冠をつけた恐ろしげな男に出会った。そのため調理人がその前に跪《ひざまず》くと、男は「お前は私を知っているか」と問う。そこで調理人が「存じ上げません」と正直に答えると、男は「私は昔この国で大納言として働いていた伴善男という者だ。伊豆の国に配流され、ずっと昔に死んだ。それ以来、疫病流行神となったのだ。私は罪を犯したが、朝廷に仕えている間はたくさんの恩を受けた。それゆえ、今年、天下に疫病があり、国の人間は皆死ぬはずだったが、私はそれを咳病に抑えた。そのために今、世間では咳病が流行しているのだ。この私はそのことを伝えるためにここに降り立った。だから恐れなくともよい」と言い、消えてしまった。

調理人はこの出来事を家に帰って語り伝えたため、善男が疫病神になったことが人の知るところとなった。しかしどうしてこの調理人にそのことを告げたのか、それにも理由があったのだろうと人々は語り伝えたのだという。

具平親王 ［ともひらしんのう］

死者がもののけとして現れたもの。平安中期の皇族、文人。村上天皇の第七皇子で、母は荘子《そうし》女王、女御荘子。才芸に秀で、前《さきの》中書王《ちゅうしょおう》（**兼明親王**）と並称された。寛弘五年（一〇〇八）、母の死を追うように死去した。

平安後期に著された歴史物語『栄花物語』巻一二「たまのむらぎく」には、具平親王がもののけとして現れた様子が記されている。それによれば、藤原頼通と具平親王の長女である隆姫の夫婦に子どもができなかったことから、三条天皇が頼通に対し、娘の禔子《しし》内親王を降嫁させたいと持ち掛けた。すると頼通がもののけに憑《つ》かれ、まず貴船明神がその正体として現れた。しかしその後も頼通の体調は優れず、やがて具平親王のもののけが女房に憑く形で現れ、頼通の父、**藤原道長**を呼んでこう言った。

「私はこの世に生きていた頃、愚かな者ではありませんでしたが、こうして死後、軽率に現れ、人々の中で物申すことはまったく未練がましいことです。しかし、我が子がかわいいということは大臣もお分かりでしょう。存命中、この大将（頼通）を娘の婿にしようという願いがあり、命果てた後も空を駆けながら娘夫婦の辺りを片時も立ち去ることができずにいました。ところがあの大将を内親王の婿にしようとしておられる。これは心中穏やかではいられず、私自身で訴えさせていただきたく思っていたところ、大将殿がこのように苦しんでおられる様子ですので、誠に心配申し上げているのです」

　道長はこれを聞き、恐縮しつつ、これは頼通の罪ではなく、自分の罪でもなく、成り行きによるものなのだと告げた。すると具平親王は「なんと、それなら我が子はかわいいとお思いなさるか」と何度も尋ねるため、道長はこの縁談を断念せよということなのだろうと判断し、仰せの通りにすると答えた。すると具平親王は「ならば安心して帰っていくことにします。さすがに大臣は嘘《うそ》をおっしゃらないと思っています。もし嘘だったら、恨み申し上げましょう」と告げて去り、女房もしばらくして正気に戻ったという。

　平安末期の仏教説話集『宝物集』下巻にも具平親王の物の気が現れ、頼通を取り殺そうとしたため、賀茂光栄《かものみつよし》、安倍吉平ら陰陽師が手を尽くすも敵わず、道長が法華経の力によって退散させるという話が載せられている。

【な】

長屋親王［ながやのしんのう］

　死者が疫病をもたらしたと考えられたもの。長屋親王もしくは長屋王は奈良時代前期の皇族で、天武天皇の皇子、高市皇子《たけちのみこ》と天智天皇の皇女である御名部親王《みなべのしんのう》の間に生まれた子であり、正二位左大臣まで昇ったが、対立する藤原四兄弟の陰謀により「密かに左道（邪道）を学んで国家を傾けようとしている」と密告され、藤原宇合《ふじわらのうまかい》率いる六衛府の軍勢に取り囲まれて自殺した。これは「長屋王の変」と呼ばれている。

　山田雄司著『怨霊とは何か』によれば、その後、藤原四兄弟が相次いで天然痘《てんねんとう》で亡くなり、長屋王の祟りが噂《うわさ》され、長屋王の子女の位階昇叙や光明皇后による「五月一日経」書写が行われ、長屋王を鎮めようとしたという。

　また平安初期の説話集『日本霊異記』中巻「己が高徳を恃《たの》み、賤形《せんぎょう》の沙弥《しゃみ》を刑《う》ちて、以て現に悪死を得し縁」においては、長屋親王の骨を土佐国（高知県）に葬らせたところ、新王の祟り（元の文では「新王の気」と表現）によって国の農民が次々と死んだため、長屋親王の骨を紀伊国（和歌山県および三重県西部）の海部郡椒枡村《あまのこおりはじかみむら》（現在の地名は不明）に移した、と記されている。

乳死鬼［にゅうしき］

　平安時代、安倍晴明が撰したとされる陰陽道の書物『占事略決』に病の原因として挙げられる霊鬼のひとつ。赤子の霊鬼か。

脳を食う餓鬼［のうをくうがき］

　人間が死後、餓鬼道に堕ちた場合になるという餓鬼のひとつ。平安中期、天台宗の僧である源信が記した仏教書『往生要集』にあるもの。それによれば、この餓鬼は自分の頭を割って脳を食う餓鬼で、それ以外の物は一切食うことができないのだという。

この他にも『往生要集』の同部分では口から火を吐いて寄って来た蛾《が》を食う餓鬼や、人糞《じんぷん》や人の涙を食らう餓鬼、膿《うみ》や血を呑んで渇きを癒やし、食器の洗い残しを食って腹を満たす餓鬼が紹介されている。これらの餓鬼については、生前いかなる所業のために餓鬼になるのか、『往生要集』には記されていない。

【は】

栢霊殿の霊 ［はくりょうでんのりょう］

平安後期の仏教説話集『今昔物語集』巻一〇第一八「霍《かく》大将軍死にし妻に値《あ》ひ打たれて死ぬる語」にあるもの。それによれば昔、震旦《しんたん》（中国）に霍大将軍という人物がおり、国王の娘を妻として大変に愛していた。しかしある時その妻が死に、将軍は酷《ひど》く悲しんで柏《かしわ》（原文では栢と表記）の木を使って殿を造り、そこに妻を葬った。

それから一年にわたり将軍は朝と暮れにこの殿を訪れ、供物を供えるなどしていたが、ある日の晩、この殿に赴いた将軍は、かつての妻が生前の姿で出てくるのを見た。将軍は恋しく思うとともに恐れおののいたが、妻は彼に「あなたが私を恋しく思い、このようにしてくれたこと、とても喜ばしく思います」と言った。しかしこの声を聞いた将軍は震え上がり、逃げようとした。直後、妻が彼を捕らえ、抱き寄せようとしたため、将軍がとにかく逃げようともがくと、妻が手で彼の腰を打った。

将軍はそのまま逃げ出したが、その夜中のうちに腰の痛みにより死んでしまった。このことを聞いた人々は将軍の妻が葬られた殿を栢霊殿と呼ぶようになった。栢霊殿は国に災いが起こりそうになると、雷のように鳴動して知らせたという。

そして死者を恋い、悲しむ心がいくら深くても、将軍のようなことをしてはならない。人は霊になってしまうと、もともとの心を失ってしまう、極めて恐ろしいものなのだと語り伝えたと記されている。

舞台は中国であるが、日本の文献に記録されたものであるため、本書に収録する。この話に出てくる霊は日本を舞台に登場する他の古代の霊と同じく、人の目に見え、物理的に触れることができるもの、つまり確かな存在感を持つものとして登場している。

人魂［ひとだま］

文字通り人の魂のことで、これが生者もしくは死者から抜け出し、独立して浮遊する場合があり、おたまじゃくしのような形でイメージされる。人魂が抜け出すのは死の直前もしくは直後とされることが多いが、死んでからしばらくは家の周辺に留まるという伝承もある。

名称自体は奈良時代の歌集『万葉集』にすでに見られ、巻一六の三八八九番歌に「人魂のさ青なる君がただひとり逢へりし雨夜の葉非左し思ほゆ」という歌が詠まれている。これは同書にて「怕《おそ》ろしき物の歌三首」として取り上げられており、すでに人魂が恐ろしい存在として認識されていたことが分かる。内容の解釈はさまざまだが、「人魂のように真っ青な顔をした君が、ただ一人きりで現れた。出会った雨夜の葉非左が思われる」といった形で訳される。「葉非左」については何を指すか不明。また「人魂のさ青なる君が」の部分は「青い人魂になった君が」と、この人物が死んだことを暗に示していると解釈する場合もある。

人が死ぬとその体から魂が抜けるという考え方は古代の時点で広まっており、万寿二年（一〇二五）に藤原嬉子が亡くなった際には、父の**藤原道長**が陰陽師を召して魂呼の儀式を行った記録が『小右記』『権記』に残されている。

正徳二年（一七一二）刊行の寺島良安の類書『和漢三才図会』巻五八「火類」では「霊魂火」「人魂火」の名で記されており、現在イメージされるような球体に細い尾がついた人魂の絵が描かれている。その説明は「頭が円く平たく、尾は杓子《しゃくし》に似ていて長く、色は青白に微赤を帯びている。地上三、四丈（約九〜一二メートル）を飛行し、落ちると破れて光を失う。その落ちたところには小さく黒い虫が出てくる」とあり、また人が死ぬ少し前に体から人魂が抜けるが、必ず抜けるわけではない、とも記されている。

安永八年（一七七九）発行の鳥山石燕『今昔画図続百鬼』にも「人魂」が描かれているが、こちらも『和漢三才図会』と同じくおたまじゃくしに似た形の姿で描かれている。

鬼火と混同されることが多いが、鬼火はどちらかといえば炎の塊のような姿で描かれ、また死んだ人間や牛馬の血が変化したものとされ、区別される。

水木しげるの漫画『人魂を飼う男』『ゲゲゲの鬼太郎』などでは「人魂の天ぷら」と呼ばれる料理がよく登場する。ただしこれを食べるとやがて尾が生え、体が異常に柔らかくなり、最後は口から目鼻のついた魂が抜け出し、のっぺらぼうのようになる様子が描かれる。

流星の俗称として人魂が使われる場合もあり、『日本紀略』昌泰二年（八九九）二月一日の条で星が空中から現れ、南東に飛び、地に落ちた。尾の長さ五、六尺（約一・五、一・八メートル）あり、これを人魂という、と記されている。

人魂を見る歌［ひとだまをみるうた］

人魂にまつわる和歌。平安後期に藤原清輔が記した『袋草紙』上巻に「誦文《ずもん》の歌」としてあるもの。歌は「たまはみつぬしはたれともしらねどもむすびとどめつしたがひのつま」というもので、「魂は見つ主は誰とも知らねども結びとどめつ下がひの褄《つま》」という内容かと思われる。解説として「三度これを誦して、男は左、女は右の褄を結び、三日を経てこれを解く」とある。つまり人魂を見た際にはこの歌を三度唱え、男は左、女は右の褄を結ぶことで自分の魂が体から離れるのを防ぐことができる、ということだろう。

同じく『袋草紙』に記された死者にまつわる歌としては「死人に遭ふ時の歌」がある。こちらは**夜の途中に死人に逢える歌**を参照。

人の妻の悪霊［ひとのめのあくりょう］

死体が変化したもの。平安後期の仏教説話集『今昔物語集』巻二四第二〇の「人の妻悪霊と成り、其《そ》の害を除きし陰陽師の語」にあるもの。

それによれば、昔、ある男が長年ともに過ごした妻を置いて出ていき、妻はそれを深く恨んで嘆き悲しみ、病みついて死んでしまった。

妻には両親も親しい者もいなかったため、誰も死体を処理する者がないまま家の中に放置されたが、その肉は腐らず、髪は頭についたままだった。隣人が家の中を覗いた際、その様子に恐れることは限りなかったという。

また、その家の中では常に光るものがあり、物音がしたため、隣人はついに恐れて逃げてしまった。そして隣人に話を聞いた男は半死半生になった気持ちがして「どのようにしてこの霊の難を逃れよう。私を恨んで思い死んだのであれば、必ず殺されるだろう」と恐ろしく思い、ある陰陽師のもとに行って事情を話し、難を逃れる術を乞うた。すると陰陽師は「逃れがたいことです」としながらも男とともにその家に行き、様子を見ることとした。

二人が家の中を覗くと本当に髪は抜けることなく、骨も繋《つな》がったままの男の妻の死体があった。陰陽師は男を、その死体の背にまるで馬にでも跨《また》がるように乗らせ、女の髪をしっかりと握らせて、「絶対に放してはいけません」と教え、呪を唱え、祈禱《きとう》して「私が再びここに戻るまでこのままでいてください。必ず恐ろしいことが起こりましょう。それを耐えなさい」と言い置き、出て行った。男はどうすることもできず、死んだような心持ちで死人の上に乗って髪を摑《つか》んでいた。

そのうち夜になると妻の死体が「ああ、重い」と言いながら立ち上がり、「よし、あやつを探そう」と言って家の外へ向かって走り出した。どことも分からず走り続けたが、男は陰陽師の言いつけを守って髪を摑み、妻の背から落ちないようにしていた。そのうちに妻の死体は家に戻り、元のように倒れ込んだ。そして鶏の鳴き声が聞こえ、夜が明けると、音を出すこともなくなった。

それから陰陽師が来て何があったかと問うため、男が答えると、陰陽師は妻の死体に再び呪を唱え、祈禱すると、男を連れてこの家を出た。

陰陽師が言うことには「もう恐れることはありません。難は去りました」とのことだった。男は泣きながら陰陽師を拝したという。

死体が動き出す怪を悪霊と呼んだもの。『今昔物語集』には同じく家に置いて行った妻の死体が動き、夫と邂逅《かいこう》する話があるが、こちらは切ない話となっている（詳しくは**生前の姿で現れた前妻**を参照）。

人や獣に踏まれた髑髏の死霊
「ひとやけものにふまれたどくろのしりょう」

恩を返した死者。平安初期の『日本霊異記』上巻に記された「人・畜に履《ふ》まれし髑髏の、救ひ収めらえて霊《あや》しき表《しるし》を示して、現に報いし縁」にあるもの。

大化二年（六四六）、高麗（朝鮮半島）の学問僧であり、元興寺（奈良県奈良市）の僧でもあった道登《どうとう》という人物が奈良山の谷間で人や獣に踏みつけられている髑髏を見つけ、不憫《ふびん》に思って従者の万呂《まろ》に命じて木の上にその髑髏を置かせた。

その年の大晦日のこと、ひとりの人物が元興寺の門前に現れ、道登大徳の従者の万呂という人物に会いたいと言う。そこで万呂が出て行くと、その人は「道登大徳の慈悲のために安らかな日々を送っています。その恩を返したいのですが、今晩でなくては恩返しすることができないのです」と言う。そして万呂を連れてある家に行き、供物として供えられていたご馳走を万呂に与えた。

それから朝方になり、家の外から男の声が聞こえると、その人は「自分を殺した兄が来たようですから、早々に帰りましょう」と言う。怪しく思い、万呂が問うと、その人は「昔、私は兄とともに商いに向かいましたが、そこで私は銀六四〇両ほど儲《もう》けました。しかし兄はこれを妬《ねた》んで私を殺し、この銀を奪ってしまったのです。以来、私は長年の間、往来する人や獣に頭を踏まれることとなりました。しかし道登大徳がお慈悲を下さり、その苦しみから逃れさせてくれたのです。ゆえに私は恩を忘れず、今宵こうして恩に報いているのです」と答えた。

その時、その人の母と兄が霊を拝むために部屋に入ってきて、万呂を見つけて驚き恐れ、どうしてここにいるのかと尋ねた。万呂はそのため先ほど聞いた話を教えた。すると母親は「ああ、我が愛し子はお前のために殺されたのね。他の賊によるものではなかったのね」と殺された人の兄を罵った。そして万呂に礼をしてさらにご馳走を用意した。

やがて万呂はその家から元興寺に帰り、事情を師の道登に話した。すると道登は

「そのように死霊や白骨さえも恩を返すのだ。ましてや生きる人がどうして恩を忘れようか」と言ったという。

　商売の帰り、ともに商売に行った者に嫉妬されて殺され、髑髏となってから仇《あだ》を返す話は日本各地の民話などに残るが、これはその中でももっとも早い話（近世の**髑髏の謡**も参照）。また、類似した話は国外にもあり、中国で四世紀に成立した『捜神記』などにもあることから、『日本霊異記』のこの話も中国の影響があるものと考えられる。

　また、同話では殺された人物の霊を「死霊」と呼んでいるが、これは筆者が確認した中だと日本においてはもっとも古い「死霊」という言葉の使用例である。

負債を取り立てる子［ふさいをとりたてるこ］

　死者が転生したもの。平安初期の説話集『日本霊異記』巻中第三〇「行基大徳、子を携ふる女人の過去の怨みを視て、淵《ふち》に投げしめ、異しき表《しるし》を示しし縁」にあるもの。

　それによれば、行基が仏法を説いて人々を教え導いていた時のこと。河内邦若江郡（現・大阪府東大阪市）の川派《かわまた》の里に子を連れて法会に参加する母親がいたが、その子どもは一〇歳を過ぎてもまともに歩くことができず、絶えず泣きわめき、母親の乳を飲んでいた。そのため、母親はこの子どもに邪魔され、行基の説法を満足に聞けずにいた。

　行基はこれを見るなり「その子どもを淵に捨てよ」と言ったが、母親は子を捨てることができず、後日、再び子を連れて行基の法会に参加した。すると行基は再び「その子を淵に投げ捨てて来なさい」と言ったため、今度は母親もその通りに子を淵に投げた。すると子が流れの上に浮き上がり、足をばたつかせて、目を大きく見開いて悔しがり「残念だ。もう三年間、お前から取り立て、食ってやろうと思っていたのに」と叫んだ。

　それから女が法会に戻ると、行基に「そなたは前世で、あの者に何か物を借りて返さなかったために、この世で貸主が子どもの姿となり、その負債を取り立てて食っていたのです」と教えたという。

　こういった前世の借金を貸した相手の子どもに生まれて取り返そうとする怪談は中国において討債鬼説話という類型があり、福田素子著『債鬼転生　討債鬼故事に見る中国の親と子』によれば、この『日本霊異記』に記された話は討債鬼説話が日本に入ってきたことが確認できる最古の例だという。また討債鬼説話に見られる「物・金を取られた人間の子に転生する」「子はなんらかの障害を抱えている」「一定の年齢に達してから親に向かってその罪を告発する」といった要素は近世以降、「こんな晩」「座頭殺し」「六部殺し」などと呼ばれる話に発展していく（詳細は近世の**こんな晩**を参照）。また、現代においても**今度は落とさないでね**と呼ばれる怪談にこの要素が残っている。

藤原顕光［ふじわらのあきみつ］

悪霊と呼ばれた死者。藤原顕光は平安中期の公卿で、右大臣を経て左大臣まで昇った。長女の元子を一条天皇の女御に、次女の延子（**藤原延子**）を敦明《あつあきら》親王の后としたが、**藤原道長**に昇進を妨げられ、治安元年（一〇二一）に死去した。娘の延子とともに、その霊が道長一族に祟ったことで知られ、悪霊左府とも呼ばれる。

顕光が霊として現れた噂《うわさ》があったことは、まず平安中期の藤原実資《ふじわらのさねすけ》の日記『小右記』に見える。顕光の死から四年後の万寿二年（一〇二五）八月八日の条によれば、道長の娘、藤原嬉子が同月五日に亡くなったことについて、人々が故堀河左府（藤原顕光）、院（敦明親王）の母（藤原娍子《ふじわらのせいし》）、院の御息所（藤原延子）の霊が放った言葉を道長一家が非常に恐れている、と噂していたことを記録している。また、万寿四年（一〇二七）五月三〇日の条では、宮（藤原妍子《ふじわらのけんし》）の病が良くならず、故堀河左府、尚侍《ないしのかみ》（藤原延子）の霊たちが出現した、と記録されている。

この顕光と延子父子の霊のことは平安後期に記された歴史物語『栄花物語』で頻繁に取り上げられている。まず巻二四「わかばえ」では、藤原嬉子が病で苦しんでいるところに堀河の大臣（藤原顕光）が女御（延子）を連れて現れ、おどろおどろしい気配をさせて嬉子を罵ったとある。続く巻二五「みねの月」においては、道長の三女、**藤原寛子**が病に苦しみ、出家を決意して髪を切ると、二人の霊が現れ、「やってやった」「今こそ胸がすいた」などと言葉を発したとある。またこのすぐ後に寛子が亡くなると、それも顕光と延子のもののけの仕業《しわざ》だとされる。さらに巻二六「楚王の夢」では嬉子が親仁《ちかひと》親王を出産した直後に亡くなるが、この際にも顕光と延子の御霊が現れ、嬉子を罵ったとある。そして巻三二「歌合」では、後一条天皇が病に侵された際にもこの二人の霊が出現したとあり、顕光、延子父子は『栄花物語』において多くの病、死に関わる形で現れる。

同じく平安後期の歴史物語『大鏡』「太政大臣兼通」においては、顕光について「悪霊の左大臣殿と申し伝えられた」とあり、この時点で顕光が悪霊と呼ばれていたことが分かる。

現在よく知られる「悪霊左府」の名前が見えるのは中世に入ってからで、鎌倉前期に記された説話集『宇治拾遺物語』巻一四第一一「御堂関白の御犬、晴明等、奇特の事」では生前の顕光が道摩法師に命じて道長を呪詛《じゅそ》しようとし、安倍晴明に防がれたことについて記されているが、話の最後に顕光公は死後に怨霊となり、祟りをなした、そのため悪霊左府と名付けられた、と書かれている。

鎌倉中期の説話集『十訓抄』第九「懇望を停むべき事」においては生前の顕光が道長を恨み、悪霊となって一夜のうちに白髪になった、と生前から悪霊になったと記されている。

藤原朝成［ふじわらのあさひら］

　怨恨から死後、悪霊と化したもの。平安後期の歴史物語『大鏡』巻三「太政大臣伊《これ》尹《ただ》　謙徳公」によれば、朝成が悪霊と化した経緯について、こう記されている。

　朝成と一条摂政（藤原伊尹）は同時代の殿上人で、朝成は家柄だけは一条殿と等しくなかったものの、才も人望もともに卓越していた。この二人が蔵人頭の候補になった際、朝成は伊尹に「あなたは他に機会があるが、私は今回任じられなければ大変惨めなこととなる。そのため、任官を申し出ることをおやめになってはくれないか」と頼み、伊尹はこれに同意した。

　しかしその約束を違え、伊尹が蔵人頭に任ぜられる。朝成はこれを恨み、二人は険悪な関係となった。それから朝成が伊尹に仕える者に無礼な仕打ちをしたため、伊尹が憤慨していると聞き、朝成は弁解のために伊尹の邸宅を訪れた。季節は六、七月の暑く、耐えがたい頃であったが、朝成は従者に取り次ぎをさせて中門に立って伊尹を待った。しかし今か今かと待っていてもいっこうに呼ばれず、伊尹は自分を炙《あぶ》り殺そうとしているのか、無駄に訪問してしまった、と考え、夜になって自邸に立ち戻ろうとした際に、憤怒の思いで笏《しゃく》を強く握るとその拍子に笏が音を立てて折れた。朝成は自邸に戻ると「伊尹の一族を永久に根絶やしにしてやる。男子も女子もまともには生かさぬ。それを哀れに思う者がいれば、その者をも恨もう」と誓って亡くなった。そのために朝成は伊尹の一族を代々呪う悪霊となったのだという。

　また、同書には他にも朝成の死後、**藤原道長**の夢に朝成が現れ、道長が「何をしているのか」と問うと「頭弁（藤原行成）を待っている」と答えた。夢から覚めた道長はすぐに行成に物忌みなどをするよう書を送った、という話も記されている。行成は伊尹の孫であるため、朝成に狙われたのだろう。

　他にも鎌倉中期の説話集『十訓抄』第一〇「才芸を庶幾すべき事」においては、朝成が検非違使別当の時、中納言になることを所望し、石清水八幡宮（京都府八幡市）に参詣して「私は強盗一〇〇人の首を斬る者である。その功労によって次の折に中納言としてほしい」と告げた。これに神主は「我が神は殺生を禁じ、放生を旨としています。どうしてそのようなことを申すのですか」と尋ねると、朝成は「殺生を禁じているご託宣の文は明白であるが、この託宣の末に『悪者が現れた時、国家のため臣が行うのであればこの限りではない』と記されている」と告げた。そこで神主がこのことを神に申すと、朝成は中納言に任じられることになった。しかしこのような自業自得の類のことは憐愍《れんびん》の及ぶところではない。それから朝成は大納言となることを所望した際、その本意を遂げられず、悪霊となったのだ、と記されている。

　また同書の巻九「懇望を停むべき事」や鎌倉初期の説話集『古事談』では朝成の生

霊が伊尹を殺した、という話が記されている。

藤原延子［ふじわらのえんし］

もののけとして現れた死者。藤原延子は平安時代中期の女性。左大臣、**藤原顕光**の次女で、堀河女御とも呼ばれた。

平安時代後期に記された歴史物語『栄花物語』巻二四「わかばえ」や巻二九「たまのかざり」では、延子が父の顕光とともにもののけとして現れた話が載る。前者では藤原娍子《ふじわらのせいし》に、後者では琵琶殿《びわどの》（藤原妍子《ふじわらのけんし》）に病を引き起こしている。また、巻二五「みねの月」では**藤原道長**の三女、**藤原寛子**に顕光・延子父子がもののけとなって取り憑《つ》き、殺害したあと、「やってやった、やってやった。胸がすいた」と叫んだと記されている。さらに同巻から巻二六「楚王のゆめ」にかけては顕光が尚侍殿《ないしのかみ》（藤原嬉子）の出産の際に現れると宣言し、実際に尚侍殿の出産において顕光・延子父子がもののけとして現れ、大声で喚《わめ》きたてた。そして尚侍殿は何とか出産を終えたものの、もののけによる病で命を落とす。

このように、『栄花物語』における延子は父の顕光とともにさまざまな人間に祟るもののけとして描かれている。

藤原寛子［ふじわらのかんし］

藤原寛子は藤原忠平の娘であり、重明親王の后であった人物。天慶八年（九四五）に亡くなったが、重明親王はこの亡き妻の四十九日に願文を作成させ、それが「重明親王家室四十九日願文」として残されている。この願文の中に供養の対象として寛子のことを「幽霊」と呼んでいる文言が見える。

この供養の対象としての幽霊という語句の使い方については、古代の**幽霊**を参照。

藤原公業［ふじわらのきんなり］

人間が死後、餓鬼として現れたもの。平安中期、藤原実資《ふじわらのさねすけ》の日記『小右記』の長元五年（一〇三二）一二月九日の条には、実資の夢に前右衛門督（不詳。藤原懐平《ふじわらのかねひら》か）が現れ、「公業朝臣は食べる物もなく、その悲嘆は極まりない。功徳の物を与えてほしい」と言う夢を見た。目覚めた実資は不憫《ふびん》に思い、公業は餓鬼道に堕ちたのだろうと考え、その夜から七日にわたって供養として施餓鬼《せがき》を行った。

それから一一日後の一二月二〇日の条には、藤原為資《ふじわらのためすけ》の夢に束帯、把笏《はしゃく》した公業が現れたという記述がある。実資が施餓鬼を行ったことを伝えると、公業は「ああ嬉しい、嬉しい」と喜んでいたことを為資は実資に教えたという。

藤原公業は平安中期の官人で、長元元年（一〇二八）に死亡している。なぜ餓鬼道に堕ちたのかは不明である。

藤原佐理［ふじわらのすけまさ］

藤原佐理は平安時代の公卿。平安中期の能書家の中でも優れた名筆家を呼ぶ三蹟のひとりとして数えられる。大嘗会《だいじょうえ》（天皇が即位後初めて行う新嘗祭《にいなめのまつり》）の際に行われる、悠紀《ゆき》、主基《すき》の節会に用いられた大嘗会屏風《びょうぶ》の色紙形の筆者として三度選ばれた。蔵人、左少弁、讃岐国司、大宰大弐《だざいのだいに》等を歴任するが宇佐八幡宮《うさはちまんぐう》（大分県宇佐市）の神人と乱闘騒ぎを起こし、官職を解かれ、京に連れ戻される。その後は復帰して朝参を赦され、正三位・兵部卿《ひょうぶきょう》に在任するが、翌年に没した。

平安時代の説話集『江談抄』巻三第三四「佐理の生霊行成を悩ます事」には、佐理が生霊と化した話が載せられている。それによれば、藤原行成が某所の扁額《へんがく》の筆者として勅命を受けた際、佐理の生霊が数日にわたって現れて行成を悩ませたという。

同書では続く話でこの話は間違いであると語っている。詳しくは**兼明親王**を参照。

藤原俊家［ふじわらのとしいえ］

夢に死者が現れたもの。俊家は平安時代中期から後期の公卿で、大宮右府と呼ばれた。俊家は永保二年（一〇八二）に死去したが、平安時代末期、藤原頼長によって記された日記『台記』久安元年（一一四五）一二月二四日の条には、俊家の娘である一条殿（藤原全子）が父に対し、彼女を離縁した夫である二条殿（藤原師通《ふじわらのもろみち》）とその妻、藤原信子へ恨みを報いることを願ったところ、夢に俊家が現れたという話が記されている。俊家は「我が必ず報いよう」と約束し、その後、二条殿は死亡し、信子は零落したとある。なお、実際に二条殿が死去したのは承徳三年（一〇九九）であるため、この日記の通りのことが起きたのかは定かではない。

藤原繁子に憑いた邪霊［ふじわらのはんしについたじゃれい］

人に憑《つ》き、狂乱させた霊。平安中期の藤原行成の日記『権記』長保二年（一〇〇〇）一二月一六日の条では前典侍《さきのないしのすけ》（藤原繁子）が邪霊のために狂乱し、大臣（**藤原道長**）に摑《つか》みかかった、という話が女房たちの口から語られたことが記録されている。また同日の条では道長自身がこの事件について語ったことが記されている。それによれば、繁子が霊気に憑かれて髪を逆立てて絶叫し、襲い掛かってきたが、道長は三宝の加護を得てこの霊の左右の手を摑み、取り押さえたという。また、繁子に憑いた霊の発する言葉は関白（**藤原道隆**）もしくは二条《にじょう》丞相《じょうしょう》（**藤原道兼**）の霊のようでもあったという。

この後、道長は安倍晴明を呼んで修法を指示したとある。ちなみに道隆と道兼はともに道長の実の兄である。

藤原広嗣［ふじわらのひろつぐ］

死者の霊が祟ったとされるもの。広嗣は奈良時代の廷臣で、藤原不比等の孫。吉備真備や**玄昉**《げんぼう》、橘諸兄《たちばなのもろえ》と対立して大宰少弐《だざいのしょうに》に左遷され、吉備真備と玄昉を排除しようと反乱を起こす（藤原広嗣の乱）。しかし失敗して処刑された。

平安時代初期の勅撰史書『続日本紀』では玄昉が死んだ際、彼は広嗣の霊によって殺されたのだと世間で噂《うわさ》されたことが記録されている。『扶桑略記』では広嗣の亡霊が玄昉の命を奪ったとあり、その広嗣の霊は松浦明神として祀《まつ》られている、と記されている。

平安時代末期の『今昔物語集』になると玄昉の死はより具体的に描写されるようになり、巻一一の第六「玄昉僧正、唐に亘りて、法相を伝へたる語」によれば、広嗣は悪霊となり、赤い衣を纏《まと》い、冠を被った姿で玄昉の前に現れ、玄昉を摑《つか》んで散々に引き裂いて地に落としたという。その後も悪霊は鎮まることがなかったため、聖武天皇は恐れて吉備真備に命じ、広嗣の墓を作らせた。そして真備が言葉を尽くして広嗣を宥《なだ》めたところ、やっと霊は鎮まったという。そして広嗣の悪霊は神となり、鏡明神と呼ばれるようになったという。

この鏡明神（松浦明神）を祀った神社は佐賀県唐津市の鏡神社で、現在も広嗣を祭神としている。

藤原道兼［ふじわらのみちかね］

宣託のために死後の霊が現れたもの。道兼は平安中期の公卿で、兄の**藤原道隆**の死後、関白となるもわずか一一日後、長徳元年（九九五）に没した。藤原行成の日記『権記』の長保二年（一〇〇〇）五月一九日の条には彼の霊が弟の**藤原道長**のもとに現れたと記されている。

それによれば、二条殿（道兼）の御霊は道長に対しさまざまな雑事を告げ、呉（越とともに中国の王朝）が越に敗れたことを語ったが、その意気は生前同様であったという。また「旧意に変わることなく、少将（藤原重家）を諷諫《ふうかん》すること、粟田山荘を寺とすること」を告げたとされる。

粟田山荘（京都府京都市東山区）は道兼が生前に造営した山荘。道長は晩年、多くの悪霊や怨霊に苦しめられたが、兄である道兼の霊は彼に危害を加えることはなかったようだ。

藤原道隆［ふじわらのみちたか］

藤原道隆は平安中期の公卿で、**藤原道長**の兄。中納言、大納言を経て父の死後に摂政関白となる。しかし子の藤原伊周《ふじわらのこれちか》に地位を譲渡しようとしたものの、弟の**藤原道兼**が関白となり、権勢を奪われることとなった。この無念のためか、道隆の鬼霊が現れたのではないかという話が平安中期の藤原《ふじわらの》実資《さねすけ》の日記『小右記』長元二年（一〇二九）九月一三日の条に書き記されている。

それによれば、その前日の夜中、道隆が住んでいた東三条殿（京都府京都市中京区）に移り住んでいた頼通（道長の子）が病に倒れ、占った陰陽師は住むところの鬼霊および風気により病を発症したと進言した。これを聞いた人々は「この南院（東三条殿の一部）は関白であった道隆が閉目（死去）した場所だ。道隆は（道長）一家の怨敵である。なのにそれを忘れて住むとは、万人の怪しむところである」と話したという。

その後、同月一八日の条では道隆・道長の叔父にあたる深覚が祈禱《きとう》を行ったと記されている。

『小右記』でははっきりと道隆が死後に現れたとは語られておらず、場所が道隆の住んだ東三条殿であったこと、道隆と道長、頼通に因縁があったことから、頼通に病を引き起こしたのは道隆の鬼霊ではないかという噂《うわさ》が発生した、ということらしい。

藤原道長 ［ふじわらのみちなが］

道長は平安時代の公卿。左大臣として政権を掌握した後、娘の彰子《しょうし》、妍子《けんし》、威子《いし》の三人を立后させることで摂政として力を持ち、政権を独占して藤原氏の全盛時代を築いた。

多くの逸話を持つ道長だが、その死後、藤原宗忠の記した日記『中右記』寛治三年（一〇八九）一二月四日の条にて、道長の幽霊の成道のため、毎年一二月四日には念誦《ねんじゅ》しなくてはならないと記された。ここでいう幽霊は現在のように生者の前に姿を現す死者の霊魂ではなく、霊魂の所在は不明であるものの、成仏できていないであろうと考えられている死者のことをいう（古代の**幽霊**も参照）。

諏訪春雄著『日本の幽霊』をはじめ、日本の幽霊研究においては長らくこの『中右記』における道長の幽霊の記述が日本の文献上「幽霊」の語の初出だと考えられてきたが、現在はさらに古い記録があることが分かっている（小山聡子著『もののけの日本史』）。

また、道長自身も生前はさまざまな死者の干渉に悩まされていた人物でもある（**藤原顕光**、**藤原朝成《ふじわらのあさひら》**、**具平親王**を参照）。

藤原元方 ［ふじわらのもとかた］

霊として現れた死者。藤原元方は平安中期の公卿。文章得業生《もんじょうとくごうしょう》、東宮学士を歴任し、天慶二年（九三九）参議になり、正三位、大納言兼民部卿に進んだ。しかし娘の祐姫《すけひめ》が生んだ広平親王は、**藤原師輔《ふじわらのもろすけ》**の娘・安子が生んだ憲平親王（後の冷泉天皇（**冷泉院**））のために立太子を阻まれ、元方は悲嘆のうちに天暦七年（九五三）に亡くなった。このため、元方は師輔や安子、冷泉天皇を恨んでいたと考えられたのか、死後、霊として彼らに祟った話が多く残る。

平安中期に記された藤原実資《ふじわらのさねすけ》の日記『小右記』寛和元年（九八五）八月二七日の条

には円融天皇が丑時《うしどき》（午前二時頃）に病を発症し、自ら「元方卿の霊によるものだ」と告げたことが記されている。また長和四年（一〇一五）五月七日の条には**賀静**・元方らの霊が現れ、「三条天皇の眼病は賀静によるものである」と語ったことが記されている。

　平安後期の歴史物語『栄花物語』巻一「月の宴」では元方の霊がもののけとして現れ、憲平親王に祟って悩ませ、安子出産時には安子に憑《つ》いて彼女を崩御に導く。さらに村上天皇、藤原超子の頓死の場面などにも登場し、多くの不幸を引き起こす。

　同じく平安後期の歴史物語『大鏡』「師輔伝」では、九条殿（藤原師輔）との確執が原因で元方の霊が現れたとし、「太政大臣師尹《もろただ》」では小一条院（敦明《あつあきら》親王。冷泉天皇の孫に当たる）が東宮辞退を望んだのは元方の霊によるものと語られる。

藤原師家を殺した女の霊

［ふじわらのもろいえをころしたおんなのりょう］

平安貴族の藤原師家を殺したとされる霊。平安後期の説話集『今昔物語集』巻三一第七「右少弁師家の朝臣女の死に値《あ》ふ語」にあるもの。それによれば、右少弁の藤原師家には相思相愛の仲となり、通い続けていた女がいた。しかし公務で多忙になり、足が遠のきがちになると、女はそういったことに慣れていなかったため、疎遠になっていった。女は師家を憎いとは思わなかったが、薄情だとは思い、ついに二人の仲は絶えてしまった。

　それから半年ほど経った頃、師家がこの女の家の前を通りかかった時、ちょうど外から帰って来たこの家の者がそれを見て、「弁の殿が今そこを通っておられました」と女に伝えた。女はこれを聞いて人を遣わせ、師家に「少しお立ち寄りくださいませんか」と伝えたため、師家が中に入ると、女はそこに美しく座り、法華経を読んでいた。師家はその女との関係を絶ったことを後悔したが、いまさら気が引けて、とにかく経を読み終えるのを待っていた。しかし女は何度も経を読み続けるため、ついに師家が声を掛けると、涙を浮かべて彼を見た。師家も後悔の念が押し寄せ、ただ涙を流した。

　それからしばらくして女は経を読み終え、「実を申せば、今一度お目にかかりたくお呼びしたのです。今はこれを恨み続けて……」と言ってそのまま息絶えてしまった。

　師家は驚き、人を呼んだが、女が蘇生することはなかった。師家は酷《ひど》く後悔しながら家に帰ったが、その後いくばくも経たず病を発症し、数日で死亡した。あの死んだ女によるものではないか、という噂《うわさ》が流れたという。

　この文章の後には、女と親しかった者は、あの女の霊の仕業《しわざ》であることを知っていたはずだ、とも書かれている。師家と女の話は『今鏡』にも記されているが、こちらでは師家は霊に殺されず、悲しみから山で隠《いん》遁《とん》生活を送った、とされている。

藤原師輔 ［ふじわらのもろすけ］

　平安中期に記された藤原実資《ふじわらのさねすけ》の日記『小右記』の正暦四年（九九三）の条には、師輔の**猛霊**が現れたという記述がある。それによれば、観修僧都という僧が来て、実資に「東宮更衣（藤原済時《ふじわらのなりとき》の娘）に対して修法を行ったところ、猛霊がたちまち現れました。孟霊は『我は九条丞相（藤原師輔）の霊である。生きていた頃、外術《げじゅつ》を行い、子孫繁盛を願った。その願いは成就した。また、小野宮太相国（藤原実頼）の子続を滅ぼさんということもその際に深く願った。それから六〇年、その験はすでに成就した。しかし今、我は他の者を滅しようと考えたことにより、極めて重い苦を受けている。苦が抜かれる期待はない。だが、小野宮太相国の子孫が生まれる時には、我は必ずその場所に向かい、このことを妨げている。六〇年をかけ、小野宮太相国の子続を滅ぼすためにかけた術が及ぶ期間の残りも少なくなった。あの時の外術は残り二年ばかりだ。それ以降はこの妨術を巡らせるのは難しいだろう。また、この更衣はすでに懐妊の気がある。そのためやって来て、煩わせているのだ。他の種を絶つためである』と言いました」と告げた。その後、僧都は「すぐに大威徳尊を造り、帰依して奉るべきです」と言ったため、実資はならば天運に任せるべきものだろう、と記している。

　この他にも師輔が死後現れた話は『大鏡』中巻の「右大臣師輔」の部分にあるが、こちらは自身の子孫を守るものとして登場する。この頃、冷泉天皇（**冷泉院**）は物の怪による異常な行動を示す傾向があったが、大嘗会《だいじょうえ》の御禊《ごけい》では師輔が後ろに現れ支えていたため、乱れることがなかった、と記されている。なお、『大鏡』ではこの冷泉天皇にもののけを引き起こしていたのは**藤原元方**であるとしている。

　この他にも師輔の霊が冷泉院を守った話が鎌倉初期の仏教説話集『続古事談』第一の八「師輔、孫の冷泉院に大地震あるを夢告の事」に載る。一条天皇の時代、冷泉院が突然「池の中嶋に帳《とばり》を建てなさい。そこにいなければならない理由がある」と言ったため、人々は疑問に思いながら言う通りにし、帳で待機していた。

　すると大地震が起き、逃げ遅れた人々が大勢建物の下敷きになって犠牲になった。そこで帳に避難していた人々が冷泉院になぜ先に地震が起きることを知っていたのかと問うと、冷泉院は「昨夜の夢に、藤原師輔殿が現れ、明日の未《ひつじ》の刻（一三〜一五時）に地震が起きるでしょう。中嶋におわしませ、と教えたのだ」と答えた。人々は涙を流しながら、師輔様の霊はいまだ天皇をお守りなさっているのだ、と囁《ささや》き合ったという。

藤原吉子 ［ふじわらのよしこ］

　平安時代に御霊として祀《まつ》られた人物。大同二年（八〇七）兄の藤原雄友が吉子の子である**伊予親王**に謀反《むほん》の疑いがあるとして藤原内麿に報告。これにより吉子、伊予親王母子は大和国（奈良県）の川原寺（奈良県高市郡明日香村か）に幽閉されるが、二人とも毒を飲んで自害した（伊予親王の変）。しかし伊予親王に謀反の企てはなく皇位継承が絡んだ疑獄事件であったとされる。

『日本三代実録』によれば、貞観五年（八六三）神泉苑（京都府京都市中京区）において頻発した疫病を治めるために御霊会が行われているが、この時、伊予親王とともに「藤原夫人」が慰撫の対象とされている。これは吉子の過去から、吉子のことであると考えられている。

文室宮田麻呂 ［ふんやのみやたまろ］

平安時代に御霊として祀《まつ》られた人物。

承和一〇年（八四三）、宮田麻呂は散位従五位上の官位にあったが、従者の陽侯氏雄《やこのうじお》から謀反《むほん》の告発をされて、左衛門府に禁獄された上、平安京と難波（現・大阪府大阪市）の邸宅から武器が押収された。宮田麻呂は謀反の罪を負って伊豆国（静岡県の伊豆半島と伊豆諸島）への流罪となった。その後の記録はなく、流刑地で死したものと思われる。

しかしその死後、貞観五年（八六三）神泉苑（京都府京都市中京区）における御霊会では疫病が頻発した原因のひとつにこの宮田麻呂の無念の死があったとされ、**早良《さわら》親王**らとともに御霊として慰撫の対象とされたことが『日本三代実録』に記されている。

兵死鬼 ［へいしき］

平安時代、安倍晴明が撰したとされる陰陽道の書物『占事略決』に病の原因として挙げられる霊鬼のひとつ。戦死した人間の霊鬼か。

亡霊 ［ぼうれい］

その名の通り亡くなった人間の霊。平安中期にはすでに使用例が見られ、**藤原道長**の日記『御堂関白記』寛弘二年（一〇〇五）一〇月一九日条には死者を供養する際に亡霊という言葉を使っている。また個人を指すものでは平安末期に成立した『扶桑略記』に**藤原広嗣**の亡霊のために**玄昉**《げんぼう》が殺された、とする記述が見える。

中世には『平家物語』『太平記』などの軍記物語に亡霊の記述が複数あり、**頼豪**や**楠木正成**（ともに中世）など、先述の広嗣のように恨みを持って復讐《ふくしゅう》のために現れた霊にも使われている。これらは目に見える形で現世に現れるため、少なくとも亡霊は目に見えない死者を表す言葉ではなかったことが分かる。

近世以降は死者の霊魂が姿を現すもの全般に使われており、現代と変わらない。「亡霊が姿を現す」という表現に違和感がないように、基本的には目に見える形で現れる死者の霊魂を指して使われることが多かったのではないかと推測される。

　類似した語に亡魂があるが、こちらは特定の個人ではなく、死者の霊魂を広く指す言葉として使われたり、特定個人に使われる場合、人に取り憑《つ》くなどして存在を示すなど、直接目に見えないものを指す場合も多い。

【ま】

源融［みなもとのとおる］

源融は平安時代の貴族。嵯峨《さが》天皇の皇子であったが、源朝臣の姓を受け臣籍に下り、後に仁明天皇の養子となる。左大臣まで昇進し、京の六条河原に河原院（川原院）という邸宅を営み、河原左大臣と呼ばれた。また宇治（現・京都府宇治市）に別荘を持ち、それが後に仏寺とされ、平等院となった。また、『源氏物語』の主人公、光源氏のモデルのひとりとも考えられている。そして源融は死後、自身の邸宅であった河原院に出現した記録がいくつも残っている。

　主な文献は『今昔物語集』『江談抄』『紫明抄』『宇治拾遺物語』『古本説話集』といったもので、例えば『今昔物語集』巻二七第二「川原院の融の左大臣の霊を宇多院見給ふ語」では次のように記される。

　融の死後、彼の子に河原院を献上された宇多法皇がこの屋敷に滞在していると、夜中に帯刀し、昼の装束を着た者が出現した。

　宇多法皇が「そこにいるのは誰か」と問うと、「この家の翁です」と言うため、「融の大臣か」と問うと、「さようでございます」と答える。

　そこで何用かと問うと「ここは我が家であり、私が以前より住んでいるのに、帝がおいでになり、恐れ多く、窮屈しております。いかがいたしたものでございましょう」と言う。そこで宇多法皇は「この邸宅はお前の子に献上されたものだ。たとえ者の霊とはいえ、理非を弁《わきま》えず、なにゆえそのようなことを申すのか」と言うと、融の霊は闇へ消えてしまったという。

　『今昔物語集』に先行する『江談抄』巻三第三二「融大臣の霊、寛平法王の御腰を抱く事」では、以下のように記されている。

　宇多法皇が妻である京極御息所《きょうごくのみやすどころ》とともに河原院にて一夜を過ごしていると、塗籠《ぬりごめ》に人の気配があり、戸が開いて何者かが現れた。宇多法皇が何者かと尋ねると、その者は「融でございます。御息所を賜りたく思います」と言うため、宇多法皇は「お前は生前私の臣下で、私が主だった。それなのになぜそのようなことを言い出すのか。すぐに退け」と命じた。

　しかし融の霊物は宇多法皇を恐れたよう

な様子を見せながらも御息所に抱きついた。すると御息所は顔色を失くして倒れたため、宇多法皇は御息所を牛車に乗せて急ぎ宮中に戻り、浄蔵大法師を呼んで祈禱《きとう》させたところ、蘇《よみがえ》ったという。

これと同様の話は『紫明抄』にもあるが、こちらでは御息所は蘇らず、息を引き取っている。

この他にも平安中期にまとめられた漢詩文集『本朝文粋』に収録された「宇多院為河原左相府没後修風誦文」では、河原院で暮らしていた宇多院の女官に源融の亡霊が憑《つ》き、「私は生きている間に殺生を行いました。その報いで地獄へ落ち、一日の間に三度の苦を受けております。剣の林に身を置かれ、鉄の杵《きね》で骨を砕かれ、酷刑を受けています。そのため、ときどきこの河原院にやって来て休息をしているのです。しかし、地獄の役人が私を捜しに来るため、ここに長く留まることはできません。もし私の子孫が皆亡んだのであれば、私は誰を頼ればよいのでしょうか」と言った。これに対し宇多院がどうすればお前を救うことができるのか、と尋ねると、融の亡霊は七ヶ所の寺でそれぞれ諷誦《ふじゅ》を行ってくれたのなら、苦しみから逃れられるだろうと答えたため、宇多院がそれを行った、という旨のことが記されている。

ちなみに『今昔物語集』巻二七第一七「東の人川原院に宿りて妻を取らるる語」では、源融の名前は出て来ないものの、東国から来たある夫婦が人の住まなくなった河原院（川原院）を宿代わりにして泊まったところ、何者かの腕が妻戸の向こうから現れ、夫婦のうち妻の方を妻戸の奥に引き入れ、妻戸を閉めた。夫は慌てて戸を開こうとしたが、いっこうに開かず、周囲に住む人々に助けを求めて戸を叩き壊して中を見ると、血を吸い尽くされた妻の死体があった、という話が載せられている。この化け物の正体も融だったのかもしれない。

源仲澄に憑いた女の霊
［みなもとのなかずみについたおんなのりょう］

平安時代の作り物語『うつほ物語』にあるもの。源仲澄（本文では侍従の君などと表記）は実の妹であるあて宮に恋慕の情を抱いていたが、あて宮は春宮《とうぐう》に入内《じゅだい》することになり、仲澄は体調を崩す。命が残りいくばくもなくなった仲澄は最後にあて宮に会いたいと願い、あて宮は初の入内の日に彼に会いに行く。

そこで仲澄はあて宮と言葉を交わした後、彼女に歌を詠んだ紙を渡し、気絶する。それからあて宮は入内の前に自身も仲澄あてに「離れても兄妹の縁は絶えない」という旨の歌を書き、渡してくれるよう女房の兵《ひょ》衛《うえ》の君に頼む。

その後、大宮（仲澄やあて宮の母）が左大将に「近頃、仲澄がこんなに苦しんでいることを占わせたところ、女の霊が憑《つ》いていると申しました。今すぐにでも何か祈禱《きとう》をさせましょう」と言って、忠こそという阿闍梨《あじゃり》に手紙を送った。忠こそはすぐに来て大宮たちを退出させたため、兵衛の君はその隙に仲澄にあて宮からの手紙を渡すことができた。それ以降に、仲澄は息を吹き返したという。

この女の霊の正体は明かされず、そもそも病みついた原因があて宮への恋慕であり、あて宮から手紙をもらって回復したことを考えるに、霊のせいではなかったのではないかとも考えられる。作り物語であるため、物語の進行上登場することになった名もなき霊なのかもしれない。

源泰清女〔みなもとのやすきよのむすめ〕

死者がもののけとなって現れたもの。源泰清には娘が二人いるが、二人とも藤原行成に嫁いでいる。もののけとなったのは姉の方。

平安後期の歴史物語『栄花物語』巻一四「あさみどり」には、泰清女がもののけとして現れ、我が子を差し置いて、同じく行成の妻である妹が生んだ娘の世話に奔走する行成を恨み、この娘を生かしてはおかぬと脅したと記されている。

見ると死ぬ女霊〔みるとしぬじょりょう〕

死後、霊として現れた女の話。平安後期の説話集『今昔物語集』巻一四第四「女、法花の力に依《よ》り蛇身から転じ天に生まれる語」にあるもの。

それによれば、昔、奈良の京の頃、聖武天皇の時代に京の東にひとりの女がいた。女は容姿端麗であったため、帝王はその女を召して一夜をともにし、いとおしく思ったのか、女に金一〇〇〇両を銅の筥《はこ》に入れて渡した。それから間もなく帝王は亡くなり、女もしばらくして亡くなったが、生前、「この一〇〇〇両の金を、私が死んだ後には必ず墓に埋めてください」と伝えていた。その遺言の通り、金を入れた筥は墓に埋められた。

その後のこと。東の山に石淵寺《いわぶちでら》という寺があったが、この寺に詣でた人が生きて帰ることなく死んだ。そのため参詣する者はいなくなった。そこで吉備真備が名乗りを上げてこれを調べに行き、寺の堂に入り、仏の御前に座って身を固め、心を鎮めていると、夜中になって常とは違う怪しい心地がして、何かが来るような感覚があった。

真備は「やはり鬼が来て人を食っていたのだろう」と考え、呪を誦《ず》していると、後ろからひとりの女が現れた。光に照らされたその女は恐ろしくはあるものの、美麗であった。女は少し離れて座り、真備に語った。

「私は長年、申すべきことがあったため、この堂におりましたが、人は私を見て皆恐れ、命を失うのです。私は人を殺めようなどと思っていないのに、人は私を見ると、自然に怖気づいて死んでしまうことが、すでに何度もございました。しかし、あなたは恐れることなくいらっしゃいますから、私はとても嬉しく思っています。私が長年、思い願うことを語らせてくださいませ」

真備がその内容を問うと、女は聖武天皇とのことを語った。そしてもらった金を墓に埋めてほしいと頼んだことで毒蛇の心を受け、その金を守るために墓から離れることができなくなった。そのため、墓を掘って金を取り出し、半分の五〇〇両を使って法華経を書写供養し、自分の苦しみを救ってほしい。それを叶えてくれるのならば、残りの五〇〇両はあなたの財としてもらいたい、と述べた。

　真備がこの女霊の願いを承諾すると、女霊は喜んで去っていった。その後、真備は約束通り女霊の教えた墓を訪ね、掘るとたしかにそこには大きな蛇がいた。真備が蛇に約束を守ったことを告げると、蛇はそこから去って行った。蛇が去った跡を見ると、ひとつの銅の筥があり、中には金が一〇〇〇両入っていた。真備はこれを使って法華経を書写し、女を供養した。

　その後、真備の夢に女霊が現れ、荘厳な光を放って彼の前に来て礼を言い、蛇身を捨てて天上に昇ったことを教えた。そして女が礼拝し、虚空に飛び去ったところで目が覚めた。真備はこれを素晴らしいことだと思い、多くの人々に伝えたという。

无後鬼［むごき］

　平安時代、安倍晴明が撰したとされる陰陽道の書物『占事略决』に病の原因として挙げられる霊鬼のひとつ。「无後」は「無期」で、長い時間を表していると考えると、死後年月を経た霊鬼のことを指すのだろうか。

紫式部［むらさきしきぶ］

　後世において地獄に堕ちたと語られた死者。紫式部は平安中期の物語の作者、歌人。『源氏物語』の作者として著名な他、三十六歌仙のひとりに数えられるなど和歌でも有名。藤原為時の娘として生まれ、藤原彰子に仕えた。

　平安末期の『宝物集』下巻では、ある人の夢に紫式部が現れ、虚言《そらごと》である『源氏物語』を記した罪により地獄に堕ち、苦を受けていると告げ、早く『源氏物語』を破り捨て、一日経を書いて弔ってほしいと告げたという話が載る。この話は『源氏物語』および紫式部を供養するという「源氏供養」の元になった。類似した話は鎌倉中期に記された『今物語』にあり、こちらでも紫式部が人の夢に現れている。

　これに先行する文献として『今鏡』にも紫式部が地獄に堕ちた話が記されているが、こちらは紫式部に仕えたという設定の侍女あやめがこのことを話し、死後の紫式部は登場しない。また同書では紫式部堕獄説は平安時代末期には広まっていたことが記されている。

　鎌倉時代にはこの源氏供養を題材にした『源氏供養草子』が作られ、室町時代にはこれを題材にした能（謡曲）『源氏供養』が作られている。この『源氏供養』では紫式部は霊として登場し、石山寺（滋賀県大津市）へと赴く途中の安居院の法師に光源氏の供養を頼んで消える。そこで法師がその供養を始めると、紫式部は在りし日の姿で現れ、舞を舞った後、自らの思いを巻物にしたため、法師に託す。そして夜明けとともに浄土へ生まれ変わることができたと告げた。実は彼女はこの世の儚《はかな》さを伝えるべく現れた石山観音の化身であり、『源氏物語』もこの世の儚さを知らせるために紡がれた、夢の物語であったという。

石山寺は紫式部が参籠中に『源氏物語』を構想し、起筆したと伝えられる寺で、現在も紫式部ゆかりの寺、文学の寺として多くの文学者が参詣している。

京都府京都市北区紫野西御所田町に現存する紫式部の墓は平安時代の公卿・小野《おのの》篁《たかむら》の墓の隣にある。前述の紫式部が地獄に落ちたという伝説から、『源氏物語』の読者たちが、地獄を行き来したという伝説を持つ小野篁に彼女を救ってもらえるように、彼の墓を紫式部の墓の隣に移動し、祈りを捧げたとされる。その後、篁が閻魔《えんま》大王を説得したことにより、紫式部は地獄から解放された、という話も伝えられているようだ。

猛霊 【もうれい】

その名の通り猛々しい霊魂のこと。人間の死者を表す場合と神霊を表す場合、どちらもある。

平安中期に記された藤原実資《ふじわらのさねすけ》の日記『小右記』の正暦四年（九九三）の条には**藤原《ふじわらの》師輔《もろすけ》**の猛霊が現れ、藤原実頼の子孫を代々滅ぼそうとしていることが語られている。また、平安中期に記された大江匡房《おおえのまさふさ》の「参安楽寺詩」では大聖威徳天（**菅原道真**）が一〇〇万の猛霊を率いる億千の霊祇の主と記されている。

「もうりょう」と読む場合もあり、その場合は松尾大社（京都府京都市西京区）を示すことが多い。延喜一七年（九一七）に記された『聖徳太子伝暦』には、推古天皇一二年（六〇四）八月のこととして「聖徳太子が寵臣秦造川勝《ちょうしんはたのみやつこのかわかつ》の居邑（住んでいる集落）たるのちの山城国葛野郡《かどののぐん》（現・京都府京都市の一部）に遊び、この地の未然を察して、『東有厳神、西仰猛霊』と言った」とある。この厳神は賀茂神社、猛霊は先述したように松尾大社を指していると考えられ、現在もこの名で呼ばれることがある。

母鬼 【もき】

平安時代、安倍晴明が撰したとされる陰陽道の書物『占事略决』に病の原因として挙げられる霊鬼のひとつ。子を残して死んだ母親の霊鬼か。

物の気 【もののけ】

人に憑《つ》き、病を引き起こしたり、取り憑いた人間の口を使って言葉を発したりする何ものか。もしくはそれによって引き起こされる病そのもの。「物の怪」「もののけ」と表記されることもある。

その正体は神、狐、天狗《てんぐ》、鬼、そして人

間の死者などさまざまだが、この事典の性質上、本項目では人間の死者が物の気になった場合を中心に紹介する。平安時代の文献に多く見られ、歴史物語の『栄花物語』、作り物語の『源氏物語』などの文学作品に頻繁に登場する。貴族の公的記録である日記などでは同様のものを邪気と記している割合が高い。邪気は物の気の漢語的表現であるため、漢文で記される日記では邪気の方が相応《ふさわ》しかったのだろう。

　まず「物の気」の語義について、繁田信一著『呪いの都　平安京』では「物（不特定の何か）」の「気（霊威）」であり、「不特定の何かの霊威」を表す言葉であったとする。小山聡子著『もののけの日本史』では「物」は「神や霊」、「気」は「霊や鬼が発し、目に見えず漂う性質を持ち、触れると病や死をもたらすもの」とし、「物の気」は「死霊や鬼、天狗、狐などの劣位の超自然的存在が発する気」としている。

　この時代の「物」には物の霊のように正体不明かつ特殊な力を持つ存在に対する使用例があるため、「物の気」の「物」も正体不明の存在を表すのだろう。物の気の場合、祈禱《きとう》や人に憑いて自分で語ることによって正体を現すが、それまでは何が憑いているのか分からない。正体が分かった後はその正体の名前で呼ばれるため、人に取り憑いてマイナスの作用を発生させる何か分からないものを指す際に使う言葉、ということになるだろうか。ただし話によっては正体が分かった状態でも「〜の物の気」というように「物の気」という言葉を継続して使う場合もある。

　物の気について記している資料として有名なものは先述した作品の他に清少納言の『枕草子』があり、病の種類を挙げる際に「胸、もののけ、脚のけ」と書いている。また「すさまじきもの（興覚めなもの）」として、験者（密教僧）が物の怪を調伏するということで得意顔でよりましに独鈷《どっこ》や数珠《じゅず》などを持たせ、蟬のように経を読んで座っているのに、物の怪は少しも退散する様子はなく、護法童子も憑かないので、諦めて寝てしまう様子を記しているし、「にくきもの」として、いきなり病を患った人が、修験者を探したところ、いつもの場所にはおらず、探して歩き、ようやく見つけて喜びながら加持祈禱をさせたのに、近頃方々のもののけ調伏に携わって疲れきっているのか、座るや早々眠り声を出すことは、酷《ひど》く憎らしいとも記している。これらの話は当時の物の気の調伏の様子がうかがえる。また古代においては物の気と物の怪は別物として扱われることが多いが、『枕草子』では物の気に当たるものを物の怪と言っている場合があることも分かる。

　物の気を退散させる方法は、ここにあるように修験者によって、物の気が取り憑いている人間からよりましに物の気を移動させて憑かせ、その正体を確かめた後、調伏するか、物の気の願いや要求を聞いて供養する場合が多い。そのため、物の気の治療に当たったのは陰陽師や僧侶であった。

　また中世以降、「もののけ」と呼ばれるものの意味も変遷していく。詳細は**物怪**《もののさとし》を参照。

また、「物の気」と呼ばれた死者の具体例については、巻末索引の「死者の表現」における「物の気・物の怪・もののけ」に記載されている項目を参照してほしい。

物怪 ［もののさとし］

漠然とした怪異現象を指す言葉。「もっけ」「ぶっかい」と読む場合もある。現在では「物の気」と混同されているが、古代では使い分けられており、「物の気」は死者や狐、神や天狗《てんぐ》などによって発生する病を指した。

用例としてもっとも古いのは『日本後紀』天長七年（八三〇）閏《うるう》一二月甲午の条に「僧五人を呼んで金剛般若経を奉読し、併せて神祇官で祓《はら》えを行った。物怪を晴らすためである」とある。

平安中期の藤原実資《ふじわらのさねすけ》の日記『小右記』永延元年（九八七）三月二九日の条においては祭りの夜の間、終始強い風雨があったことに対し、物怪に似る、と記している。

平安後期の歴史書『本朝世紀』天慶五年（九四二）四月一〇日の条においては神祇官陰陽寮を召し、日本紀書において、伊賀（三重県西部）と出雲（島根県東部）の両国から言上のあった物怪等のことを占わせた、とあり、同年同月の一四日の条ではこのことが「物怪」ではなく「怪異」と言い換えられている。

これが「物の怪」とも書かれるようになって、「もののけ」と読み、現在でいう妖怪なども含めて使われる言葉となったのは、小松聡子著『もののけの日本史』によれば近世以降のことだという。現代における「物の怪」はこの近世以降の使い方が定着しており、妖怪全般を指す言葉として使用される例が多い。

物の霊 ［もののりょう］

なんらかの霊のこと。古代における霊は人間の死者のみならず、その話の中で正体が特定できない不可思議な存在に対しても使われた。平安中期に記された藤原実資《ふじわらのさねすけ》の日記『小右記』では物の気や邪気に近い使い方がされており、万寿四年（一〇二七）三月二一日の条では権僧正が語った話として、禅室（**藤原道長**）を修善（修法）したが、その際、道長の体調は平癒せず、物の霊に憑かれたような様子を見せた。涕泣《ていきゅう》したり、大声を発するなどだ、と記されている。このような異常な行動を取るのは物の気や邪気に憑《つ》かれた人間に見られるため、物の霊もこれらと同様のものを指しているのではないかと推測される。

一方、説話集に登場する「物の霊」は物理的に存在する霊に対しても使われている。例としては『今昔物語集』では巻二七第二九「京極殿に於て古歌を詠むる音有る語」において、上東門院（藤原彰子）が京極殿に住んでいた頃、花の盛りの季節、真昼にどこからか「こぼれてにほふ花ざくらかな」と歌が聞こえたという話があり、同話の最後には、「これは狐などが言ったことではない。物の霊などが、この歌を『めでたい歌だ』と思い、花を見るたびに吟じていたのだ、と人々は噂《うわさ》した。物の霊などは夜にこそ現れるものだ。真昼に声を出して歌を詠むなど、実に恐ろしい。これが何という霊かということは、ついに分からなかった、と伝えられている」と記されている。ここから、少なくとも『今昔物語集』においては「物の霊」は「狐ではないこと」「正体不明の霊に対して使うことができる語であること」が分かる。

同じく『今昔物語集』巻二七第二九「雅通の中将の家に同じ形の乳母二人在る語」には次のような話がある。源雅通の家で乳母が二歳ほどの子どもを遊ばせていたところ、子どもが泣き出した声と乳母の叫び声が聞こえたため、雅通は太刀を摑《つか》んで慌ててその声の方へ駆けつけた。するとまったく同じ姿の乳母が二人いて、それぞれ子どもの左右の足を摑んで引っ張り合っている。雅通はどちらかは変化のものだと考え、太刀を振り上げて走りかかったところ、片方の乳母が煙のようにかき消えた。そこで雅通が残った乳母に訳を尋ねると、「若君を遊ばせていたところ、まったく見知らぬ女房が現れて、これは私の子だと言って若君を取り上げようとしたので、慌てて取られまいとしていたところに殿がおいでになったのです」と言った、という話が載せられているが、この乳母に化けていたものの正体も「狐」か「物の霊」であったのだろう、と記されており、正体不明の化け物に「物の霊」の語が使われているのが分かる。

また鎌倉初期に鴨長明が記した仏教説話集『発心集』第三第一二話「松室の童子、成仏の事」では、一四、五歳の子どもが行方不明になった際、その子を育てていた僧が「物の霊などに取られたのだろう」と嘆く場面が見られる。

この「物」という語について、酒向伸行著『憑霊信仰の歴史と民俗』では古代よりその正体が明確ではない霊的存在を「もの」と称してきた、と書いている。実際、「物の霊」と呼ばれる存在は前述の例を見るようにその正体が明かされない。類似した語である「物の気（物の怪）」との違いとしては、「物の気」が目に見えない状態で現れ、人に憑依《ひょうい》したり、病を引き起こすことでその存在を示すのに対し「物の霊」は目に見える形で現れたり、声が聞こえるなど、物理的な存在を示す形で記される場合がある。これは**霊**の項でも書いたように、日記においては霊は目に見えないものとして記録されているのに対し、説話集では目に見えるもの、物理的に存在するものの両方が描かれるため、この違いが「物の霊」にも反映されているのではないかと思われる。なお、『今昔物語集』においては物の気についても物理的に存在しているものに対して使われている。

一方、同じ読み方をするものに「者の霊」があるが、こちらは河原院に現れた**源融**《みなもとのとおる》の霊に対して使われているなど、人間の死霊に対応する語として使用されている。

【や】

八尋白智鳥［やひろのしらちどり］

　記紀神話にて記される英雄・倭建命《やまとたけるのみこと》が死後変じたという姿。奈良時代の歴史書『古事記』によれば、倭建命は伊吹山（滋賀県米原市・岐阜県揖斐《いび》郡揖斐川町・同県不破郡関ケ原町）の神を討伐しようとしてこの山に赴き、そこで牛ほどの大きさの白猪《しろい》と遭遇する。実はこの白猪こそ伊吹山の神そのものであったが、倭建命はそれに気付かず、「帰りに殺せばよい」と告げて通り過ぎる。しかし伊吹山の神は大氷雨を降らせて倭建命を失神させてしまった。倭建命はこれが元で病身となり、ついには能煩野《のぼの》（現・三重県亀山市）で死亡した。その後、彼の后や子どもたちによってこの地に倭建命の陵墓が築かれたが、この八尋白智鳥という大きな白鳥となって自らの御陵から飛び立ち、河内国（大阪府）の志幾に一度留まった後、天に向かって飛び去ったという。この「八尋白智鳥」の「八尋」は大きいという意味だが、白智鳥についてはチドリを指す、ハクチョウを指す、単に白い鳥を指すなど、さまざまな説がある。

　同様の話は『日本書紀』にもあるが、倭建命の表記は「日本武尊」となり、伊吹山の神は白猪ではなく大蛇の姿に化身する。また日本武尊は「白鳥」になって大和国（奈良県）に向かって飛んで行き、彼の亡骸《なきがら》を収めた棺には亡骸が残っていなかったと記される。また、白鳥はさらに飛んで河内国に至り、その後天に昇って飛んで行ったという。

　記紀ともにこれら白鳥が留まった場所にはそれぞれ墓が作られたと記される。

幽霊［ゆうれい］

　死者を表す言葉のひとつ。現代においては死後、人間が生前の姿もしくは死後の姿で現れたり、死者が生者に対してなんらかの形で存在を示した場合、それを指して幅広く幽霊と呼ぶことが多いが、古代における幽霊の語句は使い方が限定されている。

　小山聡子・松本健太郎編『幽霊の歴史文化学』に収録された小山聡子著「幽霊ではなかった幽霊――古代・中世における実像」によれば、古代から中世にかけての「幽霊」の語が指すのは「死者の霊魂」のみではなく、一二世紀以降には「死者（故人）」「死体」を指す用語としても使われたという。そのうち、「死体」を指す用例は『吾妻鏡』文治元年（一一八五）三月二七日の条において源希義《みなもとのまれよし》を指す一例のみだが、霊魂が出現していない状況で過去に死んだ人間のことを「幽霊」と呼ぶような、「死者」を「幽霊」という語で表す用例は多く見られるという。

そして現在の幽霊のイメージに近いのは「死者の霊魂」を意味する「幽霊」の使い方だが、これも現代とは異なる。古代においてはいまだ成仏できていないと考えられる幽霊に対し供養をなす場合などに「幽霊」の語が使われることが多い。先述の「幽霊ではなかった幽霊——古代・中世における実像」によれば、古代から中世前期にかけての幽霊は姿を現さず、恨みも持っていないという。そういったものは主に怨霊や物の怪であり、幽霊が姿を現すようになるのは世阿弥の夢幻能の登場を待たねばならないという。

ただし、本書の他の項目を見ても分かる通り、古代において死者が生者の前に姿を現す例は非常に多い。そういったものは先に挙げた**怨霊**や**霊**、**死霊**、**悪霊**といった言葉で表されている。つまり古代においては、幽霊という語句は姿を現したり、人に祟ったりして生者に存在を示す死者とは明確に異なるものを指す言葉として使われていたものと思われる。

夜の途中に死人に逢える歌
［よるのとちゅうにしにんにあえるうた］

死人にまつわる和歌。天禄元年（九七〇）、源為憲が藤原為光の子の誠信《さねのぶ》（松雄君）のために書いたという幼学書『口遊《くちずさみ》』に載るもの。「たまやかたよみちわれゆくおほちたらちたらまちたらにこかねちりちり」という歌。「魂やかた夜道われ行く大路たら千たら万だらに黄金散り散り」だろうか。

藤原清輔が書いた『袋草紙』上巻にも同様の歌が載り、「死人に遭ふ時の歌」としている。これについて、山田雄司著『怨霊とは何か』では、この歌は死者の魂と出会った際、「たくさんの黄金が道に散らばっている」と嘘《うそ》をついて目をくらませ、その隙に逃げようとしたのだろうか、と解釈している。

【ら】

霊
［りょう］

死者の霊魂全般を表す言葉。古代では「りょう」と読むが、時代が下るにつれて「れい」と読まれるようになる。神など他にも不思議な力や働きをもつ存在を指す用例もあるが、本書の性格上、死者を表す場合を中心に説明する。

古代においては幽霊が目に見えない死者の霊魂を呼ぶのに対し、霊はより広い対象を指し、生きた人間の目に見え、時には生きた人間や現世に存在する物体に直接干渉するものとして登場する場合と、目に見えない存在として出現する場合の両方がみられる。

現存する日本最古の書物である『古事

記』中巻の顕宗天皇の条には、顕宗天皇が自身の父・市辺押磐皇子《いちのべのおしはのおうじ》が雄略天皇に殺されたことを恨み、すでに没している雄略天皇の陵墓を破壊してその霊に復讐《ふくしゅう》しようとする話がある。ここでは死んだ雄略天皇を指して「霊」という言葉が使われている。また、この「霊」は「りょう」や「れい」ではなく「みたま」「たま」と読むとされることが多い。

同じく奈良時代成立の『日本書紀』でも死者のことを霊と呼んでいる記述がみられる。

また平安初期に成立した説話集『日本霊異記』上巻第一八「法花経を憶持し、現報もて奇《あや》しき表《しるし》を示し縁」には死んだ息子と瓜二つな人間を見た両親が「我が子の霊かと思った」と語った場面があり、霊と呼ばれるが生前と同じ姿で、目に見える形で現れるという前提があることが分かる（**猴《さる》の家の子**を参照）。同じく説話集で、平安末期に成立した『今昔物語集』巻二七第一一「或る所の膳部《かしわでべ》善雄の伴の大納言の霊を見る語」は題から分かる通り、**伴善男**が生前の姿で現れた状態を霊と呼んでいる。

平安末期に成立した『扶桑略記』巻四の斉明天皇即位元年（六五五）五月の条では、空中に龍に乗る者が現れ、その容貌は唐人に似ていた。青い衣を纏《まと》い、笠を被っており、葛城嶺（奈良県御所市と大阪府南河内郡千早赤阪村の境にある葛城山）から胆駒山（奈良県生駒市と大阪府東大阪市の境にある生駒山）へと駆けて行った。当時の人はこれを「蘇我豊浦大臣（**蘇我蝦夷《そがのえみし》**）の霊だ」と語った、という話が載せられており、不特定多数に目撃された死者が霊と呼ばれている。

一方、先述したように目に見えない死者も霊と呼ばれる場合がある。例えば藤原実資《ふじわらのさねすけ》の日記『小右記』では多数の邪気の出現が記録されているが、その正体が死者の霊だったというものも多い。これら邪気は目に見えるものではなく、他人に取り憑《つ》いて自分の正体を語ったり、陰陽師の占いによって正体を暴かれたりすることにより、それが死者の霊であることが判明する。そのため、物理的に存在する形では記録されていない。また、数は少ないが人の夢の中に死者が現れる場合も記録されている。

ここで注目したいのは、『小右記』『権記』といった貴族の日記など史料性の高い文献や、それを元にしたと考えられる『大鏡』『栄花物語』といった歴史物語においては、霊は物の気や邪気といった目に見えないものとして人に取り憑き、言葉を代弁させることでその存在を示すか、夢の中に現れることが多く、現実においては肉眼に見える形で現れないのに対し、『日本霊異記』『今昔物語集』『江談抄』といった説話集や、伝説、伝承などを含め記録している六国史（奈良から平安時代にかけて編纂《へんさん》された『日本書紀』『続日本紀』『日本後紀』『続日本後紀』『日本文徳天皇実録』『日本三代実録』の六冊の国史の総称）および『扶桑略記』などの歴史書においては、霊と呼ばれるものが肉眼で見える実体を伴って現れる話が多い。

このことから、古代の人々にとって死者の霊は本来目に見えるものではなかったが、物語や伝承・伝説の中では分かりやすく実体が存在するものとして扱われることが多かった、という可能性も考えられる。

中世以降も死者の霊魂全般を意味する言葉として使われているが、中世には能の影響で目に見える死者の霊魂も幽霊と呼ぶようになり、以降、霊とともに幽霊も死者の霊魂全般を表す言葉として使用されるようになっていく。

近世には幽霊、霊ともに幅広く使われており、近現代も同様である。また現代においては霊の種類として**地縛霊**、**守護霊**、動物霊、**背後霊**、**浮遊霊**など、もともと心霊主義、心霊科学で使われていた言葉やそこから派生した言葉が一般に浸透し、「属性を表す言葉＋霊」という形式で霊を分類するなど、霊自体の種類を増やす試みが見られる。

良源［りょうげん］

恨みを抱いたという僧侶の霊。平安時代の公卿、藤原実資《ふじわらのさねすけ》の日記『小右記』の寛和元年（九八五）八月二七日の条にあるもので、**冷泉院**が病を患った原因として**藤原元方**の名が挙げられた後、「良源僧正の霊は、怨憤《えんぷん》を抱くことがあった」と記されている。

良源は平安中期の天台宗の僧で、焼失した延暦寺（滋賀県大津市）の復興に尽力し、その中興の祖ともいわれた。現在も彼が鬼（夜叉《やしゃ》）の姿となって疫病神を退散させた時の姿を写し取った「角大師《つのだいし》」を描いた札が、疫病除けの札として信仰されている。

特に何者かによって殺害されたなどの話はなく、ここ以外に恨みを持って霊が現れたという記述も見つからないため、怨憤を抱く霊と記された理由が不明である。

なお、平安末期に記された仏教説話集『宝物集』では慈慧《じえ》（良源）は「延暦寺に執心を留めて金の天狗《てんぐ》となった」と記されており、これを受けてか南北朝時代に記された軍記物語『太平記』巻二七「雲景未来記の事」でも、雲景という山伏が愛宕山《あたごやま》（京都府京都市）の山伏によって白雲寺という寺に連れて行かれ、そこで**崇徳院**をはじめ、八男八郎冠者為朝（**源為朝**（中世））、淡路の廃帝（淳仁天皇）、井上皇后（**井上《いのえ》内親王**）、後鳥羽院（**後鳥羽天皇**（中世））、後醍醐院（**後醍醐天皇**（中世））らが悪魔王の棟梁に、そして**玄昉《げんぼう》**、**真済《しんぜい》**、**寛朝**（中世）、慈慧（良源）、**頼豪**（中世）、**仁海**（中世）、尊雲（**護良《もりよし》親王**（中世））たち高僧らが大魔王となり、天下を乱そうと評定している様子が描かれており、ここでも国家に仇《あだ》なす者として記され、良源らは天狗と表記されている。

霊鬼［れいき］

死者の霊のうち、特に人に害をなす存在と化したものを指す言葉として使われる。平安初期の説話集『日本霊異記』上巻第三

「雷の憙《むがしび》を得て生ま令《し》めし子の強き力在る縁」には、すでに元興寺（奈良県奈良市）で悪事を働いた奴が死後、霊鬼となった、という話が見える（**元興寺の鬼**を参照）。また中世においては『太平記』にて、大森七彦が死後、黒雲の中に現れた**楠木正成**（中世）に対し「人は死んで返ることはない。かならずしや魂魄《こんぱく》が霊鬼となったのだろう」と語る場面がある。

冷泉院 ［れいぜんいん］

天皇の霊が邪気として現れたもの。藤原《ふじわらの》実資《さねすけ》の日記『小右記』長和四年（一〇一五）五月四日の記録には、三条天皇が眼病を患っていた原因が冷泉院の邪気であると記されている。これは冷泉院の邪気が女房に憑《つ》いた際、三条天皇の目が見えたことから発覚したという。また同年六月三〇日の条では冷泉天皇の御霊が現れ、雑事を申し付けた。すこぶる信じがたいことだ、と記されている。

冷泉院は第六三代天皇だが、寛弘八年（一〇一一）に亡くなっている。また自身も生前、**藤原元方**の祟りによって奇行を見せたという話もある。

加えて三条天皇の眼病についてはこの後、その藤原元方と**賀静**という僧の霊が現れて、眼病は賀静によるものだと語ったという話が『小右記』に記されている。

六条御息所 ［ろくじょうのみやすどころ］

物語の中で語られた生霊および物の気。六条御息所は平安中期、**紫式部**によって記された作り物語『源氏物語』に登場する女性。主人公、光源氏の恋人のひとりとして描かれる。『源氏物語』においては光源氏との馴れ初《そ》めの部分が欠落しており、現存する中では「夕顔」で初登場となる。しかし生霊として六条御息所が現れるのは「葵巻」においてだ。この巻で光源氏の正妻であり、妊娠中の葵《あおい》の上と賀茂祭で出会い、見物場所を巡って従者同士が車争いを起こした上、葵の上の一行に自らの車を破損させられ、恥を掻く。

六条御息所は疎遠となっていた光源氏のこともあり、葵の上のことを深く恨むが、それが無意識に生霊を飛ばすことになり、葵の上は病に倒れてしまう。源氏は苦しむ葵の上に付き添うが、そこで六条御息所の生霊を目撃。さらに葵の上も難産の末に子を産むも、数日後に死んでしまう。また、六条御息所も自身の体に魔除けの芥子《けし》の香りが染み付いていることから、知らずのうちに自身の生霊が葵の上に祟っていたことに気づき、愕然《がくぜん》とする。

その後、光源氏の愛を失ったことを察した六条御息所は続く「賢木《さかき》」の巻で娘とともに伊勢に下り、その後「澪標《みおつくし》」の巻で京に戻って出家し、しばらくして病死する。しかし六条御息所は死後も霊となって現れた。「若菜下」の巻では光源氏の妻である紫の上の死と蘇生の場面で物の気として六条御息所が現れ、小さな童女に憑依《ひょうい》して光源氏への恨み言を発する。その際にはもののけは封じ込められるが、続く「柏木」の巻で再び現れ、女三宮に憑《つ》いて苦しめる。そして「鈴虫」の巻では、これを知った娘の秋好《あきこのむ》中宮が仏道に入り、母を追善供養する様子が記される。

　この六条御息所の生霊とものののけは多くの創作の題材となった。中世には謡曲『葵上』が作られ、生霊となった六条御息所が登場する。同じく謡曲『野宮《ののみや》』は六条御息所を主人公とし、亡き者でありながら僧に自身の生前を語る姿が描かれている。

中世

（鎌倉〜安土桃山時代）

【あ】

赤松満祐 ［あかまつみつすけ］

赤松満祐は室町前期の武将。播磨（兵庫県）、備前（岡山県南東部）、美作《みまさか》（岡山県北東部）の三国の守護や侍所所司を務めた。足利義則の死没直後、足利義持により播磨国を没収されるが、間もなく回復。しかし足利義教による所領取り上げ策に反発し、嘉吉の乱を起こして義教を暗殺した。その後、幕府軍の追討を受け、自害に追い込まれる。

このような過去があるためか、満祐は死後も足利家に祟ったという。室町時代に記された万里小路時房《までのこうじときふさ》の日記『建内記』の嘉吉三年（一四四三）七月二一日の条では、義教の長男であった足利義勝が一〇歳の若さで急逝したことが記録されているが、その原因は彼に取り憑《つ》いた邪気怨霊であり、その正体として赤松満祐、**足利持氏**、**一色義貫**の三人の名が挙げられている。

阿漕 ［あこぎ］

能（謡曲）に語られる幽霊。舞台となるのは伊勢国阿漕郡（現・三重県津市）で、ここにある阿漕ヶ浦の魚は伊勢神宮（三重県伊勢市）に供えるため、禁漁とされていたが、たびたび密漁が行われていたらしく、平安中期の私撰和歌集『古今和歌六帖』に「逢ふことを阿漕の島に曳く鯛のたびかさならば、人も知りなん」と歌われるなどしていた。能（謡曲）『阿漕』はそんな阿漕ヶ浦で密漁を行っていた漁師を登場人物とし、「阿漕」と名付けて語る。

物語は日向国《ひゅうがのくに》（宮崎県）の僧と従僧が伊勢神宮を参詣しに向かう途中、阿漕ヶ浦を訪れるところから始まる。そこで二人はある老いた漁師に出会い、この「阿漕ヶ浦」の名前の由来について尋ねると、老人は、昔、この海で阿漕という男が魚を取り、捕まって海に沈められたこと、そしてその阿漕が今も地獄で苦しんでいることを伝え、自身が阿漕であることをほのめかして消える。これにより、旅の僧たちは阿漕の幽霊を弔おうと法華経を読むが、夜半になって再び阿漕が現れ、自分の密漁の様子や地獄の責め苦にあう自らの状況を見せ、「助けてくれ、旅人よ」と言って、波の底に消えていくところで終わる。

現在、この阿漕ヶ浦で密漁をした男の名は「阿漕平治」で、病気の母のために魚を取ったとされることが多いが、これは近世の浄瑠璃『勢州阿漕浦』以降語られるようになったもののようだ。現在も津市に残っている「阿漕塚」はこの阿漕平治の物語を前提とし、彼の霊を慰める塚として伝わっている。

足利持氏［あしかがもちうじ］

足利持氏は四代鎌倉公方。応永二三年（一四一六）の上杉禅秀の乱で一時鎌倉を逃れたが、幕府の援助で鎮圧。その後、勢力増大を恐れた幕府と全面対決の危機を招くも、持氏が将軍足利義持に謝罪の誓書を送り和睦した。

しかし義持が没し、足利義教が将軍になると関係は再び悪化。永享の乱にて敗れた持氏は鎌倉の称名寺で出家した後、同じく鎌倉の永安寺に幽閉され、翌年の永享一一年（一四三九）に自害した。

しかし持氏はただ殺されたのではなく、死後になって幕府へ復讐《ふくしゅう》を果たしたという。室町時代に記された万里小路《までのこうじ》時房《ときふさ》の日記『建内記』の嘉吉三年（一四四三）七月二一日の条によれば、義教の長男である足利義勝が病により一〇歳の若さで急逝したことが記録されている。そしてその原因は彼に取り憑《つ》いた邪気怨霊であり、足利持氏、**赤松満祐**、**一色義貫**の三人がその正体であったという。この三人はいずれも義教によって死を迎えた人物であるため、子である義勝に祟ったと考えられたのだろう。

芦屋某の妻［あしやなにがしのつま］

能（謡曲）にて語られる幽霊。世阿弥作とされる『砧《きぬた》』に登場するもの。それによれば、九州の芦屋某という人物が訴訟のために上京するも、しばらく帰ることができず、彼の妻はひとり寂しく生活していた。そして三年目の秋、芦屋某が遣わした侍女の夕霧が帰郷するが、夫は帰ってこない。これを嘆いた妻は里人の打つ砧の音を聞き、自分もせめてもの慰みにと砧を取り寄せて打つが、そのうちに夫から今年も帰郷できないという知らせが入り、そのまま病みついて命を落とす。

妻の訃報を聞いた芦屋某は帰郷して彼女を弔うが、そこに死んだはずの妻が現れ、恋慕の執心を抱いたまま死んだために地獄に堕ち、今も責め苦を受けていることや、自身の恨みを訴え、夫を責める。しかし芦屋某が法華経を読み、誠実に弔ったことで、妻は成仏したという。

安徳天皇［あんとくてんのう］

復讐《ふくしゅう》のために現れた死者。安徳天皇は平安時代の天皇で、高倉天皇、平徳子の子。三歳という幼さで天皇に即位するも、壇ノ浦の戦いで平氏が敗れ、文治元年（一一八五）、八歳で平氏一門とともに入水して幼い命を絶った。

しかし安徳天皇の怨霊は以降も恐れられていたらしい。九条兼実の日記『玉葉』建久二年（一一九一）閏《うるう》一二月の条では、後白河天皇が病気平癒のため、**崇徳院**（古代）と安徳天皇の怨霊を鎮めようと讃岐《さぬき》（香川県）と長門《ながと》（山口県）に堂を建立させたことが記されている。

また南北朝時代に記された歴史書『保暦間記』建久九年（一一九八）一二月二七日

の条において大将軍（源頼朝）が相模河の橋供養に出かけ、帰りに八的《やつまと》ケ《が》原《はら》（現・神奈川県藤沢市）という場所を訪れた際、途中の稲村崎（神奈川県鎌倉市の稲村ヶ崎）の海上で一〇歳ばかりの童子が現れ、安徳天皇であると名乗って消えた。その後、頼朝は還御してすぐに病みつき、翌月の一月一三日に死去したということが記されている。

一色義貫［いっしきよしつら］

一色義貫は室町時代の武将であったが、室町幕府の将軍、足利義教の密命を受けた武田信栄により謀殺される。その後、義貫の死霊は、義教の後を継ぎ、わずか八歳で将軍となった義教の長男、義勝を祟った。

室町時代に記された万里小路《までのこうじ》時房《ときふさ》の日記『建内記』の嘉吉三年（一四四三）七月一七日の条には、室町殿（当時の将軍足利義勝）の病は**邪気**（古代）によってもたらされた疑いがあったことから、験者を呼んで加持させたところ、一色義貫の死霊の仕業《しわざ》であった、と記されている。またそれに続けて同年の春、義貫の死霊は義勝の母である藤原重子に対し、自身の遺領が子孫に相続されるよう望んだが、幕府はそれを承諾しながら実行しなかったとも書かれている。

そして七月一九日には一色義貫に加え**足利持氏**の邪気をいまだ祓《はら》うことができないと記され、二日後の二一日、義勝は一〇歳の若さで急逝する。この条では義勝に取り憑《つ》いた邪気怨霊はひとつではなく、足利持氏、一色義貫、**赤松満祐**の三人の名が挙げられている。

井筒の女［いづつのおんな］

能（謡曲）に語られる死者。室町前期、世阿弥によって作られた『井筒』に描かれるもの。物語はある年の秋に諸国を旅する僧が在原業平建立と伝えられる大和国（奈良県）の在原寺（天理市）に立ち寄るところから始まる。その寺で業平と妻の紀有常の息女の墓を訪れると、この墓に回向《えこう》する女が現れる。女は僧に業平と紀有常の娘の恋物語を語る。幼い頃からともにあった二人は井筒の周りで遊んで育ち、歌を詠み交わして夫婦となったという。そして女は自分がその有常の娘であり、「井筒の女」とも呼ばれていることを語り、井筒の陰に姿を消す。

その後、里の者が現れ、僧に有常の娘の弔いを求める。夜になり、僧が眠りにつくと、夢の中に有常の娘が現れ、業平の形見の衣と冠を身につけて静かに舞を舞い、井筒の水面に映るその姿を見つめ、在りし日の業平を偲ぶ。そして夜が明けるとその亡婦の魄霊《はくれい》の姿は消え、僧の夢も覚めるのだった。

元になっているのは平安前期の歌物語『伊勢物語』第二三段「筒井筒」で、幼馴染同士の恋と婚姻について記されている。『伊勢物語』では二人が業平と紀有常の娘とは明記されていないが、一般に『伊勢物語』で記される主人公の男は在原業平であり、業平の妻は紀有常の娘であることから、この二人の話だと解釈されている。『井筒』の作者である世阿弥はこの作品を自ら最高傑作と自負しており、現在もたびたび上演される名作である。

うへすぎの僧都 ［うえすぎのそうず］

死後、鬼になった僧侶。鎌倉中期に橘成季《たちばなのなりすえ》によって記された説話集『古今著聞集』巻一五第四九五「うへすぎの僧都、法執に依《よ》りて死後鬼となる事」にあるもの。それによれば、ある山にうへすぎの僧都という者がおり、法に対する強いこだわりがあり、弟子などもたやすくは取らなかった。その僧が死んだ後、住房の天井の上に何か重いものが落ちるような音がし、「ああ、苦しい」という声がした。これを聞いた人が恐れながら「誰なのですか」と問うと、「私はうへすぎの僧都です。仏法に対する慳悋《けんりん》のため、手もなき鬼となったのです」と答えた。

秘するべきこともそれが行き過ぎると、罪になるのだと心得るべきだろうと記している。

浮舟 ［うきふね］

能（謡曲）にて語られる死者。室町時代の能（謡曲）『浮舟』にて語られるもので、『源氏物語』に登場する浮舟の死後を描くものとなっている。場面は長谷寺（奈良県桜井市）の参詣を終え、京へと向かう旅の僧から始まり、この僧が宇治の里（現・京都府宇治市）に辿《たど》り着くと、そこに小舟に乗った女が現れる。女は『源氏物語』で語られた浮舟の物語と、彼女の最期を語る。そして比叡山《ひえいざん》の麓にある小野の里（現・京都府京都市左京区の辺りか）で待っていることを告げると、消えてしまう。この女こそ死後に現れた浮舟その人であったのだ。

僧は供養のため、浮舟の言った小野の里を訪れるが、そこに浮舟が再び姿を現し、かつて二人の貴公子の間で板挟みになり、流れに身を任せるしかなかった自身の苦悩を語り、そして僧の供養のおかげで天界に生まれ変わることができたと告げ、夜明けとともに消えてしまう。

鵜使い ［うつかい］

榎並左衛門五郎作、世阿弥改作の能（謡曲）『鵜飼』に登場するもの。物語は安房国《あわのくに》清澄（現・千葉県鴨川市辺り）の僧が従者とともに甲斐国（山梨県）へ向かう途中、石和《いさわ》（現・山梨県笛吹市石和町）を訪れるところから始まる。僧一行は石和川のほとりの御堂で一夜を明かそうとするが、そこに松明《たいまつ》を持ったひとりの鵜使いの老人が現れる。僧たちは老齢の彼を見て殺生をやめ、他の生業《なりわい》を探すよう勧めるが、鵜使いは若い頃からこれしか知らないと断る。

その時、僧の従者が二、三年前、石和川の川下にある岩落という場所を訪れた際、ある鵜使いに会って泊めてもらったことを思い出し、それを告げると、老人はその鵜使いは殺生禁断の地であるこの場所で仕事をしていたため、川に沈められて殺されたことを語り、その鵜使いの亡者こそ自分であると告げる。そして鵜を使った漁の様子を見せた後、消えてしまう。

　それから里の者に改めて鵜使いの最期を聞いた僧一行は、彼を弔うため、川の石を拾い上げてはひとつにつき一文字ずつ法華経を記すことで、鵜使いの老人を供養する。するとそこに鬼が現れ、あの鵜使いは地獄に堕ちるはずだったが、僧を一晩泊めた功徳により救われたことを告げるのだった。

采女［うねめ］

能（謡曲）に登場する幽霊。室町前期、世阿弥が創作した能（謡曲）『采女』に描かれるもので、物語の概要は以下の通り。

　ある旅をしている僧が京の都から奈良を目指している途中、春日の里（現・奈良県奈良市春日野町）に着く。そこで春日神社を訪れた僧は春の夜にひとりの里女と出会う。里女は森の中に木を植えているため、僧がその訳を尋ねると、里女は春日神社の謂《いわ》れを語り、そして僧を猿沢の池という池に案内する。そしてかつて帝に寵愛《ちょうあい》されながらも帝が心変わりをし、愛情が薄れていったことを嘆いて猿沢の池に身を投げた采女の物語を語る。そして里女は自分が采女の幽霊であることを僧に語り、池の底へと消える。

　僧が采女のために読経すると、采女が現れ、弔いに感謝する。采女は宮廷に仕えていた頃のことを誇らしげに語ると、かつて帝の寵愛を受けていた時のことを思い出し、懐旧の舞を舞う。そして御代を祝福しつつ、再び池の中へ消えて行った。

　元になっているのは平安中期に記された歌物語『大和物語』第一五〇段で、ここに記された猿沢の池に身を投げた采女の物語のその後を語る作品となっている。

馬になった乳母［うまになっためのと］

人が死後動物に転生したもの。鎌倉中期の説話集『古今著聞集』巻二〇「阿波国智願上人の乳母の尼、死後化生《けしょう》して馬となり、上人に奉仕の事」には、智願という僧侶が飼っていた馬にまつわる不思議な話が載せられている。それによれば、建長（一二四九〜五六）の頃、阿波国（徳島県）の智願は、乳母であった女性が亡くなってからすぐ、荷物の運搬等雑用に使う馬を手に入れた。この馬は足が速いだけでなく、悪路も河川も難なく乗り越え、急ぐ用事がある時は鞭《むち》を使わなくても勝手に急いだ。逆に急ぐ必要のない時は静かに歩いた。何かにつけて珍しいことであったが、この馬はすぐに死んでしまったため、智願は酷《ひど》く嘆いた。すると少し経ってから、その死んだ馬と寸分も違わない馬が彼の前に現れ、智願は大変喜んで大切に扱った。

　そんなある時、ひとりの尼僧に何者かの霊が取り憑《つ》いたため、智願が「誰が何のために参ったのか」と尋ねると、「私はあなたの乳母であった尼僧です。智願様のことを心にかけていたために、馬となってあなたを背に乗せて歩きました。間もなく命が終わった後も、智願様のことを忘れられず、また同じ馬となって今もここにおります」と言った。智願はこれを聞き、恐ろしいほど正確に自分の心持ちを察知し、思うままに動いてくれた馬を思い、大変に感激して、堂を建て、仏像を作り、乳母の菩提《ぼだい》を弔った。そしてその生まれ変わりである雌馬をたいそう可愛がり、労《いた》わって側に置いたという。

江口の君［えぐちのきみ］

能（謡曲）に語られる幽霊。世阿弥作と考えられる『江口』に描かれるもので、物語は旅の僧が摂津国の天王寺（大阪府大阪市の四天王寺のこと）を参詣するため、都を旅立つところから始まる。その途中、僧とその従者は江口の里（現・大阪府大阪市東淀川区）を訪れ、そこで西行法師が一夜の宿を借りようとするもそれを断った、という伝説を残す江口の君の墓を見に行く。そこで僧が西行法師の歌を口ずさむと、ひとりの女が現れ、江口の君の返歌を伝え、江口の君は西行の頼みを断ったのではなく、娼館であったゆえに出家の身であった西行に仮の宿に執着しないよう、あの歌を伝えたのだと言い、自身が江口の君の幽霊であることを告げて消える。

　その後、里の人に江口の君を弔うように言われた僧が、夜になって江口の君に経を読んでいると、遊女の屋形舟が現れた。舟には江口の君と侍女二人が乗っており、月明かりの下、僧たちに川逍遥《かわしょうよう》の様子を見せ、遊女の身の上を謡う。そして因果応報、諸行無常を説き、舞を舞った後、普賢菩薩《ふげんぼさつ》へと変じて西の空へと去っていった。

　この物語の元になっているのは平安末期に編まれた西行の歌集『山家集』に記された歌で、西行が天王寺に参詣する途中、突然雨に降られ、江口で宿を借りようとした際に断られ、詠んだ歌「世の中をいとふまでこそかたからめかりのやどりを惜しむ君かな」と、それに対する返歌「家を出づる人とし聞けばかりの宿に心とむなと思ふばかりぞ」の二首となる。後者の歌を詠んだのは「遊女」とされており、この遊女が江口の君と呼ばれるようになった。また平安末期に編まれた『西行上人集』や鎌倉初期に編まれた『新古今和歌集』では遊女の歌が「世をいとふ人としきけばかりの宿に心とむなと思ふばかりぞ」となっており、名前も「遊女たへ（妙）」となっている。

小野小町［おののこまち］

　小野小町は平安時代の歌人。六歌仙、三十六歌仙、女房三十六歌仙のひとりに名を連ねる。仁明、文徳両天皇の後宮に仕えた。絶世の美女であったと伝えられ、恋愛に関する逸話も多く、多くの物語の題材にもなったことで知られるが、その晩年は悲惨だったとする記録も多い。

　『江家次第』『和歌童蒙抄』『古事談』等には、在原業平と小野小町にまつわる話が載せられている。その概要は以下のようなもの。業平が陸奥（東北地方）を旅している時、「秋風の吹くにつけても穴目穴目（秋風が吹くたびに、目の穴が痛む）」という声が聞こえてきた。そこで業平がこの声を辿《たど》ってみると、人の姿はなく、眼窩《がんか》からススキが生えた髑髏《どくろ》があった。それは小野小町の亡骸《なきがら》であり、目の中に生えたススキを取ってやったという。

これが小野小町だと気付く理由は『江家次第』では最初から小町の亡骸を探していたとされ、『和歌童蒙抄』では業平の夢に小町が現れ礼を言った、『古事談』では近くの者に聞いた、となっており、話によって異なる。

またこれを元にした能に観阿弥の『通小町』（南北朝時代）というものがあり、ここでは比叡山《ひえいざん》（京都府京都市・滋賀県大津市）の僧のもとに小町の幽霊が現れ、僧に受戒を頼むが、かつて小町に恋慕していた四位の少将の幽霊が現れ、それを妨害する。しかしその回向《えこう》により二人とも成仏する、という内容になっている。

他にも小町を題材にした能に『卒塔婆小町』があるが、こちらは小町は生前の老女として登場し、幽霊として現れるのは四位の少将（**深草少将**）のみである。

小野頼風とその妻［おののよりかぜとそのつま］

能（謡曲）に語られる亡霊。『女郎花《おみなめし》』という作品に登場するもの。それによれば、女郎花《おみなえし》の咲く京都南の男山を僧が訪れるところから物語が始まり、僧が花を一輪手折ろうとすると、老人がそれを止める。そこで僧が何者かと問うと、老人はこの野の花守であると答えた。そして二人は女郎花の歌についてやりとりし、僧の風流心を認めた花守は、仏に手向けたいという僧に女郎花を手折ることを許す。そして二人はともに山上の石清水《いわしみず》社（京都府八幡市）へ参詣するが、別れ際、花守は山の麓にある古墓へと連れていく。そこには男塚と女塚という塚があり、これは夫婦の塚であって、女は都の人、男は小野頼風であった。その亡き跡を弔ってほしいと自身の正体をほのめかし、花守は消えてしまう。

それから僧が夫婦の塚を弔っていると、夜になって花守、すなわち小野頼風とその妻の亡霊が現れ、過去のことを語る。妻は契りを結んでいた頼風が自分のもとへ通わなくなったことを心変わりしたのだと恨み、悲しんで、放生川に身を投げた。それを知った頼風は妻の亡骸《なきがら》を塚に埋めると、そこから女郎花が生えた。しかし頼風が近づくと女郎花は頼風を避けるように靡《なび》く。悲しんだ頼風は、妻の後を追うように自らも川へと身を投げた。そして二人は死後、邪淫の悪鬼に責め立てられていることを語り、頼風は僧に弔いを願う。そして二人は消えてしまうのだった。

姨捨の老婆［おばすてのろうば］

能（謡曲）に語られる死者。世阿弥作の能（謡曲）『姨捨』に登場する。内容は以下のようなもの。ある秋のこと。都の人が信濃国更科（現・長野県長野市・千曲市の辺り）の名月を眺めようと思い立ち、従者とともに姨捨山に登る。すると更科の里の者だというひとりの女が現れる。都の人はかつてこの山で老婆を捨てた場所が近くにあるかと姨捨の故事を尋ねるが、女はその場所に都人たちを案内し、「執心の闇を晴らそうと今宵現れ出た」と自分の正体がかつてこの山に捨てられた老婆であることを明かし、消える。

　その後、更科の里に住む者が現れ、都人に姨捨の伝説を詳しく語り、今夜はここで過ごすようにと勧める。都人と従者がその通りに山で夜を迎えると、白衣を纏《まと》った老婆が現れ、月光の下で舞い、姨捨の山の月の美しさを讃える。しかし夜が明けるとともに都の人たちはその場を去り、老婆はひとり、そこに残される。この山は再び、姨捨山となってしまったのだ。

　この『姨捨』は平安時代の作品である『今昔物語集』や『大和物語』などにも記されている姨捨伝説を元にしている。『檜垣』（**檜垣嫗**《ひがきおうな》を参照）、『関寺小町』とともに老女をシテ（能の主人公）とした三つの秘曲「三老女」のひとつに数えられ、能の演目の中でも滅多に演じられない曲となっている。

【か】

梶原景季［かじわらのかげすえ］

能（謡曲）に語られる幽霊。梶原景季は平安時代から鎌倉時代にかけての武将。通称源太。源頼朝に仕え、木曽義仲討伐《とうばつ》の際、宇治川の戦いで佐々木高綱と先陣を争った。後に鎌倉幕府への謀反《むほん》を企てた父、梶原景時とともに鎌倉を逃れたが、正治二年（一二〇〇）、駿河狐崎《きつねがさき》（現・静岡県静岡市清水区上原地域）で討たれた。

　その景季にまつわる能（謡曲）が室町初期の能作者、世阿弥作ともその息子、観世元雅作ともいわれている『箙《えびら》』だ。物語は西国の僧が京へ向かうところから始まる。途中、僧は摂津国の生田川（兵庫県神戸市）の辺りで咲き誇る梅に気づき、眺めていると、男が通りかかる。僧が男に梅の名を尋ねると「箙の梅」だと答え、源平合戦で活躍した梶原景季ゆかりの木であることを教える。そして男は戦の様子を語り、自身が景季の幽霊であると告げて消える。

　その夜半、僧が梅の木陰で休んでいると、僧の夢に箙（矢を入れる道具）に梅を挿した若武者姿の景季が現れた。景季は修羅道に堕ちた苦しみの様子を見せ、そのうちに夜が明ける。景季は最後に僧に供養を頼み、消えていったという。

体を刺す物［からだをさすもの］

自分を殺した人間を殺し返した死者。鎌倉中期に記された説話集『沙石抄』巻七第一二「嫉妬の故に人を損じ酬《むく》ふ事」にあるもの。それによれば、洛陽（京都）のある武士の郎党が手鉾《てぼこ》を盗んだ下人を捕らえ、柱に縛り付け、「お前が欲しがっていた物をやろう」とその下人の体を手鉾で何度も刺し、三日をかけて嬲《なぶ》り殺しにした。

この時、下人は「悔しいことだ。下郎の盗みはよくあることなのだから、殺すのであればひと思いに首を落としてくれればいいものを。このように嬲り殺しにされるのは酷《ひど》く辛い」と憤った。またこの時、下人を殺した武士は主人から下人を許すように言われており、それを承諾したにもかかわらず、下人を処刑していた。

主人はこれを知ってこの武士を追い出したが、武士は尾州（愛知県西部）に下った後、病みついて「物が体中をひたすらに刺す」と泣き叫び、苦悶して死んだという。

ここで武士を刺した「物」と呼ばれている何かの正体は、殺された下人だと考えられる。

この話は近世末期の安政五年（一八五八）、宮負定雄によって記され、刊行された説話集『奇談雑史』巻六の一〇「人を殺害し酬ふ事」でも紹介されている。

観智［かんち］

僧が死後、餓鬼となったもの。観智は平安時代の僧侶。安芸国（広島県）の国守であった藤原尹明《ふじわらのただあき》の子。権大僧都を務めていた記録が残る。

鎌倉初期の説話集『古事談』巻三第七八「観智、鬼道に堕つる事」には、彼の死について以下のような話が記されている。観智は加持祈禱《きとう》を依頼され、その礼として布施をしてもらって生活していた僧で、慈悲深く、忍耐強く、親しい親しくないにかかわらず人を労《いた》わることができる人物だった。そのため人々はこの僧が亡くなった際、苦痛なく極楽に往生したものと思っていた。しかしそれからしばらくして、観智の妻が見た夢の中に観智がほとんど影のような姿で現れた。そこで妻が「あなたはどこに生まれ変わったのですか。臨終の際には心安らかであったのに。そのお姿は悲しく思います」と問うと、観智は「私は鬼道に堕ちた。そこで耐えがたい苦痛を味わっている。その様子を見せようと参ったのだ」と言った。すると空から布施布が大量に落ちてきて、彼の体を埋めた。そしてこの布に火が付き、観智の体を焼いてしまった。後に残ったのは消し炭と化した彼の亡骸《なきがら》だった。

やがて観智の体は元に戻り、彼は「一日に三度、このような責め苦を受けている」と泣いて去って行ったという。

この時代、布施を目的として行う説法は大罪だった。観智が普段から積んでいた善行では償うことに足らず、鬼道（餓鬼道）に堕ちたものと考えられる。

寛朝 ［かんちょう］

死後天狗《てんぐ》になったとされる僧。寛朝は平安中期の真言宗仁和寺《にんなじ》（京都府京都市右京区）の僧で、東密広沢流の祖といわれている。敦実親王の子であり、宇多法皇の孫。延長四年（九二六）に出家し、仁和寺別当、西寺（京都市南区）別当、東寺（京都市南区）一の長者、東大寺（奈良県奈良市）別当等を歴任し、天台宗**良源**（古代）の後をうけて東密最初の大僧正となる。また広沢池の近辺に遍照寺（京都市右京区）を建立し、密教興立の中心とした。

南北朝時代に記された軍記物語『太平記』巻二七「雲景未来記の事」では、雲慶という山伏が愛宕山《あたごやま》（京都府京都市）の山伏によって白雲寺という寺に連れて行かれた際、そこで**崇徳院**（古代）をはじめ、八男八郎冠者為朝（**源為朝**）、淡路の廃帝（淳仁天皇）、井上皇后（**井上《いのえ》内親王**（古代））、後鳥羽院（**後鳥羽天皇**）、後醍醐院（**後醍醐天皇**）らが悪魔王の棟梁に、**玄昉《げんぼう》**（古代）、**真済**（古代）、寛朝、慈慧《じえ》（良源）、**頼豪**、**仁海**、尊雲（**護良《もりよし》親王**）たち高僧らが大魔王となり、天下を乱そうと評定している姿を見たと記されている。

寛朝は特に恨みを持って死んだり、朝廷に反逆したといった話はないが、良源と霊力を競った逸話があるため、彼と並んで天狗として記されたものか。

菊池武時 ［きくちたけとき］

死後も天皇に仕えた武士。菊池武時は鎌倉後期の武将。肥後（熊本県）の人。法名は寂阿。元弘三年（一三三三）に配流先の隠岐（現・島根県隠岐諸島）を脱出した**後醍醐天皇**の呼びかけに応じて挙兵し、鎮西探題北条英時を攻めたが、敗れて戦死した。

武時は死後も後醍醐天皇のために戦った。南北朝時代の軍記物語『太平記』巻三四「吉野御廟《ごびょう》神霊の事」ではかつて後醍醐天皇に仕えたある武士が出家の暇乞《いとまご》いのため、吉野（現・奈良県南部）の後醍醐天皇の廟所を訪れ、世の中の移ろいを嘆く。その後、武士がうつらうつらとしていると、その夢の中で後醍醐天皇の廟が揺れ、「誰かおるか」と後醍醐天皇の声がし、**日野俊基**、**日野資朝**が現れる、という場面がある。その際、後醍醐天皇は俊基、資朝に「君を悩まし、世を乱す逆臣たちを誰に命じて罰すべきか」と問うが、それに対し、俊基、資朝は「すでに摩醯首羅王《まけいしゅらおう》（大自在天のこと。しばしば阿修羅王や第六天魔王と同一視される）の前で議定があり、討手を定めております」と答え、その中で菊池入道寂阿（菊池武時）には仁木右京大夫義長（仁木義長）を罰するように申し付けている。

仁木義長は武時亡き後、武時の子である菊池武敏と戦うなどしている。そのような因縁から、義長の相手として武時が選ばれたものと考えられる。

楠木正成［くすのきまさしげ］

鬼と化した死者。楠木正成は鎌倉時代から南北朝時代にかけての武将。**後醍醐天皇**の鎌倉幕府討伐計画に参加。河内赤坂城（大阪府南河内郡千早赤阪村）、のち千早城に拠《よ》り、巧みな兵法と知略で幕府の大軍を防ぐ。そして建武の中興の功績で河内（大阪府東部）の国守と守護を兼ね、和泉（大阪府南部）守護となったが、足利尊氏と摂津湊川（兵庫県神戸市）で戦い、敗れて建武三年（一三三六）に自刃した。

南北朝時代の軍記物語『太平記』では大森盛長（大森彦七）が楠木正成を死地に追い込んだとされているが、同書の巻二四「正成天狗《てんぐ》と為り剣を乞ふ事」では、正成が死後に出現し、大森盛長にさまざまな怪異をなした話が記されている。それによれば、大森彦七盛長が猿楽を披露するため、桟敷に向かう山際の細道を歩いていると、赤い袴《はかま》に柳裏の五つ衣を着て、鬢《びん》を深く削いだ一七、八歳ばかりの女房がひとり月を眺めていた。盛長が話しかけると、女房は道に迷っていると言うので、盛長が彼女を桟敷まで送って行こうと提案すると、女房は彼についてきた。しかし歩くのも辛そうであるため、桟敷に至るまで負ぶって行こうと言うと、彼女は素直に負ぶさってきた。しかしそれからしばらくして、突然女房は身の丈八尺（約二・四メートル）の鬼と化した。その目は朱を溶いて鏡面に注いだようであり、上下の歯は食い違っていて耳元まで裂け、眉は漆《うるし》を一〇〇回塗り込んだような濃さで額を隠し、振り分け髪の中から五寸（約一五センチ）ばかりの牛の角が鱗《うろこ》に覆われて生えている。その重さは大盤石のようで、鬼は盛長の髪を摑《つか》んで虚空に昇ろうとした。しかし盛長は鬼を摑み返して深田の中に転がり落ち、人を呼び寄せた。直後、鬼は消えてしまった。

それからしばらくして再び猿楽のため、また吉日を定めて準備を行い、猿楽を始めると、半ばに差し掛かった頃に遥《はる》か遠くの海上に光り物が二、三〇〇も現れた。さらに黒雲が現れ、その中に玉の輿《こし》が担ぎ連ねてあり、恐ろしい鬼形の者たちが前後左右に連なっていた。また一行の後ろには鎧《よろい》を着た兵が一〇〇騎ばかりおり、それらが次第に近づいてきて、猿楽の舞台の上を覆った。

その雲の中から甲高い声で「大森彦七殿に申すことがあり、楠木正成が参った次第である」と呼びかけがあった。盛長が臆せず問い返すと、正成は自分が存命の頃、足利尊氏らによって君である後醍醐天皇が傾けられたこと、それにより多くの忠臣、義士が戦場で屍《しかばね》となったことを語り、それらは死後、ことごとく修羅の眷属《けんぞく》となったと告げた。そして正成はこれらの者とともに天下を覆そうと考えているが、貪《とん》・瞋《じん》・痴《ち》の三毒を表す三剣が必要になる。ひとつは日吉大宮（滋賀県大津市の日吉大社の西本宮）にあり、すでに取り換えた。もうひとつは尊氏のもとにあったが、寵愛《ちょうあい》する童に入れ替わり、乞うて奪った。最後のひとつは盛長が今腰に差している刀で、この刀は元暦（一一八四〜八五）の頃、平家が壇ノ浦（山口県下関市）にて滅んだ時、悪七兵衛景清《かげきよ》（藤原景清）が海へ落としたのをイルカが呑み、讃岐《さぬき》の宇多津（現・香川県綾歌郡宇多津町）の奥で死んだ。海底に沈んでから一〇〇余年を経た後、漁父の網に引っかかり、盛長のもとに渡ったのだという。そのため、急ぎ進呈せよと正成は迫るが、盛長は臆することなく先日の鬼もこの正成であったことを見破り、刀を渡したなら将軍の世を滅ぼすというのであれば渡すわけにはいかぬと虚空を睨《にら》みつけた。正成は憤慨し、最後には刀を奪うと告げて光を放ち、海の遥か向こうへと飛び去った。

それから四、五日後、正成は真夜中に黒雲とともに現れた。正成は自分に伴う者は後醍醐天皇・兵部卿親王（**護良《もりよし》親王**）・新田左中将義貞（**新田義貞**）・平馬助忠政（**平忠政**）・九郎大夫判官義経（**源義経**）・能登守《のとのかみ》教経（**平教経**《たいらののりつね》）だと告げ、盛長に彼らは今どうなっているのかと問われると、その子細を告げ、さらに後醍醐天皇以外の五人が姿を現した。また盛長が正成は今どうなっているのか、と問うと、正成は自分は千頭王鬼という鬼になったと告げ、紺地錦の鎧直垂《ひたたれ》に黒糸の鎧を纏《まと》い、頭が七つある牛に乗った姿で出現した。その他にも保元・平治の乱で討たれた者、治承・寿永の乱で討たれた源平の者たち、元弘・建武の乱で滅んだ兵たちがひしめきあっていた。その姿は盛長にのみ見えたという。

直後、正成一行は風に吹かれた雲のように消えてしまったが、その後、盛長のもとに化け物が出現し、刀で斬りつけたところ、その姿が消え、正成が乗っていた牛の首と思しきものが落ちていた。さらにその後日には武士の詰め所である遠侍《とおさぶらい》に巨大な寺蜘蛛（大蜘蛛《おおぐも》のことか）が現れ、武士を襲ったが、盛長がこれを取り押さえ、他の武士たちとともに退治すると、十器が壊れる音とともに砕け散った。また、その夜、皆が寝静まると、今度はしゃがれ声で「七人とは限るまいぞ」という声がし、庭に眉太に作り、お歯黒をした四、五尺（約一・二〜一・五メートル）もある女の生首が現れた。女の首は美しく笑うと「恥ずかしや」と言って後ろを向き、これを見た者は皆倒れ伏した。

このような怪異が続いたため、悩んでいると、盛長の縁者の禅僧が「今現れている悪霊たちは皆修羅の眷属である。これを鎮めるには大般若経を読むのが不可欠である」と教えたため、盛長はすぐに僧たちを呼び、大般若経を日夜六部まで読ませた。すると修羅は威を失ったのか、正成の魂魄《こんぱく》は盛長の夢に出ることもなくなった。こうして正成の亡霊が鎮まったのだと記されている。

明治時代には『太平記』のこの物語を元にした歌舞伎『大森彦七』が公演され、ここでも楠木正成の霊が登場する。

後醍醐天皇 ［ごだいごてんのう］

怨霊となった天皇。後醍醐天皇は鎌倉時

代から南北朝時代にかけての天皇。南朝における初代天皇であり、院政を廃して天皇親政を行い、正中の変、元弘の乱を経て讃岐《さぬき》（香川県）に流されるも、**新田義貞**が鎌倉幕府を滅ぼした際に帰京し、天皇に復帰する。そこで建武新政を行ったが、失敗。足利尊氏の謀反《むほん》に遭い、尊氏が光明天皇を擁立して室町幕府を開き、北朝が樹立したため、吉野（現・奈良県南部）に移って南朝を樹立する。しかし南朝は劣勢に陥り、失意のまま没した。

　ところが後醍醐天皇は死後も戦い続けたという。南北朝時代の軍記物語『太平記』巻二一「先帝崩御の事」では、後醍醐天皇が亡くなる際、「朝敵を滅ぼし、四海を太平にしよう」と述べたとある。それを体現するように同書では後醍醐天皇が北朝の者たちを害するため、死後に出現している。

　まず巻二三「上皇御願文の事」では暦応五年（一三四二）、都で疫病が流行り、人々が病死することは数知れず、さらに吉野の後醍醐天皇の御廟《ごびょう》から車輪のような姿をした光物が飛び出して都に向かう様子が夜な夜な人々の夢に見えた。これは前朝（後醍醐天皇）の御怨霊であろうと人々が皆恐れており、さらに左兵衛督《さひょうえのかみ》直義朝臣（足利直義）が**邪気**（古代）に侵されて心身ともに狂乱した。

　このため陰陽寮が鬼見、泰山府君の祭を行い、財宝を焼き尽くし、典薬頭《てんやくのかみ》が倉公（前漢の名医）、華陀《かだ》（後漢の名医）の術を尽くしたが病は癒えず、もう駄目かと思われた。しかし持明院の上皇（光厳上皇）がこれを聞き、密かに石清水八幡宮（京都府八幡市）にて後醍醐天皇に願文を捧げ、祈願した。その願文により直義の病は癒えたという。

　しかしその後も後醍醐天皇は出現し続けた。巻二四「正成天狗《てんぐ》と為り剣を乞ふ事」では、楠木正成が死後、自分を死地に追い込んだ大森盛長にさまざまな怪異をなしたとされるが、その際、正成に伴って後醍醐天皇が兵部卿親王（**護良《もりよし》親王**）、新田左中将義貞（新田義貞）、平馬助忠政（**平忠政**）、九郎大夫判官義経（**源義経**）、能登守《のとのかみ》教経（**平教経《たいらののりつね》**）とともに出現する場面がある。

　さらに巻二五「天龍寺の事」では夢窓国師（夢窓疎石）が先帝（後醍醐天皇）の御神霊の憤りが甚《はなは》だしく、国土に災いをなしていると思われるため、しかるべき禅院を造営し、菩提《ぼだい》を弔えば天下は静かになるだろうと足利尊氏に進言したため、夢窓疎石を開山として天龍寺（京都府京都市右京区）を建立したとある。

　それでも後醍醐天皇の出現は終わらず、巻三四「吉野御廟神霊の事」では、南朝で北面の武士であった人物が出家の暇乞《いとまご》いに吉野の後醍醐天皇の廟所を訪れ、世の中の移ろいを嘆いた後、うつらうつらとしていると、その武士の夢に後醍醐天皇の廟が揺れ、円丘の中から「誰かおるか、誰かおるか」と後醍醐天皇の声がし、**日野俊基**、**日野資朝**が現れる。その姿は生前の面影を残していたが、顔は朱を差したように赤く、目は光り輝き、上下の歯は生え違っていた。直後、後醍醐天皇が円丘の石扉を開いて姿を現した。後醍醐天皇は礼服を身に纏《まと》い、宝剣を抜いて手に引っ提げ、玉座に座っていた。その姿は昔とは異なり、怒れるまなじりは逆さまに裂け、髪は左右に分かれて、炎が燃え出て黒煙が天に昇った。息を吐くごとに夜叉羅刹《やしゃらせつ》のようであった。後醍醐天皇が俊基、資朝に「君を悩まし、世を乱す逆臣たちを誰に命じて罰すべきか」と問うと、俊基、資朝は「すでに摩醯首羅王《まけいしゅらおう》（大自在天のこと。しばしば阿修羅王や第六天魔王と同一視される）の前で議定があり、討手を定めております」と答え、それぞれの逆臣に向かわせるべき死者たちの名を挙げた。それによれば、まず南方の皇居を襲おうとしている五機七道の朝敵に対しては**楠木正成**が、仁木義長に対しては**菊池武時**が、細川清氏に対しては土居・得能（伊予国（愛媛県）の河野氏族の武士）が、畠山国清に対しては**新田義興**が、それぞれ討手として遣わされているのだという。これを聞いた後醍醐天皇は満足げに笑み、「ならば、このまま年号を変えぬ前に早く退治せよ」と告げ、再び御廟の中に入った。直後、北面の武士は夢から醒めたという。北面の武士はすぐに観心寺（大阪府河内長野市。後醍醐天皇が建立した南朝ゆかりの寺）に戻り、この夢のことを話したが、それはただあってほしい願望を夢に見ただけだろうと信じる者はいなかったとも記されている。しかし直後の「諸国軍勢京都へ還る事」では北朝の武士、武将たちが京都へと退却したことから、もしかしたらあの北面の武士の夢は本当だったのではないかと、この夢を当てにし始める者が出てきたと記されている。

後鳥羽天皇 ［ごとばてんのう］

天皇が怨霊と化したもの。後鳥羽天皇は平安時代から鎌倉時代にかけての天皇。先代の**安徳天皇**が平家とともに神器を持って西国に逃れたことから、神器の継承なしにわずか四歳で天皇となる。その後一九歳で譲位するが、土御門、順徳、仲恭天皇の三代にわたり院政を行った。鎌倉幕府の打倒を目指すも敗れ（承久の乱）、讃岐《さぬき》（香川県）に流されて延応元年（一二三九）、そこで生涯を終える。

後鳥羽天皇は生前、自ら怨霊と化すことを宣言したといわれているが、竹田恒泰著『怨霊になった天皇』によれば、その根拠は後鳥羽天皇自身が晩年の嘉禎三年（一二三七）に記した「後鳥羽院御置文案」に「この世の妄念に関わられ、魔縁となることがあれば、この世のために障《さわ》りをなすこともあるであろう」と記したことによるのだという。ただしこの文はその前に法華経に導かれ、生死の煩悩から解脱しようとしていることを書き、それでも魔縁になってしまうかもしれないという不安と、そうであっても関白以下には祟らないから、何かあっても自分が死後に行ったものではない、という旨のことが記してあり、むしろ魔縁にならないことを主体としているのだと指摘。

しかし後鳥羽天皇（上皇）の考えとは裏

腹に、死後、彼は怨霊として認識された。先述の『怨霊になった天皇』によれば、後鳥羽天皇は**崇徳院**（古代）と同様に思われたくないため、廟《びょう》を建てないでほしいと遺言していたにもかかわらず、彼を鎮めるため御影堂（大阪府三島郡島本町）が建てられ、「水無瀬堂」として崇拝された。また崇徳院と同じように「顕徳院」という諡号《しごう》も贈られている。しかし同書によればその後に起きた承久の変や後鳥羽天皇の一年目の忌日に発生した鎌倉の大火が後鳥羽天皇の祟りによって起きたと噂《うわさ》されたという。

具体的な記録としては、鎌倉前期に平経高が記した日記『平戸記』延応二年（一二四〇）一月二八日の条では、藤原時房が亡くなった際、顕徳院（後鳥羽院）のためか、と記されている。

また南北朝時代成立の『後鳥羽院御霊託記』には、暦応二年（一三三九）、水無瀬の官女に取り憑《つ》き、その口を借りて後鳥羽院が語ったという内容が記されているが、そこでは承久の変以降の国家治乱は自分の力によるものだ、と告げたことが記録されている。

同じく南北朝時代の『太平記』巻二七「雲景未来記の事」では、雲慶という山伏が愛宕山《あたごやま》（京都府京都市）の山伏に白雲寺という寺に連れて行かれ、そこで崇徳院をはじめ、八男八郎冠者為朝（**源為朝**）、淡路の廃帝（淳仁天皇）、井上皇后（**井上《いのえ》内親王**（古代））、後醍醐院（**後醍醐天皇**）らとともに後鳥羽院が悪魔王の棟梁となり、天下を乱そうと評定している様子を目撃したことが記されている。

殺された娘の母の霊

［ころされたむすめのははのりょう］

子を殺された親が霊となって仇《かたき》を討ったもの。鎌倉中期に記された説話集『沙石抄』巻七第一一「嫉妬の故に人を損じ酬《むく》ふ事」にあるもの。それによれば、洛陽《らくよう》（京）にある男と懇意になっていた娘がいたが、その男の妻である女が嫉妬し、「殿の仰せです」と言ってその娘のもとに車をやり、娘を一間のところに押し込めて、女房に言いつけて熨斗《のし》（布地のしわを伸ばす「火熨斗」の略）に火を入れ、そこに懐妊していた娘の腹を乗せた。それにより娘の腹は腫れてところどころ肉が切れ、息も絶え絶えになったが、女は娘をそのまま母親のもとに帰した。娘は車から降ろされたところで息絶えてしまったという。

母親はこれを見て取り乱し、走り出して諸々の社《やしろ》に詣で、喚《わめ》き叫び、狂乱して「我が敵の命を取らせてください」と言い、やがて死んでしまった。しかしその霊は娘を殺した女に祟り、女は体が腫れて膨れ、苦痛のために死ぬこととなった。さらに女の家系は代々殺された娘の母親の霊が祟ったという。

これと類似した話が近世に記された『善悪報《むくい》ばなし』にあるが、こちらは舞台が大坂（現・大阪府大阪市）となっており、母親の霊とともに娘の霊も出現している（詳細は近世の**殺された娘と母の霊**を参照）。

【さ】

齋藤実盛［さいとうさねもり］

室町時代に現れたという霊。実盛は、平安末期の武将で、源義朝の配下であった人物だが、義朝が討たれると、実盛は関東に戻り、平家に服従。寿永二年（一一八三）、平維盛らと木曽義仲追討のため北陸に従軍するも、倶利伽羅峠《くりからとうげ》の戦いで敗北し、その後、木曽義仲の配下、手塚光盛に加賀国篠原（現・石川県加賀市篠原町）での戦いにて討ち取られたとされる。

室町前期の醍醐寺（京都府京都市伏見区）座主《ざす》、満済が記した日記『満済准后日記』応永二一年（一四一四）五月一一日の条には、「斉藤別当実盛の霊が加州篠原において出現した。遊行上人がこれと出会い、念仏を授けた。これは去年三月一一日のことであるという。事実であれば希代のことなり」と記されており、本当に実盛であったのならば二〇〇年以上の時を経て霊が出現したことになる。

この話は広く知られていたらしく、世阿弥はこれと『平家物語』における実盛の話を組み合わせ、謡曲『実盛』を記している。ここでは遊行上人が加賀国篠原で説法を行っていると、ひとりの老翁が毎日欠かさず聴聞に訪れるが、その老人の正体が実は実盛であったと語られる。

また世俗においては実盛の名は稲に害をもたらす虫に対して使われている。「実盛虫」などと呼ばれ、これは実盛が討ち取られた際、乗っていた馬が稲株に躓《つまず》いて転倒したところを狙われた、という話に起因しており、それゆえに実朝は稲を恨み、虫となって稲を祟っている、という伝承が生まれたものと考えられる。

讃岐房の母［さぬきぼうのはは］

死後、餓鬼となった人間。鎌倉中期の仏教説話集『沙石集』巻二第六「地蔵菩薩《ぼさつ》、種々の利益の事」にあるもの。それによれば、讃岐房という僧侶が一時的に死んだ際、地蔵菩薩に連れられて無数の餓鬼がいる広野に行った。するとひとりの餓鬼が話しかけてきて「あの讃岐房は我が子です。あれを養うため、多くの罪を作り、この報いを受け、飢渇に責められてどうしようもありません。あの子を賜り、食べたいと思います」と言った。

これに対し地蔵菩薩は「それは誤りだ。この者は汝《なんじ》の子と少しも違わぬが、別人なのだ」と答えた。しかし餓鬼は「たしかに我が子です」と言う。地蔵菩薩は耳を貸さずその場を去った。それから地蔵菩薩が讃岐房に言うことには「実はあれは汝の母だ。汝を養ったゆえにあのような報いを受けた。しかし、汝を食べたとしても、その苦が救われるわけではない。汝が命を失うのは不憫《ふびん》ゆえ、我は空言《そらごと》を言って汝を助けたのだ。母に対し孝養をよくして、あの苦患を助け、己が後生菩提のため、よく勤めなさい。我は忙しいのでもう行く。これより先の道は覚えておろう」と言った。それからすぐに讃岐房は蘇生したという。

この讃岐房は餓鬼となった母親と遭遇する前に、師であった**論識房**にも出会っている。また平安時代に記された『往生要集』には**子を食う餓鬼**（古代）について書かれている。

清徳聖の母［せいとくせいのはは］

死者の声が聞こえたもの。鎌倉前期の説話集『宇治拾遺物語』巻二第一九「清徳聖、奇特の事」にある。それによれば、昔、清徳聖という聖がいたが、その母が亡くなったため遺体を棺に入れ、それをひとりで愛宕山《あたごやま》（京都府京都市）に持って行き、大きな石を四つ隅に置いて、その上に棺を置き、片時も休むことなく、寝ることもせず、物も食わず、湯も水も飲まずに声を絶やさず千手陀羅尼《せんじゅだらに》を誦《ず》して棺の周囲を巡り、三年になった。その年の春、夢とも現《うつつ》ともなく微《かす》かに母の声が聞こえ、「この陀羅尼を、このように昼夜問わず誦してくれたおかげで私は男子となって天に生まれ変わりましたが、同じことであれば仏になってお知らせしようと、今まで知らせずにいました。今は仏になりましたから、お知らせします」と言った。これにより清徳聖は母が仏になったことを知り、遺体を棺から出して焼き、骨を集めて土に埋め、その上に石の卒塔婆《そとば》を立てて葬儀の礼を執り行ったという。

増智［ぞうち］

夢に死者が現れた例。鎌倉時代の説話集『古今著聞集』巻一七「怪異」に記される「保延六年秋、崇徳院夢に白河僧正増智を見給ひて後、御不例の事」にあるもの。

それによれば、保延六年（一一四〇）秋のこと。**崇徳院**（古代）の夢に柿色に染めた水干《すいかん》を纏《まと》った白河僧正増智が現れ、久しく見参できなかった理由を話した。そして夢から覚めた崇徳院はそれから体調を崩して、まるで増智が乗り移ったかのように特有の節をつけて和歌や漢詩を歌ったり、「現身《うつしみ》のまま成仏させてほしい」と言い、最後には「私は故僧正増智である」と言い出したりした。

増智はかつて関白を務めた藤原師実《ふじわらのもろざね》の子で、平等院（京都府宇治市）執印、京都法勝寺（京都府京都市左京区）権別当などを務めた人物だが、保延元年（一一三五）の時点で死亡している。この話は夢に増智が現れた後、増智によって崇徳院が体を乗っ取られたとも取れる書き方になっている。

また、崇徳院自体も死後、怨霊になったと伝えられている。

曽我祐成［そがのすけなり］

死後に祟りをなしたとされる人物。曽我祐成は平安から鎌倉時代にかけての武士。幼少時に父、河津祐泰が暗殺され、母の再婚した曽我祐信のもとで育つ。武士となった祐成は弟、**時政**とともに源頼朝の巻狩の際、父の仇《かたき》である工藤祐経を討つ。しかし直後に頼朝をも討とうとしたため、仁田忠常によって逆に討たれた。

　この仇討ちについては室町中期頃までに成立したと考えられる軍記物語『曽我物語』の題材となっているが、この作品では曽我兄弟の死後についても触れられている。仮名本『曽我物語』巻一一「貧女が一灯の事」では、曽我兄弟が命を落とした後、彼らの仇討ちの現場となった富士の裾野（現・静岡県御殿場市、裾野市）は元の野原に戻ったかと思われたが、命を落とした曽我兄弟の瞋恚《しんい》執心が残っており、ある時は「十郎祐成」と聞こえ、ある時は「五郎時致」と呼び、昼夜戦う音が絶えなかった。これを知らずにこの地を通りかかった者は音を聞くだけでたちまちに死ぬ者があり、何とか生き延びても精神に異常をきたし、曽我兄弟が乗り移ったかのように「苦悩離れがたし」と嘆いた。これを知った源頼朝は**菅原道真**や**平将門**（いずれも古代）、藤原仲成などの例に倣い、兄弟の霊を「勝名荒人宮（照明光神宮）」として祀《まつ》ることにしたという。この兄弟の執心が怪をなす話は水木しげるの著書『幽霊画談』などにおいて「音霊」と名付けられ、紹介されている。

　また近世前期の仏教説話集『善悪因果集』「曽我祐成得脱の事」には、江戸時代になって祐成の霊が現れた話が載る。元禄年間（一六八八〜一七〇四）のこと、肥前国（佐賀県および長崎県の大部分）のある僧の夢に気高い様子の武士が現れた。武士は「私は曽我十郎祐成である。久しく流転していたが、いまだ解脱することができない。しかし、私の子孫や親族はもうこの世にほとんどいない。ただ、あなたのみがいるだけだ。あなたは知らないかもしれないが、我が家の子孫なのだ。幸いにしてあなたは出家している。私の死後を弔ってくれまいか」と頼んだ。そこで僧は目が覚めたが、それから三度同じように夢で祐成が現れ、同じことを告げたため、きちんと法事を執り行い、弔った。するとまた祐成が夢に現れ、たいそう喜んだ様子で「あなたの弔いのおかげで、無事極楽浄土に生まれ変わることができた。何か恩返しをしたいと思う。この袈裟《けさ》は地蔵菩薩《ぼさつ》から賜ったものだ。一度これを見た者は、三悪道を離れ、あるいは心身の病を防ぐことができ、災難を免れることができる。これによって衆生を導きなさい」と告げた。そして西へと飛び去った。そこで夢から覚め、慌てて枕を見ると、実際に袈裟が置いてあったという。

曽我時政［そがのときまさ］

死後に祟りをなしたとされる人物。平安から鎌倉時代にかけての武士。幼名箱王。

五郎と号した。父は河津祐泰だが、時政が三歳の時、祖父伊東祐親と工藤祐経の所領争いから殺害される。その後、母が再婚した曽我祐信のもとで育つ。建久四年（一一九三）、源頼朝が富士野（現・静岡県御殿場市、裾野市）で巻狩を行った際、兄の**曽我祐成**とともに神野の旅営を襲い、父の仇《かたき》である工藤祐経を討ち果たした。その後捕らえられ、処刑される。

　この仇討ちについては室町中期頃までに成立したと考えられる軍記物語『曽我物語』の題材となっているが、この作品では曽我兄弟の死後についても触れられている。『曽我物語』巻一〇「五郎が切らるる事」では五郎（時政）の処刑について記されているが、その際、五郎は「良く斬れ。人も見ているのだから、上手く斬らねば悪霊となって七代まで祟るぞ」と処刑人の筑紫仲太に告げるが、仲太はわざと切れ味の悪い刀で鋸《のこぎり》のように首を斬り、五郎は長い苦痛を味わって死んだ。続く「伊豆二郎が流されし事」では、あえて切れ味の悪い刀を使って五郎の処刑を行ったことが源頼朝にばれ、処刑を命じた伊豆二郎佑兼（工藤佑兼）が奥州（東北地方）の外が浜に流罪となった。二郎はそれから間もなく悪い病にかかって死んだため、時政と同じ二七歳で死去した。これは五郎の怒りを買ったためだと噂《うわさ》されたという。

　この話は『曽我物語』の仮名本に載るが、より古い真名本では祟られるのは処刑を行った筑紫仲太とされている。

　また、仮名本『曽我物語』巻一一「貧女が一灯の事」によると、曽我兄弟が命を落とした後、彼らの仇討ちの現場となった富士の裾野は元の野原に戻ったかと思われたが、命を落とした曽我兄弟の瞋恚《しんい》執心が残っており、ある時は「十郎祐成」と聞こえ、ある時は「五郎時政」と呼び、昼夜戦う音が絶えなかった。これを知らずにこの地を通りかかった者は音を聞くだけでたちまちに死ぬ者があり、何とか生き延びても精神に異常をきたし、曽我兄弟が乗り移ったかのように「苦悩離れがたし」と嘆いた。

　これを知った源頼朝は**菅原道真**や**平将門**（いずれも古代）、藤原仲成などの例に倣い、兄弟の霊を「勝名荒人宮（照明光神宮）」として祀《まつ》ることにしたという。この兄弟の執心が怪をなす話は水木しげるの著書『幽霊画談』などにおいて「音霊」と名付けられ、紹介されている。

外の浜の猟師 ［そとのはまのりょうし］

　室町時代の能（謡曲）『善知鳥《うとう》』に登場する幽霊。物語はある旅の僧が陸奥国（青森県）外の浜へ行く途中、越中国（富山県）立山を訪れるところから始まる。修行を終えて下山しようとする僧のもとにひとりの老人が現れ、実は自分は昨年亡くなった外の浜の猟師であり、外の浜に住む妻と子の家へ行き、蓑笠《みのかさ》を手向《たむ》けて弔ってほしいと告げた。そして証拠として衣の片袖を託し、消えてしまう。

　それから僧は外の浜に着き、土地の者に猟師について尋ねる。それによれば、あの猟師は善知鳥という鳥を取ることを生業《なりわい》としていた。この鳥は砂浜に巣を作って雛《ひな》を隠し、親鳥が空から「うとう」と呼ぶと雛は「やすかた」と答える習性があり、猟師は親鳥の鳴き真似をして雛の鳴き声を探るという方法で善知鳥を取っていたのだという。

やがてその者の案内で猟師の妻子の家に着いたが、不思議なことにその家にある猟師の着物には片袖がなく、あの猟師の幽霊が手渡した袖とぴったりと合った。僧が猟師の妻子とともに蓑笠を手向け、猟師を弔っていると、猟師の幽霊が再び現れ、善知鳥をはじめとして多くの鳥獣を殺した罪を告白する。雛を奪われた善知鳥の親鳥は、空から血の涙を流す。猟師はその涙の雨から身を守るため、蓑笠を深く被ったのだという。

そして、死後、猟師は冥途においては怪鳥となった善知鳥に襲われ、その体を引き裂かれ、苦しめられていると語る。そして自分の供養を僧に頼み、消えてしまう。

【た】

平敦盛［たいらのあつもり］

能（謡曲）に語られる死者。平敦盛は平安末期の武将。従五位下に叙せられたが、官職がなく無官大夫と呼ばれた。一ノ谷の戦いで熊谷直実に討たれ、元暦元年（一一八四）に死去。この敦盛の最期を題材にし、世阿弥が生んだ能（謡曲）『敦盛』には、死後の敦盛が描かれる。彼を討った熊谷直実はその後出家し、蓮生という法名を名乗って敦盛の菩提《ぼだい》を弔うため、須磨の浦（現・兵庫県神戸市須磨区付近）へ赴く。するとそこに笛を吹く草刈男たちが現れ、その中のひとりが蓮生のもとに留まり、笛にまつわる話をして、法師に十念を授けてほしいと頼む。そこで理由を尋ねると、男は自らが敦盛であることをほのめかして消える。

蓮生が夜更けに浦人たちに敦盛の最期について尋ね、回向《えこう》をしていると、敦盛が生前の甲冑《かっちゅう》姿で現れる。そして平家一門の栄枯盛衰を語り、蓮生に対し「敵に巡り会えたため、仇《かたき》を討とうとしたが、あなたは仇を恩で報い、念仏を唱えて弔ってくれました。最後はともに極楽浄土に生まれ変わりましょう」と言い、彼を法の友と認め、去って行ったという。

平清経［たいらのきよつね］

能（謡曲）に登場する死者。平清経は平安時代の武将。治承・寿永の乱では源氏追討副将軍を務めるなどしたが、平家一門の都落ちに従い、豊前国柳浦（大分県宇佐市もしくは福岡県北九州市）で入水した。

室町初期に世阿弥が作った能（謡曲）『清経』においては、清経の物語が描かれている。

清経の従者であった淡津の三郎は、豊前

国柳浦にて入水して果てた清経の遺髪を持って彼の妻のもとへと赴き、主の最期を報告する。これを聞いた妻は悲しみが増すからと遺髪を受け取るのを拒む。その夜、妻の夢の中に清経が現れ、妻は清経が天命を全うせず、自ら命を絶ったことを責める。一方で、清経は形見の遺髪を受け取らなかったことを責めた。

そして、互いの悔みを晴らすため、清経は自らの最期の合戦の様子を話して聞かせた。自らが落ちた修羅道の様子を話して聞かせるが、入水の直前、最後に念仏を唱えたおかげで、無事成仏ができたことを語るのだった。

平重衡［たいらのしげひら］

能（謡曲）に語られる死者。平重衡は平安末期の武将で、平清盛の五男。源頼政を宇治川（京都府宇治市）で破り、東大寺、興福寺（いずれも奈良県奈良市）を焼くなどしたが、一ノ谷の戦いで捕らえられ、元暦二年（一一八五）、木津川（京都府木津川市）で斬られた。

能（謡曲）の『重衡』はこの重衡が死去した木津川に沿って延びる奈良坂を舞台に演じられる。諸国一見の僧が春の旅の途中、奈良坂を訪れ、そこで里の老人と出会う。僧は老人に名所の案内を頼み、老人は寺の名前を教えるが、それは重衡が焼き討ちした寺の名前だった。そして老人は重衡の墓の回向《えこう》を僧に頼み、自分が重衡であることをほのめかして消えていく。

その夜、僧の前に武者姿の重衡が現れ、僧に自身の過去を語る。僧はこれを聞いた後、その妄執と苦悩から重衡を救いたまえと合掌するが、重衡は東の空に灯火を見て、あれは軍兵が夜な夜な灯す篝火《かがりび》だと言って修羅道に堕ちていく。

平忠政［たいらのただまさ］

死後、修羅に堕ちた人物。平忠政は平安末期の武将で、崇徳天皇（**崇徳院**（古代））に仕え、藤原頼長に臣従した。保元の乱で崇徳・頼長方についたが敗走、保元元年（一一五六）京の六条河原で甥《おい》の平清盛に処刑された。

南北朝時代の軍記物語『太平記』巻二三「大森彦七の事」では、大森彦七（大森盛長）に対し、亡霊と化した**楠木正成**がさまざまな怪異を起こすが、他にも戦で敗れ、死んだ者たちが彼とともに現れており、平忠政も「平馬助忠政」の名で記されている。忠政は正成らとともに黒雲の中に現れ、赤旗、すなわち平氏の旗を一本高く掲げ、正成の後陣に控えていたという。

平知盛［たいらのとももり］

能（謡曲）に語られる死者。平知盛は平安時代の武将で、源平合戦に参戦。源頼政が以仁王《もちひとおう》を奉じて挙兵した際にはこれを鎮圧し、一ノ谷の戦いでも奮戦するが、敗れる。海上に逃れ、屋島（現・香川県高松市屋島地区）に逃れるも、追討に現れた**源義**

経に敗れ、続く壇ノ浦の戦いにて安徳天皇および平家一門の女性たちの入水を見届けた後、自らも海に沈んだという。

知盛の壮絶な最期は多くの創作の題材となった。能（謡曲）『船弁慶』では、兄の頼朝と不仲になった義経が、弁慶とともに西国へ向かおうとした際、知盛の幽霊が現れる場面がある。それによれば、平家の者たちとともに荒武者の姿で海上に現れた知盛は、「義経よ。このような浦で相まみえるとは思わなかったが、船の音や船員の声を頼りにやって来たのだ。お前も海に沈めてやろう」と薙刀《なぎなた》を振り回し、義経に襲い掛かった。しかし義経は慌てずに太刀を抜き、生きた人間に対するように言葉を交わし、刀を打ちつけ合った。

これを見ていた弁慶は主人が不利だと睨《にら》み、彼らの間に入って数珠《じゅず》を揉んで祈禱《きとう》した。すると知盛の悪霊は次第に遠ざかって行った。やがて船は陸地に着いたが、再び知盛ら平家の怨霊たちが襲い掛かってきたため、弁慶がまた祈禱を行うと、怨霊たちは波にさらわれて見えなくなり、後には白波だけが残ったという。

平教経 ［たいらののりつね］

死後に修羅へと堕ちたとされる人物。平教経は平安末期の武将。能登守《のとのかみ》。勇猛な人物として知られ、源義仲の軍を水島で破り、屋島の戦いでは佐藤継信を射殺した。しかし壇ノ浦の戦いで**源義経**を取り逃がし、源氏の兵士を二人小脇に抱えたまま入水して死んだと伝えられる。

南北朝時代の軍記物語『太平記』巻二四「正成天狗《てんぐ》と為り剣を乞ふ事」では、大森彦七（大森盛長）に対し、亡霊と化した**楠木正成**がさまざまな怪異を起こすが、他にも戦で敗れ、死んだ者たちも彼とともに現れており、平教経の名も記されている。それによれば、教経は能登守教経の名で記され、正成が盛長のもとに黒雲とともに出現した際にともに現れる。そこでは因縁の相手である源義経とともに三〇〇余騎の兵舟を指揮して雲の波に浮かべていたという。

智教 ［ちぎょう］

死後天狗《てんぐ》になったとされる人物。南北朝時代の軍記物語『太平記』巻二六「大塔宮の亡霊胎内に宿る事」にあるもの。それによれば、行脚の僧が仁和寺《にんなじ》（京都府京都市右京区）で目撃したという天狗のひとりで、峯僧正春雅、**忠円**僧正らとともに真夜中に空から現れ、その姿は生前の面影を残していたが、目は鋭く光り、左右の脇から翼が生えていたという。さらに後から兵部卿親王（大塔宮**護良**《もりよし》**親王**）が現れ、天下を動乱させるための動議が始まったが、この時、智教は上杉伊豆守重能、畠山大蔵少輔（畠山直宗）の心に取り憑《つ》き、高師直《こうのもろなお》、高師泰を殺害することを謀《はか》ることとされた。そして動議が終わると、天狗たちは突然消えてしまった。行脚の僧は慌てて京に帰り、このことを伝えたという。

智教は『太平記』において正中の変で捕

らえられたとされる僧。そのモデルになったのは**後醍醐天皇**の討幕計画に参加した尊鏡という僧ではないかと考えられている。この天狗たちの会合についての詳しい内容については**峯僧正春雅**の項目を参照。

忠円 「ちゅうえん」

死後天狗《てんぐ》になったとされる人物。忠円は鎌倉時代の僧侶。**後醍醐天皇**の倒幕計画に参加したものの、捕らえられたとされる僧だが、南北朝時代の軍記物語『太平記』巻二六「大塔宮の亡霊胎内に宿る事」では、彼が死後天狗になったことが記されている。

それによれば、行脚の僧が仁和寺《にんなじ》（京都府京都市右京区）に赴いた際、忠円僧正が峯僧正春雅、**智教**上人らとともに真夜中に空から現れた。その姿は生前の面影を残していたが、目は鋭く光り、左右の脇から翼が生えていたという。さらに後から兵部卿親王（大塔宮**護良《もりよし》親王**）が現れ、天下を動乱させるための動議が始まったが、この時、忠円が峯僧正春雅に対し動乱の計画を申し上げ、自身は武蔵守（高師直《こうのもろなお》）の心に入れ替わり、上杉（上杉重能）、畠山（畠山直宗）を殺害することを伝えた。そして動議が終わると、天狗たちは消えてしまった。始終を見ていた行脚の僧は慌てて京に帰り、このことを伝えたという。

この天狗たちの会合についての詳しい内容については**峯僧正春雅**の項目を参照。

天狗になった聖 「てんぐになったひじり」

僧侶が死後、天狗《てんぐ》となったもの。鎌倉初期の仏教説話集『発心集』第八「或る上人、名聞の為に堂を建て天狗になる事」に記される。

それによれば、ある山寺に徳の高いと評判の聖がおり、長年にわたり堂を建てて仏像を作るなどしていた。その聖はやがて亡くなったが、しばらくしてある人にこの聖の霊が憑《つ》き、自分は天狗となったのだと語った。

この聖の弟子たちは思いがけないことに口惜しく思い、どうしてそのようなことになったのかを問うと、聖は「我は生きている間、名聞を求め、無い徳をあるように称して、人を誑《たぶら》かせて仏像を作らせた。そのためにこの寺を人が拝み、尊ぶたびに我が苦患が増すのだ」と言った。大層な功徳があろうとも、心が伴わねば意味のないことなのだと語られている。

巴御前 「ともえごぜん」

能（謡曲）に現れる死者。平安時代から鎌倉時代にかけての女性。源義仲の側室で、武勇に優れ、義仲に従って出陣してしばしば戦功を立てた。宇治川の戦いにおいても義仲とともに戦ったが、敗戦。義仲に諭され、戦から落ち延びる。その後、和田義盛の妻となるが、彼の死後は出家して尼になったという。

作者不詳の能（謡曲）『巴』では、死後の

巴御前が現れ、過去を語る場面が描かれる。それによれば、木曽（現・長野県木曽郡）の山奥に住んでいる僧侶が都に上る途中、近江国粟津（滋賀県大津市粟津町）の社《やしろ》で休んでいると、里の女が現れ、神前で涙を流すところから能は始まる。その社に祀《まつ》られる神は木曽義仲（源義仲）で、女は自分が亡者であることを伝え、消える。

僧侶が土地の者に聞くと、その女はかつて義仲に仕えていた巴御前であろうと教えられる。そこで僧侶が彼女を弔っていると、鎧《よろい》を身に纏《まと》った巴御前が現れる。彼女は義仲と最後をともにできなかった無念から、彼の最期の土地である粟津ヶ原に留まっていたのだ。

巴御前は在りし日の合戦の様子を語り、その中で義仲にともに自害をしようと伝え、逆に生き延びろと言われた無念や、敵軍との最後の戦い、そして自害した義仲の形見を取り、木曽へ落ち延びたことなどを打ち明けて、自身が執心から解放されるための弔いを僧侶に頼み、消えるのだった。

【な】

新田義興 ［にったよしおき］

死後怨霊と化した武士。新田義興は南北朝時代の武将。**新田義貞**の次男。南朝に属し、関東を拠点に北朝方と戦ったが、足利尊氏らに敗れて越後（新潟県）に逃れる。その後、鎌倉を占拠するも多摩川の矢口（現・東京都大田区矢口）にて江戸遠江守らに謀殺された。

南北朝時代の軍記物語『太平記』巻三三「江戸遠江守の事」では、義興が自身を謀殺した江戸遠江守らに祟ったという話が語られている。

それによれば、江戸遠江守は義興を討った功績から畠山国清より恩賞地を拝領して意気揚々とその地に向かう途中、義興が自害した現場である矢口の渡から船を出すと、突然波が荒れ、空は曇り、雷鳴が轟《とどろ》き、風が吹きすさんだ。これは義興の怨霊によるものだと考えた江戸遠江守らは川を引き返し、別の場所から川を渡ったが、電光が行く先に閃《ひらめ》き、雷が頭上で鳴り響く。義興に殺されると思った江戸は「義興よ、お助けください」と言い、遠方の山の麓に見つけた堂に向かって馬を走らせるが、黒雲が後ろから迫ってくる。そのあまりの恐ろしさに後ろを振り返ると、義興が緋縅《ひおどし》の鎧《よろい》を纏《まと》い、龍頭の兜《かぶと》を被り、白栗毛で額に角が生えた馬に乗っていた。義興は江戸の左側に着くと矢を番《つが》え、江戸の肩甲骨から胸にかけてを射ったかと思うと、矢は江戸遠江守の体を通り抜けた。直後江戸遠江守は落馬して血を吐いてのたうち回り、本領まで運ばれたが、それから七日間水に溺れているような動きをして苦しみ続け、やがて「耐えがたい、誰かおらぬか。私を助けてくれ」と叫び、死んでしまったという。

さらにその翌日、義興の霊は畠山国清の

夢の中にも現れた。この時義興は黒雲の中にいる身の丈二丈（約六メートル）の牛鬼として現れ、牛頭や馬頭、阿傍羅刹《あぼうらせつ》ら獄卒たちを引き連れて、火の車を引いて国清のいる陣中に入ってきた。そこで国清は夢から覚め、ほっとして夢のことを人に語っている途中、雷が一斉に落ちてきて入間川（埼玉県）の付近にあった民家三〇〇軒以上、神社仏閣数十ヶ所を軒並み灰燼《かいじん》に帰してしまったという。

それからというもの、矢口の渡付近では光り物が現れ、人々を悩ませるようになったため、その近くに住む人々が義興を祀《まつ》るための社《やしろ》を建てた。これが新田神社であり、今も東京都大田区に現存している。ちなみに、近世後期に記された大田南畝の随筆『向岡閑話』には、この神社の境内にあるものを取ると義興の祟りに遭う、という話が記されている。また、この義興の復讐譚《たん》は人形浄瑠璃および歌舞伎の演目『神霊矢口渡』の題材にもなっている。

この他、『太平記』巻三四「吉野御廟《ごびょう》神霊の事」では、**後醍醐天皇**の北面の武士であった男が敵軍から逃げている途中、吉野（現・奈良県南部）の辺りで後醍醐天皇の御廟を訪れ、世の中の移ろいを嘆いていると、夢に後醍醐天皇が**日野俊基**、**日野資朝**を伴って現れたという場面にも義興が登場する。この時、後醍醐天皇は俊基、資朝に「君を悩まし、世を乱す逆臣たちを誰に命じて罰すべきか」と問うて、それに対し、俊基、資朝はこの者に向かわせるべき討手の名を挙げるが、その中で義興は嗔恚《しんい》強盛の大魔王であり、畠山入道道誓（畠山国清）に対して向かわせるべきだと語られている。

新田義貞［にったよしさだ］

死後に修羅へと堕ちたとされる人物。鎌倉時代から南北朝時代にかけての武将。元弘の乱で北条氏に属するが、後に反旗を翻し、鎌倉幕府を滅ぼした。その後、**後醍醐天皇**の建武の新政で重用される。しかし同じく倒幕の貢献者であった足利尊氏と対立、各地で転戦するが敗北、最後は戦死した。

南北朝時代の軍記物語『太平記』巻二四「正成天狗《てんぐ》と為り剣を乞ふ事」では、大森彦七（大森盛長）に対し、亡霊と化した**楠木正成**がさまざまな怪異を起こすが、他にも戦で敗れ、死んだ者たちも彼とともに現れており、新田義貞もそのひとりとして登場する。ここでは義貞は甲冑《かっちゅう》に身を固めて兵を数百騎従えた姿で出現している。

また『旅と伝説』一三巻五号（通巻一四九号）に収録された国枝春一の「美濃揖斐《いび》郡徳山村郷土誌」によれば、岐阜県揖斐郡徳山村字櫨原《はぜはら》（現・揖斐川町櫨原）の白山神社の境内には義貞のものとされる墓石と、それにまつわる伝説が残されているという。その内容はかつてある武士がこの村を訪れた時、ひとりの老婆の家に宿を借りた。しかし村に食べる物がなかったため、数日滞在した頃に村人たちが老母に宿を貸すのをやめさせると、武士は神社の境内にある大木に登り、そこで遠方を見ようとした際に誤って木から落ちて死亡した。その後、死体は蚕《かいこ》に変化し、付近の川に入った。それから村では火災が頻発し、これは武士の祟りであるとされ、彼の墓が建てられた。後に分かったことだが、その武士こそ新田義貞だったという。

庭掃の老人［にわはきのろうじん］

能（謡曲）に語られる幽霊。作者不詳の能（謡曲）『綾鼓』に登場する。作品の舞台となるのは筑前国（福岡県北西部）、天智天皇の御在所の木の丸御所にある桂《かつら》の池で、庭掃の老人はある女御に恋慕の情を抱く。そして池にある桂の木に掛けた鼓の音が聞こえれば姿を見せるという女御の言葉を信じ、綾を張った鼓を打つも、女御が現れることはなく、老人は恨みを抱いて池に身を沈める。

その後、女御は池の方から鼓の音が聞こえるようになり、さらに池の底から老人の死霊が現れ、魔境の鬼となった彼は女御を責め立てる。そして恨みの言葉を最後まで語りかけながら、池の淵《ふち》へと消えていく。

この能（謡曲）によく似たものに世阿弥作の『恋重荷』があるが、こちらに登場する死者は**山科荘司**と呼ばれる。

仁海［にんがい］

死後天狗《てんぐ》となったとされる僧。仁海は平安中期の真言宗の僧で、小野派の祖。小野（現・京都府京都市山科区小野）に曼荼羅寺《まんだらじ》（後の随心院）を開創。通称は小野僧正。七歳で高野山（和歌山県伊都郡高野町）に登って雅真に師事し、のち醍醐寺（京都府京都市伏見区）の元杲《げんごう》に伝法灌頂《かんじょう》を受け、山城国（京都府）小野に曼荼羅寺を開創した。特に祈雨の霊験で知られ、「雨僧正」と称された。

南北朝時代の『太平記』巻一七「雲景未来記の事」では、雲慶という山伏が愛宕山《あたごやま》（京都府京都市）の山伏によって白雲寺という寺に連れて行かれた際、そこで**崇徳院**（古代）、八男八郎冠者為朝（**源為朝**）、淡路の廃帝（淳仁天皇）、井上皇后（**井上《いのうえ》内親王**（古代））、後鳥羽院（**後鳥羽天皇**）、後醍醐院（**後醍醐天皇**）らが悪魔王の棟梁に、**玄《げん》昉《ぼう》**（古代）、**真済**（古代）、**寛朝**、慈慧《じえ》（**良源**（古代））、**頼豪**、仁海、尊雲（**護良《もりよし》親王**）たち高僧らが大魔王となり、天下を乱そうと評定している姿を見たと記されている。

また、これらの者たちは天狗とも記されている。

仁海には天狗になった逸話も国家に仇《あだ》を成した逸話もないが、ここでは国家に仇成す天狗として記されている。

野槌［のづち］

死者が獣に生まれ変わったもの。鎌倉中期の仏教説話集『沙石集』巻五第三「学生の畜類に生まるる事」にある。それによれば、比叡山《ひえいざん》延暦寺（滋賀県大津市）に二人の学生がいたが、同法であり、年齢も気立ても振る舞いもまったく変わらなかった。学問も同じ師のもとで稽古していたため、何事につけても同じ様子だったことから、二人はきっと死後も同じものに転生するだろうから、先立つことがあれば、何に転生したのかを必ず教えようと互いに約束した。

その後、ひとりが他界し、もうひとりの夢の中に現れて「我は野槌というものに生まれ変わった」と教えた。この野槌というものは珍しい獣で、深山の中で稀《まれ》に見ることができる。体は大きく、目、鼻、手足がなく、ただ口だけがあって、人を取って食うのだという。

仏法を一向に名利のために学び、議論の勝敗を争い、あるいは怒りを抱き、あるいは恨みを抱き、傲慢で、他者に勝とうなどと思いながら学べば妄執が薄らぐことはない。そのために修行がうまく行かず、口ばかり賢《さか》しくなり、智慧《ちえ》という目も、信という手も、戒という足もなくなり、このような恐ろしいものに生まれることになったのだと語られている。

【は】

花野［はなの］

怨念のために現れる死者。天正五年（一五七七）に永良《ながら》竹叟《ちくそう》によって著された『竹叟夜話』にあるもの。それによれば、嘉吉の乱にて赤松氏が一時的に滅びた後、山名氏が播磨守《はりまのかみ》となった。山名氏は播磨の青山（現・兵庫県姫路市青山）に重臣の小田垣主《おだがきしゅ》馬助《めのすけ》を置いたが、この主馬助が囲っていた花野という娘に若侍の笠寺新右衛門が懸想する。しかし花野は新右衛門に靡《なび》かないため、新右衛門は小田垣が主君である山名氏から拝領した家宝「鮑貝《あわびがい》の五つ盃」のひとつを隠し、その罪を花野になすりつける。

そして新右衛門はこれを理由に花野を松の木に縛り付けて折檻《せっかん》するが、それでも花野が靡かないため、ついには斬り殺してしまった。以来、花野の怨念が夜な夜な現れては新右衛門に仇《あだ》をなし、また花野が吊るされた松は首くくりの松と呼ばれたという。

この話は近世で頻繁に語られた怪談「皿屋敷」の原型であると考えられている（近世の**お菊**も参照）。

檜垣媼［ひがきおうな］

能（謡曲）に語られる死者。世阿弥作とされる『檜垣』に登場する老女で、物語は肥後国岩戸山（熊本県熊本市）に住む僧が、毎日山に水を供えに来る一〇〇歳に及ぶかと見える老女に名を尋ねようと考えるところから始まる。その日も老女がいつものようにやって来たため、僧が話しかけ、名を尋ねると、老女は自分はかつて『後撰和歌集』に取り上げられた「年ふれば我が黒髪も白河のみづはくむまで老いにけるかな」という歌の作者であることを告げ、自分の亡き跡を弔ってくれるように僧に願い、消える。

その後、僧が老女がかつて住んでいたという白河の跡までやって来て彼女を弔っていると、再び老女が現れ、その執心ゆえに今も地獄で水を汲み続けていることを伝える。そしてかつてあの歌を贈った藤原興範とのやり取りを思い起こし、白拍子の舞を舞うと、僧に回向《えこう》を願い、消えていった。

この能の元になったのは先に挙げたように『後撰和歌集』の歌で、藤原興範が筑前（福岡県北西部）の白河（白川）で水を乞うた際に歌ったものとされ、この歌を歌った人物は檜垣嫗と呼ばれる。平安中期の歌物語『大和物語』や檜垣嫗の家集『檜垣嫗集』にも同様の話があるが、歌を贈った相手や歌の一部が異なっている。

日野資朝［ひのすけとも］

死後も主に仕え続けた死者。日野資朝は鎌倉末期の公卿。権大納言日野俊光の子。**後醍醐天皇**に登用されて参議・権中納言となる。討幕計画にて活躍するも、正中の変で捕らえられて佐渡（現・新潟県佐渡市）に配流、元弘二年（一三三二）、元弘の変で処刑された。

資朝は死後も後醍醐天皇に仕えていたようで、南北朝時代の軍記物語『太平記』巻三四「吉野御廟《ごびょう》神霊の事」では、死後の資朝が後醍醐天皇の呼びかけに応じて参上する。それによれば、ある北面の武士が出家の暇乞《いとまご》いをするため、吉野（現・奈良県南部）の後醍醐天皇の廟所を訪れ、世の中の移ろいを嘆いた後、うつらうつらとしていた。するとその武士の夢に後醍醐天皇の廟が揺れ、「誰かおるか」と後醍醐天皇の声が聞こえた。直後、**日野俊基**、日野資朝が現れたが、その姿は生前の面影を残しているものの、顔は朱を差したように赤く、目は光り輝き、上下の歯は生え違っていた。それから後醍醐天皇も姿を現し、俊基、資朝に「君を悩まし、世を乱す逆臣たちを誰に命じて罰すべきか」と問うた。これに対し、俊基、資朝は「すでに摩醯首羅王《まけいしゅらおう》（大自在天のこと。しばしば阿修羅王や第六天魔王と同一視される）の前で議定があり、討手を定めております」と答え、それぞれの逆臣に向かわせるべき死者たちの名を挙げた。それを聞いた後、北面の武士は夢から醒めたという。

日野俊基［ひのとしもと］

死後も主に仕えた者。日野俊基は鎌倉末期の公卿。**後醍醐天皇**に登用され、討幕計画に参画。正中の変で捕らえられたが許されるも、元弘元年（一三三一）には再び密謀が露わになり、元弘二年、鎌倉で斬殺された。

後醍醐天皇への忠誠は死後も変わらなかったようで、南北朝時代の軍記物語『太平記』巻三四「吉野御廟《ごびょう》神霊の事」では、死後の俊基が後醍醐天皇の呼びかけに応じて参上する。それによれば、ある南朝の北面の武士が出家の暇乞《いとまご》いをするため、吉野

（現・奈良県南部）で後醍醐天皇の廟所を訪れ、世の中の移ろいを嘆いた後、うつらうつらとしていると、その武士の夢に後醍醐天皇の廟が揺れ、「誰かおるか」と後醍醐天皇の声がし、日野俊基、**日野資朝**が現れる。その姿は生前の面影を残していたが、顔は朱を差したように赤く、目は光り輝き、上下の歯は生え違っていた。直後、後醍醐天皇も姿を現し、俊基、資朝に「君を悩まし、世を乱す逆臣たちを誰に命じて罰すべきか」と問うたところ、それに対し、俊基、資朝は「すでに摩醯首羅王《まけいしゅらおう》（大自在天のこと。しばしば阿修羅王や第六天魔王と同一視される）の前で議定があり、討手を定めております」と答え、それぞれの逆臣に向かわせるべき死者たちの名を挙げている。この話し合いを聞いた後、北面の武士は夢から醒めたという。

比良山の大天狗［ひらさんのおおてんぐ］

延応元年（一二三九）五月、九条道家が病気になり、その平癒のために兄の九条慶政が法性寺（京都府京都市東山区）にて祈《き》禱《とう》した際、刑部権大輔家盛の妻であり、伊与法眼泰胤《やすたね》の娘である二一歳の女房に憑依《ひょうい》した天狗。

天狗は聖徳太子の時代の者であり、藤原鎌足以前の時代に生きた摂関家の祖である、と告げ、五月二三日から二八日にかけて、主に深夜に慶政と問答を行った。その内容が『比良山古人霊託』にまとめられている。

問答の内容は道家の病およびその治療の仕方について、著名人の死後の状況について、怨霊への対処法、仏法の奥義、天狗の世界についてなど多岐にわたる。

深草少将［ふかくさのしょうしょう］

能に語られる死者。創作上の人物で、**小野小町**のもとに通い詰めたものの、彼女への恋慕の果てに絶命したとされる。彼が登場する世阿弥作の能（謡曲）『通小町』は以下のような内容だ。

京の北にある八瀬（現・京都府京都市左京区八瀬）の山里で修行する僧のもとに、毎日訪れては木の実を捧げる女がいた。ある時、不思議に思った僧が名を尋ねると、女は正体を明かすことを拒むが、最後には自らが市原野（現・同区静市市原町）に住む女であり、跡を弔ってほしいと告げる。これにより僧はその女が小野小町の幽霊であることを知る。

そのため、僧が市原野で小町を弔っていると、小町が現れ、回向《えこう》に感謝する。しかしそこにひとりの男が現れ、小町の成仏を妨害する。その男は深草少将で、生前、小町に恋慕し、百夜自分のもとに通い続ければ契りを結ぶという約束を信じて小町のもとに通うも、思いを遂げられぬままに息絶えたのだった。二人の幽霊はその百夜通いの様子を再現する。そして百夜目、満願成就の時、深草少将は契りの盃を交わそうとするが、飲酒は仏の戒めであったことを悟る。それによって仏縁を得た深草少将は、小町とともに成仏するのだった。

富士の妻［ふじのつま］

作者不詳の能（謡曲）『梅枝』に語られる死者。この能は別の能『富士太鼓』の後日談となっている。

物語は旅の僧一行が摂津国住吉（現・大阪府大阪市住吉区）の里を訪れるところから始まる。にわか雨に打たれた僧たちは宿を借りようと一軒の庵《いおり》を訪れるが、そこには女がひとり住んでいた。庵の中には雅楽に使う太鼓と舞楽装束が飾られており、僧がその由来を尋ねると、女が語り始める。かつて住吉には富士という楽人がいた。彼と競い合う浅間という楽人もおり、二人が内裏《だいり》での演奏を望んだ際、富士が選ばれると、浅間は嫉妬から富士を殺してしまった。その後、夫を失った富士の妻はいつも形見となった太鼓を打って心を慰めていたが、やがて亡くなった。女はその執心を救ってくれと告げ、姿を消す。この女こそが富士の妻その人であった。

僧一行は富士の妻の供養を始めるが、そこに再び富士の妻が現れる。富士の形見の装束を身に着けた彼女は、夫への恋慕で涙にくれた過去を思い起こし、懺悔《ざんげ》の舞を舞う。そして自らの執心を語り終えると闇の中に姿を消したのだった。

前日談に当たる『富士太鼓』では生前の富士の妻のことが語られている。内容は富士が浅間によって殺害されたことを官人から聞き、形見の太鼓を受け取った富士の妻が、娘とともに行き場のない恨みを富士の太鼓を叩くことで晴らそうとする、というものになっている。富士や富士の妻、娘、浅間は実在する人物ではなく、恐らくこの能のために創作された人物だと考えられる。

藤原忠実［ふじわらのただざね］

中世に怨霊として語られた人物。藤原忠実は平安後期の公卿。次男、藤原頼長を寵《ちょう》愛《あい》して長男、藤原忠通と対立、保元の乱の一因となった。頼長の敗死後、知足院（奈良県奈良市）に籠居《ろうきょ》したため、知足院とも呼ばれる。応保二年（一一六二）に死去。

忠実の怨霊については、彼の孫であり、対立していた長男、忠通の子である僧、慈円がたびたび記している。例えば建永元年（一二〇六）に慈円が記した願文「大懺法院条々起請事」には、「崇徳院の聖霊、知足院の怨霊が済度の舟を追福の流れに浮かべ、発願の志を三宝の誓いに祈れば、定めて宗《そう》廟《びょう》、社稷《しゃしょく》に神慮に叶い、まさに三宝利物の本懐となるものか」と記されており、知足院こと藤原忠実が**崇徳院**（古代）と並んで怨霊として語られていることが分かる。同様に慈円が記した歴史書『愚管抄』巻七でも讃岐院《さぬきいん》（崇徳院）と知足院が霊、怨霊として並んで記されており、慈円の父、藤原忠通は讃岐院と知足院の霊を鎮める術がなく、このままでは家を失うことになるかもしれないと思われるが、まだ忠通には何も祟りがないといったことが記されている。また同書の巻六では九条良通、九条良経の死が知足院の怨霊によるものだという風聞があったことが記録されている。

藤原成佐 ［ふじわらのなりすけ］

藤原成佐は平安時代の貴族。**藤原道長**の学問における師であったという記録や、延命や蘇生のために行われる儀式である泰山府君祭の祭文「泰山府君都状」を記したという記録が残る。

鎌倉時代の説話集『続古事談』「博士成佐、死後、登宣の夢に出づる事」や『古今著聞集』巻一三「菅登宣が夢に、故式部権少輔成佐、地獄の苦を語る事」には、死後の成佐が菅登宣という者の夢に現れた話が載る。

それらによれば、仁平元年（一一五一）九月七日の夜、成佐は痩せ衰えた姿で現れ、登宣が「後世はどうですか」と尋ねると、成佐は「三途（仏教における地獄、餓鬼、畜生の三悪道）を免れなかった」と答えた。そのため「あなたは生前、積善は無益のことだ、諸法の真の姿を見極め、静かに観念することこそ肝要だ、とおっしゃっていましたが、それはどうしたのですか」と尋ねると、成佐は「閻魔《えんま》大王に質問された際、生前のようにはっきりと主張することができなかったのだ」と答えたという。

『続古事談』では、これに続いて生前に才覚のあった者も、死者となって別の世界に行けば、思ったようには弁明できないのだろう、という旨の言葉が続く。

また『古今著聞集』ではその後、藤原頼長が成佐の弟子に指示して地獄菩薩《ぼさつ》の図を描かせ、法華経一部を書写して成佐の妻のもとに送り、成佐を供養したとある。それから久寿元年（一一五四）の春の頃、源有忠の夢に成佐が現れ、餓鬼道にいながらも、人を害する心がない様子が見えた、とも記されている。

藤原成親 ［ふじわらのなりちか］

死者が物の怪として現れたもの。藤原成親は平安時代の公卿。後白河上皇の寵臣《ちょうしん》。平治の乱にて藤原信頼に与《くみ》し、敗れて解官されるも、妹婿であった平清盛のとりなしで許される。その後、憲仁《のりひと》親王立太子事件に巻き込まれ、再び解官されるが、復任するなど、何度かの解官を経て、正二位大納言にまで至る。しかし平氏打倒を企てた鹿ケ谷事件に関与していたことが発覚し、鬼界ヶ島（どこの島かは諸説あり）へと流刑となり、配流される途中で殺害された。

そのためか、鎌倉前期に記された軍記物語『平家物語』巻三「赦文《ゆるしぶみ》」には、成親が死霊と化して清盛の娘に取り憑《つ》いた話が載る。

そのためよりましを用意し、不動明王の縄目に掛けたところ、霊たちが姿を現した。そこに現れたのは讃岐《さぬき》の院（**崇徳院**（古代））の御霊、宇治の悪左府（藤原頼長）の怨念、藤原成親の死霊、西光法師（**藤原師光**）の悪霊、そして鬼界ヶ島の流人たちの生霊たちであった。そこで清盛は慌ててこの霊たちを慰めたという。

藤原房前の母〔ふじわらのふささきのはは〕

能（謡曲）にて語られる幽霊。藤原不比等の子、藤原房前とその母にまつわる能（謡曲）『海人《あま》』に登場するもの。史実では房前の母は蘇我娼子《そがのしょうし》だが、ここでは海人であったこととされている。

物語は房前一行が房前の母を弔うため、讃岐国《さぬきのくに》の志度の浦（現・香川県さぬき市志度）を訪れるところから始まる。そこで彼らはひとりの海人と出会う。海人は房前らとしばし問答した後、房前の従者に海松藻《みるめ》を取ってくるように頼まれ、そこで思い出したようにかつてこの浦であったこととして、淡海公（藤原不比等）の妹が唐の皇帝の后になった際、唐から贈られた宝寿を龍神に奪われ、その宝珠を取り戻すため、淡海公がこの浦を訪れたこと、そしてこの浦でひとりの海人と契りを結び、生まれたのが藤原房前であること、その海人は自分の子を世継ぎにすることを願う代わりに、海の底に潜って龍宮に至り、龍から宝珠を奪い返して命を落としたことを語った。

そして房前に自分こそがその海人の幽霊であり、母親であると知らせ、手紙を手渡して海に消える。房前はその手紙を開き、冥路で助けを求める母の願いを知り、志度寺で十三回忌の追善供養を行った。すると龍女となった母が現れ、舞を舞って自身が成仏したことを伝えるのだった。

藤原通輔〔ふじわらのみちすけ〕

夢に現れた死者。藤原通輔は平安時代の貴族。大工頭、五位蔵人等を歴任した。鎌倉初期の説話集『続古事談』では、通輔が死後、夢に現れた話が載る。

堀川天皇の時代、通輔は若くして亡くなったが、その子である藤原公明の夢に現れ、「初受下地五濁浪、漸重上界三銖衣（初めは地に生まれ、さまざまな災厄が身に降りかかってきたが、今は天上に生まれ変わり、炎魔天の天人の羽衣を着て過ごしている）」と漢詩を贈った。これは通輔の父母が一〇〇〇日間経典を読誦《どくじゅ》し、通輔を供養したため、天界に生まれることができたという意味であったらしい。

炎魔天は夜魔天とも呼ばれ、六道における最高位の世界である天上界のうち、地上、つまり人間界に近い場所にあり、いまだ欲にとらわれる世界をいう六欲界の三番目に当たる世界のことを指す。

藤原基任〔ふじわらのもとただ〕

鬼のような姿で現れた死者。室町時代に記された説話集『吉野拾遺』「伊賀局化物に遇ふ事」に描かれるもの。それによれば、南北朝時代の女性、伊賀局《いがのつぼね》が遭遇したとされる。伊賀局の主人である阿野廉子《れんし》の住居は皇居の西の方の、山が続く場所にあったが、ある時、この場所で化物が出現するという噂《うわさ》が流れた。そこで内裏《だいり》より人を呼んで魔除けの蟇目《ひきめ》の矢を射ると、しばらく鎮まった。

水無月（旧暦六月）の一〇日、とても暑い頃に、伊賀局が庭に出て涼んでいた。そこに月光が差し込んできてとても明るかったため、「すずしさを、まつ吹く風にわすられて、袂《たもと》にやどすよはのつきかげ（涼風を求め、待っていると、松の木立の間から涼風が吹き、暑さも忘れられた。そんな夜半に、月光が私の袂を照らしている）」とひとり呟《つぶや》くと、どこからか「ただよく心しづかなれば、すなはち身もすずし（とても心が静かで穏やかになれば、身もまた涼しくなるであろう）」という下の句を詠む声が聞こえてきた。そこで見上げると、さながら鬼のような者がいて、その背中に翼があり、目は月よりも光っていた。

この恐ろしい姿を前にして伊賀局は笑みを浮かべ、「誠にそうでございます。それはそうと、あなたは何者でありましょうか。怪しく思われます。名をお教えください」と告げた。するとその者は「私は藤原基任というものです。女院（廉子）のために命を捧げましたが、せめて菩提《ぼだい》を弔ってほしいと思うものの、それさえもありません。そのため、罪深さからこのような姿になってしまい、苦しみも増しています。そこで一言恨み言を残そうとこの春から後ろの山に現れましたが、廉子様のもとには恐れ多く、参上できないので、この旨を伝えてはくださいませんか」と言う。

伊賀局が「あなたのことはお聞きしております。しかし、何をお恨みすることがありましょうか。乱世であるため、廉子様も思い過ごされたのでしょう。私の方から廉子様に申し上げ、お弔いいたしましょう。ところで、お弔いはどの御法でいたせばよいのでしょうか。お望みのままにいたしましょう」と言うと、基任の鬼は、「弔っていただけるのならば、法華経に勝るものはありません。それでは、帰るとしましょう」と答えた。

そこで伊賀局が「お帰りはどちらへ」と尋ねると、基任は「露に消えた野の原においてこそ、亡魂は浮かばれるのです」と答えた。そして北に向かって光を放ちながら飛んで行くのを見届け、伊賀局は廉子にこのことを伝えた。

廉子は「本当に忘れたままに過ごしておりました」と言い、翌日から、御堂にて二一日間法華経を読誦《どくじゅ》して供養したという。

この物語は明治時代、月岡芳年の『月百姿』にて「吉野山夜半月」という題で浮世絵に描かれている。

藤原師光［ふじわらのもろみつ］

物の怪として現れた死者。藤原師光は平安時代の官人であり、僧侶。阿波国（徳島県）の在庁官人で、藤原通憲に仕えたが、平治の乱で通憲が敗死したことで出家する。法名は西光。その後、後白河院の近臣として勢力を振るうも、鹿ケ谷（現・京都府京都市左京区鹿ケ谷）での平治打倒の謀議が発覚し、平清盛によって処刑された。この事件は鹿ケ谷事件と呼ばれる。

鎌倉前期の軍記物語『平家物語』巻三「赦《ゆるし》文《ぶみ》」には、師光が処刑された後に出現した話が記されている。それによれば、平清盛の娘、建礼門院（平徳子）が懐妊したが、体調が優れず、日に日に弱っていく、ということがあった。さまざまな僧侶が呼ばれ、祈禱《きとう》が行われたが、事態は好転せず、逆に物の怪たちはその機を狙って彼女の体に取り憑《つ》いた。

そのため、よりましを用意し、不動明王の縄目に掛けたところ、霊たちが姿を現した。彼らは讃岐《さぬき》の院（**崇徳院**（古代））の御霊、宇治の悪左府（藤原頼長）の怨念、**藤原成親**の死霊、西光法師（藤原師光）の悪霊、そして鬼界ヶ島の流人たちの生霊たちであった。そこで清盛は慌ててこの霊たちを慰めたという。

ここに現れる霊のうち成親と師光の二人は鹿ケ谷事件で罪に問われた人物で、鬼界ヶ島はこの事件に関わった者たちの流刑地として使われた島（どの島を指すかは諸説あり）。

船橋の男女 ［ふなばしのだんじょ］

能（謡曲）に語られる死者。世阿弥の著書『申楽談義《さるがくだんぎ》』によれば、田楽で演じられていたものが猿楽に取り入れられ、さらにこれを世阿弥が改作した『船橋』という能に登場する。

物語は山伏の一行が上野国《こうずけのくに》の佐野の里（現・群馬県高崎市上佐野町）を訪れるところから始まる。そこに里の男女が現れ、山伏らに橋を架けるための寄付を乞う。聞けば、この橋は『万葉集』に「東路の佐野の船橋取り放し親し離《さ》くれば妹に逢はぬかも」と歌われる橋なのだという。そして橋の由来として昔、この里の男が、女と密通し、船橋を渡って夜ごとに通っていたことを話した。しかし二人の親はこれを憎み、橋板を外した。しかしそんなことは夢にも思っていなかった男は、橋を渡ろうとして下に落ち、そのまま死んでしまった。三途に沈んだ男は川橋や磐石に押され苦を受けているのだという。そしてその船橋を通って密通していた男女こそ自分たちだと伝え、男女は夕暮れの鐘の音が響く中、姿を消す。

その夜、山伏が二人を弔っていると、再び男女が現れ、山伏の回向《えこう》を喜び、船橋で起きたことを再現する。あの時、向こう岸に見えた人影に愛しい人かと駆け寄った男は、外れた橋板に足を踏み外し、落ちて死んだ。そして報われぬ二人は死後、執心の鬼、悪鬼となって、浮かばれずにいた。しかし山伏の法味功力により救われたことを告げ、消えていく。

作中で語られる『万葉集』の歌は巻一四にある三四二〇番歌で、「上野《かみつけの》佐野の船橋取り離し親は放くれど我は離るがへ」というもの。意味は「上野の佐野の船橋を取り離すように、親は二人の仲を割こうとするが、私たちは離れまい」というもので、能『船橋』に歌われた「東路の佐野の船橋取り放し親し離くれば妹に逢はぬかも」とは異なっており、能の内容から分かる通り、より悲劇的なものとなっている。また現在の群馬県には文政一〇年（一八二七）に建てられた「佐野の船橋歌碑」という歌碑が残っているが、こちらに記されているのは『万葉集』の歌であるものの、伝承の内容は能の『船橋』に近い。群馬県高崎市のホームページで紹介されている話によれば、かつて烏川《からすがわ》という川を挟んで二つの村があり、それぞれに朝日の長者と夕日の長者が住んでいた。村人たちは烏川に船橋を作って往来していた。その朝日の長者にはナミという娘が、夕日の長者には小治朗という息子がいたが、二人はいつしか橋を渡って密かに会うようになった。しかしある夜、この逢瀬を邪魔するため、船橋の真ん中の橋板が外されてしまう。夜のため、二人はそれに気づかずにいつものように会おうとし、転落して翌朝二人の遺体が川で発見される。それからというもの、船橋の近くで毎晩のように怪しい炎が燃えるようになったため、村人が二人の供養を行うと、炎は見えなくなったという。

【ま】

松風・村雨［まつかぜ・むらさめ］

能（謡曲）に語られる姉妹の幽霊。喜阿弥が作った『汐汲《しおくみ》』という能を、観阿弥が『松風村雨』という作品に改作し、さらに世阿弥が手を入れた『松風』が現在知られている。その物語は以下のようなもの。

諸国を旅する僧が須磨の浦（現・兵庫県神戸市須磨区付近）を訪れた際、一本の松の木が目に留まった。土地の者に聞いたところ、松風・村雨という海女《あま》の姉妹に所縁のある木であり、旧跡でもあると言うため、僧は経を上げて弔い、宿を頼もうと一軒の塩屋を訪れる。そこに汐汲みを終えた二人の海女が汐汲車を引いて帰ってきたため、僧が二人に宿を請うと、二人は一度は断ろうとするものの、客が僧であると知るとこれを受け入れる。

それから僧がこの地を訪れたという在原行平のことや松風・村雨の旧跡の松を弔ったことなどを語ると、二人の海女は涙を流し、不思議に思った僧が名を尋ねると、自分たちは松風・村雨姉妹の幽霊なのだと語る。二人は行平がこの地を訪れた際、心を慰めるために召され、浦の情景に因《ちな》んで「松風・村雨」という名をもらったのだという。しかし三年の後、行平は都へ上り、ほどなくして亡くなった。それを知った姉妹は嘆き悲しみ、恋しさのあまりに狂い、そのまま死んでしまったのだと語る。

そして姉妹は行平がこの地に残していき、形見となった狩衣と烏帽子《えぼし》を僧に見せ、松風がそれを身に着けて、行平の幻を見て妄執に狂い、村雨がそれを宥《なだ》めようとする。しかし松風は止まることなく、舞を舞う。やがて夜が明ける頃、松風は僧に弔いを頼み、消えてしまう。後には松を吹き抜ける風の音だけが残っていた。

この能（謡曲）の元になったのは『古今和歌集』にある在原行平の歌で、文徳天皇の時代、事情があって摂津の国の須磨というところに籠もっていた際、宮中に仕えている人に送った歌として記されている「わくらばにとふ人あらばすまの浦にもしほたれつつわぶとこたへよ」という歌だが、松風・村雨の姉妹は能（謡曲）になって初めて現れる。いわば創作されたキャラクターだが、姉妹の存在はこの能を美しく彩っている。

真砂の庄司の娘［まなごのしょうじのむすめ］

能に語られる死者。室町時代の能楽師、観世小次郎信光の作とされる能（謡曲）『道成寺』に登場する。その物語は以下のようなもの。

紀伊国の道成寺（和歌山県日高郡日高川町）の住職が釣鐘の落慶法要を行っていた。住職は訳あって女人禁制のお触れを出していたが、そこにひとりの女が現れ、自らは白拍子であると名乗り、寺男に供養の舞を舞わせてほしいと頼み込んで道成寺へ入ることを許される。しかし女は舞を舞っている途中、鐘楼に近づくと、鐘を落としてその中に姿を消してしまう。

この知らせを聞いた住職は、かつてこの寺であった恐ろしい出来事を語り出す。昔、真砂庄司という者の家に毎年訪れる山伏がいたが、真砂庄司が幼い娘に、あの客僧こそお前の夫だと戯れに言ったところ、娘はそれを信じてしまう。それから年月が経ち、ある時、いつものように山伏が真砂庄司の家に泊まった際、娘はその寝屋に行き、いつまで私を放っておくのかと詰め寄った。客僧は大いに驚き、夜にそっと逃げ出して道成寺まで来たが、真砂庄司の娘はそれを追ってきたため、道成寺の住職が彼を鐘の中に隠した。一方、娘は日高川に行方を遮られるも、一念の毒蛇と化して川を渡り、道成寺に辿《たど》り着いてしまう。そして鐘が下りているのを怪しみ、その鐘に山伏が隠れていると確信して毒蛇の体を七巻き鐘にまきつけ、炎を吐き、鐘を溶かして山伏を殺してしまったという。

そして、その女の執心が残り、今もこの鐘に障碍《しょうげ》をなすようになった。このたびのこともそれが原因だろうとして、住職らは祈禱《きとう》を行い、鐘を引き上げるが、中には蛇体となった真砂庄司の娘がいた。

毒蛇と僧たちは一進一退の攻防を繰り広げるが、最後には蛇の吐いた炎が自らの身を包み、娘は日高川の底へと身を投げる。

現在では安珍清姫伝説として知られる道成寺にまつわる伝説の後日譚《たん》を描く能。ここに登場する真砂庄司の娘は死後に執心を残したために出現していると解釈される。

清姫の名が登場するのは近世の浄瑠璃『道成寺現在蛇鱗《うろこ》』であるため、ここでは単に真砂庄司の娘として記される。また、安珍の名の初出は鎌倉時代の『元亨釈書』だが、本作では単に山伏とのみ記されている。

近世にはこの能『道成寺』を元にした歌舞伎『京鹿子娘道成寺』が作られたが、ここでは娘の名は「白拍子花子」と記されている。また、京都府京都市左京区にある寺院、妙満寺には清姫の霊が白拍子として現れ、鐘供養を妨害した後のこと、つまりこの能『道成寺』のさらなる後日譚となる伝説が伝わっており、この鐘供養の際にできた鐘は音が良くなく、また周囲に疫病が流行ったため、鐘は山中に捨てられた。それから二〇〇年余り経った天正年間（一五七三～九二）、その話を聞いた仙石権兵衛が鐘を掘り起こして京都に持ち帰り、妙満寺へと納めた。そして、当時の貫首であった日殷《にちいん》大僧正の法華経による供養によって怨念を解かれ、鳴音美しい霊鐘となったと伝えられている。

また、清姫の名は先述したように後世になって創作の中で生まれたものであり、真砂庄司の娘自身も伝説上の人物だが、和歌山県田辺市には清姫の墓と伝わる石塔が現存している。

水餓鬼 ［みずがき］

生者の前に現れたという餓鬼。鎌倉中期の説話集『古今著聞集』巻一七第二七「水餓鬼、五宮の御室の許にあらはれたる事」にあるもの。それによれば、五宮の御室（覚性法親王）がある夕べに用を足してひとりでいるところに身の丈一尺七、八寸（約五一～五四センチ）ほどで足が一本しかない者が現れた。その者は顔や姿は人のようでありながら、蝙蝠《こうもり》に似た面をしていた。これが近づいてきたため、五宮の御室が「お前は一体何者であればそのような顔つきをしているのか」と問うと、その者は「私は餓鬼でございます。水の渇きが耐えがたいのです。世間の人が患う瘧《おこり》や病は、私が引き起こすことなのでございます。自分で水を求めると、どうしても得ることができず、人に憑《つ》いてそれを飲んで飢えを凌《しの》いでいるのです。そうしておりますのに、人々は君に申し上げて手に数珠《じゅず》を持ち、身に触れようとしてもできないでおります。まして加持などされれば、近くにも寄ることができません。これにより水が欲しいという気持ちを耐え忍ぶことができませぬ。どうかお助けくださいませ」と言った。

これを聞いた五宮の御室は不憫《ふびん》に思い、「それが本当であれば気の毒だ。これから後はその気持ちを汲もう」と言って、盥《たらい》に自ら水を入れ、与えると、餓鬼は気持ちよさそうにがぶがぶと飲み干してしまった。

五宮の御室がもっと欲しいかと尋ねると、「まったく水に飽くことはございません」と言うため、水生の印（密教において思いのままに水を出すことができる印契）を結び、餓鬼の口に指を一本当てた。すると餓鬼は嬉しそうに吸いついたが、そうしているうちにその指に次第に苦痛が走り、やがて全身にそれが回ったため、餓鬼を払い除け、火印を結んだ。するとその心地は元に戻ったのだという。

平安時代に記された『往生要集』には、水を探し求めるが、水にありつくことはできない餓鬼が載っている（詳細は古代の**食《じき》水餓鬼《すいがき》**を参照）。

自らの屍を打つ餓鬼

［みずからのしかばねをうつがき］

死者が餓鬼となったもの。鎌倉初期に鴨長明によって記された説話集『発心集』巻第七「心戒上人、跡を留めざる事」で紹介されている。それによれば、目連尊者という者が広野を歩いていると、恐ろしげな鬼が槌《つち》で白い屍を打っていた。目連尊者は怪しく思い、問うと、鬼は「これは己が前世の身である。我が生きていた頃、この体を得たゆえに物に貪欲になり、物を惜しんで、多くの罪を造って餓鬼の身を受けた。苦を受けるたびに恨めしく思い、いつもここに来て屍を打っているのだ」と答えたという。

目連尊者は仏教において釈迦の弟子として知られる人物で、餓鬼道に堕ちた母親を救ったという話が有名。ただ、この話に出てくる餓鬼は別の餓鬼のようだ。

源為朝

［みなもとのためとも］

死後、悪魔王となった武士。平安後期の武将。源為義の八男。豪放な性格で、弓術に秀でていたとされる。一三歳の時九州へ追われ鎮西八郎と称し、九州を略取。保元の乱で父とともに崇徳上皇方となり、敗れて伊豆大島に流されたが、今度は伊豆を支配した。しかし狩野茂光に攻められて自殺。この際為朝は自らの腹を切ったが、これは日本の歴史上初めての切腹であったという説がある。

さまざまな伝説が残されている為朝だが、南北朝時代の軍記物語『太平記』巻二七「雲景未来記の事」では、彼の死後について触れられている。それによれば、雲慶という山伏が愛宕山《あたごやま》（京都府京都市）の山伏によって白雲寺という寺に連れて行かれ、そこで**崇徳院**（古代）をはじめ、八男八郎冠者為朝（源為朝）、淡路の廃帝（淳仁天皇）、井上《いのえ》皇后（**井上内親王**（古代））、後醍醐院（**後醍醐天皇**）らとともに後鳥羽院（**後鳥羽天皇**）が悪魔王の棟梁となり、天下を乱そうと評定している様子を目撃したことが書かれている。為朝は崇徳院のすぐ脇におり、大男であったと描写されている。

源行家

［みなもとのゆきいえ］

死者が復讐《ふくしゅう》に現れたもの。源行家は平安末期から鎌倉初期にかけての武将。源為義の一〇男。以仁王《もちひとおう》の平氏討伐の令旨を受け、それを諸国の源氏に伝えて源氏挙兵のきっかけを作った。しかし平氏滅亡後、源頼朝と不和になった**源義経**に協力したため頼朝に追われ、北条時定により文治二年（一一八六）に殺された。

南北朝時代に記された歴史書『保暦間記』建久九年（一一九八）一二月二七日の条には、死後の行家が出現した話が載る。それによれば、大将軍（源頼朝）が相模河の橋供養に出かけ、帰る際に八的《やつまと》ケ《が》原《はら》（現・神奈川県藤沢市）という場所を訪れた際、**源**

義広、義経、行家らが現れて頼朝を睨《にら》みつけた。頼朝がこれを通り過ぎると、今度は稲村崎（神奈川県鎌倉市の稲村ヶ崎）の海上で一〇歳ばかりの童子が現れ、**安徳天皇**であると名乗って消えた。その後、頼朝は還御してすぐに病みついたという。

そして頼朝は翌月の一月一三日に死去している。彼の前に現れたのは、頼朝によって滅ぼされた源氏と平氏たちである。

源義経 ［みなもとのよしつね］

死者が復讐《ふくしゅう》を遂げたもの。源義経は平安時代から鎌倉時代にかけての武将。平治の乱で父、源義朝が敗死し、義経に難が及ぶことを避けるため、母、常盤《ときわ》御前によって大和国（奈良県）へ逃れる。その後、鞍馬《くらま》寺《でら》（京都府京都市左京区）へ預けられるが、僧になることを拒んで出奔《しゅっぽん》。藤原秀衡《ふじわらのひでひら》のもとに身を寄せた。その後、異母兄の源頼朝の挙兵を聞き、参戦。源義仲、平敦盛、平《たいらの》忠度《ただのり》を討ち、壇ノ浦の戦いでは総帥として平家を滅亡させた。しかし鎌倉幕府成立後は後白河法皇に接近したことで頼朝と対立。反逆を企てるも失敗し、藤原秀衡を頼るが、秀衡の死後、頼朝に屈した秀衡の子、泰衡に急襲され、文治五年（一一八九）、衣川（現・岩手県西磐井郡平泉町）で自ら命を絶った。

南北朝時代に記された歴史書『保暦間記』建久九年（一一九八）一二月二七日の条には、**源行家**らとともに義経が出現した話が載る。それによれば、大将軍（源頼朝）が相模河の橋供養に出かけ、帰る際に八的《やつまと》ヶ原《がはら》（現・神奈川県藤沢市）という場所を訪れた際、すでに死んでいるはずの**源義広**、源義経、源行家らが現れて頼朝を睨《にら》みつけたという。

南北朝時代の軍記物語『太平記』巻二三「大森彦七の事」では、大森彦七（大森盛長）に対して亡霊と化した**楠木正成**がさまざまな怪異を起こすが、他にも戦で敗れ、死んだ者たちも彼とともに現れており、義経も「九郎大夫判官義経」の名で記されている。そこではかつて壇ノ浦の戦いで対峙《たいじ》し、八艘《そう》飛びによって逃れた平教経とともに三〇〇余騎の兵舟を指揮して雲の波に浮かべていたという。

また、室町時代成立の能（謡曲）『八島』では、讃岐国《さぬきのくに》屋島（八島）（現・香川県高松市屋島地区）を訪れた僧の前に義経の幽霊が漁翁の姿で現れ、かつての屋島の戦いのことを語り、その後、義経の姿で再び登場し、修羅道に堕ちて絶え間ない戦いに苦しんでいることを語る様子が描かれる。

この他にも『旅と伝説』七巻九号（通巻八一号）に収録された本田安次の「陸中のけんばい」によれば、岩手県平泉衣川村（現・奥州市衣川地区）に伝わる伝説として「高館物怪《たかだてもっけ》」というものについて記されている。これは高館で死んだ源義経主従の亡霊が夜ごとに判官城（神奈川県横須賀市）の上に現れ、暴れ回ったため、中尊寺（岩手県西磐井郡平泉町）の僧三〇〇人が祈念したというものである。するといずこともなく現れた猿が亡魂に交じって阿修羅節を踊ったところ、亡魂もそれにつられて踊り、猫間ヶ淵《ぶち》へと姿を消し、二度と現れなかったという。

源義平［みなもとのよしひら］

死者が自身の復讐《ふくしゅう》を果たしたもの。源義平は平安末期の武将。一五歳の時、武蔵国（東京都・埼玉県・神奈川県東部）で叔父の源義賢を破って武名を挙げ、悪源太と呼ばれた。平治の乱に父、源義朝に従って奮戦したが敗れ、その後、平清盛の命を狙うも、永暦元年（一一六〇）、捕らえられて殺された。

この義平の最期について、鎌倉前期頃に記された軍記物語『平治物語』下巻「悪源太誅《ちゅう》せらるる事」では、こう書かれている。悪源太は近江国の石山寺（滋賀県大津市）に潜伏するが、捕らえられ、京の六波羅へと連行され、平清盛に尋問を受ける。しかし義平は何も答えず、最後、処刑される際に太刀取りとなった難波三郎（難波経房）に対し、雷になって蹴り殺してやると言い渡す。その後、宣言通り義平は雷となって難波三郎を蹴り殺したという。

続く「清盛出家の事並びに滝詣で付けたり悪源太雷電となる事」ではこの顛末《てんまつ》が詳しく描写されている。それによれば、出家した清盛が摂津国布引の滝（兵庫県神戸市）を見に行く際、夢見の悪さから一度は同行を断った経房だったが、仲間に弓矢を取る身でいまさら何を恐れるのかとからかわれ、それもそうだと清盛に同行することにする。しかし滝を見ている途中、天がにわかに曇り、雷鳴がけたたましく鳴り響いた。経房はこれを見て「私が恐れていたのはこれです。先年、悪源太は最後の言葉に雷となって我を蹴り殺すと告げました。あの者が私を睨《にら》んだ目がいつも見えるようで気味が悪かったのですが、やつが雷になった夢を見たのです。今、手鞠《てまり》ほどの大きさのものが、辰巳の方（南東）から飛んできましたが、あなたたちには見えなかったのですか。あれこそ義平の霊魂です。きっとこの世に帰り、この経房を襲おうとしています。ともかく太刀を抜かなくては」と言い終わった直後、霹靂《へきれき》がおびただしく鳴り響き、経房は彼の上を覆った黒雲が落とした雷によって微塵《みじん》になって死んでしまったという。

その後、悪源太は清盛に近づいたようだったが、清盛が弘法大師の筆による御守りを持っていたためか、悪源太は空に戻っていったと記されている。

源義広［みなもとのよしひろ］

死者が復讐《ふくしゅう》を遂げたもの。源義広は平安時代後期の武将。源頼朝と対立し、元暦元年（一一八四）、足利忠綱とともに挙兵したが小山朝政の奇襲に敗れる。以後源義仲を頼るも義仲の敗死で伊勢に逃れ、元暦元年（一一八四）に討ち死にする。

南北朝時代に記された歴史書『保暦間記』建久九年（一一九八）一二月二七日の条には、弟の**源行家**らとともに義広が出現した話が載る。それによれば、大将軍（源頼朝）が相模河の橋供養に出かけ、帰る際に八的《やつまと》ヶ《が》原《はら》（現・神奈川県藤沢市）という場所を訪れた際、すでに死んでいるはずの源義広、**源義経**、行家らが現れて頼朝を睨《にら》みつけた。

同書ではこの後**安徳天皇**まで出現したことが記されており、頼朝は翌月の一月一三日に死去している。彼の前に現れたのは、頼朝と対立して死ぬことになった者たちだ。

峯僧正春雅［みねそうじょうしゅんが］

死後天狗《てんぐ》になった人物。南北朝時代の軍記物語『太平記』巻二六「大塔宮の亡霊胎内に宿る事」にあるもの。

それによれば、ある行脚の僧が嵯峨《さが》（現・京都府京都市右京区嵯峨）から京へ帰る途中、夕立に降られて仁和寺《にんなじ》（京都市右京区）の六本杉で雨宿りをしていた。

しかし雨はなかなか降りやまず、日が暮れてしまったため、御堂で夜を明かすこととし、本堂の縁で心静かに経を読んでいると、夜が更けて月の光が冴えわたる頃、愛宕山《あたごやま》（京都市）と比叡山《ひえいざん》（京都市・滋賀県大津市）の方から四方に御簾《みす》を巡らせた輿《こし》に乗り、何者かが空を下りてきて六本杉に集まった。その時、虚空に張られた幕が持ち上がり、中に**後醍醐天皇**の外戚である峯僧正春雅が見え、その左右には南都の**智教**上人、浄土寺の**忠円**僧正と思しき天狗がいた。彼らは生前の面影を残していたが、目は鋭く光り、左右の脇から翼が生えていた。

行脚の僧はこれを見て、自分は天狗道に堕ちてしまったのか、それとも天狗が我が目を惑わせているのかと茫然としつつ、それでも目を離せずにいると、今度は空中から五緒《いつつお》の車が下りてきて、中から兵部卿親王（大塔宮**護良《もりよし》親王**）が現れた。親王の姿は生前と変わらなかったが、六本杉にいる天狗たちは皆ひざまずいて彼を迎えた。

しばらくして、房官と思しき者がやって来て、煮え滾《たぎ》る鉄を天狗たちに飲ませた。これは天狗道に堕ちた者は日に三度溶けた鉄を飲む責め苦があるから、それなのだろうと行脚の僧が考えていると、やがて天狗たちは蘇《よみがえ》り、春雅が「さてこの世でどのようにして騒動を起こしますかな」と言い、それから天狗たちが天下を乱す動議をし始めた。

行脚の僧は慌てて京に帰り、このことを伝えたという。

蒙古の怨霊［もうこのおんりょう］

異国の人々が怨霊と化したもの。室町時代前期に記された伏見宮貞成《さだふさ》親王の日記『看聞日記』応永二八年（一四二一）七月一一日の条によれば、この日、伊勢神宮（三重県伊勢市）の宮人がひとり伏見宮貞成親王のもとを訪れ、六月七日に伊勢神宮で御宣託があったと言う。その内容は一昨年蒙古（モンゴル）が攻めてきた時、伊勢神宮の神がそれを退治したことにより、異国の賊徒が大勢滅んだ。その怨霊が疫病を引き起こし、多くの人々が死亡するだろう、ということだった。

この蒙古の襲来は恐らく応永二六年（一四一九）に起きた応永の外寇を指すが、この時攻めてきたのは蒙古ではなく李氏朝鮮である。

物部守屋［もののべのもりや］

鎌倉時代に記された怨霊。物部守屋は古墳時代の人物であり、仏教の導入に反対し、蘇我馬子との争いの末に丁未《ていび》の乱で滅ぼされる。その後、守屋の宅地と奴《やっこ》（下僕）は厩戸皇子《うまやどのおうじ》（聖徳太子）が建立した四天王寺に施入された。このことについて、鎌倉時代初期に記された『源平盛衰記』巻一〇の「守屋啄木鳥《きつつき》と成る事」では、聖徳太子が仏法において最初の天王寺（大阪府大阪市にある四天王寺のこと）を建立した際、守屋の怨霊がこれを滅ぼそうと数千万羽の啄木鳥となって堂舎をつつき、破壊しようとしたと記している。しかし聖徳太子は鷹に変じてこれを降伏させたという。

物部守屋と蘇我馬子の争いについては『日本書紀』の時代から記録があるが、中世に入って怨霊となり、啄木鳥と化した話が生まれたようだ。この啄木鳥は江戸時代には絵師、鳥山石燕がその著作『今昔画図続百鬼』にて「寺つつき」という名前で描いており、現在はこの名で妖怪として紹介されることが多い。ただし、この「寺つつき」は守屋が一羽の鳥となったと記しているなど、『源平盛衰記』の描写とは異なる部分がある。

護良親王［もりよししんのう］

死後に修羅へと堕ちたとされる人物。護良親王は**後醍醐天皇**の第一皇子で、出家して尊雲と称し、後醍醐天皇の意を受け、梶井門跡の大塔に入室したことから大塔宮とも呼ばれる。元弘の変の際、僧兵を率いて活躍し、還俗して名を護良と改め、建武新政府では征夷大将軍となった。しかし足利尊氏と反目し、鎌倉に幽閉された末、建武二年（一三三五）、中先代の乱において足利直義に殺された。

南北朝時代の軍記物語『太平記』巻二四「正成天狗《てんぐ》と為り剣を乞ふ事」では、大森彦七（大森盛長）に対し、亡霊と化した**楠木正成**がさまざまな怪異を起こすが、他にも戦で敗れ、死んだ者たちも彼とともに現れており、護良親王の名も記されている。それによれば、兵部卿親王（護良親王）は八龍に車を繋《つな》げた姿で現れたという。

またこの場面について、『新日本古典文学全集』では護良親王が車を繋げていた八龍は仏教における八大龍王であるとしている。八大龍王は釈迦が法華経を説いた際、その聴衆に加わった八種の龍で、難陀《なんだ》・跋《ばっ》難陀《なんだ》・沙伽羅《しゃがら》・和修吉《わしゅきつ》・徳叉迦《とくしゃか》・阿那婆達《あなばだっ》多《た》・摩那斯《まなし》・優鉢羅《うはつら》という龍を指す。仏法を守護する龍として信仰された。

同じく『太平記』の巻二六「大塔宮の亡霊胎内に宿る事」では天狗と化した**峯僧正春雅**、**智教**上人、**忠円**僧正らの前に兵部卿親王（護良親王）が現れ、彼らと天下を動乱するための議論を行う様子が描かれている。

さらに『太平記』巻二七「雲景未来記の事」では、雲慶という山伏が愛宕山《あたごやま》（京都府京都市）の山伏によって白雲寺という寺に連れて行かれた際、そこで**崇徳院**（古代）、八男八郎冠者為朝（**源為朝**）、淡路の廃帝（淳仁天皇）、井上《いのえ》皇后（**井上内親王**（古代））、後鳥羽院（**後鳥羽天皇**）、後醍醐院（後醍醐天皇）らが悪魔王の棟梁に、**玄昉**《げんぼう》（古代）、**真済**（古代）、**寛朝**、慈慧《じえ》（**良源**）、**頼豪**、**仁海**らとともに尊雲（護良親王）らが大魔王となり、天下を乱そうと評定している姿を見たと記されている。

【や】

山科荘司 ［やましなのしょうじ］

能（謡曲）にて語られる死者。世阿弥作の能（謡曲）『恋重荷』に描かれるもの。この山科荘司は菊を愛好する白河院の庭で菊の世話をする仕事をしていたが、ある時、白河院の女御を見て恋心を抱いた。女御はそれを知り、臣下を通じて山科荘司にいかにも軽そうに見える美しい荷を持って庭を一〇〇度も一〇〇〇度も回ることができれば思いを受け入れると伝えた。山科荘司は望みができたとそれを実行しようとするも、荷はあまりに重く、まったく持ち上がらず、その仕打ちを恨んだ山科荘司は庭で恋い死にしてしまう。

女御はその知らせを受け、庭の荘司の死体を見てその死を悼むが、立ち上がろうとしても体が動かず、そこに一念無量の鬼となった山科荘司が現れる。山科荘司は女御に恨み言を語り、自身が衆合地獄に堕ちてその責め苦を受けていることを伝え、しかし最後は弔いをしてくれるのならば女御の守り神となろうと約束し、去って行く。

この話は『綾鼓』という能（謡曲）と類似しているが、『綾鼓』の方が早く成立したものと考えられている。両者は舞台となる時代や現れる死者が異なっている（『綾鼓』に登場する死者については**庭掃の老人**を参照）。

結城宗広 ［ゆうきむねひろ］

死後、地獄に堕ちたとされる人物。結城宗広は鎌倉時代から南北朝時代にかけての武将。はじめ鎌倉幕府に所属していたが、元弘の乱で**後醍醐天皇**側につき、**新田義貞**とともに幕府を滅ぼした。その後、足利尊氏から京都を取り返すなどの功績を上げ、奥州（東北地方）の統治を任せられるが、再起した尊氏と戦い、敗れる。そこで吉野（現・奈良県南部）に逃れるが、奥州への海路を使っての帰途の途中、暴風雨に襲われ遭難し、伊勢国安濃津（現・三重県津市）に到着するも、そこで病死した。

南北朝時代に記された軍記物語『太平記』巻二〇「結城入道堕地獄の事（結城入道病死の事）」では宗広の死について、こう書かれている。宗広は生前、残虐な振る舞いを好む人間だった。罪のない者を縛り、僧尼を殺害したことも数えきれない。常に死人の生首を見なければ心が塞《ふさ》ぐというありさまで、毎日二、三人の首を斬っては目の前に掛けさせていた。そのため、彼の周りは常に死肉に満ちて、死骸が積まれてあたかも墓地のようであった。

ある時、この宗広とゆかりのある僧が武蔵国（東京都・埼玉県・神奈川県東部）から下総国（千葉県北部、茨城県南西部および埼玉県東部）へ下っていたところ、美しい法師が現れ、彼を接待所へと連れて行くと言って、大放火寺と書かれた門へといざなった。その門を潜ると仏殿があり「理非断」と記されている。さらに奥へ進むと、「一味膳」と名の記してある折膳があり、僧はそこに通された。

しばらくすると先の法師が現れ、これから不思議なことが起きると告げた。その通り夜半過ぎになって月が雲に覆われ、稲光が閃《ひらめ》き、牛頭《ごず》、馬頭《めず》の地獄の獄卒たちが数え切れぬほど庭に集まった。そして獄卒たちが火の車に罪人を乗せて大空から現れたが、その罪人は宗広であった。宗広は獄卒たちに板に横たえられ、鉄の板を載せられた。獄卒がその板を押すと油を搾るように血が流れ出て、罪人は紙のように押しひしげられた。しかし獄卒はそれを串で貫き、火であぶり、乾かしてまた板の上に載せ、今度は包丁でずたずたに切り刻み、鍋の中に投げ入れて「活、活」と唱えると宗広は生き返り、また元の姿になった。宗広は鉄の塊で喉を塞がれ、涙を流すことも叫ぶこともできず、ひたすら責め苦を受け続けていた。

この様子を見た僧がなぜこのようなことになっているのかと尋ねると、法師は、宗広は死んだ後阿鼻地獄へ落ち、責め苦を受けているのだと答えた。そして僧に「一日経を書き、供養してこの苦しみを救いなさい」と告げ、自分の正体が地蔵菩薩《ぼさつ》であることを教えた。直後、地獄の様相は消え去り、僧だけが野原の上に座っていたという。

幽霊［ゆうれい］

古代では主に追善供養の際に、その場にいない、目に見えない死者に対し幽霊という言葉を使っていたが、中世からは目に見える、人間の姿をした死者に対して幽霊という言葉が使われるようになる。その契機は室町時代、世阿弥によって能（謡曲）の中に幽霊という言葉が使用されたためだった。

能における幽霊はこの世に未練を残し、

成仏できない死者の霊魂として姿を現し、劇中では主にシテ（能の主役）として登場する。そして旅人や旅の僧であるワキ（シテの相手役）と会話をする。その際、前場（前半）では一見普通の人間として現れ、その土地に伝わる伝説や逸話、人物などについて語り、前場の最後で自分がその話に語られる死者であると明かす、もしくはほのめかして姿を消す。そして後場（後半）では旅人や旅の僧の夢の中、もしくはシテを弔おうとしているところに幽霊であるシテが現れ、昔の出来事を舞などによって再現する。その後は供養されて消える場合もあれば、そのまま土地に残り続けるとされることもある。

こういった能は現在、夢幻能などと呼ばれている。死者は幽霊の他、亡霊、魄霊《はくれい》、鬼などとも表現される。特徴的なのは、能における死者は基本的に恐ろしい存在としては描かれず、行き会った旅人を祟るようなこともしない。生前の仇《かたき》である**源義経**を狙う『舟弁慶』の**平知盛**や恨みの言葉を吐く『綾鼓』の**庭掃の老人**などの例はあるが、主流ではない。

そういった死者の多くが幽霊と呼ばれるようになったのは、近世以降となる（**幽霊**（近世）も参照）。また、目に見える死者が幽霊と呼ばれるようになったのが室町時代以降というだけであり、それ以前にも目に見える死者の霊魂はいた。古代の**霊**、**死霊**、**悪霊**、**霊鬼**などは目に見え、物理的に存在する者に対しても使われている。能の幽霊は、目に見える死者の霊に対して幽霊という言葉を使ったことが特徴的だったといえる。

栄仁親王［よしひとしんのう］

夢に現れた死者。栄仁親王は南北朝時代から室町時代にかけての親王。世襲親王家の伏見宮家の初代で、伏見宮栄仁親王とも呼ばれる。皇位を継承できず、出家した後、応永二三年（一四一六）に死去した。琵琶《びわ》や箏《そう》の名手であったことで知られる。

この栄仁親王の長子である貞成《さだふさ》親王の日記『看聞日記』応永二三年一一月二〇日の条には栄仁親王の死について記され、二四日の条には荼毘《だび》に付される様子が記されているが、その際には人魂が飛んだとある。ただしこの人魂は栄仁親王のものではなく、次に死去する人の魂ではないかと記されている。栄仁親王が死後に姿を現すのは応永三二年（一四二五）三月一九日の条で、貞成親王の夢に大通院（栄仁親王）が現れ、琵琶演奏の「四絃灌頂《しげんかんじょう》」を授けてくれたという。

【ら】

頼豪［らいごう］

平安時代中期の天台宗の僧侶。祈禱《きとう》に優れた人物で、白河天皇に「祈禱により皇子を誕生させることができれば、望みを叶えよう」と約束され、その後見事皇子が誕生する。そのため、頼豪は褒美として自身が住する園城寺（滋賀県大津市）の戒壇創設を願うも、敵対する延暦寺（滋賀県大津市）の怒りを恐れた天皇により約束は守られなかった。それを知った頼豪は恨みを抱きながら断食により命を絶ったと伝えられる。その後、頼豪は鼠《ねずみ》の化け物と化したという。

鎌倉時代の軍記物語『平家物語』巻第三「頼豪」によれば、頼豪の断食を知った白河天皇は使いの者を送って説得しようとしたが、頼豪は「天子の言は汗のように一度出たなら二度と元には戻せぬと伺っている。この程度の望みが叶わぬのならば、私の祈禱により生まれた皇子を道連れに魔道へ堕ちよう」と言い、対面しようとさえしなかった。頼豪はすぐに餓死し、それからすぐに皇子（敦文親王）は病に倒れ、どんな祈禱も効果はなく、四歳の幼さで亡くなってしまう。そして皇子の枕元には、白髪の老僧が錫杖《しゃくじょう》を持って幻のように佇《たたず》む様子が幾度も目撃されていたという。この頼豪は怨霊と呼ばれている。

室町時代に成立した『太平記』巻第一五「園城寺戒壇の事」になると、頼豪が鼠の化け物と化した話が見えるようになる。それによれば、白河天皇は敦文親王を頼豪に取り殺された後、延暦寺の良信大僧正に祈禱を頼み、皇子誕生を祈った。これには頼豪の怨霊も近づくことができず、新たな皇子が誕生した。この皇子は後の堀河天皇だという。しかし頼豪の亡霊はその後、鉄の牙と石の身を持った八万四〇〇〇のネズミと化して比叡山《ひえいざん》に上り、延暦寺の仏像や経文を食い破った。これは防ぐ手立てもなく、最後は頼豪を祀《まつ》る社《やしろ》が建てられ、その怨念は鎮められたという。

この頼豪が変化した鼠は近世において鳥山石燕の妖怪画集『画図百鬼夜行』に描かれ「鉄鼠《てっそ》」と名付けられた。現在ではこの名が広く知られている。

蓮華城［れんげじょう］

鎌倉初期の仏教説話集『発心集』にある僧侶の霊。蓮華城は人々によく知られた聖であったが、ある時、卜蓮《ぼくれん》法師という友人の法師に「自分に死期が近づいてきたことが分かるのです。最期には邪念を払った心のままで死ぬことが最上の望みですから、心が澄んでいる時に、入水をして死のうと思っております」と告げた。卜蓮は諫《いさ》めたが蓮華城は聞かず、卜蓮も折れて彼の入水の準備を手伝った。そしてその日が来て、蓮華城は多くの人々に見守られながら桂川

（京都府京都市）に入水し、死んでしまった。

それからしばらくして、卜蓮は物の気（原文では「物ノケ」と表記。以下同じ）のような病状に苦しむようになった。そんな彼の前に霊が現れ、「ありし日の蓮華城です」と名乗った。

卜蓮は「それは本当とは思えません。長年親交を深め、最期まで少しも恨まれることはなかったはず。ましてや、あなたの発心の様は、いいかげんなものではなく、尊いものでした。いずれにしても、何の理由があって、思いもしない容姿で現れたのですか」と問うた。

これに対し物の気は「そのことです。あなたがきちんと制止してくださったのに、私はどうしようもない死に方をしました。どのような天魔の所業であったのでしょう。私はまさに水に入ろうとした時、たちまちに後悔の気持ちが湧いてきたのです。しかしあのようなたくさんの人々が見ている中で、どうして思い直すことができましょうか。それゆえにあなたに止めてもらいたいとあなたを見たのに、あなたは『今は早く、早く』と急き立てました。私はそのまま沈みましたが、その恨めしさに、少しも往生のことを考えられず、予期せぬ道に入ったのでございます。このことは、私が愚かだったことの罰なので、人を恨み申し上げるべきことではないのですが、死に際に口惜しいと思った一念によって、このようにあなたのもとに参ったのです」と告げたという。

『発心集』は「これこそ実に宿業であり、後世の戒めになることだ。人の心は測りがたいものであるため、必ずしも清浄・質直の心から起こるものではない」と記している。

廉承武［れんしょうぶ］

廉承武は唐の音楽家で、琵琶《びわ》の達人と伝えられる人物。遣唐使として唐に渡った藤原貞敏に琵琶を教えた人物として知られる。

この廉承武は死後もたびたび霊となって日本に現れたと伝えられている。例えば鎌倉中期に橘成季《たちばなのなりすえ》によって記された説話集『古今著聞集』巻六第二三一「貞保親王桂河の山庄にて放遊の時唐の廉承武が霊現はるる事」によれば、貞保親王が桂川（京都府京都市）の山荘にて管弦を奏でていた時、灯火の後ろから天冠を被った者の影が現れた。人々が恐れていると、影は「私は唐の廉承武の霊である。五常楽を一〇〇度奏するに至った頃に、必ず来よう」と言って消えたという。

鎌倉初期の説話集『古事談』第八の二一「廉承武の霊、村上天皇に秘曲伝授の事」にも廉承武が登場する。それによれば、ある夜、村上天皇が清涼殿にて玄上（玄象）という琵琶を弾いていたところ、空から影のようなものが現れ、降りてきた。そこで天皇が「何者か」と尋ねたところ、「大唐の琵琶の名手である廉承武です。今この場所を通ったところ、素晴らしい音色が聞こえたので、参上しました。よろしければ、貞敏に授けることができなかった秘曲をあなたに授けたいと思います」と言った。天皇はその提案に大変喜び、廉承武に琵琶を手渡すと、廉承武は琵琶を鳴らし、また一晩中語り合って、秘曲を天皇に教えた。これが上玄・石上と呼ばれる曲なのだという。同様の話は『十訓抄』にもある。

論識房［ろんしきぼう］

死後地獄に勤めたという死者。鎌倉中期の仏教説話集『沙石集』巻二第六「地蔵菩《ぼ》薩《さつ》、種々の利益の事」にあるもの。それによれば、和州の生駒（現・奈良県生駒市）に論識房という僧がいたが、信施を受けても仕方がないと考えるようになり、人に小さな田を作らせ、自身は庵室を作って隠居し、法華経を読んで過ごした。そして他界した後は弟子の讃岐房《さぬきぼう》に庵室を譲った。

その讃岐房が病によって息絶えたが、讃岐房は一日で蘇生し、死んでいた時のことを語った。それによれば、彼は閻魔《えんま》王宮に参り、そこで「勅命がいまだ尽きず」と帰るよう指示されたのだという。そのため、東西も分からずさ迷っていると、師の論識房が法華経を一巻手に握って現れ、「どうしたのだ」と問うため、どこに行くべきか分からないと答えると、論識房は自分の住居である小さな庵室に案内した。そこには釈迦の像があり、文机に法華経が一部置かれていた。論識房は「仏弟子の習いであれば、法を説いて人に聞かせ、聞法の縁を結ぶべきであったが、人に田を耕させるのみで仏法を説かなかった。それゆえに閻魔王の召人《めしうど》となったのだ。このような者は他にもたくさんいる」と告げた。そして讃岐房に「しばらく待てば地蔵菩薩が来るから、頼んでみなさい」と教えたとされる。

この後、讃岐房は地蔵菩薩に現世へと戻る道を教えてもらうが、その途中に餓鬼と化した母親と遭遇する（詳細は**讃岐房の母**を参照）。

コラム 01

幽霊の読み方

霊には「れい」と「りょう」の二つの音読みがあります。古代日本の文献にこの語が出てくる場合、多くの資料で「れい」ではなく「りょう」と読み仮名が振られます。これは呉音と呼ばれる読み方で、六世紀頃、百済から仏教が伝来する際に共に入ってきたため、仏教語の多くは呉音で読まれます。「れい」と読む読み方は漢音と呼ばれ、呉音より遅く、七、八世紀頃に遣隋使、遣唐使を通して日本に流入し、桓武天皇の時代には漢音を公用とすることが定められました。しかし呉音はすでに日本に定着していたため、呉音を駆逐することができず、仏教者は呉音を根強く使い続けました。

古代日本の時点で存在している「霊」がつく言葉の多くは、今でも「りょう」という読み方で読みます。例えば「死霊」「怨霊」「御霊」「生霊」「悪霊」などです。一方、「れい」と読むものとして「幽霊」「亡霊」などがあります。

ここで注目したいのは、古代における「幽霊」の読み方です。先述したように、呉音は仏教用語によく使われていました。そして現時点で「幽霊」の語の用例が見える最古の例は、桓武天皇の治世の前、天平一九年（七四七）に記された願文「唐僧善意大般若波羅蜜多経奥書願文」です（古代の**幽霊**の項目も参照）。この願文を書いたのは法相宗の僧である善意、すなわち仏教者でした。

そう考えると、「霊」が時代を経て「りょう」から「れい」と読むのが一般的だったように、もしかしたら古代における「幽霊」は「ゆうりょう」と読み、時代と共に「ゆうれい」に変わっていったのかもしれません。

近世

（江戸時代）

#【あ】

赤大猫 ［あかおおねこ］

死後、猫となって現れた老女。鈴木正三が書き留めた話を弟子たちが取りまとめ、寛文元年（一六六一）に刊行した仮名草子『片仮名本・因果物語』巻下の一四「破戒の坊主、死して鯨《くじら》と成る事　付姥《うば》猫と成る事」にあるもの。

それによれば、尾州春日井郡（現・愛知県春日井市）の北嶋村という村に八〇歳を超える姥《うば》がいたが、正保元年（一六四四）二月に死んだ。それから七日も過ぎると、赤い大猫となって家の奥の稗俵《ひえだわら》の上に現れた。

まだ小さい曽孫《ひまご》が稗を取りに行った際にこれを見つけ、親に言ったため、親は猫を追い出そうとしたが、猫はどこへも行かず、その夜親の夢に現れて「私は最近死んだ姥である。三年飼いなさい」と告げた。不審に思った家の者が三ヶ所に占わせたが、どこも夢と同じことを言ったという。

赤坂与力の妻の亡霊 ［あかさかよりきのつまのぼうれい］

後妻のために現世に未練を残した女。旗本の根岸鎮衛《やすもり》が近世後期の約三〇年にわたって記した随筆『耳嚢《みみぶくろ》』の巻一〇「赤坂与力の妻亡霊の事」に記されているもの。それによれば、江戸の浅草馬道（現・東京都台東区馬道地区）で茶屋商売をしている男が深川（現・江東区深川）に用事があり、夜に霊岸寺という寺の前を通ったところ、赤と青の陰火がひとつずつ見え、すぐに消えてしまった。しかし男は恐れ知らずだったため、そのまま寺の外れまで行ったが、その時、彼を呼ぶ女の声が聞こえてきた。

男が道を戻ると、若い女がおり、「私は赤坂某という与力の妻ですが、病死してこの寺に葬送されました。しかし、夫は後妻を迎えたものの、その女はとても嫉妬深い人間で、これによって私も成仏できないでおります。なにとぞ、このことを我が夫にお伝えくださいませ」と言って消えてしまった。男は伝えねば何が起こるか分からないと女の言葉通り、赤坂に赴いた際にその与力を探し、このことを話したところ、与力は後妻が酷《ひど》く嫉妬深いことを認め、自分も困り果てていることを語った。そして幽霊の言葉を伝えてくれたことに礼をし、別れた。

その後、男が深川に赴いた際、霊岸寺の前に陰火は見えなかったが、またあの女の声が聞こえ、ぼんやりと姿を現して夫に自分の言葉を伝えてくれたことに感謝し、後妻も死んだため、自分も得脱の身となったと告げた。

それから男はまた赤坂の与力のもとを訪れた。その際、話を聞くと、あの後、後妻が突然前妻の位牌《いはい》を寄越せと騒ぎだし、仕方なく渡したところ、薪割りの斧《おの》でそれを粉々に砕き、それからしばらくして病みついて死んだのだという。

証を持ってきた幽鬼

［あかしをもってきたゆうき］

死後に絵に描かれた幽鬼。近世後期、旗本の根岸鎮衛《やすもり》が天明（一七八一〜八九）から文化（一八〇四〜一八）年間にかけての約三〇年間にわたり記した随筆『耳嚢《みみぶくろ》』巻八「幽鬼其《その》証を留めし事」にある。

それによれば、奥州（東北地方）に貧乏な医者がいたが、その娘二人は絶世の美女であった。ある時、姉の方が家中の侍以上の人の妻となった。また妹の方も同家の番頭の妻に迎えられることになったが、身分の違いからまず妾《めかけ》としてこの番頭のもとに行くことになった。

姉妹のうち、姉の方と結婚した亭主は毎年のように出世し、重役となったが、ある酒の席で人が、番頭の妾は彼の妻の妹であるから、その口利きによって出世したのだ、と噂《うわさ》しているのを聞き、それでは面目が立たないと亭主は妻に離縁を申し出た。そしてもし面目が立てば復縁しようと言い、妻もそれを了承して父親の医師のもとに帰ったが、父親はこれを聞いて、急いで番頭のもとに向かった。

そして番頭に対して、末娘を表向きには妾としてもう一年経ち、子も生まれたのだから、表立って正式に妻とするか、さもなければ離縁してほしいと述べた。番頭は仕方がなく離縁を決め、これにより面目が立ったと姉とその亭主は復縁した。

しかし妹の方は番頭から離縁され、また実家にいるのは心根の良くない継母と、貧しい医師である父親であったため、次第に患いついてしまった。一方、番頭も残された子どもを見て妾のことを思い出して気持ちが塞《ふさ》いでいたが、ある夜、障子が開いて離縁したはずの妾が現れた。

番頭は驚いたものの、狐狸《こり》が自分を誑《たぶら》かそうとしているのではないかと疑い、彼女に本人である証を持ってきなさいと告げた。すると妾の姿が消え、四、五日した後再び現れた。その姿は先日とは違って髪は乱れ、顔は青ざめ、首と腹の辺りから血を流し、この世の人とは思われぬものであった。

そして妾は懐中から番頭のもとに残してきた子の小袖を取り出し「私は里へ帰る時、あなたの物、我が子の物は置いて、自分の物だけを持って行きました。しかし、外包の中にこの小袖だけ紛れていたのです。そのため、証拠としてこれを持って参りました」と告げ、そして自分がすでに生きていないことを語った。

番頭は絵を描くことを得意としていたので、その姿を書き写した。それから菩提寺《ぼだいじ》を訪ね、和尚に「このような亡者が来たか」と尋ねると、和尚はたしかにその者の遺体を運んできたという。そのため、厚く供養してもらうように頼んで布施を渡したが、和尚は自分の力不足によって亡者が迷ったのだと謝罪し、徳の高い僧がいる別の寺を教えて、そこで供養を頼むように伝えた。

そのため、番頭はその寺に行き、法会を執り行った。また、彼が妾の幽鬼の姿を描いた絵を見た者は、誰であろうと熱病を発症したという。この熱病は薬によって回復したと記されている。

作者の根岸はなぜ熱病を病んだのか理由は分からないが、聞いたままのことをここに記す、と文末を結んでいる。現代でも見ると危険が及ぶなどと語られる絵は多いが、近世においてもそのような絵があったのだろう。

赤穴宗右衛門「あかなそうえもん」

約束のために現れた死者。安永五年（一七七六）に刊行された上田秋成の読本『雨月物語』に収録される「菊花の約《ちぎり》」に登場するもの。

それによれば、播磨国の加古（現・兵庫県加古川市）という宿場町に丈部《はせべ》左門《さもん》という者がおり、母と二人で暮らしていた。丈部左門は清貧を好み、その母もまた心得た人物であったため、丈部左門は贅沢《ぜいたく》をせず、ただ学問を探究して生活していた。

そんなある時、左門が知り合いの家に赴くと、そこに旅の途中に病に倒れたという武士がいた。左門はこの武士を看病することとなったが、その男は赤穴宗右衛門という者で、故郷である出雲国（島根県）で仕えていた主の塩冶《えんや》掃部介《かもんのすけ》が尼子経久に討たれたことを聞いて、急ぎ帰ろうとしているところだった。

それから左門の看病の甲斐もあって宗右衛門は快復したが、その看病の間、二人は学問のことなどを語り合い、友人を超えて義兄弟の契りまで結んでいた。宗右衛門の方が年上であったため、宗右衛門が兄、左門が弟となった。

そして宗右衛門は故郷へ帰ることになったが、菊の節句（重陽の節句）である九月九日にまた丈部左門の家を訪れると約束した。そのため、左門はその日になる朝から菊花と粗酒を用意して待っていたが、宗右衛門はなかなか来ず、夜が更けた頃にやっと姿を見せた。

左門は大いに喜び、宗右衛門をもてなしたが、宗右衛門は何も言わず、物も食べようとしない。その様子を訝《いぶか》しみ、左門がさらに食事を勧めると、やっと口を開き、自分がすでに死んでおり、その陰魂がここにやって来ていることを打ち明けた。さらに故郷に帰った時、経久の手下になることを拒んだところ、すでに手下となったいとこの赤穴丹治に監禁され、今日に至ってしまったこと、そして「人一日に一〇〇〇里（約三九〇〇キロ）を行くことあたはず。魂よく一日に一〇〇〇里をも行く」という言葉を思い出し、自死して魂のみはるばるとやって来たことを告げ、席を立ったかと思うと掻き消えて見えなくなった。

丈部親子は、このことを悲しみ、一夜を泣いて明かした。翌日、左門は宗右衛門を故郷に埋葬するために出雲へと向かい、そこで出会った丹治に信義がないことを責め、斬り殺した。その後左門は行方をくらませるが、主君の尼子経久は、宗右衛門と左門の信義を褒め称え、その跡を追わせなかったという。

小豆洗い［あずきあらい］

寺の小僧の霊魂が音を立てるもの。小豆洗いと呼ばれる怪異は日本各地に伝承され、多くの場合は小豆を研ぐような音が聞こえるとか、それに伴って「小豆研ごうか、人取って食おか」というような歌が聞こえるなど、音、声のみが聞こえるものとして語られるが、桃山人著、竹原春泉画として天保一二年（一八四一）に刊行された奇談集『絵本百物語』には、死者が小豆洗いとなった話が記されている。

この『絵本百物語』はそれぞれの項目に桃山人が記した本文と春泉が描いた絵に付記された文章の二種類の解説文が記されており、その内容は異なるが、小豆洗いはどちらにおいても殺された寺の小僧が正体とされている。

まず本文に記されている話では、昔、越後国高田（現・新潟県上越市南部）に法華宗の寺があった。その六代目住職の日顕という和尚が、浅間山の麓で障害のある子どもをもらい、弟子として育てた。この子どもは優秀で、特に物の数を数えることに優れており、小豆を見せてその数を問うと、一合でも一升でも間違いなく言い当てた。和尚はこの小僧を可愛がり、いずれ住職を継がせようと考えていたが、同じ寺の円海という僧がこれを妬《ねた》み、和尚の留守に小僧を井戸に落として殺し、和尚には小僧が誤って井戸に落ちたと偽っていた。

しかしそれ以来、夜になると小僧の霊が出て雨戸に赤小豆を投げつける音がし、また夕暮れ時になると、流れの近くで赤小豆を洗ってその数を数えた。このため、人々は恐れてこの寺を訪れなくなった。円海は小僧殺しがばれて死罪となったが、今度は井戸の中で円海と小僧が争う声が一晩中聞こえるようになった。そのため、ついに寺は廃寺となったという。

また、竹原春泉の絵には寺の小僧と思しき者が腰を折り、川で小豆を洗っている様子が描かれ、その解説として山寺の小僧が谷川で小豆を洗っていた時、同宿の坊主がわざとこの小僧を突き落とし、小僧は岩にぶつかって死んだ。その後、この小僧の霊魂が時折現れ、泣いたり笑ったりしながら小豆を洗うようになったという話が載せられている。

アブになる人魂［あぶになるひとだま］

人魂にまつわる話。近世後期、旗本の根岸鎮衛《やすもり》が天明（一七八一～八九）から文化（一八〇四～一八）年間にかけての約三〇年間にわたり記した随筆『耳嚢《みみぶくろ》』巻六「人魂の事」にあるもの。それによれば、ある人が葛西（現・東京都江戸川区の葛西地区か）に釣りに出かけた際のこと。釣竿《つりざお》にアブが大量に集《たか》ったが、近くにいる老婆が言うことには「この辺りに人魂が落ちたのでしょう。それゆえにこの虫が多く集っているのです」とのことだった。

その後、また明け方に釣りをしていると、人魂が飛来して近くの草むらへ落ちた。それを見てみると、泡立ったものがあり、臭気も漂っていたが、間もなく無数のアブとなって飛び去った。これにより老婆の言っていたことが分かったという。

油盗人［あぶらぬすっと］

山岡元隣によって著され、息子の山岡元《げん》恕《じょ》が整理、補筆して貞享三年（一六八六）に出版した怪談本『古今百物語評判』巻三の七「叡山《えいざん》中堂油盗人と云ふばけ物　付青《あお》鷺《さぎ》の事」にあるもの。それによれば、比叡《ひえい》山《ざん》（京都府京都市・滋賀県大津市）の全盛期の頃、延暦寺根本中堂の油料を司って家も栄えていた東近江（滋賀県）の者が、時を経て没落し、このことを思い続けた末に死んでしまった。それからというもの、この者が住んでいた場所から光り物が出て根本中堂へ飛んで行き、油火の方に近づくようになった。実際は油を盗むことはなかったが、人々はこれを油盗人と呼んだという。

ある血気盛んな若者がこの噂《うわさ》を聞いて油盗人を仕留めようと弓矢、鉄砲を持って油盗人を待ち伏せしていたところ、黒雲とともに光り物が現れた。それは凄まじい速さで若者の頭上に移動したため、その姿を若者が見ると、怒りの形相の坊主の生首が火炎を吹く姿がありありと見えたという。

安部宗兵衛の妻の怨霊［あべそうびょうえのつまのおんりょう］

死後、復讐《ふくしゅう》に現れた怨霊。延宝五年（一六七七）に刊行された怪談集『諸国百物語』巻之三第五話「安部宗びやうへがつまが怨霊の事」にあるもの。それによれば、豊前国の速水の郡（現・大分県速見郡か。なお、速見郡（速水郡）が属するのは豊前国ではなく豊後国）に安部宗兵衛という者がおり、常々妻に邪険に当たっていた。食べ物も食わせず、病みついても薬を与えず、さらに辛く当たった。そして女房は一九歳で亡くなったが、その末期《まつご》の際に宗兵衛に向かって「この仕打ちを忘れようものか。すぐに思い知らせましょう」と告げた。しかし宗兵衛はその死骸を山に捨て、弔うこともせずにいたところ、妻の死から七日目の夜中、死んだ妻が腰から下を血だらけにして、長い髪を垂らし、顔は緑青のような色で、歯には黒々と鉄漿《かね》（お歯黒）をつけ、錫《すず》のような目を見開き、口は鰐《わに》のようになった姿で宗兵衛の寝間に現れた。妻が氷のような手で宗兵衛の顔を撫でると、宗兵衛は身をすくめて起き上がった。すると妻はからからと笑い、宗兵衛の傍で寝ていた女を捕まえると、七つ、八つにその体を引き裂き、さらに舌を抜いて懐に入れた。そして宗兵衛に対し「今宵はもう帰りましょう。また明晩参り、長年の恨みを申し上げましょう」と言って消えてしまった。

宗兵衛は驚き、貴僧、高僧を呼んで大般若経を読ませて祈禱《きとう》させ、さらに夜には弓や鉄砲を人々に構えさせて妻を待ち構えた。しかし夜半になって、死んだ妻が突然宗兵衛の背後に現れ、彼をじっと見つめていた。宗兵衛が気配を感じて後ろを振り向くと、妻は宗兵衛を睨《にら》みつけ、「さてもさても用心深いことですね」と言って、宗兵衛の顔を撫でたと思った瞬間、にわかに恐ろしい姿になり、宗兵衛の体を二つに引き裂き、周囲にいる下女たちを蹴り殺し、天井を蹴破って虚空に昇って行ったという。

家城村の空き家の化け物

［いえしろむらのあきやのばけもの］

執心のために化け物となった死者。延宝五年（一六七七）に刊行された怪談集『諸国百物語』巻之五第一四話「伊勢津にて金の執心ひかり物となりし事」にあるもの。それによれば、伊勢の津（現・三重県津市）にある家城村には三〇年ほど空き家となった家があったが、この家には昔、夫婦が住んでおり、頓病で死に、子がなかったため後継ぎもなく絶えてしまった家なのだという。しかしこの家にはある時には光り物が出現し、ある時は火が燃え、ある時は男女の声で「お前のせいだ」「いや、あなたのせいでこのような苦しみを受けている」などと聞こえてきた。

そのため、誰も住むことはなかったが、ある時、京から二〇歳ばかりの小間物商人がこの村にやって来て、化け物が出る屋敷の話を聞き、その化け物を見てやろうと例の空き家に赴いた。

すると案の定子《ね》の刻（午前〇時、もしくはその前後の時間）の頃になると井戸の中から鞠《まり》ほどの大きさの火が二つ出てきて、家の中が酷《ひど》く輝いた。その後、白髪の老夫婦が現れ、小間物商人にこう言った。

「我はこの家の主だが、ある時夫婦ともに頓病で死んでしまった。しかし井戸の中に多くの金銀を隠しており、この金に執心を残したために浮かばれず六道の巷《ちまた》に迷い、すでに三〇年となってしまった。この家に住む人がいればこのことを話し、跡を弔ってもらおうと思っていたのに、恐れて家に寄り付く者もいなかった。あなたは心の強い人で、その上親孝行であるならば、この金をあなたにお渡しするから、親の世話のために使い、我らも弔ってほしい。来たる八月五日が三三周忌に当たる」

そう言って老夫婦は消えた。小間物商人は喜び、井戸の中を探すと金銀が数えきれないほどあった。それをすべて引き上げてその金で屋敷に寺を建て、僧を置き、懇《ねんご》ろに弔うと、光り物は出なくなった。また、それから小間物商人は残った金で両親のいる京に帰り、心のままに両親を養ったという。

磯良

［いそら］

復讐《ふくしゅう》のために現れた死者。安永五年（一七七六）に刊行された上田秋成の読本『雨月物語』に収録される「吉備津の釜」に登場する。

それによれば、吉備国賀夜郡《かやのこおり》庭妹《にわせ》（現・岡山県岡山市）の郷に井沢正太郎という農家の男がいた。正太郎は農業を厭《いと》い、酒に溺れ、色に耽《ふけ》ったため、父母は嘆き、身を固めれば自ずからそのような行動も収まるだろうと結婚相手となる女性を探していると、吉備津の社《やしろ》の神主の娘・磯良を勧められる。磯良は父母によく仕え、歌や琴に秀でた美しい娘であったため、正太郎の父母も喜び、早速良い日を選んで婚儀を行うこととした。

そしてその婚儀の日、吉備津の社では釜で湯を沸かし、牛の吠えるような音があれば吉祥、音がしなければ凶であるという鳴釜の神事を執り行った。しかし釜は虫の鳴くような音さえもしなかった。にもかかわらず、娘の結婚を望んでいた神官の妻はそのまま娘を嫁に出すことを夫に勧め、神官もそれに従って婚姻を取りやめることはしなかった。

それからしばらくは幸福な夫婦生活が続いたが、やがて正太郎は生来の浮気性を発揮し、袖という遊女と親しくなって、近くの里に別宅を作り、家に戻らなくなった。このため、磯良は夫を恨み、義父母とともに正太郎を諫《いさ》めたが、正太郎は聞き流すばかりであった。そのため、正太郎の父は彼を家に閉じ込めた。磯良はこれを悲しみ、さまざまに正太郎を世話したが、正太郎は逆に磯良を利用し、彼女を騙《だま》して金を持ってこさせ、それを持って家を抜け出し、袖とともに京の方へと逃走した。騙されたことを知った磯良はひたすら恨み、嘆いたが、病みついて床に伏してしまう。

一方の正太郎は袖の従弟《いとこ》である彦六という男の計らいで播磨国印南郡荒井（現・兵庫県高砂市荒井町）の里にある彼の家に住み始めたが、ある時、袖が病みつき、次第におかしくなっていった。正太郎の必死の看病も空しく、七日目に袖は命を落とした。

それからしばらくして、正太郎が袖の墓を参ると、隣に新しい墓ができていて、若い娘が花を手向《たむ》け、水をかけていた。正太郎はこの娘と話し、この墓は彼女が仕えていた主人のものであること、家に未亡人となった奥方がいることを聞いた。その奥方が由緒ある家の者で、噂《うわさ》になるほどに美しいと聞いた正太郎は興味を抱き、この娘に家に案内してもらった。そしてその奥方が住むという小さな草葺《くさぶ》きの家に入ると、そこにいたのはあの磯良であった。

「これは珍しいところで会うものですね。辛い目に遭わせた報いを知らしめてあげましょう」

そう告げる磯良の顔色は酷《ひど》く青ざめ、しかし目つきは凄まじく、正太郎は悲鳴を上げて気を失った。

それからしばらくして目を覚ますと、そこは荒野の三昧堂で、黒い仏像のみがあった。何とか家に戻った正太郎が彦六にこのことを話したところ、陰陽師を紹介してもらったため、そのもとに行くと、陰陽師は災いはすでに間近に迫っていると告げた。

陰陽師が言うことには、鬼は七日前に世を去っており、袖を殺したのもこの鬼だが恨みは尽きていない。今日から四二日間、戸を閉めて固く物忌みすれば九死に一生を得ると教えられる。そして陰陽師は正太郎の背から手足に及ぶまで篆書《てんしょ》のような字を書き、さらに朱色で書いた護符をたくさん紙に記して与え、この符を戸ごとに貼って神仏に念じよ、と伝えた。

正太郎はこれを守り、家の窓や門に護符

を貼って家に籠もっていたが、その夜、家の外から恐ろしい声で「ああ憎い、こんなところに護符を貼るとは」という声が聞こえ、正太郎は夜の長さを嘆くこととなった。それを繰り返し、ついに四二日目の夜となり、正太郎がじっと待っていると、ついに夜空が白く明けた。

　この時、彦六は隣の家にいたが、正太郎が喜び、壁越しに彦六を呼ぶため戸を開けようとすると、突然正太郎の悲鳴が響いたので、彦六は慌てて斧《おの》を摑《つか》んで外に出た。すると正太郎の言葉とは違い空はまだ暗く、彼の家は戸が開け放たれており、明かりをつけて中を見ると戸の脇の壁に血が滴っていた。しかし正太郎の体はそこにはなく、夜が明けてから探しても見つからなかった。

　これにより、陰陽師の占いが正しかったこと、そして鳴釜の神事も間違いがなかったことが分かったのだという。

　この磯良の物語は後の幽霊にまつわる作品の多くに影響を与えた。護符を貼って物忌みする、という場面は京の一条戻り橋や羅城門の鬼と渡辺綱の話を彷彿《ほうふつ》とさせるが、後には山東京伝の『復讐奇談安積沼《あさかぬま》』で**小幡小平治**の**冤魂**（古代）が生前の恨みを晴らそうとお塚、左久郎のもとにやって来る場面でほとんどそのまま使われている。

市子村の大蛇 ［いちこむらのだいじゃ］

死後、大蛇となって祟った怨霊。鈴木正三が書き留めた話を弟子たちが取りまとめ、寛文元年（一六六一）に刊行した仮名草子『片仮名本・因果物語』巻上の一〇「罪無くして殺さるる者、怨霊と成る事」にあるもの。

　それによれば、江州蒲生《がもう》郡市子村（現・滋賀県東近江市）に安倍清左衛門という者の祖父がいたが、この男が下人を何の理由もなく成敗して殺してしまった。そのため、この清左衛門の親の代になってこの下人の霊が大蛇の姿となって現れ、子どもたちを取り殺した。清左衛門の親は残った子を連れて屋敷を捨てて逃げ、別の屋敷に住むようになった。しかし霊は今度は隣に住む清左衛門のいとこ、弥左衛門の家に現れ、子を取り殺し、種々の悪事をなした。

　このため、弥左衛門の親は京へ上り、内《だい》裏《り》に訴え、この霊を神として祀《まつ》り上げて宮を建て、祭りを行い、灯明を立てて敬ったが、霊はますます腹を立て、「我に鈴の音を聞かせるために、より恨みが強くなった」と言って人に取り憑《つ》き、さまざまなことをしゃべり、弥左衛門の子どもを多く取り殺した。

　それからある年の正月、大雪が降った際、長さ三間（約五・五メートル）の大蛇が家の中で三ヶ所に現れたため、弥左衛門がこれを打ち殺し、山の雪の中へ捨てたが、また次の日には大蛇が現れた。その三月、弥左衛門の母の背中に三ヶ所腫れ物ができ、膿《う》み、腐敗して死んでしまった。これにより同月一四日に本秀という和尚に弔いを頼んだところ、本秀和尚が翌日家に来てまず宮を壊し、木を伐って卒塔婆《そとば》を立て、地脈を収め、七日間にわたって弔うと、祟りは治まった。

この頃、弥左衛門の家族は物を食うことができず、大豆と豆腐ばかり食っていたが、祟りが治まってからは皆食事を普通に取れるようになった。これは正保三年（一六四六）一二月、休心という人物が語ったことだという。

市三郎［いちさぶろう］

怨霊と化して仇《かたき》を取り殺した死者。会津藩の武士、三坂春編《はるよし》が会津地方（福島県）を中心に話を集めた奇談集『老媼茶話《ろうおうさわ》』巻三「亡魂」にあるもの。それによれば、下《しも》野国《つけのくに》宇都宮上川原町（現・栃木県宇都宮市大通りの辺り）に長嶋市左衛門という者がいたが、その女房は邪悪な人間で、養子としてやって来た市三郎という者を憎み、彼が二四歳になった頃、夫の市左衛門に勧めて市三郎を川殺生（川狩り）に連れて行かせ、川端で市三郎を斬り殺させた。その後、死骸を川に深く沈めて素知らぬ顔をして家に帰り、近所の人々には市三郎は悪所に嵌《はま》って金を使い、駆け落ちしたと言い触らしていた。

しかし市三郎を殺した月の半ば、市左衛門の女房は市三郎の死霊に憑《つ》かれ、自らの悪事を吐露して自らの舌を鋏《はさみ》で切り落とした。そのまま市左衛門の女房は翌月の三日の暮れに狂い死にしてしまったという。

同書ではその後、市左衛門の妻の葬儀の様子が描かれているが、亡骸《なきがら》を宇都宮の寺に移す途中に黒雲が現れ、死骸が入った棺を奪おうとしたことや、何とか寺に辿《たど》り着いて棺を燃やすと、棺の中から青い炎が燃え上がり、死骸を焼いたことが描かれている。この青い炎は業火といい、大悪人を燃やす際に生じるものだと記されている。

一ッさん首［いっさんくび］

女の首が死後空を飛んだもの。天明五年（一七八五）に刊行された作者不詳の草双紙『百鬼夜講化物語』にある。

それによれば、嫉妬深い女の墓から女の首が飛び出し、妬《ねた》ましく、憎い女を食い殺したという。同書には長い髪の女の首が空を飛び、それに驚いた男が尻もちをついている様子の絵も描かれている。

伊藤七十郎［いとうしちじゅうろう］

復讐《ふくしゅう》のため仇《かたき》をことごとく取り殺した怨霊。会津藩の武士、三坂春編《はるよし》が会津地方（福島県）を中心に話を集めた奇談集『老媼茶話《ろうおうさわ》』巻二「伊藤怨霊」にあるもの。それによれば、伊藤七十郎は奥州仙台（現・宮城県仙台市）にいた俊足の武士で、日の短い秋でも江戸から仙台まで八日ほどかかる道を一夜で至ることができるほどであった。また一度に四、五升（約六〜七・五キロ）の米を食い、四、五日何も食べずにいることもできた。

仙台騒動の折、この七十郎も首を斬られることになったが、その際に「武士たる者を縛り、首を斬ること、何の科《とが》によるものか。法外の掟《おきて》によるものであれば、俺は人とは異なり、首を前に落とさず後ろに飛ばそう」と告げた。太刀取りがこれに「無駄なことを言う。人並みに念仏を唱え、死ね」と言うと、七十郎は目を見開いて振り向き、「己のような下郎に言うことはない。さあ斬れ」と告げたため、首を落とすと、本当に首が後ろに飛び、歯噛《はが》みをした。

　その後、七十郎の死骸は埋められもせず野原に捨て置かれたが、犬もカラスもこれを恐れて近づかなかった。また、七十郎の亡霊は自分を殺した者たちをことごとく取り殺した。これは寛文九年（一六六九）のことであったという。

威徳院［いとくいん］

復讐《ふくしゅう》のために現れた悪霊。会津藩の武士、三坂春編《はるよし》が会津地方（福島県）を中心に話を集めた奇談集『老媼茶話《ろうおうさわ》』巻四「山伏悪霊」にあるもの。それによれば、威徳院は越前守・三坂隆景の家臣である吾妻教為と親しく、よく囲碁《いご》を囲んで互いに老後の楽しみとしていた山伏であったが、ある時、教為の子、八郎教為が仲間を率いて辻斬りや強盗を行っていることを知らせた。

　これにより八郎は父親に勘当され、威徳院を逆恨みするようになる。そして威徳院がいつものように教為と囲碁をした後、帰ろうとしていたところを首筋を後ろから捕まえて、馬場に連れていき、松の大木に括《くく》りつけた。そして八郎は威徳院に恨みを述べ、大弓に矢を番《つが》えて威徳院の首を射ろうと構えた。

　これを見た威徳院は歯を食いしばり、目を見開いて「汝《なんじ》は大悪無道の人である。私はお前が悪人だから父親に告げ口したのではない。汝は武勇名誉を持ちながら人道に背き、悪逆をなすのではなく、教戒を受けて志を改め、善人になれば天下の宝となると一筋に汝の身のためを思って教為殿に告げたのだ。汝に少しでも人間の心が残っていれば深く感謝すべきものを。もはや人とは呼べぬ悪人であるくせに、邪《よこしま》に恨みを持ち、恩を仇《あだ》で返し、このように無体の死を与えようとしている。見ておれ、七日のうちにたちまち悪霊となってお前を取り殺すぞ」と告げた。

　八郎はそれを鼻で笑って大弓に矢を番え、威徳院の首を射って撥《は》ね飛ばした。その首は地面を転がりながら何度か躍り上がり、最後は石に食らい付き、目を見開いたまま息絶えた。

　そして残された体の首の穴からひらひらと稲妻のような光り物が生じ、続いて手毬《てまり》ほどの大きさの青い玉が飛び出して一度松の梢に止まった後、空へ消えた。

　八郎は威徳院の死体を地面に埋めて隠し、彼に威徳院のことを告げ口した源七という者と酒を飲みながら威徳院の話をしていると、八郎の盃の中に威徳院の顔が浮かび、思わずそれを投げ捨てた。その直後、風が吹いて灯火が消え、青い玉が部屋の中に飛び込んできた。よく見るとその青い玉が発する光の中にあるのは威徳院の首であり、八郎は怒りのままに拳を振り上げ、その首を叩き落とした。人魂は微塵《みじん》に砕け、粉々になって飛び散り、消えた。

しかし灯火を立てて明かりをつけると、どこからともなく威徳院が白い小袖に柿色の衣、そして青い袈裟《けさ》を纏《まと》い、錫杖《しゃくじょう》と赤い緒の数珠《じゅず》を持った姿で八郎の隣に座っていた。威徳院は目を見開いて歯を食いしばり、八郎を睨《にら》んだため、八郎は「おのれ、我に仇をなさんとして霊鬼が来たか。憎き山伏め」と叫び、脇差を抜いて怒り狂いながら睨みつけた。威徳院の悪霊はこれに対し立ち上がり、錫杖を源七の首に叩きつけると、そのまま源七は血を吐いて倒れ、死んでしまった。

直後、威徳院は数珠も錫杖も投げ捨てて八郎に飛び掛かったが、八郎も負けじと組み合い、その戦いは明け方まで続いた。朝日が昇り、威徳院は立ち去ったため、八郎がぐったりとして水を飲もうと盥《たらい》の方へ向かうと、その底に威徳院の姿があった。八郎は怒りそれを投げ捨て、髪を梳《す》こうと鏡を見ると、やはりそこに威徳院の姿がある。八郎は鏡も投げ捨て、疲れ果てているところへ、朝食が運ばれてきた。

しかし八郎が椀《わん》を持って食べようとすると、威徳院の亡霊が出現して手を伸ばし、椀も箸もかなぐり捨てて食事をさせようとしない。八郎は怒り、脇差を抜いてその首を刎《は》ねようとするが、威徳院はその刀を掻い潜り摑《つか》みかかってきた。八郎はそれに対抗すべく刀を振り回すが、威徳院の姿は他の者には見えず、乱心したと家人にひとつの部屋に閉じ込められ、大勢の者たちが夜もすがら警備にあたった。

しかしこれは始まりに過ぎず、日が暮れるごとに青い玉が飛んできて八郎の部屋に入ってくるようになった。そのたびに八郎は威徳院と一晩中戦ったが、それが何日も続き、八郎の体はやつれ果て、嘆き悲しんだ彼の母がありとあらゆる願掛けや祈禱《きとう》を頼んだが、意味はなかった。そして威徳院を殺してから二一日目、弟に遺言を告げた後、ついに息絶えたという。

猪之介 ［いのすけ］

横恋慕の末に相手を取り殺した男。鈴木正三の門人が編著したと考えられる『平仮名本・因果物語』巻四の一「恋ゆゑ殺されて、其の女につきける事」にあるもの。それによれば、伊勢国かとり（現・三重県桑名市多度町辺り）に浅原七右衛門という浪人がおり、美しい娘がひとりいた。

この七右衛門に仕える猪之介という二四、五歳の男がいたが、猪之介は七右衛門の娘に懸想していた。人がいない時を見計らっては言い寄っていたが、娘が靡《なび》くことはなかった。そのため、猪之介は患いつき、物も食わず、顔色も悪くなって痩せ衰えた。そしてある時、ひとりの下女を呼んで自分があの娘に懸想していること、そのために病となったことを語り、このままでは死んでしまうが、そうなればあの娘が思うように幸せを得ることは難しいだろうと告げた。下女が驚いて娘の母にこのことを教えると、母も肝を潰《つぶ》して七右衛門に告げた。七右衛門は大いに腹を立て、病床の猪之介を引き摺《ず》り出して首を刎《は》ねて殺してしまった。

しかしその夜から七右衛門の娘のもとに猪之介の亡霊が現れるようになった。さまざまに弔いをし、門や窓に牛王の護符を張ったが、猪之介には効かず、なおも娘のもとに昼も夜も猪之介が現れた。猪之介は娘の側について離れず、その姿は娘にしか見えなかった。そのために娘も患いつき、ついに死んでしまったという。

弥子［いやこ］

生きた男のもとに通った死者。浅井了意が中国の怪異小説を日本を舞台にして翻案する形で記し、寛文六年（一六六六）に刊行した仮名草子『伽婢子《とぎぼうこ》』巻三の三「牡丹《ぼたん》灯籠《どうろう》」に登場する。その物語は以下のようなものだ。

毎年七月一五日より二四日までは盂蘭盆《うらぼん》会《え》の棚を飾り、各家でこれを祀《まつ》る。また、さまざまな灯籠を作って、祀った棚、町家の軒に置き、また精霊の塚に送って石塔の前に灯す。その牡丹の飾りもさまざまで、その中にともし火を灯して一晩中掛けておく。

天文一七年（一五四八）のこと。五条京極（現・京都府京都市下京区大坂町辺り）に荻原新之丞という人がいた。妻に死なれ、悲しみからひとり何もせずに過ごしていたが、ある夜、二〇歳ほどの美人が、一四、五歳の女の童に美しい牡丹花の灯籠を持たせ、通り過ぎた。それはまるで天女や竜宮の姫を思わせるような妖美な姿であったため、新之丞は魂が飛び、心が浮かれたような状態になり、女の後ろに付いていった。

それから女の前に出たり、後ろに戻ったりしながら女の注意を引いていると、西に一町（約一〇九メートル）ほど行ったところで、女が後ろを振り返り、微笑んで「私は人と約束して待ちわびているわけではありません。ただ今夜の月に見惚《みと》れて家を出てきたものの、思いがけず夜が更けてしまい、帰りが恐ろしくなってしまいました。送ってくださいませんか」と言った。これには荻原も喜び、自らの家を宿として貸しましょうと冗談を言うと、女も笑ってそれを承知したため、新之丞は女の手を取って家に帰り、酒を出して女の童に酌《しゃく》を取らせて少し飲み、和歌を送り合って女と契りを結んだ。

それから語り合ううちに夜が明けたため、新之丞が女にその住んでいる場所を尋ねると、女は「私は藤原氏の末裔《まつえい》、二階堂政行よりも後裔の者です。その頃は家も栄えましたが、時代は移り、我が家もあるかないかという有様です。父政宣も戦で死に、兄弟も皆死んで家は衰え、私だけがひとり、この女の童とともに万寿寺の近くに住んでいます。名乗るのはお恥ずかしく、また悲しくございます」と言った。それから女は夜ごとに通い来る約束をし、その約束を違《たが》えず二〇日ばかり経った。

その頃、荻原の隣の家に物知りの老人が住んでいたが、毎晩荻原の所から若い女の声がするのを怪しみ、壁の隙間から様子を覗いた。すると、ひとつの白骨が新之丞と灯火の下で向かい合い、座っている。荻原が喋《しゃべ》ると白骨の手足が動き、しゃれこうべが頷《うなず》いて、口と思しきところから声を発している。老人は非常に驚き、夜が明けるのを待って荻原を呼び、彼が幽霊とともにいたことを伝えた。そして女が近くに住んでいると言っていた万寿寺に行くことを勧め、新之丞はそれに従い、その辺りの人にあの女について尋ねたが、知る者はいない。日の暮れてきた頃に万寿寺へ入ってしばらく休みながら、浴室の後ろを北に行ってみると、そこには古びた霊廟《れいびょう》があった。

近寄って見てみると、棺の表に「二階堂左衛門尉政宣が息女弥子吟松院冷月禅定尼」と記されている。傍には古びた伽婢子(這《は》う子の形に作った布製の人形。江戸時代には幼児の祓《はら》いの人形として用いられ、夜の守りとして犬張子を添えて飾った。また嫁入りの際に持参したり、棺の中に入れて埋葬するなどした)があり、後ろに「浅《あさ》茅《じ》」という名が書いてある。そして棺の前には古い牡丹花の灯籠が掛けられていた。

疑うべくもなくこれはあの女だと思うと身の毛もよだつほどに恐ろしく、新之丞は寺から去った。それから隣の老人に助言を求めると、東寺(京都府京都市南区の教王護国寺の異称)の卿公のことを教えられたため、その人物を訪ねた。すると卿公は「あなたは妖魅の気によって精気を奪われ、心や魂を昏惑させられている。一〇日もすれば命はないだろう」と言う。そのため新之丞が今まであったことを伝えると、卿公は護符を書いて新之丞に渡し、新之丞がそれを門に貼り付けると、女が訪れることはなくなった。

それから五〇日ほど後、新之丞が東寺へ行き、卿公に礼拝して酔って帰る途中、女の面影が恋しくなり、万寿寺の門前近くへ立ち寄り、中を見た。するとたちまちあの女が現れ、恨み言を告げ、それから「あなたとこうして再び出会えたのは嬉しいこと。こちらへお入りくださいませ」と、新之丞の手を取り、門の奥へ連れて行ってしまった。新之丞の連れていた男はその様子を見ると、肝を潰《つぶ》して逃げ出してしまった。

その男が家に帰って皆にこのことを告げたため、皆は驚いて万寿寺へ行ったが、新之丞はすでに女の墓に引き込まれ、白骨と重なり合って死んでいた。寺の僧はこれを怪しみ、すぐに墓を鳥部山へ移した。

それからというもの、雨が降り、空が曇る夜になると、女と新之丞が手を組み、女の童に牡丹花の灯籠を持たせて歩く姿が目撃されるようになった。これに行き会った者は重く患うため、近くに住む者は大いに恐れた。また荻原の一族がこれを嘆き、一〇〇〇部の法華経を読んで写経を行い、これを墓に納めて弔ったところ、二人は現れなくなったという。

翻案の元になったのは中国明代に著された小説『剪灯新話《せんとうしんわ》』巻二にある「牡丹燈記」という話。この「牡丹燈記」は日本で大きな人気があったらしく、『奇異雑談集』で訳され、『霊怪艸《あやしぐさ》』でも翻訳されている。そして明治時代（一八六八～一九一二）には落語家の三遊亭圓朝《えんちょう》がこの「牡丹灯籠」やさまざまな話を組み合わせ、人情噺《ばなし》『怪談牡丹灯籠』を生んだ。これについては近代の**お露**を参照。

伊六〔いろく〕

銀子を放さなかった死体。明和四年（一七六七）、高古堂主人によって著され、刊行された『新説百物語』巻之二「死人手の内の銀をはなさざりし事」にあるもの。それによれば、京の東山（現・京都府京都市東山区）のある寺に伊六という下男がいたが、ある時、病を患って知り合いの家で養生していたという。半年ほど経ってある程度回復し、寺に戻って再び働きたいと申し出た。しかし住僧はまだ本復していないようだから、しばらく養生しなさいと言い、残りの給金六〇匁《もんめ》を渡した。伊六はこれを受け取り、礼を言った直後、目を閉じてそのまま息絶えてしまった。僧たちは何とか生き返らせようとしたものの、回復することはなく、仕方がないので伊六が世話になっていた家にこのことを連絡してその夜には寺の墓に伊六を葬った。その際、伊六の亡骸《なきがら》は六〇匁の銀子を握ったままどうしても放さなかったため、この銀子に執心を残したのだろうと考え、そのままにして葬った。

その隣の寺に重助という下男がいたが、この銀子を奪おうと夜に伊六を埋めた墓に行き、死体を掘り返してその手から銀子を取ろうとした。しかし、やはり伊六はいっこうに放さなかった。そのため、重助は小刀でその指を切り、銀子を奪って帰ろうとしたところ、伊六の死体がむくりと起き上がり、目を見開いて重助に食らいついた。

その勢いに重助も肝を潰《つぶ》して気を失い、翌朝、倒れている重助を見つけた住職によって何とか息を吹き返したという。

牛に生まれ変わった酒売り〔うしにうまれかわったさけうり〕

欲をかいたために牛として生まれた者。安政五年（一八五八）、宮負定雄によって記され、刊行された説話集『奇談雑史』巻七の八「牛に生れし人の事」にあるもの。それによれば、昔、尾州（愛知県西部）のある里に酒を売る商人がいたが、その商人が死んで年月が経った後、その息子の夢に現れ、こう言った。

「俺は現世で生きていた頃、小さな升《ます》に酒を入れ、大きな升に入れた値段で売っていた。その報いによって今、牛に生まれ、春日部という場所の庄屋の市助という者の家で使われて日々田を耕し、重荷を背負っている。その苦しみは酷《ひど》いものだ」

息子は大変驚き、その牛を探しに行くと、本当に市助という庄屋に買われていたため、これを買い取った。この牛はいつも人を角で突いていたが、息子を見るとその気配はなく、すぐに懐いた。そのため、息子は牛を家に連れて帰り、死ぬまで養ったという。

ウチャタイマグラー［うちゃたいまぐらー］

沖縄県に伝わる死者の怪。一八世紀初期に編纂《へんさん》されたと考えられる説話集『遺老説伝』の「西原《にしばる》間切《まぎり》嘉手苅村《かでぃかるむら》の御茶多理真五郎、勇力人に過ぎ歌絃及び相撲《すもう》を好《よ》くし、葬後も其《そ》の気散らざるのこと」に記されるもの。

昔、西原間切の嘉手苅村（現・沖縄県中《なか》頭《がみ》郡西原町）という村に歌や三味線、相撲を好む五郎（グラー）という若者がいた。祭りになると村々を回り相撲を取ったが、誰も彼に勝てる者はいなかった。月日が経ち、五郎が死ぬと、彼は村の人々によって御茶多理山（ウチャタイマ）にある御茶多理墓に葬られた。

しかし、五郎の気は散らばることなく、夜な夜な群鬼を集めて相撲を取る声が聞こえたり、歌、三味線の音が響いたりした。それから五郎は御茶多理五郎（ウチャタイマグラー）と呼ばれるようになり、人々はこれを恐れて日が暮れるとあえてその墓地付近を通らなくなった。

また、沖縄には旧暦一二月八日に鬼餅（ムーチー）を食べる「ムーチーの日」という風習があるが、西原町においてはウチャタイマグラーにより祭祀《さいし》の供物が腐敗するようになったため、ムーチーの日を一日早めるようになった、という伝承がある。

腕に食いつくしゃれこうべ［うでにくいつくしゃれこうべ］

人を襲った頭蓋骨。寛文元年（一六六一）に刊行した仮名草子『片仮名本・因果物語』巻中の二六「幽霊と問答する僧の事　付幽霊と組む僧の事」にある。それによれば、下総国（千葉県北部、茨城県南西部および埼玉県東部）にある黄金妙福寺という寺に、教住坊という剛力の僧がいた。ある日の夜明け、御堂に勤めに行くと、恐ろしい大入道がいた。教住坊は大入道に近づいて組みつき、これに勝つと、腕に何かが食いついた。直後、教住坊が目を回して気を失ったため、他の人々が近づいてみると、教住坊の腕にしゃれこうべが食いついていた。そこで住持が数珠《じゅず》を持ってこれを叩き落としたところ、それから一〇〇日ほどしてやっと住教坊は回復した。これは天正（一五七三～九二）の末の頃のことだという。

鵜殿家の奉公の女［うどのけのほうこうのおんな］

最後の挨拶に現れた幽霊。近世後期、旗本の根岸鎮衛《やすもり》が天明（一七八一～八九）から文化（一八〇四～一八）年間にかけての約三〇年間にわたり記した随筆『耳嚢《みみぶくろ》』巻四「女の幽霊主家へ来りし事」にあるもの。それによれば、鵜殿式部という者の屋舗に数年間奉公していて、鵜殿式部も目を掛けていた女がいたが、病気になり、養生のために暇《いとま》を乞うて実家に帰った。すると、しばらくして、鵜殿式部の母のもとへとその女性がやって来た。女は「いろいろと厚き御恩を承り、長々と養生させていただいてありがとうございました」と述べた。鵜殿式部の母も快癒の様子を喜びつつも、顔色がまだ優れないようであったため、きちんと養生が終わったら戻って来なさいと告げたところ、「いえ、もう奉公いたすことができます」と言い、土産として作った団子を差し出した。

　鵜殿式部の母はそれを見て、「そうであれば、養生しながらの務めと考えて、無理はしないように」と言うと、女は礼をして、その場を去った。鵜殿式部の母も程なく勝手方へ赴き、皆に「彼女が病が治ったということで帰ってきました。しかしまだ顔色が優れないようなので、助けてあげなさい」と言うと、家内の者たちが口々にその女性が帰ってきたことを知らないと言う。鵜殿式部の母も驚き、皆で探し回ったが、見つからなかった。

　そこで彼女からもらった団子の入った重箱を確かめてみると、そこにはたしかに残っており、中には白い団子が詰められていた。

　そのため、鵜殿式部が彼女の家に使いを送ったところ、二、三日前に亡くなったとの返事が返ってきたという。

産女（宿直草）［うぶめ］

　子を孕《はら》んだまま死んだ女の亡霊。延宝五年（一六七七）、荻田安静によって編まれた『宿直草《とのいぐさ》』巻三第一二「幽霊、読経に浮かびし事」にあるもの。それによれば、これは安静自身が実際に見聞きした話で、寛永四年（一六二七）のことだったという。その春、安静の故郷の里である下女が子が腹にあるまま死んでしまい、産女となった。安静はこの頃、別の場所で働いていたが、里帰りした際、この話を聞き、母親にもし産女が通ることがあれば教えてほしいと言った。すると夜の八つ頃（午前一時頃）、母親が安静を慌ただしく起こして「例の者が通るよ。泣き声を聞きなさい」と言うため、耳を傾けると、「わああい」という泣き声が聞こえてきた。その音ははじめは高音で、次第に下がっていく声で、哀れさは今も身に染みるほどだったと記されている。

　また、この産女の相手の男は与七という者で、産女は夜な夜な与七のもとに通っていた。与七は夜も寝られず、あまりの腹立たしさに一度産女を寝屋の柱に縄で縛り付けたが、翌朝には血の付いた継ぎ切れが残っているのみだった。別の場所に移動しようにも産女はそちらに付いてくるため、経を読んでもらっても効果はない。しかしある者がふんどしを産女の来るところに置けばその後は来ないと言うぞ、と助言したため、それを実行したところ、産女はふんどしを持って行ったが、その後二度と来なかったと記されている。

馬が嶽の客僧［うまがだけのきゃくそう］

　復讐《ふくしゅう》のために暴れ回った霊。一六世紀末頃に愚軒によって編まれたと考えられる『義残後覚』巻六の七「秀包《ひでかね》霊つかせ給ふ事」にあるもの。それによれば、筑後国（福岡県南部）に馬が嶽という嶽があり、ここにひとりの客僧がいたが、ある時、他領の者と口論になった。しかし筑後守であった小早川秀包は事の詳細も確かめぬまま、僧を刑に処すように命じた。そのため僧は「人を有罪とするのであれば、理非を確かめ、納得した上で罪に沿って処すのであれば自業自得として恨むこともない。しかし理不尽に処すのであれば、その恨みは深い。怨敵となって鬱恨を果たそう」と告げ、死んだ。

それから一四、五日後のこと。秀包が小姓衆を二、三人召し、「私の刀箱を持ってきてくれ」と言うため、彼らがその通りにすると、二尺三寸（約六九センチ）の刀を抜き、目の前にいる小姓に「覚えているか」と告げ、突然刀を振り下ろした。小姓は何とか刀箱の蓋でそれを防ぎ、三人は皆散り散りに逃げ出した。

それから秀包が暴れ始めたため、侍たちが動き、四方八方の戸を閉めて秀包を座敷に閉じ込めたが、秀包はその中から「我をおのれらが殺した罪は何だ。憎きやつらをひとりずつ取り殺し、長きにわたって恨みを晴らしてやろう」と叫んだ。そのため、あの宣言通り処刑された馬が嶽の客僧が秀包に憑《つ》き、恨みを晴らそうとしているのではないかということになった。

しかし秀包を傷つけるわけにはいかないため、どうすべきかと話し合っていたところ、田良摩弥介という侍が次のような作戦を提案した。まず秀包が疲れ果てて眠るのを待ち、その間に弥介が床下に入り、床板を下から外して畳を跳ね除けて部屋に入る。また太刀を使って部屋の中で暴れ始めた時に足を摑《つか》んで引き倒し、足を縛って縁の下の柱に括《くく》りつけ、その間に部屋の外にいる者たちが部屋に入って秀包の太刀や刀を奪う、というものであった。果たしてその作戦は成功し、秀包は捕らえられ、屋敷内の一室に監禁されて、常に誰かが見張りをすることとなった。

その後、「馬が嶽の僧を神として祝い、敬え」などと言うようになったため、その願いを聞き入れていると、納得したのか五〇日ばかりして僧は出てこなくなったという。

瓜生野太夫の召使い

「うりゅうのだゆうのめしつかい」

最期の挨拶に現れた死者。浮世絵師、読本作者の速水春暁斎によって著され、享和元年（一八〇一）に刊行された読本『絵本小夜時雨』巻一「瓜生野太夫」にあるもの。

それによれば、明和（一七六四～七二）の頃のこと。瓜生野太夫という遊女がある富家に引き取られ、高辻という場所に住んでいた。その頃、瓜生野が働いていた郭《くるわ》では、彼女に仕えていた召使いが重く患い、「私は瓜生野太夫に深い恩を受けました。どうにかしてもう一度お会いしたかった。それだけが心残りです」と言い、瓜生野が住んでいる家の方を向いて亡くなった。

その夜、瓜生野がふと目を覚ますと、庭の方から誰かが来る足音が聞こえてきた。

不思議なことと思い、耳をそばだてていると、縁側の戸が開いて、障子の向こうに女の影が映り、礼をするような仕草を見せた。それで瓜生野はあの郭の召使いだと気付き、声を掛けようとしたが、その影はたちまち消えてしまったという。

同書では眠りから覚めた瓜生野太夫と、障子の向こうに映る召使いの女の真っ黒な影が描かれている。

お岩［おいわ］

近世を代表する幽霊。成立年代・著者ともに不詳だが、お岩の幽霊について記したもっとも古い記録と推測される『四谷雑談集』によれば、お岩は田宮又左衛門という人物の娘であったという。このお岩は性格が悪く、なかなか結婚相手が見つからなかった。その上、二一歳の歳に疱瘡《ほうそう》を患って顔は引きつり、片目が潰《つぶ》れて絶えず涙を流し、髪は白髪交じりになり、喉はしわがれ、腰が曲がってしまった。しかし本人はこれをさほど気にしていなかったが、その容姿のため、又左衛門が死んだ後も田宮家に婿入りしようという人間はますますいなくなり、後継ぎが決まらないでいた。そんな時、伊右衛門という浪人が小股くぐりの又市という人物に、お岩は見た目は人よりは少し劣るものの、裁縫も字も上手で、人柄も穏やかだなどと言われて騙《だま》され、田宮家に婿として迎え入れられることとなった。

婚礼の日、お岩の姿を見た伊右衛門は騙されたことに気付いたが、貧しい浪人であった彼はこれも給金をもらえる身分になるため、と半ば諦めて田宮家の婿となった。しかしある時、上司である伊東喜兵衛の妾《めかけ》であるお花に恋をしてしまう。お花もまた美男である伊右衛門のことを憎からず思っていたため、お花が妊娠したことをきっかけに喜兵衛は彼女を嫁にやることを決め、その相手に両想いの伊右衛門を選んだ。

そこで邪魔になったのがお岩である。喜兵衛と伊右衛門は共謀してお岩を騙すことにし、喜兵衛はお岩を呼びつけた。そして、伊右衛門が賭博をしていることが露見すれば罪で罷免《ひめん》され、そうなればお岩も同罪になると心配する振りをして不安を煽り、続けて伊右衛門は家に帰るなりお岩を罵り、殴りつけた。これを腹に据えかねたお岩は伊右衛門の上司であり、自分を心配する喜兵衛を頼ろうと相談しに行ったが、喜兵衛はそこでお岩に伊右衛門と離縁するように勧める。そして自分が新たに良家へと縁付けると言うため、お岩はすっかり騙されて伊右衛門と離縁し、直後に伊右衛門は秋山長右衛門という人物を仲人としてお花と祝言をあげた。

しばらくの間、お岩は自分が騙されたことを知らず、屋敷に奉公に出ていたが、ある時、共通の知り合いである茂助という人物に真実を教えられる。激昂したお岩は「喜兵衛、伊右衛門、長右衛門、ただではおかぬ」と叫んで暴れ回り、止めようとした者たちを投げ飛ばし、蹴り飛ばして最後は江戸の街中を疾走して行方が分からなくなった。

それから一五年が経った頃、伊右衛門とお花は喜兵衛の娘であるお染の他、三人の子宝に恵まれた。しかしある夜、「伊右衛門、長くはないぞ、観念しろ」という言葉がどこからか聞こえたため、伊右衛門は鉄砲を取り出し、狐か何かだろうから脅してやろうと空砲を放ったところ、一番末の娘のお菊がその音に驚いてひきつけを起こしてしまう。そして三歳のお菊はそのまま意識も戻らず死んでしまった。

それから田宮家の運は下り坂となっていったが、お菊の三回忌に新たな事件が発生する。下から二番目の子である鉄之助が「お菊の姿を見た」と騒ぎ、やがてお菊がおんぶしてくれと言うのでおんぶしたところ、ひたすらに重く、逃げ出すと家の中まで付いてきた、と怖がりだした。鉄之助はそのまま何かに取り憑《つ》かれたようになり、熱を出したため祈禱《きとう》をお願いしたが効果もなく、一三歳で死んでしまった。

その次には田宮家の隣家の主であった長右衛門の娘が死に、田宮家の長男であった権八郎も病みついて亡くなった。またかつてお花を妾として雇っていた伊東家でも喜兵衛の後継ぎが次々と処刑や追放によって断絶し、もともと体調を崩していたお花は、心労が祟ってさらに容態を悪化させた。お花は最後に裏切られたお岩に優しくしてあげてほしいと言い残し、四三歳で事切れた。

残されたのは伊右衛門と、喜兵衛とお花の娘であるお染のみとなった。伊右衛門はこれはお岩の祟りであろうと山伏を呼び、お岩の死霊を呼び出した。するとお岩は自分を裏切った伊右衛門と喜兵衛、そしてそれに加担した長右衛門への恨み言を述べ、その家系を根絶やしにすることを宣告する。もしこれ以上の人死にをなくし、恨みを晴らしてほしければ、屋敷に塀を建て、寺を建立して一日中念仏の声を絶やさぬことだと告げて、お岩は消えた。

伊右衛門はお岩の言う通りにしたが、怪異は止まなかった。お染に婿養子の源五右衛門が来ることとなり、少し安堵《あんど》して自宅の修繕を行っていた伊右衛門は、足を滑らせて屋根から落ち、腰を痛めてしまう。その際に耳の一部を傷つけたが、その傷が治らず、膿《う》み出したかと思うとその膿を舐《な》めるためにどこからか鼠《ねずみ》が現れるようになった。

鼠はどんなに対策をしてもいっこうに数を減らさず、最終的に伊右衛門は長持に入り、蓋をぴったりと閉めるようにお染らに言いつけた。源五右衛門とお染はその通りにし、長持を見張っていたが、ある時見知らぬ女が現れ、その長持を眺めていた。

夫婦は誰かが見舞いに来たのだろうと思っていたが、その女が窓へ飛び上がり、障子の穴から出入りし、忽然《こつぜん》と消えたのを見てその正体が人間ではないことに気づき、慌てて長持を開けた。するとそこには意識を失った伊右衛門がおり、治療の甲斐もなくそのまま死んでしまった。

その後、長右衛門の妻は、自分はお岩と仲良くしていたから、きっと恨んでいないはずだと考えていたものの、やはりお岩のことが気になり、その心労が祟って病に倒れ、そのまま死んでしまった。またお染と源五右衛門の夫婦も体調を崩し、医師から新居に移れば良くなるかもしれないと言われて家具や衣類をすべて捨てて新居に移ったが、源五右衛門は快復したものの、お染はそのまま死んでしまった。これもお岩の悪霊の仕業《しわざ》であろう。

その後、源五右衛門は乱心して故郷に帰され、田宮家の屋敷は長右衛門の手に渡った。しかしその長右衛門の子、庄兵衛が勤めの帰りに、身分の低い人々がお岩を見たと噂《うわさ》しているのを耳にし、帰宅してから高熱を発する未知の病を患った。それは長右衛門にも感染し、やがて二人とも死亡した。最後には後継ぎの絶えた喜兵衛が残った。喜兵衛は隠居して土快と改名していたが、すでに彼に仕える者はなく、ある大晦日の夜、ひっそりと自宅で息絶えていた。こうしてお岩の宣告通り、田宮、伊東、秋山の三家は絶えることとなったという。

この『四谷雑談集』を元にして鶴屋南北が作ったのが歌舞伎『東海道四谷怪談』だ。文政八年（一八二五）に初演となったこの歌舞伎では、お岩の顔が崩れたのは疱瘡ではなく伊右衛門に毒を盛られたためになっているなど、『四谷雑談集』とは異なる要素も多く見られる。

あらすじは以下のようなもの。四谷左門の娘にお岩、お袖という美しい姉妹がいた。お岩には浪人の民谷伊右衛門という夫が、お袖にも佐藤与茂七という夫がいたが、四谷左門は伊右衛門の過去の悪行を知って離縁を迫り、伊右衛門は左門を殺す。また、お袖に横恋慕する薬売り直助という者が、与茂七を討とうとして、同じ場所で与茂七（実は別人の奥田庄三郎）を殺してしまう。

その後、お岩とお袖は伊右衛門が父の仇《かたき》と知らぬまま、仇を取ってもらおうとお岩は伊右衛門のもとで暮らし、お袖は夫を殺されたと思い、直助のもとに身を寄せる。

その頃、民谷の隣家に住む高師直《こうのもろなお》の重役・伊藤喜兵衛は、伊右衛門に懸想する孫娘お梅の恋を叶えようと考え、伊右衛門もまたお梅を貰《もら》い受ける約束をする。そこで喜兵衛はお岩に毒薬を贈り、騙《だま》されてそれを飲んだお岩は顔が崩れ、醜い容貌となってしまう。そしてお岩は按摩《あんま》の宅悦に自分が騙されたことを知らされて憤死するが、伊右衛門は下男の小平を殺し、お岩と小平の死骸を戸板の表裏に釘付けにして、小平を間男に仕立て上げて川へ流す。その後、伊右衛門はお梅と祝言するが、その夜、お岩が現れる。伊右衛門は刀でその首を斬り落とすが、転がった首がお梅のものに変わる。慌てた伊右衛門は赤子を抱いている喜兵衛に声をかけるが、その姿は赤子を食い殺している小平のものに変わる。これを見

「於岩のぼうこん」歌川国芳

た伊右衛門はまたもその首を落とすが、その頭が喜兵衛のものに変わる。伊右衛門はお岩と小平により、妻と舅《しゅうと》を一夜にして殺してしまった。

　これにより伊右衛門は逃亡し、自分が死んだと偽装するため、隠亡堀で母のお熊に卒塔婆《そとば》を立ててもらう。そこに喜兵衛の娘でお梅の母であるお弓が現れたため、伊右衛門はこれを川に蹴り落とす。

　それから伊右衛門が釣りをしていると、彼がお岩と小平を打ち付けた戸板が流れ着き、二人が伊右衛門に恨み言を告げる。伊右衛門がまたも死霊かと刀で斬りつけると、死骸は骨となって川に沈む。

　その頃、お袖は権兵衛と改名した直助と名目だけの夫婦になっていたが、そこに宅悦が現れ、お岩の死の真相を語る。それを知ったお袖は父、夫、姉の仇を討ってもらうため、直助に体を許す。しかしそこに死んだはずの夫・与茂七が現れ、結果として不貞を働いたことになるお袖はその身を恥じて直助、与茂七を同時に手引きし、二人の手に掛かって死ぬ。また、そのお袖の最期の言葉から、直助はお袖が実の妹であり、人違いで殺したのが旧主の子庄三郎だったことを知り、自害する。

　その後、お熊の手引きで蛇山の庵室に逃れていた伊右衛門であったが、毎晩のようにお岩の亡霊に悩まされる。さらにお熊や手下の秋山長兵衛もお岩によって殺され、ついに伊右衛門は逃げ出そうとするが、そこに与茂七と小平の妻・お花が現れ、伊右衛門は与茂七によって討ち取られる。

　南北の『東海道四谷怪談』はその物語だけでなく、戸板を返すとお岩が小平に変わる戸板返しの演出や、蛇山庵室の場面で提《ちょう》灯《ちん》の中からお岩が現れる提灯抜け、秋山長兵衛が仏壇から現れたお岩に引き摺《ず》り込まれる仏壇返しなどの優れた演出も評価されている。

　この四谷怪談をモデルにした作品は現在でも作られているが、その際には必ず於岩《おいわ》稲荷に参らなければ祟られる、と伝えられている。学研プラス『幽霊の本』によれば、講談の『四谷怪談』を得意とした講談師の一龍斎貞山（七代目）が昭和三〇年（一九五五）以降、於岩稲荷への参詣を止めたところ、人気が落ち始め、車に撥《は》ねられ、さらに脳溢血で倒れるなどの不幸に見舞われたことや、昭和五一年（一九七六）に舞台『東海道四谷怪談』が上演された際、脚本家や演出家が病に倒れたり、主演の女優が飲食店に入った際、いつもひとつ余分に水を出され、「あれ、さっきの女の人は？」と言われるなどした、といった話が紹介されている。

　現在、東京都には於岩稲荷と呼ばれる神社が三ヶ所あるが、四谷怪談に関わる作品を作ったり、上演する際には三ヶ所すべてに回る人も多いという。

奥州のさる女人［おうしゅうのさるにょにん］

　死後、下女を取り殺した女。鈴木正三が書き留めた話を弟子たちが取りまとめ、寛文元年（一六六一）に刊行した仮名草子『片仮名本・因果物語』巻上の六「妬《ねた》み深き女、死して後の女房を取り殺す事　付下女を取り殺す事」にあるもの。

それによれば、奥州（東北地方）のさる女人が死んだ後、沐浴《もくよく》させて棺に入れておいた時のこと、突然棺の中から手が飛び出した。人々が肝を潰《つぶ》していると、その場にいた下女が「わっ」と悲鳴を上げたため、周囲の人々が見ると、首を引き抜かれて死んでいた。

人々が怪しみ、棺を開いて中を見ると、死人がこの下女の首を抱き、食らいついていた。これは日頃からの妬みによる念力がなしたものなのだという。

同書ではこれは愚道和尚という人物が若い頃に実際に目撃したものだと記されている。

大坂上本町の幽霊
［おおさかうえほんまちのゆうれい］

腹を裂くことを請うた幽霊。享保一七年（一七三二）菅生堂人によって記された怪談集『太平百物語』巻之二第・四話「十作ゆうれいに頼まれし事」にあるもの。それによれば、大坂上本町（現・大阪府大阪市天王寺区上本町）に毎晩幽霊が現れるという噂《うわさ》が立ち、誰も近づかなかったが、ある時、幾兵衛と十作という者がこの場所を通ると、谷町というところで後ろから女が二人を呼ぶ声が聞こえてきた。これが噂の幽霊だろうと二人が振り返ると、誰もいない。しかし一〇間（約一八・二メートル）ほど進むとまた呼び声が聞こえたため、立ち止まり、よく見ると年齢二〇代半ばで顔色が蒼《あお》く、腰より下が見えず、髪が乱れた女がいて、さめざめと泣いていた。幾兵衛は臆病なのでこれを見て悲鳴を上げて倒れたが、十作は剛毅な者であったため、どうして自分たちを呼んだのかと女に尋ねると、女は「私はこの辺りに住んでいた者なのですが、嫉妬のためにある奥方に殺され、怒り恨み晴れず、夜ごとにここに出て、人を待って呼んでいたものの、皆私の姿を恐れ、答えてくれる人はおりませんでした。幸いにもあなたは言葉を交わしてくれ、とても嬉しく思います。願わくば、私に力を貸してくださいませ」と言った。

そこで十作が何をすればよいのか尋ねると、女は「我が腹に子どもが宿っているのですが、子は死せず、胎内がとても苦しいのです。その刃を使い、我が腹を破ってください」と願った。さすがに十作もこれには気味悪く思い、頼みを断ろうとしたが、女は聞き届けねば付きまとい、怨みを言い続けると語るため、仕方なく脇差を抜き、幽霊の傍に近寄って腹を切り裂いた。すると女は「嬉しい。今、我が本望が達せられました」と言って、消えてしまった。

十作は慌てて磯兵衛を起こし、肩を貸して一目散に逃げ去ったが、その後どうなったのかは分からないという。

大坂城の女落人
［おおさかじょうのおんなおちうど］

死後に復讐《ふくしゅう》を果たした女。鈴木正三が書き留めた話を弟子たちが取りまとめ、寛文元年（一六六一）に刊行した仮名草子『片仮名本・因果物語』巻上の七「下女死して、本妻を取り殺す事　付主人の子を取り殺す事」にあるもの。それによれば、江戸にてある侍が、大坂城が落城した時、ひとりの女落人（敗戦により逃亡した敵方の女性）を引き取った。しかしこの侍が仕事で駿河城に行くと、侍の女房は女落人を呼び寄せ、折檻《せっかん》した。

　ある時、この家の一二歳になる娘が死んだ。占いをさせると、あの女落人の祟りであると出たため、他の子どもたちを保護しつつ、この女落人に対して皆が折檻を行った。女は耐え兼ね、ついに自ら深い井戸に身を投げて死んだ。

　家の者たちが驚いてその死体を引き上げると、一尺四、五寸（約四二〜四五センチ）の尾が切れた蛇が現れ、これを殺すとさらに同じような蛇が八匹出てきた。この蛇たちは殺しても殺しても現れ続け、やがて縁に上がってしきりに頭をもたげ、家の女房の方を見つめ続けていた。真言宗の僧侶が道切り（悪いものの侵入を防ぐまじない）をすると、蛇は現れなくなったが、この家の子どもたちは数多く取り殺された。これは寛永一五年（一六三八）のことであったという。

大鳥一平［おおとりいっぺい］

復讐《ふくしゅう》のために現れた悪霊。会津藩の武士、三坂春編《はるよし》が会津地方（福島県）を中心に話を集めた奇談集『老媼茶話《ろうおうさわ》』巻六「大鳥一平」にあるもの。それによれば、最上（山形県北部）に大鳥一平という無法者がおり、一平は手下を引き連れてさまざまな悪事をなしていた。ある時、浄土寺の松原で藤山源八という武士を斬り殺し、その顔の皮を剝《は》いだ。これにより詮議がなされ、大鳥とその手下の者は見つけ次第殺すか、生け捕りにせよと宣言される。

　そんな中、一平は鳥井忠政に仕えていた木田小兵衛盛秀という鉄砲の達人と遭遇し、銃弾で胸を貫かれる。しかし一平はそれでも倒れず、太刀を抜いて盛秀に斬りかかった。これに対し盛秀も刀を抜いて迎えうち、刀で斬り結んだ末、一平は鉄砲の傷によりうつ伏せに倒れたところを首を斬られて死亡した。しかしその後、一平は悪霊となり、盛秀とその子孫を祟ったという。

　近世に大鳥逸平という江戸幕府に捕らえられ、処刑された伝説的な無法者がいたという記録があるが、この人物がモデルになった者だろうか。

大山半之丞の妻と子［おおやまはんのじょうのつまとこ］

死体を埋めた塚から現れる死者。延宝五年（一六七七）に刊行された怪談集『諸国百物語』巻之一第八話「後妻うちの事　付タリ法花經の功力」にあるもの。それによれば、武蔵国秩父（現・埼玉県秩父市）に大山半之丞という男がいたが、ある時、外出の途中に諸国行脚の僧と出会った際、その僧に「あなたは女の物のけが憑《つ》いていて、祟られています。命が終わるのも近いかと思われます」と指摘される。それを聞いた半之丞は僧をもてなし、自分の身に起きていることとして、ここ最近、産褥《さんじょく》で死んだ妻が夢とも現《うつつ》ともなく夜な夜な枕元に来て驚かせると伝え、どうすればこの障《さわ》りを祓《はら》えるかと尋ねた。

これに対し、僧は半之丞を裸にし、体に法華経を書いてその妻の亡骸《なきがら》を埋めた塚に案内させた。そして半之丞に、恐ろしいことが起こるが、息も荒げてはならないと教え、帰って行った。

その塚は人里離れた山中にあったが、夜になると叢雨《むらさめ》が降り、時刻が五更（午前三時から五時の間）になると死んだ妻が塚の少し割れた隙間から二歳ばかりの子を連れて現れた。苦しげに息を吐き、妻は半之丞の上に腰かけたが、半之丞には気づいていないようだった。しかし子どもはあちらこちらを這《は》い回り「ここに父の足がある」と言った。それは半之丞の着ている粗薦《あらこも》がこすれ、僧が書いた法華経がかすれた半之丞の足だった。

しかし妻はこれを見て「これは足ではないよ。経木よ」と言ってそれを恐れた様子で立ち去った。その妻の左手には灯があり、右の手には子を抱いていたが、妻はそのまま半之丞の家の方へ向かって行った。そしてしばらくすると、半之丞の後妻の首を引っ提げて帰ってきて、また半之丞の上に座った。

妻は子に対し「さて、お前の父を取り殺そうと思っていたけれど、どこかへ逃げてしまったようね。今はこれまでにしましょう。長年の本望を遂げたのよ。私は生きている頃からこの女に痛めつけられていたから、死んだ後も恨みの炎は耐えがたいほどだったけれど、今こうして命を取ったことが嬉しいの」と告げた。そして親子は塚の中に帰り、夜が明けたという。

話はここで終わっており、半之丞がそれから塚から現れる妻に悩まされなくなったのかは不明である。体に経文を書くと死者から見えなくなるという話は近世に多く見られるが、近代の「耳無し芳一」がもっとも有名だろう。

お菊［おきく］

近世の怪談に登場する幽霊。「皿屋敷」と呼ばれる怪談で語られ、日本各地に伝承があるが、有名なものは江戸の「番町皿屋敷」と播磨（兵庫県）の「播州皿屋敷」であろう。これについては播州の方が成立が早いと考えられており、天正五年（一五七七）に永《なが》良《ら》竹叟《ちくそう》によって著された奇談集『竹叟夜話』に原型と考えられる話が載せられている（中世の**花野**を参照）。また、寛保元年（一七四一）には浄瑠璃『播州皿屋敷』が上演されている。

その舞台となるのは室町時代の姫路城（兵庫県姫路市）で、細川家の家老、青山鉄山は城主の細川巴《とも》之《の》介《すけ》政本から城を乗っ取ろうと企むが、その企みの委細を細川家の忠臣である舟瀬三平の妻・お菊に聞かれてしまう。鉄山はお菊を抹殺するため、彼女が管理する唐絵の皿のうち、一枚を隠し、その紛失の咎《とが》をお菊に着せ、責め立てる。お菊はもう一度皿を数えさせてほしいと懇願するが、鉄山はそれを無視してお菊を斬り殺し、井戸に投げ込む。

こうしてお菊は無念の死を遂げるが、直後に幽霊と化して現れ、鉄山の前で「ひとつ、ふたつ……」と皿を数え始める。鉄山はこれを斬り払うが、幽霊の姿は消えても皿を数える声は消えず、「九つ、はあ悲しや……」という声が響く。

その後もお菊は巴之介や三平を助けるために出現し、最後は三平とともに鉄山から盗まれた皿を取り返し、「はあ嬉しや」と言って成仏する。

この『播州皿屋敷』の後、宝暦八年（一七五八）に馬場文耕が『皿屋敷弁疑録』を記す。これは江戸を舞台にした皿屋敷の基本となり、いわゆる「番町皿屋敷」はこれを下敷きにしている。

こちらの舞台は江戸時代の江戸五番町（現・東京都千代田区五番町）で、「吉田の更屋敷」と呼ばれる場所となる。この場所にはかつて徳川家光の姉・天樹院が吉田御殿と呼ばれる家を建て、住んでいたが、天樹院が愛人としていた若侍が女中と良い関係になったことに激高し、若侍を殺害。井戸に投げ込んだ。以降、天樹院は自分の心に背く者を殺してはこの井戸に投げ込むようになり、例の女中も殺され、投げ込まれた。天樹院が亡くなると屋敷は壊され、死体を投げ込まれた井戸だけが残った。

小雨が降る夜などはこの井戸から青い火が燃え上がるなどしたため、この更地に住もうという人は現れなかった。しかし井戸が埋められるとそのような怪異もなくなり、やがて人々はそのことを忘れていった。

そして青山主膳という者がこの辺りの土地を与えられ、引っ越してきた。主膳は屋敷を建て、井戸を掘ったが、どうした因果かその場所はかつて天樹院が死体を投げ込んだ井戸があったのと同じ場所だったという。

主膳は幕府から火付盗賊改に任命されるが、不道徳な男で、冤罪《えんざい》の人間であろうと牢《ろう》に入れ、拷問《ごうもん》してそれを見ながら酒を飲むような人間だった。ある時、盗賊の向崎甚内という男が捕まり、死罪となったが、彼にはお菊という一六歳の娘がいた。美しい娘であったが、父の他に親類がおらず、青山家の奴隷として働かされることになった。しかし主膳の妻がお菊の容貌を見て主膳の心を奪われるのではないかと憎み、酷《ひど》く折檻《せっかん》したため、お菊は心休まることがなかった。そんな生活の中、正月にお菊は主膳が大切にしていた南京焼の膾皿《なますざら》一〇枚揃《ぞろ》いのうち、一枚を割ってしまった。当然のように主膳の妻からは酷く折檻され、さら

「百物語　さらやしき」葛飾北斎

に皿が割れたことを知った主膳は、割れた皿一枚の代わりにお菊の右手の中指を切り落とした。

お菊はこれを大いに恨み、一指を切られたのだから、一子に報いてやろうと妊娠五ヶ月の主膳の子に呪いの言葉を吐いたが、それが主膳に報告され、お菊は薄暗い小部屋に監禁され、食事も与えられずに放置された。そして主膳は正月一五日までは手討ちが禁止されているから、それが過ぎたらお菊を殺すと宣言する。

そして一五日、明日になれば殺されると考えたお菊は、せめてこれ以上苦しまず、五体に傷をつけないで死にたいと夜中に監禁部屋を抜け出し、井戸に身を投げた。しかしその恨みはこの家に残り続けたのだろう。その年の五月に生まれた主膳の子には右手の中指がなかった。そして、お菊の亡魂による皿数えが始まった。

以降、深夜になると古井戸から光が立ち昇り、井戸の底から「ひとつ、ふたつ……」と声が聞こえ、「九つ」まで数えると「悲しやのう」と嘆き悲しむ声が夜明けまで聞こえるようになった。これに怯えた青山家の家臣たちが次々と屋敷を去り、ついに青山夫婦と子どもだけが残された。そして主膳の噂《うわさ》は幕府にも届き、素行不良のために家来を雇うこともできず、幕府の仕事もできないことから幕臣としての資格を奪われ、領地を没収され、親類のもとで軟禁されることになった。

しかし、その屋敷跡に住む者はおらず、時が過ぎた。そんなある時、三日月上人と呼ばれる小石川伝通院（東京都文京区）の僧侶・了誉が幕府に召されて井戸の亡霊を鎮めるように命じられる。了誉はさっそく屋敷跡に赴き、井戸の前で経を上げると、井戸の中から光が立ち昇り、皿を数える声が聞こえてきた。そして九つまで数えると「悲しや、足らぬ」と泣き叫ぶため、了誉は幽霊が九つまで数えたところで「一〇」と付け加えた。それを聞いた幽霊は「あら嬉しや」と言い、消えた。これによってお菊の幽霊は成仏したのだという。

以降、皿屋敷の物語は歌舞伎や浄瑠璃など、さまざまな作品の題材となった。**小幡小平次**が登場することでも知られる鶴屋南北の『彩入御伽艸《いろえいりおとぎぞうし》』、明治に作られ、現在でも評価が高い『新皿屋敷月雨暈《つきのあまがさ》』、岡本綺堂によって作られ、青山播磨とお菊が恋愛関係にあるという設定で語られる『番町皿屋敷』など、さまざまだ。近年では綺堂の『番町皿屋敷』を下敷きにしてさまざまな皿屋敷の伝説を組み入れた京極夏彦による小説『数えずの井戸』も記されている。

幼子に心を残した先妻
［おさなごにこころをのこしたせんさい］

子を見守りに現れた幽霊。近世後期、旗本の根岸鎮衛《やすもり》が天明（一七八一〜八九）から文化（一八〇四〜一八）年間にかけての約三〇年間にわたり記した随筆『耳嚢《みみぶくろ》』巻七「婦人強勇の事」にあるもの。

それによれば、仙台侯の医師に工藤平助という者がおり、根岸がこの平助に直接聞いた話だという。この平助は若い頃から好んで三味線を弾いていたが、ある武家の娘の願いで彼女に三味線を教えていた。この娘も年頃になってある旗本に縁付いたが、この旗本にはすでに先妻の間に生まれた二歳になる女の子がいた。

ある時、武家の娘が継子《ままこ》を片脇に寄せて縫物をしていると、歳の頃二〇歳ばかりの女が継子の横に忽然《こつぜん》と現れた。武家の娘は驚いたが、勇気たくましい婦人であったため、この女に向かって「どこからお越しになったのですか」と尋ねた。しかしいっこうに答えがないため、「どういうわけで来られたのですか」と再度聞くと、また答えがないため、どうしようもなく、女の様子を見ていると、程なくどこへ行ったのか消えてしまった。

そのことを家の老女に話すと、老女は「それは亡くなった先の奥方でしょう」と語った。そのため、武家の娘が「私に恨みがあろうとも思えません。生まれた娘に心を残しているのでしょう。私がこの家に嫁いできたからには、あの子は私が生んだことも同然ですから、どうして疎かにしましょうか。自分が生む子よりも大事にしようと思っているのに、心に迷いを残すいたわしさです」と言った。

その夜、武家の娘が便所に行くと、また先妻の女が窓から顔を出していた。普通の婦人であれば悲鳴を上げて気絶しそうなところ、武家の娘は彼女に向かい、静かに「あなたは先の奥方でありましょう。年若き男が最愛の妻と別れて、また別の妻を迎えるのはよくあること。私に恨みがあるわけではないのでしょう。あの幼子に心を残しているものと思います。私がここに嫁いで来たからには、すなわち我が子同然です。あなたに勝って慈しみ、育てますから、安《あん》堵《ど》し、迷いなさらないでください」と告げた。すると先妻は姿を消し、その後は出てくることもなかったという。

おちやあ

死体が動き出したもの。寛文三年（一六六三）刊の仮名草子『曽呂利《そろり》物語』巻四の五「常々の悪行を死して現はす事」にある。それによれば、関東の宇都宮（現・栃木県宇都宮市）に幼名を「おちやあ」という女がいた。この女は「おかみさま」などと呼ばれることを年寄りになった心地がすると言って、自分のことをずっと幼名で呼ばせていた。おちやあは万事に情がなく、残忍で、召使いの者を打ち叩き、少しの事で折《せっ》檻《かん》し、慈悲の心などひとつも持っていなかった。

このおちやあが死んだ後、近くの寺に遺体が送られたが、仏前に置かれていた棺が突然震え出し、死人がその中から立ち上がった。白昼のことであったため、人々が驚いていると、見ている間にその姿が変わり、目は月や日のように輝き、髪は上に向かって伸び、歯《は》咬《が》みをしながら立ち尽くすその姿は、目を向けられないほど恐ろしいものだった。しかし寺の長老がそこに出向き、引導を渡して弔うと、元の死骸に戻ったという。

お露［おつゆ］

落語に語られる幽霊。三遊亭圓朝《えんちょう》作の人情噺《ばなし》『怪談牡丹灯籠《ぼたんどうろう》』に登場するもの。この作品は文久・元治年間（一八六一〜六五）に成立し、明治一七年（一八八四）に筆録が出版された。本項目ではお露以外に『怪談牡丹灯籠』に登場する幽霊であるお米、おみねについても記す。

あらすじは以下のようなもの。寛保三年（一七四三）四月一一日、牛込軽子坂（現・東京都新宿区神楽坂の辺り）の旗本である飯島平左衛門の子・平太郎が本郷（現・文京区本郷）の藤村屋新兵衛という刀屋で刀を物色していると、酒に酔った浪人・黒川孝蔵が平太郎の家来に絡んでくる。平太郎ははじめ、この酔っ払いを宥《なだ》めようと丁寧に対応していたが、浪人が顔にたんを吐きかけたため、激高して無礼討ちにする。

その一八年後、平太郎は家督を相続して名も平左衛門と改めていたが、水道橋（現・千代田区三崎町の辺り）の三宅という旗本から妻を迎え、お露という一女をもうける。その後、お露が一六歳になった時に妻が亡くなり、平左衛門は女中のお国を妾《めかけ》とする。しかしお国と折り合いの悪いお露は柳島（現・墨田区業平《なりひら》、江東区亀戸）の寮に移り、女中のお米と暮らし始める。

また、飯島家の出入りの医者に山本志丈という者があったが、志丈は根津（現・文京区根津）清水谷の萩原新三郎という浪人をお露に紹介する。そこで二人はすぐに惹かれ合う。

一方、飯島家の郎党である孝助が平左衛門に、四歳の時、母親が自分を置いて父親と離縁したこと、父親は一八年前に本郷で斬り殺されたため、仇《かたき》を討とうと考えていることを語る。それで孝助の父親が自分が斬り殺した黒川孝蔵だと気付いた平左衛門は、時機を見て彼に討たれようと決意する。

しばらく経った頃、新三郎はお露のことが忘れられずにいたが、ひとりで逢いに行く勇気もなかった。その一方、お露もまた新三郎に思い焦がれ、そのために体を壊して死んでしまう。また、彼女の看病をしていたお米も看病疲れで亡くなった。それを機にお国は密かに情を交わしていた隣家の次男・宮野辺源次郎とともに平左衛門を亡き者にして、源次郎を養子として飯島家に入れる算段を立てる。それを立ち聞きしていた孝助は主人のためにこの二人を討つことを決意する。

六月、志丈が新三郎のもとを訪れ、お露とお米が亡くなったことを告げる。しかし盆の一三日、からころと下駄の音がして、牡丹の飾りのついた灯籠を持ったお米に連れられてお露が新三郎のもとにやって来る。二人は志丈から新三郎が亡くなったと聞かされていたと言い、またお露が縁談を断ったため、柳島の寮を出され、谷中（現・台東区谷中）の三崎村で暮らしていると話した。

その夜、二人は新三郎の家に泊まり、夜が明ける前に帰ったが、以降七日間、雨の夜も風の夜も二人は毎晩新三郎のもとを訪れた。出入りの伴蔵という者がこれを見ていたが、彼の目に映ったのは皮と骨ばかりで、髪が顔に下がり、裾がなく、腰から上だけの女が、新三郎の首にかじりついている姿だった。伴蔵は慌てて同じ長屋に住む易者の白翁堂勇斎にこれを知らせ、勇斎が新三郎を見ると、たしかに死相が現れている。勇斎が、新三郎のもとを訪れているのは幽霊だと指摘したため、新三郎は三崎村に行くが、お露の家はなく、帰りに新幡随院を通ると、そこに新しい墓があり、見覚えのある牡丹の花の灯籠があった。そこで寺の者に尋ねると、飯島の娘の墓だという。

驚いて家に戻った新三郎は、勇斎から新幡随院の良石和尚を紹介され、そこで借りてきた金無垢の海音如来の仏像を肌身につけ、家のすべての出入り口や窓に護符を貼る。その夜、下駄の音とともにお露がやって来たが、家に入ることができずに帰って行った。

しかし伴蔵はお露とお米の幽霊から、新三郎の海音如来を奪い、お札を剥《は》がすように頼まれる。伴蔵がそれを了承すると、お露は「また今晩も萩原様にお目に掛からないで帰るのかえ」と泣きながら、米に手を引かれて帰って行く。

部屋に戻った伴蔵は妻のおみねに問い詰められ、事情を話した。するとおみねは、一〇〇両を持ってくるように幽霊に要求しろと言う。伴蔵がその通りにすると、幽霊たちは飯島家から一〇〇両の金を盗み出す。またお国はこれを孝助のせいにしようと画策するが、平左衛門が孝助を庇《かば》う。

伴蔵は幽霊との約束通り、新三郎に行水させてその隙に海音如来を偽物とすり替えた。また、夜に幽霊たちが来て一〇〇両を渡されると、新三郎の部屋の札を剥がしてしまう。その後、伴蔵が長屋の裏に回り、新三郎の部屋をうかがうと、話し声が聞こえたものの、やがて静かになった。翌朝伴蔵とおみねが新三郎の家に入ると、そこには虚空を摑《つか》み、歯を食いしばり、土気色の顔になった新三郎の死体があった。そしてその脇には髑髏《どくろ》があり、首にはお露の腕と思われる白骨が絡み、周囲にも骨が散らばっていた。二人は慌てて勇斎のもとに行ってこのことを話し、勇斎も現場を見て絶句した。勇斎が新幡随院に行って良石和尚にこのことを話すと、良石和尚はすでにこのことが分かっていたようで、新三郎の墓とお露の墓を並んで建ててやるようにと助言する。そして伴蔵は自分の悪事を隠すため、牡丹の灯籠を持った二人の女の幽霊が夜ごとに現れ、それを見た者は三日以内に死ぬ、という噂《うわさ》を広めた。そのため、周囲の者はみな引っ越してしまった。伴蔵夫婦も疑わ

『新形三十六怪撰』「保多舞とうろう」月岡芳年

れることなく伴蔵の生地である栗橋宿（現・埼玉県久喜市）へと移る。

ここでお露の幽霊譚《たん》は終わるが、物語はさらに続き、別の幽霊も登場するため、続けよう。

一方の孝助は、源次郎が平左衛門と明朝に釣りに行くこと、そのために飯島家に泊まることを知る。この機会に討とうと孝助は槍《やり》で突くが、それはわざと討たれるために現れた平左衛門だった。平左衛門は孝助の結婚相手である相川家あての書状を孝助に渡す。そして最後の力を振り絞り、平左衛門は源次郎の足を槍で突き刺す。

その後、伴蔵夫婦は栗橋宿で荒物屋を営んでいたが、平左衛門に負わされた怪我のせいで歩けない源次郎と、そのために酌婦《しゃくふ》となって働いているお国に再会する。伴蔵がお国に近づくと、嫉妬したおみねと夫婦喧嘩が起こり、おみねが伴蔵の行ったことを人々に訴えると脅す。これにより伴蔵はおみねと仲直りをするふりをして外に連れ出し、土手でおみねの貝殻骨（肩甲骨）から胸にかけて刀で貫き殺すが、その死骸の指が伴蔵の裾を摑《つか》んだまま放さないため、脇差で一本一本切り落とす。そのまま伴蔵は家に帰り、おみねは追い剝ぎに殺されたと嘘《うそ》をついて葬式を出す。しかしその七日後、女中のおますという者におみねが取り憑《つ》き、伴蔵が行ったことをすべて喋《しゃべ》り出した。人々はうわごとだと思っていたが、治療に呼ばれたのが飯島家の出入りの医者・山本志丈であったため、何が起きたかを察した彼は伴蔵を問い詰める。伴蔵は自分の悪行を告白するが、志丈を斬り殺して逃走する。

その頃、孝助が平左衛門の一周忌のために江戸に戻って来ていたが、そこに逃亡中の伴蔵が現れ、斬りかかる。しかし孝助は逆に伴蔵を捕らえ、役人に引き渡す。その後、孝助は神田（現・東京都千代田区神田地区）で生母のおりえと再会。さらにおりえの再婚先の家の先妻の娘がお国と判明する。おりえは婚家への義理で、お国と源次郎を孝助から逃がして自害する。孝助は二人の後を追って討ち果たし、めでたく本懐を遂げ、妻との間に生まれた子・孝太郎をもって飯島家を再興する。そして主人の娘のお露、また新三郎のため、新幡随院に濡《ぬ》れ仏を建立したという。

実は明治の筆録では、志丈が伴蔵を問い詰める場面で、伴蔵が新三郎を殺したのは自分であり、幽霊のせいに仕立て上げたのだ、と白状する場面がある。かなり不自然な場面であるが、石井明著『円朝　牡丹燈籠』によれば、この場面はこの人情噺が作られた江戸の頃にはなかったと考えられるという。明治に入り、文明開化を経て幽霊は実在せず、それを見るのは見た人間の神経病によるものだ、という考え方が広まった（近代の**神経病の幽霊**も参照）ことが影響しているのではないか、と考察している。

なお、この『怪談牡丹灯籠』には元になる話があり、大本は中国明代の怪奇小説集『剪灯新話《せんとうしんわ》』に収録された小説「牡丹燈記」で、寛文六年（一六六六）には浅井了意が仮名草子『伽婢子《とぎぼうこ》』巻三の三「牡丹灯籠」

で日本を舞台にした翻案を行っている。こちらに登場する幽霊は弥子《いやこ》で、生前の姿は登場せず、最初から幽霊として現れる。幽霊の相手は荻原新之丞という男であり、これは『怪談牡丹灯籠』に一部受け継がれている。また貞享四年（一六八七）刊行の『奇異雑談集』には『剪灯新話』が翻訳され、紹介されている。

近代に戻ると、『怪談牡丹灯籠』を元にした歌舞伎『怪異談牡丹灯籠』が明治二五年（一八九二）に初演された。また昭和四三年（一九六八）には映画『牡丹燈籠』（山本薩《さつ》夫《お》監督）も公開されている。

現在もお露は下駄の音を響かせることから、足がある幽霊の例として紹介されることが多い。ただしお露も伴蔵視点で見る場面では足がないことはあまり知られていない。

鬼に追われる亡霊［おにover］

死後、鬼に追われた亡霊。曹洞宗の僧であった壹陽猷山《いちようゆうざん》によって著され、享保一一年（一七二六）に刊行された仏教説話集『諸仏感応見好書』下巻「亡霊鬼に逐はるる」にあるもの。

ある僧が亡くなった僕《しもべ》を埋葬した際のこと。にわかに空が闇に覆われ、小雨が降り出し、風が吹きすさんだ。僧は恐ろしくなって逃げ帰ったが、何者かが窓を叩く音がする。そこで誰かと問うてみると、「私は先ほど埋葬された僕の亡霊です。あなたの読経が意味をなさなかったため、赤鬼に追われているのです。助けてください」という声がした。僧は恐ろしさで頭から衣を被り、じっとしているしかなかった。

すると震動が起こり、鬼が二体現れて屋内に入ってきた。そして亡霊を追いかけて縦横無尽に走り回り、亡霊を追い詰めたため、亡霊が泣き出した。その直後、万安という和尚が重々しい態度で寺に入ってきた。すると震動は治まり、鬼たちの姿も消えた。そのまま万安が火葬を執り行うと、風や雨も止んだ。

万安は恐怖で何もできなかった僧の方へ行くと、「お前は姿かたちは僧であったが、心に徳がなかった。それゆえにこのような目に遭うのだ」と叱責したという。

鬼味噌［おにみそ］

死者の霊を食ったという話。民間で語られていた笑い話を集めた江戸時代初期の『醒睡笑』巻一「謂《い》へば謂はるる物の由来」にあるもの。

この話は世間一般に言われる「鬼味噌」とは何か、という問いかけから始まり、鬼殿の由来を語る。それによれば、ひとりの僧侶がある山寺で老年を過ごしていたが、彼が亡くなった後、この寺で看坊を置くと一夜にして跡形もなく消えてしまうということが続き、恐れてこの寺に住もうという者がいなくなった。

ある時、行脚の比丘《びく》がこのことを聞き、自らこの山寺に赴くことにした。そして寺で座していると、三更（午前〇時頃）を過ぎた頃に僧がひとり現れた。「あなたは何者です」と聞くと、「我はこの寺の先住である」と言う。そこで「汝《なんじ》はこの世を去ってしばらく経つと聞いています。どうして再びやって来たのでしょう」と問うと、「我は汝を哀れみ、一鉢の飯を与えるために来たのだ」と言う。そのため、比丘が「不思議なことを言います。亡魂がそのようなことをするとは聞いたことがありません」と言うと、霊は答えて「我は鬼にもなり、畜生ないし食物にもなることができる。神通無《む》碍《げ》自在である」と言った。

そこで比丘は「ならば湯漬けを出して焼き味噌を添えて振る舞ってください」と言うと、霊は「たやすいこと」と焼き味噌に変じたが、比丘はこれを口に入れてひと舐《な》めにしてしまった。その後はこの寺で何の祟りもなかったため、比丘は寺に住み続けたという。また、これを由来として、世評ばかり高く、さして手柄も実力もない者を鬼味噌と呼ぶようになったという。

唐辛子を入れた焼き味噌や塩気が多い焼き味噌を鬼味噌という。また見掛け倒しで実はからきし弱い者を指す言葉としても使われる。これはどちらの由来も説明する話となっている。

お二人様の幽霊［おふたりさまのゆうれい］

ひとりで来たはずの飲食店で、二人分の水を出される、もしくは「お連れ様は？」と店員に問われるなどの形で、自分には見えない死者の存在が発覚する類の怪談。現代の**心霊スポット**や墓場などに行った帰りにこの現象に遭遇する話が多いが、すでに死亡している親族や友人など、体験者に近しい関係にある人間が正体とされたり、殺された人が犯人につきまとっているという場合もある。

小松和彦編『怪異・妖怪文化の伝統と創造：ウチとソトの視点から』に収録される堤邦彦著「『幽霊』の古層——江戸の庶民文化にはじまるもの」によれば、この話は中国明代の勧善書『迪吉録《てっきつろく》』まで遡《さかのぼ》るのだという。この話は、唐の王勤政という人物が隣家の妻と密通し、駆け落ちを約束するが、女が夫を殺したことに驚き逃亡する。その後、旅先の宿で二人分の膳が出る。王の背に殺された夫の亡霊が寄り添って見えたからだ。王勤政はおのれの罪深さに恐れおののき、故郷に帰って刑死する、という内容だとされ、日本では万治二年（一六五九）刊行の浅井了意著『堪忍記』で翻訳され、元禄九年（一六九六）刊行の井原西鶴著『万《よろず》の文反古《ふみほうぐ》』巻五ノ二「二膳据る旅の面影」に取り込まれていると指摘している。

女の一念の悪鬼［おんなのいちねんのあっき］

自分を捨てた夫に霊となって復讐《ふくしゅう》した女。作者不詳、元禄年間（一六八八〜一七〇四）に刊行された仮名草子『善悪報《むくい》ばなし』巻五の八「女の一念、来て夫の身を引きそひて取りてかへる事」にあるもの。それによれば、丹州の田辺（現・京都府舞鶴市の一部）にある商人がおり、毎年越前の福井（現・福井県福井市）に下り、半年ばかり滞在していた。ある時、この田辺にいる妻を捨て、福井に定住するようになり、また友人の紹介で新たな妻まで迎えた。

田辺に残された妻は夫が久しく帰って来ず、便りもないため、心配していたところ、ある人が夫の現況を伝えたため、起きる時、寝ている時いずれも怒りと恨みの炎を焦がし、一念の悪鬼となって福井へ向かい、夜な夜な夫を責め立てた。この霊が来ると家鳴りが起こり、妻の霊がどこからか現れて夫の前に跪《ひざまず》き、血の涙を流し、ひたすら恨み言を言い、吐く息はまさに炎であった。

夫はどうしようもないため、巫女《みこ》や山伏を呼んで祈禱《きとう》させたが、その効果はなかった。そこである知識人が言うには、「そのような霊が来るならば、経帷子《きょうかたびら》を着て伏していれば、何も起きないであろう」ということで、実際に帷子に経文を書き入れてくれた。それから日が暮れた頃、夫が経帷子を被って伏していると、霊は来たものの、この帷子を恐れて近づけず、遠くに控え、ただ恨めしげに夫を眺め、ただはらはらと泣いて帰って行った。

夫は喜んだが、ある時、油断して体の上に経帷子を軽くひっかけただけで寝てしまった。するとまた霊が来て、「ああ憎い」という声が聞こえ、はっと起き上がって見ると、辺りに血が流れていた。「これはどういうことだ」と自分の体を見ると、霊は左ももを引っ掻いていったようだった。それからしばらくは何もなかったが、次第に痛みが生じ、ほどなくして夫は死んでしまった。

憎いと思う一念で夫のもとまでやって来て、ついに殺してしまったのだ。

話の内容を見る限り、霊となってやって来る妻が死んだ描写はないため、生霊のようなものかと思われるが、挿絵では天冠（葬式の時に死者が額に当てる三角の布）をつけ、白い帷子を纏《まと》った死装束の女として描かれている。

御厩河岸の怨霊［おんまやがしのおんりょう］

金に執着して迷い出た僧。近世後期に松浦静山が記した随筆『甲子夜話続編』にあるもの。それによれば、御厩河岸（現在の東京都台東区蔵前にあった河岸）に僧がおり、船渡しで船人に何か言いながら向こう岸に渡っては、また戻ってくるということを繰り返していた。恐らく金子を川に落として船人の誰かが拾ったと思い、探しているのだろうと船人たちが思っていると、見つからなかったのか、僧は去って行った。

それからしばらくして、この川で溺死人があり、御厩河岸の船渡しに流れ着いたため、船人たちがこれを見ると、あの僧であった。死んだにもかかわらず、金子への執着があってまたここに流れ着いたのだろうと、船人たちが棹《さお》でこの死体を中流に押し出すと、また同じ場所に流れ着いた。

また、その日の夜更けに船人の舎の戸を叩く者がおり、船人が開けてみると小坊主がいた。この小坊主が言うには、「今、昼に金子を失った者がいて、その金は船人の手にあるはずだ」ということだった。そこで船人が何を証拠に我らに問うのか、と尋ねると、小坊主は渡し口に放置されていたあの僧の死体を指さして「これが証拠だ」と告げた。船人たちが驚いていると、小坊主は突然消えてしまった。船人らは僧の怨霊だと恐れ、その遺骸を寺に送り、厚く弔ったという。

陰摩羅鬼［おんもらき］

死体が変異したもの。安永八年（一七七九）に刊行された鳥山石燕の画集『今昔画図続百鬼』には、人間のような顔をした鳥が仏具の磬子《けいす》の上に立ち、口から炎を吐いている様子が描かれている。またその解説として蔵経の中に「新しい屍《しかばね》の気が変じて陰摩羅鬼になる」とある。「その姿は鶴のようで、色は黒く眼の光は灯火のよう、羽を震わせ、声は高い」と『清尊録』にある、と書かれている。

この『清尊録』は中国宋代に記された書物で、ここに収録された陰摩羅鬼の話は日本において近世初期、林羅山の『怪談全書』にて翻訳されており、石燕はこれを参考にしたものと考えられている。また享保一七年（一七三二）菅生堂人によって記された怪談集『太平百物語』巻之五第四二話「西の京陰摩羅鬼の事」は、この『清尊録』の陰摩羅鬼の話を日本を舞台に翻案した話となっている。その内容は以下のようなもの。

山城国（京都府南部）で宅兵衛という男が夏のある日に寺に行き、納涼していたところ、突然自分の名前を呼ぶ声が聞こえ、鷺《さぎ》に似て色が黒く、灯火のように目が光り、人のような声で鳴く化け物と遭遇した。宅兵衛が驚いて逃げると、それは羽ばたいて消えた。これを寺の長老に語ると、「最近、死人を置いていたことがあったが、恐らくそれだろう。新しい屍の気が変じてそのようなものになることがある。名付けて陰摩羅鬼という。蔵経の中にも載っているものだ」と答えたという。

恩を謝した幽霊［おんをしゃしたゆうれい］

死の間際に親しい人々のもとに現れた少女。近世後期、旗本の根岸鎮衛《やすもり》が天明（一七八一～八九）から文化（一八〇四～一八）年間にかけての約三〇年間にわたり記した随筆『耳嚢《みみぶくろ》』巻七「幽霊恩を謝する事」にあるもの。

それによれば、文化二年（一八〇五）の八月のこと。神田橋（現・東京都千代田区神田地区）外津某の先代が召し使っていた女が隠居し、その屋敷に住んでいたが、その老女が長年召し使っていた少女が風邪で死んでしまった。

この少女は幼い頃からこの老女に仕えており、音楽が好きだった。琴を弾きたいと言った際には老女からはまず読み書き、裁縫を覚えてからと言われたが、持ち前の聡明さですぐに習得し、それならばと老女が屋敷に出入りして娘たちに琴を教えている瞽女《ごぜ》にこの少女にも琴を教えてくれるよう頼んだばかりだった。少女はこのことも程なく覚えたが、哀れなことに風邪を患い、悪化して瘴疳《しょうかん》（高熱を伴う疾患）となってしまった。老女はこれを悲しみ、しばらく家に留め置いて治療させたが、やがて親元に帰すことになった。

しかしある夜、老女が眠りから目覚めると、枕元に少女が座っていた。老女が「お前は病気なのに、どうしてここに来たんだい」と尋ねると、少女は涙を流し、「本当に幼い頃から厚いお恵みをいただき、人並みに成長いたしました。その海山の御恩をいつかお返ししたいと思っておりましたが、もはや今を限りの命でございますから、せめてものお礼をしに参ったのです」と言った。これに老女は「どうしてそのようなことを言うの。長年私に仕え、心に背く様子もないのだから、こちらこそお礼を申すべきこと。あなたが患っていれば私も朝夕不自由に思うから、歳も若いのだし、よく養生して早く良くなりなさいね」と答えた。

少女は「ありがたいお言葉、身に余ります」と言って姿を消してしまった。そのため、翌朝になって人を遣わし、少女の親元に尋ねると、少女は昨夜身罷《みまか》った、との連絡があった。

老女は深く悲しんだが、その翌日、少女に琴を教えていた瞽女がやって来て、少女が亡くなった日に彼女のもとにいたのだと語った。その話によると、少女が今わの際に抱き起こしてくれと頼むため、その通りにすると、まるで誰かそこにいるかのように幼い頃からの恩を謝し、また返事をして、最後にもはや心残りはないと言い、伏して死んでしまったという。

老女は「さては精心が現れ、通ってきたのか」と袖を涙に濡《ぬ》らしたという。

『耳嚢』に多い最期の挨拶に現れる幽霊の話だが、この話では死後ではなく、死の間際に現れるものが記されている。

骸骨坊主［がいこつぼうず］

骸骨にまつわる怪異譚《たん》。近世後期、旗本の根岸鎮衛《やすもり》が天明（一七八一～八九）から文化（一八〇四～一八）年間にかけての約三〇年間にわたり記した随筆『耳嚢《みみぶくろ》』巻九「全身の骸骨掘出せし事」にあるもの。

それによれば、四谷（現・東京都新宿区四谷）のある旗本の家において、全身が残った骸骨が掘り出された。珍しいことであったため、「このまま捨て置くのもいかがか」と近所の寺に送り、葬ったところ、その夜、召し使っている下女が「我が骨を掘り出し、寺へ送るとはもっともなことだが、いっこうに供養、法事もしないとは心得ぬことだ」と言った。翌日、下女が正気に戻ったため、聞いてみると「大きな坊主が来て、そのようなことを言ったのです」と説明した。

そこで旗本が布施を寺に送り、法事などをしたところ、その夜も下女がなにか訳の分からないことを発し、夜もすがら騒いだため、また翌朝正気に戻った後聞いてみると、「昨日法事をしていただいてかたじけない。もはや本意が叶ったため、二度と来まい。主人へもよく礼を言っておいてくれ、と申しておりました」と説明した。

その後は下女がおかしくなることもなかったという。

火炎婆々 ［かえんばば］

明和四年（一七六七）刊行の高古堂が記した怪談集『新説百物語』巻四「火炎婆々といふ亡者の事」にあるもの。それによれば、北国のある寺の旦那に角山何某《なにがし》という者がいたが、その母親は慳貪《けんどん》邪見で、六〇歳を過ぎても慈悲、善根をなさず、欲深く、わずかな金を貯めることのみを楽しみとしていた。ある時、「昨夜不思議な夢を見て、今、体が痛み、起き上がれない」と言った。その夢は鬼たちに引っ立てられる夢で、念仏を唱えても鬼たちは「仏を念じてもお前の罪は大変に重い。せめて貪欲の罪を軽くさせてやろう」と言って、角山何某の母の舌を抜くとそれは金子となり、目をえぐると銀子となった。そして板で両側から押し潰《つぶ》されると全身からはらはらと金銀が落ちた。その苦しみはたとえようがないほどだった、という内容だった。

それから角山何某の母は病みつき、日夜「最上寺へ行こう、行こう」とばかり言って、西の方の窓を開け、顔を突き出したまま死んだ。

その夜、最上寺の納所坊が御堂に行くと、東の方から火炎のようなものが飛んできて、堂の庭に留まった。その火の中に白髪の老女の首があり、口から火炎を吐いたため、納所坊は驚いて倒れてしまった。これはあの貪欲な老婆が死後、最上寺にやって来たものだったという。

餓鬼憑き ［がきつき］

餓鬼が生きた人間に憑き、空腹を引き起こすもの。ここでいう餓鬼は仏教における餓鬼道に堕ちた亡者ではなく、飢えや渇きによって死んだ人間を指すことが多い。

近世の時点で記録があり、天保一四年（一八四三）に刊行された随筆『雲萍雑志《うんぴょうざっし》』では、伊勢から伊賀（三重県中部から西部）へ行く道で餓鬼に憑かれ、その場から一歩も進めなくなった人間がいたと記されている。こういった人に憑く餓鬼は乞食などが餓死した怨念がその場所に留まり、餓鬼となって人に憑くのだという。

また同書では、伊予（愛媛県）で餓鬼に憑かれた僧がおり、以降諸国行脚の際には食事の時に飯を少し残しておき、それを紙などに包んで袂《たもと》に入れておく。そして餓鬼に憑かれたらこれを食べる、と対処法を語っていたことについても記されている。

仏教的な餓鬼が人に取り憑いた例としては、仮名草子『片仮名本・因果物語』に生きながら餓鬼となった者が死後、嫁に取り憑いたという話が載る（こちらは**道節**を参照）。

近代以降も餓鬼憑きの話は民間伝承の中で多く語られている。民俗学研究所編『綜合日本民俗語彙』では「餓鬼」の名で載せられており、路傍にさ迷う亡魂に仏教語の餓鬼を当てたもので、ダリまたはヒダルガミをそう言っている所もある。新潟県などでは餓鬼に憑かれた者には、最初から飯を与えず、味噌汁《みそしる》、粥《かゆ》、雑炊を与えるという、と記されている。また伊豆の利島《としま》の海岸にいる「イソガキ」というものについても記録されており、これに憑かれると急に腹が減って倒れる。その場合には芋《いも》などを腰籠に入れて行くと憑かれないとある。

他にも同書には類似したものとして餓鬼仏について載せられている（いずれも近代の**ダリ**、**ヒダル神**、餓鬼仏（**ガキボトケ**）については当該項目参照）。

他にも近代には**ヒモジイ様**など人に取り憑いて急激な空腹を起こすものの話がある。

累［かさね］

恨みのために現れた怨霊。近世でも有名な幽霊のひとつで、初出は貞享元年（一六八四）に刊行された『古今犬著聞集』巻一二「幽霊成仏之事」だが、現在よく知られているのはこれを脚色し、仮名草子として元禄三年（一六九〇）に刊行された『死霊解脱物語聞書』に記される話だ。これは累の事件に関わった人物に直接聞いたことをまとめた、という体裁で記されている。それによれば、事件のあらましは以下のようなものだ。

下総国岡田郡羽生邑（現・茨城県常総市羽生町）に与右衛門という男と、その妻の累という女の夫婦があった。しかし累は顔は醜く、心も性悪であったため、与右衛門に絹川（鬼怒川）に落とされ、口に川底の砂を詰められた上、目を突かれ、最後は首を絞められて殺された。

その後、与右衛門は累の死体を川の水で洗い、菩提所《ぼだいしょ》（菩提寺）に背負って行って土葬する。この殺人は複数人に目撃されていたが、累が嫌われ者であったことから、あえてこのことを知らせようという者はいなかった。

与右衛門はもともと婿入りであったため、累が所有していた農地をすべて横領し、後妻をもらったが、その後妻が五人立て続けに死亡し、子どもにも恵まれなかった。六人目の妻にやっと子どもが生まれ、菊と名付けられたが、それから一三年後の寛文一一年（一六七一）、菊の母は死去した。

与右衛門は菊に金五郎という婿を取り、老後の世話をさせることとしたが、その翌年から菊は病気がちになり、正月二三日、突然床に倒れ、口から泡を吹き、「苦しい」と叫んで気絶した。そのため与右衛門と金五郎が慌てて菊に呼び掛けると、菊は「私は菊ではない。お前の妻、累だ」と言い、彼の過去の所業を暴いた。加えて六人の後妻を殺したのは自分だと告げ、地獄から猶《ゆう》予《よ》を与えられたため、菊の体に乗り移ったことを告げ、与右衛門を鬼怒川で責め殺してやると宣言する。

これを見た与右衛門は法蔵寺へと逃げたが、菊の様子を見に集まってきた近隣の住人たちに対し、菊に取り憑《つ》いた累は与右衛門の所業を伝え、さらに目撃者がいることを教えたため、与右衛門の罪は明るみに出た。

しかし累の怨念はいまだ鎮まらないようであったため、その菩提を弔うこととなったが、与右衛門が剃髪《ていはつ》して寺に入っても菊はもとに戻らなかった。

そのため、住民たちがなぜ与右衛門ではなく菊を苦しめるのかと累に問うと、累は「与右衛門に愛娘の苦しむ姿を見せて苦しませるため、彼に恥をかかせるため、そして自分の菩提を弔ってもらうために菊に憑いております」と答えた。そこで住民たちが、累が希望する念仏を唱えてやったところ、無事、累は菊から離れ、菊は正気に戻ったという。

しかしそれから約一ヶ月後、累は再び菊に取り憑いた。累はまだ解脱の境地に達してないと言い、石仏を一体立ててほしいと告げる。そのため、村人がその通りにすると、累はやがて菊から離れて行った。

しかし翌月、累は三度菊に取り憑いた。累が「まだ石仏ができていない。騙《だま》したのか」と騒ぎ立てるため、ついに与右衛門も金五郎も愛想が尽きたと取り合わずに農作業に出てしまった。しかし菊が苦しみ続けるため、権兵衛という人物が祐天という僧を連れて来て、彼に除霊を頼んだ。

祐天は同行した六人の僧とともに経文を唱えるが、効果がない。そこで祐天は外に出て仏を罵ってから、菊に向かって、自分で念仏を唱えないからこそ累は離れないのではないかと提案し、抵抗する累を一喝した後、菊に口で念仏を唱えさせた。すると累は去っていき、菊も苦しみから解放された。

これ以降、累の怨霊は彼女に憑くことはなくなったが、また別の霊が菊を苦しめることになる。その霊は**助**という子どもであった。

この累の物語は鶴屋南北によって歌舞伎『色彩間苅豆《いろもようちょっとかりまめ》』の題材とされ、人々に広く知られるようになった。また安政六年（一八五九）には三遊亭圓朝《えんちょう》の落語『真景累ヶ淵《ふち》』（初演時の演目は『累ヶ淵後日怪談』）として語られている。また天保一二年（一八四一）刊行の桃山人著、竹原春泉画の『絵本百物語』でも「累」が紹介されており、菊に取り憑く累の姿が描かれている。

夏心了道霊神 「かしんりょうどうれいじん」

死後、自らの意思で神となり、人々を病から守ることとした死者。安政五年（一八五八）、宮負定雄によって記され、刊行された説話集『奇談雑史』巻六の一二「瘡神《かさがみ》の事」にあるもの。それによれば、元禄七年（一六九四）五月二二日のこと。多羅尾小佐衛門という侍が駿州沖津駅（現・静岡県静岡市清水区興津）で瘡毒《そうどく》（梅毒）を受け、顔に症状が出て醜い姿となったのを同僚に笑われ、嘲弄されたため、その同僚を殺して自らも切腹した。その際、小左衛門は遺言として「我は瘡を病んで死ぬ。死後にはこの瘡を治癒する神となり、人々を救おう」と言い残した。

その死骸は沖津の教敬山耀海寺《ようかいじ》に葬られ、夏心了道霊神として祀《まつ》られた。これに心願する人は霊験があったという。

耀海寺は現在も静岡市にあり、夏心了道上人を祀る夏心堂もある。耀海寺のホームページによれば、現在も皮膚病・ガン封じ祈願、病気平癒祈願の「夏心様」として人々に親しまれているようだ。

仇を討った幽霊 ［かたきをうったゆうれい］

人の殺し方を教えられ、連続殺人を引き起こした幽霊。安政五年（一八五八）、宮負定雄によって記され、刊行された説話集『奇談雑史』巻一の五「敵を討ちし幽霊の事」にあるもの。

それによれば、越後国（新潟県）のある里に妻と妾《めかけ》を持つ富んだ男がいたが、この男が旅に出て留守にしている時、妾が妬《ねた》みから本妻を縊《くび》り殺し、病死のように見せかけた。本妻は殺されて幽霊となり、歩きさ迷っていたが、途中、乞食のような姿をした二人の人間に出会い、どうして迷い歩いているのかと尋ねられたため、事情を話した。すると二人が「それならば妾を殺して仇を討ちなさい」と言うため、本妻の幽霊が「私は手弱女《たおやめ》ゆえ、どうやって仇を討つべきでしょう」と問うと、その者たちは破れ団扇をひとつと五寸釘を一本、そして才《さい》槌《づち》をひとつ取り出し、幽霊に渡した。「この破れ団扇を使って妾を扇ぎなさい。そうすればたちまち妾は熱病を起こし、苦しむから、その時妾の頭にこの五寸釘を打ち立てて、この才槌で釘を打ち込みなさい。そうすればすぐに妾は死ぬでしょう」と二人は本妻の幽霊に教えた。

幽霊が家に戻り、あの者たちに教えられた通りにすると、本当に妾が死んだため、今度は縊り殺された際に妾を手伝っていた隣家の老婆を殺そうと考え、同じようにしたところ、老婆も死んだ。そのため、幽霊は「さては、人を殺すことはたやすく、面白いことなのか」と考え、次々と他の人々を殺していった。

こうして、幽霊が団扇と釘、槌を携え、辺りをさ迷っていると、菩提寺《ぼだいじ》の僧と出会った。僧はこの女の生前を知っていたため、なぜさ迷い歩いているのかと問い、女がそれまでの経緯を説明すると、僧はこう言った。

「それは悪しき業です。その品々はいわゆる疫病神が賜った物です。その品を私に預けなさい。私が汝《なんじ》のために厚く菩提を弔い、浄土に引導しましょう」

そして実際に幽霊から団扇、五寸釘、才槌を取り上げ、その菩提を厚く弔ったところ、幽霊は出現しなくなった。また、残された疫病神の三品は危険なものであるため、寺に深く秘蔵されたという。

髪をむしる女房 ［かみをむしるにょうぼう］

死後、下女を取り殺した女。鈴木正三が書き留めた話を弟子たちが取りまとめ、寛文元年（一六六一）に刊行した仮名草子『片仮名本・因果物語』巻上の六「妬《ねた》み深き女、死して後の女房を取り殺す事　付下女を取り殺す事」にあるもの。

それによれば、江戸麹町《こうじまち》（現・東京都千代田区麹町）に住むある者の女房が患い、死ぬ直前、夫に「あの下女を女房にするのであれば、祟りましょう」と告げた。しかし夫はそれを無視してその下女を女房にしたところ、死んだ先妻が現れ、下女の髪をむしった。

下女が悲鳴を上げているのを聞いて人々が駆け付けるも、そこにはすでに何もおらず、人々がいなくなると先妻は再び現れて髪をむしる。最後には一本残さず髪をむしり抜き、ついに取り殺してしまったという。

これは寛永一四年（一六三七）にあったことで、多くの目撃者がいると記されている。

蒲生秀行の乳母 ［がもうひでゆきのはは］

絵に描かれた幽霊。会津藩の武士、三坂春編《はるよし》が会津地方（福島県）を中心に話を集めた奇談集『老媼茶話《ろうおうさわ》』巻三「幽霊」にあるもの。それによれば、蒲生秀行の乳母であった女性が、秀行の母に憎まれ、謂《いわ》れのない罪を着せられた末に自害するということがあった。この乳母は僧の覚夢と知り合いであったため、その葬儀について火葬にしてほしいと覚夢に頼んでいた。しかし覚夢は愚僧であったゆえ、引導の方法をよく知らず、どうすべきかと悩んでいた。

その内に葬儀の時間となったが、突然仏壇が鳴動し、空は曇り、風が吹いて小雨が降り出した。覚夢は恐ろしくなって、九郎右衛門という名の友人の絵師のもとへ行ってそのことを語った。すると九郎右衛門は「空が異常な様子を見せている。今日の夕方、改めて葬儀をする時には怪異があるだろう。引導の際は何か経文らしきことを呟《つぶや》いて、その後念仏を唱えれば済むこと。私も棺の側につき、火車（罪人を地獄に運ぶ妖怪）が来たとしても刀を抜いて追い払おう。藁《わら》や芝に油を注いで、たとえ大雨であっても火が消えないようにしよう。さあ、急いで寺へ帰り、葬礼の準備をするべきだ」と言って覚夢を寺に連れて行った。

すでに日は暮れており、棺が寺に運ばれてくると急に雨が降り出し、風が吹いて稲妻が落ちた。空は墨を塗ったように黒く、数多《あまた》にあった提灯《ちょうちん》も消えてしまい、棺を持ってきた人々はそれを捨てて逃げてしまった。

覚夢はそんな中で棺に寄りかかり、ひたすら念仏を唱えていた。九郎右衛門は脇差を抜いて棺の前に立ち、黒雲の渦巻く場所を打ち払った。すると黒雲が次第に遠ざかっていき、雨風が止んで元の晴天に戻ったので、棺を藁の上に置き、引導も済んでいないのに急いで火葬してしまった。

遺骨は寺の庭にある榎《えのき》の下に埋めたが、それから一日経ってあの乳母の幽霊が寺中をさ迷い歩くようになった。覚夢が再び九郎右衛門にこのことを相談すると、九郎右衛門はこっそりと寺に入り、幽霊の姿を見ながらそれを絵に描いた。それから時が経つと、幽霊も出なくなったという。

勘左衛門［かんざえもん］

弔いが不足したため、孫を食った祖父。鈴木正三が書き留めた話を弟子たちが取りまとめ、寛文元年（一六六一）に刊行した仮名草子『片仮名本・因果物語』巻上の一五「先祖を弔はざるに因《よ》つて子に生まれ来て責むる事　付孫を喰ろう事」にあるもの。

それによれば、東三河の西原村（不詳。現・愛知県豊川市上長山町西原の辺りか）に勘左衛門という者がいたが、寛永一九年（一六四二）に死去した。その子は親不孝者で、長山の真源院に亡骸《なきがら》を送ったのみで、その後は弔うこともしなかった。

それから三年経った六月のこと。勘左衛門の子息の身内の者が二人、畑の稗《ひえ》を刈っていると、死んだ勘左衛門が現れ、「汝《なんじ》らに伝えようと思って来た」と言う。二人のうちひとりは代々勘左衛門の家に仕えてきた者であったため、勘左衛門の顔をよく知っており、「祖父様、何事でございますか」と尋ねると、勘左衛門は「誠に久しぶりである。私は食物がないため、仏に伺ったところ、何も与える物はない、汝が子を食えと仰せがあった。このことを伝えてくれ」と言って、帰って行った。そして自分の亡骸《なきがら》がある塚に上り、穴に入るように足を踏み入れたが、それからすぐに五、六歳の子、すなわち勘左衛門の孫が死んだという。

きく

死後、復讐《ふくしゅう》に現れた怨霊。延宝五年（一六七七）に刊行された怪談集『諸国百物語』巻之四第一七話「熊本主理が下女、きくが亡魂の事」にあるもの。

それによれば、熊本主理という人使いが荒く、残忍冷酷な男がいた。この主理が城に奉公していた時、彼は飯の中に縫い針があるのを見つけて酷《ひど》く怒り、きくという下女を呼びつけて「誰に頼まれてこのようなことをしたのか」と問うたが、驚いたきくは「わざとではないのです。先ほど着る物を縫っておりまして、その縫い針を髪に挿していたのですが、恐らくそれを落としてしまったのです。私が意図的にやったことではなく、さりとて人に頼まれたわけでもありません。偶然の過ちでございますから、どうかお許しください」と謝った。しかし主理はきくが嘘《うそ》をついていると決めつけ、まず水責めし、次に鉄の棒で打ち、三番目には木馬で責め、四番目には木に吊るし、五番目には背中を斬りつけ、傷口に湯を掛けた。それでもきくはわざとではないと言い続けたため、最後には穴の中にきくを落として蛇を二、三〇〇〇匹も入れた。

この時、きくが「今はもう命もないものと思います。願わくば母を呼び、暇乞《いとまご》いをさせてください」と言ったため、朋輩はあまりに不憫《ふびん》に思い、きくの母親を呼んだ。駆け付けた母はこの有様を見て泣き叫び、「武家に宮仕えする上はかねてから覚悟していたことではあるけれど、このように悪趣味な責めようがありましょうか。あなたは死した後、再び怨霊となり、この恨みを晴らしなさい」と告げた。そのため、きくは母親に「安心してください。この恨みは主理一代ならず、七代にわたって晴らします。心もとなく思うのであれば、私が死ぬ前に胡麻《ごま》を撒いてください。三日の内に双葉を生やしましょう。これを証拠と考えてください。それでは、暇を申し上げます」と言って舌を嚙《か》み切って死んでしまった。

そこで母が約束通り胡麻を撒くと、三日目に本当に芽を出した。そしてその日にきくの亡霊が現れ、主理に恨み言をいくつも告げ、また来ようと言って帰ったが、それから主理は狂乱して七日で死んでしまった。その後もきくは主理の子孫を代々祟り殺した。

それから時が経ち、主理は四代目の松平下総守となったが、ある時主理の屋敷から二里（約七・八キロ）ほどのところできくが現れ、馬子に馬を借りたいと申し出た。日暮れであるため馬子は最初は断ったが、駄賃を増やすと言うため、彼女を乗せて主理の家まで連れて行った。

そこできくは八〇文のところを一〇六文駄賃を取らせると言って屋敷へ入って行ったため、駄賃をもらおうと馬子も屋敷へ入り、事情を話すと、屋敷の者たちは「いつものようにきくが馬に乗って来たぞ。駄賃を払え」と告げた。それから四代目の主理も病みつき、やがてきくに取り殺されたという。

きくという名前など、この怪談は「皿屋敷」の怪談から派生したものと思われるが、皿の要素がなくなっている（**お菊**も参照）。また、馬を借りて目的の場所まで行き、その目的地にいる人間に話して初めて自分が乗せてきた人間が死者だったと分かる展開は、後の**タクシー幽霊**（近代）の怪談に似ており、先例として紹介されることが多い。

菊右衛門 ［きくえもん］

死後のことを友人に教えた霊。安政五年（一八五八）、宮負定雄によって記され、刊行された説話集『奇談雑史』巻三の一八「親の霊に酒を供へし人の事」にあるもの。それによれば、下総国埴生《はぶ》郡松崎村（現・千葉県印西市松崎）に菊右衛門という者がおり、その友人に喜和右衛門という者がいた。二人とも酒好きで、常に仲睦まじく酒を酌み交わしていたが、それから間もなく菊右衛門が病を患い、そのまま死んでしまった。

それから三年後のこと。喜和右衛門も病に伏したが、ある時、喜和右衛門が誰かと話しているのを聞いた息子が怪しみ、喜和右衛門に尋ねると、彼は「今、私の友人の菊右衛門が来て、我が身は三年前にこの世を去ったが、今住んでいる冥土はとても楽しいところだから、お前を迎えに来たのだとしきりに勧めてきたのだ。だから俺は、酒が飲みたいからまだこの世を去って冥土に行くつもりはないと言うと、菊右衛門は冥土にも酒と肴《さかな》があり、欠けることがない、しかしそれほど酒を飲みたいという気持ちも湧いてこないんだと言って、消えたんだ」と答えた。そこで息子が菊右衛門の家に行き、その家の息子に父親が話していたことを語ると、菊右衛門の息子は「俺の父は三年前に死んだが、酒好きであったゆえ、今わの際に遺言として、死んだら七月の盆に棚を作る必要はないから、ただ酒を手向けてくれと言い残した。だから父が死んだ後は位牌《いはい》に酒と肴をときどき供えているんだ。それが冥土に届いているから、そんなことを言ったのだろう」と答えた。

　それから喜和右衛門も亡くなったが、彼の息子もまた、父の位牌に怠ることなく酒と肴を供えたのだという。

狂骨 ［きょうこつ］

絵画に描かれた妖怪。鳥山石燕が安永一〇年（一七八一）に刊行した妖怪画集『今昔百鬼拾遺』にあるもので、井戸の桶《おけ》から飛び出す骸骨と幽霊の中間のような姿をした化け物が描かれ、「狂骨は井中の白骨である。世にいう諺《ことわざ》に甚《はなは》だしいことを『きょうこつ』というのは、この怨みが甚だしいことからいうのである」と説明文が加えられている。

　その正体はなんらかの理由で死亡、もしくは殺されて井戸に落ち、白骨化した死体で、強い怨みを持って狂骨と化した、ということが想定されていると考えられる。ただし、狂骨という名の妖怪の伝承は現時点で石燕以前には確認できておらず、石燕は諺の「きょうこつ」と肉が落ちた骨を意味する「髐骨《ぎょうこつ》」などの言葉を組み合わせ、この妖怪を創造したものと考えられる。また、井戸から現れるのは人形浄瑠璃『播州皿屋敷』などに語られる幽霊、**お菊**の影響だろうか。

　白骨化した人間の死霊が自分を殺した人間に報復する話は、古くは平安初期の『日本霊異記』にあり（古代の**穴君の弟公**を参照）、井戸に霊が現れる話は平安末期の『今昔物語集』にある（古代の**井戸の霊**を参照）。

吉利支丹宗門の者の幽霊 ［きりしたんしゅうもんのもののゆうれい］

宗教弾圧により殺された者の幽霊。死体が動き出したもの。延宝五年（一六七七）に刊行された怪談集『諸国百物語』巻之二第一六話「吉利支丹宗門の者の幽霊の事」にあるもの。それによれば、伊勢の津（現・三重県津市）に吉利支丹の宗門があったが、その者たちは逆さまに吊り下げられ、殺され、乙部というところで燃やされて灰にされた。それから二、三日後、侍の三人連れが古川というところを通ると、被衣《かずき》を着た美しい女が下女に袋を持たせていた。侍たちは、このような女は伊勢では見慣れない、どこから来たのだろうと不思議に思い、後をつけてみると、女は乙部の方へ行き、あの吉利支丹を焼いた穴の傍に行って、骨を拾い始めた。すると二、三人の女がどこからともなく現れ、同じく骨を拾っていたが、しばらくすると皆消え失せてしまったという。

禁平［きんぺい］

賭け事好きの幽霊。安永二年（一七七三）に出版された笑話本『俗談今歳花時《ことしばなし》』にある「幽霊」にあるもの。

それによれば、火事で真っ黒こげに焼けた禁平という者がいたが、その一周忌に友人たちが墓参りに行き、博打好きだった禁平のために墓前でちょぼいち（サイコロ賭博の一種）を行った。すると突然禁平が現れ、「おお、皆よく来てくれて嬉しい。おらも六道銭があるなら一番こっきりやってみたいが、六道銭もない。いっそ着ている経《きょう》帷子《かたびら》を賭けようか」などと言って死装束をカタに金を三〇〇文張ったが、すぐに負けてしまい、生きていた頃の元気もなく、早くも消えようとした。

そのため、友人が「禁平、なぜもっとしない」と尋ねると、禁平は「いやもう幽霊も三〇〇張り込んだ」と答えたという。

最後の「幽霊も三〇〇張り込んだ」は当時の俗謡「夕べも三〇〇張り込んだ」をもじったもの。つまりダジャレである。

この話を題材としたとされるものに落語の**へっつい幽霊**（近代）がある。

九左衛門の女房の生霊［くざえもんのにょうぼうのいきりょう］

生霊となって夫を苦しめた女。鈴木正三が書き留めた話を弟子たちが取りまとめ、寛文元年（一六六一）に刊行した仮名草子『片仮名本・因果物語』巻上の一一「女生霊、夫に怨を作《な》す事」にあるもの。それによれば、九左衛門という浪人は筑後国（福岡県の南部）に女房がいたが、「三年待ってくれ。もし三年も過ぎれば、どこかに仕える場所も見つかるだろう」と言って肥後国（熊本県）に行った。しかし仕える場所も見つからないまま三年が過ぎ、九左衛門は仕方なく医者になり、玄清と新たな名を付けて別の女房を貰《もら》った。

そんなある時、玄清は寝転がりながら故郷の女房のことを思い出し、もしこちらで新しい女房を持ったと聞けば必ず恨むだろうと思いながら竹連子《たけれんじ》（竹で作った格子の窓）に足を載せて涼みつつ、表を見ると、故郷の女房が来て、立っていた。

玄清は、これは自分が前の女房を思い出したために見えたものだろうと考え、起き上がって見るが何もない。もしかしたら狐《こ》狸《り》の類かと思い、脇差を手に取って待っていると、故郷の女房がそっと近づいてきたため、脇差を抜いて斬った。しかし、刀は窓の竹格子に当たって切れるのみで、故郷の女房は玄清の足に嚙《か》みつき、歯型が二つできた。

この騒ぎに驚いた今の女房がやって来る

と、玄清は「妖女を斬った」と言ったが、足の傷はそれ以降癒えることなく、三年間にわたり苦痛が続き、ついに玄清は死んでしまった。

これは玄清の面倒を見ていた平野角太夫という者が語ったことで、肥後の守（細川忠利）が亡くなった後、すなわち寛永一八年（一六四一）より後のことであったという。

鯨になった破戒の坊主［くじらになったはかいのぼうず］

死後、鯨となって現れた僧。鈴木正三が書き留めた話を弟子たちが取りまとめ、寛文元年（一六六一）に刊行した仮名草子『片仮名本・因果物語』巻下の一四「破戒の坊主、死して鯨と成る事　付姥猫と成る事」にあるもの。

それによれば、羽州最上川の裾にある坂田（現・山形県酒田市）の海辺に体長一二、三間（約二一・八〜二三・六メートル）の黒い鯨が打ち上げられた。その背中には安隆寺という文字が記されており、腹の真ん中には草鞋《わらじ》を履いた二本の足があった。また、さまざまな坊主が使う道具も傍にあったため、人々は話し合い、「どこかにこのような寺があるのだろう」と尋ねて回ると、坂田に安隆寺という一向寺があった。

この寺にいた坊主は人に勝る大欲を持ち、放逸無慚《むざん》の人物であったが、三年前、五〇歳を過ぎた頃に越前の鶴河（現・福井県敦賀《つるが》市《し》）に船で向かう途中、船が大破して亡くなったのだという。この鯨の背にある文字を見るに、この鯨は疑いなく安隆寺の坊主であると考えられた。そのため、この鯨を食う者はおらず、油を取ることもなく、打ち捨てられたという。

口から蛇を吐いた首括りの下女［くちからへびをはいたくびくくりのげじょ］

死後、自分を殺した者に復讐《ふくしゅう》した女。鈴木正三が書き留めた話を弟子たちが取りまとめ、寛文元年（一六六一）に刊行した仮名草子『片仮名本・因果物語』巻上の七「下女死して、本妻を取り殺す事　付主人の子を取り殺す事」にあるもの。

それによれば、駿河国（静岡県の中部から北東部）にいたある家の女房は非常に人使いが荒かった。このため、一人の下女が首を括ったことから、家の主人が女房を戒めると、それに立腹した女房は竹で首を括った女を叩いた。するとその口から蛇が飛び出し、女房の首に巻き付いて即時に絞め殺したという。

首釣り柳［くびつりやなぎ］

自分が死んだ場所に死んだ時の姿で現れる死者。天明五年（一七八五）に刊行された作者不詳の草双紙『百鬼夜講化物語』「首釣り柳」にあるもの。それによれば、ある道心者が世を恨み、人気のないところで柳の枝に縄を括《くく》って縊死《いし》した。その後、人々が集まってこの死骸を葬ってやったが、首を吊った男は罪深い者であったため、恨みが消えず、雨が降り、月が暗い夜にはこの柳の下に首を括った姿で現れたという。

同書では柳で首を吊って手足と首をだらりと下げた剃髪《ていはつ》の男の姿が描かれている。

闇峠の三つの火の玉［くらがりとうげのみっつのひのたま］

死者が火の玉になって現れたもの。享保一七年（一七三二）菅生堂人によって記された怪談集『太平百物語』巻之三第二四話「闇峠の三つの火の玉の事」にある。それによれば、越中国富山（富山県）に源八という男がおり、諸国へ丸薬を売って回っていた。ある年の五月中旬、大和（奈良県）に行くことになったが、闇峠という峠を通った時、日が暮れてしまった。源八は道を急いだが、辺りは次第に暗くなり、やがて文《あや》目《め》も分かぬほどになってしまった。

そんな時、向こう側から鞠《まり》ほどの大きさの火の玉がひとつ現れた。源八が怯え、身を縮めていると、その火の玉が近づいてきて二つに割れ、消えたかと思うと今度は女が現れて泣き声が響いた。さらに二つの火の玉が現れ、また割れて消えたかと思うと、今度は二人の男が忽然《こつぜん》と現れ、先ほど現れた女を奪おうと争い、女の手を左右から引っ張り始めた。女は耐えがたい顔をして、一声叫んだかと思うと息絶えた。すると二人の男は刀を抜き、しばらく戦ったのち、相打ちになって女の上に倒れた。

源八はその始終を見ていたが、とにかく一心に逃げ出し、ようやくある家を見つけてその戸口まで行って倒れ伏した。慌ててやって来た家の主人に介抱してもらい、闇峠であったことを話すと、家の主人がこう説明した。

「最近、何某《なにがし》かの娘が美人だったので、二人の男が恋焦がれ、妻にしようと争ったが、女もまた二人の男の切実な思いに心乱れ、書置きを残して淵《ふち》に身を投げてしまった。これを知った男たちは、この世で生きながらえて何の意味があろうと互いに刺し違え、死んでしまった。その執心がこの世で迷い、この峠の麓に毎夜遅くになって現れ、争っている。まさしく今夜遭遇したのはそれだろう」

これを聞いた源八は主人とともに一晩中仏前に向かい、三人を回向《えこう》した後、夜明けにはその家を発ったという。

黒蛇になった下女［くろへびになったげじょ］

無罪にもかかわらず殺されたため、蛇と化して復讐《ふくしゅう》した死者。鈴木正三が書き留めた話を弟子たちが取りまとめ、寛文元年（一六六一）に刊行した仮名草子『片仮名本・因果物語』巻上の一〇「罪無くして殺さるる者、怨霊と成る事」にあるもの。

それによれば、武州滝山（現・東京都八王子市北部）のある家で火事が起きた際のこと。下代の何某《なにがし》が下女を捕らえ、これが犯人だと村中を引き回し、火炙《ひあぶ》りにした。下女は無実を訴えたが、その口がうるさいと、口を切り裂いて言葉を発せられない状態にしたという。

しかし下女が死んだ直後、下女を燃やした火の中から巨大な黒蛇が現れたかと思うと、四尺（約一・二メートル）ほどの高さに頭を持ち上げ、そのまま家の中に入った。そしてまず下代を妻子ともに取り殺し、さらにその家の子ども、夫婦を残らず取り殺した。また家の主人であった家老は病気となり、乞食に身を落としてやがて死んだという。これは慶長一〇年（一六〇五）のことだったと記されている。

けいじゅん

霊と化した尼。人を殺した女。寛文三年（一六六三）刊の仮名草子『曽呂利《そろり》物語』巻四の九「耳切れうん市の事」にある。信濃国の善光寺（長野県長野市）に比丘尼寺《びくにでら》があり、けいじゅんという尼がいた。またこの寺に越後国（新潟県）のうん市という座頭が出入りしていたが、ある時、うん市は病に侵されて半年ほどこの寺を訪れなかった。その間にけいじゅんは死んでしまったが、その死から三〇日ほど経ち、うん市が久々に寺を訪れ、寝ていると、けいじゅんが現れて彼を自分の寮へと連れて行こうとした。彼女の死を知らないうん市は、一度は男女同室の禁制の手前、断ったが、けいじゅんがさらに勧めるため、仕方なく連れられて行った。

しかしけいじゅんは自分の寮にうん市を入れると、そのまま戸を閉ざしてしまった。うん市はどうすることもできず、閉じ込められた。けいじゅんは勤行を知らせる鐘の音が聞こえると部屋を出て行ったが、夜が明けると帰ってきた。

うん市は二晩もそこに閉じ込められた。食べ物も尽きてしまったため、うん市はけいじゅんが勤行に出たのを見計らって内側から寮の戸を叩き、人を呼ぶと、寺の者たちが集まり、寮の戸口を蹴破ってくれた。うん市は骨ばかりに痩せ細った姿になっていたため、寺の者が事情を問うと、うん市はけいじゅんのことを説明した。しかし寺の者たちはけいじゅんは三〇日前に死んだという。

寺の者たちはけいじゅんを弔い、その怨念を祓《はら》うため、百万遍の念仏を唱えたところ、どこからともなくけいじゅんが現れ、うん市の膝を枕にして眠っていた。これは念仏の功力によって意識を失い、眠っているのだろうと考えられたため、この隙にうん市は帰ることになった。

しかし帰り道の途中、身の毛がよだち、後ろからけいじゅんに追われているような気がしたため、うん市はある寺に立ち寄り、そこの長老に事情を話した。すると有験の僧が集まり、うん市の体に尊勝陀羅尼《そんしょうだらに》を書きつけて仏壇に立たせた。しばらくすると、けいじゅんが恐ろしい様子で「うん市を出せ、出せ」と言いながら寺に現れ、走り回った。そしてけいじゅんはうん市を見つけたが、「ああかわいそうに。座頭は石になってしまいました」と言ってうん市を撫で回した。その時、けいじゅんはうん市の耳に尊勝陀羅尼が書かれていない部分を見つけ、「ここにうん市が切れ残っている」と言ってその耳を引き千切り、去って行った。

うん市は何とか一命を取り留め、越後に

帰ったが、その後、耳切れうん市という名で知られたという。

倡妓霊［けいせいのれい］

遊女の霊。天明五年（一七八五）に刊行された作者不詳の草双紙『百鬼夜講化物語』「倡妓霊」にあるもの。この世を去った傾城（遊女）が馴染みの客に心惹かれて道哲にある草の深いところに現れ、その姿は八朔《はっさく》の通りであった、と解説されている。

道哲は江戸の浅草（現・東京都台東区の浅草）にあった浄土宗弘願山専称院西方寺の俗称で、吉原の遊女の投込寺（引き取り手のない死者を大きな一つの穴に投げ入れて葬ることを許されている寺）として知られた場所。また八朔は陰暦一月一日のことで、遊女が白い小袖を着て客を迎える風習があった。当時、幽霊といえば白い帷子《かたびら》を着ていたため、遊女の霊は八朔の際の姿で現れた、ということなのだろう。

同書には客のもとに出現した遊女の霊と、それを目撃する客の姿も絵として描かれている。

下人の怨霊［げにんのおんりょう］

無意味に殺されたために復讐《ふくしゅう》を遂げた怨霊。作者不詳、元禄年間（一六八八～一七〇四）に刊行された仮名草子『善悪報《むくい》ばなし』巻三の二「無益の殺生の事　幷《なら》びに霊来りて敵を取る事」にあるもの。それによれば、慶安年中（一六四八～五二）の春のこと、嵯峨《さが》（現・京都府京都市右京区の一部）の辺りにひとりの浪人がいたが、ある下人がこの浪人から物を盗むということがあった。しかし浪人は些細《ささい》なことだとこの下人を探すこともなく、放置していた。それから二年ほど経ち、この下人が東寺（京都府京都市南区）にいるという情報が嵯峨まで流れてきたため、家老がこれを捕まえて主人の浪人のもとに連れてきたが、浪人は「大したことではないし、昔のことだから放してやりなさい」と告げた。しかし家老は個人の判断でこの下人を殺してしまった。

その際、下人は最期に「恨めしい。上からは御慈悲をいただいたのに、なぜ家老の私的な判断で殺されねばならぬのか。こうなれば俺は三日の内に怨霊となり、思い知らせてやる」と言い、家老を凄まじい形相で睨《にら》みつけた。そして殺された後、下人が恨みがましい目で家老のもとに現れるようになり、ある時は上を見れば天井に、下を見れば畳にいるように見えた。またまどろめば夢に現れて家老を責めたため、巫女《みこ》や巫《かんなぎ》を召してさまざまに祈禱《きとう》などしたが、効き目はなく、ほどなく病みついて「あれを見よ、また来た」などと言ってそのまま外へ逃げ出すことなどが続き、三〇日後には死んでしまったという。

倩兮女［けらけらおんな］

絵画に描かれた妖怪。鳥山石燕が安永一〇年（一七八一）に刊行した妖怪画集『今昔百鬼拾遺』にあるもので、着物姿の巨大な女性が笑いながら塀の向こうを覗く姿が描かれており、「楚《そ》の国、宋玉《そうぎょく》という人の東隣に美女がおり、墻《かき》に登って宋玉をうかがっていた。嫣然《えんぜん》としてひとたび笑えば陽城の人を惑わしたという。総じて美と色香が人情を蕩《とら》かすことは古今に例が多い。倩兮女も朱唇を翻し、多くの人を惑わせた淫婦の霊なのだろうか」と説明文が加えられている。

ここで記されている楚の国の話は中国南北朝時代、宋玉という人物が記した詩文集『文選』巻一九にある「登徒子好色賦」に基づいており、三年間にわたって東隣に住む国一番の美女が墻から彼をのぞき込み、誘惑したが、心動かされることはなかった、という内容で、倩兮女はこの墻から覗き込む美女の話を元に石燕が創作したものと考えられる。

玄慧法印［げんえほういん］

冤罪《えんざい》の恨みのために大蛇となった僧。近世後期、江戸の歌人であった津村正恭《まさゆき》によって記された随筆『譚海《たんかい》』巻八にあるもの。それによれば、かつて上総国の定元村（現・千葉県君津市貞元）に万立寺という寺があり、玄慧法印という真言宗の僧侶がいた。

この法印は多くの富を持っていたため、檀《だん》那《な》の江尻五郎右衛門という者が年貢を納めることが差し支えた際、この法印を頼った。しかし法印は承知しなかったため、五郎右衛門はこの法印が女と密通しているという話をでっち上げ、歌にして人に教え、田植え歌としても歌った。これにより法印は無実の罪で恥をかき、至極残念に思った。ある時、非時食《ひじき》に檀那たちを招いて酒などを振る舞った。その旦那の中には五郎右衛門もいたが、皆が帰ろうとした際、法印は五郎右衛門を呼び止め、彼の目の前で金の入った財布を取り出した。

法印は五郎右衛門に対し「先年、そなたが金子を無心した際、貸さなかったことを恨み、無実のことを歌にされ、恥を掻かされたこと、その無念に限りはない。このようなことをされたのもこの金子のせいだ」と言い、財布ごと猛火の中に投げ込んだ。金子は焼け、溶けて青い炎が燃え上がり、なおも収まらぬ法印の怒りを見た五郎右衛門は恐ろしくなって逃げ帰った。そして、法印はその直後に自害した。

それから三代を経て証宥阿闍梨《しょうゆうあじゃり》という僧がこの万立寺で住持となったが、ある日、客殿の方で震動が起こり、大蛇が出現して柱に巻き付いた。証宥はこれを見て「いかなる化生《けしょう》ならば、このような怪しい姿で現れるのか」と問うた。すると大蛇が消え、今度は僧衣を着た者が現れ、証宥に「自分は三代前の住持・玄慧であるが、寺の檀那である江尻五郎右衛門により無実の罪によって死んだ。それにより恨みが晴れないため、明日にはついに五郎右衛門を取り殺す。願わくば阿闍梨よ、引導を渡してくれるな」と告げた。

その翌日、本当に五郎右衛門が死に、その死体が万立寺に運び込まれたため、葬礼を済ませると、棺を置いていた寺の近くの野で空が掻き曇り、雷が落ちて五郎右衛門の死体を奪い去った。

後で調べてみると、五郎右衛門の首は旗沢の浅間神社（千葉県木更津市に現存する畑沢浅間神社か）にあり、片足は千切れて上総国の加納山（千葉県にある鹿野山か）の車切地蔵というところに生えている松の木の上で見つかったという。

黒色の女房 ［こくしょくのにょうぼう］

死体が動き出したもの。延宝五年（一六七七）に刊行された怪談集『諸国百物語』巻之二第九話「ぶんごの国何がしの女ばう死骸を漆《うるし》にて塗りたる事」にあるもの。それによれば、豊後国（大分県）に暮らす某の妻は一七歳で、世に隠れなき美人だった。夫婦仲はとても良く、夫は常々睦言として「もしもお前が先立ったとしても、二度と妻を持たぬ」と語っていた。

しかしある時、女房は風邪により死んでしまう。その今わの際、女房は「私を不憫《ふびん》に思うのなら、土葬、火葬は無用です。私の腹を裂き、はらわたを取り出し、中へ米を詰め込み、体を漆で一四回塗り固めて、表に持仏堂を拵《こしら》え、私をその中に入れ、鉦《しょう》鼓《こ》を持たせてください。そしてあなたは朝夕私のもとに来て念仏を唱えてください」と言った。夫はその遺言通りにし、二年ばかりが過ぎた。夫の友人らが無理に勧めて後妻を迎えさせたが、後妻は何も子細を話さず、しきりに暇《いとま》を乞うようになった。夫はいろいろと宥《なだ》めたが、結局後妻はその家を去ってしまった。

その後、幾人後妻を取っても同じようなことが続き、これはただ事ではないとさまざまな祈禱《きとう》などを行ってから次の妻を迎えてみたところ、そのおかげか五、六〇日ほどが何事もなく過ぎた。しかしある夜、夫が他所《よそ》に遊びに行き、妻が家の下女たちを集めて話などをしていると、四つ時分（午後一〇時頃）になって外から鉦鼓を鳴らす音が聞こえてきた。女たちが不審に思っていると、それは次第に近づいてきたため、皆驚いて掛け金を固め、戸を閉ざし、身を縮めていると、何者かが戸を開けながら近づいてきた。そして、ついに最後の一枚のところで止まって、「ここを開けてください」という女の声がした。

後妻と下女たちが恐ろしさのあまり答えられずにいると、「開けてくださらないのなら仕方がありません。このたびは帰ることとしましょう。また改めて訪ねます。私が来たことは決して夫に告げないように。もし話そうものなら、あなたの命はないと思いなさい」と言って、女は鉦《かね》を打ち鳴らしながら去って行った。あまりに恐ろしいことだと気付かれぬよう隙間から覗けば、一七、八歳の女で、顔から下が真っ黒なものが鉦鼓を持っていた。

人々は皆驚き、後妻は夫が帰って来るのを待ったが、あの女の言葉の恐ろしさにその日は何も言えず、翌日、やっと夫に暇乞いをした。夫は不審に思い、何があったかを尋ねると、後妻は仕方なく昨夜のことを説明した。夫はそれは狐の仕業《しわざ》だと気にしていないようだったが、後妻が暇を乞うため、いろいろと言い聞かせて宥めた。

　それから四、五日経ち、夫がまた他所へ出かけた日の夜中、再び鉦鼓の音がし、あの女の声で「ここを開けよ。ここを開けよ」と聞こえてきた。家の者たちは皆恐れおののいたが、後妻以外の者は皆急激な眠気に襲われ、眠ってしまった。そのため、残された後妻は二重、三重の戸を開きながら外から女が入ってくるのをただひとり見ることになった。その女は体を黒色に塗られ、自分の背丈ほどもある髪を揺らしながら後妻をじっと見つめ、「ああ、嘆かわしいこと。以前、私が来たことを夫に告げましたね。返す返すも恨めしい」と言って、飛び掛かって来た。そのまま黒色の女房は後妻の首をねじ切り、外へと去って行った。

　その後、帰宅した夫は下女からこのことを聞き、驚いて持仏堂を見ると後妻の首があの黒色の女房の前に置かれていた。

「なんということだ、お前は卑怯者だ」

　そう言って夫が黒色の女房を仏壇から引き下ろすと、この女房は目を見開き、夫の喉首に食らいついた。これにより、夫も死んでしまったという。

　本文中では「黒色の女」「黒色の女房」と呼ばれるこの亡骸《なきがら》だが、漆で塗り固められているためか、近年では「漆女房」という名で紹介されていることも多い。

　同様に後妻を取らないと約束した夫が後妻を取ったため前妻が出現する話としては**三年目の幽霊**がある。

小宰相 ［こざいしょう］

　小宰相は平安時代の女性で平通盛の妻。もともと上西門院の女房であったが、宮中一の美女と謳《うた》われる人物であったという。治承・寿永の乱で平家が敗れ、夫とともに都落ちする。その後、一ノ谷の戦いで通盛が戦死したとの知らせを受け、後を追うように入水して亡くなったと伝えられる。

　その最期のためか、江戸時代に記された怪談集『宿直草《とのいぐさ》』「小宰相の局　ゆうれいの事」には、遠く江戸時代になってから小宰相の幽霊が出現した話が載せられている。

　それによれば、団都《だんいち》という座頭（盲人の階級のひとつ。ここでいう座頭は琵琶《びわ》法師のことと思われる）がおり、筑紫国（福岡県）に行く途中、平家の者たちの亡骸《なきがら》が葬られたという赤間関（現・山口県下関市）のある寺に寄った。そこで幾日か過ごしていたが、ある夜、戸を叩く音があって目が覚めた。団都が「誰ですか」と問うと、「あるお方の使いでございます。願わくばご一緒に来ていただいて、物語りをしていただけないかと申して参れ、との命を受け、参りました。私が案内をするので、一緒に来てくださいませんか」と言う。

　そこで「行きましょう」と言うと、その者は団都の手を取って、豪奢《ごうしゃ》な屋敷と思しき場所に連れて行った。そこには多くの侍女の気配があり、簾《すだれ》を通して吹いてくる風からは素晴らしい香りが漂っていた。しばらく進むと、艶《つや》やかな女性の声で「座頭様が来てくださって大変喜ばしゅう思います。願わくば、平家物語の一句をお聞かせ願いませんか」と言う。

　そのため、団都が「どの句を語りましょう」と問うと、「小宰相の句を語ってほしい」と言うため、団都は琵琶をかき鳴らし、抑揚をつけて語り始めた。その間、場は静まって皆が耳を傾けている様子だった。

　語り終わると、屋敷の者たちは茶菓子などを出して団都をもてなしてくれた。しばらくして、「もう一句語ってほしい」との要望があったため、「どの句を語りましょうか」と問うと、「もう一度小宰相の句を」と答えが返ってくる。そこで琵琶を鳴らし、また語っていると、寺の住職の声で「そこで平家物語を語っているのは誰か」と聞こえた。

　そこで不思議に思った団都が辺りを手探りすると、冷たい石塔に手が当たった。侍女がいるかと思って手を伸ばすと、苔《こけ》むした卒塔婆《そとば》の感触がある。混乱して「ここはどこだろう」と言うと、住職が「ここはうちの墓だ。その石塔は小宰相の石碑である」と答えた。

　寺に帰り、団都が出来事のあらましを語ると、住職はそれは小宰相の幽霊が現れたのだと教えた。そして「小宰相の執心は深く、一〇〇夜の間物語を聞きに来るだろう」と言い、それを回避するため、団都の体に経文を書いた。しかしその時、左耳のみ書き忘れてしまった。

　住職は、「小宰相が来ても声は出さず、身動きをしてもならない」と団都に言いつけた。そしてその日も夜になると、小宰相の幽霊はやって来たが、経文を書いた団都の姿は見えず、また触れても分からないようだった。しかし「ここに団都の耳があるぞ」という声がし、その耳を千切って持って行ってしまった。

　以来、団都は「耳きれ団都」と呼ばれるようになったという。

　このように平家の怨霊が盲人の耳を千切って行く話は近世にはいくつか類話がある。中でも有名なのは近代に紹介された「耳無し芳一」の話だろう。

五歳の幽霊 ［ごさいのゆうれい］

　子どもの幽霊。近世後期、旗本の根岸鎮《やす》衛《もり》が天明（一七八一～八九）から文化（一八〇四～一八）年間にかけての約三〇年間にわたり記した随筆『耳嚢《みみぶくろ》』巻五「幽霊なきとも難申事」にあるもの。それによれば、根岸鎮衛のもとをよく訪れていた栗原某という者が実際に体験した話とされる。栗原某は小日向《こひなた》（現・東京都文京区小日向）に住んでおり、近隣の旗本の家によく立ち寄っていたが、その家の五歳の息子をたいそうかわいがり、行くたびに土産などを渡していた。

　ある時、しばらくこの旗本の家に行けずにいたところ、旗本の屋敷から「今晩は必ず来るように」と言われたため、玄関から上がって勝手の方の廊下に行くと、旗本の息子がやって来て、彼の袖を摑《つか》んで先導した。そして勝手に着くと何かしめやかに屏《びょ》風《うぶ》を立てているため、病人でも出たのかと思っていると、家の主人が出てきて、「息子が疱瘡《ほうそう》で死んだ」と告げた。では自分の袖を摑んだあの子どもは何だったのかと栗原某は身の毛がよだつ思いをしたという。

小侍の遊魂 ［こざむらいのゆうこん］

　生きている頃と変わらぬ姿で現れた死者。近世後期、旗本の根岸鎮衛《やすもり》が天明（一七八一〜八九）から文化（一八〇四〜一八）年間にかけての約三〇年間にわたり記した随筆『耳嚢《みみぶくろ》』巻五「遊魂をまのあたり見し事」にあるもの。

　それによれば、『耳嚢』著者の知り合いの中山氏という人物は、召使いの小侍（少年の侍）が聡明であったため、殊《こと》の外かわいがっていた。しかし寛政七年（一七九五）の暮れに流行した疱瘡《ほうそう》にかかり、死んでしまった。そのため中山氏はこれを大変不憫《ふびん》に思い、厚く弔った。

　それからしばらくして、中山氏の友人である男性が昌平橋（東京都千代田区の神田川に架かる橋のひとつ）を通った際、小侍がその友人と行き会った。友人は小侍が亡くなったことを知らなかったため、「主人に変わりはないか」と気軽に声をかけ、小侍もそれに答えて立ち去った。それから中山氏のもとを訪れた際、小侍がずっと以前に死んでいることが分かった。

　これに驚いた中山氏の友人が、その時に連れていた僕《しもべ》に尋ねると、その僕も小侍をたしかに見た、と答えたという。

古戦場火 ［こせんじょうび］

　死者の流した血が火となるもの。近世中期の絵師、鳥山石燕が安永八年（一七七九）に刊行した『今昔画図続百鬼』にあるもの。同書には戦場跡に怪火が浮かんでいる様子が描かれ、解説として、一将功なりて万骨枯れし枯野には、燐火《りんか》といって火が燃えることがある。これは血のこぼれた跡から燃える火であるという、と記されている。

　「一将功成りて万骨枯る」とは「輝かしい功績をあげた人の陰には、それを支えた無数の人の犠牲がある」という意味で、元は中国唐末期の詩人、曹松の漢詩『己亥歳』の一節であり、戦乱が続く唐で、将軍たちは自分の手柄のみを求めて戦い、その背後には苦しめられ、犠牲になる民がいることを語ったもの。

　死者の血が燐火へ変わるとする考え方については、古い資料では平安時代に記された『和名類聚抄』があり、「燐火」の項目にて燐火は鬼火であり、人および牛馬兵の死者の血が変化したものである、とある。また戦いの跡に鬼火が燃えるという話はさらに古く、『続日本紀』延暦八年（七八九）七月の条で、桓武天皇の命令により蝦夷《えみし》征討に派遣された紀朝臣古佐美が虚飾した奏状を送る描写があるが、その中に「天兵（官軍）の進む先に強敵などおりません。海の浦にある蝦夷の窟《いわや》の住まいには人も煙も見えず、山谷の賊の巣穴にもただ鬼火が見えるのみです」と記されている。

　正徳二年（一七一二）刊行の寺島良安の類書『和漢三才図会』でも中国の『本草綱目』を引いて「燐もしくは鬼火は人や牛馬の兵で死んだ者の血が土に入り、長年を経て化けたもので、皆精霊の極である」と記されている。

　石燕はこれら『己亥歳』と燐火にまつわる資料を参考にし、古戦場火を描いたのではないかと考えられる。

子育て幽霊［こそだてゆうれい］

飴《あめ》買い幽霊ともいう。妊娠したまま死んだ女性が幽霊となり、墓の中で生まれた子どものために飴や餅などを買い、それを食べさせて育てるという話。多くの場合、女の正体が幽霊だと気付いた人間によって墓の中で泣く子どもが発見され、無事に育てられる。成長後は高名な人物となった、と語られる場合も多い。

　元は中国に伝わっていた話だと考えられ、一二世紀の南宋の頃に成立した『夷堅志』に収録される「餅を買う女」にすでにこの内容が見られ、後にこれが日本で翻案されたものと考えられる。

　近世の文献にはすでに子育て幽霊の話が見え、例えば宝永六年（一七〇九）に刊行された『大和怪異記』第一一「孕女《はらみおんな》死して子を産育する事」では、土佐国（高知県）で懐妊したまま死んだ女性がおり、その亡《なき》骸《がら》を葬ったところ、近くにある餅屋に夜ごとに餅を買いに女が来るようになった。その女は六日通い続けた後、七日目には店の者に帷子《かたびら》を渡して、これを餅に替えてほしいと言った。翌日、その帷子があまりに汚れていたため、洗って干していると、死んだ女の夫がこれを見て「塚を掘り返して帷子を奪ったのか」と疑い、餅屋に理由を問うたため、餅屋は今までの経緯を話した。夫は不思議に思い、餅屋に来るという女を待っていると、それは死んだ自分の妻であった。そこで墓所に向かうと微《かす》かに赤子の泣く声が聞こえたため、怪しんで塚を掘ると、女は子を産んで、自身の膝の上に座らせていたという。

　この子は夫が連れ帰り、育てたが、成人した後、寛文元年（一六六一）の頃に船頭となった、という話が記されている。

　昔話や伝説としても日本各地に残されており、伝説の場合、高僧の誕生と結び付けられることが多々ある。

小袖の手［こそでのて］

衣服に死者の思いが籠もったとされるもの。江戸中期の絵師、鳥山石燕の描いた画集『今昔百鬼拾遺』にあるもの。それによれば、「唐詩に『昨日施僧裙帯上断腸猶繋琵琶功絃』とあるが、これは妓女《ぎじょ》が亡くなったことを悼む詩で、僧に施した妓女の帯にまだ琵琶《びわ》の糸が掛かっているのを見て、断腸の思いを抱いたものだ。このように、女は皆儚《はかな》い衣服調度に心を留めるから、亡き後にその女が着ていた小袖から手が出てくるのを見た人もいるのだと聞く」といったことが記されている。

ここに出てくる唐詩は中国、三国時代の朱褒《しゅほう》という人物が書いたもので、「悼亡妓」と題される。全文は「魂帰溟漠魄帰泉、只住人間十五年。昨日施僧裙帯上、斷腸猶繫琵琶弦」で、書き下しにすると「魂は溟漠《めいばく》に帰し、魄《はく》は泉に帰す。只人間《ただじんかん》に住すること十五年。昨日、僧に施す裙帯《くんたい》の上、断腸す、猶《なお》琵琶の弦を繫《か》くるに（魂は溟漠（ぼんやりとした闇）に帰し、魄は黄泉に帰す。俗世に住むこと一五年であった。昨日、僧に裙帯を施したが、その上になお琵琶の弦が掛かっていて、断腸の思いがした）」となる。この「僧に裙帯を施す」というのは、僧に故人の身に着けていた物を寄進する習慣があったことに由来する。その寄進する裙帯に亡妓の執着を残すように琵琶の弦が掛かっていて、それを見て耐えきれぬほどの悲しみを抱いた、という詩になる。石燕はこの詩から「小袖の手」という妖怪を思いついたか、もしくは小袖から死者の手が見えた、という怪異の話を聞いて、この詩と関連付けたのか、どちらも可能性が考えられるが、今となっては分からない。

古曽部の里の幽霊［こそべのさとのゆうれい］

後妻を攻撃するために現れた幽霊。延宝五年（一六七七）、荻田安静によって編まれた『宿直草《とのいぐさ》』巻五第五「古曽部の里の幽霊の事」にあるもの。それによれば、古曽部（現・大阪府高槻市の一部）の西にある谷には、騎馬の侍と束帯の女房の幽霊が出現したのだという。彼らが出るのは夜で、轟音《ごうおん》とともにまず緋縅《ひおどし》の甲冑《かっちゅう》の男が弓を持って矢を背負い、馬に乗って谷を一直線に下りる。さらにその後に白糸の鎧《よろい》、直垂《ひたたれ》を纏《まと》い、鉢巻きを巻いた女房が白い柄に蛭巻《ひるまき》をした薙刀《なぎなた》を脇に抱え込んでしずしずと歩み、はじめの男に続く。そして野原を二人で二、三遍巡って搔き消すように消えるのだと記されている。

子の髪を結う女房［このかみをゆうにょうぼう］

死後も子の世話をしに現れた女。鈴木正三が書き留めた話を弟子たちが取りまとめ、寛文元年（一六六一）に刊行した仮名草子『片仮名本・因果物語』巻中の二三「幽霊来たりて子を産む事　付亡母子を憐れむ事」にあるもの。

それによれば、摂州大坂（現・大阪府大阪市）の近くの家に、死んだ女房が三年にわたりやって来て、子どもの髪を結ったという。またこの女房は後妻の舌を抜いたため、後妻はさまざまに養生し、回復した後、その家の主人と離縁したとも語られている。

小幡小平次［こはだこへいじ］

復讐《ふくしゅう》のために現れた怨霊。近世の資料においていくつもの文献や創作に記されている死者の名であり、資料によって名前の表記や怪異譚《たん》の内容は異なる。まずここでは一般によく知られた小平次の物語の原型となった、享和三年（一八〇三）刊行の山東京伝の『復讐奇談安積沼《あさかぬま》』から小平次にまつわる物語のあらすじを紹介する。

小平次は普通の芝居は下手だが、幽霊に似ていると評判の容貌により、幽霊役を得意とし、「幽霊小平次」とも呼ばれる役者だった。しかしその妻、お塚は小平次の同僚・安達左九郎と密通していた。左九郎は兄の轟《とどろき》雲平と共謀し、芝居の興行の旅の途中、奥州安積郡（現・福島県郡山市）で小平次を安積沼に釣りに誘って沼に突き落とし、溺死させる。左九郎は小平次の死体から金を奪おうとするが、死んだはずの小平次が目を見開き、その手に腕を摑《つか》まれる。あまりの恐ろしさに左九郎は気絶するも、兄の雲平が小平次の手首を切り、さらに指を切って左九郎の腕から小平次の手を放す。しかしお塚のもとに帰った左九郎は、死んだはずの小平次が戻っていると聞かされる。そこで小平次の様子を見ようと部屋を覗くと、屛風《びょうぶ》の裏から細く青白い手首が現れ、五本の指が落ちる。左儿郎はこれを見るなり恐れおののくが、お塚はさては帰ってきたのは小平次の冤魂《えんこん》かと動じなかった。

その後、左九郎は望み通りお塚と夫婦になるも、お塚が間男と密通していると疑い、お塚を刀で斬りつける。これによりお塚は小平次の死体と同じように五本の指を失うも、間男と見えた者はそのまま姿を消し、笑い声だけがその場に響いた。左九郎はそれにより、間男に見えたものは小平次の冤魂だったことに気づく。

その後、お塚は衰弱していったが、小平次はなおも二人につきまとっていた。ある時、左九郎は通りすがりの祝《はふり》（神職の一種）に死者の祟りが身に及んでいることを指摘され、その対策としてその日から三一日間、昼夜戸を閉じ、家に籠もることを教えられ、神符を渡される。そこでその神符を貼り、家に籠もっていると、外から小平次の恐ろしげな声が聞こえてきて、小平次が家の周りを回っていることがうかがえた。

そんな日が三一日間続き、ついに最後の夜、空が白み始めたと安堵《あんど》した左九郎が引窓を開けると、外はまだ暗く、陰火が家に飛び込んでお塚を殺してしまった。

左九郎はお塚の仏事を執り行うも、お塚の治療や祈禱《きとう》によって金はほとんど底をついていた。その時、ある僧に死霊の祟りを指摘されたため、その僧を頼るも、騙《だま》されて金を奪われる。後日、この僧に再会した左平治は僧に向かって罵詈雑言《ばりぞうごん》を吐くが、よく見ればそれは別人で、怒った僧に殴られ続けた左太郎は満身創痍《そうい》で家に帰る。そして最期は「俺を水中に引き入れて水を飲ますのは、喉を絞めるのは誰だ、ああ苦しい、もう耐えられない」と叫んで死亡した。これもまた、小平次の祟りであったという。

その後も小平次の冤魂は安積沼に留まり、人々を悩ませたが、了然禅尼という尼僧に教化されたことにより、祟りを起こすことはなくなったという。

この小幡小平次の話は巷説として流布し

「百物語　こはだ小平二」葛飾北斎

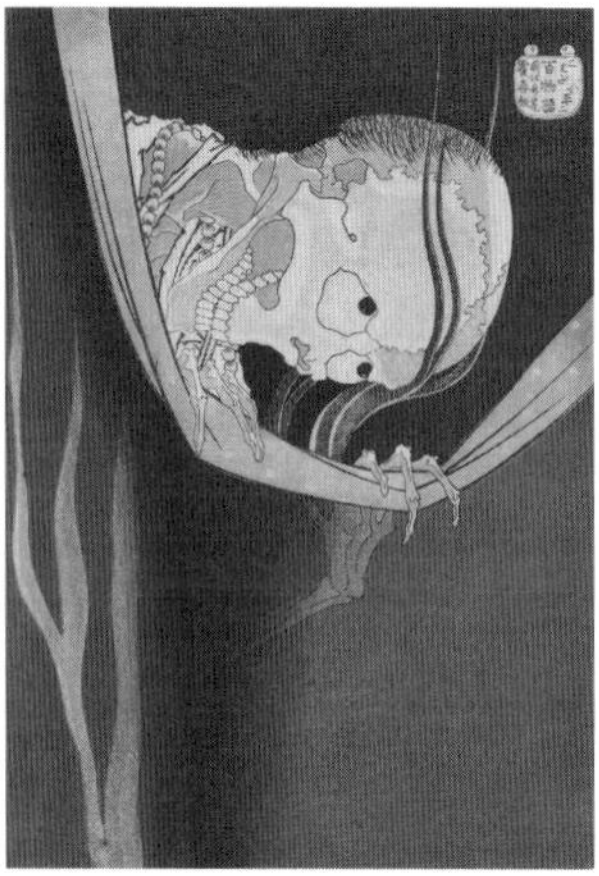

ていたらしく、近世の文献にはさまざまに登場する。例えば江戸後期に記された山崎美成《よししげ》の随筆『海録』には「こはだ小平次」という名で記録されており、旅役者として伊豆国（静岡県の伊豆半島・伊豆諸島）で芝居をしたが、大きな当たりもなく、それに面目をなくして江戸に帰ってから自殺した。小平次はその自殺の前に、自分が死んだことは妻に言わないでほしいと友人に頼んでいた。しかし友人は彼の妻が帰ってこない夫を心配しているのを見かねて、事の顚末《てんまつ》を話そうとしたところ、怪事が起きたと書かれている。それ以来、小平次の話をすると必ず怪事が起きるようになり、小平次の芝居を行う際には、施餓鬼が行われるなどした、とある。

　また、同書には、他にも小平次には芝居で蓄えた金があったが、それを知った友人に殺害され、金を奪われたという説や、市川家三郎という人物に下総国（千葉県）の印旛沼《いんばぬま》で殺され、沼に沈められた、といった説も載せられている。

　根岸鎮衛《やすもり》の随筆『耳嚢《みみぶくろ》』巻一〇「小はた小平次事実の事」にも小平次のことが載せられているが、それによれば小平次は山城国小幡村（現・京都府宇治市）の出身で、幼少期に父母に先立たれ、寺の弟子となって出家し、真洲と名乗った。その後、諸国を遍歴した際、江戸で深川茶屋の花野という女性に祈禱したが、それがきっかけで花野に執心されるようになった。ある時、真洲のもとに押し掛けた花野は、この願いに応えてくれないのであれば死ぬしかないなどと言い、香合に入れた自分の指を見せた。それを見せられた真洲は明日の夜に返事をすると言って一度花野を返したが、そのまま深川（現・東京都江東区深川）を発って神奈川へと向かった。それからしばらく神奈川に逗留《とうりゅう》していたが、江戸の者たちが来て、花野が乱心して家を出たため、今どこにいるか分からないと言って江戸に連れて帰った。そこで半六という者の勧めで還俗して役者となり、「小和田小平次」を名乗った。それからは順調に役者として出世したが、茶屋で博打を行ったことで破門され、半六とともに田舎芝居に下った。そしてある時、雨天で旅回りを休んだ時、誤って海に落ち、死んでしまったという。

　これについては、実は小平次は花野と夫婦になっていたが、三平という者が花野に執心しており、半六と三平が共謀して小平次を海に落として殺した。その後、花野のもとにそれを伝えに行くと、小平次は昨夜帰ったという。驚いて小平次がいるという一間を見ると、小平次の荷物などはたしかに戻っていたものの、小平次の姿はなかったという。

小幡小平次の物語は歌舞伎でも人気を博した。文化五年（一八〇八）初演の初代勝俵蔵（四代目鶴屋南北）作『彩入御伽艸《いろえいりおとぎぞうし》』はその代表作だが、先述の『復讐奇談安積沼』の影響を受けた作品となっている。

他にも多くの落語や映画の題材となっており、平成一四年（二〇〇二）には京極夏彦が、この小平次を題材にした小説『覘《のぞ》き小平次』を発表するなど、小平次は時代を超えて今なお人気である。

小坊主の死霊［こぼうずのしりょう］

ある一族を祟り続けた死霊。近世後期、旗本の根岸鎮衛《やすもり》が天明（一七八一～八九）から文化（一八〇四～一八）年間にかけての約三〇年間にわたり記した随筆『耳嚢《みみぶくろ》』巻九「死霊の奇談の事」にある。

それによれば、下谷（現・東京都台東区下谷）もしくは浅草（同区の浅草）に代々子が若死にして相続できず、養子を迎えて存続してきた家筋があったが、そんな中でただひとり血の繋《つな》がった娘が残った。そのため、娘を大切にしていたが、突然患ってしまい、さまざまに治療し、祈念も行ったが、効果はなかった。

そんなある夜、ひとりの小坊主が家に来て「私はこの家の三代前の主人に仕えていた者だが、少しの失敗により情もなく殺された。その後も非道なことに跡を弔うことすらしなかったため、怨恨が晴れず、これまで祟りをなしてきた。その血筋も後はあの娘ひとりだ。これも程なく命を取ることができるだろう」と告げた。そのため、これを見た家の者は「それはもっともなことであるが、すでに年月も経った。今娘が亡くなったとしても、あなたの妄執は晴れるとは限らないだろう」と言うと、小坊主は「ならば私の亡骸《なきがら》を埋めた塚が山谷玉林寺にある。なにとぞ追善供養をしてくだされ」と言って去った。

翌日、家の者が玉林寺へ人を遣わせ、小坊主の言っていたものと思しき塚を見つけて厚く追善したところ、不思議なことに娘の病はたちまちに癒えたという。

駒井蔵主［こまいぞうす］

自分の菩提寺《ぼだいじ》を決めた死者。近世後期、旗本の根岸鎮衛《やすもり》が天明（一七八一～八九）から文化（一八〇四～一八）年間にかけての約三〇年間にわたり記した随筆『耳嚢《みみぶくろ》』巻八「駒井蔵主幽魂奇談の事」にある。

それによれば、日野伊予守という人の家来に駒井蔵主という者がいたが、この蔵主は江戸で働いていたものの、もともとは上州（群馬県）に住んでおり、「もし死ねば先祖代々の寺の在所に葬ってほしいところだが、江戸で勤務しているゆえ、やむを得ず江戸にも菩提所を決めた」と人々に話していた。しかし蔵主は風邪をこじらせて「故郷の寺に葬られるようにいたしたい」と告げ、すぐに死んでしまった。

親族、傍輩たちがこのことを主人に伝えると、主人は「一度江戸に菩提所を決めたのならば、その寺から送りの証文がなければ、故郷の寺でも差し支えが出よう」と言った。その時、江戸の菩提所から遣わされてきた僧が送り証文を持ってきたため、「これはどうしたのか」と主人が問うと、僧は「蔵主様が菩提所に来て、かねてから頼んでいた送り証文をしたためてくださいとおっしゃっていたので、持ってきたのです」と告げた。そこで詳しく聞くと、蔵主が寺に来たという日は、すでに彼が死んだ後の日だったのだという。

五郎助［ごろうすけ］

継母に殺された子どもが怨霊と化したもの。作者不詳、元禄年間（一六八八〜一七〇四）に刊行された仮名草子『善悪報《むくい》ばなし』巻一の一二「死したる子来り、継母を殺す事」にあるもの。それによれば、筑後の山下（現・福岡県八女市立花町北山辺り）に桝屋《ますや》安兵衛という者がおり、五郎助という子がいた。この安兵衛は後妻を取り、後妻との間に四郎、三郎という子が生まれたが、この後妻は自分の子を可愛がり、継子である五郎助を憎んでことあるごとに辛く当たった。また、安兵衛は頭が悪く、気が弱かったため、それを止めることができず、継母は好き勝手に五郎助を虐げ、ついに五郎助は一七歳で飢え死にしてしまった。

継母は大いに喜んだが、その死から二〇日後、突然家の中で声が響き、「俺は五郎助の怨霊だ。俺は罪がないにもかかわらず継母に殺されたゆえ、この無念は晴れぬ。俺を苛《さいな》んだようにお前と子を殺してやる。継母よ思い知れ」と告げた。家の者たちは驚き、見回したが五郎助の姿は見えず、その後も声は聞こえ続けた。

継母は肝を潰《つぶ》し、巫女《みこ》、神巫《かんなぎ》、僧を集め、さまざまな供え物をして詫《わ》びたが、嘲笑《あざわら》う声だけがして、家が転覆するほどの家鳴りが起きたかと思えば、「家を焼き滅ぼしてやる」と声がして、実際に火が点き、家が一摑《ひとつか》みの灰となるまで燃えるということもあった。また、大声で「俺を殺して自分の子を世に立てようと思うとも、今から親子もろとも取り殺してやる」と告げ、それから四郎、三郎が六歳で死に、継母は怨霊が来てその体を叩いたかと思うと、それから一月後に裏口で転び、血を吐いて死んだ。

この怨霊騒動は正保年中（一六四四〜四八）にあったことなのだという。

殺された娘と母の霊［ころされたむすめとははのれい］

殺された娘とその母親が復讐《ふくしゅう》を遂げるために現れたもの。作者不詳、元禄年間（一六八八〜一七〇四）に刊行された仮名草子『善悪報《むくい》ばなし』巻三の三「女房、女の孕《はら》みたる腹を焼き破る事」にある。それによれば、摂州大坂（現・大阪府大阪市）において、ある裕福な者がいたが、彼が深く思いを掛ける娘がおり、やがて妊娠した。しかしその男の女房がこれを憎み、夫の留守を見計らってその娘を家に呼び寄せ、一間に閉じ込めて二、三人の下僕の男を召し、手と足を押さえさせ、火熨斗《ひのし》を摑《つか》んで娘の子を宿した腹に押し付けた。娘の腹は腫れ上がり、ひび割れて肉が溶けて切れた。そして娘が虫の息になった頃、女房は娘を乗り物に乗せて母親のもとに帰した。しかし娘は乗り物から降ろされた直後、息絶えてしまった。

　母親はこれを見て嘆き悲しみ、走り回ってさまざまな神社に詣でて「我が子の仇《かたき》を取ってくださいませ」と祈り、あるいは神前の生木に釘を打つなどしてさまざまに呪い、母親もそのまま思い詰めて死んでしまった。

　しかし程なくして母と娘、二人の霊があの女房のもとに現れて責めるようになり、女房はやがて病みついた。さまざまなことを口走り、体調を崩し、最後は剃刀《かみそり》で己が腹を切り裂き、即死した。それからというもの、その家は代々霊に祟られるようになったという。

　これの元となったと思しき話は鎌倉中期に記された説話集『沙石抄』にある。しかしこちらでは霊として現れるのは母親のみであるなど差がある（詳細は中世の**殺された娘の母の霊**を参照）。

狐者異［こわい］

　無法な者の生前、死後をいずれも表すという名前。桃山人著、竹原春泉画として天保一二年（一八四一）に刊行された奇談集『絵本百物語』にあるもの。この『絵本百物語』はそれぞれの項目に、桃山人が記した本文と、春泉が描いた絵に付記された文章があることが多いが、なぜか狐者異の場合は本文のみで絵には解説文がついていない。

　本文によれば、狐者異は我慢（意地を張り、我を通すこと）強情にして俗にいう無分別者のことであり、生きている頃には法を無視して人を恐れず、他人の物を取って食らい、死んでからは妄念、執着の思いによりこの世にさまざまな姿で現れ、仏法や世の法を妨害するという。

　そのため、経典もこれを狐になぞらえ、また疑心にたとえ「ただ恐れるべきは自己の悪念であり、この頓着を捨て去らぬ時は仏といえども嫌い、恐れる」と書いている。また、世間一般で恐ろしいことを「こわい」というのはここから出た言葉だ、とも記している。

　絵には人間に似た姿をしているが、大きな目を見開き、髪を逆立てた化け物が振り売りのうどんを喰らおうとする様子が描かれている。

　本文中に狐と疑心が並んで記されているが、当時、狐は非常に疑い深い獣だと考えられていた。そのため、相手を疑うことを意味する「狐疑」という言葉もあり、仏典にも記される。このため、「狐者異」に「狐」の字が使われているのだろう。

子を産んだ卒塔婆［こをうんだそとば］

　死んだ後、夫のもとを訪れた妻。延宝五年（一六七七）、荻田安静によって編まれた『宿直草《とのいぐさ》』巻三第一「卒塔婆の子生む事」にあるもの。それによれば、昔、津国富田（現・大阪府高槻市富田町付近）にあった狭間という村に名主の男がいたが、商いのため、妻を置いて筑紫（九州）に赴いた。しかしその間に夫を待ちかねた妻は疲労もあって病に倒れ、死んでしまった。その亡骸《なきがら》は野辺送りされて焼かれ、陵墓の標《しるし》として卒塔婆のみが残った。

夫はそのことを知らずにいたが、ある時彼のもとに狭間に残してきた妻がやって来た。妻は「風の便りもないため、あなたの行方もおぼつかなく、恋焦がれて待つよりも訪ねて行こうと思い、ここまで来たのです」と言った。夫は喜び、また三年の月日を妻と過ごし、ひとりの子宝にも恵まれた。それからしばらくして、狭間に残してきた下人が、便りも寄越さない主人に妻が死んだことを知らせるために筑紫までやって来て、彼に奥方が亡くなったことを伝えた。しかし主人は、妻は三年前、下人が命日だという日に筑紫にやって来て、今もともに暮らしていると答えた。そして帳台にいる妻を呼んだが、返事がないため、主人が行ってみると、そこにはいつもはない卒塔婆がひとつ置かれていた。不思議に思い、主人がそれを下人に見せると、下人は涙を流し、「それこそ奥様の御塚に立てた卒塔婆です」と答えた。その後、妻は探しても見つからず、さては亡魂だったのかと悲しんだが、生まれた子はすくすくと育ち、芸人となって、能のワキとして有名になった。彼は父母の故郷と同じ「狭間」と呼ばれたという。

子を育てる亡霊 ［こをそだてるぼうれい］

死後も子の世話をしに現れた女。鈴木正三が書き留めた話を弟子たちが取りまとめ、寛文元年（一六六一）に刊行した仮名草子『片仮名本・因果物語』巻中の二三「幽霊来たりて子を産む事　付亡母子を憐れむ事」にあるもの。

それによれば、紀州（和歌山県および三重県南西部）にて、ある家の女房が難産で死んだが、子どもは無事に生まれるということがあった。それからというもの、亡霊になった女房がやって来て自分の子を抱き、乳を飲ませ、三歳になるまで育てた。この女房が死んだのは一七歳の頃だが、三年経っても同じ年齢に見えたという。

現代では亡霊は死んだ時の姿で現れるという考え方が一般的だが、中世や近世では死んだ後、その死後の年数だけ歳を経た姿で現れるとされる場合も多かった。そのため、この話では死んだ一七歳当時の姿で現れることが不思議なこととして記されている。

こんな晩 ［こんなばん］

殺された人間が仇《かたき》の子に転生し、その罪を告発する話。「異人殺し」「六部殺し」「座頭殺し」などとも呼ばれる。

内容としては、ある家で旅の六部（座頭。目の不自由な人）を泊めるも、その六部が金を持っていることに気づいた家の者が欲にかられて六部を殺し、金を奪う。そして六部の金を使って家は栄えるが、その家で生まれた子は言葉を話すことができなかった。しかしある晩、突然「しっこ」と言うため、父親が外に連れ出して小便をさせていると、子どもが突然振り向く。その顔はあの時殺した六部のものになっており、「お前が俺を殺したのも、こんな晩だったなあ」と告げる、というような話になる。昔話や民話でよく語られる話だが、近世の文献にも多く登場している。

享保一一年（一七二六）刊の『諸仏感応見好書』「座頭を殺して子と生る」では、勢州（三重県、愛知県、岐阜県の一部）の男が座頭を泊めた際、座頭が官金（盲人が官位を得るために幕府に収める金）を持っているのを見て夜にこの座頭を殺し、金を奪い、衣を剝《は》いだ。その後、家は富み栄えたが、彼と妻の間に生まれた子は目が見えず、顔も殺した座頭に似ていた。その子が五歳から一四歳になるまで男は財を尽くして育てたが、子が突然「我は父が殺した座頭である。我から奪った官金は使い尽くさせてやったが、いまだ命を取っていない」と言った。その後、この子どもは父を殺して恨みを晴らし、自身も自害したという。

細部が異なる話は多く、例えば寛延三年（一七五〇）刊行の『怪談登《と》志《し》男《おとこ》』巻二「怨霊亡経力」では舟で座頭を殺害して金を奪うも、座頭の亡霊が現れてその罪を告発する、という展開になる。ここでは転生の要素が抜け、殺害場所も家ではなく舟となっている。

このように旅の六部、座頭を殺して金を奪い、殺された者が殺した者の子に転生して罪を告発する、というのは怪談の肝だが、話のおおもとは中国に伝わる討債鬼故事（討債鬼説話）と呼ばれる怪談の一類型で、福田素子著『債鬼転生―討債鬼故事に見る中国の親と子―』によれば、日本では古くは平安時代の『日本霊異記』にこの類の話がみられるという（古代の**負債を取り立てる子**も参照）。

討債鬼故事は大まかにいえば借金を踏み倒されて、もしくは金を奪われて死んだ者がその金を奪った人間の子に転生し、浪費をさせる、もしくは浪費をすることによって借金分、奪われた分の金を使わせ、その後に自分が金を取り返すために転生した者であると告げる、という話である。話によってはその後に転生した子が仇である親を殺す、という展開が語られる場合がある。比べてみると、先述した『諸仏感応見好書』の話はほぼこの要素を踏襲していることが分かる。また本書に収録した**二一歳まで腰の立たなかった子**も討債鬼故事の構成をほぼそのまま使っているし、**七里が浜の座頭**でも転生した座頭が罪を告発し、父親を殺す話が見られる。中国の討債鬼故事が必ずしもこのすべてを満たすわけではなく、日本でもその一部だけが残った話が散見される。例えば貞享三年（一六八六）に刊行された『本朝二十不孝』巻三第四「当社の案内申す程おかし」では油売りを殺した男に子が生まれ、その子は聡明であるものの、油を飲むという奇癖があった。ある時、この子が大衆の前で親の殺人を告発し、家が崩壊するのを見届けた後、自身は姿を消す、という話で、奪われた金を自分のために浪費させるという要素が語られない他、殺された油売りが転生した子なのかどうかもはっきりとは明かされない。また、油を飲むという要素は落語の「もう半分」にも受け継がれている（**もう半分**も参照）。

　他にも近世の怪談集には、満足に供養されなかった人間が自分の孫や子孫に転生する話があるが、こちらは金銭部分の要素がなくなっており、転生した子に障害がある、転生した子が自分の前世を語り、供養が満足でないという罪を告発するといった要素が残っている。この具体例については、**孫に転生した祖父**を参照。

　討債鬼説話の流れにあるのかは断言しがたいが、死者が生前の借金の返済を求める話も近世の怪談集に確認できる（こちらは**次郎作**を参照）。

　また近代に入ると夏目漱石の小説『夢十夜』の第三夜に「こんな晩」をモチーフとした話が記されているが、こちらは子どもの目が潰《つぶ》れている、子どもが前世で自分が殺されたことを告発する、という要素はあるが、金銭的な要素は語られない。また、最後に背負っていた子が重くなる、という描写は転生した子による親、すなわち前世の仇の殺害を予感させる。

　さらに現代になると**今度は落とさないでね**と呼ばれる怪談が語られるようになるが、こちらは親が子を殺した結果、次に生まれた子に殺した子どもが生まれ変わる、という同じ両親から生まれる子ども同士の転生となり、やはり金銭にまつわる要素は消えている。また親族同士の転生、という点では供養の不足を告発する近世の話を思い起こさせる。

【さ】

佐伯三郎［さえきさぶろう］

　自分を殺した者たちを祟った戦国武将。近世初期、大友氏の興亡について記された軍記物『大友興廃記』巻二にあるもの。佐伯三郎は戦国時代の武将。佐伯惟信《これのぶ》の子であったが、惟信が三郎の母と離縁し、後妻をもうけると、その間に生まれた惟勝と惟常の謀略により殺された。その後、三郎は怨霊と化して自分を殺した弟たちを祟ったため、三郎を祀《まつ》るため梅の宮という社《やしろ》が建てられたという。

酒井小七［さかいこしち］

　故郷へ帰った死者。近世後期、旗本の根

岸鎮衛《やすもり》が天明（一七八一～八九）から文化（一八〇四～一八）年間にかけての約三〇年間にわたり記した随筆『耳嚢《みみぶくろ》』巻八「思念故郷へ帰りし事」にある。

それによれば、明和・安永（一七六四～八一）の頃、故郷を離れて二条・大坂在番を務める酒井小七という者が、いつもとは違う夕暮れ時に門を通りたいと告げた。番人も組の者であるため、疑わずに通したが、その夜、自国の家にいる小七の妻のもとに夢ともうつつともつかない状態で小七が現れ、対面した。その姿は何とも顔色が悪く、衰えた様子であったが、翌日、上方から書状が着て、小七が病死した、との知らせがあったという。

死者の思念が故郷へ帰り、最期に親しい者と対面した話だが、同書ではこの他に**松山弥三郎**という者の話も載せられている。

逆さまの幽霊［さかさまのゆうれい］

生者に助けを求めた幽霊。延宝五年（一六七七）に刊行された怪談集『諸国百物語』巻之四第一話「端井弥三郎幽霊を舟渡しせし事」にあるもの。それによれば、織田信長の家来に端井弥三郎という文部両道の男がいたが、弥三郎が備後殿（信長の父である織田信秀）に仕えていた頃、清州（現・愛知県清須市）におり、犬山殿（信長の姉）の息子と男色の交わりを持つようになった。

そのため、弥三郎は三里（約一一・七キロ）の距離を夜な夜な通っていたが、ある雨が降りしきる夜、川で炎が光っているのを見かけた。近づいて見ると女が長い髪を垂らし、口より火炎を吹き出し、逆さまになって頭で歩いている。弥三郎はこれを見て刀を抜き、「何者か」と言うと、女は苦しげな声を出し「私はこの川の向かいにある屋村の庄屋の女房です。しかし夫が妾《めかけ》と共謀して私を絞め殺し、執心が来ないようにと逆さまに埋めたのです。仇《かたき》を取りたいと思うものの、このように逆さまでは川を渡ることが難しいため、もし豪胆な方に行き逢ったら川を渡してもらおうと思い、この場所で往来の人々を見ていたのですが、あなたほど豪胆な人はおりません。願わくば慈悲をいただき、この川を渡してくださいませ」と言った。

弥三郎は心得たと答えて渡し守を呼び「この女を舟に乗せ、向こう岸に渡せ」と告げた。しかし渡し守は女を見て櫓《ろ》と櫂《かい》を捨てて逃げ去ってしまったため、弥三郎が自分で櫂を取り、女を抱いて舟に乗せ、向こう岸に渡した。すると女は屋村を目指して飛んで行ったため、弥三郎がその後をつけると、女の声で「あっ」と叫ぶ声が聞こえ、程なくして妾の首を引っ提げた逆さまの女の幽霊が現れ、「おかげでやすやすと憎いと思っていた仇を取ることができました。かたじけない」と言って、消えてしまった。

弥三郎はそれから犬山に行き、夜が明けてから帰ったが、その途中、屋村で「夕べ何かなかったか」と聞いてみた。在所の者は「この村の庄屋殿が、この頃女房を迎えたが、今宵いかなる理由のためか、女房の首が何者かに引き抜かれてしまったそうです」と答えた。

　弥三郎はますます不思議に思い、備後殿にこのことを語り、川上の地面を掘ってみると、本当に逆さまに埋められた女の死骸が見つかった。前代未聞のことであると、かの庄屋は裁かれたという。

　この話に影響を受けたと思しき幽霊の話が沖縄にある。詳細は現代の**真嘉比道《まかんみち》の逆立ち幽霊**を参照。

逆立ちの霊女［さかだちのれいじょ］

死後、自分を殺した者に復讐《ふくしゅう》した女。鈴木正三が書き留めた話を弟子たちが取りまとめ、寛文元年（一六六一）に刊行した仮名草子『片仮名本・因果物語』巻上の七「下女死して、本妻を取り殺す事　付主人の子を取り殺す事」にあるもの。

　それによれば、ある浪人の何某《なにがし》という者が美濃国（岐阜県南部）から尾州名古屋（現・愛知県名古屋市）に行き、日が暮れてから帰る途中のこと。川のくり舟（粗製の川舟）があるところでこの浪人の名前を呼ぶ声がしきりに聞こえた。浪人が恐る恐るその声の方を見に行くと、逆立ちしている女がいる。そこで「何者か」と問うと、「お帰りをお待ちしておりました。私はあなたもご存じの庄屋にいた女です。不慮のことにて非道にも殺され、仇《かたき》を取りたいと考えております。この舟を動かして川を渡らせてくださいませ」と言う。

　浪人は「これは曲者だ。しかしもし嫌と言えば祟られる」と思い、「安いこと」と言って舟を寄せると、女は逆立ちのまま乗り、向こう岸に着くとそのまま下りて行った。浪人がそのまま別れ、宿に行くと、しばらくしてあの女が窓のところに来て「庄屋まで参ったのですが、家の出入り口に札が多く貼ってあり、中へ入ることができません。札を剝《は》ぎ取ってくださいませ」と言う。浪人は嫌だと思いつつも祟られることを恐れ、女の言う通りにすると、庄屋の中にいた家主の女房が悲鳴を上げて死んだ。近くにいた下女たちは肝を潰《つぶ》し、慌てて騒ぎ、浪人の家までやって来て屋敷に来てくれと頼んだ。浪人が行ってみると家主の女房が死んでいたため、あの女が仇を討ったのだと思い、何もできることはないと帰路についたところ、またあの霊女が現れた。しかし今度は逆立ちではなく普通に立っており、恩を返すと言って消えてしまった。

　不審に思い、浪人が庄屋に事情を聞くと、あの霊女は庄屋の妾《めかけ》で、女房はそれを憎く思い、夫が有馬（現・兵庫県神戸市北区有馬町）に湯治に行った隙に下男に命じて妾を川の向こう岸にある井戸のところまで連れて行かせ、そこに突き落として殺したのだという。その夜から妾は化け物となってこの川の渡し舟のところに現れるようになり、その頼みを聞いたのがこの浪人だったのだという。

　また、湯治をしている庄屋の主人のもとには、妾の霊自身が女房を殺したことを知らせたため、庄屋の主人は「女房の己の心の科《とが》である」と言ってそのまま湯治を続けてから帰った。これは寛永二〇年（一六四三）のことだったと記されている。

これに類似した話は『諸国百物語』にもある（詳細は**逆さまの幽霊**を参照）。

佐倉惣五郎 ［さくらそうごろう］

処刑された死者が現れたもの。佐倉惣五郎は江戸時代の農民で、下総国佐倉藩領（現・千葉県佐倉市）の住民だったが、領主堀田氏の重税に苦しむ農民たちのために将軍へ直訴し、その罪によって処刑された。しかし近世中期頃に成立したと思われる『地蔵堂通夜物語』によれば、処刑された惣五郎はその後怨霊と化し、領主である堀田上野介《こうずけのすけ》を滅ぼしたと伝えられる。

同書によると、将軍への直訴は大罪であったが、惣五郎はその罪をひとりで背負うこととしていた。しかしその罪は重く、惣五郎は妻および四人の子どもとともに処刑されることとなる。

その処刑方法は、磔《はりつけ》にされた惣五郎夫婦の目の前でまず子どもたちがひとりずつ斬首され、その後に夫婦の首が斬られるという悲惨極まりないものだった。もとより自分が処刑されることは覚悟していた惣五郎であったが、目の前で子を殺されるという非道な行いに猛《たけ》り狂い、見物している人々に対し「我らがこのような仕置きに遭うのは、我が私欲によって強訴したためではない。江戸佐倉の役人どもが殿の威光をもって村々をせぶり（せびり）、袖や袂《たもと》の賄賂《わいろ》を取り込み、農民を苦しめたためだ。万民の塗炭の苦しみを救い、三八九の村に代わり、ここに一命を捨てる」と告げた。さらに妻の蔦《つた》もまた「世のため人のために命を捨てることになったのは悔いはない。しかし、罪のない幼子まで死罪とするのはどういうことか。天道に背く仕置きではありませんか。口惜しい。我が身は朽ちてもこの恨みは天に留まりましょう」と叫んだ。これを受けて惣五郎もまた「我らの一念は五〇〇生は働くのだ。不正な役人はいうに及ばず、堀田上野介にも怨霊として祟り、思い知らせぬでおくものか」と告げ、処刑された。その際に天は掻き曇り、雷雨が刑場に降りかかったという。

それから間もなく佐倉の事件は世間に噂《うわさ》として広まり、同時に堀田上野介の悪評も広まっていった。さらに懐妊中の上野介の妻が病に倒れ、やがてその寝室に毎夜稲妻のような光が差し込み、子どもの泣き叫ぶ声が聞こえるようになった。いかなる加持祈禱《きとう》も効果はなさず、やがて上野介の妻は亡くなった。その次には、上野介の前に磔にされた惣五郎と蔦の幻が現れるようになった。彼らは屋敷の広間に出現し、走り回ることを繰り返した。これもいかなる加持祈禱も効果がなく、ついに上野介は狂乱し、佐倉領を没収されてしまったという。

この他、惣五郎の怨霊譚《たん》は講釈師の石川一夢、初世一立斎文車らによる『佐倉義民伝』などでも記され、歌舞伎『東山桜荘子』の題材にもなった。

ささ

生者と契った幽霊。延宝五年（一六七七）に刊行された怪談集『諸国百物語』巻之四第七話「筑前の国三太夫と云ふ人幽霊とちぎりし事」にあるもの。それによれば、筑前国（福岡県北西部）に三太夫という商人がおり、毎年大坂に商いに上る際、あまが崎（現・兵庫県尼崎市）のあつき屋という場所を宿にしていた。この宿の下女にささという女がおり、あつき屋の亭主は三太夫の夜伽《よとぎ》にささを寄越していた。

　そのようなことが数年続いたが、ある年、三太夫は理由があって久しくあまが崎を訪れず、しばらく期間を置いて久しぶりにあつき屋に宿を取った。そこで亭主が三太夫にさまざまなご馳走をして、酒を出したが、その際に「ささがいたならば」と呟《つぶや》いていた。三太夫は、ささは使いにでも行ったのだろうと考え、夜が更けると蚊帳《かや》を吊って寝た。すると夜中になって蚊帳の中にささが入ってきたため、三太夫は喜び、「なにかと久しくなってしまった。昼はどこへ行っていたのだ」と聞くと、ささは「私は今、この店にいないのです。今宵このようにここに来たことは決して誰にも話さないでくださいませ」と答えた。

　そこで三太夫は、ささはあつき屋に気が合わずこの店を出たか、または良い縁でもあったのだろうとさまざまに問うも、ささは子細を語らなかった。その夜はしみじみと二人で語り合い、ほどなく明け方になると「私はこれで失礼します」とささは立ち去った。

　三太夫は名残惜しく、ささに白い帷子《かたびら》を手渡したが、ささは礼を言ってそれを持って外へ出て行った。三太夫は心配になり、その後をついて行ったが、ささは西へ向かい、あまが崎を離れて、ある場所の堤の端で掻き消すように消えてしまった。

　その後、夜が明けてから三太夫があつき屋の亭主に「ささは今どこにいるのですか」と尋ねると、亭主は「そのことなのですが、ささはこの春、突然病みついて亡くなったのです。その今わの際にあなたのことだけを話しておりました」と語った。三太夫が驚き、昨夜のことを話すと亭主も驚いた様子で、ささが消えた場所を教えてほしいと言うため、三太夫がそこに連れて行くと、その場所はささの亡骸《なきがら》を埋めた墓所であった。そして、三太夫がささに渡した白い帷子が塚の上に掛けられていた。

　二人は不思議に思いながら、丁寧にささを弔ったという。

佐助［さすけ］

自分を殺した主人に対し復讐《ふくしゅう》に現れた下人の霊。作者不詳、元禄年間（一六八八〜一七〇四）に刊行された仮名草子『善悪報《むくい》ばなし』巻五の一一「妄霊と組みあふ事」にあるもの。それによれば、近江（滋賀県）によこしまな心を持つ者がおり、その男が住む里の者はおろか、近隣の里の者まで憎んでいた。その男の下人に佐助という者がいたが、彼は四、五歳の頃からこの男に仕えていたにもかかわらず、少し失敗したために主人の男に枕を投げつけられ、当たりどころが悪く、そのまま声も出せずに死んでしまった。

佐助は悔しく思ったのだろう。それからというもの、夜な夜な主人のもとに佐助が現れ、彼を責め立てた。主人があまりに困り果て、いろいろと祈禱《きとう》し、家に屋札（戸口や窓に貼る護符）を貼ったところ、これを恐れたのか四、五日ほど佐助が来なかった。しかしある夜、用事があって家の裏に出た際、何かが主人に後ろから抱き着いた。主人は驚いて振り返り、これと組み合ったが、倒れてそのまま気絶した。

この音を聞いた下僕が様子を見に行くと、主人が石をひとつ抱いて気絶していたため、驚いて医者を呼び、さまざまに処置すると何とか息を吹き返したものの、その後六〇日ほどでついに死んでしまった。人々は「佐助の亡霊が来て取り殺したのだろう」と噂《うわさ》した。これは寛文四年（一六六四）のことだったという。

三郎兵衛の先妻［さぶろうべえのせんさい］

夫のもとに先妻の幽霊が現れたもの。享保一七年（一七三二）菅生堂人によって記された怪談集『太平百物語』巻之四第三五話「三郎兵衛が先妻ゆうれいとなり来たりし事」による。それによれば、河内国（大阪府）に三郎兵衛という裕福な農民がおり、妻と仲睦まじく、心豊かに暮らしていた。しかし妻が風邪を患い、命も危うくなった。その際、三郎兵衛は病床の妻に「もしお前が先に逝くことがあれば、残された幼子は誰が育むというのだ。そうなればどこかへ養子に出し、私は髻《まげ》を切って遁世《とんせい》しよう」と告げた。しかし妻はこれに対し目を細めて「それが世の習いですのに、突然の病に床に伏し、あなたに先立つことの情けなさ。そうではあっても愛別離苦の理《ことわり》はあなたも逃れることができないのであれば、お嘆きにならないでくださいませ。私を不憫《ふびん》と思うのならば、その気持ちを改め、後妻を迎え入れて子を養い、この家を継がせてくださいませ。必ず忘れないでください」と答えた。そしてそれを最期の言葉として、死んでしまった。

三郎兵衛は妻の遺言の不憫さに、子を養子には出さずひとりで慈しみ、育てた。しかしその年も暮れ、新年を迎えると、一家の人々が集まり、とにかく後妻を勧めるため、三郎兵衛ははじめは断っていたものの、残された子のためとついに後妻を迎えることを決めた。

その祝言の日、三郎兵衛がひとり縁に出ると、軒の方で先妻の幽霊が窓の隙間から座敷の様子を覗いているのを見てしまった。三郎兵衛は驚き、先妻は遺言で後妻を迎えよとは言ったものの、やはり嫉妬の一念は残り、成仏できないのだろうと考えた。そしてその夜、後妻にこのことを話し、暇《いとま》を取らせようとした時、突然後妻の様子が変わり、こう言った。

「のう、三郎兵衛殿。その言葉ほど恨めしいことはありません。私は最期にお話ししたように、早く後妻を迎えてはくれぬものかと思いながら日は過ぎていきました。そのお気持ちはありがたく思いますが、残した子が母もなしに過ごすことを思うと悲しく、夜ごとにこの座敷の縁先まで来ては愛しい子の安否を覗いていたのです。しかるに今夜、後妻を迎え入れている様子を見て、心の中の嬉しさは言葉にできぬほどでした。もうこの世に対する思いは晴れ、すぐにでも成仏することに疑いはありません。どうして嫉妬の心を抱きましょうか。必ずこの女性と夫婦になり、我が子を守ってくださいませ。私のためには、毎月の忌日を弔ってください。では、さらば」

　そう言い終わった途端、後妻はそこに倒れた。三郎兵衛は先妻がこの女性に憑《つ》き、教えてくれたのだと涙を流した。そして伏した後妻を起こしてこのことを語り聞かせ、再び夫婦の酒を酌み交わした。この後妻は貞節な心を持ち、継子をとても慈しんで育てたため、その後は亡妻の幽霊も出ず、子も成長して跡取りとなった。その後、夫婦は隠居し、めでたくこの世を去ったという。

　近世の怪談では、死んだ先妻が後妻を襲いに来る、死者によるうわなり打ちが定番だが、この怪談では逆に、子を思う母として先妻が後妻を勧めるという展開になっている。

早百合［さゆり］

戦国時代、佐々成政に仕えたという女性。富山県では成政に関して、「早百合」という女性にまつわる伝説が残されているが、この伝説を扱った江戸時代の『絵本太閤記』五編巻八「ぶらり火の説」には、以下のような話が記されている。

　信長に仕えていた時代、佐々成政は越中国（富山県）を任されており、富山城の主でもあった。その後信長が死に、秀吉と対立していた成政は家康の住む浜松城（静岡県浜松市）に赴き、秀吉打倒の談判を行っていた。

　その頃、成政には早百合という名の美しい側室がおり、これを寵愛《ちょうあい》していた。しかし成政が上記の理由で城を留守にした際、竹澤熊四郎という人物が病で城に残った。この時、早百合に嫉妬していた他の側室が「早百合は熊四郎と密通している。腹の子は成政の子ではなく、竹澤の子だ」と言い触らしたため、城に帰った成政の耳にもこれが届いた。さらに側室たちは竹澤の持ち物を盗み、早百合の寝屋に落としておくなどしたため、竹澤と早百合が密通していると確信した成政は激怒し、竹澤を斬り殺した後、早百合の言葉も聞かずに彼女を神通川に生えた榎《えのき》に逆さ吊りにして斬殺する。

　しかし早百合は最期に血の涙を流しながら「おのれ成政、この身は斬り殺されようとも、怨恨は悪鬼となり、数年経たずしてお前の子孫を殺し尽くし、家名を断絶させてやろう」と叫びながら斬られた。

　それ以来、成政は神通川を渡って軍を出

す戦では一度も勝利がなくなった。また、秀吉と対陣した際には、数万の愁鬼（死者の魂）が現れ、これも早百合とその一族の怨念かと成政が恐れたという話も記されている。

さらにこの神通川のほとりには、風雨の夜には女の首を斬って吊り下げた姿をした鬼火が現れるようになり、地元の人はこれを「ぶらり火」と呼んだという。また雨夜でなくても「さゆり、さゆり」と大声で叫ぶとぶらり火が現れ、早百合の怨念はその後数百年経っても消えず、人々に語り継がれた。

同書の第五編巻九「黒百合滅佐々」では成政が秀吉の機嫌を取るため、その正室である北ノ政所に黒百合を贈ったが、彼女を憎む秀吉の側室・淀殿《よどどの》が急遽黒百合を大量に取り寄せ、北ノ政所が黒百合を披露するために開いた茶会で大量の黒百合を飾って恥をかかせた。しかし北ノ政所は成政が珍しくもない黒百合を珍しいものと騙《だま》して贈ったのだと憎むようになり、これが原因で成政は秀吉に討たれることになった。これも成政に殺された早百合という女の怨念ではないかと人々は怪しんだという。

佐和山の女の妄念 ［さわやまのおんなのもうねん］

嫉妬のため死後、人を殺した女。寛文三年（一六六三）刊の仮名草子『曽呂利《そろり》物語』巻四の七「女の妄念恐ろしき事」にある。それによれば、近江国佐和山（現・滋賀県彦根市の一部）というところに何某《なにがし》という男がいたが、この男は二人の妻を持っていた。しかし本妻は妾《めかけ》を酷《ひど》く憎んでおり、産後、患ってもう命が幾ばくもないという時、夫に「私はもうすぐ死ぬでしょうが、この長年の恨みは死んでも忘れがたきものです」と言って、夫が飲ませた水をその顔に吐き掛け、そのまま亡くなった。

その死から片時も過ぎないような頃、死んだはずの本妻は妾のもとに出現し、その首をねじ切って消えた。また妾の葬礼をしている最中にこの本妻は妾の首を手に提げた姿で現れ、橋の上に立っていた。それを見ていた本妻の乳母がこれを見つけ「ああ、見苦しいお姿です」と言うと、消えてしまった。

さらに妾には一一歳と九歳になる男児が二人いたが、これも妾の死から三日も経たぬ内に病みつき、死んでしまった。不幸が重なった夫もまた心労のためか、それから間もなく死んでしまったという。

三年目の幽霊 ［さんねんめのゆうれい］

落語で語られる幽霊。古典落語（江戸落語）の「三年目」に登場するもので、死んで三年目の命日に現れたためにこの題が付けられる。

内容は次のようなものである。あるところに仲睦まじい夫婦がいたが、妻の方がふとした風邪で重くなり、死が間近になって、夫に「私が死んだ後、あなたが後添いを貰《もら》うのばかりが心残りです」と告げた。これに対し、夫は妻の死後は誰も後妻を貰わないと約束し、もし約束を破ったら婚礼の晩に化けて出てほしいと伝える。それから間もなく妻は亡くなったが、その後、親戚の勧めで夫は再婚せざるを得なくなり、婚礼の日に前妻の幽霊が出てくるのを待つが、幽霊はいっこうに現れない。そのまま年月が過ぎ、新しい妻との間にも子ができた。しかし前妻の三年目の命日のこと、前妻の幽霊が出現し、長い髪を振り乱して、夫に恨み言を語る。そこで夫がなぜ婚礼の日どころか今までいっこうに現れなかったのかと問うと、前妻は死んだ後に髪を剃《そ》られたため、坊主の姿で出てきては愛想を尽かされると思い、髪が伸びるまで待っていた、と語ったという。

この話の元になったのは桜川慈悲成が享和三年（一八〇三）に刊行した笑話本『遊子珍学問』中の「孝子経曰、人之所畏不可不畏」であるという。また、上方落語では「茶漬幽霊」という題で同様の話が語られるが、この幽霊は夫が茶漬けを食っている最中に出現する。

算用する幽霊［さんようするゆうれい］

無実の罪を正すために現れた幽霊。鈴木正三が書き留めた話を弟子たちが取りまとめ、寛文元年（一六六一）に刊行した仮名草子『片仮名本・因果物語』巻中の二〇「幽霊来たりて算用する事　付布施配る事」にあるもの。

それによれば、紀州（和歌山県および三重県南西部）で勇士何某《なにがし》という人が商売をしていた時、算用を終えることができないまま病死してしまった。相役の者がこれを引き継いだが、その死に乗じて手形などを盗み、それを死んだ勇士のせいにした。このため、勇士は家督相続ができず、さらに子どもたちは死罪とされた。

その時、勇士の下女であった鶴という女がにわかに病みつき、一夜伏していたかと思うと、早朝に起きて顔つきが変わり、死んだ勇士が憑《つ》いてその言葉を口走った。

「さてさて、憎い奴だ。私に無実の罪を被せ、後継ぎを滅ぼされそうになろうとは、無念である。まず御公儀へ申し上げて御目付を請い、相役を言うに及ばず、手代どもも呼べ。算用を終わらせよう」

これにより目付、相役、手代が集まったため、鶴が再び語り出すと、その声はかつての勇士の声そのものであった。鶴は相役に向かって「お前は卑怯だ。私に落ち度はない。今から御目付の前で算用を終わらせる」と言い、硯《すずり》と筆を持ってこさせると、日記をつけ始めたが、その筆跡は勇士のものと少しも変わらなかった。そして鶴が「さて、どれぐらいの手形がお前のもとにあるのだ。早く出せ」と相役に告げると、相役が言い訳をし始めたため、「そのために御目付を呼んだのだ。少しも掠《かす》めてはならんぞ。ほら、出せ」と言った。これには相役もどうすることもできず、やがて巾《きん》着《ちゃく》から手形を取り出した。鶴はその手形と算用を合わせ始めたが、その際に人々が「後世はあるのかないのか」と問うと、「私は算用をするために来たのだ。後世の沙汰を語ることに意味はない」と言って、算用を終え、署名、捺印《なついん》して「もはや片が付いた」と言うと、鶴は倒れた。どうやら勇士が去ったらしく、しばらくの間伏していたものの、やがて回復した。人々は希代のことだと語り合ったという。

地黄煎火 ［じおうせんび］

火となって現れる死者。浮世絵師、読本作者の速水春暁斎によって著され、享和元年（一八〇一）に刊行された読本『絵本小夜時雨』巻四「泉縄手の陰火」にあるもの。それによれば、江州水口《みなくち》（現・滋賀県甲賀市水口町）の泉縄手に膝頭松《ひざがしらまつ》という大木があった。

昔、そこで地黄煎（地黄を煎じた汁、もしくはそれを練り込んだ飴《あめ》）を売り、少しの金を蓄えている者がいたが、盗賊に殺され、金を奪われた。そのため、地黄煎売りの執心が死後もそこに留まり、雨夜には膝頭松の根元から陰火が飛ぶようになった。この陰火は地黄煎火と呼ばれたという。

同書には松の根元から火が上がり、その中から地黄煎売りが変化したと思しき化け物の姿と、それを目撃して恐れおののく人々の姿も描かれている。

死後の嫉妬 ［しごのしっと］

本屋・浮世草子作者であった西村市郎右衛門による編著と推測され、天和三年（一六八三）に刊行された浮世草子『新《しん》御《お》伽《とぎ》婢《ぼう》子《こ》』巻三の三「死後の嫉妬」にあるもの。それによれば、河州（大阪府東部）である人の妻が長い間病に侵され、ついに死んでしまった。その人は本願寺の門徒であったため、本願寺本山の長老のひとりがその当時の僧たちを都から招集し、葬儀を行った。

その日の夜のこと。僧たちが死んだ女の家に泊まり、仏前に亡者を納めた棺を安置し、眠りについた。夜が更け、皆が寝静まった頃、この棺が動き、亡者が中から現れて仏前の御明かし（灯明）やその他の灯を皆吹き消して周囲を暗闇にしてしまった。僧たちは疲れて寝入っていたため、ほとんどがそれを見ていなかったが、ひとりの僧がこの終始を目撃していた。しかしあまりの恐ろしさに息も立てず、声を上げることもできなかった。

そのまま夜が明け、家の亭主がある箱の鍵を探していると、従者たちが「その鍵は召使いのりんが帯に付けておりました」と言うため、名を呼んでみるが、姿を現さない。そこでりんの寝屋に行ってみると、そこには首を失い、体だけになったりんの死体があった。「これはどうしたことか」と騒ぎが起こったが、その時、夜にきちんと結んでおいたはずの棺の縄が千切れ、蓋が高く開いたため、皆がそちらを見ると、棺の中の亡者がりんの首を引き抜き、髻《もとどり》を摑《つか》んで持ち上げ、怒れる眼を見開き、生者のような姿で死んでいた。

後に子細を聞くと、この家の亭主が召使いのりんに目をかけていたため、妻は日頃から恨み、憤っており、恐ろしいまでに妬《ねた》んでいたが、そのために患って死んだ。その罪障が死後も残り、恨みを報いたのだという。

次左衛門 ［じざえもん］

死後に復讐《ふくしゅう》を成した怨霊。鈴木正三が書き留めた話を弟子たちが取りまとめ、寛文元年（一六六一）に刊行した仮名草子『片仮名本・因果物語』巻上の一〇「罪無くして殺さるる者、怨霊と成る事」にあるもの。

それによれば、濃州池田村（現・長野県北安曇郡池田町辺りか）に次左衛門という庄屋がいたが、ある時、地頭に対し思いがけない失態をしてしまい、甥《おい》とともに牢《ろう》に入れられた。すると次左衛門は甥を小刀で刺し殺し、その死骸の上に乗って「このように道理に外れた曲事《くせごと》に逢い、死ぬことは無念である。この遺恨のため、年忌ごとに村中を焼き払ってやる。地頭一家も取り殺してやろう」と言い、怒り狂って自害した。

その言葉通り地頭の子どもが三人取り殺され、また地頭は盲目となった。さらに叔父の勘衛門の子どもが取り殺され、次左衛門の年忌の日には村に火が付き、焼き払われた。

村の農民たちはあまりに迷惑したので、地頭へ訴訟を出し、寺を立てて名古屋から周呑という僧を呼び、住持に据えて次左衛門の位牌《いはい》を立て、弔わせた。すると火事は起きなくなり、村は元に戻ったという。

七人みさき ［しちにんみさき］

武士の怨霊。有名なのは吉良親実《きらちかざね》にまつわる怨霊譚《たん》。文化一〇年（一八一三）刊行の『南路志』巻三六、三七に当たる『神威怪異奇談』に収録される「吉良左京追亡霊」では、土佐国（高知県）を支配していた長曾我部氏の家臣・吉良左京（親実）が長曽我部元親にたびたび諫言《かんげん》をしていたことなどから切腹を命じられ、死亡した。その際、親実は家臣七人とともに命を絶ったが、その者たちが埋められた墓地でさまざまな怪異をなし、「七人みさき」と呼ばれて恐れられたという。その七人とは宗安寺の真西堂、吉永寺飛騨守、勝賀野次郎兵衛、吉良彦太夫、城内太守坊、日和与三左衛門、小島甚四郎の七人で、親実を入れると八人になるが、恐れて数に入れない、と記されている。

元親はこれを聞いて国分寺に数十人の僧を呼び、さまざまな供養をしたところ、親実の位牌《いはい》を先頭に他の位牌が仏壇を下り、他の供物も次第に供するように行列をなして山の方へ向かい、姿を消した。あまりの怪事に読経をやめ、皆が静まり返っていると、虚空に数十人の笑い声がした。そのため、国中の諸々の宗派の僧を集め、法事を行えと元親が命じたところ、僧たちは全員同じように右から振り返るように首を捻《ね》じり、手足も動かせずただ息をするばかりになって、三日三晩苦しみ、四日目の朝に元に戻った。

元親もこれには大いに驚き、どうやって怨霊を鎮めるべきかと家臣に問うたところ、**菅原道真**（古代）の御霊も神として祀《まつ》り、鎮めたという意見があったため、木塚の山に宮を建て、祀ったという。これは今も高知県高知市に現存する吉良神社だといわれている。

田中貢太郎著『八人みさきの話』では、元親の家来は比江山親興、永吉飛騨守、宗安寺真西堂、吉良彦太夫、城内大守坊、日和田与三衛門、小島甚四郎、勝賀野次郎兵衛実信の八人だとして、「八人みさき」と呼んでいる。

この他、吉良親実とは関わりのない七人みさきもおり、中国・四国地方に広く伝承されている。もしこれに行き会うと大熱を出して寝込んでしまうといった伝承の残る妖怪で、七人みさきにより死者が一人出るごとに、七人のうち一人が成仏できるとされ、殺された人間がその穴を埋めることとなる、と語られることも多い。

七兵衛の妻の幽霊 ［しちびょうえのつまのゆうれい］

寺に現れた幽霊。延宝五年（一六七七）に刊行された怪談集『諸国百物語』巻一第一七話「本能寺七兵衛が妻の幽霊の事」にあるもの。それによれば、京の本能寺（京都府京都市中京区）に医学をよく知り、治療などを行う僧がいたが、ある時彼のもとに七兵衛という男が病に侵された妻を連れてきた。僧は治療したが、死病ゆえ治癒せず、もう命はいくばくもない状態になった。そして女は髪は上へ逆立ち、顔は朱のように赤く、恐ろしいこと限りない姿になり、その三日後に死んだ。

遺体は本能寺に置かれていたが、それからさらに三日後、その僧と別の兄弟の僧が死体から障子を隔てた場所で勤学していると、夜中に裏口から人の足音がしたため、兄弟の僧が盗人かと警戒し、脇差を抜いて待ち構えていた。すると台所で寝ていた下人たちの悲鳴が聞こえたため、兄弟が見に行くと、二人の下人がこう語った。

「さても恐ろしいことです。七兵衛の内儀が来て、喉が渇くから水を飲ませろと言うのですが、あまりに恐ろしいのでそこに水があるから、勝手に飲めと言うと、擂器《かいげ》で水舟から水を飲みました。その後のことは分かりません」

そのため確認すると、流しに水が流れており、そこに擂器も捨て置かれていたという。

七里が浜の座頭 ［しちりがはまのざとう］

戯作者の唐来山人（唐来参和）によって著され、天明八年（一七八八）に刊行された黄表紙『模文画今怪談』にあるもの。それによれば、遠州（静岡県西部）生まれの男が仕事で東海道を歩いている時、品川の辺りでひとりの座頭と道連れになった。しかしこの座頭が金を二〇〇両持っていると知った男は、魔が差して七里が浜（現・神奈川県鎌倉市南西部にある相模湾に面した浜。七里《しちり》ヶ浜）で座頭を殺し、その金を奪って江戸の麻布（現・東京都港区の北東部）辺りに移り住み、妻を迎えて裕福な生活をしていた。

それからほどなく一子を得たが、その子どもはどうしてかものが言えず、成長するに従ってあの殺した座頭の顔になっていった。そしてある夜、この子どもが父親に向かって「ととよ」と言葉を発し、驚いている男が「何事か」と問うと、「七里が浜のことを覚えているか」と睨《にら》みつけた。これを見た男は刀を取り出してこの子どもの首を刺し貫き、その刀で髻《もとどり》を切り捨てて諸国修行の行脚に出たという。

金などを目当てに座頭や六部を殺したところ、その殺した者が自分の子どもに生まれ変わり、罪を告発する「座頭殺し」「六部殺し」などと呼ばれる話の一種（**こんな晩**を参照）。近世から現代にかけてこの類の話は例が多い。また、きちんと供養をしなかった自分の親族が子孫に生まれ変わってそれを告発するという類似した話も近世に見られる（**孫に転生した祖父**も参照）。

柴切地蔵［しばきりじぞう］

死後、自らの意思で神となり、人々を守った人物。安政五年（一八五八）、宮負定雄によって記され、刊行された説話集『奇談雑史』巻六の一〇「痢病神《りびょうじん》の事」にあるもの。それによれば、東海道豆州山中（現・静岡県三島市山中新田）の宿に柴切地蔵という地蔵があり、次のような由来があったという。昔、この宿の笹谷何某《なにがし》という人が千人施行（功徳のために一〇〇〇人の人に宿を貸す行）を行っていた際、一〇〇〇人目にあたる修行者の旅人が痢病（赤痢《せきり》）を発症して六月九日に死んでしまった。この修行者は死ぬ間際、「私は痢病によって死にます。私の墓に芝を一切（一束）積んでくださった人がいれば、私は痢病守りの神となって人々の病苦を救いましょう」と言った。その死後、霊験が実際にあったため、人々は六月九日になると祭礼を行ったという。

この柴切地蔵は今も静岡県三島市に残っており、腹部の病に効くとして信仰されている。

嶋津藤四郎の女房の幽霊［しまづとうしろうのにょうぼうのゆうれい］

生前の夫のもとに現れる幽霊。延宝五年（一六七七）に刊行された怪談集『諸国百物語』巻之四第一三話「嶋津藤四郎が女ばうの幽霊の事」にあるもの。それによれば、尾張国（愛知県西部）に嶋津藤四郎という男がおり、伊勢の津（現・三重県津市）の久庵という人物と親しかった。

ある時、久庵が尾張に藤四郎を訪ねに行き、蚊帳《かや》を吊って夜の間語り合ったが、やがて藤四郎が寝入り、久庵がひとり起きていた。すると四〇歳ばかりの女が現れ、蚊帳の外から懐かしそうに中を見ていた。その姿は髪を背丈ほども伸ばし、歯に鉄漿《かね》（お歯黒）を黒々とつけ、白い帷子《かたびら》を身に纏《まと》っていたという。

久庵はこの女はきっと藤四郎のもとに夜

な夜な通ってくる妾《めかけ》なのだろうと考え、わざと見ないふりをしていたが、夜明け頃にどこへともなく帰って行った。同じことが次の夜もあったため、久庵も恐ろしくなり、藤四郎にそのことを話すと、藤四郎は「その女は私が在京の頃に出会い、国元へ連れて帰って三年ほどともに暮らした女なのですが、ある時風邪をこじらせて死んでしまい、その執心が残りまして、たまにここに来たりするのです」と答えた。久庵は恐ろしくなり、もう数日滞在予定だった予定を切り上げ、すぐに暇乞《いとまご》いして帰ったのだという。

執念の火［しゅうねんのひ］

　火となって恨んだ相手のもとに現れた死者。伴蒿蹊《ばんこうけい》によって著され、文化三年（一八〇六）に刊行された随筆『閑田次筆』巻四にあるもの。それによれば、この話は著者の伴蒿蹊が上野《こうずけ》（現・群馬県）の僧、良融に聞いたものだとされる。享和元年（一八〇一）のこと、上野吾妻郡の猿が橋（現・群馬県吾妻郡東吾妻町原町の猿橋）に住んでいた兵馬という者の母が、ある時囲炉裏《いろり》に近づくと、炉にくべた藁《わら》の火が兵馬の母に燃え移った。彼女は酷《ひど》く苦しんでおり、人々が集まってこれを消したが、兵馬の母の衣服は燃えておらず、ただ体に指で押したぐらいの傷が残っているだけだった。

　それからしばらくして、極月（一二月）二八日に兵馬の母が厠《かわや》に行くと、今度は厠で火が起こり、兵馬の母は無事だったが、厠が焼け落ちてしまった。それから兵馬の母は尼になり寺に入ったが、正月の二二日に衣類を取りに家に戻ると、また火が起こり、自身の家とその周囲の家を燃やし、二七軒が焼けた。

　この兵馬の母は若い頃、他の家から婿をもらった。その男は誠実だったが、兵馬の母は他の男と密通していたため、この婿を嫌って追い出した。婿はこれを知って激怒したが、まだ離縁されていないことを幸いにある夜、その間男が家に来たのを見計らって暗闇の中、斬りつけた。だが、それは兵馬の母の父親であり、舅《しゅうと》を殺した罪でその婿は晒《さら》し首となった。兵馬の母はこれ幸いと密通していた男を迎え、その後にできた子が兵馬なのだという。

　そして死んだ婿の執念が火となり、兵馬の母をこのような苦難に遭わせ、家も失うことになったのだと語られている。

　近世の随筆から奇談、異聞を収集した柴田宵曲《しょうきょく》の『奇談異聞辞典』ではこの怪異は「執念の怪火」と名付けられている。

将棋倒しの幽霊［しょうぎだおしのゆうれい］

　死体が動き出したもの。寛文三年（一六六三）刊の仮名草子『曽呂利《そろり》物語』巻二の六「将棋倒しの事」にある。それによれば、関東である侍が主の命令に背き、東岸寺という寺で腹を切って死んだ。その寺で翌日葬礼をしようとその死体を棺に入れて客殿に置いておいた。

　夜が更け、僧たちは皆壁によりかかって

寝ていたが、下座の僧二人だけが寝ずに話をしていた。するとあの死体を入れた棺が震動し、死人が棺を破って外に出てきて、灯火のところに行って紙燭《しそく》を作り、火を点けて油を舐《な》め始めた。その後、今度は眠っている僧の鼻に紙燭を突っ込み、舐《ねぶ》り始めた。侍の死体は次々と他の僧にも同じことを行い、やがて起きている二人の僧に近づいてきたため、息を殺していた二人は耐え切れずに庫裏《くり》へ逃げ込み、そこにいた僧たちに事情を話した。そして庫裏にいた僧たちとともに客殿に戻ると、そこにはもう侍の幽霊の姿はなく、棺も元通りだったが、僧たちは皆、将棋倒しのようになって死んでいたという。

　これと同じ題材を扱ったものと思われる話が『諸国百物語』にあるが、侍の死体は幽霊ではなく死霊と呼ばれており、舞台は仙台となっている（詳細は**仙台の侍の死霊**を参照）。

城主の亡霊 ［じょうしゅのぼうれい］

　人を助けた亡霊。近世前期に記された怪談集『諸国百物語』第一〇話「下野《しもつけ》の国にて修行僧亡霊にあひし事」にあるもの。それによれば、ある一生不犯の僧が下野国（栃木県）に赴いた際、宿もない場所で夜を迎えることになった。そのため野原で念仏を唱えていると、微《かす》かに笛の音が聞こえてきて、やがて一六歳ばかりの青年が現れた。その様はとても気高く、僧はこのような時間・場所に立派な青年がいるだろうか、変化のものではなかろうか、と警戒したが、青年は僧に「御僧はどうしてこのような場所にひとりでいらっしゃるのですか」と尋ねた。僧が事情を話し、逆に青年になぜこのような場所にいるのかと聞き返すと、青年は、自分は変化のものではない。このような月のさやけき夜には笛を吹いて心を慰めているのだ、と答え、僧を自分の家へと連れて行った。

　青年の家は大きな城で、僧は座敷に通され、乾飯や茶でもてなされた。そして青年はここでゆっくり休むようにと告げていなくなったが、僧は怪しく思ってなかなか寝付けずにいると、やがて夜が明けた。その時、たくさんの人が来て「ここに不審な僧がいる。どうやってこの場内に入ったのか。捕まえて拷問《ごうもん》せよ」と騒ぎだしたため、僧が驚いて事情を説明すると、城の者たちは涙を流した。僧が子細を訪ねると、「この城主の若君は先日、風邪でお亡くなりになったのですが、御年一五歳でございました。いつも笛を吹いていたため、漢竹の笛を仏前に供え、茶や灯、霊供を手向けていたのですが、さては若君の亡魂が御僧を尊び、ここに招待なさったのでしょう。それならばここに逗留《とうりゅう》なさって、若君の跡を弔ってくださいませ」と言った。そして僧を泊め、いろいろとご馳走を食べさせたのだという。

　死者が家に案内し、その家の者により死者の正体が判明する展開は近代以降に登場する**タクシー幽霊**（近代）の怪談にも似ている。

妾の妄火［しょうのもうか］

復讐《ふくしゅう》を果たした女。浮世絵師で読本作者の速水春暁斎によって著され、享和元年（一八〇一）に刊行された読本『絵本小夜時雨』巻四「富田隼人《はやと》妻を殺害」にあるもの。それによれば、小西摂津守（小西行長）の家臣である富田隼人という者がいたが、この男は妾《めかけ》のもとに通い続けていたため、妻がこれを妬《ねた》んで隼人を酷《ひど》く罵った。しかしこれは妻の言い分が正しかったため、隼人は妾を殺してしまった。

その後、ある夜に隼人が妻のいる部屋を見ると、笑い声が聞こえ、若い男が妻と戯れていた。隼人は腹に据えかね、刀を抜くと走りかかってこの間男を斬り殺し、返す刀で妻を突き殺した。すると隼人が殺したあの妾の妄火が現れて「あら嬉しや」と言ったかと思うと、消えてしまった。

それから隼人が斬り殺した男を見ると、それは人間ではなく枕であった。これは妾の執念によるものかと放心した隼人は、その後、髪を剃《そ》って仏門に入ったという。

死霊（画図百鬼夜行）［しりょう］

絵画に描かれた死者。安永五年（一七七六）に刊行された鳥山石燕の妖怪画集『画図百鬼夜行』に描かれたもの。「死霊」という題とともに、髪の長いお歯黒をした女らしきものが蚊帳《かや》を持ち上げ、中を覗いている、もしくは入り込もうとしている様子が描かれる。

『画図百鬼夜行』にはこの死霊の前に生霊、後に幽霊が描かれており、牛霊はともかくとして、死霊と幽霊を区別している。

この死霊の絵では、死霊の後ろに錫杖《しゃくじょう》や幣束、御文箱と思しき箱や数珠《じゅず》などの仏具が置かれていることから、葬式の最中なのではないかと考えられる。死んだばかりの霊を表しているのだろうか。

また、近世においては死者の霊魂が姿を現すものだけでなく、死体が動き出すものについても死霊と呼ぶ場合がある。他にも、『諸国百物語』には、寺に安置されている死体が動き出して僧を襲う話があるが、この死体を死霊と呼んでいることから（**仙台の侍の死霊**を参照）、この絵に関しては動く死体としての死霊を描き、幽霊と区別している可能性も考えられる。

次郎作［じろうさく］

借金を取り立てた死者。作者不詳、元禄年間（一六八八〜一七〇四）に刊行された仮名草子『善悪報《むくい》ばなし』巻四の七「箱根にて死したる者に逢ふ事」にあるもの。それによれば、若狭（福井県南部）の者が武州（東京都、埼玉県および神奈川県横浜市、川崎市）に下る途中、箱根のかしのき坂という坂に至った。坂を歩いている途中、傍らを見ると五、六畳ほどの広さの面積が燃えており、黒煙を立てていた。怪しいと思って見ていると、その中に丈三、四、あるいは五尺（〇・九〜一・五メートル）ほどの黒いものがあった。不思議に思いながら通り過ぎようとすると、後ろからこの男の名を呼ぶ声がしたため、振り返ると先ほどの燃える炎の中から手が出て、彼を招いていた。

男が「お前は誰だ。何の用があって呼ぶのだ」と聞くと、黒い者は「俺は越前（福井県の一部）の次郎作だ。三年前に死んだことはお前も知っているだろう。しかし俺が生きている時、小浜でお前に銭を一〇〇文貸したが、最後まで返済されなかった。今ここで会ったのは幸いだ。その銭を返してくれ」と言った。男は次郎作に金を借りたことを覚えていたが、惜しく思い、知らぬ顔でその場を通り過ぎた。しかし一町（約一〇九メートル）ほど行くと、突然足がすくみ、一歩も歩けなくなった。これはいかなることだと思っていると、正面にまたあの黒い男が現れ、「お前は俺の言うことを聞かずに行ってしまった。今すぐに銭を返さないのであれば、すぐにここで取り殺してやろう」と告げ、道を塞《ふさ》いだ。

これには男もどうすることもできず、銭を一〇〇文取り出し、その場で手渡した。すると次郎作は消え、足が動くようになったという。

甚助［じんすけ］

死んだ人間が犬に生まれ変わったもの。作者不詳、元禄年間（一六八八〜一七〇四）に刊行された仮名草子『善悪報《むくい》ばなし』巻三の一三「死したるもの犬に生るる事」にあるもの。それによれば、江州守山（現・滋賀県守山市）の近郷に甚六という者がいた。甚六は慳貪《けんどん》愚痴な人間で、家の者に情なく当たったが、突然病になって死んでしまった。

その翌年、どこから来たものか、犬が一匹やって来て甚六の住んでいた家に棲み着いた。ある時、この犬が盗み食いをしていたので、嫁が杖《つえ》で叩くと、犬は人のように言葉を話し、「我は汝《なんじ》の舅《しゅうと》である。我は生きている頃、人に物を与えるのを惜しみ、家の者に情もなく当たり、身分の低い者に一鉢の米を恵む志もなく、慳貪邪心で先祖の弔いもせず、ただ明けても暮れても物が惜しいと思うばかりで、仮にも人に施すこともなければ、ひとつとして善根がなかった。そのため、その愚痴の報いにより今、畜生として生まれたのだ。汝、我を打たないでくれ。このように打つのであれば、家を去ろう」と言った。

嫁はこれを聞いて大変驚き、その犬を抱き留め、軒の下に犬の家を作った。すると犬は喜んで入り、去る様子はなかった。それから毎日親に食事を与えるように養ったが、一、二年ほどしてどこかへ消えてしまったという。

酸川野幽霊［すかわのゆうれい］

物に執着した幽霊。会津藩の武士、三坂春編《はるよし》が会津地方（福島県）を中心に話を集めた奇談集『老媼茶話《ろうおうさわ》』巻三「酸川野幽霊」

にあるもの。それによれば、猪苗代《いなわしろ》城（福島県耶麻《やま》郡猪苗代町にあった城）の城代であった人物が酸川野の河原へ赴いた際、畑の中にいかにも年を経た灯籠が置いてあるのを見つけた。畑を耕している老人に尋ねると、「いつの世にか誰かが置いた灯籠です。知る人はもういません。この灯籠を持って行って捨てた人は祟られるといわれているため、邪魔なものの、畑の中に置いてあります。ここは昔寺院だったそうです」と答えた。これに城代は「怨霊の祟りなどというものは人の言い訳に過ぎない」と言ってこの灯籠を下人に持ち帰らせ、築山の植え込みに置かせた。

その日、夜が更けた頃に城の門を叩く者がおり、「我は堀貫村の彦兵衛という者だ。ここを開けろ」と告げた。門番が戸の隙間から見ると、髪を藁《わら》で束ね、体には綴《つづ》れ（ぼろぼろの着物）を纏《まと》い、縄で帯をしている者がいた。いかにも身分の低い者であったため、門番は門を開かなかったが、しばらくすると彦兵衛と名乗った男は「なぜ門を開かぬ」と言って門を飛び越え、中へ入ってきた。

門番はすかさず彦兵衛と組み合い、夜が明けるまで争ったが、暁とともに彦兵衛はいなくなった。門番は気を失っていたため、他の者が水を飲ませてようやく気が付いたという。

その翌日の夜もまた彦兵衛が来たため、門番が門を開けずにいると、彦兵衛は腹を立てて門を躍り越え、城代の寝ている場所まで来て枕元に立ち、大いに怒った様子で「あなたはどうして、わずかに形が残る俺の死んだ跡の印の灯籠を奪ったのか。急いで元の場所に返せ。返せば何もせぬ。返さねば恨みをなそう」と言った。

城代は目を覚まして枕元の刀を抜き、彦兵衛に斬りつけたが、彦兵衛は影もなく消え去り、翌朝見ると庭に置いた灯籠の笠石に刀の傷があった。そのため、灯籠を元の場所に帰したところ、怪事は起こらなくなったという。

助［すけ］

子ども霊。いわゆる累ヶ淵《かさねがふち》の怪談にて、**累**の後に登場するもうひとりの死者。初出は貞享元年（一六八四）に刊行された『古今犬著聞集』巻一二「幽霊成仏之事」だが、現在はそれを脚色し、元禄三年（一六九〇）に出版された仮名草子『死霊解脱物語聞書』の話が有名。また、助の前に現れる死者・累については当該項目を参照。

助が登場するのは、累が自分の夫である与右衛門と後妻の間に生まれた娘・菊に取り憑《つ》き、それが祐天という僧に祓《はら》われてからで、累と同じく菊に取り憑く形で登場する。

この助は累の父親で、累の夫・与右衛門の先代になる与右衛門と婚姻した、累の母親の連れ子だった。しかし助は片目と手足に障害があったため、先代与右衛門に責められた母はついに助を川に投げて殺してしまう。ところが、次に生まれた子である累もまた、同じように片目と手足に障害があった。それでも、先代の与右衛門にとっては実子であったため、そのまま育てられた。そして両親が死んだ後、婿入りした累の夫が与右衛門の名を継いだのだという。

助は累が手厚く供養されて往生したのを見て、同じく菊に取り憑いて往生させてもらおうと思い、現れたと言うため、祐天が「こうして現世に出てくるまで、どうしていたのか」と問うた。すると助は「川の中でずっと水を飲まされ続けていた」と答えた。そして「やっと助けてもらえると思った」と言うため、これに祐天は号泣し、紙を取り寄せて助に「単刀真入」という戒名を与えた。それを東の柱に貼ろうとした、その時、そこに集まっていた人々の目に、祐天の袖に縋《すが》る五、六歳の子どもの姿が見えたという。その後、祐天が念仏を唱えたため、見ていた人々もまたともに念仏を唱えた。夕陽に照らされ、念仏が響くその景色は、ある見物人にはまるで極楽のように見えたという。

そして念仏を唱え終えた祐天は、戒名を書いた紙に向かって「累も助も、菊のおかげで成仏したのだから、彼女の命を守り、世間の疑いを退けてくれ」と心中に念じ、寺へと帰った。

それから菊は快方に向かい、出家をすることを決めて祐天のもとを訪れたが、祐天はそれを断った。一度不思議な体験をしただけで不退転の決意を保つことができるとは限らない、世間知らずの若者が尼の修行をするのはかわいそうだからと丁寧に彼女を諭し、在家には在家の仕事があること、そして浄土宗の教えでは、念仏を唱えることを忘れなければ極楽往生できることは間違いない、と伝えた。それで菊は剃髪《ていはつ》することをやめ、安らかに暮らしたという。

双六を打ちに来る幽霊

［すごろくをうちにくるゆうれい］

娯楽のために現れる幽霊。延宝五年（一六七七）に刊行された怪談集『諸国百物語』巻之五第一八話「大森彦五郎が女ばう死してのち双六をうちに来たる事」にあるもの。それによれば、丹波のかめ山（現・京都府亀岡市）に大森彦五郎という侍がおり、その女房はとても美しい人だった。しかし女房は産褥《さんじょく》で死んでしまったため、彦五郎は嘆き悲しんだ。また、この女房に七歳の頃から仕えていた腰元の女がいたが、その悲しみは誰よりも深く、七日間のうちに一四、五度も自害しようとしたため、何とか宥《なだ》め、三年の月日が流れた。

彦五郎の女房はこの腰元と双六《すごろく》を打つのを好んだが、死んだ後もその執心が残っていたのだろう。夜な夜な腰元のところに来ては腰元と双六を打ち、それも三年に及んでいた。しかしこの頃、彦五郎が後妻を迎えることとなったため、腰元は彦五郎の女房に対し「夜な夜な遊びに参られること、三年になりました。私は七歳の頃からお世話になり、このように成人いたしても御恩をお返ししきることはできないように思いますが、今、彦五郎様が後妻をお迎えになるのに、このように夜な夜なお越しになっていることが知られてしまうと、妬《ねた》みに来たのではないかと思われてしまいます。これからはもうお越しにならないでくださいませ」と言った。

すると女房は「本当にあなたの言う通りです。これほど双六に執心を残したと人には言わないでおくれ。これからはもう参りません」と言って帰って行った。その後、腰元が彦五郎夫婦にこのことを話すと、彦五郎は「そのようなことがあったのか」と双六盤を拵《こしら》え、あの前妻の墓に供えて懇《ねんご》ろに弔ったという。

彦五郎の妻の幽霊は本当に双六に執心して現れたのか、それともそれを理由にして、幼い頃から世話をしており、自分がいなくなったことで命を絶とうとした腰元を心配して彼女のもとに現れるようになったのだろうか。だから、もう来なくてもよいという言葉に安心し、現れなくなったのだろうか。どのようにも取れる話だが、個人的には後者の方だと考えたい。

相撲を取りにくる幽霊

［すもうをとりにくるゆうれい］

復讐《ふくしゅう》のために現れた死者。延宝五年（一六七七）に刊行された怪談集『諸国百物語』巻之五第一四話「栗田左衛門介が女ぼう死して相撲を取りに来る事」にあるもの。それによれば、加州（石川県南部）に栗田左衛門介という侍がおり、その妻はとても美しかった。しかし妻は労咳《ろうがい》（結核）によって死んでしまい、左衛門介は深く悲しみ、それから三年も新しい妻を取らなかった。

しかし親類が無理にでも後妻を取らせようと尾張（愛知県西部）から一七歳の娘を呼び寄せたため、左衛門介は彼女を妻とした。それから三〇日ほど経った頃、左衛門介が仕事の当番で城に行った日のこと。後妻はこたつに当たって寝ころんでいたが、そこに一八、九歳ばかりの女郎が裸足に白い小袖、その上に総鹿子の小袖を着た姿で現れ、後妻の枕元に来て「その方はどうしてここにいるの」と尋ねた。後妻は驚き、「そのようにおっしゃるあなたはどなたでしょう」と尋ねると、女は「私はこの家の主です」と答えた。後妻はこれを聞いて驚き、女に謝罪して明るくなればすぐにここを出ると告げた。すると女はこれを聞くと、満足したと言って消えてしまった。

それから左衛門介が帰って来たため、後妻はさっそく暇《いとま》を願い出たが、左衛門介は何のことか分からず、理由を尋ねる。そのため、本妻がいながら自分を妻としたことを後妻が責めると、左衛門介はそれは三年前に死んだ妻の幽霊（原文は「ゆうれい」）だろうと見抜き、「ここは私に命を預けると考え、思いとどまってほしい」と言って、暇を出さなかった。

後妻は仕方なくその家に留まったが、また左衛門介が留守の夜に先妻が出現し、「さてさて、前に固く約束しましたのに、今もまだお帰りになっていないことを恨めしく思います」と告げた。これに後妻は「あなた様は今はこの世におられぬ身であると聞きました。どうしてそのように執心深く迷い出たのですか。早く帰ってくださいませ」と対抗した。すると先妻は「帰らないというのであれば、相撲を取って、負けたらお帰りなさい。私が負ければ二度とここには現れません」と告げたかと思うと、後妻に飛び掛かった。

　しかし後妻も心得たと先妻と組み合い、上になり、下になりと大乱闘を繰り広げたが、左衛門介が帰って来た途端、前妻は消えてしまった。それからというもの、左衛門介が留守にすると前妻の幽霊が現れ、後妻に相撲を挑んでくるということが五度も続き、後妻は次第に病みついて痩せ衰え、ほどなく死んでしまった。その死の間際、左衛門介に先妻の幽霊のことを話し、懇《ねんご》ろに死後を弔ってほしいこと、また自分の親にはこのことを伝えないでほしいと告げていた。

　左衛門介は酷《ひど》く悲しみ、後妻を弔った後、後妻の親に書置きをしたため、その後出家して諸国を巡る修行に出たという。

瀬助［せすけ］

復讐《ふくしゅう》のために現れた死者。作者不詳、元禄年間（一六八八～一七〇四）に刊行された仮名草子『善悪報《むくい》ばなし』巻四の八「妄霊来て敵を叩き殺す事」にあるもの。それによれば、瀬助という者がおり、その女房はとても美しかったため、ある代官が目を付けた。ある時、瀬助が少し法に背くことをした際、代官はこれは好機とばかりにその罪を重くして瀬助を西国に流した。瀬助はそこで死に、代官は思惑通り彼の女房と結婚した。また瀬助の女房だった女も自分に辛く当たっていた瀬助と比べ、代官の方が良い夫であったため、代官と仲睦まじく暮らしていた。

　しかしこの女房が代官の家に嫁いでからというもの、瀬助の面影がちらつき、苦しむようになった。そこで代官にそのことを話すと、代官は山伏を呼んでさまざまに祈《き》禱《とう》させ、また神明に祈ったが、その効果はなく、ある夕暮れに瀬助が現れ、杖《つえ》で代官を後ろから殴りつけた。

　代官は驚き、瀬助に飛び掛かったが、瀬助はそのまま消えていなくなった。そんなことが何度も続き、代官は程なく病みついて死んでしまった。瀬助が杖で殴った跡は、代官の亡骸《なきがら》に黒く残っていたという。また、その後女房も程なくして死亡した。これは寛文九年（一六六九）の秋頃にあった話だと記されている。

全春の亡母［ぜんしゅんのぼうぼ］

死後、後妻を取り殺した女。鈴木正三が書き留めた話を弟子たちが取りまとめ、寛文元年（一六六一）に刊行した仮名草子『片仮名本・因果物語』巻上の六「妬《ねた》み深き女、死して後の女房を取り殺す事　付下女を取り殺す事」にあるもの。

　それによれば、江戸の浅草（現・東京都台東区の浅草）の海雲寺に全春という僧がいたが、その過去の話として、彼は七歳の頃に母に死なれていた。その後、しばらくして継母がやって来たが、継母が紙帳（和紙で作った蚊帳《かや》の一種）の中で寝ていると、死んだ全春の亡母が現れ、継母の髪を摑《つか》んで紙帳の外へ引き摺《ず》り出した。継母も抵抗して取っ組み合いになったが、しばらくして亡霊は消えてしまった。その後、継母は病みついたが、再び亡母が現れ、継母の首を絞めてついに取り殺してしまったという。

仙台の侍の死霊 ［せんだいのさむらいのしりょう］

死体が動き出したもの。延宝五年（一六七七）に刊行された怪談集『諸国百物語』巻二第四話「仙台にて侍の死霊の事」にあるもの。それによれば、奥州仙台（現・宮城県仙台市）にて、ある侍が主人の命令に背いたため、東願寺という寺で腹を切って死んだ。この侍を葬礼するため、死体は棺に入れられ、僧一〇人ばかりがついた。

夜が更け、僧たちが眠りについた頃、下座にいた二人の僧だけが眠れずにいたが、突然死人が棺の中から這《は》い出して、灯火のところに行き、まず紙を裂いて紙燭《しそく》を作ると、それを使って油を舐《ねぶ》り、その後、上座にいる僧の鼻に紙燭を入れて舐り始めた。侍の死霊は順番に寝ている僧を舐っていたため、下座の僧たちは侍が近づいて来るのを見て驚き、台所に逃げた。そして二人で今見たことを語り合った後、恐る恐る様子を見に行くと、他の僧たちはいずれも眠ったまま死んでいた。また棺も元のようになっていたが、中の死体は消えていたという。

死霊とあるが、霊魂ではなく死体が動き出す類の怪談。現代においては**ゾンビ**を死霊と呼ぶ場合があるが、ある意味その先輩である。

千人の昼幽霊 ［せんにんのひるゆうれい］

近世中期の狂歌人、木室卯雲《きむろぼううん》が記した随筆『奇異珍事録』にあるもので、山内幸八郎という人物から聞いた話だという。それによれば、この幸八郎が箱根の二子山（現・神奈川県足柄下郡箱根町にある山）に行った時、昼の八ツ時（一四時）頃に幽霊が一〇〇〇人ばかり幡天蓋《はんてんがい》をかざし、通り過ぎたのだという。

項目名は近世の随筆から奇談、異聞を収集し、収録した柴田宵曲《しょうきょく》の著作『奇談異聞辞典』に拠《よ》った。

善兵衛の息子 ［ぜんひょうえのむすこ］

死後に妻を取り殺した男。鈴木正三が書き留めた話を弟子たちが取りまとめ、寛文元年（一六六一）に刊行した仮名草子『片仮名本・因果物語』巻上の九「夫死して、妻を取り殺す事　付頸《くび》をしむる事」にあるもの。

それによれば、摂州榎並《えなみ》村および友淵《ともぶち》村（現・大阪府大阪市の一部）でのこと。この辺りに住んでいた善兵衛という男の家に嫁いだ嫁は、中村の源兵衛という男の娘だった。しかし善兵衛の息子、すなわち源兵衛の娘の夫は三三歳にて死んだ。この時、源兵衛の娘は一六歳だった。

　夫が死んでから源兵衛の娘は実家に戻ったが、夫の精魂が火となり、蹴鞠《けまり》のように地面から一尺（約三〇センチ）ほど高く上がり、毎晩中村の村際まで来て消えた。それから源兵衛の家は騒がしくなり、娘の目には恐ろしいものが見え、髪を抜いていくことがたびたびあった。娘は父母に「恐ろしいものが来る」と言って恐れおののいていたが、やがて髪の毛をすべて抜かれ、三〇日もしない内に取り殺されてしまった。これは寛永一〇年（一六三三）のことであったという。

　近世の怪談は死んだ妻が夫を襲うものが多いが、これは逆のパターン。同じように髪を引き抜いて取り殺す話が『片仮名本・因果物語』にある（詳細は**髪をむしる女房**を参照）。

先夫の幽霊 ［せんぷのゆうれい］

先妻のもとに現れた死者。近世後期の儒者で、昌平坂学問所（東京都文京区）の教授であった鈴木桃野が学問書の反古紙《ほごし》の裏に書き連ねたという随筆『反古のうらがき』巻一「幽霊」にあるもの。それによれば、鈴木桃野の友人、斎藤朴園の後妻が体験したという話で、この後妻は自身も一度夫と死に別れており、朴園とは二度目の婚姻だったという。

　ある時、この後妻が暇《いとま》を欲しいと言うため、朴園は後妻と離縁した。後になって後妻の里付に理由を聞いたところ、ある日の夕方、庭から家に入ったところ、前夫が座敷におり、そのために婚姻を諦めたのだという。それからまたこの後妻が別の家に嫁いだと聞いたが、今度は井戸に入って死んでしまったのだと記されている。

　項目名は近世の随筆から奇談、異聞を収集し、収録した柴田宵曲《しょうきょく》の著作『奇談異聞辞典』に拠《よ》った。

僧と組み合った卒塔婆 ［そうとくみあったそとば］

卒塔婆が幽霊として現れたもの。寛文元年（一六六一）に刊行した仮名草子『片仮名本・因果物語』巻中の二六「幽霊と問答する僧の事　付幽霊と組む僧の事」にある。

それによれば、会津長沼（現・福島県須賀川市の一部）にあった永光寺という寺に欣《きん》察《さつ》という僧がおり、ある夜、小便のために外に出て帰ると、そこにひとりの人間が立っていた。そこで声を掛けるも返答がなく、さては幽霊かと思い、組み合うと、その人間は力が強く、倒れることはなかった。

　その騒ぎを聞きつけた衆寮坊主が走り出てきてこれを見、一喝するとその人間はあっさりと倒れた。火を灯して見てみると、それは卒塔婆であり、「十万仏土中、唯有一乗法、無二亦無三、除仏方便説」と記されていた。それは一三回忌の供養のために作られた卒塔婆であったという。

素観〔そかん〕

男色の未練のために化け物となって現れた僧。明和四年（一七六七）、高古堂主人によって著され、刊行された『新説百物語』巻之四「沢田源四郎幽霊をとぶらふ事」にあるもの。それによれば、周防の山口（山口県）に沢田源四郎という男がおり、一四歳で小姓を勤めていたが、その器量が良く、はつらつとしていて美少年であったため、男女ともに恋焦がれる者は多かった。

ある寺にいた素観という者もそのひとりだったが、源四郎に特定の男色の相手がいることを知り、思い煩うあまり断食して死んでしまった。それから二ヶ月も過ぎた頃、源四郎の寝間にさまざまな怪異が起きた。ある時は家鳴りで振動し、またある時は垂《たる》木《き》の下から大入道が現れるなどし、源四郎も患ってしまった。

その後もさまざまに対策したが、怪異は止まず、源四郎は日々痩せ衰えたため、家の者も疲れ果て、近所にいる若い侍を代わる代わる呼んで夜の番を頼んだ。ある夜、その日番を頼んだ侍が目を覚ますために、持ってきた栗《くり》を夜更けに火鉢にくべて焙《あぶ》っていた。その時、また家鳴りが起きて大入道が現れ、源四郎の枕に近づこうとした。その瞬間、火鉢の栗が弾けて飛び出し、それに驚いたのか化け物は姿を消してしまった。それ以来、大入道は現れなくなったという。

外海府の霊気〔そとかいふのれいき〕

海に残った死者の声。近世後期、旗本の根岸鎮衛《やすもり》が天明（一七八一〜八九）から文化（一八〇四〜一八）年間にかけての約三〇年間にわたり記した随筆『耳嚢《みみぶくろ》』巻三「霊気残れるといふ事」にあるもの。

それによれば、佐州の外海府（現・新潟県佐渡市の北部にある外海府海岸）は海が荒れやすい場所だった。鳥居何某《なにがし》という者がその湊《みなと》の番所に勤めていた頃のある夜のこと、この浜辺に住んでいた人が船を引き上げる声を聞いたと言ったが、調べてもそのようなことはなかった。しかし二、三夜にわたって同じ声がしたため、改めてその声がする場所を調べてみると、転覆した船が打ち寄せられていた。驚いて人を集め、引き起こしてみると、鍋、釜の類は沈んだと見えてそこにはなく、しかし箱や桶《おけ》の類は船の中に残っていた。その箱に近くにある海府村の村名が書かれていたため、ここ最近行方不明になった船だろうとその村へ知らせ、人が来て確かめるとその通りであった。

転覆していた船は相川の町（現・佐渡市相川地区）へ薪を運んで戻る時、鷲崎《わしざき》（現・佐渡市鷲崎）の沖で強風に遭い、行方知らずとなったのだという。その乗員の霊気が残り、このような声を出したのだろう。海辺ではときどきあることなのだ、と記されている。

【た】

大道寺玄蕃頭の馬屋の奴
［だいどうじげんばのかみのうまやのやっこ］

雷になった人。安政五年（一八五八）、宮負定雄によって記され、刊行された説話集『奇談雑史』巻六の六「雷になりしと云ふ人の事」にあるもの。

それによれば、尾州（愛知県西部）の大道寺玄蕃頭（大道寺直重）の馬屋の奴をしていた人物は、どうしたことを考えたのか、雷神になることを天に祈っていた。その人物は死後、主人の大道寺玄蕃頭の夢に現れ、本当に雷神となったと告げた。そのため、大道寺の屋敷には雷が落ちることがなかったという。また、雷を恐れる者は「大道寺玄蕃頭」と書かれた札を家に貼るとよいという慣習が大道寺家の周囲で生まれたとも記されている。

鷹師町の侍
［たかしょうまちのさむらい］

死後に妻が約束を破ったために現れた死者。鈴木正三が書き留めた話を弟子たちが取りまとめ、寛文元年（一六六一）に刊行した仮名草子『片仮名本・因果物語』巻上の九「夫死して、妻を取り殺す事　付頸《くび》をしむる事」にあるもの。

それによれば、江戸鷹師町（現・東京都千代田区神田小川町）にて、ある侍が病みつき、死の間際となった。その時、侍は妻に「私が死ねば不請ながら（望まずとも）髪を剃《そ》り、菩提《ぼだい》を弔ってほしい」と言った。女房がそれを了承すると、そのまま死んでしまった。

しかし女房は約束に反し、髪を剃ろうとしなかった。そのため次の日、死んだ夫が来てその姿が見えても驚かなかった。しかし夫はその後もやって来て、六日目にはついに女房の首を絞めた。女房は目を回して気絶したが、女房の兄が刀を抜いて夫を斬り払った。

女房の兄が「卑怯者、侍に相応《ふさわ》しくあらず」と辱《はずかし》めても無視して女房のもとに現れるため、女房は次第に弱っていった。そこで女房の弟が「心得た」と言い、鋏《はさみ》を取り出して姉の髪をすっかり切り落とすと、女房は回復した。女房はそれ以降、ずっと髪を剃った姿でいたという。これは慶安三年（一六五〇）にあったということだ。

高橋甚太夫の女房の生霊
［たかはしじんだゆうのにょうぼうのいきりょう］

生霊となって前夫を苦しめた女。鈴木正三が書き留めた話を弟子たちが取りまとめ、寛文元年（一六六一）に刊行した仮名草子『片仮名本・因果物語』巻上の一一「女生霊、夫に怨を作《な》す事」にあるもの。

それによれば、高橋甚太夫という弓を使う足軽が、女房を連れて豊前（福岡県東部および大分県の北西部）から肥後（熊本県）へ行き、二年間過ぎた時、女房に離縁を告げた。女房も同意し、小倉（現・北九州市小倉北区および小倉南区）に送ってもらうこととなったが、高橋甚太夫はその途中の宿で女房を捨てて夜逃げしてしまった。これを哀れに思った宿の主人が似合いの男を連れてきて、女房はその男と新たに夫婦となった。

しかしその後、甚太夫が別の女房を呼ぶと前の女房が現れ、首を絞めるようになったため、新たな女房を置くことができず、ついに甚太夫は前の女房のところに行ってさまざまに詫《わ》びた。しかし前の女房は「私は今、自分の望む通りの家に嫁ぎました。これはあなたが暇《いとま》をくださったためですので、良き幸せを得て、今は遺恨などありません」と言う。喜んだ甚太夫はさっそく帰ってから新しい女房を呼んだが、今度は前の女房の頭が窓から入ってきて棟木《むなぎ》の上に乗り、首を絞めてきた。これによりついに新しい女房を持つことは叶わなかったという。これは寛永年中（一六二四～四四）のことで、甚太夫が自ら語った話だということだ。

竹［たけ］

復讐《ふくしゅう》のために現れる死者。享保一七年（一七三二）菅生堂人によって記された怪談集『太平百物語』巻之四第三一話「女の執心永く恨みを報ひし事」にあるもの。それによれば、備後国尾道（現・広島県尾道市）でのこと。観勇という者が竹という召使いの女を冤罪《えんざい》で糾弾し、物を食わせず嬲《なぶ》り殺しにした。しかし竹は死の間際に目を見開いて「この家がある限り、この恨みを思い知らせてやる」と叫び、死んだ。その死霊はまず観勇の父に憑《つ》いて殺し、次に観勇を取り殺した。そして観勇の子、小左衛門もまたこの竹の怨念に悩まされることとなる。

小左衛門は父の一周忌が終わった次の朝から、畳、壁、柱など、家のどこにおいても血が流れているのが見えるようになった。しかしこの血は小左衛門以外には見えず、家来の者たちは小左衛門に言われるがまま、何も付着していない家の至るところを拭くことになった。家来の者たちも、はじめは竹の怨恨だと恐れていたが、次第に小左衛門を疎むようになり、ついに小左衛門は屋敷にひとりとなった。そのため、自分で家中を拭いて回ったが、日を追うごとに血の量は増えていき、ついには家中に血が満ちているように見えるまでに至った。そして最後には食物にまで血が流れ出る様子が見えるようになり、物を食うこともできず、一年ほどもすると痩せ衰えて死んでしまった。小左衛門には子がなかったため、竹の念願の通りその家は断絶したのだという。

同書では、世間にいう播磨の皿屋敷というのはこの話のことだとある人が言っていたことが記されている。皿屋敷は近世にさまざまな怪談が流布した幽霊譚《たん》（詳細は**お菊**を参照）。

千沢幽霊 ［ちざわゆうれい］

死後も自分の妻のもとに通った幽霊。西村白鳥によって記され、安永二年（一七七三）に刊行された随筆『煙霞《えんか》綺談』巻三にあるもの。それによれば、慶長年間（一五九六～一六一五）のこと、ある城の城主であった千沢某が死したものの、その妻に執心が残り、毎晩妻のもとにやって来て枕を並べ、生きている頃と変わらず夜を過ごした。

乳母の女房がこれを知り、不審に思い、千沢某の妻に尋ねると、妻は「その通りです。千沢殿はこの頃夜になると私のもとを訪れになっております。この世にいらっしゃらぬ人とは思うけれども、少しも怖いとは思わず、ますます愛しく思うのです」と答えた。それからほどなくして妻が身籠もったため、乳母の女房がある夜、千沢幽霊に向かって「殿様はこのような浅ましき御心で、執着が深くあられますから、奥様も噂《うわさ》され、法会も疎かになっていると人が言うのも、君のせいです」と言った。千沢はこれに対し「汝《なんじ》が申すことはもっともだ。しかし私は娑婆《しゃば》にある時より子がないことのみを後悔していたが、その執心が罪深く、なおも止めることができなかった」と懺悔《ざんげ》した。しかしその後、千沢の妻が玉のような男児を出産し、これによって執着の念が消えたのか、幽霊は二度と来ることはなかったという。

死んだ女の霊が子を産む話は多いが、男の霊が子をなす話は珍しい。近世の随筆から奇談、異聞を収集した柴田宵曲《しょうきょく》の『奇談異聞辞典』においては、この幽霊は「城主の幽霊」という名で紹介されている。

長空 ［ちょうくう］

近世後期、旗本の根岸鎮衛《やすもり》が天明（一七八一～八九）から文化（一八〇四～一八）年間にかけての約三〇年間にわたり記した随筆『耳嚢《みみぶくろ》』巻七「夢に亡友の連歌を得し事」には、こんな話が載っている。

町野正庵という医師がおり、連歌を好んだ人物だったが、その息子の洞益はまったく興味を持たなかった。しかしある夜、洞益の夢に正庵の長年の友人で、ともに連歌をしていた長空という者が現れた。

この長空は三年前に亡くなっていたが、夢で「私はこのたび、連歌を一句考えましたが、よほど良い出来でしたので、父の正庵殿へとお伝えいただきたく思います」と言う。そのため、洞益が「したためたものをお教えくださいませ」と言うと、長空は矢立を取り出し、「花の山、むれつつ帰る夕がらす」と記した物を差し出したため、受け取った。そこで目が覚めた。

不思議なことに目覚めてからもその句を覚えていたため、洞益がそれを書いて正庵に見せると、正庵は手を打って、「今年は長空の三年忌だ。しかし、お前が書いた文字の形だが、花という字は、長空がいつも人と違う書き方をしていたのとそっくりだ」と言い、同士を集めてこの夢の長空の句を発句として一〇〇韻も綴《つづ》って長空の追善供養を行ったという。

敦賀国の宿の亡霊

［つるがのくにのやどのぼうれい］

雪隠《せっちん》（便所）に現れた亡霊。延宝五年（一六七七）に刊行された怪談集『諸国百物語』第一五話「敦賀の国亡霊の事」によるもの。それによれば、敦賀国（福井県北部）である人が宿に泊まり、夜中に雪隠に行って窓から外を見ると、朧月夜《おぼろづきよ》を背に白い帷子《かたびら》を着た女が恐ろしい様子で立っていた。旅人は不審に思い、しばしの間見ていたが、中へ入って来ることもなく、いよいよ不思議に思って外に出て間近で見てみると、掻き消すように消えてしまった。

それから夜が明けると、宿の亭主が仏前に香華を手向けていた。そして旅人に「今日は我が妻の命日ですが、今宵夢に背戸口に妻が来て佇《たたず》んでいる様子がまざまざと見えたのです」と語って涙を流した。

旅人は恐ろしく思いながら、亭主には何も語らなかったという。

溺死死亡霊

［できししぼうれい］

死者の声が聞こえる怪現象。近世後期の国学者・津村正恭《まさゆき》が安永年間（一七七二〜八一）から約二〇年間にわたって見聞したことを記した随筆『譚海《たんかい》』巻二「遠州大井河の川下溺死死亡霊施餓鬼の事」にある。

それによれば、津村の知り合いの上人が語ったという話で、この上人が遠州（静岡県西部）を流れる大井川に草庵を結んでいた頃、大井川ではたびたび洪水があり、年に五人から一〇人がこの川で死に、死骸が流れてくることがあり、それを見ると草庵に引き上げていた。

しかしその死骸が誰なのか分からないため、卒塔婆《そとば》なども作ることができず、ただ河原に埋め、杖《つえ》や笠《かさ》を印になればとそこに置いていた。

そのためか、毎年秋になると雨が降る夜などに鬼哭《きこく》（死者の泣き声）が聞こえることがあり、これは溺死者の幽霊であると考えられた。この声は川下、川上のどこから聞こえてくるのか分からず、夜もすがらただ悲しく、絶えず聞こえたという。

これが連日続いたため、川の近くに住む者たちが寄り合って金を集め、施餓鬼会を行ったところ、その夜から鬼哭は聞こえなくなったと記されている。

近世の随筆から奇談、異聞を収集した柴田宵曲《しょうきょく》の『奇談異聞辞典』においては、この幽霊は「水死者哭声」という名で紹介されている。

殿中幽霊図

［でんちゅうゆうれいず］

絵画に描かれた幽霊。近世後期の画家・矢野夜潮が描いた物で、巨大な女の幽霊が笑いながら出現し、それに驚いた御殿女中らしき女性が、後ろ向きに階段から転げ落ちようとしている様子が描かれている。幽霊の大きさと表情が大きなインパクトを残す作品だ（次ページ参照）。

「殿中幽霊図」矢野夜潮

道節［どうせつ］

生きながらにして餓鬼となり、死後も人に取り憑《つ》いた僧。鈴木正三が書き留めた話を弟子たちが取りまとめ、寛文元年（一六六一）に刊行した仮名草子『片仮名本・因果物語』巻下の二一「慳貪《けんどん》者、生きながら餓鬼の報ひを受くること　付種々の苦を受くる事」にあるもの。

それによれば、江州肥野の谷にある石原村（現・滋賀県蒲生《がもう》郡日野町石原）という村に道節という者がいたが、慳貪で無道心な人物であり、七〇歳の頃に生きたまま餓鬼となり、一日に四、五升（約六〜七・五キロ）もの米を食っていたにもかかわらず、ついに死んでしまった。それから六〇日目に嫁に取り憑き、「飯を食いたい、飯を食いたい」と叫ぶことが一〇日ばかり続いた。そのため、さまざまな形で弔うと、やがて嫁は元に戻ったという。

同書では道節の兄も同様に乾き病（飢えの止まらない病）になり、一〇〇日間米を食い続けた末に死んだと記されている。

科なき代官［とがなきだいかん］

無罪にもかかわらず殺されたため、復《ふく》讐《しゅう》した死者。鈴木正三が書き留めた話を弟子たちが取りまとめ、寛文元年（一六六一）に刊行した仮名草子『片仮名本・因果物語』巻上の一〇「罪無くして殺さるる者、怨霊と成る事」にあるもの。

それによれば、一柳何某《なにがし》という者が他人の讒言《ざんげん》を聞いて罪のない代官を手討ちにした。その後、気分が優れないままであったが、ある日五歳になる子どもが寄って来たため、抱いて可愛がっていたところ、子とともに縁から落ち、子どもが死んでしまった。どうしようもなく、子の亡骸《なきがら》を駕籠《かご》に入れて寺へ送り、仏の前に置いて侍をひとり警固につけたが、突然仏殿の天井が激しく音を立てた。人々が驚いてそちらを見ると、警固の侍が「無念なり」と言ってそのまま気絶した。

それから三日後、侍が言うことには、「日

も暮れた頃、亡くなった子を悼んでいたところ、突然天井が崩れるような音がし、光り物が来ました。また駕籠から光り物が出て行こうとしたため、斬り留めようとするも叶わず、その時に無念なりと言ったことを夢のように覚えております」と言った。しかしそれから体調を崩し、三日後に死んでしまった。

そしてその時に現れた光り物は科なく殺された代官であり、主人夫婦の前に死んだ五歳の子を抱いて現れ、「私はこの子を受け取りました。可愛らしくなったものです」と言った。これを見た主人は「憎いやつめ」と言って脇差に手を掛け、縁まで出たが、そこで気を失った。小姓たちが抱き起こし、薬を飲ませたところ、ようやく気が付いたという。

髑髏の謡 ［どくろのうたい］

歌によって復讐《ふくしゅう》を果たした髑髏。近世後期、秋田藩士の人見蕉雨が記した随筆『黒《こく》甜瑣語《てんさご》』にあるもの。それによれば、森山大蔵という武士が二戸《にのへ》の阪本（現・岩手県二戸市浄法寺町坂本の辺りか）というところに行き、夜更けに山道を歩いていると、木立の向こうから濁声《だみごえ》で「ほに出る枯尾花、訪《とぶら》ひ来しなうき寐《ね》の夢、さむればみねの松風」と繰り返し歌う声が聞こえてきた。そこで探してみると、朽ち残った髑髏に尾花が生い茂っているものの、上下の歯が生え揃《そろ》っているものがあり、その口から歌声を発していた。

髑髏は森山を見て「我が頭に茂った草を取ってくれ」と言ったため、森山は快く引き受け、草を抜いてやると、髑髏は嬉し気に「これで我が苦しみも解けた。ありがたい武士の情けだ」と言ってその後はものを言わなかった。

森山が不思議に思いながら帰って主人にこの話をすると、主人をはじめ皆が大いに嘲笑した。森山は面目を失ったため、「まったく偽りのことではない」と告げると、皆が「ならばその髑髏を持ってきて、ものを言うのを見せろ」と告げた。森山も「私の話に嘘《うそ》があるのであれば、この武士の命を懸けよう」と言い放ち、すぐにあの山の中に入って髑髏を探すと、まだ同じ場所にあった。そこで森山が「昔はどのような人であったかは知らないが、私はこのような賭けをしてきた。昨夜、その苦しみを救った礼に、その者たちの前でものを言ってくれ」と言うと、髑髏は快く承諾した。森山は喜び、包みに入れて負って帰り、主人の前に来ると主人を言葉も荒く罵り、包みをほどいて髑髏を取り出した。そして「さあ歌え、語れ」と言うが、髑髏はひとつも応えない。森山は酷《ひど》く赤面し、さらに「歌え、語れ」と告げるも、髑髏はなおものを言わなかった。そのため、主人のみならず周りの者たちは大いに怒り、根も葉もない嘘を言った偽りの武士として賭けの通り森山は主人の前で首を刎《は》ねられた。

するとあの髑髏が笑い出し、「今こそ我が願いが叶った。積年の本懐を遂げて、恨みも晴る月の上ればみねの松風」と歌い出した。

これについて詳しく述べると、森山は昔、ひとりの家来を無実の罪に陥れ、手討ちにしたことがあった。その祟りがこの髑髏に残り、この時積年の恨みを遂げたのだという。

項目名は近世の随筆から奇談、異聞を収集した柴田宵曲《しょうきょく》の『奇談異聞辞典』に拠《よ》った。髑髏となった死者が自分を殺した者に罪の告発を行い、復讐する話は古くは中国で語られており、日本でも平安初期の『日本霊異記』にその類の話がある（古代の**穴君の弟公**および**人や獣に踏まれた髑髏の死霊**を参照）。これらの話では髑髏を助ける人間と髑髏の生前の人間を殺した者が別人なのに対し、今回の話ではそれが同一人物となっている。また、この話に類似した昔話は全国で語られ、「歌い骸骨」や「歌い髑髏」などと呼ばれる。

歳の差夫婦の幽霊 ［としのさふうふのゆうれい］

近世後期の儒者で、昌平坂学問所（東京都文京区）の教授であった鈴木桃野が学問書の反古紙《ほごし》の裏に書き連ねたという随筆『反古のうらがき』巻一にあるもの。それによれば、文化（一八〇四～一八）年間の頃のこと、麻布（現・東京都港区北東部）のある寺の墓所で夜な夜な語り合う声が聞こえると人々の噂《うわさ》が流れた。ある豪胆な商人が月もほの暗い夜、宵の頃からひとり密かに隠れて様子をうかがっていると、子《ね》の刻（夜中の一二時頃）を過ぎた頃、仲睦まじそうに話をする声が聞こえてきた。

いったい誰なのだろうと商人は月が明るくなるのを待ち、背伸びしてその様子を見ると、ひとりは二四、五の痩せた男で、もうひとりは六〇ばかりの老女だった。しかしその語らう様子は親子というよりも夫婦のようで、商人が理解しがたく思っていると、寒風が吹いて思わずくしゃみをしてしまい、直後二人の姿は見えなくなった。

翌日、商人が寺に行き、このことを話して二人が現れた辺りを見ると、合葬の墓があった。その墓の主は二四歳で死んだ商人で、その妻はその後も久しく生きて二、三年前、六〇歳ほどで死んだのだという。これにより夫の墓に合葬された。しかし以降墓は無縁となったため、供養する者もおらず、二人は成仏できずに幽霊となって現れたのだと考えられたという。

屠所の陰鬼 ［としょのいんき］

首切り場に現れた死者たち。塹雪舎素及《ざんせつしゃそきゅう》によって著され、寛延三年（一七五〇）に刊行された浮世草子『怪談登《と》志《し》男《おとこ》』にあるもの。それによれば、越後（新潟県）の城下町に化物屋敷と呼ばれる廃れた屋敷があり、城主の命令で侍たちがこの屋敷を検分することとなった。そこでまず始めに九人の侍がこの屋敷で夜を明かしていると、床の下から数十人が泣く声と、太刀の音が聞こえたが、その後は静かになった。侍たちが刀の柄に手をかけ、警戒していると、今度は梁《はり》の上に痩せた男の首が一〇〇個ばかり並んでおり、それらが上になり下になり、互いにぶつかり合って梁から落ちてきた。侍たちは恐ろしく思いながらも落ちてきた首を一ヶ所に集め、夜が明けるのを待っていると、東雲《しののめ》の頃に首はすべて消えてしまった。

翌日は四人の侍が城主の命でこの屋敷に赴いたが、夜の八つ頃（午前二時頃）になると三歳ばかりの子どもが屋敷の奥から台所へと逃げ込んだ。それを追って数十の痩せた首が現れ、この子どもに取りついて食い殺してしまった。その後、首たちは庭に転がって行ったが、夜が明ける前に消えた。

さらに翌日は七人の侍がこの屋敷に向かったが、今度は同じ時刻に小さな子を抱いた女がひとり、泣きながら歩いてきたかと思うと、数百の首が現れて女を食い殺し、消えてしまった。

それからしばらく何もなかったが、鶏の声が聞こえ始めた頃、大男が侍たちの前に出現した。侍たちは一斉に斬りかかったが、手応えもなく消え、また現れた。侍たちが「お前は何者か。狐狸《こり》にせよ我が君の城下に住みながら、このような怪異を起こすのであれば、すぐに去れ。さもなくば土を掘り返してでも狩り出してやろう」と言うと、大男は涙を流し、「この様子を見て、狐狸の起こす怪異と思うのはもっともなことですが、私はそのようなものではありません。私はかつて城の旧主に仕えていた薬師寺外記という者です。人を斬ることがとても面白く思え、役儀に関係のない斬罪を仕事とし、五日も人を斬らないと心が塞《ふさ》ぎ、男女の罪人を手にかけること一〇〇〇人を超えました。この悪因が積もり、死んだ後、種々の悪相を現じることとなったのです。この屋敷に住む人に追善を頼もうにも、人が来ればすぐに出て行ってしまうため、これまで姿を見せることもできずにいたのです。我が苦しみを哀れみ、どうか上へと申し上げてください」と言って消えてしまった。

侍たちがこのことを注進すると、屋敷が調べられることになり、屋敷を壊してその下の地面を掘ってみると、骨が山のように見つかり、古い血に染まって濃紫の岩のようになっていた。

そこでその骨を一ヶ所に積み、寺院に追善の法事を頼み、厚く弔ったところ、その場所で怪異が起きることはなくなったという。

泥田坊 ［どろたぼう］

田から現れる謎の存在。鳥山石燕の画集『今昔百鬼拾遺』にあるもので、一つ目で指が三本の人間のような姿をしたものが、泥田から上半身を出して腕を斜め上に向かって伸ばしている様子が描かれている。

その解説には昔、北国に翁がおり、子孫のためにいささかの田地を買い、寒暑風雨にかかわらずいつも耕作を行っていた。しかしこの翁が死んでからというもの、その子どもは酒に耽《ふけ》り、農業をせずについには田を他の人間に売ってしまった。以来、夜になると目がひとつある黒いものが現れ、「田をかえせ、田をかえせ」と罵るようになった。これを泥田坊という、と記されている。

解説部分では死んだ翁が泥田坊になったとは明言されていないものの、話の内容から泥田坊の正体は翁だと解釈されることが多い。「田をかえせ」については「田を返せ」と「田を耕せ」の二つの意味もあると考えられる。

【な】

内瀬の百姓の妻［ないせのひゃくしょうのつま］

後妻を攻撃するために現れた幽霊。延宝五年（一六七七）、荻田安静によって編まれた『宿直草《とのいぐさ》』巻三第一二「幽霊、読経に浮かびし事」にあるもの。それによれば、慶安（一六四八～五二）の頃、津の国内瀬（現・大阪府茨木市の一部）で農民の妻が亡くなったが、それから七日目にその農民は後妻を迎えた。人々は見苦しいことだと謗《そし》ったが、先妻もまた納得していなかったらしく、後妻はすぐに物の怪に憑《つ》かれることとなる。夜も昼もなく先妻の幽霊が現れ、後妻と取っ組み合ったが、傍目《はため》には後妻がひとりで狂乱しているようにしか見えなかった。しかし後妻の目にははっきりと先妻の姿が見えていたようで、それに同情したある人が二月堂という場所の牛王の護符を貸したところ、先妻は来なくなった。しかし今度はその護符を貸した者の方に先妻の幽霊が来たため、恐ろしくなったその人物は慌てて護符を返してもらい、また後妻のもとに先妻が現れるようになった。

後妻は心が強い者だったが、次第に朦朧《もうろう》とするようになり、親しい人が夫に「死んで七日目に今の妻を呼び、先妻の跡もきちんと弔わなかった。あなたに誤りがある」と指摘したため、夫はその通りだと急いで寺に行き、先妻を弔ってもらった。その際、観無量寿経を読み、念仏回向《えこう》したところ、幽霊はそれから来なくなったという。

中万字屋の幽霊［なかまんじやのゆうれい］

死んだ時の姿で現れた幽霊。近世後期の文人、大田南畝《なんぽ》が著した随筆『半日閑話』巻一〇「中万字屋の幽霊」にあるもの。それによれば、文化七年（一八一〇）の一〇月末のこと。中万字屋という芸妓置屋でひとりの妓が病気になったが、店の主人がこれに折檻《せっかん》を加えた。そしてある日、この妓が小鍋に食べ物を入れて煮て食おうとしているのを見て咎《とが》め、その鍋を首にかけさせて柱に縛り付けておいたところ、その妓はほどなくして死んでしまった。以来、この妓の幽霊が首に小鍋をかけた姿で中万字屋の廊下に出るようになったという。

項目名は近世の随筆から奇談、異聞を収集した柴田宵曲《しょうきょく》の『奇談異聞辞典』に拠《よ》った。

中村新右衛門［なかむらしんえもん］

海に現れた死者。元禄五年（一六九二）に刊行された『狗張子《いぬはりこ》』巻一第四「守江の海中の亡魂」にあるもの。

それによれば、豊後国守江（現・大分県杵築市守江）の浦の海上には、亡霊があってたびたび人を悩ませた。この亡霊は慶長五年（一六〇〇）に行われた関ケ原の戦いに関わるもので、東軍に敗れ、西軍の者たちは逃げ落ちたが、黒田勘解由《かげゆ》入道（黒田孝高）が豊後安岐城に陣を構え、落ち延びてきた西軍に攻撃した。この時、中村新右衛門という者が犠牲になったが、その後亡霊と化し、海を往来する人々を悩ませるようになったのだという。

寛永（一六二四〜四四）の末の頃、ある娘が故郷に帰る途中、この海で物怪に憑《つ》かれ、さまざまなことを口走った。そのため、舟に乗り合わせた人が「お前は何者で船の中に来て、人を悩ますのだ」と尋ねると、娘は「我はこの海に沈んで死んだ中村新右衛門という者だ。亡魂は今もここでさ迷い、浮き沈み、苦しみを受けている。しかし我がために法事を営んでほしい」と言って涙を流した。

そこで船の者たちは驚き、安芸の港に船をつけ、僧を呼んで二夜三日の法事を営んだ。その間、娘に取り憑いた新右衛門は関ケ原のこと、この海での戦いのことを語り、それを聞く者は涙を流した。

そうして法事が済むと、娘の狂気は収まり、新右衛門の亡魂も浮かばれたのか、人に取り憑くこともなくなったと語られている。

生妬き妻の幽霊［なまねたきつまのゆうれい］

死後、生者の力を借りて復讐《ふくしゅう》した女。延宝五年（一六七七）、荻田安静によって編まれた『宿直草《とのいぐさ》』巻三第一〇「幽霊の方人《かたうど》の事」にあるもの。それによれば、関東に生妬き（嫉妬深い）女がおり、夫が召使いの女に手を出したことを妬み、辛さが身に積もって病に倒れてしまった。その妻の命も消えそうになり、夫も後悔して後妻は取らないことを誓い、それを聞いた妻は死んでしまった。

その後、夫はしばらくの間誓いを守っていたが、やはり恋心を捨てることができず、あの召使いの女と再び恋仲になり、ついに後妻として迎えた。これにより先妻が幽霊と化し、また彼女を埋めた塚が動き、墓が騒がしくなるという噂《うわさ》が流れるようになった。そのため、周辺に住む人々が集まって話をしている時、その塚の話になり、ひとりが「何でもないことだ。どうせ嘘《うそ》だろう」と言ったため、その男が塚に行けば皆が男にご馳走を振る舞い、逆に行くことができなければ男が皆にご馳走を振る舞うという賭け事を行うことになった。そこで、塚に行った証拠として札を挟んだ竹を塚に刺すことになり、男は塚に向かった。

　男はすぐに塚に向かい、竹を刺そうとしたが、石金のように固く、刺すことができない。するとそこに白い装束に長い髪を垂らした者が現れた。何者かと男が問うと、「私はこの塚に埋められた女です。夫に恨みがあり、思い死にしたのです。そのため、あなたがここにその札と竹を立てようと思っても、私が納得しなければ引き抜いて捨てましょう。もし札を立てたければ、私の頼み事を聞いてください」と告げた。そこで男が頼みの内容を聞くと、幽霊は彼女が暮らしていた家に今住んでいる女をどうしようもなく憎く思うものの、門に寺の札が貼ってあるため、中に入れず、恨みを晴らすことができないから、これを剝《は》いでほしいと言った。男が承知すると幽霊は消えたが、改めて印の竹を刺すと何も問題なく刺さったため、男は賭け事に勝ち、ご馳走を振る舞われた。

　しかし男はそのまま家の札を剝がすことを忘れたため、ある夜、幽霊が男の家にやって来てこうなればお前を恨むと脅した。そのため、男は慌てて件《くだん》の家に行き、札をかなぐり捨てた。これにより幽霊は家に入ることができるようになり、後妻の首を絞めて殺してしまった。一方、男は自分の女房に浮気を疑われたため、幽霊のことについて話すと、女房は驚いたものの、そのことは誰にも話さないと約束した。だが三年後、男と女房は喧嘩し、男は家を去ったが、腹に据えかねた女房は男が幽霊を助けたことを殺された後妻の両親に告げた。これにより腹を立てた後妻の両親は公儀へこのことを告げ、男は幽霊の方人（味方）をしたとして罰を受けたという。

仁光坊の火 ［にこうぼうのひ］

死者が火となって現れるもの。貞享三年（一六八六）刊行の山岡元隣著『古今百物語評判』にある。それによれば、摂州芥河《あくたがわ》（現・大阪府高槻市を流れる淀川《よどがわ》の支流）の近くにひとりの代官がおり、その代官のもとに往来する真言僧の仁光坊という者があった。この仁光坊は美貌の僧で、代官の女房が深く懸想し、さまざまに口説いたが、僧はそれに応えなかった。

　そのため、逆に自分の不義を訴えられるかもしれないと考えた代官の女房は、代官に対し「仁光坊が私に懸想し、いろいろと不義や空言を申し上げるのです」と嘘《うそ》をついた。これを聞いた代官は激怒し、仁光坊に事情も聞かずに軽罪とした。仁光坊はこれを恨み、「実否の詮索もなくこのような憂き目を見ることになるのであれば、すぐに思い知らせよう」と言って目を怒らし、歯を食いしばって死んだ。

それから仁光坊は代官の一族を残ることなく取り殺した。またその死骸を埋めた場所の山際からは火の玉が現れ、その火の中には法師の首がありありと見えたという。

類似した怪火に**二恨坊の火**がある。

二恨坊の火 [にこんぼうのひ]

死者が火になって現れたもの。寛保三年（一七四三）、俳人、作家の菊岡米山によって著され、刊行された『諸国里人談』にある。それによれば、摂津国高階の二階堂村（現・大阪府茨木市二階堂）に三月から六、七月まで出現する火があり、その大きさは一尺（約三〇センチ）ばかりで、家の棟や木の枝梢に留まる。近づいて見ると目、耳、鼻、口があり、まるで人の顔のように見えるが、危害を加えることはないので、人々はあまり恐れることもないという。

また、この火の由来が伝わっている。昔、この場所に日光坊という名の山伏がおり、人より優れた修法をおさめていた。ある時、村長の妻が病に伏したため、日光坊に加持をさせたところ、寝屋に入って一七日でその病は癒えた。しかし村長は日光坊と妻が密通したと言って日光坊を殺し、病を平癒させた恩を謝することもなかった。

この日光坊の恨みは妄火となり、村長の家の棟に毎夜飛んできて、村長を取り殺した。

これは日光坊の火と呼ばれていたが、やがて二恨坊の火と呼ばれるようになったと記されている。

元禄二年（一六八九）に刊行された作者不詳の説話集『本朝故事因縁集』には『諸国里人談』に先行して二恨坊の火の話が記されている。この話では同じく二階堂村が舞台とされているが、怪火の由来は異なっており、昔、この里に、一人の山伏があって、一生のうちに二つの恨みを持っていたために二恨坊と呼ばれていた。この山伏は死んでから魔道に堕ち、邪心の炎が消えないで、とうとうこのような火となって現れたため、二恨坊の火と呼ばれたという。

また類似した怪火に**仁光坊の火**というものがある。

西岡又三郎 [にしおかまたさぶろう]

死体が動き出したもの。元禄五年（一六九二）発行の浅井了意による仮名草子『狗《いぬ》張子《はりこ》』巻之二の二「死して二人になること」にある。

それによれば、小田原城（神奈川県小田原市）下の浦に農民が住む村があり、少数ながら家中の侍も住んでいた北条早雲の時代、西岡又三郎という召使いが病を患い、死んだ。そのため、亡骸《なきがら》を野原に埋めようと朋輩《ほうばい》たちが日が暮れるのを待っていたところ、見知らぬ男が来て、人々に会釈することもなく西岡又三郎の亡骸の前に座り、声の限りに泣いた。

これは親類か親しい友だろうと人々が思

っていると、死骸がむくりと起き上がり、先ほどの人も立ち上がって、摑《つか》み合い、殴り合い、言葉も発さずにあちらこちらへと暴れ回った。人々は驚いて戸を閉めたが、部屋の中では二人が争う音が聞こえてきて、日が暮れた頃に静まった。

そこで戸を開いてみると、二人が同じ枕に伏していたが、その姿は顔の形、鬢《びん》、髭《ひげ》、衣服まですべて同じだった。朋輩たちもどちらが又三郎なのか分からず、どちらも同じ棺に入れ、埋めて塚を作ったという。

同じ姿をした人間が現れた結果、その人間が死んでしまう話は影の煩いや離魂病の怪談として語られることがあるが、死んでから同じ人間がやって来る話は珍しい。

二一歳まで腰の立たなかった子

［にじゅういっさいまでこしのたたなかったこ］

死者が借りを返させるために転生したもの。作者不詳、元禄年間（一六八八〜一七〇四）に刊行された仮名草子『善悪報《むくい》ばなし』巻一の一「前世にて、人の物をかり取り、返さざる報により、子と生れ来て取りて返る事」にあるもの。それによれば、寛永年中（一六二四〜四四）のこと。摂州（大阪府北中部および兵庫県南東部）に四〇歳を過ぎるまで子ができない農民がいたが、神や仏に願い続けていると、ついに妻が懐妊した。やがて男児が生まれ、夫婦は喜んでいたが、この子はいつになっても足が立たず、どんなに治療をしても治らなかった。そのまま子は二一歳になり、夫婦が嘆いていると、子が突然「今私には望むことがある。それを叶えれば立ちましょう」と言ったため、夫婦は驚き、それを聞くと、子は「米一俵と銭を三貫文賜りたい」と言うため、夫婦は限りなく喜び、子の言う通りに与えた。すると子は三貫文を引っ摑《つか》み、米俵を肩に担いで、立ち上がって外へと走って出て行った。

夫婦は大変に喜び、子に「立てるのは分かったから、早く帰っておいで」と言ったが、子はがむしゃらに山を目掛けて走り出した。老夫婦は驚き、慌ててその後を追ったが、山中で子が振り返ったかと思うと、身の丈一丈（約三メートル）の鬼となり、親に向かって「我を子と思って今まで育てたとは愚か者め。我はお前たちに前世において銭と米を貸したが、ついに返ってこなかった。これを取り返すため、我はお前たちの子となり、二一になるまでお前たちの物を喰い尽くし、それでも取り返せなかった分がこの米俵と銭なのだ。ゆえにこれを取って帰る。お前たちも早く帰れ」と告げ、さらに山奥に入って行ったという。

金銭などを貸した人間が相手にそれを返してもらえないまま死亡し、相手の子に転生して富を浪費させ、貸した分と同額の富を使わせた後、正体を現して去る展開は、中国で古くから語られる討債鬼説話という話の型に見られ、この『善悪報ばなし』の話も討債鬼説話を踏襲しているものと思われる（**こんな晩**も参照）。

煮て食われた幽霊〔にてくわれたゆうれい〕

幽霊の正体を見破ったもの。近世後期、旗本の根岸鎮衛《やすもり》が天明（一七八一～八九）から文化（一八〇四～一八）年間にかけての約三〇年間にわたり記した随筆『耳嚢《みみぶくろ》』巻七「幽霊を煮て食ひし事」にある。それによれば、文化二年（一八〇五）のこと。四谷（現・東京都新宿区の四谷地区）の者が夜に外出していたところ、道中で白い装束を着た者が先を歩いていたが、腰から下がなかった。そのため「幽霊とかいうものか」と思い、後をついて行った。しばらくしてその幽霊が振り返ると、大きな一つ目が光っていたため、抜き打ちで斬りつけたところ、「きゃっ」と悲鳴を上げて倒れた。それを取り押さえ、刺し殺すと大きな五位鷺であった。そのため、これを担いで帰り、友人たちを呼んで調理し、食ったという。そのため、「幽霊を煮て食った」ともっぱら巷《ちまた》の噂《うわさ》となったと記されている。

ここでは幽霊の正体は、人間の死者ではなく五位鷺という鳥であったと記されている。五位鷺は現在でも野生で生息しているゴイサギのことだが、近世では火を吐いたり光を放つなど、不思議な力を持つ鳥として考えられていた。

仁兵衛の火〔にひょうえのひ〕

死者を埋めた塚から現れた火の玉。鈴木正三が書き留めた話を弟子たちが取りまとめ、寛文元年（一六六一）に刊行した仮名草子『片仮名本・因果物語』巻上の一二「塚焼くる事　付塚より火出づる事」にあるもの。

それによれば、これは筆者の正三が実際に体験した話のようだ。大坂の北、野江村（現・大阪府大阪市城東区野江の辺り）に仁兵衛という者がいたが、寛永一一年（一六三四）七月二三日に五〇歳で死去した。しかしこの仁兵衛を埋めたところに作った塚から蹴鞠《けまり》のような火の玉が出て、二、三度宙に上り、その後、細い道を二、三尺（約六〇～九〇センチ）ほどの高さを浮かびながら正三の家の方まで来たという。そして道の途中にある田畑を残らず回り、その上で大きく膨らんでは細かに散って落ちた。その様子は血のようであった。そしてまた元の火の玉に戻ると、田畑を巡り、そして正三の家の棟をころころと転がり、また塚へ帰って行った。

これが三〇日ばかり続き、火の玉は決まって四つ刻（午後一〇時頃）に来た。野江村の人々は皆これを目撃した。また庄屋の作兵衛の子どもは兄弟でこれを見たが、一七、八歳になる兄がそのせいで四、五日患ったと記されている。

如応の女房〔にょおうのにょうぼう〕

女が死後、蛇と化したもの。鈴木正三が書き留めた話を弟子たちが取りまとめ、寛文元年（一六六一）に刊行した仮名草子『片仮名本・因果物語』巻上の五「妬《ねた》み深き女、死して男を取り殺す事　付女死して蛇となり男を巻く事」にある。

それによれば、寛永年中（一六二四〜四四）に如応という道心者がいたが、彼が発心した理由は以下のようなものだった。かつて彼が大工として京にいた頃、女房が死に、その姪《めい》を後妻としたが、ある時、昼寝をしていると空から蛇が下りてきて、舌を出した。如応はこれを捕まえ、捨てたが、再び現れ、今度は首に巻き付いて離れなくなった。如応はどうしようもなく、発心して髪を剃《そ》り、托鉢したが、蛇はそれでも去らない。その後、高野山（和歌山県伊都郡高野町）に登った際、女人禁制の聖域へと至る不動坂の途中で蛇は消えたという。

同書ではさらに大坂の冬・夏の陣が起きる二、三年前のこととして、駿河（静岡県の中部から北東部）に住み、女房がいるにもかかわらず、さらに信州（長野県）で女房を得たある男の話を記している。男が信州に帰ったところ、駿河の女房が追いかけてきたため、これを殺したという。しかし、駿河の女房が蛇となって腰に巻き付き、何度斬ってもまた巻き付いて来るため、男は高野山に行った、という話も紹介されている。

如丹とまき［にょたんとまき］

男女で現れる亡霊。会津藩の武士、三坂春編《はるよし》が会津地方（福島県）を中心に話を集めた奇談集『老媼茶話《ろうおうさわ》』巻三「如丹亡霊」にあるもの。それによれば、奥州会津大口村（現・福島県河沼郡会津坂下町の一部）に大仙寺という寺があり、そこに如丹という美僧がいた。そして大口村の農民である庄右衛門の娘にまきという美女がおり、如丹に深く惚《ほ》れ込んで、さまざまに近づいた。はじめは仏道のためとまきを遠ざけていた如丹だったが、ある時、一夜をともにしてくれないのであれば家に帰らずに死ぬと迫られ、如丹はまきと枕を並べてしまう。以降、如丹は破戒僧となり、たびたびまきと密通するようになった。

そんなある日、大口村の若者たちが大仙寺に行った際、寺の入り口に女の下駄があるのを見つけ、片方を如丹の寝室に投げ込み、もう片方を持ち帰って庄右衛門に見せた。庄右衛門は激怒し、まきを家の一室に閉じ込めると、「お前は奸僧《かんそう》に誑《たぶら》かされて生涯を誤った。これ以降、行動を慎み、女の行儀を乱すな。もしそれでも心を改めないのであれば、この二品を使って命を断て」と細縄を一筋、剃刀《かみそり》をひとつ与え、戸を固く閉じた。

そして水も食事も与えず一日が経ち、庄右衛門の妻、すなわちまきの母親が庄右衛門に泣きつき、かわいそうだと言って食事を用意し、戸を開けると、そこには自ら首を絞めて倒れた娘の姿があった。

このまきの死からしばらくして、如丹の不義もまた上に伝えられ、破戒の罪から馬に縛り付けられて町を引き晒《ざら》しにされた後、薬師河原にて磔《はりつけ》に処された。

最期に如丹は「私は一度仏門に入り、三衣を着し、一寺の僧となりました。今、破戒の刑に処せられるのは、過去の因果の報いです。大仙寺がある限りは私の悪名を謗《そし》ってください。そこは私の一念が留まるところだからです」と告げた。

それからというもの、もし大仙寺で如丹の噂《うわさ》をすると怪異が発生するようになった。実際にあったこととしては、ある物好きが怪現象を目当てにこの寺に泊まった際、夜が更けた頃に仏壇の方から男女の悲しみ嘆く声が聞こえ、年の頃二四、五歳の美しい僧が一六、七歳の女の首を抱いて現れる。その後、庭で青い光の玉が飛び、首のない女の体が手に細縄を下げ、どこからともなく走り来たのだという。

また、卓門和尚という僧が無人となった大仙寺に泊まった際には、寺の中で如丹の噂をしたところ、仏壇の方から美しい僧が現れ、その後消えたり現れたりしながら迷い歩いたのだという。

睨み殺す幽霊［にらみころすゆうれい］

復讐《ふくしゅう》のために現れた幽霊。延宝五年（一六七七）、荻田安静によって編まれた『宿直《とのい》草《ぐさ》』巻三第一一「幽霊、偽りし男を睨《にらみ》ころす事」にあるもの。それによれば、津の国茨木（現・大阪府茨木市）に木綿の商人がいたが、年に二度越前（福井県の一部）に下り、商いをしていた。その商人が商いをする問屋に懇意になった下女がいたが、商人は国に妻がいるにもかかわらず、「自分には妻がいないから、お前を妻に貰《もら》おう」などと告げた。下女はこれを喜び、契りを結んだ。それから男は津の国に帰り、正月を過ごしていたが、田楽を火鉢で焙《あぶ》っていると、冬にもかかわらず蛙《かえる》が現れたため、不思議に思いながらも焼いた火箸をその蛙に当てた。蛙は手足を伸ばし、死んでしまった。

それから二月の中旬になり、商人がまた越前に行き、件《くだん》の問屋に赴くと、正月に下女が死んだという。しかもその際、下女は蛙などを踏み潰《つぶ》した時のように手足を伸ばし、震えて死んだのだと言われたため、もしやあの蛙は下女の魂だったかと哀れに思い、商人は銀一〇銭を寺に贈ってから津の国に帰った。

その年の九月、商人は体を壊して床に伏したが、ある夜、部屋の障子に影が映ったため、商人が脇差を手に取って壁の破れから覗いてみると、そこには二〇歳ばかりの女がおり、白い装束を纏《まと》って鉄漿《かね》（お歯黒）を塗った歯の間から息を吐くたびに火炎を吐き出していた。女ははじめ、畑の方に見えたが次第に近づいて来てやがて二間（約三・六メートル）ほどの距離となった。そして男の方を睨みつけたかと思うと、男はうつ伏せに倒れ、死んでしまったという。

【は】

化物屋敷の下人の男女

［ばけものやしきのげにんのだんじょ］

男女二人の死者が現れたもの。明和四年（一七六七）、高古堂主人によって著され、刊行された『新説百物語』巻之三「深見幸之丞化物屋敷へ移る事」にあるもの。備前岡山（岡山県）に深見幸之丞という武士がいた。また、彼が住む場所の近くには五、六〇年は人が住んでいない化物屋敷があり、人が「幸之丞などはこの屋敷の門にも入れない」と言っているのを聞いて、幸之丞はひとりでこの屋敷へと赴いた。荒れ果てたその屋敷の中で煙草を呑むなどしていると、奥の方からめりめりと音がし、女の声で「助けて、助けて」と聞こえ、泣きながら女がやって来た。その女は青ざめた顔をして髪を下ろしており、一〇貫目（約三七・五キロ）の銀箱と思しき物を手に持っていたが、突然その体から火が出て燃え始めた。また、しばらくすると今度は台所の釜の下から青ざめた男が縄を帯とし、手に鍵と思しき物を持った姿で現れ、「ここへここへ」と言った。

幸之丞は刀を持ち、「何者であればこの屋敷に棲んで人々を惑わし、このようなことをするのか。狐狸《こり》ならば正体を現せ」と睨《にら》みつけた。すると二人がそろそろと近くまで来て言った。

「私たちはこの家に勤めていた男女の下人ですが、主人の目を盗んで恋仲となり、さらに土蔵にある銀子の箱を盗んで駆け落ちをしようとしたところを主人に見つかり、二人とも手打ちになりました。死体は別々のところに埋められましたが、主人の家の人々を皆取り殺し、家を断絶させたのです。その罪により、二人とも浮かばれることができず、さ迷っております。お慈悲を下さって、私たちを弔ってくださればありがたく思います」

そう頼み込むため、その後、幸之丞が仏事を執り行うと、以降は怪事が起きることはなくなった。これを聞いた領主は屋敷を幸之丞に賜ったという。

八本松

［はっぽんまつ］

現在の愛媛県新居浜市に伝わる怨霊。天保一三年（一八四二）儒学者の日野和煦《にこてる》によって記された地誌『西条誌』にあるもの。それによれば、この八本松は海辺にあり、かつてある放蕩《ほうとう》息子が京から八人の芸妓を連れて帰ったところ、父兄親族がそれに怒り、家に入れることを許さず、その上八人の芸妓を海に沈め、殺してしまった。これにより八人の芸妓は怨霊と化して祟りをなし、鬼燐《きりん》が夜ごとに人に憑《つ》いた。そのため、小祠《しょうし》を建て、八人の芸妓のために八本の松を植えて怨霊を祀《まつ》った。この松が八本松で、『西条誌』が記された頃には六本が残っていたという。しかし現在はすべての松がなくなってしまっているようだ。

花［はな］

自分を殺した男に復讐《ふくしゅう》に現れた死者。会津藩の武士、三坂春編《はるよし》が会津地方（福島県）を中心に話を集めた奇談集『老媼茶話《ろうおうさわ》』巻三「堀取水逢女の悪霊」にあるもの。それによれば、奥州会津若松城（福島県会津若松市）の城主、加藤佐馬介喜明の臣下であった堀主水《もんど》という武士が、若松の高瀬という里のはずれでひとりの美しい女を見初め、権威を使って夫と離縁させて側室とし、「花」という名前を与えて寵愛《ちょうあい》した。しかし花は美人ではあったが同時に好色で、主水の召使いである源五郎という美男に心惹かれ、密通するようになる。そのことを別の召使いの女に知らされた主水は激怒し、その真実も確かめずに源五郎の首を刎《は》ね、花を庭の松の木に括《くく》りつけてその足元に源五郎の首を置き、踏みつけさせた。

花はこの仕打ちに大いに恨み、怒り、主水を散々に罵ったため、主水もいよいよ腹に据えかね、角助という厩《うまや》で働いていた大男を呼び寄せて花の首を絞めて殺させ、死骸を宝積寺という寺の裏に埋めた。

それから半年ほど経って、主水が書院で柱にもたれかかり、朧月夜《おぼろづきよ》を眺めていると、急に月が曇り雨が降って、不意に身の毛がよだった。恐ろしく思っていると、庭の木陰に白いものが見え、次第に近づいてきたかと思うとそれは花であった。白帷子《しろかたびら》を頭から被り、雨を滴らせながら縁側に手をかけ、座敷へ上がってつくづくと主水を見つめてきたため、主水は脇差を抜いて斬り付けた。しかし雲水を切ったように手応えはなく、姿も朧気だった。

それから毎夜、花の幽霊が現れるようになり、主水を悩ませた。一〇〇日も経つと主水も疲れ果てて衰弱し、気持ちを紛らわせるために外出し、夕方宿へ帰る途中、刑罰場の大きな卒塔婆《そとば》の陰にいた年の頃六〇ばかりの老僧と出会った。

老僧は主水を見て彼に死相が出ていることを告げた。主水が殺した女が霊鬼となって毎夜現れるのだと事情を話すと、「その女は怨嗟《えんさ》が深く、通常は四九日経てば滅ぶはずの魂魄《こんぱく》が体を離れず、祟りをなしている。その女が殺されてからの日にちを数えると、明日が一回忌となる。悪霊が恨みを遂げる日はすでに来ている。たとえあなたが大磐石の中に隠れ、数多《あまた》の刃で囲まれても、命を奪われることに変わりはないでしょう。しかし霊鬼を退散させる手段がひとつ思い当たります」と言う。そして主水に側近の者を二人だけ連れてくるように指示し、ともに宝積寺へ行くと、花を埋めた場所を案内させた。

そこは草が生い茂りながら、穴から生臭い風を噴き出していた。その臭いを嗅いだ者は嘔吐《おうと》するような悪臭だったが、僧侶が土を崩して棺桶《かんおけ》の蓋を開けると、そこにはまるで生きているかのような顔色の花の死骸があった。

それを見た僧侶により主水は服を脱ぐように指示され、体中に残らず経文を書かされた。そして神符を口に含み、落ち着いて呼吸するように指示を受ける。

僧侶は「今夜必ず怪事が起こりましょう。気を静めて息を殺し、少しも動いてはなりません」と言って主水と花の死骸を一つの棺桶に入れ、元のように埋めてしまった。

丑三《うしみ》つ時（夜中の二時頃）となって、花の死骸が起き上がり、苦しそうに息を吐いたかと思うと、冷たい手を伸ばして主水の体を探り、「不思議なこと。憎きお方がいつしか死に果て、白骨になって苔《こけ》に覆われている。今夜必ずこの人を奪って、魂を抜き、血を吸い骨を食い、日頃の恨みを晴らそうと思ったのに、もう怨念が晴れてしまったわ」と主水に抱き着き、首を伸ばして舌を出し、主水の体中を舐《な》め尽くした。そして膝のところで倒れた後、花の死体は二度と起き上がらなかった。

やがて朝が来て、僧侶が現れた。僧侶は花の死骸を見ると、魂魄はいまだ離散せず、面持ちに悪相が残っているとして数珠《じゅず》で花の顔を撫で、「見よ、あなたが恨み抜いた堀主水はすでに死しており、その髑髏《どくろ》があなたの側にあるだろう。肉は消え、骨が晒《さら》されたのだ。主水が死んだ後に誰を恨むというのか。今あなたに妙文の一句を奉じよう」と告げた。そして花の成仏を祈った後、「思い見よ、仇《あだ》も情けも白露の消えにしあとはただの秋風」と句を詠んだ。その句に感得したのか、花の表情はたちまち柔和なものとなり、皮も肉も消え、やがて骨だけが残った。僧侶は白骨に向かい、目を閉じて合掌し、しばらくの間念仏を唱えた後に死骸を元のように埋め、主水は彼とともに屋敷へ帰ることができたという。

体中に経文を書いて死者の襲撃を回避する、という方法は近世の怪談でよく見られる。また、あえて死体の側にいて、身動きしないことで動き出す死体から逃れるという話は平安時代の『今昔物語集』に類似した話がある（詳細は古代の**人の妻の悪霊**を参照）。

浜田長八の姉娘
［はまだのちょうはちのあねむすめ］

死した後、愛しい男のもとに現れた女。

浅井了意が中国の怪異小説を日本を舞台にして翻案する形で記し、寛文六年（一六六六）に刊行した仮名草子『伽婢子《とぎぼうこ》』巻一の二「真紅撃帯《うちおび》」に登場する。それによれば、越前の敦賀《つるが》（現・福井県敦賀市）の津に浜田長八という人物がいたが、長八には娘が二人おり、そのうち姉娘の方には幼い頃からともに遊んで過ごした檜垣《ひがき》平次という男子がいた。檜垣家は浜田家の隣にあり、長八と檜垣家の主である檜垣平太は互いの娘と息子を夫婦にすることで合意し、姉娘と平次は婚姻して、平次からその印として真紅の撃帯が贈られた。

しかし天正三年（一五七五）の秋、越前一向一揆《いっき》が起こり、その中に檜垣家が一門として仕えていた若林長門守がいた。織田信長がこれを攻めたことで檜垣平太は敦賀にいれば咎《とが》められるかもしれないと一家で京都に上り、五年間そこにとどまった。その間、敦賀にはひとつの便りも送られてこなかった。

　この頃、長八の姉娘はすでに一九歳となっており、容姿端麗であったため、多くの人々が求婚したが、姉娘は約束した夫として平次がいると聞き入れず、しかし彼を待ち焦がれるあまりに病に伏し、半年ほどしてついに死んでしまった。両親は嘆き悲しみ、彼女を小塩という場所に埋め、その際に平次が渡した真紅の撃帯もともに葬った。

　それから三〇日ほどして平次が敦賀に戻ってきて、自分の両親が亡くなったため、姉娘との約束を果たそうと敦賀に帰ってきたことを告げると、浜田長八とその妻は、彼にすでに姉娘が亡くなったことを語った。

　平次は大変に悲しみ、姉娘の位牌《いはい》に花香を手向《たむ》け、念仏を唱えた。すると浜田の夫婦が両親を失った彼にこの家に住みなさいと告げたため、以降、平次は浜田の家で暮らすことになった。

　それからしばらくしたある日のこと。浜田の一家が外出から帰ってきた時、平次が門で出迎えていると、浜田家のもうひとりの娘である妹娘が乗り物の中から真紅の撃帯を落とした。そしてその日の深夜、妹娘が平次のもとを訪れ、自分が落とした帯を平次が拾ったのは前世からの因縁だとして、自分と夫婦の契りを結ぶことを求めた。平次は、姉娘を失ったにもかかわらず家に自分を置いてくれている長八夫婦を裏切ることはできないと断ったが、妹娘は怒り、夫婦となってくれないのならば身を投げて死ぬと言うため、平次は仕方なく彼女と夫婦になることを承知した。

　それから妹娘は夜になると平次のもとに通うようになったが、平次もやがて彼女と打ち解けていった。そして三〇日ほど経った時、妹娘は今までは人に知られず夫婦として過ごしてきたが、これが漏れれば憂き目を見る。ならば自分を連れて行方をくらまし、そこで安心して夫婦として暮らしたいと言った。平次もこれを承知し、彼女を連れて家から逃げ、三国の湊《みなと》（現・福井県坂井市三国町）に赴き、そこで一年ばかり隠れ住んだ。

　そしてある日、妹娘が「一年も経ったため、もう父母も罪を許してくれるだろう。故郷に帰ろう」と提案したため、それに従って敦賀に帰り、まず平次がひとり浜田の家に行って謝罪し、真紅の撃帯を見せて結婚の許しを請うと、浜田夫婦は驚いてその帯は姉娘とともに埋めたこと、妹娘は病床に就いており、とても平次とともに遠国に行けるような状態ではなかったことを告げた。

　平次も驚き、妹娘とともに乗ってきた舟に人を遣わせると、そこにはすでに妹娘の姿はなかった。さらに病床にあった妹娘が突然立ち上がり、自分が姉娘であること、宿世の縁により妹の姿を借りて平次とともにいたこと、そして願わくば、妹を平次の妻としてほしいことを述べた。そしてもしそれが叶わないのであれば、妹もまた自分と同じ道に引き摺《ず》り込み、黄泉路《よみじ》の友とすると告げた。

家の者たちが驚きながら妹娘を見ると、姿はたしかに妹娘だが、その所作、声、言葉はみな姉娘のものであった。そこで長八が「お前はすでに死んだ。どうしてその後まで執心深く思うのだ」と聞くと、物の気はこれに答えて「私は前世のために命こそ短かったものの、閻魔《えんま》大王に暇《いとま》を賜り、この一年の間、平次様と契りをなしたのです。今は黄泉路に帰りましょう。必ず私の言ったことをなしてください」と言い、平次の手を取って涙を流し、暇乞いをし、また手を合わせて父母を拝み、最後に取り憑《つ》いた妹に向かって「十分に心して平次様の妻となりなさい。女の道をよく守り、父母に孝行しなさい。では、ここまでです」と言った。直後、妹娘の体がわなわなと震え、倒れて気を失った。

人々が慌てて顔に水をかけると、妹娘は目を覚ましたが、起きたことについては何ひとつ覚えていなかった。このため、姉娘の言葉の通り妹娘が平次の妻となり、さまざまな仏事を営んで姉娘の跡を弔ったという。

翻案の元となったのは中国明代に著された小説『剪灯新話《せんとうしんわ》』巻一にある「金鳳釵記《きんぼうさいき》」という話。こちらでは夫婦の契りとして贈るのが鳳凰《ほうおう》を象《かたど》った金の簪《かんざし》となっている。

早川富三郎の祖母［はやかわとみさぶろうのそぼ］

最後の挨拶に現れた幽霊。近世後期、旗本の根岸鎮衛《やすもり》が天明（一七八一～八九）から文化（一八〇四～一八）年間にかけての約三〇年間にわたり記した随筆『耳嚢《みみぶくろ》』巻四「老姥の残魂志を述し事」にあるもの。

それによれば、江戸幕府の御普請役元締を務めていた富三郎の祖母は病気がちな人物だったが、ある日、この祖母がひとりで歩き、親しい家の者たちに「暇乞《いとまご》いに参りました」と挨拶をして回ったことがあった。

皆はその老母が快復したのだろうと思い、めでたいことだと富三郎の家に返礼に行ったところ、屋内を覗いてみると富三郎は葬礼の準備をしていた。実は彼の祖母はその日の朝の時点ですでに亡くなっており、挨拶に回っていたのはその死後であったのだという。

返魂香之図［はんごんこうのず］

近世の画家、円山応挙によって描かれたとされる幽霊画。天明四年（一七八四）に弘前藩家老を務めた森岡主膳によって久渡寺（青森県弘前市）へ寄進されており、今も久渡寺に保管されている。令和三年（二〇二一）五月二五日には弘前市有形文化財にも認定された。

寄進者である主膳は安永九年（一七八〇）、天明元年（一七八一）に相次いで正妻と妾《めかけ》を亡くしており、その一周忌ないしは三回忌に向けての回向《えこう》を意図して、応挙に制作を依頼したものと考えられている。

画には微笑みを浮かべ、白装束を纏《まと》った美しい女性の姿が描かれ、その下半身は透

「絹本墨画淡彩　返魂香之図」円山応挙

けるようにして消えている。またこれに類似した絵で、お雪の幻という応挙の幽霊画がある。

びいどろの音［びいどろのおと］

子どもの念が残った玩具。近世後期、旗本の根岸鎮衛《やすもり》が天明（一七八一～八九）から文化（一八〇四～一八）年間にかけての約三〇年間にわたり記した随筆『耳嚢《みみぶくろ》』巻五「意念残る説の事」にあるもの。それによれば、中山氏という人に小さい子がおり、ある時、びいどろという玩具を与えると、大変に喜んでそれを吹いて音を鳴らし遊んでいた。

そんなある日、中山氏の妻が帰郷することになり、この子どもを連れて行った。そのため、中山氏が家で友人と酒を酌み交わすなどしていると、押し入れの中からびいどろの音が聞こえてきた。驚いて押し入れの戸を開けてみると、子どものびいどろは紙に包んで入れてあったが、音がする様子はなかった。

そこでびいどろを元に戻したが、またしばらくするとびいどろの音が鳴った。そのため改めて見るが、びいどろははじめと変わらない場所にある。不思議なことだと思っていると、妻の故郷から急使が来て、子どもがはやくさ（丹毒）で死んでしまった、と知らせがあったという。

彦作［ひこさく］

死後、復讐《ふくしゅう》を果たした農民。会津藩の武士、三坂春編《はるよし》が会津地方（福島県）を中心に話を集めた奇談集『老媼茶話《ろうおうさわ》』巻六「彦作亡霊」にあるもの。それによれば、出羽国村山郡白岩（現・山形県寒河江市白岩）に喜太夫という名主がいたが、農民に対したびたび無理なことを命じ、非道なことを行ったため、彦作という農民が直接郡奉行の添田八左衛門という者に目安を持って行った。しかし喜太夫はこれを聞いて八左衛門に金銀の賄賂《わいろ》を贈ったため、彦作の陳情は正しいにもかかわらず却下され、上に逆らう不届き者だとして見せしめに万松院河原という場所で処刑された。

その処刑の際、彦作は見物人たちに対し「郡奉行の添田八左衛門並びに喜太夫め。己が欲に耽《ふけ》り、非を理となし、好き勝手に農民を苦しめている。我はこれを見るに忍びず、農民全員に代わり上へ陳情したことで、今非命の死を受ける。皆、見ていてくれ。八左衛門も喜太夫の二人とも、三年のうちに子孫ともども絶やしてくれようぞ」と告げ、直後に首を斬られた。

　その後、彦作の宣言通り八左衛門のもとに彦作の亡霊が昼夜現れ、祈禱《きとう》や祈念も効果はなく、ついに八左衛門は乱心して自分の子を斬り殺し、自らも自害した。

　その頃、農民の与四郎と孫三郎が万松院河原で畑を耕していると、どこからともなく彦作が現れた。与四郎が驚き、「彦作、お前はどうしてここに来たんだ。お前は去年ここで成敗されたが、その怨念がまだこの場所に留まって中有にさ迷っているのか」と問うた。すると彦作はその通りだと答えて、恨みのために魂が地上に留まり、八左衛門の子孫を絶やしたが、まだ喜太夫が残っているため、この世にいるのだと言った。しかし、喜太夫とその子孫は来春罪がばれて磔《はりつけ》で処刑されるから、宿意を遂げるため、それを待っているのだという。そこで与四郎が死後のことを尋ねると、彦作は自分は宿意を遂げるまで魂がこの場所に留まっているから、地獄や極楽は分からないこと、魂が死体を離れてからは、死体に何があっても魂は痛まないこと、飢渇や暑さ、寒さなどの苦しみはなく、妻子を心配する心も生じず、ただ恨みを晴らすことだけを考えていることなどを語った。

　そして彦作は陰火となって消えてしまった。その翌年の春、彦作の言った通り喜太夫の悪行が露見し、父子三人が磔で処刑され、残された妻と子も落ちぶれ、浮浪の身となってついに餓死したという。

　佐倉惣五郎のように上への直訴を行い、処刑された農民が怨霊となる話。出羽国村山郡白岩郷では白岩一揆《いっき》と呼ばれる一揆が二度にわたり発生しているが、それが元になって生まれた話だろうか。

菱川重信［ひしかわしげのぶ］

三遊亭圓朝《えんちょう》の怪談噺《ばなし》『怪談乳房榎《えのき》』に登場する幽霊。菱川重信は武士の身を捨て、絵師となった男で、妻のおきせと生まれたばかりの真与太郎と柳島（現・東京都墨田区の一部）で暮らしていた。その評判を聞きつけ、磯貝浪江という浪人が重信の弟子となる。しかし重信が高田砂利場（現・東京都豊島区高田）の南蔵院の依頼で本堂の天井に雄竜、雌竜を描くことになり、爺《じい》やの正介を連れて南蔵院に泊まり込むことになった際、横恋慕していた浪江はおきせに対し真与太郎を殺すと脅して無理やり関係を持つ。しかしおきせは二度、三度と枕をともにするうちに浪江に好意を抱くようになる。

　これにより浪江は重信が邪魔になり、南蔵院に手土産を持って陣中見舞いに訪ねて行った。重信が本堂の天井に描いた二対の竜の出来栄えは素晴らしく、あとは雌竜の右腕を残すだけとなっていた。これにより、重信がもうじき家に帰ってくるだろうと踏んだ浪江は、爺やの正介に金を渡して重信殺しを手伝えと言い、手伝わなければ殺すと脅迫する。

寺に戻った正介は有名な落合（現・東京都新宿区の落合地域）の蛍見物に重信を誘い出す。自分が殺されようとしているとは思わぬ重信はその誘いに乗り、見物に向かう。そこで正介は重信に酒を飲ませ、早めに切り上げたが、その帰り道、田島橋の辺りで藪《やぶ》に潜んでいた浪江が竹槍《たけやり》で重信を突き、殺害する。

「怪談乳房榎図」伊藤晴雨

南蔵院に逃げ戻った正介が本堂に入ると、そこには殺されたはずの重信の姿があり、雌竜の右腕を描いていた。やがて描き終えた重信は落款《らっかん》を押し、正介の方を振り返って「何を覗く」と一喝する。正介は悲鳴を上げ、寺の者たちが集まるが、そこにはすでに重信の姿はなかった。しかし竜の絵は完成しており、雌竜の右腕はまだ墨が濡れていた。

その後、おきせは浪江と再婚する。重信殺しの片棒を担がされた正介は浪江に脅され、真与太郎を角筈村《つのはずむら》（現・東京都新宿区西新宿の辺り）の十二社権現の滝へ投げ込むが、滝壺《たきつぼ》から重信の亡霊が現れて真与太郎を助けて抱き上げ、正介に仇討《あだう》ちをせよと命じる。

この主人の命に改心した正介は故郷の赤塚村（現・東京都板橋区の一部）に隠れ住み、松月院という寺で門番として働きながら真与太郎を育てた。この寺の境内の榎に乳房の形をした瘤《こぶ》があったが、その先から乳のように露が出たため、それを乳代わりに飲ませ、真与太郎はすくすくと成長した。この真与太郎の様子を見て、人々は母無し子でも榎の乳で無病に育つらしいと、この松月院の榎を指し、「乳房榎」と呼ぶようになった。

それからしばらくして、真与太郎が五歳になった頃、正介は柳島の方から来た人間に、おきせの乳に腫れ物ができ、痛みにのたうち回っているという話を聞く。正介はその人間に、自分と真与太郎はここにいるぞ、と浪江に伝えろと告げた。

そして正介は真与太郎に自分は本当の父親ではないこと、そして父・重信の仇である浪江の脇腹を刺してやりなさいと真与太郎に告げ、刀を渡す。それからしばらくして、二人を探し当ててやって来た浪江は、おきせの乳が腫れ上がり、それを切り込むと膿《うみ》とともに異形の小さな鳥が無数に飛び出し、自分の顔を突いたこと、そしてその怪事が起きた後、そのままおきせが死んだことを告げた。

その時、真与太郎は浪江の話を黙って聞いていたが、ふと刀を持ち上げた。その刀を握った小さな手に、後ろから白く大きな手がそっと添えられている。父重信が介添えしているのだ。

そのまま真与太郎は父とともに刀を振り下ろし、不意を突かれた浪江はまともに刀を受け、倒れた。父の力を借り、真与太郎は見事仇を討ったのだ。

美女と翁［びじょとおきな］

穴から現れた死者。浮世絵師で読本作者の速水春暁斎によって著され、享和元年（一八〇一）に刊行された読本『絵本小夜時雨』巻四「小人女を慕て洞中に入」にあるもの。

それによれば、東国の士・渋谷徳右衛門が古屋敷を拝領して住んでいた際、どこからともなく華やかに装った美女が庭に現れ、花を眺めているということがたびたびあった。

また、この庭に大きな古木があり、根元を掘ってみるとその下に深い横穴があった。徳右衛門の弟である徳之丞がこの穴を覗いてみると、一〇〇歳を超えるかという翁と、一六歳ばかりの美女が穴から出てきて徳之丞の手を取って戯れた。徳之丞はこの美女に誘われるがままに古木の根元の横穴に入ってしまったため、人々が驚いてその穴を掘り崩したところ、一丈（約三メートル）も下に数百年は経たであろう白骨が一揃《ひとそろ》い見つかった。また、徳之丞の行方は分からないままであったという。

白骨が出てきたからには庭に出現した美女は死者であったと考えられるが、途中で出てきた翁の正体や、なぜ庭に白骨が埋まっていたかなどは不明である。

日野資施の家来の人魂［ひのすけもちのけらいのひとだま］

人魂の発生の瞬間が目撃されたもの。近世後期、旗本の根岸鎮衛《やすもり》が天明（一七八一～八九）から文化（一八〇四～一八一八）年間にかけての約三〇年間にわたり記した随筆『耳嚢《みみぶくろ》』巻一〇「人魂の起発を見し物語の事」には、こう記されている。伊予守の日野資施がまだ若輩の頃、資施の家来が長らく患い、全快する体でもなかったため、長屋で療養しているのを資施自身が訪ねることもあった。

ある日、他の家来を連れて、この家来の長屋から帰る途中、その長屋の門口に吹殻（煙草の吸殻）よりは少し大きく、ろうそくの芯を切ったぐらいの火が落ちていたため、「火の用心が良くない。踏み消せ」と言った。しかしこの火は二尺（約六〇センチ）ほど宙に浮かんだり落ちたりして、やがて軒口ほどの高さに上ると、茶碗《ちゃわん》ほどの大きさになった。それを見ると身の毛がよだつような心地がしたため、資施らはすぐに帰ったが、その夜、患っていた家来が亡くなったのだという。この話は根岸が資施に直接聞いたものとして記録されている。

兵衛右五郎の女房の塚

〔ひょうえごろうのにょうぼうのつか〕

死者を埋めた塚から火が現れたもの。鈴木正三が書き留めた話を弟子たちが取りまとめ、寛文元年（一六六一）に刊行した仮名草子『片仮名本・因果物語』巻上の一二「塚焼くる事　付塚より火出づる事」にある。

それによれば、東三河の上野村（現・愛知県豊田市上部）に兵右衛五郎という鍛冶《かじ》屋《や》がおり、その女房が死んだため、埋めて塚を作った。ところが、その死から七日後、塚に天目茶碗《てんもくぢゃわん》ほどの大きさの穴ができ、鍛冶のふいごのような火が出て、塚が焼けたのだという。

死者が火の玉などになって現れる話はよくあるが、この話は穴から火が噴き出したというような描写になっている。鍛冶屋の女房だからこそ、このようなことが起きたのだろうか。

兵衛の次郎の召使いの女

〔ひょうえのじろうのめしつかいのおんな〕

死者が復讐《ふくしゅう》に現れたもの。寛文三年（一六六三）刊の仮名草子『曽呂利《そろり》物語』にある。それによれば、津の国大坂（現・大阪府）に兵衛の次郎という者がおり、好色で、召使いの女に手を出していた。しかしその本妻は生来嫉妬深い女で、ある時この召使いを捕らえ、井戸の中に逆さまに落とし、殺してしまった。

兵衛の次郎はそのことを夢にも知らずに過ごしていたが、彼の可愛がっていた子どもが病に倒れた。そのため、さまざまな治療や祈禱《きとう》を行ったが効果はなく、鍼医《はりい》として名の知られる矢野四郎右衛門という者が招かれた。

ある月の明るい夜、この四郎右衛門が縁に出ると、どこからともなく女が現れ、さめざめと泣き始めた。四郎右衛門が「どうしたのだ」と尋ねると、女は「恥ずかしながら、私はこの世を去った者です。主の奥様があまりに酷《ひど》いことをなさったため、恨み申し上げに来たのです。あの子どもはどのように鍼で治療しようとも、意味がありません。急いで帰りなさい。さもなくば、目の前であの子が死ぬところを見ることになりますよ」と告げた。四郎右衛門は肝を潰《つぶ》し「さては亡霊であるか。しかしどのような恨みがあるのか。そなたの跡を懇《ねんご》ろに弔うゆえ、それで恨みを晴らしてはもらえまいか」と言った。

しかし女は「いやです。この子を取り殺さずに置くものか」と答え、帰ろうとしたため、さらに理由を問うと、女は自分が殺された時のことを話した。その時女は身の丈一丈（約三メートル）はあるかと思われ、髪は白銀の針を並べたようで、角が生え、目は赤く、口には牙が並んでいるという姿になっていた。

女はそのまま消えてしまったが、四郎右衛門はこのことを兵衛の次郎に話した。兵衛の次郎もどうすべきか悩み、結局手を打つすべがなかった。そしてある夜、四郎右衛門の枕元にまた女が現れ、「いかに話し合おうともどうしようもないぞ。日を隔てようとも一門眷族《けんぞく》次々に取り殺し、思い知らせてやろう」と言い、屋根から大きな盤石を落とした。すると兵衛の次郎の子は微《み》塵《じん》に砕けて死んでしまった。

さらに兵衛の次郎の妻の一門はことごとく亡び、最後には兵衛の次郎の妻も重い病に伏すことになったという。

武州神名川の馬［ぶしゅうかながわのうま］

人間が馬に転生したもの。鈴木正三が書き留めた話を弟子たちが取りまとめ、寛文元年（一六六一）に刊行した仮名草子『片仮名本・因果物語』巻中の一三「馬の物言ふ事　付犬の物言ふ事」にあるもの。

それによれば、武州神名川（現・神奈川県）で旅人が宿を取ったが、雨が降ったため、宿の亭主の羽織を盗んで行こうとした。すると何者かが「それは亭主の羽織である。なぜ着て行こうとするのか」と告げた。しかし周囲には人がいなかったため、無視して行こうとすると、また同じ声が聞こえ、よく見ると馬が言葉を発していた。

旅人が馬に向かって「何事だ」と問うと、馬は「私は亭主の甥《おい》である。伯父の世話になったゆえ、恩に報じるために馬となってここに来た。まだ少し債《おいめ》がある。銭七五文あれば恩を返し切ることができる」と言った。

旅人はあまりに恐ろしく、このことを宿の亭主に詳しく聞かせた。亭主は「不思議なことだ。この馬はよく言うことを聞き、他に並ぶものがないほどだ。それに人のようにものを覚える」と語った。

その後、人が来てこの馬を借り、七五文を支払うと、それからすぐに死んでしまった。これは寛永年中（一六二四～四四）のことであったという。

二口女［ふたくちおんな］

殺された継子が継母に祟ったもの。この話は桃山人著、竹原春泉画として天保一二年（一八四一）に刊行された奇談集『絵本百物語』にあるもの。この『絵本百物語』はそれぞれの項目に桃山人が記した本文と、春泉が描いた絵に付記された文章があり、それぞれ内容が異なるが、継子の祟りがより明確に記されているのは本文の方である。

その内容は、以下のようなものである。下総国（千葉県北部と茨城県南西部および埼玉県東部）のある家に後妻が嫁いだが、この女は自分が生んだ子ばかりを愛し、先妻の子には食事を与えず、ついに餓死させてしまった。それから四九日経った頃、夫が薪を割っている際、振り上げた斧《おの》が誤って後妻の頭の後ろに当たってしまった。その傷口からは血が夥《おびただ》しく出たが、癒えることはなく、唇のような形になって、さらに骨が出て歯のようになり、肉が盛り上がって舌のようなものまでできた。

この傷口はある時刻になると耐えがたい痛みを発し、物をそこに入れると痛みが和らいだため、さながら二つ目の口のようであった。またしばらくすると言葉を発するようになり、「心得違いから先妻の子を殺してしまった。間違いだった。間違いだった」と語っていたという。

また、春泉の絵には髪を蛇のように動かして食べ物を後頭部の口に入れる女が描かれているが、そこにはこう解説が記されている。

継子を憎み、食物を与えず殺したところ、継母から生まれた子は生まれながらにして首筋の上に口があり、物を食いたいと言うと髪の先端が蛇のようになってこの口に食物を与えたり、何日も与えずに苦しめたりした。恐れ、慎むべきは母の嫉《ねた》みである、と記されている。

本文と違い、こちらは継母から生まれた娘に二つの口があったと記されている。継母が子を産んだ時に継母の首筋に口ができた、と解釈する場合もあるが、原文が「継母の子産まれしより首筋の上にも口ありて」なので、親の業が子に祟り、子の方に生まれながらに二つ口ができたと考える方が自然であろう。いずれにせよ殺された継子の祟りか、それとも天罰が継母を苦しめたようだ。

舟幽霊 ［ふなゆうれい］

海に現れる幽霊。「船幽霊」と書く場合もある。近世以降、多くの文献や伝承に登場する存在で、多くの場合、海で死んだ者たちのなれの果てだとされる。また柄杓《ひしゃく》など水を組む道具を要求し、実際に貸すとそれで海水を汲んで舟に注ぎ、舟を沈没させようとする、という話がよく知られる。他にも怪火として現れたり、舟（船）の姿で出現する場合もある。

貞享三年（一六八六）刊行の山岡元隣著『古今百物語評判』では海上の風が荒く、波が激しい時には、波の上に火もしくは人の姿が現れる。これを舟幽霊といい、海流で舟が破損し、海中で溺れた人の魂魄《こんぱく》が残ったものだと記されている。

近世後期、山崎美成《よししげ》によって著された随筆『世事百談』では海上で溺れた人の冤魂《えんこん》とされ、夜に紛れて行き交う舟を沈めようとするとあり、まず一握りの綿が風で飛ばされたような白いものが波に浮かび、それが次第に大きくなって人の顔になり、やがて数十の鬼となって舟に乗り込もうとする。そして「いなた（大柄杓）かせ」と言うため、柄杓の底を抜いて海水を汲めないようにして海に投げる。すると鬼たちはこれを取って水を汲み、舟を沈めようとする。そのため、もし誤って底がある柄杓を渡すと舟を沈められてしまう。また、風雨の夜には舟幽霊は海上に鬼火を上げ、地上の人が焚いた篝火《かがりび》と間違わせて舟を迷わせるとも記されている。こうして迷わされて海を漂い、ついに溺死した者たちは舟幽霊と同じ鬼になることもあるのだという。さらに鬼火を使って数十の偽帆を上げ、海を行く舟のように見せかけ、それについて行った舟を沈めるという場合もあると記されている。

近代以降も多くの文献や伝承に舟幽霊が登場する。明治三三年（一九〇〇）に刊行された左右田秋満編著『古今実説　幽霊一百題』第八七「紀州灘に幽霊に向て発砲す」では、紀州灘（和歌山県の沖合）を通行していた船が激しい風雨に襲われ、離れたところに白い帆ほどの幅広いものが現れた。それは近づいて来ると白い衣服を身に着けた数十人の人影となり、船を目掛けて襲ってきたため、鉄砲を放ったところ、数十人の姿はたちまち消え失せ、天地が震動するほどの悲鳴が聞こえた。船員たちはこれこそ舟幽霊であったのだろうと言い合った、という話が掲載されている。

昭和九年（一九三四）に発行された山口麻太郎の『壱岐島民俗誌』には、海で死んだ人は「ユーレー」となり、島、軍艦、和船などの形となって現れるものもある、という話が載せられている。

現代にも舟幽霊の類と思しきものと遭遇した体験談がある。例えば松永克広著『妖魔がさ迷う怨霊列島』には、昭和四四年（一九六九）、歌手のじゅん＆ネネが神奈川県油壺《あぶらつぼ》の夜の海でヨットに乗っていたところ、海面に白いもやもやした人影のようなものが現れたという話が載せられている。この人影は以前にも目撃されており、その正体は遭難したある大学のヨット部の生徒のなれの果てで、「柄杓をください」と声をかけてくる。これは自分たちのヨットに浸水した水を汲みたがっているのだといわれている。

水死者のなれの果てで、柄杓を欲しがるという点は多くの舟幽霊の話と一致するが、この学生の幽霊の場合、自分の船に入ってきた海水を汲み上げるために柄杓を要求している。

船幽霊と違い、水を汲み入れるのではなく汲み出すために柄杓を要求しているという正反対の解釈がなされているのは興味深いところだ。

他にも同書では昭和四八年（一九七三）、水俣病が流行した際、死の海と化した有明海（九州西部の海域）に船幽霊が現れるという噂《うわさ》が広がったという話が載せられている。この船幽霊は真夜中過ぎになると痩せた漁師ばかりを乗せた巨大な漁船として海底から浮き上がり、夜明けになると海の底に消えていった。これは水俣病によって海での漁の仕事を奪われ、その上水俣病を患った者たちの怨念なのではないかといわれているという。ここでは水死ではなく、公害の被害にあった人々の怨念という現代独自の理由付けがなされている。ただし有明海では水俣病は発生していない。昭和四八年に朝日新聞が「有明海に第三水俣病」と報道したが、後に誤報であることが分かっている。この報道が影響して生まれた怪談だろうか。

また、松谷みよ子著『現代民話考3』では「船幽霊」の章が設けられており、近現代に記録された船幽霊にまつわる話がいくつも収録されている。

踏み抜き神〔ふみぬきがみ〕

死後、自らの意思で神となり、人々を守った人物。安政五年（一八五八）、宮負定雄によって記され、刊行された説話集『奇談雑史』巻六の一九「踏み抜き神の事」にあるもの。それによれば、寛政年間（一七八九〜一八〇一）のこと。武州神奈川の近くにある本牧村（現・神奈川県横浜市中区本牧町）に久左衛門という人がいたが、足の裏で尖《とが》った物を踏み抜く怪我をして、その傷口から破傷風となり、死んでしまった。

久左衛門は死ぬ間際に「私は踏み抜きの怪我により、命を失おうとしている。ゆえに私は死んだ後、踏み抜きに苦しむ人を助ける神となって、世の中の人を救おう。また、踏み抜きの怪我をした人がいれば、その傷に本牧村久左衛門と我が名を書き記せと伝えてほしい。一〇〇人よりは一〇〇〇人、一〇〇〇人よりは万人と広く伝えるほど験《しるし》を見せよう」と言った。

その言葉の通り、彼の死以降、踏み抜きの傷に本牧久左衛門と書くと、たちまちに痛みが引き、傷が癒えたという。

亡妻看病〔ぼうさいかんびょう〕

死んだ妻が夫を看病しに現れたもの。近世後期、本草学者の佐藤中陵によって記された随筆『中陵漫録』巻四「奇話」にある。それによれば、備中笠岡に荏原（現・岡山県笠岡市の一部）という村があり、この村の農民の喜右衛門という者の妻が死んだ。その後、喜右衛門が瘧《おこり》にかかった際、この亡妻が現れて看病した。亡妻は雨の日も風の日も一夜も欠かさず現れたという。

死後も夫を助ける献身的な妻の話のようだが、同書では中陵の感想として、瘧になったのはこの亡妻が現れるからではないか、とも記されている。項目名は柴田宵曲《しょうきょく》編『奇談異聞辞典』に拠《よ》った。

亡霊の歌〔ぼうれいのうた〕

冤罪《えんざい》を晴らした死者。近世後期、旗本の根岸鎮衛《やすもり》が天明（一七八一〜八九）から文化（一八〇四〜一八）年間にかけての約三〇年間にわたり記した随筆『耳嚢《みみぶくろ》』巻八「亡霊の歌の事」にある。

それによれば、奥州（東北地方）の諸侯の藩中に勤番で江戸に滞留している男がいた。故郷には妻と母が二人で留守番をしていたが、ある夜、男が寝ていると、夢とも幻ともなく枕元で彼を呼び、起こす者があった。起き上がってこれを見ると、故郷に残してきた妻だったため、驚いてここに来た理由を問うと、妻は「あまりに懐かしいので来たのです。実は私は今、この世にすでにない魂なのです」と答えた。男がどうして死んだのかと問うと、「刃にかかって変死しました」と答えた。さらに詳しく理由を尋ねようとすると、妻は消えてしまった。

そのため、手紙を書いて故郷に送ると、しばらくして母親から返事があり、妻が他の男と密通して行方不明になり、探しているが今なお見つからないと書かれていた。

その夜、再び妻が現れ、さめざめと泣いていたため、母からの手紙のことを話すと、妻は「私にはいささかの不義もありません。あなたが出立した後、あなたの母上が不義の行いをしており、私はそれを見てしまったため、恨みを買い、密かに殺されてしまったのです。そして根も葉もない噂《うわさ》を流され、屍《しかばね》の上の恥辱は言葉にできないほどです。私の死骸はどこそこの谷間にあり、いまだ葬らずに捨て置かれています」と告げた。そして屍のある場所の印として髪を一束切って置いた。

男は不思議な夢を見たと目を覚ましたが、妻の髪の束が枕元に残されており、この時亡霊が「待ち侘《わ》びし、法の教の数々も、行先安き身こそ嬉しき」と詠んだ。

そこで男は密かに親族にこのことを伝え、妻が言っていた谷間を探すと、そこは雪国の冷地であったため、妻の死骸は腐ることなくそこに放置されていた。その後、男の母は罪に服したといわれているが、その後のことは分からない、と記されている。

木履を履いた女［ぼくりをはいたおんな］

足音とともに現れる死者。延宝五年（一六七七）に刊行された怪談集『諸国百物語』巻之二第一七話「紀伊の国にてある人の妾《めかけ》死して執心来たりし事」にあるもの。それによれば紀伊国の松坂城（三重県松阪市）を預かっていた男がいたが、彼は妾を置き、夜な夜な路地口からこの女を呼んでいた。この女はいつも木履を履いて通っていたが、二、三年ほど経った頃に患い、死んでしまった。

その後、男は妾と年月を過ごしたことを思い起こし、夜も寝られずにいたところ、夜が更けた頃に、路地口にあの妾の木履の足音が聞こえた。男は不審に思い、緞帳《どんちょう》を開けてみると、あの女が痩せ衰えた姿で立っていて、路地口から座敷に入ろうと歩き出した。そして男を見て「さてさて、卑怯者ですね」と叱り、ずかずかと座敷へ上がって男の顔をつくづくと見て、緞帳の中へそのまま入ってしまったため、男が刀を抜いて斬り払うと、いずこへともなく消えてしまった。その後、男も病みついて死んでしまったという。

足音で来訪を知らせる死者といえば『牡《ぼ》丹灯籠《たんどうろう》』の**お露**が有名だが、お露が下駄の音なのに対し、こちらは木履の音を響かせている。

骨女［ほねおんな］

絵画に描かれた死者。安永八年（一七七九）に刊行された鳥山石燕の妖怪画集『今昔画図続百鬼』に描かれたもの。その名の通り着物を着て髪を結った女の骸骨が、どこかの家を訪れようとしている様子が描かれている。解説文にはこの女は、『御伽《おとぎ》ぼうこ』に書かれている歳を経た女の骸骨が、牡丹《ぼたん》の灯籠を携え、人間と交わるために現れた姿で、元は『剪灯新話《せんとうしんわ》』という本にある「牡丹燈記」という話だ、ということが記されている。

ここで書かれている『御伽ぼうこ』は寛文六年（一六六六）、浅井了意が記した怪談集『伽婢子《とぎぼうこ》』で、この書には「牡丹燈籠」という作品が収録されているが、ここに骨の姿で男と交わる**弥子《やこ》**という女の死者の姿が描かれている。石燕はこの弥子に骨女という名前を新たにつけ、絵に描いたということなのだろう。また、「牡丹燈籠」はもともと中国の『剪灯新話』にある「牡丹燈記」を翻案したものであるため、石燕はこれについても触れている。

【ま】

舞首［まいくび］

三人の死者が同時に出現するもの。桃山人著、竹原春泉画として天保一二年（一八四一）に刊行された奇談集『絵本百物語』にあるもの。この『絵本百物語』はそれぞれの項目に桃山人が記した本文と、春泉が描いた絵に付記された文章の二種類の解説文が記されているが、多くの場合その内容は異なるものについて記している。舞首も同様であるため、以下に本文と絵に付された文章をそれぞれ紹介する。

本文によれば、寛元（一二四三〜四七）の頃、鎌倉（現・神奈川県鎌倉市）の検非違使の放免（釈放された囚人で、犯罪人の捜索や護送などに当たった者たち）に、小三太、又重、悪五郎という三人の男がいた。伊豆国の真鶴が崎（現・神奈川県足柄下郡真鶴町）で祭りがあった際、酒を飲んだこの三人が言い争いを始めた。この時、悪五郎が大力無双と評判であったため、小三太と又重は目配せして悪五郎を討とうとしたが、悪五郎はそれを察知して一刀のもとに小三太を斬り捨て、返す刀で又重を討とうとした。しかし又重は何とか逃れ、そのまま山中に隠れた。

悪五郎は小三太の首を切断すると、それを片手に掲げ、血に濡れた刀をもう片方の腕で持って又重を追った。しかし又重を発見した際、悪五郎は石に躓《つまず》いて転んでしまい、その隙を突かれ、又重に肩先から胸の下までを斬られてしまう。それでも悪五郎は起き上がり、左手に刀を握って又重を斬りつけると、又重は刀を捨てて悪五郎に組み付いてきたため、二人は組み合いながら足を踏み外し、海に落ちてしまった。それでも両者は争いを続け、最期はそれぞれ刀を抜いて互いの首を斬り落とした。しかし海中に落ちた二つの首はなおも争いを続け、やがて悪五郎の首が又重の首を食い伏せようとした時、さらに悪五郎の腰に下がっていた小三太の首まで躍り出て、悪五郎の首に噛《か》みついた。

　こうして三人の首が争い合うようになり、夜には火炎を吹き、昼には海面に巴《ともえ》模様の波を起こした。そのため、この舞首が出る淵《ふち》は巴が淵と名付けられたという。

　また、春泉の絵に記された解説文では、三人の博徒が勝負の際に諍《いさか》いを起こし、公儀に捕らえられて全員死罪になった。その死骸を海に流したところ、三人の首が一ヶ所に集まり、口から炎を吐いて互いに争った。これは昼夜止むことはなかった、という内容が記されている。

孫に転生した祖父［まごにてんせいしたそふ］

弔いが不足したため、子孫に生まれ変わった人間。鈴木正三が書き留めた話を弟子たちが取りまとめ、寛文元年（一六六一）に刊行した仮名草子『片仮名本・因果物語』巻上の一五「先祖を弔はざるに因《よ》つて子に生まれ来て責むる事　付孫を喰ろう事」にあるもの。

　それによれば、尾州名古屋の長者町（現・愛知県名古屋市中区の一部）に次郎八という者がいたが、彼にはひとりの子があり、六歳まで足腰が立たなかった。ある時、次郎八の父を知る本秀という和尚がこの子どもを見て「この子はたしかにお前の父だ。笑い顔、身振り、いつも手枕している癖まで残るところなくよく似ている。どのような因果だろう」と言った。これに次郎八は「人々は皆そのように言いますが、思い当たることがあります。私は父の仏事をきちんと執り行わなかったのです」と答えた。

　まだ存命である次郎八の母が、その子を預かってくれていた。その子は足腰が立たないだけでなく、六歳までものを言うこともできなかった。さらに親の顔を認識することもなかった。目はうるうるとして酒に酔った者のようだったが、次郎八の父の死因もまた酒に酔ったためであったという。

　話は、先祖を弔わねば、子になって責めるのだと古《いにしえ》から言い習わされていると記され、結ばれている。

　同書には同じような話として関ヶ原の陣で討ち死にした者が孫に生まれ変わり、夢で自分の子に対して弔いがなかったため、お前の子に生まれたのだ、と告げる話も載せられている。

　なんらかの形で死んだ人間がその死の原因であったり、恨みの原因となる人間の子どもに転生し、罪を告発する話は多いが、多くの場合、転生した子どもは歩けない、言葉を発することができないなど、身体に障がいを抱えた形で生まれてくる。昔話として知られる**こんな晩**は恐らくこういった話が異人殺しの話と組み合わさって生まれたものと考えられる。

ますやの先妻［ますやのせんさい］

死後に今後のことを伝えに現れた死者。

近世後期、旗本の根岸鎮衛《やすもり》が天明（一七八一～八九）から文化（一八〇四～一八）年間にかけての約三〇年間にわたり記した随筆『耳囊《みみぶくろ》』巻八「幽魂貞心孝道の事」にある。それによれば、江戸四谷（現・東京都新宿区四谷）の長泉寺横丁にますやという紺屋があった。しかし店の主人は女房に先立たれ、子どももただひとり、口のきけない幼い子どもが残ったため、ある貧しい夫婦の夫を養子に迎え、二人に店を譲って隠居した。

その夫婦は大変な孝行者で、ますやの元主人を実の父のように労《いた》わり、また口のきけない子を可愛がった。しかししばらくしてますやの元主人も死に、さらに妻も死んで、夫と口のきけない子だけが残った。

夫は嘆いたが、周りの勧めで後妻をもらった。後妻は口のきけない子を労わって育てたが、ある時、この後妻のもとに人間とは思われない姿の女が二晩続けて現れた。後妻は、これは先妻の幽魂が心を残したために現れたのだと考え、もうここにはいられないと夫に暇《いとま》を出してほしいと頼んだ。しかし夫は、先妻はそのような心根の者ではないと答えたので、ささばたき（巫女《みこ》の口寄せ）をしようということになり、巫女を呼んだところ、先妻の霊が巫女に憑《つ》いて現れた理由を述べた。

それによれば、先妻は嫉妬や執着のために来たのではなく、ただ頼み事をしたかったのだが、後妻が恐れてしまうため、思うことを述べられなかったのだという。そこで何を伝えたかったのか聞いてみると、自分が世にあった頃は店を継がせてくれた父のため、孝養を尽くし、幼子も労わっていた。後妻も良い人であるが、この家を継いだ頃のことは知らないだろうから、詳しくそれを伝え、幼子を育て、この家を大切にしてほしい、と自分の願いを伝え、消えてしまった。

これには後妻も今度は恐れることなく涙を流し、夫も幽魂の誠実に感動し、施餓鬼などを行った。するとある夜、夫の夢に先妻が現れ、成仏したことを伝えたという。

町田弥五四郎［まちだやごしろう］

死後も参詣をやめなかった霊。本草学者の佐藤中陵によって記された随筆『中陵漫録』巻一「町田の霊」にある。それによれば、羽州米沢（現・山形県米沢市）に町田弥五四郎という者がいたが、信心深く、毎日善勝寺という寺に詣でては阿弥陀を拝み、帰り際にその寺の住持と会って茶を飲んで話をしていた。

そんなある日、住持は弥五四郎が老衰にて前日に死んだことを知らされた。しかし住持は、弥五四郎は昨日もこの寺に来て阿弥陀を拝していたのに、どういうことだろうと、詳しく弥五四郎の家族に話を尋ねることにした。すると弥五四郎は老いのために二月ほど前から床に伏していたと言われ、それによってこの頃善勝寺に通っていたのは弥五四郎の霊であったことを初めて知ったのだという。

生前、死後の霊がどちらも現れたことが

語られる珍しい話。同様に生前と死後の霊がどちらも登場するものに**松任屋幽霊**がある。

町家の娘の幽霊 ［まちやのむすめのゆうれい］

　最期の挨拶に現れた幽霊。近世後期、旗本の根岸鎮衛《やすもり》が天明（一七八一〜八九）から文化（一八〇四〜一八）年間にかけての約三〇年間にわたり記した随筆『耳嚢《みみぶくろ》』巻二「幽霊なしとも極難き事」にあるもの。この話は、田原子が語ったものを根岸鎮衛が書き残したものだとされる。天明二年（一七二八）の夏の初めのこと、浅草新し橋（東京都千代田区にある神田川に架かる橋）の外にあった町家の娘が、武家であるか町家であるか分からないが、ある家に妾《めかけ》としてその家に住み、一子を生んだ。

　しかしその後、血労（労咳《ろうがい》。肺結核）のようになったため、子どもを近くの町家に里子に出し、女はそのまま死んでしまった。ところがその夜、女が里子のもとにやって来た。里親は女が死んだことを知らなかったため、女が門口で会釈すると、子どもを抱いて彼女に見せた。女は我が子を見て「あらあら、よく太って成長しましたね」と言って抱き取り、いろいろと世話をして、「可愛らしく成長した子を捨て、別れるのは残念です」と言った。里親はこの人は大病を患っているはずなのに、不思議なことだ、と思いながら、火をつけて明かりを灯すと、女は子を返して挨拶し、去って行った。その翌日、女が住んでいた家から彼女が昨夜病死したことが知らされたのだという。

　話の最後には、母子の情は捨てがたく、心が残ることも恩愛の哀れなことだと田原子が語ったことが記されている。

松浦家抱えの医師 ［まつうらけかかえのいし］

　死後に恩人へ礼をした幽霊。近世後期、旗本の根岸鎮衛《やすもり》が天明（一七八一〜八九）から文化（一八〇四〜一八）年間にかけての約三〇年間にわたり記した随筆『耳嚢《みみぶくろ》』巻七「幽霊恩を謝する事」にあるもの。

　それによれば、多紀安長（多紀元簡《もとやす》）に随身していた医師が、二四歳になった頃、松浦家という家に抱えられることになったものの、それからすぐに瘴疳《しょうかん》（高熱を伴う病）を患った。病中も安長が厚く看病していたが、その甲斐なく死んでしまい、安長も不憫《ふびん》に思っていた。

　そんなある時、安長のもとに出入りしている薬屋の権蔵という者が、外でこの死んだ医師に出会ったと言った。権蔵は彼が死んでいることを知らなかったが、その医師は生きている人間のように「久しぶりに会いましたな。私も病気で引っ込んでいたのです」と世間話をし、最後に「さて、安長様に数年寄宿し、世話になり、松浦家にも抱えられ、病中も安長様に厚く世話になったこと、誠にその恩を謝すべきことは限りありません。なにとぞ、安長様のもとに行かれた際には、私がこのように申していたことをお伝えください」と頼んだ。権蔵は承諾して別れ、その後、安長に会った際にこのことを伝えると、安長からその者がすでに死んでいることを伝えられた。権蔵は大いに驚き、安長も驚嘆して、「さては意念が残り、このようなこともあったのだろう。哀れなことだ」と涙に袖を濡らしたという。

松任屋幽霊［まつとうやゆうれい］

二人の女の霊がひとりの男に憑《つ》いたもの。近世中期、京都町奉行所の与力を務めた神沢杜口《とこう》によって記された随筆『翁草』巻五六「松任屋幽霊の事」にあるもの。

それによれば、享保一四、五年（一七二九、三〇）の頃のこと。京都の松任屋徳兵衛という問屋に松之助という一四、五歳の少年がいた。この少年は特別器量が良いというわけではなかったが、宿因によるものか、女の執着を受ける質《たち》で、特に近くに住む二人の娘に好かれた。その執心からか、二人は生きているにもかかわらずその霊が松之助に取り憑き、ある時は責め苛《さいな》まれるように宙に引っ張られて吊り上げられ、またある時は二人の娘の霊が姿を現さないまま、取り憑いた松之助の口を勝手に使い、口論した。そのため松之助はすっかり弱り果て、床に伏してしまった。

両親はこれを悲しみ、象海和尚という僧を呼んで加持祈禱《きとう》を頼んだ。初めの頃は効果がなかったが、次第に二人の娘の霊も帰伏して和らいだようだった。しかしどちらも松之助から離れることはなかった。

そうしているうちにひとりの娘が死んでしまったが、その後も霊は松之助に憑いたままで、やはり出ようとしなかった。ある時、和尚が松任屋にやって来た際、和尚が来たから早く出なさいと家の者が松之助に告げてもなかなか部屋から出てこなかった。やっと出てきた後に理由を問うと、「あまりに取り乱している様子なので、着替えて出てきた」と言う。そこでその服装を問うと、こういう色で、こういう模様だと言うため、着替えていたのは松之助に憑いた娘だと分かったが、姿は見えなかった。しかし娘の両親は松任屋の近くに住んでいたため、このことを伝え聞き、その小袖は娘が生前大切にしていたものだ、と嘆き悲しんだという。

その後、和尚の功力のため、二人の娘の霊は暇乞《いとまご》いして去り、二度と現れなかった。松之助もまたそれ以降回復したという。

元の話がかなり分かりづらい話になっており、最初の時点で松之助に憑いたのは二人の娘の霊とされるが、後の展開で一人が死ぬため、最初の段階で憑いたのはいわゆる生霊の類かと思われる。ただし二人の娘が出てくるにもかかわらず、死んだと明言されるのはひとりのみであるため、もうひとりはどうなったのか不明である。また、後半の展開もこの死んだ方の娘についての話が具体的に語られるので、もうひとりの方が一体どのような状態なのか分からないまま、最後には松之助から離れていく。

この話は水木しげるも著作にて「生霊憑き」「幽霊憑き」という名前で紹介している。ただし、先述したように松任屋幽霊は二人の娘の霊について語られるが、ひとりの霊についての言及が少なく、分かりづらいためか、水木は元の話で松之助に霊を憑かせたまま死ぬ娘の方のみに絞って紹介している。

松山弥三郎［まつやまやさぶろう］

故郷へ帰った死者。近世後期、旗本の根岸鎮衛《やすもり》が天明（一七八一～八九）から文化（一八〇四～一八）年間にかけての約三〇年間にわたり記した随筆『耳嚢《みみぶくろ》』巻八「思念故郷へ帰りし事」にある。

それによれば、文化五年（一八〇八）のこと。松山弥三郎という同心が二条（現・京都市中京区二条通堀川西入二条城町辺り）で病死したが、その死の際、江戸総門の番人が弥三郎が帰ってきたことを彼の家に告げた。その時、そこに人魂が現れて家の棟を徘徊《はいかい》したという。

万蔵院［まんぞういん］

恨みから多大な被害をもたらした怨霊。安政五年（一八五八）、宮負定雄によって記され、刊行された説話集『奇談雑史』巻二の六「修験の怨霊の事」にあるもの。

それによれば、仙台藩に仕える家士何某《なにがし》は石巻（現・宮城県石巻市）の辺りを所有していたが、その領内に万蔵院という修験寺があり、庭に紅葉の名木が一株あった。これは役小角《えんのおづぬ》が持ってきた紅葉とされ、先祖からの遺言として他に移してはならないと伝えられてきた秘蔵のものだった。

しかし仙台藩の領主がこの紅葉を献上せよと命じたため、万蔵院（原文では寺の名前と個人の名前が同じ万蔵院と記されている）が断ると、領主は不届きであるとその紅葉を掘り返して自分の家の庭に埋めさせ、また万蔵院を田代島という島に流罪とした。

万蔵院はこの仕打ちを深く恨み、ある日、島守の司人に対し「私は七日の難行をして七日目に死にます。必ずや止めないでください。私が死んだならば、屍《しかばね》は逆葬で葬ってください。私が望むのはこれだけです」と言って、島守の説得も聞かずに海岸の潮の中に立った。そして脇に石を積んで腰から上を水面から出し、頭の上に香を焚き、両手の一〇本の指を石で打ち、油に浸して火をつけて焼き落とし、最後には腕の半ばまで焼き、口で呪文を唱え、一七日間にわたる難行を七日で行って死んでしまった。

島の人々はこの万蔵院の言うことを守らず、通常と同じようにその亡骸《なきがら》を葬ったところ、島中の人々が疫病を患った。そして病人たちが口々に「私が死んだら逆葬にしてくれと頼んだのに、順葬にしたことの恨めしさよ」と口走ったため、島の人たちが恐れて修験者の死骸を掘り出し、逆葬にすると、疫病は止んだ。

それからしばらくして修験者を流罪にした領主は、殿中で刃傷沙汰を起こし、その家はたちまち潰《つぶ》れてしまった。また万蔵院の紅葉に関わった人々は皆家が焼けた。さらに石巻の湊《みなと》は荒れて洲ができ、船が往来しづらくなった。これもみな万蔵院の恨みによるものなのだという。

神子ケ原の幽霊〔みこがはらのゆうれい〕

怪力の女幽霊。近世の随筆『四不語録』巻二にあるもの。それによれば、延宝年間（一六七三～八一）のこと、能州飯山（現・石川県羽咋市《はくいし》飯山町）に神子ケ原という村があり、そこにある農民の妻がいた。この女は両脇に鱗《うろこ》が生え、乳房が非常に長く、乳房を肩にかけて背負った子どもに乳を飲ませることができるほどだった。また、力が異様に強く、大の男四、五人分もの働きをした。

ある時、この女が病死したが、一七日目に幽霊となって夫のもとに現れ、彼を取り殺した。その後もときどき現れるようになり、村中で恐れられるようになった。

この神子ケ原には作蔵という者がいたが、死人の墓に穴があれば必ず幽霊が現れるという話を聞き、あの女の墓にも穴があるのかもしれないとこれを見に行くと、本当に穴が空いていた。そこでこれを埋めようと木を伐り、投げ込むもいっこうに埋まらず、仕方がないので人を呼んで十や木を投入して何とか埋めたが、その夜から幽霊が作蔵のもとに出現するようになった。これに難儀した作蔵は近隣のかくら田村に名刀があると聞き、これを借りて家に置いたところ、幽霊は現れなくなった。

しかし三〇日ほど経って刀を返すと、また幽霊が現れるようになった。ある時、作蔵が山で柴を取り、それを背負って帰っている途中、後ろから彼を引っ張る者があり、振り返った途端、あの女の幽霊が作蔵を摑《つか》み上げ、六、七間（約一一～一二・七メートル）も向こうの谷底に投げ飛ばした。作蔵はそのまま気を失ったが、一命を取り留め、また幽霊もそれ以降は現れなくなったという。

柴田宵曲《しょうきょく》が近世の随筆から奇談、異聞を集めた『奇談異聞辞典』では「女の幽霊」という名で紹介されているが、水木しげるの著書では「力持ち幽霊」の名で紹介されており、恐らくこの名前が有名だろう。本書では原文に記される地名から取って「神子ケ原の幽霊」とした。

水を所望する亡魂〔みずをしょもうするぼうこん〕

墓場に現れる死者。一六世紀末頃に愚軒によって編まれたと考えられる『義残後覚』巻二の八「亡魂水を所望する事」にあるもの。それによれば、備州谷野（現・広島県府中市上下町辺り）に、夜、念仏を唱えながら墓場を回る介市太夫という者がいた。

ある時、この谷野の墓場で石浜勘左衛門という者が、白い衣を着て髪をぼさぼさに生やした女の迷い者と出会い、彼女が水を欲するのを無視して刀を抜いて斬りつけたところ、それから病みついて一〇〇日後に死亡するということが起きた。これを聞いた介市太夫は鉦《かね》打《う》ちを首に掛けて夜にこの墓場に赴いた。

　すると案の定話に聞いていた女が現れ、「何ともありがたい御念仏の志でございます。それにつけてもお頼みしたいことがございます。私は死した際、出家することもせず、また道心もなかったため髪を剃《そ》らず、そのまま冥途に赴いたため、長き罪業を受けて浮かばれずにおります。そのため、供養としてこの髪を剃っていただければ、成仏できること疑いありません」と言う。介市はこれに「それは不憫《ふびん》なことです。たやすいことではありますが、ここには剃刀《かみそり》がありませんので、明日の夜に来て剃って差し上げましょう」と答えた。これを聞いた女は喜び、次に水を飲ませてほしいと言ったため、介市が鉦に水を掬《すく》って持ってくると、亡魂はたいそう喜んで水を飲んだ。

　それから介市は宿に帰り、このことを侍衆に話して、明日の夕刻髪を剃りに行くから、見たい人は見てもよいと告げると、侍たちは喜んで我も我もと赴き、そこかしこに隠れた。介市も少し遅れて赴き、念仏を唱えると昨日の女房が現れたため、約束通り髪を剃ると、侍たちが出てきて四方から眺め始めた。その間に夜は明け、介市太夫が髪を剃っていた女は、いつの間にか二尺（約六〇センチ）ばかりの五輪に、蔦蔓《つたかずら》が這《は》い、苔《こけ》が生えているものに変わっていた。

　これで成仏したのか、以降はこの墓場に行っても女が現れることはなかったという。

溝出 ［みぞいだし］

白骨が動き出すもの。桃山人著、竹原春泉画として天保一二年（一八四一）に刊行された奇談集『絵本百物語』にある。この『絵本百物語』はそれぞれの項目に桃山人が記した本文と、春泉が描いた絵に付記された文章の二種類の解説文が記されているが、多くの場合その内容は異なるものについて記している。溝出もその例にもれず、本文と絵の解説では内容が異なる。

　まず本文に記された文章によれば、古い塚や石碑などは決して暴《あば》いてはならない。暴けば災いがある。なぜかといえば、人の霊を留める場所であるから、たとえその下に屍《しかばね》がなくても、古墳等の石を取ってはならないのだ、ということを説明する。また人は万物の霊であるため、身分が低い者であっても死者を葬る際には粗忽《そこつ》にしてはならないと記し、その例として次の話を紹介する。

　北条高時の時代、鎌倉（現・神奈川県鎌倉市）に戸根の八郎という武士がおり、家来のひとりが死んだため、負櫃《おいびつ》に入れて由比ヶ浜の海の底に捨てた。その後、波がこの負櫃を打ち上げたが、その中から歌声が聞こえたため、極楽寺という寺の僧が見に行くと、海水にさらされた白骨が入っていた。そこで寺で手厚く葬ると、歌声は聞こえなくなった。

　さらにその後、新田義貞が北条高時を攻め、鎌倉に入った時、戸根の八郎は船田入道（船田義昌）の手勢を食い止めるため、由比ヶ浜の二町（約二一八メートル）ばかり離れた場所に北条時行の陣を構えた中にいたが、極楽寺の砦《とりで》が崩れ、敵軍が山の中まで乱入したとの知らせを聞き、時行と八郎は馬でそちらへ向かうも船田の軍勢に追走される。しかし時行は無双の逸物であったため、敵軍を迎撃して逃げ切り、八郎のみが残され、敵兵に追われることとなった。そして八郎は矢で胸を貫かれ、ついに討たれたが、その場所は由比ヶ浜の海辺で、かつて家来の死骸を沈めた場所だったという。

また春泉の絵には破れたつづらの隙間から顔を出す白骨が描かれており、ある貧人が死んだ時、どうすることもできずつづらに入れて捨てたところ、骨と皮が自然に分かれ、白骨がつづらを破って踊り狂ったと書かれている。

白骨や骸骨が踊ったり歌ったりする話は各地の民話に残っている。そういった話に由来するものか。

美穂が崎の女の亡魂

［みほがさきのおんなのぼうこん］

恨みから人を殺した女。江戸前期の怪談集『諸国百物語』第一二話「駿河の国美穂が崎女の亡魂の事」によるもの。それによれば、駿河国の清見寺（静岡県静岡市）に住んでいた男と、美穂が崎（下田市の三穂ヶ崎のことか）に住む女が契りを交わし、夜な夜な女は頭に桶を載せ、その上に火を灯し、美穂が崎から清見寺まで海を一里半（約五・九キロ）も泳いでやって来ていた。男はその際に清見寺で合図の火を焚いていたが、ある時、夜に海を通ってくるなど女は人間ではなかろうと考え、ある夜、清見寺で火を焚かなかった。

女は目当てにしていた火がないため、海上をあちこちさ迷った末に溺れ死んでしまったが、その亡魂は男を恨み、さまざまな障《さわ》りをなしてついに男を取り殺した。しかしその執心はその後も残り、清見寺に火事があれば美穂が崎でも火事が起こり、美穂が崎に火事があれば清見寺も必ず焼けた。このため、人々は美穂が崎で火事があれば清見寺で柴を焚き、清見寺で火事があれば美穂が崎で茅《かや》を燃やし、火事があったかのように見せかけるようになったのだという。

妙印

［みょういん］

自分を殺した者たちを呪った戦国武将。近世初期、大友氏の興亡について記された軍記物『大友興廃記』巻四にあるもの。妙印は戦国時代の山伏。筑後国（福岡県南部）の一族であり、豊後国（大分県）大友氏の家臣であった高橋家のひとり。兄である高橋武種が、妙印が高橋家を乗っ取ろうとしているという讒言《ざんげん》を受けて妙印を攻めたため、対抗して戦ったものの敗れた。その際、妙印は「矢一筋でも射る者は七代にわたり祟り殺すであろう。我は無実の罪によって死を迎える。武種は真偽を調べもせず我を殺そうとした。その非道を天が罰するだろうか」と叫び、腹を十文字に切り裂いて海に没したという。

その後、高橋家には代々妙印の悪霊が出現して祟りが止まず、高僧や陰陽師を用いても効果はなく、七代までに断絶した。時の人々は「妙印の魂がいまだ冥漠に帰せず、悪霊と化したのだろう」と噂《うわさ》したという。

妙空［みょうくう］

仇《かたき》を一族ごと根絶やしにした僧。会津藩の武士、三坂春編《はるよし》が会津地方（福島県）を中心に話を集めた奇談集『老媼茶話《ろうおうさわ》』巻六「薬師堂の人魂」にあるもの。それによれば、寛文（一六六一～七三）の頃、越後坂井（現・新潟県新潟市西区坂井）にあった妙蓮寺の法華僧・妙空という者が、城下町の玉作屋という町人の娘くめと密通した罪で、くめとともに極刑を言い渡され、佐川河原という場所で処刑された。

実はこれは町役人の三沢伝左衛門という者が、くめを女房に貰《もら》おうとした際、伝左衛門の人柄が良くないため、玉作屋がこれを拒否したことがきっかけだった。その腹いせに妙空との密通を上申し、二人を処刑させたのだという。このためか、妙空の怨霊が伝左衛門に祟り、その一門を取り殺したと伝えられている。

葎がのべの女鬼［むぐらがのべのおんなおに］

嫉妬により死んだ後に鬼となった女。清雲という比丘尼《びくに》が見聞きした話をまとめたという体裁の『御伽比丘尼《おとぎびくに》』の改題本であり、元禄五年（一六九二）に出版された『諸国新百物語』巻之二の三「恨に消へし露の命　付葎がのべの女鬼」にあるもの。それによれば、清雲が諸国行脚の途中、ある山道を歩いていると、人だかりができていたため理由を尋ねたところ、「ある嫉妬深い女が死んだ後、鬼になっているのです」と教えられた。

そこで人の間から見てみると、いったいどれほどの妬《ねた》みを抱いたものか、黒髪は逆立ち、目は血走って真っ赤で、顔も手も黒く、筋張り、本当に鬼のような姿になった女がいた。

後になってこの女のことを聞くと、昔、上京（現・京都府京都市北部）のあるところに何某《なにがし》の民部という好色の男がおり、日頃から美女のもとに通い、さらには自宅とは別の家に妾《めかけ》を置いて契り合っていた。しかしこの民部の本妻は生来嫉妬深い女性で、日に日に胸を焦がし、夫に対し埋火《うずみび》を投げつけたり、熱湯をかけたりしたが、民部はこれに困り果てて本妻を実家に帰してしまった。

これにより本妻は狂乱し、野を走り、山を駆け、清雲が鬼のようになった女を見たあの場所で狂い死にしたが、その恨みのためか、四五日が過ぎた頃に民部もその妾も体調を崩して死に、家も滅んだのだという。

虫食いの歌［むしくいのうた］

死者が罪の告発を行ったもの。作者不詳、

元禄年間（一六八八〜一七〇四）に刊行された仮名草子『善悪報《むくい》ばなし』巻一の三「継母、娘を殺す　并《なら》びに柱に虫食ひの歌の事」にあるもの。それによれば、江州北の郡水保（現・滋賀県守山市水保町辺り）の近郷に理助という者がおり、娘がひとりいたが、継母はこの娘に辛く当たり、娘が一六歳の時、理助が留守の間に殺して山に捨てた。帰宅した理助は娘の行方を尋ねたが、娘が死んだ日は郷内の者たちが集まって踊る行事のあった日だったため、踊りに出たまま帰ってこないと嘘《うそ》をついた。

理助はそれでも継母を疑っていたが、手を打つこともできず、ただ嘆いて暮らし、早くも次の年の秋になった。その日も娘のことを思い、涙を流していると、寝屋の柱に虫食いがあることに気が付いた。不思議に思い、それを見ると「折はつるつらき継母のしわざこそ長きなみだのうらみなりけれ」と読めた。

理助はこれを見て、さては継母が娘を殺したに違いないと確信し、継母を部屋に閉じ込め、責め立てた。あまりの剣幕に継母は自分のしたことを明かしたため、理助はそのまま代官に訴え、やがて継母は死罪となった。

このように、どのように悪心を抱き、人にばれないようにしても、天罰からは逃れられないものなのだという。

盲女の怨霊 ［もうじょのおんりょう］

死後、自らの意思で神となり、人々を守った人物。安政五年（一八五八）、宮負定雄によって記され、刊行された説話集『奇談雑史』巻八の一二「盲人喜助焼け死にたる事」にあるもの。それによれば、下総国銚子《ちょうし》（現・千葉県銚子市）の浜で漁猟をしていた喜助という男がいたが、生まれながらにして悪心を持ち、ある時、大宝八幡宮に奉納する刀を盗んで売ったことで神罰を受け、盲目となっていた。

この喜助は、吉弥という按摩《あんま》の妻である女と密通していた。この夫婦もともに盲目だった。喜助はこの妻を自分の妻にしようとしたが、そのうちに吉弥が病みついて死んだため、頼る者がいなくなった女は自分の方からも喜助の妻になろうとした。しかし彼女と吉弥の間には娘がひとりおり、それを疎んだ喜助は「娘を人にやるか捨てたなら妻にしてやろう」と盲女に告げ、女は彼の言う通り娘を川に流して捨ててしまった。

しかしその後、女は寒風により病を患い、それを知った喜助は病人を妻にすることを嫌がり、女が家まで来ても中に入れず、寒さに耐えかねた女が戸を押し破って家に入ってくると、その首を絞めて殺してしまった。そして弟の助けを得てその死体をどこかに埋めた。

その翌年のある日の夜、突然家にいた喜助の体に二つの大きな火の玉がつき、喜助を真っ黒に焼いて殺してしまった。不思議なことに火の玉が消えた後、畳は少しも焦げておらず、人々は殺された女の怨霊だと噂《うわさ》したという。

火の玉が二つ現れたところを見るに、盲女だけでなく、吉弥か娘の怨霊も現れていたのかもしれない。

もう半分［もうはんぶん］

古典落語における怪談噺《ばなし》のひとつ。三遊亭圓朝《えんちょう》の作で、あらすじは以下のようなもの。江戸の千住大橋（東京都足立区・荒川区。ただし、中央区・江東区にある永代橋の場合もある）の傍で注ぎ酒屋を営んでいる夫婦があったが、その店にひとりの常連の老人がおり、いつも一合（約一八〇ミリリットル）の酒を茶碗《ちゃわん》に半分ずつつがせ、呑み終わると、「もう半分」と言って、数杯お代わりするという変わった飲み方をしていた。店主が理由を問うと、その方が多く飲んだ気がすると答えた。

ある日、その老人が店に風呂敷包みを置き忘れて帰ったが、店主が中を見ると大金が入っている。思わず店主と妻はこれを隠し、慌てて戻ってきた老人にそんな物はなかったと知らぬ存ぜぬの態度を貫き、突っぱねた。

老人は落胆して店を出たが、そのまま千住大橋から川に身を投げ、死んでしまった。

それ以降、酒屋夫婦は老人から奪った金で店を大きくしたが、その夫婦の間に生まれた子は歯が生えて白髪があり、顔はあの老人にそっくりだった。これを見た妻はショックのあまり死亡し、店主は乳母を雇って子の面倒を見てもらうが、皆数日経たずにやめてしまう。

そこで店主がある乳母に理由を聞くと、乳母は「自分の口からはとても言えないので、ご自分の目で確かめてほしい」と言う。そのため、店主が夜に寝ている赤ん坊を見ていると、赤ん坊は丑三《うしみ》つ時（夜中の二時頃）になって突然起き上がり、枕元の行灯《あんどん》にある油さしから静かに茶碗に油を注ぎ、それをうまそうに舐《な》め始めた。

店主はこれを見て「おのれ爺《じじい》、迷ったか」と叫び、部屋に飛び込んだが、赤ん坊は店主に対し茶碗を差し出し、「もう半分」と告げた。

殺した人間から金を奪った結果、その人間が自分の子どもに転生して罪を告発するという**こんな晩**の怪談が元になっていると考えられる。「こんな晩」では最後のセリフは「お前が俺を殺したのも、こんな晩だったなあ」など、直接的な表現になっていることが多いが、「もう半分」では老人が生前店でいつも言っていた「もう半分」というセリフを老人の顔で生まれた子に言わせることにより、記憶を残したまま転生した老人であることを示唆している。

また、「こんな晩」の話は元を辿《たど》ると中国で語られる討債鬼故事という話の型に行き着くが、討債鬼故事では、奪われた金や物を、転生した子が親に富を消費させることによって奪い返すという展開が語られる。「もう半分」の場合、その要素はなくなっているが、『本朝二十不孝』巻三第四「当社の案内申す程おかし」では油売りが殺され、その殺人犯の男の子として生まれ変わり、油を呑む奇癖があったと語られる話があるため、それが元になっている可能性がある。

もみぢ

復讐《ふくしゅう》のために現れた死者。延宝五年（一六七七）に刊行された怪談集『諸国百物語』巻之五第一一話「芝田主馬が女ばう嫉妬の事」にあるもの。それによれば、丹後の宮津（現・京都府宮津市）に芝田主馬という人がいたが、その女房は大変嫉妬深く、主馬に仕えるもみぢという器量の良い腰元を見て、主馬が目を掛けるのではと考えていた。そこで、主馬が江戸へ行っている間に、もみぢを井戸へ入れて埋め殺してしまった。

　主馬が帰って来た後、妻は、井戸は突然潰《つぶ》れたので埋め返した、もみぢには暇《いとま》を取らせたと嘘《うそ》をついていた。しかしそれから四五日の間に三人いた主馬の子どもが皆、患った末に死んでしまった。また、妻はこの時妊娠しており、その子どもは無事に生まれたが、三歳の頃に驚風（幼児がひきつけを起こす病気）の病があり、いろいろと治療を試しても治らなかった。その頃、主馬のもとで働いていた浪人が針治療に優れた人を知っていると言うため、家に連れて来てもらい、子の治療をさせると少し元気になった。

　そのため、その日は浪人と針師を泊まらせることとしたが、夜、路地から下駄の音がしたため、二人が誰が来たのかと見ると、そこに女が立っていた。女の容貌は腰から下は血潮に染まり、長い髪は逆さまに生え、顔色は青く、痩せ衰えているという凄まじいものだった。その女はそのまま縁に上がって来たが、針師は体が竦《すく》んで何もできなかった。一方、浪人は騒がず「何者か」と女に問うた。すると女は「私はこの家に仕えていた者ですが、内儀が無実の嫉妬で私を井戸の下に埋めて殺したのです。この恨みを晴らすため、三人の子どもを取り殺しましたが、最後の一人も殺そうと思っています。針治療をしようが無駄なことです」と告げ、消えてしまった。

　その時、奥から「わっ」と泣く声が聞こえ、浪人が駆け付けて事情を聞くと、残された最後の子どもも死んでしまっていた。その後、浪人が主馬に現れた女のことを告げると、主馬は驚き、女房に暇を出し、自身は出家したという。

問答する幽霊【もんどうするゆうれい】

僧と問答した幽霊。鈴木正三が書き留めた話を弟子たちが取りまとめ、寛文元年（一六六一）に刊行した仮名草子『片仮名本・因果物語』巻中の二六「幽霊と問答する僧の事　付幽霊と組む僧の事」にあるもの。

　それによれば、奥州の会津松沢（現・福島県大沼郡会津美里町松沢）に松沢寺という禅宗の寺があったが、その住持である秀可和尚のもとにある夜、幽霊が来てこう問うた。

「私は獄中（地獄）に入り、種々の苦を受けています。和尚よ、助けてくださいませ」

これに対し秀可和尚は「円通より出でて円通に入る。どこに獄中があろうか」と尋ねた。霊はこれに「獄中を論じないでください。この体を見てください」と言う。これに和尚が「その体はすでに仏性であり、隔てるものはない」と答えた。これに霊が「名を付けてください」と言うと和尚は「本空禅定尼」と答えた。すると霊は消えたという。

円通とは仏教用語で仏菩薩《ぼさつ》の悟りはあまねく通じており、作用自在であることをいう。すなわちこの幽霊は地獄にいると言うが、すでに円通の悟りの中にいると和尚は指摘しているのだろう。

【や】

八百屋お七［やおやおしち］

夢に現れた死者。八百屋お七は近世前期の江戸本郷（現・東京都文京区本郷）にあった八百屋の娘で、天和二年（一六八二）、大火の際に避難した寺で寺小姓と恋仲になり、再会したい一心で放火したため、火刑に処されたという伝説が残る人物。貞享三年（一六八六）刊行の井原西鶴著『好色五人女』で有名になり、この話を元にした浄《じょう》瑠璃《るり》や歌舞伎が数多く作られた。

近世後期に記された大田南畝《なんぽ》の随筆『一話一言』巻三「お七墓」では、八百屋お七の墓が小石川円乗寺（東京都文京区）にあり、それには梵字《ぼんじ》で「妙栄禅定尼」と記されていた。この碑は古いため、火災で折れた際にそのままにされてあった。

ある時、ひとりの足軽が、駒込（現・東京都文京区本駒込の辺り）の天沢山竜光寺の京極佐渡守高矩《たかのり》の墓を掃除しに行く夢を見たが、その夢の中で小石川馬場の辺りを通った際、頭が少女の鶏という奇妙なものを見た。その鶏は足軽の裾を咥《くわ》えて引っ張るため、理由を尋ねると、鶏は「恥ずかしながら私は以前、火刑に処された八百屋の七という者です。今もこのように成仏できずにいるゆえ、跡を弔っていただきたいのです」と言った。

足軽はこの夢を三夜にわたって見たため、駒込吉祥寺に言ってこのことを話すと、小石川円乗寺に行って尋ねなさいと言われたため、円乗寺に行った。すると、お七の墓はたしかにあるが、無縁の墓であるため火災の折に折れたまま放置されていると言われた。そこで足軽が墳墓を新たに建て、弥陀仏を彫刻させ、お七の法名を切らせて建て添え、法事料を納めて改めて法事を頼んだという。

また昭和一五年（一九四〇）三月一日に発行された『旅と伝説』一三巻三号に収録された寺田伝一郎著「羽後浅舞町近傍見聞書（続）」によれば、秋田県の浅舞町（現・横手市平鹿町浅舞）では、大正七、八年（一九一八、一九）頃、「キチサンオリマセン」と書いた紙片を逆さに門口に貼らないと八百屋お七の亡霊に取り憑《つ》かれて死ぬという噂《うわさ》が流れ、浅舞町一帯では行わぬ家が一軒もなかった、という話が記されている。「キチサン」とは、先述した井原西鶴の『好色五人女』などではお七が恋する寺小姓の名前が「吉三郎」であるため、『好色五人女』やそれを基にした作品に由来するものと思われる。

今野圓輔《えんすけ》著『怪談　民俗学の立場から』によれば、昭和二四年（一九四九）五月にも、お七の亡霊騒ぎが起きたという。先にも記したお七の墓がある円乗寺の境内に建てられた専進社という印刷所で、八月の盆が過ぎた後、夜の一〇時から一二時にかけて高歯を履いた誰かが工場内を歩き回る音が聞こえるようになり、お七の亡霊だということになって供養塔を建てたり、お札を貼ったりした。それでもお七の亡霊と思しきものは現れ続けたため、メディアでも報道されるようになり、ついにはＮＨＫがこの足音を捉えようと張り込んだが、その時は現れなかったと記されている。

弥次衛門の女房［やじえもんのにょうぼう］

難産により死んだ女の幽霊。鈴木正三が書き留めた話を弟子たちが取りまとめ、寛文元年（一六六一）に刊行した仮名草子『片仮名本・因果物語』巻上の一六「難産にて死したる女、幽霊と成る事　付鬼子を産む事」にあるもの。

それによれば、東三河の関村（現・愛知県豊川市瀬木町）というところの庄屋に弥次衛門という者がいたが、その女房は一九歳の時、難産によって死んでしまった。しかしやがて幽霊となって迷い歩いたため、親類の者たちが妙厳寺を頼り、牛雪和尚という僧がこれを弔ったという。

柳女［やなぎおんな］

柳にまつわる怪異。桃山人著、竹原春泉画として天保一二年（一八四一）に刊行された奇談集『絵本百物語』にあるもの。この『絵本百物語』はそれぞれの項目に桃山人が記した本文と、春泉が描いた絵に付記された文章があり、それぞれ内容が異なり、柳女の場合はまったく違うことを書いている。

本文においては柳が女に化けることについて語り、それから中国の宋にて士捷《ししょう》という者が柳に食われて死んだ話があること、また日本においても昔、女が柳と化した話があることを説明して、柳が幽霊の現れる木とされたのはこれが要因であると記している。

一方、春泉の絵には柳の下で子を抱いた女の姿が描かれており、その解説として若い女が子を抱いて風の激しい日に柳の下を通った際、喉に柳の枝が巻き付いて死んでしまった。その一念が柳に留まり、夜な夜な現れて「悔しい、恨めしい柳よ」と泣いている、という話が紹介されており、柳にまつわる幽霊譚《たん》の紹介となっている。

夜発の亡霊［やほつのぼうれい］

夜な夜な現れる亡霊。近世後期、旗本の根岸鎮衛《やすもり》が天明（一七八一～八九）から文化（一八〇四～一八）年間にかけての約三〇年間にわたり記した随筆『耳嚢《みみぶくろ》』巻一「怨念無しとは極難き事」にあるもの。それによれば、佐助という人物が若い頃、江戸の深川（現・東京都江東区深川）で講義をした帰り、仲町（同区の永代寺門前にあった遊里）の茶屋で妓女《ぎじょ》を揚げて遊んでいたところ、夜更けになって二階の下からしきりに念仏を唱える声が聞こえ、梯子《はしご》を上がる音がした。そして佐助のいる座敷の障子の外を通ったため、恐ろしく思い、障子の隙間から覗いたところ、髪を振り乱し、両手を血に染めた女が通り過ぎた。

気を失うほど恐ろしく、すぐに布団を被って一緒に寝ていた妓女にこのことを話すと、妓女はその女についてこう説明した。この茶屋の主人はかつて夜発（夜鷹と呼ばれる最下級の私娼）の親方をしており、夜発を大勢抱えていたが、ある時、ひとりの夜発が病身のため、一日働くと一〇日は伏せているのを知って憤り、たびたび折檻《せっかん》を加えた。しかし親方の妻は慈悲があり、折檻のたびに彼女は病身なのだからと宥《なだ》めた。そんなある日、親方がいつも以上に憤り、その夜発を酷《ひど》く叩きのめしていると、それを見た妻が彼を宥めようとした。しかし親方はさらに憤り、脇差を抜いて妻に斬りかかったため、夜発が間に入ってその刃を両手で止め、そのために手の指が残らず断ち切られ、落ちてしまった。夜発はその傷が原因で死んでしまったが、今も亡霊となって夜になると現れるのだという。

これを聞いた佐助は夜が明けるとすぐに家に帰ったが、それからしばらくしてあの茶屋の前を通ると、もう茶屋はなくなっていたと記されている。

山口彦十郎［やまぐちひこじゅうろう］

恨みのために祟りをなした亡霊。鈴木正三の門人が編著したと考えられる『平仮名本・因果物語』巻四の一「非分にころされて、怨をなしける事」にあるもの。それによれば、伊駒讃岐守《さぬきのかみ》の家中に山口彦十郎という侍がおり、長年仕えていたが、まったく知行も増やされず、後から仕えた者たちが立身するのを見て怒り、出仕をやめてしまった。これに伊駒讃岐守は大いに腹を立て、彦十郎を捕らえただけでなく、その女房、子どもまで皆殺しにした。

彦十郎も縛り首（麻縄で罪人を後ろ手に縛り、首を前に突き出させて首を刎《は》ねる刑）に処されることとなったが、その処刑の際に怒り狂い、「私自身の罪には身に覚えがあるから仕方がない。しかし、我が妻子には罪はない。どうして殺されねばならなかったのか。ましてや、侍であるこの身を切腹させず、縛り首にするとは気に入らぬ」と言って後ろを向き、太刀取り（首斬りの役人）の横井二郎右衛門を睨《にら》みつけて「決して斬り損なうなよ。すぐに我が念力が消えぬ、その証を見せてやる」と告げた。二郎右衛門は「承知した」と言ってその首を斬り落としたが、彦十郎の首は二、三間（約三・六〜五・五メートル）転がってから切り口を下にして立ち、横井を睨みつけてから目を閉じた。

その後、二郎右衛門が家に帰ってすぐに狂乱し、立っても寝ても彦十郎の首が血眼で睨みつける姿が見えるようになり、刀を抜いて振り回すため、一門の者たちは困り果ててその刀を奪い取った。すると二郎右衛門は「ああ、彦十郎よ、我は殿の命で首を打ったのだ。許してくれ、許してくれ」と言って、死んでしまった。

それからは彦十郎の亡霊が生前のように袴《はかま》、肩衣を着て、刀と脇差を差した姿で伊駒讃岐守の家中のもとに現れるようになったが、これと遭遇した者はその場で震え、患って程なく死んでしまい、その犠牲者は一四、五人にもなった。このため、家中が訴えて彦十郎を弔わせたことで彦十郎の亡魂も慰められたのか、人の目には見えなくなった。しかし家中の長屋で家鳴りが起きたり、城中の大木が風も吹いていないのに折れるなど、怪異は続いた。

また伊駒讃岐守自身も邪心を抱いて身を亡ぼすことになり、これも山口彦十郎の亡魂の恨みによるものだと人々は噂《うわさ》したという。

山伏の怨霊［やまぶしのおんりょう］

七代を経て仇《かたき》を祟った怨霊。近世後期の女流文学者・只野《ただの》真葛《まくず》が東北地方の奇談を集め、まとめて文政元年（一八一八）に刊行した『奥州波奈志』にあるもの。それによれば、本柳町（現・宮城県仙台市青葉区の一部）に柄巻師《つかまきし》の夫婦があり、娘が二人いたが、長女は一三歳ぐらいの頃、庭で遊んでいる途中、石に躓《つまず》いて転び、膝を打った。その腫れが引かず、二、三年も患って死んでしまった。その後、次女もまた一三歳の時に庭で同じ石に躓き、膝を打った。これも腫れが引かず、いかなる治療も効果がなく、患ったまま一六歳になった頃に息を引き取った。

しかしこの娘がうなる声を発したため、息を吹き返したのかと母親が様子を見に行くと、娘は「とてもよく寝ていたけれど、どこかへ行く夢を見ました。また眠たくなったので寝ますが、寝入った後に寝具をはいでみてください」と言った。そのため、母親は娘が寝入ったのを確認して寝具をまくってみると、そこにあったのは娘ではなく、鬼のような顔をした化け物だった。

その顔は赤黒く、目は光り、怒りをあらわにしていた。母親は思わず飛び退いて慌てて夫を呼んだが、やはりそこにいるのは娘ではなく変化のものであった。この変化は両親が来たのを見ると起き上がり、自分はこの家の七代前の祖先に殺された山伏の霊であると語った。霊の話によると、彼は官金をもらって上方へ行く途中、この家の先祖の男と会ったという。その後、ともに茶屋に入ったが、その際に金を持っているのを見られ、山中で斬り殺されて官金を奪われた。その無念からこの家に祟りをなそうとしてきたが、この家の者は運が良く、祟ることができなかった。しかしようやく七代目にして運が傾いてきたため、こうして恨みを晴らしているのだという。

そして山伏の霊は、自分がこの家の祖先に殺された証として、自分を斬った凶器である太刀について長さや銘を告げ、それが箪笥《たんす》の引き出しにあるから見てみろと娘の両親に告げた。両親が箪笥を確認すると、まさしくその通りの物があった。

そして山伏の霊は、自分の望む通りにこの家から葬礼を出せば娘の命は助けてやると脅し、両親がそれに従ったため、山伏の怨霊も立ち去ったと見えて、娘は息を吹き返した。しかしその後すぐに死んでしまったという。

そのため、両親も心が弱り、家を売ってしまった。代々蓄えてきた財産も娘の治療のために使い果たしていたため、その後、二人は行方不明になってしまったと語られている。

山家清兵衛［やんべせいべえ］

山家公頼《きんより》のこと。安土桃山時代から江戸時代にかけての武将。伊達家の家臣で、当初、最上氏に仕えていたが、伊達政宗に仕えて頭角を現し、政宗の長男・伊達秀宗が伊予（愛媛県）宇和島に封ぜられた際、家老として随行。しかし反対派の讒言《ざんげん》により元和六年（一六二〇）六月三〇日に暗殺される。これは和霊騒動と呼ばれる（和霊については後述）。

その後、天変地異が続出する。まず清兵衛と対立していた桜田玄蕃《げんば》（桜田元親）が寛永九年（一六三二）、金剛山正眼院（愛媛県宇和島市）で営まれた桂林院殿（秀宗の正室の亀）の三回忌法要の際、大風で落ちた本堂の梁《はり》の下敷きになり、圧死。その後、寛永一四年（一六三七）には秀宗が中風を患い、寛永二一年（一六四四）には秀宗の長男・宗実が死去。翌年の正保二年（一六四五）および慶安三年（一六五〇）には宇和島藩の江戸藩邸に雷が落ちている。この他にも地震、旱魃《かんばつ》、暴風などさまざまな自然災害があった。

これらは清兵衛の祟りと噂《うわさ》され、宝永七年（一七一〇）の『予《よ》陽郡郷《ようぐんごう》俚《り》諺集《げんしゅう》』には「清兵衛の霊が鎮まらず、無実の罪怨への憤りは深く、祟りをなす。よってその霊を鎮めるために一社に祀《まつ》った」と記されている。これが承応二年（一六五三）のことで、神社は和霊神社であるという。その後、社地の拡張が行われ、享保一三年（一七二八）に大明神の神号が贈られている。

和霊として祀られるようになった清兵衛は信仰の対象となり、疱瘡《ほうそう》病終息の祈願や五穀豊穣の祈禱《きとう》などが行われている。この信仰は一般の庶民の間まで広まり宝暦八年（一七五八）に記された『和霊明神由緒』によれば、清兵衛は宇和嶋郡中の守護神となり、四国、中国、九州からも人々が足を運び、その数は年々増えており、遥《はる》か東国から来る者もいる、とある。これは和霊信仰と呼ばれ、その後、各地で和霊神社が創建されることとなった。今も和霊神社は西日本を中心に各地に残されており、漁業、農業、産業の神として信仰されている。

遺言幽霊・水乞幽霊 ［ゆいごんゆうれい・みずごいゆうれい］

生前に未練を残した者がなるとされる幽霊。桃山人著、竹原春泉画として天保一二年（一八四一）に刊行された奇談集『絵本百物語』にあるもの。この『絵本百物語』はそれぞれの項目に桃山人が記した本文と、春泉が描いた絵に付記された文章があり、それぞれ内容が異なるため、どちらも紹介する。

まず本文には、末期に及んで遺言などを言うことができないまま死んだ者の念は、その者の家に必ず留まると遺言幽霊についての説明があり、これに続く形で仏法を固く守れば甘露の雨が注ぎ、身を潤すにもかかわらず、法の道に疎《うと》いまま死んだため、そうならなかった者が水乞幽霊になるとして解説されている。

また、春泉が描いた絵には水を盗もうとする複数の幽霊たちが描かれているが、これに対する解説として、遺言を言わず、もしくは飢渇して死んだ者は迷い出て水を乞い、もの悲しげに泣き叫ぶのだと記されており、遺言幽霊と水乞幽霊が同時に説明されている。

鎌倉中期の説話集『古今著聞集』には水を請う餓鬼の話がある（詳細は中世の**水餓鬼**を参照）。

幽霊 ［ゆうれい］

幽霊（中世）の項目で語ったように、室町時代、世阿弥の能によって幽霊は目に見える死者の霊魂として描かれるようになった。そして近世に入ると、幽霊は一気に活躍の場を広め、演劇、絵画、文学、体験談など、さまざまな場所に登場するようになる。

この時代で特徴的なのは、幽霊に対して視覚的なイメージの固定化が行われたことだろう。現在もイラストなどで幽霊を描く際にイメージされる頭に天冠（葬式の時に死者が額に当てる三角の布）をつけ、白い死装束を纏《まと》い、足がない、という姿はこの時代に確立した。

諏訪春雄著『日本の幽霊』によれば、足のない幽霊の初出は寛文一三年（一六七三）刊行の古浄瑠璃《こじょうるり》『花山院きさきあらそひ』の挿絵に描かれたもので、一七世紀の半ば以降、幽霊は足のない姿で描かれるようになっていったのだという。円山応挙、葛飾北斎、歌川国芳、月岡芳年など名だたる絵師たちが幽霊画を描いた。また、絵巻や草双紙などではろくろ首や見越入道、他の化け物たちとともに幽霊が化物の一種として描かれることも多かった。これらは先述したような死装束に足がない姿で描かれ、歌舞伎などの演劇でも裾の長い衣装で足を隠した。視覚的に幽霊を表す記号として、統一された幽霊の衣装は機能していた。

ただしこれは視覚的な表現での話であり、文字で表現される説話集や奇談・怪談集、随筆などでは、生前のままの姿で現れるもの、死んだ際の姿で現れるものなどさまざまな幽霊が語られている。

また、中世の能における幽霊は恐怖の対象として描かれていたわけではなかったが、近世の怪談集などでは恨みや執心を持ち、生きた人間に危害を加える死者が幽霊と呼ばれるようになる。これについて、高岡弘幸著『幽霊　近世都市が生み出した化物』によれば、近世初期、幽霊という語は善の側面を持つか、善悪が区別できないニュートラルな場合に用いられており、悪の側面を持つものは「怨霊」「死霊」「まよひの物」「物のけ」などと呼ばれることが多かったが、一八世紀初頭になると悪の側面を持つ者も幽霊と呼ばれるようになったのだという。また、一七世紀までは悪の側面を持つ死者は鬼や蛇に化けるものだったが、それも次第になくなっていった。

近世では、妖怪と呼ばれるさまざまな異形の存在や不思議な力を持つ動物たちとともに、幽霊も化け物のひとつとして数えられていた。化け物と呼ばれるものには、化けることができる動物系の化け物と、人間に近い姿であるが、すでに人間ではない存在になっている、つまり化けていることから、以降は他の姿に化けることがない人間系の化け物がいる。そして幽霊の場合はもともと化けることができたものが、できなくなったのだと先述の『幽霊　近世都市が生み出した化物』では考察している。

ただし恐ろしくない幽霊がいなくなったというわけではなく、死の直後、親しい人間や世話になった人間に最後の挨拶に訪れる幽霊の話や、生前の夫とともに暮らし、子を産んだ幽霊の話、生前に残してきた子を育てる幽霊の話など、さまざまな幽霊の話が近世には残されている。

また、近世に始まった演劇、歌舞伎においても幽霊はさまざまに登場した。歌舞伎の怪談物に大きな影響を与えたのが四代目鶴屋南北で、彼の作った『天竺徳兵衛韓噺《てんじくとくべえいこくばなし》』に登場する乳母・五百機《いおはた》の霊が評判となり、以来、夏芝居の怪談物が定着したという。また鶴屋南北もそれ以降、**小幡小平次**を題材とした『彩入御伽草《いろえいりおとぎぞうし》』、**お岩**の幽霊の復《ふく》讐《しゅう》を描いた『東海道四谷怪談』、**累**《かさね》の伝説を元にした『色彩間苅豆《いろもようちょっとかりまめ》』などを作り、今も幽霊として有名な彼女らのイメージに大きな影響を与えた。また、能を元にした歌舞伎も作られ、そこにも幽霊が登場するものがある。

近世では出版文化の発展もあって、怪談集はもちろんのこと、著者の体験や伝聞を記す随筆にも多数の幽霊が登場しており、幽霊が身近な存在であったことがうかがえる。そして、この幽霊文化の発展は近現代の日本にも継承されていくことになる。

幽霊（画図百鬼夜行）［ゆうれい］

絵画に描かれた死者。安永五年（一七七六）に刊行された鳥山石燕の妖怪画集『画図百鬼夜行』に描かれたもの。「幽霊」という題とともに、髪が長く、額に天冠（葬式の時に死者が額に当てる三角の布）をつけ、白装束を身に纏《まと》った女が柳と卒塔婆《そとば》の中に立って片手を上げている様子が描かれる。

この天冠に白い死装束の女という姿は、近世における**幽霊**の典型的な図像だが、石燕はこの幽霊の前に生霊、死霊を描いており、三つが並べられている。死霊と幽霊については一見同じものを指すように思われるが、描き方が明確に異なっている。これについては**死霊（画図百鬼夜行）**の項目でも考察しているため、そちらも参照。

幽霊堂［ゆうれいどう］

長崎（現・長崎県長崎市）にかつてあったという堂。近世後期、中島広足によって記された随筆『橿《かし》のしづ枝』下巻にあるもの。それによれば、清国（現・中国）の人は死んでから幽霊になって現れることを尊いこととしており、長崎の清館の中にもまた、幽霊堂という堂があったのだという。この堂では幽霊祭と称して餅（幽霊餅と呼ばれる）を作り、折々に手向《たむ》けていた。ここに現れる幽霊は日本の人間には見えず、清国の者には見え、靴音なども聞こえるのだと記されている。

近世後期、肥前国（長崎県）平戸藩第九代藩主の松浦静山によって記された随筆『甲子夜話』にもこの幽霊堂のことが載り、新しく死者がいると必ずこの堂に現れ、靴音が絶えず響くと記されている。

幽霊の歌［ゆうれいのうた］

昔話のひとつ。「灰の発句」と呼ばれる場合もある。ある人物が囲炉裏《いろり》の灰を掻き回しながら歌を思いつき、上の句を詠んだ後、なんらかの理由で死ぬ、もしくは下の句が思いつかずにそれに苦しんで死ぬなどして、下の句が完成しないままになったため、その人物が幽霊となって現れ、下の句を考え続けるというもの。その後、旅の僧や子どもなどがその下の句を告げたことで、幽霊は満足したので出現しなくなる、と語られる。多くの場合、幽霊は寺の和尚で、この和尚が出るために誰も住めなくなっていた寺に旅の僧がやって来て、幽霊を成仏させ、新たな住職となる、という展開が見られる。

古いものは近世の段階で語られており、幕末に浅野梅堂が著した『寒檠璅綴《かんけいそうてつ》』などに記されているものが見える。『寒檠璅綴』にあるものは連歌師の飯尾宗祇が諸国を回っている時、連化を愛でた僧が上の句を思いついて下の句を思いつかずに死んでしまい、その妄想が残って怪をなすという廃寺を訪れ、そこで下の句を告げることで怪を消滅させる、という話となっている。

昔話として語られた具体的な例としては、昭和一五年（一九四〇）三月一日に発行された『旅と伝説』一三巻三号に収録された寺田伝一郎著「羽後浅舞町近傍見聞書（続）」にある「灰句坊主」という話がある。それによれば、秋田県の浅舞町（現・横手市平鹿町浅舞）に伝わる話で、ある寺の和尚が囲炉裏の灰をならしながら一句できたが、下の句が思いつかない。それを毎日思案したが、どうしても下の句ができず、それを苦にして死んでしまった。

それから別の和尚が寺に来たが、囲炉裏ががたがたと鳴って住むことができなかった。その時、賢い小僧がこの寺に行き、和尚の発句である「かきならす灰は浜べの砂に似る」に対し「囲炉裏は海か沖（煨《おき》）は見ゆるぞ」と言うと、和尚は満足したのか、化けて出ることはなくなったという。

また昭和一六年（一九四一）発行の『旅と伝説』一四巻五号に収録された武藤鉄城著「羽後角館地方昔話集」には「灰ならし灰は」という題で、「アネさん」という歌詠みの名人が幽霊となる展開が語られている。

この昔話の変遷については伊藤龍平の論文「昔話『幽霊の歌』にみる伝承の変容」（『口承文芸研究』通巻二六号収録）が詳しい。

幽霊の手跡［ゆうれいのしゅせき］

戯作者、狂歌師、漢詩人であった平秩《へずつ》東作が近世後期に記した怪談集『怪談老の杖《つえ》』巻一「幽霊の筆跡」にあるもの。それによれば、かつて諸国を巡って故郷の泉州尾崎（現・大阪府阪南市尾崎町の辺り）に帰り、間もなく重病となって死んだ玉井忠山という者がいた。この忠山の死から間もなく、近くに住む庄屋の六郎左衛門という者の家に忠山が現れた。六郎左衛門は驚き、ぞっとしながらも彼を自分の書院に誘い、茶を出すと生前のように飲んだ。そこで酒を出してみるとそれは飲まず、また物を食わなかった。

その姿は生前のままのように思えたが、どこか影が薄いように見えた。六郎左衛門が「あなたは大病を患っておられると聞いていましたから、心配しておりました。御快気なさって大慶に存じます」と言うと、忠山は笑って「それはそなたの挨拶には思えん。私が死んだことは知っているでしょう。この世の命数が尽きて黄泉《よみ》の客となったが、心配なことがあってしばらく生前の姿で現れたのです。しかし家の者は皆肝が据わっておらず、私を見ると恐れおののくため、本意を遂げられなかった。そこで心たくましく、理に暗からぬあなたのもとを訪れたのです。私が死んだ後の葬式は書き置きの通りにしてくれたため、思い残すことはないのですが、戒名に二文字気に入らない字があります。菩提所《ぼだいしょ》（菩提寺）の住持に書き換えていただきたい」と語った。

六郎左衛門は不思議に思いながらも、死後も訪ねてきた朋友に喜びを抱き、怖い心はなくなっていた。「ではその文字は」と六郎左衛門が尋ねると、「紙と筆が欲しい」と忠山が言ったため、六郎左衛門が手渡すと、「忠山という下の二字を亨安と直してくだされ」と「亨安」の二文字を紙に記した。

それから六郎左衛門と忠山はしばらく語らったが、忠山は暇乞《いとまご》いして六郎左衛門の家を出て行った。六郎左衛門は忠山を送るために外に出たが、忠山はいつものように門を出たため、それを追うとすでに姿は消えていた。

六郎左衛門はさっそく尾崎に向かって忠山の家族にこのことを伝え、石碑に刻まれた戒名を直した。忠山は能書であり、他の人間が真似することができるような字ではなかったため、六郎左衛門が持ってきた紙に書かれた字は彼の手跡であることに疑いはなかった。

この手跡は六郎左衛門の家に秘蔵され、「幽霊の手跡」として伝えられたという。

幽霊が文字を書くことで自分の言葉を伝える話は近代にもある（詳細は**孫八**を参照）。

幽霊問答［ゆうれいもんどう］

問答を行う僧の霊。国学者の伴蒿蹊《ばんこうけい》によって著され、寛政一一年（一七九九）に刊行された『閑田耕筆』巻一にあるもの。それによれば、江戸のある檀林（仏教の学問所）にひとりの僧の霊がおり、学力のある住僧がいると、必ず現れた。

ある和尚が夜に本堂に向かおうとした際、この僧の霊が現れ、問答した。その際和尚が「心法性元浄し、妄念何によりて生ず」と問うと、僧の霊は和尚を睨《にら》んで「くそ小僧めが」と言ったという。

これについて、著者である伴蒿蹊は難しい霊であると述べている。同じように問答を行う霊に**問答する幽霊**がある。

ゆか

妾《めかけ》の霊が現れたもの。近世後期、旗本の根岸鎮衛《やすもり》が天明（一七八一～八九）から文化（一八〇四～一八）年間にかけての約三〇年間にわたり記した随筆『耳嚢《みみぶくろ》』巻七「久野家の妻死怪の事」にある。それによれば、根岸の知り合いであった久野某という者が妻を迎えた際のこと。ある日、久野は夜咄《よばなし》に出て、妻がひとりで寝屋に伏していると、月が隈《くま》なく障子を照らし、怪しい影が映り込んだ。目を覚ました妻が「何者か」と問うと、何も答えがなかったため、起き上がって障子を開いたところ、ひとりの女が縁から下りようとしていた。そのため、追いかけて髱《たぼ》（結髪の後ろに張り出た部分）を摑《つか》むと「ゆかでございますよ」と言い、髱を残して女の姿は消えてしまった。

妻はその髱をしまい、夫が帰ってくるのを待って「私が嫁いで来る前に妾がいたでしょう」と問うと、まだ結婚して日が浅かったこともあり、久野は否定した。しかし、妻は先ほどあったことを告げ、残った髻を見せた。そして「ゆかという召使いの跡を丁寧に弔いなさい」と言ったため、久野もそれは道理だと考え、仏事等をなしたという。

吉田作兵衛の本妻 ［よしださくびょうえのほんさい］

女が死後、自分を裏切った夫を取り殺したもの。鈴木正三が書き留めた話を弟子たちが取りまとめ、寛文元年（一六六一）に刊行した仮名草子『片仮名本・因果物語』巻上の五「妬《ねた》み深き女、死して男を取り殺す事」にある。それによれば、越後国大沼郡（現・新潟県魚沼市の辺り）の代官に吉田作兵衛という者がいたが、もともとは信濃国善光寺（長野県長野市）の人間で、妻子をそこに置いて越後国で仕事をしていた。

　ある時、作兵衛は妻のもとで働かせていた下女をひとり呼び寄せ、密通していたが、これを知った本妻は大いに怒り、「大沼へ行き、この恨みを申し上げる」と飛び出したのを近所の者たちが何とか宥《なだ》め、抑えた。しかしその恨みは消えず、やがて心身が衰え、重い病を患って命が尽きようかという状態になった。

　そんな時、作兵衛夫婦に幼少時から仕えている武兵衛という者がこれを知り、驚いて本妻に事情を尋ねると、本妻は作兵衛の仕打ちを説明した。そこで武兵衛が「何か思い残されていることはないか」と尋ねると、本妻は「願わくば大沼の妾を殺し、その首を持ってきてほしい。私が生きている内に一目見ておきたいのです。そうでなければ死んだ後、後世に障《さわ》りがありましょう」と言って嘆き、深く頼み込んだ。そのため武兵衛はすぐに大沼へ行き、作兵衛が留守の間に妾を刺し殺し、その首を取って善光寺に引き返した。

　戻ってきた武兵衛と妾の首を見た本妻は起き上がり、背を反らして立ち上がって大いに喜び、笑って「さてさて嬉しく、ありがたいこと。その方のおかげで今こそ妄執が解け、心晴れやかになりました」と言った。そして手を合わせて拝み、妾の首を引き寄せたかと思うと顔色が変わり、そのまま首に食らいついて髪の毛を引き毟《むし》った。武兵衛はその様子を見て「これはあまりに浅ましいことだ」と本妻から首を奪い、捨てて宿所に帰った。またその後、本妻は次第に体調を悪化させ、死んでしまった。

　しかし今度は本妻の妄念が姿形を伴って現れた。死んだはずの本妻は大沼へ行くと言って馬に乗り、作兵衛の住む家の門まで辿《たど》り着いた。下人がそれに気付くと消えてしまったが、次は寝ている作兵衛のもとに出現し、その首を絞めた。作兵衛は驚き、起き上がったが、本妻の姿は消えてしまった。それが何度も起こるようになったため、作兵衛はさまざまに祈禱《きとう》したが意味はなかった。本妻の姿は昼夜家に現れ、他人の目にも見えたという。さらに作兵衛が宿を変えると先んじてそこに現れるため、どうすることもできず、作兵衛はついに病みついて死んでしまったという。

吉某の妹［よしなにがしのいもうと］

恨んだ相手に奇病を引き起こした死者。

伴蒿蹊《ばんこうけい》によって著され、文化三年（一八〇六）に刊行された随筆『閑田次筆』巻四にあるもの。

それによれば、烏丸《からすま》四条街（現・京都府京都市下京区および中京区にまたがる四条通と烏丸通が交わる辺り）に近江屋吉某という者がおり、その妹が同街同職の藤某という者のもとに嫁いだ。しかしこの藤某には以前から思い人がおり、藤某は無理やり難をつけて吉某の妹と離別してしまった。

吉某の妹は深くこれを恨んだものの、表には出さず、親元に戻って機会をうかがっていた。そしてある日、この吉某の妹が知人のもとを突然訪れ、日傘と髪飾りを渡してこれを隠居している母に送ってくれるように頼み、そのまま行方不明になった。その亡骸《なきがら》さえも見つからなかったが、同じ頃から藤某の後妻が奇怪な病を発症した。腹の中から何者かが声を発し、これが言うことに答えないと胸が苦しくなるため、藤某は人と話している時でもこれが声を発すると答えなければならなくなった。

それから三年が経ち、医療や祈禱《きとう》など手を尽くしても奇病は治らず、ある神道者が香を焚いたところ、藤某に憑《つ》いた吉某の妹が苦しんで「このように責められることは苦しいけれど、この体は去りません」と宣言し、この神道者も奇病を治すことはできなかった。

それからいくばくもなくして藤某の後妻は死んだが、死体は全身紫になり、腐っていたという。また藤某も狂乱し、仕方なく家の者たちに檻《おり》に入れられることになり、その後、藤某の家も衰えてしまったと記されている。

この話は近世の随筆から奇談、異聞を収集した柴田宵曲《しょうきょく》の『奇談異聞辞典』では「怨霊による奇病」と名付けられている。

奇病によって体から何か別のものが声を発する症状が出る例は多く、腹にできものができ、その病気になった者の声を真似するという応声虫という奇病があり、これは腹の中に寄生した虫などが正体とされる。また体の一部にできた傷が人間の顔のようなものになり、声を発したり物を食ったりする人面瘡《じんめんそう》もよく知られている。これは原因が不明のもののほか、殺された人間がこの奇病を引き起こすというものもある。同じように殺された人間が奇病を引き起こしてものを言った例としては**二口女**がある。

【ら】

料理人親子の魂［りょうりにんおやこのたましい］

親子で現れた死者。近世後期に、狂歌師、戯作者の東随舎によって記された随筆『古今雑談思出草紙』巻六にあるもの。それによれば、延宝（一六七三〜八一）の頃、彦根（現・滋賀県彦根市）の大守屋敷に勤番の家士の山中関之進という者がいたが、関之進が住むことになった長屋は日当たり良く、小さな空き地があり、大きな榎《えのき》が枝を垂れているというなかなか良い物件であったため、喜んで住んでいた。

秋の初めになった頃、まだ残暑で蚊の羽音がうるさく眠れず、関之進が月でも見ようと外に出て涼んでいると、突然月が雲に隠れ、灯も微《かす》かとなった。そして榎の根元から白い煙のようなものが三筋立ち上ったため、関之進がこれを見ると、人の姿があり、関之進の方へ歩いてきて、竹縁に上った。

それは四〇歳ばかりの顔が青ざめた男と、その女房らしき、口が耳元まで裂けた女、そして七つばかりの娘であった。関之進はさては狐狸《こり》が化けたものかと刀の柄に手をかけたが、青ざめた男が「我々はまったくもって化生《けしょう》の類ではありません。ただ今申すことを聞いてください。私たちは今から三代前の君に奉公していた料理人の親子の者たちです。私が生きている頃は、私が作る物はいつでも主人の御意に叶い、たびたび褒美などをいただいていたのですが、ある者の謀略により、私が作った膾《なます》料理の皿の上に砂を入れられ、主人の怒りにより牢《ろう》に入ることとなりました。その間、食事として砂ばかり与えられ、死んでしまいました。妻はこれを聞き、なんと情のない仕業《しわざ》かと君を恨み、役人を罵ったため、このように口を裂かれ、さらに娘まで打ち殺され、三人ともこのように死んでしまったのです。そして死骸はひとつの長持に投げ込まれ、掃き溜めの下に埋められて、跡を弔われることもなかったため、年月を経ても魂は天に帰らず、いまだ中有にさ迷っているのです。そこでこの家にお住みの方があると、仏事をなし、三人を別々に葬りくださるよう、つぶさに私たちのことを語ることが何度もあったのですが、皆さま、この異形の姿を見て驚き、恐れ、惑い、再びこの家に住む方もいなくなってしまいました。そのため、長年魂が迷う原因となっていたところに、今宵図らずもあなたのような勇気のある方とお会いすることができ、詳しく私たちのことを語ることができました」と言った。そこで関之進は彼らのことを役人に伝達することを約束した。そして死骸のありかを尋ねると、男は年月が経って、昔の肥溜《こえだ》めは長屋となり、その長屋も空き地となってしまったため、詳しいことを知る者はもうおらず、子細は分からないが、どうにか頼みたいと告げ、三人で礼拝して、また最初のように榎の根元に戻って行き、消えてしまった。

翌日、関之進は目付のところまで書付を持って行き、このことを進達した上で代々の留帳を確認し、日記を探すと、あの男が言っていた仕打ちについて記録が残されていた。

それでも彼らを埋めた場所は正確には分からなかったが、あの榎の根元が怪しいだろうと考え、その場所を六、七尺（約一・八〜二・一メートル）掘ると、やはり古い長持が埋めてあり、中には三人分のしゃれこうべと骨が入っていた。関之進はそれを分けて棺に入れ、菩提所《ぼだいしょ》（菩提寺）に送り、一七日間にわたる施餓鬼を行い、厚く弔ったという。

三人の死者が同時に現れる珍しい話。近世の随筆から奇談、異聞を収集した柴田宵曲《しょうきょく》の『奇談異聞辞典』では「土中の亡魂」という名で紹介されている。この話では生前に口を耳まで裂かれた女がその姿で現れているが、これは現代の口裂け女に先行する。

霊供を食った死人［れいぐをくったしびと］

動き出し、飯を食った死体。貞享四年（一六八七）に刊行された著者不明の奇談集『奇異雑談集』巻四の二「下総の国にて、死人棺より出でて霊供の飯をつかみくひて又棺に入る、是《これ》よみがへるにあらざる事」にあるもの。

それによれば、行脚の僧がひとり、下総国（千葉県北部と茨城県南西部および埼玉県東部）で山を歩いていると、日が暮れた頃、ある小屋の中から人が泣く声が聞こえてきた。他に家が少なかったため、僧はこの家に一晩の宿を借りたいと申し出たが、その家の主が僧に「私の親が死んだため、他所《よそ》の寺に僧を呼びに行っているが、帰ってこない。もしその僧が来なければ、あなたに引導をお頼みしたい」と告げた。僧はこれを承り、家に入り、死人を棺に入れて蓋をし、灯明、霊供を供えた。

その後、家の者が眠り、棺の番を頼まれた僧だけが起きていたところ、突然死人が棺の蓋を開けてそれを脇に置き、起き上がって頭に被せられていた帽子を脱ぎ、これも脇に置いて棺から出てきた。僧はそれを見て驚き、もし死人が自分に襲い掛かってきたら家の者を呼ぼうと身構えていると、死人は僧を一瞥《いちべつ》した後、霊供の飯を右手で摑《つか》み、大口を開けてこれを食った。そしてもうひと口これを食うと、再び棺の中に戻って自分で帽子を被り、元のように棺の中に横たわって棺の蓋を自分で閉めた。

僧は家の者たちを起こし、今見たことを告げると、皆は「生き返ったのだ」と喜び、棺を開けたが、中に入っている死体は冷たく、死んだままであった。しかしその右手には米粒が大量についており、霊供の飯も減っていたという。

霊童の母［れいどうのはは］

死後に子を生み、育てた女。鈴木正三が

書き留めた話を弟子たちが取りまとめ、寛文元年（一六六一）に刊行した仮名草子『片仮名本・因果物語』巻中の一三「幽霊来たりて子を産む事　付亡母子を憐れむ事」にあるもの。

それによれば、羽州最上の山方（現・山形県山形市）に霊童という者がいたが、彼は幽霊から生まれたのだという。昔、最上の商人が京に上り、そこで女房を持ったが、捨てて最上へ戻ったところ、京の女房が彼を訪ねて来た。この時、最上の女房と離縁し、京の女房を家に置いて、子をひとりもうけた。

その後、また京に上る機会があり、京で住んでいた家に行くと、そこの主が「あなたの女房は死んで三年になる」と言った。商人はこれに「不思議なことを言う。その女は最上へ下り、子もひとりいる」と答えた。

これを聞いた女房の父が喜び、急いで最上へ下り、商人の家に行くと、女房は部屋に籠もって出てこない。そこで父親が部屋に入って見ると、京で娘のために立てた卒《そ》塔《と》婆《ば》がそこにあり、戒名も年号を確かめても間違いなかった。これにより、その子を幽霊の生んだ子として霊童と名付けたのだという。

同様に卒塔婆が子を産む話は『宿直草《とのいぐさ》』巻三第一「卒塔婆の子生む事」がある（**子を産んだ卒塔婆**を参照）。

炉に跨がる坊主［ろにまたがるぼうず］

金に執着して死後も現れた僧。鈴木正三が書き留めた話を弟子たちが取りまとめ、寛文元年（一六六一）に刊行した仮名草子『片仮名本・因果物語』巻下の五「僧の魂、蛇と成り物を守る事　付亡僧来たりて金を守る事」にあるもの。

それによれば、濃州大井（現・岐阜県恵那市大井町）の宿に小寺があったが、その坊主が死んだ後、夜な夜な現れて炉に跨がって立つようになったため、他の人間はこの寺に住むことができなくなった。ある時、曹洞宗の修行僧が来て、地元の人々が心配するのをよそにこの寺を借りた。するといつものように坊主が来て炉に跨がって立ったため、修行僧はこの坊主は何か執心があるのだろうと考え、地元の人々に頼み、炉を掘ると金子一五両があった。そこでこの金子を使って坊主を弔うと、二度と坊主が現れることはなかったという。

近代

（明治

【あ】

藍微塵の衣服の前妻

［あいみじんのいふくのぜんさい］

東京府東京市芝区（現・東京都港区の一部）にあった質屋に現れたという死者。昭和九年（一九三四）発行の田中貢太郎著『日本怪談全集　第四巻』に収録された「藍微塵の衣服」にあるもの。その質屋の主人には妻と子がいたが、子が六つになる頃、妻が病死したため、後妻を迎えた。その後妻はまるで本当の母親のように子を育て、子も懐いていたが、ある時から浮かない顔をするようになった。それに気付いた質屋の親類の老人が訳を聞くと、後妻は夜に寝ていると、仏壇のある方の部屋と寝室の間の襖《ふすま》が開き、女の人が出てきてお辞儀をするので、眠れないのだと答えた。その女は若く綺麗な人で、藍微塵の衣服（原文では「きもの」と読ませている）を着て、黒繻子《くろしゅす》の帯を締め、髪は丸髷《まるまげ》を結っていたという。

そこで老人が質屋の主人にこのことを話すと、藍微塵の衣服は前妻が好んで着ていた物だと答えた。そのため、何か心残りがあるのだろうということになり、主人が後妻と子とともに部屋で前妻を待っていると、やはり前妻が現れてお辞儀をした。

そのため、主人がどうして来るのかと聞くと、前妻は後妻にお礼をしに来ているのだという。主人は後妻が怖がるからもう来なくてよいと告げた。すると前妻の姿が消え、それから二度と現れることはなかったという。

青い紐の女

［あおいひものおんな］

女の幽霊。昭和八年（一九三三）刊行の田中貢太郎著『黒雨集』に収録された「青い紐」にあるもの。桃山哲郎という男性が東京都の上野（現・台東区上野）の広小路で電車を降り、歩いていると、若い小柄な女と出会った。夜の一二時を過ぎているのにひとりで歩いているようであったため、声をかけると、道が分からず困っているという。そこで女に近づくと、女は蝶《ちょう》が飛ぶようにひらひらと向こうへ行ってしまった。

哲郎が女を追いかけ、蕎麦屋《そばや》の前まで来ると、女は電柱に身を隠すようにして笑っていた。そこで哲郎は女の方へ行き、再び声をかけて散歩でもしないかと提案すると、女は自分の家に来ないかと誘う。そのため、哲郎は女に連れられて彼女の住む家へと向かった。女はある家の二階を間借りしているという。女に従って狭い路地に入ると二階建ての長屋があり、その二階の六畳間が彼女の家らしかった。

哲郎は女に導かれ、その六畳間で女と向かい合って手と手を絡めていたが、女が貰《もら》い物の酒があるが、自分は飲まないからと言うため、棚の高いところにあるその酒を取ろうとした。その時、天井から垂れている輪の形になった青い紐が見えた。それがふわりと哲郎の首に掛かり、哲郎は手で払いのけようとしたが、突然、自分にもたれかかっていた女の体に石のような力が加わった。

そのまま哲郎は気を失い、目を覚ますと枕元に二人の男が立っていた。彼らの話によると、この部屋には誰も住んでいないのだという。そこで哲郎が女に連れられて来たと顚末《てんまつ》を語ると、二人のうちひとりが哲郎を外に出すとともに、あの部屋で起きたことを語ってくれた。

それによれば、五、六年前にバーの女給をしていた女が、痴情のもつれによりあの部屋で死んだのだという。それ以来、この部屋を借りる人は皆、変なことがあるといって三月と経たずに出て行くようになったのだと語られている。

アカングヮーマジムン ［あかんぐゎーまじむん］

赤子の死霊。昭和六年（一九三一）五月一五日発行の『郷土研究』五巻二号に収録されている金城朝永の「琉球妖怪変化種目」等にあるもの。それによればアカングヮーマジムンは赤ん坊の死霊で、四つん這《ば》いになって人の股間を潜ろうとする。これに股間を潜られた人はマブイ（魂）を取られて死んでしまうという。沖縄の方言で「アカングヮー」は赤ん坊を意味する。

圧死者の幽霊 ［あっししゃのゆうれい］

震災の被害者が幽霊となって現れたもの。明治三三年（一九〇〇）に刊行された左右田秋満編著『古今実説　幽霊一百題』第一三「圧死者の幽霊」にあるもの。

それによれば、明治二四年（一八九一）に尾張（愛知県西部）・美濃（岐阜県南部）で起きた震災（濃尾地震のこと）で、尾張国丹羽郡岩倉町（現・愛知県岩倉市）に住んでいた夫婦の家が崩壊した。地震の時、夫婦はまだ裸で寝ていたが、狼狽《ろうばい》して家を飛び出したところを倒れてきた家に潰《つぶ》され、圧死してしまった。

家を継ぐ子もなかったため、親族が集まって死骸はそのまま火葬され、捨てるように埋められた。貯蓄した金をはじめ、衣類、家具に至るまで分配され、その後の弔いもされなかった。その処遇を夫婦の霊は恨んだのだろうか、その夜から毎晩、二人の家があった場所に夫婦の幽霊が現れるようになった。そのため、その場所に住む人はいなかったという。

油なせ ［あぶらなせ］

死者が怪物となったもの。外山暦郎によって著され、大正一五年（一九二六）に刊行された『越後三条南郷談』にある。それによれば、新潟県大面《おおも》村大字帯織（現・三条市帯織）の旧家である滝沢家に「油なせ」という怪物がいたという。この怪物は家人が灯油を粗末に使うと「油なせ！（油を返してくれ！）」と言ったと伝えられるが、その正体は病死したその家の次男が化けたのだと村人たちが語っていたことが記録されている。

阿弥陀寺隼人〔あみだじはやと〕

自分を殺した人間を死後に殺し返した死者。明治三三年（一九〇〇）に刊行された左右田秋満編著『古今実説　幽霊一百題』第五八「怨念と戦ひて背上に疵《きず》を被むる」にあるもの。それによれば、岩田忠次郎という人物の家来が阿弥陀寺隼人という者を主人から命じられて討った。

その後、岩田忠次郎の家来が友を誘って、松原というところの湯に入ろうと馬に乗って野道を歩いていると、向こう側に塚があった。それは阿弥陀寺隼人の塚であったため、岩田忠次郎の家来は過去に彼を討った話を友人に語りながら歩いていたが、塚の前に至った途端、馬を飛び降り、「心得た」と言って刀を抜いた。

そしてひとりで「なんだ、お前はこの世にいた時でさえ俺に討たれたものを」などと独り言を言って刀を切り払っているため、友人はおかしくなったのかと岩田忠次郎の家来を制止したところ、倒れて気を失った。薬を与えるとようやく意識を取り戻したが、「先ほどこの塚から隼人が現れたため、互いに切り結んだが、俺は背を切られた」と言った。その言葉通り、彼の袈裟《けさ》は血で黒く染まっており、結局彼はその傷が元で死んでしまったという。

唖娘〔あむすめ〕

女が死後、生前の姿で現れたもの。昭和九年（一九三四）に発行された田中貢太郎著『日本怪談全集　第三巻』に収録される「唖娘」に登場するもの。唖娘とは言葉を話すことができない若い女性の意味。この話に登場する唖娘は髪結いをしていたが、美しい娘だったという。

石井孝三郎という役者がこの娘に目をつけ、夫婦の契りまで結ぶ。しかし孝三郎は芝居を終えれば一座で別の町へ行くという生活をしており、至るところで女を作っていた。そのため、孝三郎はこの娘を捨てて彼女のもとから去り、娘は川に身を投げて命を絶つ。

その後、孝三郎は高熱を出して倒れたが、彼がひとりで眠る部屋に死んだはずの娘が襖《ふすま》を開けて現れ、そのまま彼の布団に入ってきたという。孝三郎ははじめ抵抗していたが、娘が恨み言も何も言わないため、いつしか安心して眠りについた。そして目が覚めると、娘はいなくなっていた。しかしそれが何日も続いたため、孝三郎は「俺は女の祟りで死ぬ」と芝居仲間に告げるようになった。にもかかわらず孝三郎は間もなく回復し、死んだのはそれからしばらく経った関東大震災の前後であったという。

アムロオナグ〔あむろおなぐ〕

怪火とともに現れる死者。昭和一〇年（一九三五）発行の佐藤清明著『現行全国妖怪辞典』にあるもの。鹿児島県奄美大島で語られる妖怪で、海に入って死んだ人の姿が現れ、青い火を持って海岸を歩くのだという。

縊鬼［いき］

縊死した女が鬼となったもの。石川鴻斎によって記され、明治二七年（一八九四）に刊行された『夜窓鬼談』下巻に収録される「縊鬼」に登場する。

その話によれば、下野《しもつけ》（栃木県）の人であった蒲生《がもう》君平が酒に酔って綾瀬川の土手を歩いていた際、用を足そうと草むらにしゃがみ込むと、尻を撫でるものがある。それを捕まえてみると一本の木綿紐《ひも》であった。君平がその紐を川に捨てようとすると、二〇歳ばかりの女が現れた。彼女は紐を返してほしいと言う。しかし君平が返さないでいると、女は耳まで裂けた口と巨大な頭を持った鬼の姿に変化し、血を流しながら君平に迫った。だが君平は笑って「お前の技量はそんなものか」と言う。すると女の頭に角が、手には鋭い爪が生え、より恐ろしい姿となって君平に襲い掛かろうとした。

しかしなおも君平は動じず、煙草に火を点けて平然としていた。それを見た女は元の姿に戻り、道を妨げたことを詫《わ》びて、なおも紐を返してほしいと頼む。君平が理由を問うと、この女はかつてその紐で自ら命を絶った人間で、死後も土地神にこき使われて耐えられないから、その紐を使って身代わりの人物を殺して自分は生まれ変わろうとしていた。

それを聞いた君平は「人の寿命は天から授けられたもので決まっている。それを勝手に動かすことはできない。お前は生まれ変わりたいと言うが、人を殺してどうして善行の報いを得ることができようか。自ら死にたいと願う者がいれば、むしろそれを防いで人の天寿を全うさせてやるべきだ。善や悪を積むことにこの世とあの世の境はない。善行を続ければ、いつか苦役から逃れられることもできよう」と女を諭した。

女はその言葉を聞き、君平に感謝して朝日に消えていった。君平は女が残した紐をそっと川に沈め、その場を去ったという。

蒲生君平は江戸時代後期の儒学者で、各地の古墳調査として天皇陵や旧跡を巡り、『山陵志』を記した人物。「前方後円墳」という名称を初めて用いたのも蒲生君平である。

また、この「縊鬼」は「いき」「いつき」と読むのが一般的で、元は中国に伝承のある鬼。中国では死者が転生するためには自分と同じ死に方をする人間が必要で、そのために縊死した人間は縊鬼となって生きた人間に縊死をさせようとするのだという。

またこの『夜窓鬼談』に登場する縊鬼は藤沢衛彦《もりひこ》の著書『日本民族伝説全集』では「くびれおに」と読まれており、それを受けて水木しげるの著書でも「くびれおに」と読まれている。また、水木がこの妖怪を紹介する際に描いた絵も『夜窓鬼談』の縊鬼が元になっている。

一原サマ［いちはらさま］

神として祀《まつ》られた怨霊。郷土史家の雑賀貞次郎が地元の口碑《こうひ》を収集し、取りまとめて昭和二年（一九二七）に発行された『牟《む》婁《ろ》口碑集』にあるもの。それによれば、昔、和歌山県西富田村（現・西牟婁郡白浜町の一部）に、一原という者が他の地から漂泊してきて住み始めた。そして硲《はざま》の池を造ることを教えて造らせたり、富田川の水を村に引くことを提案したりしたが、村人たちは一原を生かしておけばどんなことをしでかすか分からぬと殴り殺してしまった。

しかし今度は一原の怨霊が祟り、若者が死ぬようになったので、神として祀った。一原を祀る祠《ほこら》は西富田村の熊野神社の境内にあり、「一原サマ」と呼ばれたと記されている。

銀杏に現れた男の顔［いちょうにあらわれたおとこのかお］

樹木に死者の姿が現れたもの。昭和九年（一九三四）に発刊された田中貢太郎著『日本怪談全集　第一巻』に収録された「男の顔」にあるもの。それによれば、東京都の市ヶ谷（現・新宿区市谷）の八幡の境内である若い男女が話していた時のこと。女の方が何気なしに顔を上げ、頭上にある銀杏の葉を見ると、青葉の間に若い男の顔があり、女をじっと見ていた。その顔は以前、女の情人で、先年病死した男の顔であったという。

女はこれを見て驚き、倒れた。直後、男の顔は消えてしまったという。

遺念火［いねんび］

沖縄で多く語られる怪火。その由来もさまざまだが、多くの場合、その正体は死者とされる。

昭和四年（一九二九）発行の島袋源七著『山原《やんばる》の土俗』に載る話では、沖縄県久志村（現・名護市東部）の男女が恋に落ち、女は二、三里（約七・八〜一一・七キロ）もある山道を毎夜乗り越えて男のもとに通い、東江《あがりえ》の山で逢瀬を重ねていた。しかしある暴風雨の夜、女が身の危険も厭《いと》わず東江の山に行くと、そこに男の姿がなかった。女は失望して男の無情を罵り、簪《かんざし》で喉を突いて死んだ。そして女の死を知った男もまたその後を追った。以降、毎晩同時刻に東江の山に遺念火が現れるようになったという。

位牌田［いはいだ］

田にまつわる怪異。昭和一三年（一九三八）に刊行された田中貢太郎著『新怪談集　実話篇』に収録された「位牌田」にあるもの。千葉県印西の甚兵衛（現・印西市甚兵衛）から西に一〇町（約一・〇九キロ）ばかり離れたところにある田は位牌田と呼ばれており、大変土地が肥えているが、そこで作物を作るとその家から死人が出るといわれていた。

そのため、位牌田は荒廃していたが、昭和二年（一九二七）にこの田を耕作するという者が現れた。彼は大柄で頑強な老人で、近隣の者は彼を心配して忠告したが、一笑に付して稲を植えた。稲はよく実り、老人は満足していたが、ある日、隣の田の農夫が位牌田の上を提灯《ちょうちん》ぐらいの大きさの青い火の玉が舞っているのを見た、という話が耳に入った。老人は気にせず、その夜もいつものように一〇時頃に寝たが、その夜中になって急に発熱し、翌朝にはぽっくりと死んでしまった。

以来、位牌田に手をつけようとする者は今度こそいなくなった。噂《うわさ》によれば、その位牌田は寺院の跡で、寺の住職が強盗に殺されたため、住職の恨みが残っているのだともいう。

ウチタリマグラア・タクシナムジヤ 〔うちたりまぐらあ・たくしなむじや〕

餓鬼の一種。佐喜眞興英が琉球（沖縄県）の口碑《こうひ》を集め、大正一一年（一九二二）に刊行した『南島説話』八二「祭りの供え物を食い回る餓鬼」に記されている。それによれば、昔、浦添間切という場所にウチタリマグラアとタクシナムジヤという餓鬼がおり、さまざまな場所を回って折目（祭り）の物を取って食ったため、彼らが徘徊《はいかい》する道筋にある家はカシキー（コソ飯を炊いて祖先を祀《まつ》る祭り）を一日早くして、彼らが回らぬうちにこれをすますようになったという。

ウチタリマグラアはおそらく**ウチャヤタイマグラー**（近世）から派生したものと思われるが、タクシナムジヤが何なのかは不明。ウチャタイマグラーにも供物を食ってしまうため、行事の日を一日早めるという地域がある。

江島の山の神 〔えしまのやまのかみ〕

祀《まつ》られた死者。昭和八年（一九三三）発行の『嶋』第一巻第六号に収録された桜田勝徳著「肥前江の島記」にあるもの。それによれば、昔、ある船が長崎県の江島（現・西海市の江島）の西の浜に漂着し、船員たちは水の流れを辿《たど》って島内に入ったものの、行き詰まりに行き当たって死んでしまった。その船員たちを祀ったのが山の神で、その標《しるし》に石がある。しかし特別に山の神を祀る日などはないという。

エナーゾ 〔えなーぞ〕

死人に関する俗信。昭和一〇年（一九三五）発行の『旅と伝説』八巻九号に収録された淺田芳郎著「隠岐国中村の葬礼習俗」にあるもの。それによれば、島根県の隠岐諸島の中村（現・隠岐郡隠岐の島町北部）では、野外で死んだ者を運んで帰る時には

「エナーゾ」と言わなければ魂が永く現場に留まり、怪異を生じるという。

　死人が自分の死んだ場所に留まり続けるという話は、古くは平安末期の『今昔物語集』の**鬼殿の霊**（古代）に見え、現代の**地縛霊**や**事故物件**などにそのような例は多い。

応挙の幽霊［おうきょのゆうれい］

鶯亭金升《おうていきんしょう》作の落語『応挙の幽霊』に登場する幽霊。人間の死者ではなく、絵に描かれた幽霊が現実に現れる珍しい話。内容は以下のようなもの。

　ある古道具屋が安く仕入れた幽霊の掛け軸を、幽霊画で有名な円山応挙の作だと言って得意先の旦那に一〇両で売る。旦那は手付の一両を置いて帰り、品物は翌朝届けることになる。

　大儲《おおもう》けしたと古道具屋は上機嫌になり、幽霊の掛け軸に酒を供え、自分もその前で酒を飲んでいると、しばらくして掛け軸から幽霊の女が抜け出してきて、酒を供えてくれたことに礼を言った。なんでも、今まで怖いとか気味悪いとか言われ、買われてもすぐに箱の中にしまわれていたのだという。そして自分は本当に円山応挙が描いた幽霊だと教えた。

　応挙の真筆ならもっと高く売れたろうと古道具屋は悔しがるが、美人の幽霊がお酌をしてくれるため、上機嫌になり、また幽霊も酒を飲んで酔い、歌い出す始末。そのうちに幽霊は酔っ払って、掛け軸の中に帰って寝てしまう。そのうち朝が来たが、幽霊はまだ眠ったままだった。

　その頃、掛け軸を買った旦那は古道具屋が品物を届けに来ないのでやきもきしていたが、そこに手ぶらで古道具屋がやって来た。そこで旦那が掛け軸はどうしたと尋ねると、古道具屋はこう答えた。

「もう少し寝かせておきとうございます」

　幕末から明治にかけての絵師・月岡芳年の作品にも『応挙の幽霊』という同名のものがあるが、こちらは円山応挙が幽霊画を描いていると、画の幽霊が飛び出してくる、という場面を描写している。シチュエーションは異なるが、どちらも円山応挙が描いた幽霊が現実に抜け出してくる、という点で共通している。

奥武島の死霊の唄［おうじまのしりょうのうた］

歌を歌う死霊。民俗学者の島袋源七が沖縄本島の国頭《くにがみ》地方の民俗調査を行い、その調査結果をまとめ、昭和四年（一九二九）に発行した『山原《やんばる》の土俗』に記されているもの。それによれば、沖縄県の奥武島（現・南城市の奥武島）に、夜な夜な「屋我地前の黒潮渡らん黒潮」と同じ歌ばかりを繰り返し歌う女がいた。

　沖縄県羽地村字真喜屋（現・名護市真喜屋）に翁（ぷーぷー）と称する武士がおり、ある事情で奥武島に小屋を造り、舟をしつらえて魚を取って暮らしていた。

　ある晩、翁が漁をしようと小島のほとりを見ると、あの女の歌声が聞こえてきたため「七橋架きて渡ちたぼり」と下句を与えた。以来、下句を含めて歌う女の声が聞こえてくるようになった。

古老の話によると、以前、この小島に漂着した女が渡し舟を待っていた際、舟子に強姦され、死亡するということがあった。その女がこの島に現れて歌を歌っているのだという。

オウバコ［おうばこ］

民俗学研究所編『綜合日本民俗語彙』第一巻（一九五五）にあるもの。山形県飽海郡飛島（現・酒田市の一部）でいう海の幽霊で、これに取り憑《つ》かれると真っ先に柄《ひ》杓《しゃく》を貸せと言うとされる。類似したものに近世の**舟幽霊**がいる。

オーイ、オーイ［おーい、おーい］

死者の声が聞こえるもの。外山暦郎によって著され、大正一五年（一九二六）に刊行された『越後三条南郷談』にある。それによれば、昔、松原という場所にオーイ、オーイがいた。これは雨が降る夜などに聞こえる声で、塚の中で死んだ武士衆の叫び声だといわれていたという。

狼に殺されし山伏三人の霊［おおかみにころされしやまぶしさんにんのれい］

祟りを起こす死者。高知県の郷土史家であった寺石正路が著し、大正一四年（一九二五）に刊行された『土佐風俗と伝説』にあるもの。それによれば、昔、高知県香美郡槇山《まきやま》郷（現・香美市南東部）の庄谷合という村に熊が瀬の森という高山があった。

ある時、夫婦連れの山伏がこの深山を通った際、妻が産気づいて子を産んだ。水を欲するため、夫が谷間を下り、水を汲んでくると、妻と子は狼に食い殺されていた。山伏は悲憤のあまり狂気のようになって、剣を引き抜き、狼の群れに斬り掛かったが、多勢に無勢でついに敵わず、彼も狼の餌食となった。

その山伏の剣は谷に落ちていたが、知らずにこれを拾って所持した人間は山伏の祟りを受け、さまざまな怪事が起きた。そのため、山伏はこの剣を御神体に神として祀《まつ》られたという。また、殺された親子三人の残した恨みの魂魄《こんぱく》は凝り固まって野牛となり、今なおこの深山では数十匹の野牛が集まり、その声は山川を震動させると伝えられている。

大川ベークの髑髏［おおかわべーくのどくろ］

歌を歌う髑髏。民俗学者の島袋源七が沖縄本島の国頭《くにがみ》地方の民俗調査を行い、その調査結果をまとめ、昭和四年（一九二九）に発行した『山原《やんばる》の土俗』に記されているもの。それによれば、沖縄県国頭郡大宜味《おおぎみ》村《そん》字喜如嘉の山奥に大川ベークという場所があるが、昔、木こりがこの場所で木を伐っていると、美しい女の歌声が聞こえてきた。その歌は「東風ぬ吹きば御髪んやむい、三日水ふしや飲みんならぬ（東風が吹けば頭が痛む、三日水を飲みたくても飲むこともできぬ）」という歌で、何度も繰り返されるため、不審に思って探してみると、木に髑髏がかかっており、鼻穴から小さな木の枝が突き出ていた。木こりは腰を抜かすばかりに驚き、合掌してひれ伏した。以来、その場所は恐ろしい場所だと伝えられたという。

この髑髏は昔、薪を取りに来た娘が毒蛇に噛《か》まれ、死んでしまったものなのだという。

歌の内容から元は『日本霊異記』にある髑髏の話（古代の**穴君の弟公**を参照）かと思われるが、大川ベークの髑髏が助けられたという話は語られていない。

大食いの幽霊［おおぐいのゆうれい］

飯を食う幽霊。湯本豪一編『明治妖怪新聞』によれば、明治八年（一八七五）一二月七日付の『読売新聞』に掲載されたもの。

それによれば、東京都麻布桜田町（現・港区の一部）で斎藤実という人物が家を買ったところ、女房と三男の目に大男の幽霊が見えるようになった。この大男は「この家に住むからにはこれからは毎日白米三斗（約四五キロ）を炊き、煮しめを添えて我に供えよ。怠れば家の者を皆取り殺すぞ。また、このことを人に話しても取り殺すぞ」と告げた。そのため、女房は三日ほどの間は菓子やら寿司やらを用意したが、毎日飯を出すのは難しい。そこで一家は引っ越したが、女房と三男は今にも取り殺されるのではないかと酷《ひど》く恐れていたのだという。

沖中の数十人の幽霊［おきちゅうのすうじゅうにんのゆうれい］

海に現れた幽霊。明治三三年（一九〇〇）に刊行された左右田秋満編著『古今実説幽霊一百題』第二九「沖中にて数十人の幽霊に逢ふ」にあるもの。

それによれば、当時から六年前のこと。尾張国海東郡蟹江町《かにえちょう》（現・愛知県海部《あま》郡蟹江町）に住む人が、三人で盆の一五日に当たる夜に舟に乗って沖に出て月を見ていた。すると舳先《へさき》の方で波間から絵に描いたような幽霊が現れ、驚いていると、今度は後ろの方の波間からも幽霊が現れた。さらに幽霊は横にも現れ、やがて二〇ばかりも現れた。三人は生きた心地もせず、急いで舟を漕《こ》いで岸に戻ったという。

お清［おきよ］

首を吊った姿で現れる女。田中貢太郎が著し、昭和一三年（一九三八）に刊行された『新怪談集　実話篇』に載る。それによれば、ある店に婢《はしため》として働いていた女が、この店に下宿していた新聞記者と恋仲になり、妊娠するも、相手から自分だけと寝ていたわけではないだろうと言われたことに絶望し、この新聞記者が下宿していた部屋の高窓に紐《ひも》をかけて縊《い》死した。以来、この部屋に住む人がいると、勝手に窓が開いたり、鏡越しに首を吊ったお清の姿が見えるようになったという。

おこ

死者が姿を現したもの。昭和一八年（一九四三）に発行された山口弥一郎著『二戸《にのへ》聞書《ききがき》』にある。それによれば、櫛引《くしびき》の伝三郎という者には九人の娘がいたが、中でも長女のおこはとても良い娘であった。この娘が死んだら鬼に殺されたのだと言われるほどであったが、おこは本当に死んでしまい、葬式の日には晴天だった空が棺を出す時急に暴風雨となった。そして棺は行方不明になったが、後にやっこ岳という場所でおこの姿を見た者がいたという。

おこよが淵 ［おこよがぶち］

男を死に招く霊。歴史学者の及川儀右衛門が伝承を収集し、取りまとめて大正一三年（一九二四）に発行した『筑紫野民譚集《みんたんしゅう》』にあるもの。それによれば豊後国（大分県）に日田藩があった時代のこと、藩の代官が郷里を巡回している途中、ある庄屋の邸宅に立ち寄った際、その家のおこよという美しい娘が目に留まった。代官は自分の立場を利用しておこよを引き取ろうとし、おこよの両親も玉の輿《こし》だと乗り気であったが、当のおこよ本人には将来を約束した男がおり、顔色は曇るばかりであった。

そしておこよは相手の男と連れ立って筑後川の深淵に身を投じた。おこよはすぐに死んだが、男の方は死に切れずに浮かび上がった。しかし男がふらふらと家に帰ると、そこに死んだはずのおこよが微笑みながら整然と座しており、男はその姿を見るなり死んでしまった。

またそれからというもの、おこよが身を投げた淵ではおこよの霊が水中から男を招くと噂《うわさ》されるようになり、淵は「おこよが淵」と呼ばれ、誰も足を運ばなくなったという。

瘧を起こす死霊 ［おこりをおこすしりょう］

病に関わる俗信。昭和一〇年（一九三五）発行の『旅と伝説』八巻一二号の井花伊左衛門著「各地の民間療法―滋賀県高島郡西庄村―」にあるもの。

それによれば、滋賀県高島郡西庄村（現・高島市北東部）では瘧は死霊の祟りであるとも、トンボを殺した罰だともいわれていたという。

お定 ［おさだ］

自分を殺した夫のもとに現れた幽霊。明治三三年（一九〇〇）に刊行された左右田秋満編著『古今実説　幽霊一百題』第三四「女房の醜さを嫌ひて小児と共に殺す」にあるもので、明治一一、二年（一八七八、七九）頃の大阪で発行された新聞に載っていたという話だとされる。それによれば、大阪の難波村（現・大阪市浪速区）に住んでいた大工の新吉という者がいたが、棟梁《とうりょう》の五兵衛という者に連れられて行った豪家でその家の娘・お定に言い寄られるようになった。お定は器量は極めて醜かったが、家に泊まり込むうちに新吉はついお定に手を出してしまい、妊娠させてしまった。そのため、新吉はお定と結婚することになり、五兵衛が二人を難波村に連れて帰って所帯を持たせた。

　翌年、お定は男の子を出産したが、産後の病みが良くなく、床に伏しがちとなった。一方の新吉といえば、三味線の師匠の歌吉という女性と親しくなり、ほとんど家に帰らずに歌吉のもとに泊まり込むようになった。

　お定は新吉の薄情な仕打ちを恨んだが、子までなした仲と我慢した。しかし新吉は結婚の際の持参金を使い果たし、お定の着替えや手道具まで持ち出して金に換えるようになった。そのため、お定の病状はいっこうに良くならず、むしろ悪化していった。

　そんなある日のこと、珍しく新吉が家に帰ると、そこには痩せ衰え、ただでさえ醜い顔がくぼみ、頬骨は高く、顔色は青白く、髪の毛は乱れて垂れ下がり、さながら絵に描かれた化物のような姿になったお定がいた。新吉は家にいる気にならないと、再び出て行こうとしたため、お定が泣きつき、せめて一夜でも家にいて、子どもを抱いてくれと縋《すが》った。しかし新吉はそれを突き飛ばし、外に出て行ってしまった。

　お定は悲しみに暮れながら水が一口飲みたいと、泣く子を抱いてよろよろと井戸まで這《は》って行ったが、どこに隠れていたのか新吉がそっと忍び寄り、お定の足を払って子どもごと井戸の中に落としてしまった。そしてその足で歌吉のもとへ向かった。

　しかし歌吉の家に着くと、歌吉は先ほどお定が来て、二階にいると言う。新吉が驚いて二階に上がったところ、本当にお定がいて、恨めしそうな顔を上げ、「新吉さん」と呼んだ。それに恐れおののいた新吉は梯《はし》子段《ごだん》を転げ落ちたが、すぐに起き上がると、家に向かって走った。すると家の周りに人だかりができていて、お定の死体が井戸から見つかったから、引き上げたという。正直に話すわけにもいかず、新吉はその死体を野辺送りにした。その後、棟梁の五兵衛のもとに知らせに行くと、五兵衛は「今お前の女房が子を抱いて来て、お前が来ているはずだと言うから、奥に待たせておいた」と言った。新吉は歌吉の家でのことを思い出し、どきりとしたが、五兵衛に女房はすでに死んでいることを伝えると、五兵衛は不思議な顔をして奥へ行った。しかしそこにはお定の姿はなかった。

　それから新吉は家に帰ったが、翌朝から病を患って起き上がることができなくなり、お定が死んだ日の翌月の同じ日、自ら同じ井戸に飛び込んで死んだという。

お園 ［おその］

　未練のために現れた幽霊。明治三七年（一九〇四）刊行の小泉八雲（ラフカディオ・ハーン）の小説『怪談』に収められた一編「葬られた秘密」に登場するもの。

それによれば、昔、丹波国（京都府中部および兵庫県北東部）に稲村屋源助という商人がおり、お園というひとり娘がいた。お園は美人であったため、京都で芸事を修めた後、親の知人の商人の家に嫁いだが、四年後に亡くなった。

その後、お園の子どもが二階のお園の部屋に「お母さんが帰ってきた」と言い、以来、お園は夜になると部屋に現れ、自分の使っていた箪笥《たんす》の前に立ち、じっと箪笥を見つめていた。その姿は頭と肩ははっきり見えたが、腰から下は姿がだんだん薄くなって見えなくなり、透き通っていた。

お園は自分の使っていた衣服や飾り道具に執着があるのではないかと、箪笥の中の物を檀寺に持って行ったが、それでもお園は現れる。そのため、大玄和尚という僧侶に助けを求める。

お園の部屋にやって来た大玄和尚は幽霊を恐れることなく彼女が執心を残す物を探し、箪笥に細工があって、そこに手紙があることを発見した。お園にこれに執心を残していたのかと問うと頷《うなず》いたため、大玄和尚はその中を誰にも見せず、燃やすことを約束した。

その中身はお園が京都にいた頃にもらった艶書であったが、約束通り大玄和尚以外は中を知らぬまま燃やされた。そしてお園の幽霊もそれからは姿を現さなかったという。

お染［おそめ］

創作された幽霊のひとつ。山本周五郎の小説『ゆうれい貸屋』昭和二五年（一九五〇）に登場する幽霊。江戸京橋（現・東京都中央区京橋）炭屋河岸の「やんぱち長屋」という裏店に住む桶屋《おけや》の弥六という男のもとに現れた女の幽霊で、元は染次という辰巳芸者だったが、男に浮気され、死んだ後にその男を取り殺したという。しかし瞋恚《しんい》のために成仏できず、かといって地獄にも行けず、さ迷っていた際に弥六の家を訪れる。幽霊になっても器量は良く、それを知った弥六に褒められたことで彼の妻となり、本名である「お染」という名前を教え、弥六を世話するようになる。

昼間は姿が見えず、夜九時頃になると現れる。幽霊ではあるが酒を飲むことも物を食べることもでき、また弥六と体を重ねることもあった。鍵穴ほどの小さな穴でも通り抜けることができ、食事や酒はいろいろなところから盗んで弥六のもとに持ち込んでいたが、あるきっかけで金が必要になり、弥六に幽霊を貸す商売を提案する。これは世の中にたくさんいる、死ぬほど人を恨んでいる人間に幽霊を貸してやり、借りた人間は自分の代わりにその幽霊を先方へやって恨み言を告げるというもので、自分が死ぬことなく相手の苦しむのを見ることができるというものだった。弥六が乗り気になるとお染は男二人、爺《じい》さんと婆さん、娘二人という六人の幽霊を雇い入れ、さっそく「ゆうれい貸屋」が始まった。

この商売は繁盛し、弥六とお染は大金を手に入れたが、雇った幽霊の中に浮気者の娘がおり、お染はその娘が弥六に言い寄っているところを目撃し、激昂。弥六を取り殺そうとするが、弥六は何とかその危機を逃れる。そして弥六がお染と幽霊たちの成仏を祈り、「ゆうれい貸屋」の事業が失敗に終わったことを知らせて物語は終わる。

　嫉妬深いお染以外にも、ゆうれい貸屋の仕事を失敗してたんこぶを作って帰ってくる幽霊や、寝込んで仕事をしない爺さん婆さんの幽霊など、なんとも人間臭い幽霊たちが登場する。短い作品なので、ぜひ読んでほしい小説だ。

お鶴［おつる］

　子育て幽霊のひとつ。大正一一年（一九二二）発行の佐々木喜善著『江刺郡昔話』にあるもの。それによれば、「正法寺のほやの扇の由来」という昔話に語られるもので、概要は以下の通り。

　昔、奥州一ノ関（現・岩手県一関市）、田村藩士に亀井辰次郎という若侍がおり、近所の者たちと伊勢神宮（三重県伊勢市）に参詣した際に伊勢の松坂（現・同県松阪市）の扇屋の勘兵衛という場所に立ち寄った。そこで辰次郎は店の娘であったお鶴に懸想され、「これはホヤノというものだから」と言われて扇を一本買った。しかし仲間に「ホヤノとはホイト（乞食）のことだ」と嘲《あざけ》られ、怒り狂って扇屋に引き返し、お鶴を斬り殺してしまった。

　それから辰次郎は地元に帰ったが、師匠である正法寺の住職・実源和尚に咎《とが》められ、過ちに気が付く。辰次郎は自害を決めるが、その場で腹を切ることは和尚に止められ、伊勢の松坂に再び赴くことになった。そして辰次郎が松坂に着いたのはちょうどお鶴の四十九日の忌日で、辰次郎は扇屋に着くと理由を話し、その場で自分を殺し、お鶴の仇《かたき》を討ってほしいと告げた。

　一方、扇屋の方では夜な夜なお鶴が夢枕に立ち、四十九日には私の夫が訪ねて来るから、なにとぞ夫婦にしてほしい、と頼んでいた。そして本当に四十九日に辰次郎が訪れたため、扇屋夫婦は殺されないのであれば自害しようとしている辰次郎を止め、お鶴のことを話して、その場で辰次郎とお鶴の位牌《いはい》を婚姻させた。そして彼女の身代わりに同じ一七歳のお重という娘を辰次郎の許嫁《いいなずけ》として、扇屋を継がせることにした。

　それでも辰次郎の心は晴れやらず、彼はお鶴の霊魂を慰めようと毎夜心経を筆写し、名香を炊いて一室に籠もった。するとお鶴の亡霊が毎夜通ってくるようになり、辰次郎はこの亡霊と密話を重ねた。そうして二年の歳月が経った。

　ある夜、お鶴の亡霊は辰次郎に、あなたの子を宿してもう臨月になると告げ、自分の墓に白木綿の幅（「服」の誤りか）と銭六文を供えてほしいと言った。辰次郎がその通りにすると、お鶴の亡霊は毎夜墓場の近所の飴屋《あめや》に飴を買いに行き、それを子に食べさせるようになった。そのことが評判になると、お鶴の両親もそれは我が娘の亡霊だろうということになり、毎日その飴屋に行ったが、どうしてか娘には会えなかった。

一方、身代わりに辰次郎の許嫁となったお重は、ただ一言優しい言葉もかけてもらえず、さらに辰次郎の部屋からは誰かと語り合う声が聞こえてくるため、耐えかねてそのことをしたためた書を扇屋夫婦に送った。そのため、辰次郎はすべてをお鶴の両親に話さなければならなくなった。

今までのことを聞いた両親は一目娘に会いたいと言い、辰次郎の部屋の物陰に隠れてお鶴を待った。するとお鶴は可愛らしい乳飲み子を抱いて来て、「今夜は何となく胸騒ぎがする。これは私とこの世の縁の尽きでありましょう」と告げ、それを聞いて物陰からお鶴の両親が飛び出すと、お鶴の姿は煙のように消えてしまった。

それ以降、お鶴は姿を現さなくなり、形見として残していった子は彼女の両親が育てることになったが、ただ困ることには酷《ひど》く夜泣きしてなかなか泣き止まなかった。

するとお鶴は今度は両親の夢枕に立ち、ただ裏の竹藪《たけやぶ》にその子を捨てろと告げた。それで仕方なく両親がその通りにすると、そこにひとりの旅僧が通りかかり、その子を拾った。この僧は峨山《がざん》和尚といい、仏弟子を得る夢を見ていたため、この子こそがそうだろうと考え、赤子を扇屋に連れて帰って夢のことを扇屋夫婦に告げた。すると赤子の夜泣きはなくなった。

この子どもは大変に聡明で、一〇歳の頃に峨山の弟子として世に旅立ち、後に名僧となったという。

小手姫［おてひめ］

池にまつわる怪異。昭和三年（一九二八）発行の近藤喜一著『信達民譚集《みんたんしゅう》』にあるもの。それによれば、仁徳天皇の時代、大和国川俣の郷（現・奈良県橿原市《かしはらし》）に秦庄司《はたのしょうじ》峰能《みねのぶ》という人がいたが、天皇の命で娘の小手姫を伴ってこの地（福島県伊達郡川俣町）に下り、養蚕《ようさん》を伝えた。

その後、小手姫はこの地で暮らしたが、東国の人はどうも心に合わないと言って夫を迎えず、最後は大清水という池に身を投げて亡くなった。それからというもの、花嫁の輿《こし》が大清水の池畔を通ると必ず池の中に引き入れられたため、この池を避けるようになった。

またその後、郷民が池畔に祠《ほこら》を建てて機織御前の宮と称し、崇拝されるようになったという。

小手姫は『日本書紀』に登場する小手子のことと考えられるが、父親は大伴糠手《おおとものぬかて》連《むらじ》であり、崇峻《すしゅん》天皇の妃となっている。また皇子に蜂子皇子がいるため、これらをモデルにして小手姫と峰能という人物の伝説が生まれたのではないかと考えられる。ただ地元川俣町に残る伝説では崇峻天皇の死後、息子の蜂子皇子を追って川俣の地を訪れたものの、皇子に会うことができずに大清水の池に身を投げた、となっていることが多く、『信達民譚集』に記録された伝説とは少々異なる。

小手姫は現在も養蚕を伝えた人物として親しまれており、史跡がいくつも残されている。

踊る骨壺［おどるこつつぼ］

骨壺にまつわる怪異。田中貢太郎の「骨壺が踊る」（『新怪談集　実話篇』収録）にあるもの。それによれば、大正一二年（一九二三）のこと。ある雑誌の記者の小林という人物が淀橋《よどばし》柏木（現・東京都新宿区西新宿および北新宿）に大きな空き家を見つけ、家賃が安かったことからすぐに入居した。それから一ヶ月ほどした頃、小林の細君が不意に眠気を覚え、うとうととしていると、傍らにあったちゃぶ台の上に骨壺が載ってきて、踊るように動き出した。驚いて目を見開くとそこには何もない。しかし翌日も骨壺がちゃぶ台に現れ、踊った。

　この骨壺は小林の細君のもとに計三回現れたが、ある時、彼女が魚の骨を庭に埋めた際、ひとつの甕《かめ》が出てきた。不思議に思い、蓋を開けると中に骨壺が入っていて、それは細君がうとうととしている時に見たあの骨壺とそっくりであった。

　あまりに不思議であったため、細君がこのことを近所の物知りの人に尋ねると、物知りはその骨壺に付いていた定紋を見て、これは前にその家に住んでいた人の物で、その人は鉄道省の参事をしていたが、夫人と離縁し、間もなく病気で亡くなったこと、その際、一緒に暮らしていた女中が主人の骨をどう処分したのか噂《うわさ》になっていたが、それがその骨壺に違いないことを言った。

　その場所が四谷に近かったため、近所の人たちは新四谷怪談として納涼台の話題としたという。

鬼池村の火玉［おにいけむらのひだま］

　死者が火となったもの。民俗学者の濱田隆一が天草島の伝承を調査し、まとめて昭和七年（一九三二）に発行した『天草島民俗誌』四七「火玉で丸焼け」に載る。それによれば、昔、肥前（佐賀県・長崎県）の男が天草下島の鬼池村（現・熊本県天草市五和町鬼池）に漁に出た。島の人々は他国の者だとその男を散々な目に合わせたが、男はそれが原因で病気になり、死んでしまった。それからというもの、毎晩大きな火玉が鬼池村に飛んで来るようになり、ある時その火玉が藪《やぶ》の中に入ったかと思うと、たちまち火事になって村の家々まで燃え広がった。

　村の人々は驚いて消火に当たったが、火は水をかけても消えず、とうとう村は全焼してしまった。村では、これはあの漁師の怨霊の仕業《しわざ》だ、となり、その漁師をいじめた場所に地蔵を立て、毎年冬になるとその霊を弔うこととしたという。

おみよ

　遺児を奪いにきた死者。昭和一三年（一九三八）に刊行された田中貢太郎著『新怪談集　実話篇』に収録される「前妻の怪異」

にあるもの。それによれば、長崎県長崎市今博多町の中島川沿いに竹田という青年が住んでおり、おみよという女房がいた。このおみよは妊娠したが、出産の際、ひどい難産で産褥《さんじょく》により母体が危機となった。やっと息子が生まれたものの、その後もおみよの体は回復せず、「死にたくない。死にたくない。私が死んだら、この子はどうして育つでしょう。それにあなたも、あなたも」と言って泣いていたが、数日後に死んでしまった。

　以降、竹田は男手ひとつで息子を育てていたが、それでは仕事ができないため、友人の勧めに従って後妻を迎えた。後妻は心がけの良い女性で、継子を愛し、また毎月必ずおみよの墓を訪れた。

　それから時が経ち、おみよの三周忌が近くなった頃のこと。息子は夜中に便所に起きる癖がついており、その日も後妻に連れられて便所に行ったが、後妻が正面のすすけた壁に目を向けたところ恐ろしい顔をした女がいて、今にも何かを摑《つか》み取ろうとするようにして両手を構え、涙を浮べた眼でこちらを見ている姿があった。

　後妻は悲鳴を上げ、夫のもとに戻ってこのことを伝えたが、夫が便所に行くと何もなかった。しかし翌日の夜、また息子が便所に行く際に夫がついていくと、そこにはたしかに女がおり、それは前妻のおみよであった。おみよは夫には目も向けず、じっと息子を見つめていた。

　それからもおみよは現れたが、出現するのは必ず息子が便所に行く時であった。そのうち、夫婦はこの家を引っ越すことに決めたが、良い家がなかなか見つからずにいた。そんなある日、夫婦が息子と遊んでいると、息子が何かの拍子に飛び上がった時、低く吊《つ》るしてあったランプに頭をぶつけ、ランプがひっくり返って辺りが火の海となった。夫婦は慌てて火を消そうとしたが、まったく消えず、さらに火がくるくると回り出して大きな塊となり、玄関前に出てそこで火の柱となって空に立ち上った。夫婦はその火の柱の陰におみよの姿を見た。その後、夫婦は近所の人々に救い出されたが、息子は玄関口で焼け死んでいた。そのため、近所の人たちはおみよが我が子を迎えに来たのだと噂《うわさ》したという。

オヤラマツ［おやらまつ］

　アイヌ語で亡魂もしくは幻を表す言葉。大正三年（一九一四）発行の『人類学雑誌』第二九巻第七号に収録された吉田巖著「アイヌの妖怪説話」にあるもの。

阿芳［およし］

　恋人のもとに現れた女の怨霊。昭和一三年（一九三八）刊行の田中貢太郎著『新怪談集　物語篇』に収録された「阿芳の怨霊」に登場するもの。それによれば、阿芳は愛知県渥美《あつみ》郡泉村（現・田原市の一部）に住んでいた女性で、同じ村に住む由平という男性と海へ飛び込むことで心中を図るが、由平は無意識のうちに海を泳いで生還してしまう。

　翌日、阿芳の死体は地元の漁師によって拾い上げられ、村人たちの目を恐れた由平は村を逃げ出し、吉田の旅宿に泊まる。しかしそこで二人分の夕飯を出され、一人だと否定すると、「さっき、たしかにお連れ様が」と女中に言われ、さらにその飯を食べていると、はっきりと由平の目の前に阿芳が現れた。

　由平は半狂乱になって阿芳に向かって物を投げつけたが、騒ぎを聞きつけた旅宿の主人がやって来た頃には消えていた。

　その後、由平が酒を飲んで眠りにつき、夜中に目が覚めると、再び阿芳が現れた。由平は今度は刀を抜き、これを斬ろうとして、今度は騒ぎを聞きつけてやって来た女中を斬りつけてしまう。さらに止めようとした旅宿の主人まで斬り殺し、その死体に躓《つまず》いて転んだ拍子に自らの刀を下敷きにして死んだという。

　同作品によれば、阿芳の怨霊は明治の終わり頃まで有名で、その後次第に忘れられていたが、昭和二年（一九二七）の夏に空き地で阿芳の怨霊の芝居をやったところ、晴天だった空が急変して大雨になり、五日続けて同じ時刻に雨が降ったため、阿芳の怨霊と結びつけられ、再び人々の話題となったのだという。

　また、この話では由平の死から数年後、彼の姪《めい》が製糸工場に働きに出て、寄宿舎で寝ていると、今度は彼女のもとに由平が現れるようになったという話も記されている。寺に行って供養してもらうと現れなくなったということで、阿芳だけでなく由平もまた、死後に現れたとされている。

おりつ

　裏切った男のもとを訪れる幽霊。明治三三年（一九〇〇）に刊行された左右田秋満編著『古今実説　幽霊一百題』第九七「男の無情を怨みて死す」にあるもの。

　それによれば、千葉県上総夷隅《いすみ》郡下原村（現・いすみ市中部）に渡辺角五郎の娘で、一七歳のおりつという者がいた。おりつは美しい娘で、言い寄る若者も多かったが、柳に風と受け流していた。しかしある時、隣家の苅込鉄太郎という者と情を交わすようになり、いつしか子を宿した。

　そのため、妊娠したことを鉄太郎に話すと、鉄太郎は取り付く島もない様子で、おりつは鉄太郎を恨み、思い知らせてやろうと一書を書き残し、家を出て川に身を投げた。

　その後、鉄太郎がある夜に目を覚ますと、おりつが枕元に現れ、たいそう恨めしそうに睨《にら》んでいた。それから鉄太郎は病気になって寝込んだが、毎晩おりつが枕元に来るため、両親が加持祈禱《きとう》などをして騒いだという。この話は明治一七年（一八八四）四月二〇日の絵入新聞に載っていた話だということだ。

怨念石［おんねんいし］

石に怨霊が宿ったもの。田中貢太郎が著

し、昭和一三年（一九三八）に刊行された『新怪談集　実話篇』に収録された「本所の怨念石」にあるもの。それによれば、明治の頃のこと、東京の本所菊川町三丁目（現・東京都墨田区菊川）に古い借家があったが、その家に住むと必ず異変が起きるとされ、妖怪屋敷と呼ばれて誰も借りる者がいなかった。

昭和二年（一九二七）の頃、評判を気にした家主がある行者に頼んでこの家を見てもらうと、女の怨霊が祟りをなしているのだという。そこで家主が家の来歴を調べてみると、この家が建ったのは幕末の頃だったという。当時、その家に住んでいた旗本は非常に好色だった。そのため、妻がいるのに婢《はしため》に手を出し、これに嫉妬した妻が婢を井戸に突き落とし、声が漏れないように蓋をして、その上に大きな石を置いた。婢はどうすることもできずそのまま死んでしまったが、後にこの婢の死体が発見されて大騒ぎになったとあった。また、井戸の蓋の上に置かれていたという石がまだ家の庭にあることまで判明した。

その噂《うわさ》はすぐに近所に伝わり、この石は「怨念石」と呼ばれて非常に評判になった。ある時、近所の石屋が通りがかった人に怨念石のことを聞かれ、「あれだ」と言って足でその石を教えたところ、突然その石屋の顔色が悪くなり、その場で昏倒した。さらに高熱を出して足が動かなくなったため、怨念石は余計に有名になり、そのために余計に借り手もいなくなった。

家主がそのことで大変困っていると、町内に住んでいた山崎という日蓮宗の信者が、殺された婢のために追善供養を行ったらどうかと提案した。その通りにすると、その家で変わったことは起きなくなったという。また怨念石は、この追善供養を行った水村某師という日蓮宗の導師に引き取られ、伊豆の仏現寺の境内に祀《まつ》られることとなった、ということだ。

【か】

海嘯の難に死せし者
［かいしょうのなんにしせしもの］

津波に巻き込まれた死者が姿を現したもの。明治四三年（一九一〇）に発表された柳田國男編『遠野物語』にある。それによれば、岩手県の土淵《つちぶち》村（現・遠野市土淵町）に北川清という者がいたが、大津波によって妻子を失い、生き残った二人の子どもとともに屋敷があった場所に小屋を建て、そこで暮らしていた。

一年ほど経った夏の初めの月夜に、便所に行くために起きた北川は霧の中から男女二人が近づいて来るのを見たが、女の方は間違いなく死んだはずの自分の妻であった。北川は思わずその後をつけて行ったが、二人は船越村の方向にある洞窟へ向かった。

北川が名前を呼ぶと、妻は振り返ってにこりと笑ったが、男の方を見ると妻と同じくあの津波で死んだ者で、自分が婿入りする前に妻と互いに深く心を交わしていたと聞いていた男であった。

妻が「今はこの人と夫婦になりました」と言うため、北川が「子どもは可愛くないのか」と問うと、女は顔色を変え、泣き出した。

北川が、死んだ人間というのは情がなくなるものなのかと足元を見ている間に、二人は歩いて行って見えなくなった。北川は夜明けまで立ち尽くしていたが、朝になって家に帰り、その後しばらく病みついたという。

海難法師 [かいなんほうし]

死者が亡霊となって現れるもの。昭和一一年（一九三六）刊行の山田貞夫著『伊豆大島図誌』によれば、伊豆大島の泉津（現・東京都島嶼《とうしょ》部の大島町泉津）に代官があり、非常に暴虐であったため、村の若者二五名が謀《たばか》って正月二四日の夜、暴風雨に紛れて代官を打ち殺した。以降、この悪代官の亡霊が正月二四日になると海上から襲ってくるため、伊豆大島ではこの日を忌み日としたという。この亡霊は**日忌み様**、海難法師、もしくは海難坊と呼ばれる。

同書では海難法師の正体を、他に悪代官を殺した二五人の若者としている場合もあることを紹介している。

また、正月二四日が来ると、島民は夕刻にはすべての家畜類を山間などに隠し、戸締りをして光が外に漏れるのを防ぎ、入口に鉈《なた》、鎌など刃物を据え、決して言葉を発さず、息を殺して朝を待ったのだという。もしこの夜に外を覗いたり、物音を立てたりすると、必ず変事が起きたとも記されている。

桜井徳太郎編『民間信仰辞典』では海難坊主とも呼ぶとあり、その被害を防ぐため、伊豆七島ではこの日は決して外には出ず、魔除けとして門口に籠を被せ、雨戸に柊《ひいらぎ》やトベラなどの匂いが香ばしい、魔除けないしは厄を払うとされるような葉を刺し、どうしても外に出なければならない時は頭にトベラの葉をつけたり、袋を被って海を見ないように移動したという。

ガキボトケ [がきぼとけ]

餓鬼憑《つ》き（近世）の類。昭和一六年（一九四一）発行の『ひだびと』九巻一号に収録される。誰にも祀《まつ》られない仏（死者）や飢え死にした仏が峠などで取り憑《つ》くことがある。これに憑かれると体がひだるくなって冷や汗が出るが、この時「ガキボトケサン、おあがりなされ」と言ってごはんを道端に供え、柴等を折って手向け、自分も何か食うとよいという。**ダリ**が憑くと言う地域もあるようだ。

嘉助の娘 [かすけのむすめ]

父親のもとに現れた娘の幽霊。明治三三

年（一九〇〇）に刊行された左右田秋満編著『古今実説　幽霊一百題』第四八「死せし小児父を慕ふて路傍にさまよふ」にあるもの。

それによれば、昔、三重県伊勢四日市（現・四日市市）に魚商の嘉助という者がいた。この嘉助と妻の間には娘がひとりあったが、娘が四歳になった時、妻が死んでしまった。翌年、人の勧めで嘉助は後妻を娶《めと》った。

嘉助は子煩悩で娘を溺愛していたが、後妻の方は慳貪《けんどん》邪見で、娘を憎み、折檻《せっかん》などを加えたため、ついに後妻を追い出そうという状況に至った。

そんなある日、嘉助は用事があって津（現・津市）に一夜泊まりで行かねばならなくなった。嘉助は後妻にくれぐれも娘のことを頼み置き、出立した。その翌日、用事を済ませて嘉助が帰っていると、五歳ほどの子どもが前から走って来た。それは紛れもない我が子で、「お父さん」と言いながら足元に抱き着いたが、直後に足元を見ると娘の姿は消えていた。

悪い予感がした嘉助が家に急いで帰ると、娘がいない。後妻を問い詰めると、昨夜、折檻したあまりについに殺してしまったと白状した。嘉助は激怒し、ただちに後妻を警察署に突き出したという。

カスンテ［かすんて］

カスンデともいう。アイヌに伝わる半神半人の存在。大正三年（一九一四）発行の『人類学雑誌』第二九巻第一〇号に収録された吉田巌著「アイヌの妖怪説話（続）」にあるもの。それによれば、カスンテは人とパコロカムイ（疱瘡神《ほうそうしん》）の子であり、彼が歩くとどんなに暗い夜でも水面に月が浮かぶように光り輝いたという。

このカスンテはイクレシェという人物を唆《そそのか》し、イレクシェの一族の首長を殺させ、宝物を得ようとした。しかし首長の死によりその一族がカスンテに報復を行い、これを殺した。

しかし、カスンテの霊は幾度も生まれ変わったため、最後にはその上下の顎《あご》をばらばらにし、上顎を木の股枝に立てて縛り、下顎を石に括《くく》り付けて海底に沈めたところ、蘇《よみがえ》らなくなった。

それでもカスンテはただでは死なず、その悪霊の祟りにより、釧路の厚岸《あっけし》（現・北海道厚岸郡厚岸町）のアイヌたちは疱瘡を患って死に、残った者は津波によって攫《さら》われ、このために厚岸のアイヌは全滅してしまったという。

更科源蔵著『アイヌ伝説集』によれば、厚岸にはカスンテについての別の伝説も残っているという。それによれば、カスンテは非常に雄弁であったが心が正しくなかった。そのため叔父に殺害されたが、生き返ってさらに悪行を重ねるので、今度は父親によって殺害された。父親はカスンテの顎を上下に分け、下顎を高い木の上に飛ばし、上顎を石に縛り付けて川底に沈めた。これによりカスンテは生き返ることができなくなった。

しかし実はカスンテは疱瘡神であるパコロカムイの子であったため、疱瘡神は非常に怒り、たちまち厚岸のアイヌを全滅させた。そしてカスンテを蘇生させようとしたが、下顎だけがどうしても見つからなかった。そのため木で下顎を作り、カスンテを蘇らせたが、カスンテはパコロカムイのもとに行き、どうか世界の人間を全滅させてほしいと頼み込んだ。

これを聞いた天上の神々は、何とかカスンテが暴れるのを止めようと夜明けの明星をカスンテのところに嫁にやり、仇討《かたきう》ちを思い止まらせようとした。このことから、カスンテが暴れ出しそうになったら夜明けの明星は家にいて、彼を慰めなければならないのだとされ、そのため、夜明けの明星が空に出てこないことがある。夜明けの明星が空に見えない時には、カスンテが暴れ出し、病が流行るかもしれないので、気を付けなければならないとも伝えられている。

かぜもの

家に祟る霊。昭和一一年（一九三六）発行の『ひと』第一六号に収録された波多郁太郎・戸板康二著「たたりもっけ」にあるもの。それによれば、天明の飢饉《ききん》の時、木村某・長谷川某という二人が土地の博労（牛馬の売買や仲介をする人）の重三郎という者を捕らえ、その首に大きな石を付けて川に沈めた。これは博労の鑑札と金銭目当てであったが、さらに重三郎殺害がばれるのを恐れて重三郎の妹・なつまで殺した。

そのため、両家の家には障がいを持った子どもが多く生まれるようになった。また大正一二年（一九二三）、この両家のどちらかの者が亡くなった時、玄関から怪しい姿の者が入り込んで、遺骸を拝んだ。

また、これらの家の娘が精神障害を患った時、重三郎の霊が人に憑《つ》いたため、これも重三郎の霊の祟りであることが分かったという。

加えて、重三郎兄妹の霊は時に関係者以外にも祟ることがあり、「かぜもの」と呼ばれていると語られている。

片葉の葦 ［かたはのあし］

江戸の本所七不思議のひとつとして語られる怪談。江戸時代の頃、亀沢町（現・東京都墨田区亀沢）に於駒《おこま》という美しい娘が住んでいたが、横網の留蔵というならず者が彼女に懸想して口説いた。しかし於駒は聞かず、背を向けたため、留蔵は後ろから袈裟《けさ》斬《ぎ》りにして於駒を殺してしまった。その死体が流れ着いた溝に生える葦は、なぜか片葉のみなのだという。

この話は明治一九年（一八八六）、歌川国輝が描いた錦絵『本所七不思議之内　片葉の葦』にあるものだが、古くは近世の享保一七年（一七三二）、菊岡沾涼《せんりょう》によって記された地誌『江戸砂子温故名跡誌』には「片葉の葦」の名前が出ており、「駒とめの小溝の葦である。風の吹き方ゆえか、この場所に生える葦は片葉なのだという。よって小溝も片葉堀と呼ばれている」とあり、あくまで自然現象として扱われ、怪談の要素はない。しかしここに出てくる「駒とめ」という地名は、殺された娘の名前の「於駒」、殺した男の名前の「留蔵」の由来となっていると思われる。ちなみにこの「駒とめ」は現在の隅田川に架かっていた「駒留橋」（東京都墨田区）の付近のことかと考えられる。また近世後期、柳亭種彦が書いた『七不思議葛飾譚《かつしかものがたり》』（元治二年（一八六五）～慶応四年（一八六八））においては、本所の七不思議のひとつとして「片葉の葦」が挙げられているが、内容については言及がない。このため、近世の時点でどれほど於駒の殺害と片葉の葦の関係が語られていたのかは不明だが、明治以降には広く知られていたものと考えられる。また、近年では於駒（お駒）は殺される際、片手片足を切断されたため、そこに生える葦は片葉になった、と理由付けされている場合も多い。

嘉平火 ［かへいび］

死者の霊が火となって現れるもの。郷土史家の雑賀貞次郎が地元の口碑《こうひ》を収集し、取りまとめて昭和二年（一九二七）に発行した『牟婁《むろ》口碑集』にある。それによれば、和歌山県西富田村（現・西牟婁郡白浜町の一部）では、毎年田植えが済む頃、嘉平火が現れる。これはかつてこの田を開いた嘉平という人物の霊で、田を見回りに来ているのだと伝えられている。

壁の中の女の顔 ［かべのなかのおんなのかお］

家の壁に現れる死者。田中貢太郎が著し、昭和一三年（一九三八）に刊行された『新怪談集　実話篇』に収録された「壁の中の女の顔」にあるもの。

それによれば、明治三〇年（一八九七）頃のこと。講釈師の坂本中州（後の桃川燕林）は麻布（現・東京都港区の北東部）の板倉で良い家を見つけたが、その家の家賃は当時の相場から見ても酷《ひど》く安かった。坂本氏はさっそくその家を借りたが、引っ越してから三日後、夜に天井で誰かが歩いているような音がした。坂本氏と細君は鼠《ねずみ》でもいるのだろうと気にしなかったが、その音は毎日夜になると聞こえ、また水が滴るような音もしたため、安眠ができず、坂本夫妻はすぐに次の家を探し始めたが、なかなか見つからなかった。

そして引っ越してから六日目の夜、坂本氏が仕事で出かけ、家には細君がひとりでいた。雨が降り、町が静まり返って細君が心細く思っていると、玄関の方で下駄の音が聞こえ、戸を開く音がしたため、急いでそちらに駆け寄った。しかしそこには誰もおらず、細君がぞっとしながら茶の間に引き返すと、左側の壁に黒い血のような物がべったりとついている。思わず目を逸らすと、縁側の欄間《らんま》の壁に何か丸い物がはめ込んであるのが見えた。恐る恐るそれに目をやると、その丸い物が不意にはっきりして、髪が頬に貼りついた、若い女の青白い顔になった。細君は悲鳴を上げてその場に倒れこんだが、間もなく帰ってきた坂本氏は細君を助け起こし、話を聞いてあまりの恐ろしさに夜が明けるのを待たずに家から逃げた。

後に調べてみると、その家の前の住民の細君がなんらかの理由でその茶の間で自殺したのだということが分かった。坂本氏の細君が見た血がついた壁の部分は、実際にその女が自殺した際、血しぶきが被ったため、塗り直した場所であることも分かったという。

家賃が相場より安い、その家で前住民が自殺している、塗り直したはずの壁に血痕が現れるなど、現代の**事故物件**の話でよく語られる要素がこの時点で多く語られていることが分かる。

監獄を徘徊する囚人の幽霊［かんごくをはいかいするしゅうじんのゆうれい］

監獄に現れた幽霊。明治三三年（一九〇〇）に刊行された左右田秋満編著『古今実説　幽霊一百題』第七三「囚人の幽霊監獄内を徘徊す」にあるもの。

それによれば、東京巣鴨監獄（東京都豊島区）に懲役で一四年間服役し、満期放免となった松本某という者がいたが、その人物が次のようなことを語ったという。彼が入監して間もない頃、苦役中に囚人同士が喧嘩し、次郎という者が殴打されて死んだ。その後、夜になると彼が入っていた監獄の前に幽霊が現れ、徘徊することがたびたび起きた。

初めのうちは皆気味悪く思っていたが、そのうちに「また次郎が来たか」と言うほど慣れてしまった。次郎の幽霊の出現は一年間ほど続いたという。

カンテメ［かんてめ］

恋人のもとに会いに行った死者。昭和三年（一九二八）発行の『旅と伝説』第八号に収録された茂野幽考著「南西諸島の伝説」にあるもの。それによれば、昔、鹿児島県奄美大島の湯湾岳を左手に望む名柄のある集落にカンテメという美しいヒザ（奴隷）の娘がいた。この娘は、名柄を訪れた役人の青年・岩加那《いわかな》と恋に落ちた。岩加那は蛇皮線を弾くことを得意とし、この蛇皮線を背負って夜ごとに名柄の山を越えてカンテメのもとに通った。そして主人の家を抜け出したカンテメと会い、語らっていた。

しかしカンテメの主人は妻を亡くしたことで美しいカンテメに心惹かれ、言い寄るようになっていた。カンテメはこれを拒絶したが、主人はカンテメの外出を禁止し、代わりに奴隷待遇をやめて正妻とすると言ったが、それでもカンテメは応じず、ついに主人はカンテメを監禁、虐待し始めた。しかしある時、岩加那がカンテメを攫《さら》ったため、彼女を取り戻した主人はむりやり手籠めにしてしまう。これを苦にしたカンテメは首を吊り、命を断った。

岩加那はそれを知らず、またカンテメに会うために名柄の夜道を走っていたが、その時、山の麓から道を登ってくるカンテメに出会った。カンテメはうち萎《しお》れた様子であったが、岩加那といつもの芝生に座り、夜の間語らった。

そして夜明けが近づいた頃、カンテメは名残惜しそうに山を下りて行ったが、岩加那は彼女のことが酷《ひど》く気になり、名柄へと足を運んだ。するとカンテメの主家の前に人だかりができており、カンテメがすでにこの世の者ではないことを知った。岩加那はカンテメの亡骸《なきがら》に取りすがって泣いたという。

しかし、その後もカンテメの魂はたびたび岩加那のもとを訪れたということだ。

消えてなくなった女
［きえてなくなったおんな］

自動車に乗る死者。田中貢太郎が著し、昭和一三年（一九三八）に刊行された『新怪談集　実話篇』に収録された「消えてなくなった女」にあるもの。それによれば、あるタクシー運転手が東京都渋谷（現・渋谷区）の道玄坂を走っていた際、二〇歳ほどの女二人と母親らしい老女ひとりの三人の女性客を車に乗せた。女たちは銀座（現・中央区銀座）までと行先を告げたが、目的地で客を降ろすといつの間にか客は若い女と老女の二人になっていた。運転手は不思議に思い、もうひとりは、と尋ねると、乗客二人は不思議そうな顔をして「はじめから二人でしたよ」と答えたという。
タクシー幽霊の怪談と、複数の客のうちに死者が交じっている怪談が組み合わさった珍しい話。後者の話は飲食店を舞台に語られることが多く、水がひとつ多く置かれる、といった形で死者の存在が示唆されることが多い。

空中に消えた兵曹
［くうちゅうにきえたへいそう］

田中貢太郎が記した「空中に消えた兵曹」（昭和一三年（一九三八）刊行の『新怪談集　物語篇』に収録）にあるもの。

それによれば、大正七、八年（一九一八、一九）のこと。横須賀航空隊のN大尉とS中尉が陸上偵察機で飛行していた。二人が操縦する二機は箱根（現・神奈川県足柄下郡箱根町）の上空に差し掛かったところで密雲に視界を遮られ、エアポケットに入り込んで機体が激しい勢いで落下した。N大尉は何とか立て直したが、S中尉の操縦する機体は見えなくなっていた。

その後、S中尉は無事帰還したが、彼と同乗していたM兵曹が消えていた。航空隊ではM兵曹の行方が捜索されたが、結局見つからず、S中尉はすっかり憂鬱になってしまった。そしてある日、S中尉はN大尉に対し、「M兵曹が俺の機体に乗っていたのだ」と告げると、そのまま倒れてしまった。S中尉は病院に運ばれ回復したが、彼の話を聞いてみると、その日の練習飛行中、S中尉が何の気もなしに後ろを振り向いてみると誰もいないはずの同乗席に、飛行服を着た一人の男が腰をかけていた。それは、真っ青な顔をしたM兵曹であったから、夢中になって着陸したのだと言う。

それからS中尉は神経衰弱になり、熱海（現・静岡県熱海市）で療養していたが、翌年の春には元気になって戻って来た。しかし、ある練習飛行中にS中尉の乗る飛行機が墜落した。幸い命に別状はなかったが、彼に話を聞くと「雲の中を行っていると、向こうの方から同じような飛行機が来て、今にも衝突しそうになったから、驚いてハンドルを回したが、その時向こうの飛行機を見ると、M兵曹が操縦しているじゃないか。僕ははっと思って顔を伏せたが、それっきり分からなかったよ」と言った。

S中尉が墜落したのは、M兵曹が空中に消えてからちょうど一周忌に当たる日であったという。

この話では、M兵曹は行方不明になったことのみが語られており、死亡したかどうかは定かではないが、話の最後に「一周忌に当たる日であった」という文章があり、死者として扱われているため、本書にも収録することとした。

黄泉国の人々〔ぐしゅのひとびと〕

鹿児島県の喜界島における死者。昭和八年（一九三三）に発行された『旅と伝説』六巻七号に収録された竹内譲著「各地の葬礼―喜界島―」にあるもの。それによれば、喜界島の人々にとって黄泉国とは行けば帰って来ることのない島であり、読みは「御所」から来ているという。この島へ行く道は御所道《ぐしゅみち》と呼ばれ、大変狭くて険しい道だという。また黄泉国は水の乏しい場所であるため、死人を葬る時には必ず水代銭を持たせねばならないなどといわれ、この国の人々は働かずに子孫の供えるお供えを食べて過ごす。これが三三年過ぎると神になるとされる。また、黄泉国の昼夜は現実と正反対で、働かずに食べられる以外は現世に比べて不自由な場所だと考えられている。

ただし黄泉国の住人が生きている人間のもとに現れないわけではないようで、人間の生霊がその人の睡眠中、体から離れているのを見つけると、黄泉国の人々が仲間にしようと大勢で追い回し、捕らえようとする。そのため生霊はすぐに体に帰るか、もしくはトネ屋敷と呼ばれる家に入れば助かるといわれている。

死後の国の昼と夜が現世と逆転しているという考え方は、アイヌの死者の国であるアフンルパロにも見られる。

付着く顔〔くっつくかお〕

死体の一部が生きた人間に取り付いたもの。昭和一六年（一九四一）発行の『旅と伝説』一四巻五号に収録された武藤鉄城著「羽後角館地方昔話集」にあるもの。それによれば、秋田県仙北郡角館町（現・仙北市角館町）で語られていた昔話で、内容は以下のようなもの。

昔、ある村に老夫婦がいたが、ある時、婆さんの方が病にかかって死んでしまった。爺《じい》さんは悲しんだが、貧乏なため葬式をすることもできず、仕方なく婆さんの死骸を家の前へぶら下げて、誰かが片付けてくれるのを待とうと考えた。

しかしある日のこと、町へ物を売りに行こうと家を出た時、婆さんの死体を触り、はっと思って顔へ手を当てた。すると不思議なことに自分の顔の上に死んだ婆さんの顔がぴったりとくっついてしまった。

そのため、町へ行くと皆不思議そうな目で見て、頭巾を被ってもすでに婆さんの顔がくっついていることはばれているため、笑われるようになった。そのため家を飛び出して旅に出たが、旅籠《はたご》で食事をしようとすると婆さんの顔が「俺の分と二人前取り寄せろ」と言い出した。以降、何でも二人前にしろと言うようになったため、困り果ててしまった。

しかしある晩、爺さんが寝ていると、婆さんが「今朝食った牡丹餅《ぼたもち》が食いたい」と言い出したため、「台所の戸棚の中にあるだろうから、食いたいなら自分で勝手に食べろ」と爺さんが答えたところ、婆さんの顔が爺さんから離れて台所に向かった。爺さんはここぞとばかりに逃げ出したという。

首切れ女の幽霊［くびきれおんなのゆうれい］

死んだ時の姿で現れる幽霊。明治三三年（一九〇〇）に刊行された左右田秋満編著『古今実説　幽霊一百題』第二六「硝子《ガラス》障子外に幽霊徘徊《はいかい》す」にあるもの。

それによれば、明治二〇年（一八八七）の春の頃、紀伊国（和歌山県）の和歌山市弁天町にて女殺しの犯罪があり、和歌山地方裁判所が出張して検証した。犯人は魚売りの男であり、被害者は義太夫の師匠の女で、男の内輪の妻だった。原因は女が弟子と密通したと疑われたことで、男は菜切包丁で女の首を切り、殺した。現場検証の際、包丁は女の死体の首に刺さったままだったが、これを抜くと女の首は前にぷらぷらと垂れ下がった。顔にはその他にも傷があったという。

その後、少し離れた場所で別の犯人による殺人事件が発生した。これも凄惨な事件で、検証の都合により、ある検事が現場に宿を取って一泊することになった。その宿屋の座敷は雨戸ではなく、硝子障子の窓であったが、夜中、その検事がふと目を覚ますと、硝子障子の向こうを弁天町の首を切られた女の被害者が歩いていた。その姿は血だらけで、首は体の前にぷらぷらと下がっていたという。

検事は大いに驚き、同僚を起こしたが、同僚は何かの見間違いだろうと大いに笑った。しかし検事はあれは見間違いではなかったと言い、その夜は決して眠らなかったという。

首長幽霊［くびながゆうれい］

幽霊と呼ばれる何ものか。昭和一〇年（一九三五）発行の佐藤清明著『現行全国妖怪辞典』に沖縄県国頭《くにがみ》郡で伝えられる妖怪として載るが、それ以上の情報がなく、詳細不明。

呉屋バンタの怪火 [くれやばんたのかいか]

女の無念が炎となったもの。佐喜眞興英が琉球（沖縄県）の口碑《こうひ》を集め、大正一一年（一九二二）に刊行した『南島説話』六四「呉屋バンタの怪火」に記されている。

それによれば、昔、美里番所（美里は現・沖縄県沖縄市美里）勤務の文子《てくぐ》（琉球の間切番所の下級事務職）と、ある乙女が深い恋仲になった。文子が時折番所の土手に立って遥《はる》か南の方を眺めると、番所から数十里隔てた呉屋バンタの崖上に乙女が立った。二人はそこで身振り手振りでいろいろと交流していたが、ある時、文子がこちらに来いと手招きをしたのを見て、乙女はそれが「崖から落ちろ」という意味だと考え、崖から落ちて死んでしまった。文子もこれを見て悲観し、自らも崖から落ちた。呉屋に見える怪火はこの無念の炎なのだという。

この話は**遺念火**のひとつとして語られることもある。

光善寺の幽霊 [こうぜんじのゆうれい]

絵に描かれた幽霊。歴史学者の及川儀右衛門が伝承を収集し、取りまとめて大正一三年（一九二四）に発行した『筑紫野民譚《みんたん》集《しゅう》』にあるもの。それによれば、昔、筑後八女郡木屋村（現・福岡県八女市黒木町木屋）の光善寺の住持に木屋石門という者がいたという。ある夜、この僧が読書をしていると、障子が開いて音もなく何者かが入って来た。振り返ると、恐ろしい形相をした幽霊がいる。その幽霊は石門に「臨終の際にこの世に未練を残し、いまだ成仏できずに漂っているから、御経の功徳によって成仏させていただきたい」と懇願した。

そのため、石門が傍らの経を手にして読み上げると、幽霊の顔には次第に喜びの色が溢《あふ》れ、そのまま部屋を出ようとした。石門はそれを呼び止めて幽霊の姿を絵に写した。その絵は寺に保管され、彼岸会に掛けて供養されるようになったのだという。

濠端の怪 [ごうたんのかい]

自動車に乗る死者。田中貢太郎が著し、昭和一三年（一九三八）に刊行された『新怪談集　実話篇』に収録された「濠端の怪」にあるもの。濠端の柳に糸のような雨が烟《けぶ》る夜、タクシーの運転手がいつものように四谷（現・東京都新宿区四谷）から牛込（現・同区神楽坂、市谷の辺り）に自動車を走らせていると、電柱の傍らに一七、八歳と思しき女を見つけた。そこで運転手が車を停め、「いかがです？」と尋ねると、女は白い歯を見せて笑い、車に乗ったため、行先を尋ねると「東京駅へ」と言う。その声は震えを帯びた消え入るような声で、運転手はなんだか嫌な気持ちがしたが、女の言う通り東京駅に車を走らせ、目的地に着いたところで振り返ると、そこに女の姿はなかった。

運転手は震え上がってガレージに帰り、車の中を調べると、女の腰かけていた辺りのクッションがぐっしょりと濡れていた。
現代でもよく見られる**タクシー幽霊**の怪談だが、この時点で車に乗った女が消える、その座席が濡れている、といったタクシー幽霊の話の基本がすでにできあがっていることがうかがえる。

強力按摩［ごうりきあんま］

殺された按摩が現れるもの。明治三三年（一九〇〇）に刊行された左右田秋満編著『古今実説　幽霊一百題』第三八「強力却《かえっ》て身を滅すの基《もと》ひとなる」にある。それによれば、元禄（一六八八～一七〇四）の頃、尾張（愛知県西部）の藩士に飯田助左衛門という人がおり、自分は日本一の強力だと驕《おご》り高ぶっていた。

しかし仕事で京都に行った帰り道、伊勢の関駅（三重県亀山市）に宿泊し、疲れを取ろうと按摩を呼んだところ、その按摩が自分も腕力では日本で負ける者がないと思っていた、と言い出した。そのため、飯田は我慢できなくなり、互いに言い争った結果、拳骨で頭を打ち合って力比べをしようということになった。

まず最初に飯田が按摩を殴ることになり、飯田はこの按摩の頭を一撃のもとに粉砕してやろうと殴りつけた。すると、按摩はそれを受けてにやりと笑い、「ずいぶんとよく効いた。次はわしの番だ」と拳を打ち下ろしたため、飯田はこの拳骨には太刀打ちできないとその場にあった火鉢で咄嗟《とっさ》に受け止めた。しかし按摩の拳はその火鉢を砕き、灰をまき散らした。

按摩はそのまま何も言わず出て行ったが、飯田は自分より強力な者がいることが許せず、そっとその後をつけて後ろから刀で斬り殺してしまった。

その後、飯田は帰国して家に着いたが、夜に厠《かわや》に行くとあの強力按摩の姿が目の前に現れた。飯田は驚き、拳で殴りつけたが、手応えなく消えてしまった。

それからも雨の夜、風の夜などに按摩が現れ、それは飯田が死ぬ時まで終わらなかった。この話は飯田が死に際に懺悔《ざんげ》したことなのだという。

黄金澤の幽霊［こがねざわのゆうれい］

滝壺に現れる幽霊。昭和一五年（一九四〇）発行の北海道庁編『北海道の口碑《こうひ》伝説』にあるもの。それによれば、北海道の西島牧村（現・島牧郡島牧村）の泊川の上流には温泉があるが、その付近に「黄金澤」と彫刻され、方向を示した岩があるという。この岩は、昔その付近で採掘した金鉱が埋められていることを示している、という説や、良質の鉱脈を示している、などの説がある。

そのためか、この黄金澤付近の滝壺《たきつぼ》に砂金がたくさん沈殿しているといわれているが、水を汲《く》み上げて底の砂金を採ろうとすると、必ず滝の中に侍姿の幽霊が現れると伝えられている。

小島勇次郎［こじまゆうじろう］

　第一次世界大戦にまつわる怪異譚《たん》。昭和一三年（一九三八）刊行の田中貢太郎著『新怪談集　実話篇』に収録された「母親に憑《かか》る霊」による。

　それによれば、大正八年（一九一九）二月一六日のこと、シベリア出征していた一隊が包囲され、その戦闘の最中、小島勇次郎という軍曹が戦死した。彼は大分県大野郡東大野村（現・豊後大野市）の出身であったが、彼の戦死から半月ほど経った頃、生家で彼の母親がある夜に突然寝床の上で飛び起き、叫んだ。

「起きてくれ、お父さんも、弟も妹も、皆起きてここへ来てくれ、話がある」

　それは鋭い男性的な声で、自分は勇次郎であり、お国のために戦死した。それなのに母親が毎日毎日、仏壇の前へ来て泣く。それが何より辛い、だから泣いてもらわぬために戦争の様子を話して聞かせると告げ、実際に自身の戦死の様子を語ってみせた。そして自分はお国の役に立って死んだのだから、親には達者で暮らしてもらいたい、弟や妹は、自分の分まで孝行してほしいと告げた。

　そのため、父がなぜ死んだ時に知らせに来なかったのかと尋ねると、両親に知らせると嘆くと思ったからで、二人の弟にだけ当日の晩に知らせたと答えた。父が勇次郎の弟たちに聞くと、二人は兄が顔を血だらけにして帰った夢を見たが、皆が心配すると思って黙っていたと答えた。

　そして勇次郎は改めてもう嘆いてくれるなと告げると、同時に母親はその場に倒れて昏睡《こんすい》状態になり、翌日の昼にやっと目を覚ました。しかし昨夜のことを聞いても何も知らなかったという。

　この時は勇次郎のいた場所の戦況がまだ日本に達しておらず、その後戦況が分かってみると、すべて勇次郎の霊の語った通りであったという。

子供の霊［こどものれい］

　明治大正期の鋳金家《ちゅうきんか》・岡崎雪聲《せっせい》が遭遇したという幽霊。明治四二年（一九〇九）発行の泉鏡花編『怪談会』に収録されるもの。

「子供の霊」と題された雪聲の話は、彼が一三歳の頃、慶応三年（一八六七）に遭遇したというもので、当時、雪聲は京都の寺町通のある書房に住んでいた。その頃、その書房の主人と夫人の間に子どもが生まれたが、その子には生まれつき肛門がなく、生後わずか二、三日で死んでしまった。

　その赤子の夜伽《よとぎ》（通夜）が行われた夜のこと。雪聲が四時頃に目を覚ますと、店から奥の方へ向かう土間の隅から煙のような、楕円形の赤子の大きさくらいのものが、下からすーっと出たかと思うと雪聲の寝ていた布団の裾の方へ流れ込んできて、そして三尺（約九〇センチ）ばかり開いている障子を通り、夜伽の人々が集まっている座敷の方へ入って行った。

それから間もなくして煙のようなものがまた出てきて消えた。そのぼんやりとした楕円形のものを見つめると、何だか小さい手であたかも合掌しているように見えたが、頭や足は区別がつかず、ただ灰色のガスのようであった。そのようなことが三度ばかり繰り返され、それ以降は何もなかった。

そこで翌朝、雪聲が主人の老母にこのことを尋ねると、決して口外しないように告げられる。さらに二、三日後、書房が得意としていた寺にお使いに行った際、住職にこのことを尋ねると、それが世にいう幽霊というものだと教えられたという。

小娘の幽霊［こむすめのゆうれい］

寺で暴れた幽霊。昭和三年（一九二八）発行の近藤喜一著『信達民譚集《みんたんしゅう》』にあるもの。それによれば、昔、福島県伊達郡桑折《こおり》町《まち》西町の豆腐屋の娘が、友達の家に遊びに行って酒を飲んで帰ってきた際、炬燵《こたつ》で寝てしまい、着物の裾に火が点いて大火傷を負った。そのために娘は起き上がれぬほどの大病人となったが、それを聞いた友達がこの娘を慰めていると、「いいわねあなたは。そんなに美しく髪なんて結っていられて。私はもう死ぬのだわ」などと言って友達の髪を見つめていたため、その友達も気味が悪くなって逃げるように帰った。

それから二、三日した頃、桑折寺にこの豆腐屋の娘が現れ、丁寧に挨拶をして帰って行った。その様子はとても病人に見えなかったが、寺の梵妻《ぼんさい》が勝手元から茶道具を持ってくると娘の姿は消えており、直後、寺にたった今豆腐屋の娘が息を引き取ったと連絡があった。

翌日、娘の遺骸は桑折寺の墓地に葬られたが、その夜の宵の口、見舞いに行って髪を羨《うらや》ましがられた豆腐屋の娘の友人が、豆腐屋の娘の不幸な身の上を親兄弟と語っていると、突然髪の元結がぷつりと切れた。同じ夜の深夜、今度は桑折寺の本堂で絹を裂くような女の叫び声が聞こえたかと思うと、本堂の中を走り回るような乱れた足音がして、住職が小僧を起こして様子を見に行くと、あの豆腐屋の娘が走り回っていた。

そのため、住職と小僧が声を張り上げて読経すると、お転婆な小娘の幽霊もさすがに疲れたのか、姿を消した。しかし次の夜も小娘の幽霊は友達の髪の元結を切った後、桑折寺の本堂に出現して走り回った。これが七夜にわたって続いたが、その後は姿を現さなかったという。

また、桑折寺には仏壇の欄干《らんかん》が一ヶ所折れたところがあるが、これはこの小娘の幽霊が踏み折った場所なのだといわれている。

ゴロウジ［ごろうじ］

海に流れている死人のこと。それによれば、昭和八年（一九三三）発行の『嶋』第一巻第六号に収録された桜田勝徳著「肥前江の島記」にあるもので、江の島（現・長崎県西海市の江島）に初めて漂着した水死人の腕にゴロウジと入れ墨があったことから、この島では水死人をこう呼ぶのだという。

ゴロウジの流れ方は非常に遅いが、連れて戻ってやるから待っていろと言うと、きちんとそこで待っていたり、岩の間に挟まっていてもこっちへ来いと言うとすいすいと近くまでやって来ることから、水死人は魂があると信じられている。また水死人は祀《まつ》れば漁の神に、祀らなければ**舟幽霊**（近世）やその他のものになるのだという。

権五郎火［ごんごろうび］

死者が火となって現れるもの。外山暦郎によって著され、大正一五年（一九二六）に刊行された『越後三条南郷談』にある。それによれば、本成寺村五十野《ごじゅうな》（現・新潟県三条市の一部）で、権五郎という者が旅の博徒と丁半を争って連勝した。権五郎は勝ち続けたのをいいことに勝銭を持って引き上げようとしたところ、夜の畔道《あぜみち》で先ほどの博徒に殺された。その遺念が燃えるのが権五郎火なのだという。この火が燃えると雨が近いとも伝わっている。

こんにゃく橋の幽霊［こんにゃくばしのゆうれい］

橋に現れた幽霊。昭和八年（一九三三）発行の高田十郎編『大和の伝説』にあるもの。それによれば、天理（現・奈良県天理市）の稲葉と嘉幡《かばた》の間にこんにゃく橋という橋があるが、その名前の由来は以下のようなものである。

稲葉に住む孫兵衛という麹《こうじ》売りがこの橋を通ると、女の幽霊がこんにゃくを咥《くわ》えて出現した。孫兵衛は驚いて一心に念仏を唱えたが、九九遍目にようやく幽霊は消えた。この幽霊はこんにゃくのことで夫婦喧嘩になり、死んだ女の霊だと伝えられているという。

【さ】

ザァー［ざぁー］

沖縄県の宮古島でいう幽霊の一種。昭和一〇年（一九三五）発行の佐藤清明著『現行全国妖怪辞典』によると、失恋した女性が垂髪の幽霊になったものだという。

罪人を呼ぶ罪人の幽霊［ざいにんをよぶざいにんのゆうれい］

声だけが聞こえた幽霊。明治三三年（一九〇〇）に刊行された左右田秋満編著『古今実説　幽霊一百題』第二二「罪人の幽霊罪人を呼ぶ」にあるもの。

それによれば、明治二七年（一八九四）のこと。東京石川島監獄（東京都中央区）にて、雨が降る夜、教誨師《きょうかいし》の山科凌雲は悲鳴を聞いた。調べてみると病人で別房留置に入れられている五〇歳ほどの痩せ衰えた老人であった。

その後、凌雲が帰宅しようと監獄から出ると、監獄内から哀れな声で「医者の大罪人」「署長の大罪人」「教誨師の大罪に……ん」「本願寺様の大罪……」と叫ぶ者があった。そのため、凌雲が戻って声のする方を見ると、先ほどの老人であったため、「どうして人を指して大罪人などと言うのか」と問うた。老人は苦しげに「私は病気でとても苦しく、命もおぼつかないほどですが、誰も来てくれる人がいません。それゆえにただ呼ぶだけでは誰も来てくれないと思い、大罪人と呼べば不敬を咎《とが》めに誰か来るだろうと思い、このように叫んだのです。果たして貴師が来てくださいました。なにとぞお助けください」と言った。

そこで凌雲はこのことを宿直の人に話して帰宅したが、翌日、監獄に出勤するとその老人が今朝になって亡くなったと報告があった。

その夜、また監獄から帰ろうとすると、力のない声で「署長の大罪人」「教誨師の大罪人」と呼ぶ声があった。あの老人は今朝死んだはずなのに、と凌雲はいぶかしく思いながらその部屋に行ったが、やはりそこには誰もいなかった。

不思議に思いながら凌雲は帰宅したが、その後も雨の降る夜になると二、三度その声が聞こえたという。

この教誨師の山科凌雲という人は東京石川島監獄を舞台とした他の話にも登場する（**毒薬を散布する幽霊**も参照）。

さえこ

家に祟る霊。昭和一一年（一九三六）発行の『ひと』第一六号に収録された波多郁太郎・戸板康二著「たたりもっけ」にあるもの。それによれば、青森県の飯詰村（現・五所川原市飯詰）にて、昔、凶作の際に粟《あわ》畑《ばたけ》が荒らされることがあった。

そこで役人が家々を一軒ずつ回って調べていると、さえこという女性の家に誰かがいたずらで粟穂を置いていたため、さえこが犯人だとされた。そして散々に痛めつけられた後、首に石を付けて淵《ふち》に沈められた。

その後、さえこを訴えた家の者は全滅した。今でもその場所に家を建てると家族に病人や怪我人が出るという。またさえこの霊はさえこ地蔵という地蔵に祀《まつ》られているという。

酒屋の幽霊 ［さかやのゆうれい］

酒を売る幽霊。明治三三年（一九〇〇）に刊行された左右田秋満編著『古今実説幽霊一百題』第三九「須成村の酒屋にて幽霊酒を売る」にあるもの。それによれば、尾張国海東郡須成村（現・愛知県海部《あま》郡蟹《かに》江《え》村の一部）に酒屋があったが、この酒屋は女房のおかげで保っており、女房に大変な権力があった。しかし明治三一年（一八九八）にこの女房が死去した。最後まで後のことをいろいろと心配していたという。

その後、同じ村の者がこの酒屋に酒を買いに行くと、死んだはずの女房が店に座っていて、酒を注いでくれた。客は外に出てからこれは不思議なことだと思い、行き会った二人の者にこれを教えると、それは面白いとなり、三人で酒屋に行くとやはり死んだ女房がおり、酒をくれた。

　しかし、その後は酒屋の女房が現れることはなかったという。

佐々木喜善の曽祖母 ［ささききぜんのそうそぼ］

　葬式に姿を現した死者。明治四三年（一九一〇）に発表された柳田國男編『遠野物語』にあるもの。

　それによれば、『遠野物語』の元になった民話や伝説を語った人物でもある佐々木喜善自身の体験として語られている話で、彼の曽祖母《そうそぼ》が亡くなった際のことであるという。

　亡骸《なきがら》を棺に収め、親族一同が集まって座敷で寝ていたが、喜善の祖母と母は喪の間火を絶やさないため、囲炉裏《いろり》の側で起きていた。すると裏口の方から足音がするので、見ると亡くなった老女が生前そのままの姿で歩いていた。腰をかがんでいるため、着物の裾を地面に引き摺《ず》ってしまうことから、三角に持ち上げて前面で縫い付けてあるのも生前そのままで、喜善の祖母と母の間を通り抜けて座敷の方に向かった。すると精神障害を患い、隔離されていた曽祖母の娘が「おばあさんが来た」と叫んだ。これには親戚一同も眠りから覚め、ただ驚くばかりであったという。

　また、この老女の二七日の逮夜《たいや》に親しい知人たちが集まって夜が更けるまで念仏を唱え、帰ろうとした時、門口の石にこの老女が座り、向こう側を向いていた。その姿はまさしく死んだはずの老女であった。これは大勢の目撃者がいるという。

座敷坊主 ［ざしきぼうず］

　家に現れる怨霊。昭和九年（一九三四）発行の『旅と伝説』七巻一号に収録された折口信夫著「座敷小僧の話」にあるもの。

　それによれば、遠州の門谷（現・静岡県浜松市天竜区の一部）に座敷坊主というものがいて、枕返しをするのだという。

　その正体は門谷のある家に泊まった際に殺された坊主だとも、または暗い中、出立させられて途中で殺された坊主だともいわれ、その怨霊が現れ、寝ている人間の位置を変えて脅かすのだとされる。その姿は坊主頭の按摩《あんま》のようだと記されている。

　折口はこの話について、旅人を殺して持ち金を取って家が富んだという類型的なもの、と書いている。そういった話については近世の**こんな晩**を参照。

　また、佐々木喜善は折口からの書状によるとして、大正一三年（一九二四）発行の『人類学雑誌』に収録された「ザシキワラシの話」にて、遠州門谷のザシキボウズおよびザシキコゾウについて紹介している。それによれば、門谷の親方という家の特定の部屋にザシキボウズまたはザシキコゾウというものが出て、その年齢は五、六歳に見える。これは昔、六部（座頭。目の不自由な人）を殺したとか、落とし穴で猪《いのしし》を取った際、金持ちがこれに落ちて死んだためだとか、金を持った盲人をこの落とし穴に落としたためなどさまざまにいわれており、その死者が子どもの姿になって出るのだと語られていることが記されている。

座敷わらし［ざしきわらし］

子どもの姿、もしくは若い人間の姿をして現れる妖怪。これが現れる家は栄えるが、逆に出て行かれると衰えるという家の盛衰に関わる性質を持つ。

明治四三年（一九一〇）に発表された柳田國男の著作『遠野物語』に登場するものが有名で、ここでは一二、三歳ばかりの童子の姿をした神であり、姿を現したり、音だけが聞こえるなどするという。この神が宿った家は富貴自在であると記されている。また、ある家から二人の少女の姿をした座敷わらしが出て行ったが、しばらくしてその家の住人たちはキノコの毒に当たって七歳の女の子を残して死に絶えた、という話も記されている。

この『遠野物語』において、柳田國男に遠野の話を語った佐々木喜善もまた、座敷わらしについてさまざまな記録を残している。大正九年（一九二〇）に発表された『奥州のザシキワラシの話』にはさまざまな座敷わらしの話が掲載されており、その姿も二、三歳の背丈の座敷わらしもいれば、一七、八歳の赤い友禅の着物を着た娘の姿をした座敷わらしもいたようだ。

また、この妖怪は圧殺されて家の中に埋葬された子どもの霊である、という言説の元になったのも『奥州のザシキワラシの話』だが、喜善は「圧殺された赤子の霊魂、巫《み》女《こ》の言葉で、若葉の霊魂と云う物の類である。嬰児《えいじ》の圧殺は昔はほとんど常の事のごとく考えていたものらしく、殺せば決して屋内より出さず、必ず土間の踏み台の下か、あるいは石臼《いしうす》のような、繁《しげ》く人に踏みつけられる場所に埋めたものである。生後一年ぐらいで死んだ児も逆児と謂《い》って、その屍《しかばね》を外に出すことを非常に忌み、必ず右同様の場所に埋めたものであるが、それらの霊魂は、睡眠病や首下がり病の、神と為ると信ぜられているのである。外観ほとんど全くザシキワラシと、関係はないようであるけれども、子供と云うこと、屋内と云う所から、思い付いたままに言っておく」と記されており、座敷わらしがすなわち子どもの霊だとは断言していない。またこの後に喜善は、無残な最期を遂げた童子の霊魂はそのまま屋内に留まる、という話をしているが、これも座敷わらしに関連があるかもしれない事項として挙げているだけで、座敷わらしとイコールにはしていない（**梁《はり》の上の子**も参照）。

現代においても座敷わらしの話はよく語られるが、中には子どもの霊魂を正体とするものがある。例えば岩手県二戸《にのへ》市の緑風荘という旅館に現れる座敷わらしは男児の霊が正体とされる。同旅館のホームページを参考にすると、南北朝時代、南朝の後醍《ごだい》醐《ご》天皇に仕えていた藤原朝臣藤房が北の足利軍に追われ、現在の東京都あきる野市に身を隠した。その後、さらに北上する途中で二人の子どもの内、当時六歳だった兄の亀麿《かめまろ》が病で倒れ、その幼き生涯を閉じた。その際「末代まで家を守り続ける」と言って息を引き取ったため、守り神「座敷わらし」として現れるようになり、緑風荘の敷地内にある亀麿神社ではそれを祀《まつ》っているのだという。

　この他、岩倉千春他編著『幸福のEメール』には、会社に現れてその業績を左右するオフィスわらしや、新人にパソコンを教えてくれるコンピューターわらしなど、現代ならではのわらしが現れていることが記されている。

座頭ノ石［ざとうのいし］

　座頭（盲目の人）殺しにまつわる怪異譚《たん》。大間知篤三著『常陸高岡村民俗誌』にあるもの。それによれば、茨城県中戸川（現・高萩市中戸川）に座頭ノ坂と呼ばれる坂があり、そこに座頭ノ石と呼ばれる石がある。これは昔、賀美村（現・常陸太田市の一部）の小室某という人がその坂で座頭を殺し、金を奪った後、殺された座頭が変化した石だという。また、これ以来小室某の家には代々盲人が絶えなくなったと記されている。

佐藤芳雄［さとうよしお］

　自分を殺した人間を追い詰めた亡霊。田中貢太郎が著し、昭和一三年（一九三八）に刊行された『新怪談集　実話篇』に収録された「毒を仰いだ運転手」にあるもの。同書によれば、この話は昭和一〇年（一九三五）四月一三日付の「読売新聞」に掲載された記事だという。

　その内容は東京都牛込区（現・新宿区の一部）でバス運転手をしていた深津次郎介という人物が自宅でカルモチンを飲み、服毒自殺を図った。病院に運ばれ、一命を取り留めたため、事情を聴くと、深津氏は前年の一二月、バスを運転中に誤って佐藤芳雄を轢《ひ》き、佐藤氏はそれが原因で亡くなっていた。深津氏は過失致死罪として罰金を取られ、遺族には慰謝料を払って示談となっていた。しかしそれ以降、夜になると深津氏のもとに佐藤氏の亡霊が現れるようになり、運転ができなくなった深津氏は会社を辞めて昼には円タクの臨時運転手をしていた。だが今度は佐藤氏の亡霊が行く先々に現れるようになったため、ついに神経衰弱に陥り、その月の初めから自宅に引きこもっていたが、責任を感じて毒を飲んだのだという。

しか

　生きた人間に嫉妬した幽霊。湯本豪一編著『明治妖怪新聞』によれば、「錦絵百事新聞」第一七五号に掲載されたもの。それによれば、大阪難波村（現・大阪府大阪市の難波）で瀬戸物屋の村田利八という者の家に盲人のしかという娘がいた。しかは地歌三味線の稽古屋をしていたが、稽古に通う源七という男と恋仲になり、懐妊する。しかし難産によりお腹に子を宿したまま亡くなった。

このしかには継母がおり、つねといったが、しかとは折り合いが悪く、四十九日の間一度も回向《えこう》せずにいた。すると村田家の隣家の音吉の妻・あいのもとに火の玉が現れ、驚いたあいは気絶するも、そこに夫の音吉が帰ってきた。

音吉はあいを起こし、二人で寝室に入ったが、丑三《うしみ》つ頃（午前二時頃）になって音吉が蚊帳《かや》の外をふと見ると、あの火の玉があちらへ転がりこちらへ回り、音吉が追い払おうとしても逆に蚊帳へ侵入しようとするため、その騒ぎであいも起きてしまった。

夫婦が冷や汗をかいていると、近所の人々も騒ぎを聞きつけてやって来た。そのためか火の玉は消えたが、夜が明けてから三部経を唱えると、それ以降は出現しなくなった。

このような怪異が起きたのは、以前からしかは隣家の若い夫婦が仲睦まじく暮らしているのを羨《うらや》んでおり、そのまま死んでしまったせいであるが、どうして源七や継母のもとには行かなかったのか、と新聞は記している。

ジキトリ［じきとり］

空腹を発生させる死者。類似した伝承は多いが、昭和一八年（一九四三）発行の『民間伝承』九巻一号に収録される大藤時彦著「ヒダル神」では、愛媛県の明治村目黒（現・北宇和郡松野町大字目黒）にて猪《いのしし》狩りに行った一行の中のひとりがジキトリに憑《つ》かれ、肉を食ったが治らなかったという話が載せられている。

昭和三三年（一九五八）発行の『民間伝承』二二巻九号に収録される大間知篤三の「南予の狩り、俗信」では、ジキトリは山道に出る亡霊で、これに遭遇すると酷《ひど》い空腹で動けなくなる。これを防止するため、弁当を必ず少し残しておき、もし食べてしまった場合には他の人にわずかでよいので弁当をもらっておく、とある。

シキ幽霊［しきゆうれい］

九州地方でいう海の霊。民俗学研究所編『綜合日本民俗語彙』によれば、九州の西海岸に多く伝わる**舟幽霊**（近世）のようなものだという。また三重県北牟婁《きたむろ》郡須賀利村（現・尾鷲市）でも、海で死んだ人がシキユウレイにつくといい、魚をやると消える、時化《しけ》の晩などに船や山のごとく見せかけてくるなどといわれていたという。

山口麻太郎著の『壱岐島民俗誌』においては、夜間、汽船や軍艦に一杯灯を灯しているように見せることもあり、この灯が点いたり消えたりするものを「シキユーレー」と呼んでいる、という記録がある（**ユーレー**も参照）。

また小松和彦監修『日本怪異妖怪大事

典』によれば、幽霊の出現だけでなく、夜に海面が白く光るように見える現象のことをシキ幽霊という場合があるようだ。同書では、沖縄ではシチマジムンやシチモウレェともいう、と記されている（これについては**シチ**を参照）。

昭和八年（一九二三）発行の『嶋』第一巻第六号に収録された桜田勝徳著「肥前江の島記」では「シキユーレイ」という名で載り、海の幽霊であると記されている。

福地曠昭著『沖縄の幽霊』には「シキー」という幽霊についての記載があり、これは山や川に現れ、人を見つけると引っ張り回して散々に迷わせるとされる。名前はシキ幽霊と似るが、海ではなく山川に出現するという違いがある。また人を惑わすという似た性質を持つものにシチ、シチマジムン、ヒチ、**ヒチマジムン**と呼ばれるものがある。シキ、シチ、ヒチは同じものを指すとされる場合もあるため、シキーはこの人を迷わせるという性質を持ったものを呼んでいる一例なのだろう。

シキを歩く幽霊［しきをあるくゆうれい］

幽霊にまつわる俗信。昭和一五年（一九四〇）三月一日に発行された『旅と伝説』一三巻三号に収録された寺田伝一郎著「羽後浅舞町近傍見聞書（続）」によれば、秋田県の浅舞町（現・横手市平鹿町浅舞）では、幽霊はシキ（敷居）を歩くため、敷居を枕にすると幽霊に踏まれると考えられていたのだという。

四国を巡る幽霊［しこくをめぐるゆうれい］

友の幽霊が現れたもの。明治三三年（一九〇〇）に刊行された左右田秋満編著『古今実説　幽霊一百題』第三一「友達の幽霊四国を巡る」にある。それによれば、美濃国恵那郡加島村（現・岐阜県南部）に嘉右衛門、仙蔵という二人の農夫がおり、弘法大師を信仰していたため、一度は四国八十八ヶ所を巡礼したいと言い合っていた。

安政六年（一八五九）のこと、仙蔵はついに思い立って四国巡礼に向かったが、その際に嘉右衛門を誘ったものの、嘉右衛門は家の都合が悪く、同行することができないと言った。そのため、仙蔵はひとりで旅立ち、四国へ辿《たど》り着いて半ばほど巡礼していた時のこと。ある山中で向こう側から歩いて来る嘉右衛門を見た。二人は互いの無事を祝し、言葉を交わしたが、仙蔵が嘉右衛門に「都合が悪いと言っていたが、どうやって来たのか」と尋ねると、「そなたが四国巡礼をするのが羨《うらや》ましくて、後から続いて出てきたのだ。しかし自分は逆順に回ったので、今、そなたと出会うことができた」と言った。

それからあれこれと話し、二人はやがて別れたが、仙蔵は、嘉右衛門はすぐに出てくることは難しい状況だったはずだと思い、改めて後ろを振り返ると、隠れる場所などないのに嘉右衛門の姿は消えていた。

それから数日かけて四国を巡礼し、仙蔵が家に帰って来ると、家の者が出てきて嘉右衛門が死んだと告げた。その日付を問うと、それは仙蔵が嘉右衛門と会った日の三日前であった。

　嘉右衛門は日頃から巡礼のことを願って死んでいったため、その霊魂が廻ったのであろうと噂《うわさ》されたという。

自殺した女の手［じさつしたおんなのて］

　死者の体の一部が現れたもの。田中貢太郎著「三原山紀行」（『新怪談集　実話篇』収録）にある。歌舞伎役者の市川八百蔵が一九歳の頃、酷《ひど》く厭世的《えんせいてき》になり、投身自殺をするために伊豆の大島（現・東京都大島町）の三原山に向かった際に体験したという。そこで知り合いの美術学校の学生と出会い、その友人とも友人となって、晴れやかな気持ちになり、自殺を思いとどまっていたところ、彼の隣の部屋に泊まっていた女性客が岬から海に向かって飛び降り自殺をした。明け方になって磯に打ち上げられた女性の体は、目と言わず口と言わず砂が一杯に詰まっていたという。

　八百蔵は死ぬ気も失せて、東京へ電報を打ち、伯父が迎えに来てくれることになった。その日の夕方、八百蔵と美術学校の友人たちが湯へ行った際のこと。学生のひとりが窓の外に何かを見つけ、悲鳴を上げた。八百蔵らが慌てて駆け寄ると、彼は窓の向こうを指さしている。

　八百蔵らがそちらを見ると、仄暗《ほのぐら》くなりかけた庭に乾かしたままになっている女物の衣服の両袖から、青白い手がぶら下がっていた。それは自殺した女の身につけていた衣服を乾かしてあるところであったという。

死児の写真［しじのしゃしん］

　夢と写真に現れた死者。田中貢太郎著『新怪談集　実話篇』（昭和一三年（一九三八））に収録された「死児の写真」にあるもの。それによれば、大正九年（一九二〇）のこと、ある集落に山本道太郎という人がいたが、その娘が流行性感冒で亡くなった。それから間もなく道太郎の夢に娘が現れ、「お父さんが写真を撮ってくれますと、わたしが写りますから、それをお母さんに見せてやってください」と告げた。道太郎がその通りにすると、本当に写真に娘の姿が写っていたという。

死者の名前をつける禁忌［ししゃのなまえをつけるきんき］

　アイヌに伝わる俗信。昭和八年（一九三三）に発行された『旅と伝説』六巻七号に収録された深瀬春一著「アエヌワップ――アイヌ誕生雑記――」にあるもの。それによれば、アイヌでは子どもに死んだ人間の名前をつけてならないとされている。もしそうすると死者が悲しむのみでなく、ついには死霊の祟りがあるからだという。

死せる勇士の戦車操縦［しせるゆうしのせんしゃそうじゅう］

　日露戦争にまつわる怪異譚《たん》。田中貢太郎

著『新怪談集　実話篇』（昭和一三年（一九三八））に収録された「死せる勇士の戦車操縦」による。それによれば、昭和一二年（一九三七）九月、日中戦争における上海の楊行鎮攻略後、呉家宅付近の戦闘で岡林准尉という軍人の指揮する戦車隊が阿修羅のごとく暴れ回り、敵の野砲陣地を潰《つぶ》して引き上げた。

　その岡林准尉が乗っていた戦車は藤野清人上等兵という人物が操縦し、岡林准尉と岡村一等兵が砲撃していたが、味方陣地に帰ってみると、戦車の中にいた藤野上等兵はすでに死んでおり、エンジンも止まっていた。

　人々は死んだ藤野の霊が操縦してきたのだと信じ、疑う者はいなかったという。

シチ［しち］

　鹿児島県奄美群島の喜界島に伝わる幽霊。昭和一八年（一九四三）発行の岩倉市郎著『喜界島昔話集』にあるもの。難産で死んだ女の幽霊で、夜間に天と地を繋《つな》ぐ黒煙の大円柱のようなものが見えるという。

　また島袋源七が昭和四年（一九二九）に発行した『山原《やんばる》の土俗』によれば、シチは幽霊の一種で、道行く者を惑わし、山や海に連れて行くのだという。また一部地域ではヒチとも呼ぶとされる。ヒチについては**ヒチマジムン**を参照。

　同書ではこのシチやヒチに遭遇した際の対処法として、自分のふんどしで鉢巻をするか、手に持って振らねばならないと記している。

死マブイ［しにまぶい］

　沖縄において死霊を表す言葉のひとつ。名前の意味は「死んだ魂（マブイ）」で、疫病による病死、産褥死《さんじょくし》、自殺、村外死など、異常とみなされる死に方をした人間がなるという。

　昭和九年（一九三四）発行の『島』通巻昭和九年前期号に収録された比嘉春潮著「翁長旧事談」に「死まぶい」「生まぶい」とあり、どちらも暗いところやさみしい場所に現れるものだが、人の目に見えないだけで白昼も地上を往来しており、「かなぶやあ」という特殊な能力を持っている人の目には見えるという。

　塩月亮子の論文「沖縄における死霊観の歴史的変遷」によれば、このシニマブイは生きている人間を羨《うらや》み、危害を加えると信じられており、シニマブイにかかると体や手足がだるくなり、病気になるなどといわれていたようだ。また、葬式の際にはソテツの葉を門前において、シニマブイの侵入を防ぐ風習があるとされる。

　またシニマブイにも種類があり、**ヤナカジ**（悪風）、ヨーカビーもしくはタンガイ（**タマガイ**、火の玉）、**ユーリー**（幽霊）、屋敷につく子孫の絶えた死霊である**シーマチチリムン**（現代）、材木などの漂着物で、溺死者などの死霊がついたものである**ユイムン**（現代）などがいて、これらは同じシニマブイでもその姿は風であったり、火の玉であったり、人の姿であったりと、出現する形態に明確な差異が見られると記録されている。

地縛の霊［じばくのれい］

心霊科学、心霊主義でいう、より高位の世界である幽界や霊界に行かず、地上に留まり続ける霊のこと。もともと西洋の心霊主義で使われていた言葉で、「earthbound spirit」の訳。これを「地縛の霊」と訳したのは日本の心霊主義者・浅野和三郎だと考えられ、昭和九年（一九三四）発行の『神霊主義』などにこの語が見える。特定の場所ではなく、地上という広い世界に縛り付けられている死者の概念である。

現代の**地縛霊**に近い使い方もあり、昭和一七年（一九四二）刊行の岡田茂吉著『明日の医術』では地縛の霊は変死者の霊であり、溺死、縊死《いし》、轢死《れきし》、墜死、毒死、自殺などで死んだ者がなり、どれだけ懇《ねんご》ろに弔ってもその死んだ場所を離れることができないとしている。また、これらの霊は居場所が墓場と異なって孤独であるため、相手を求めており、近くを通行する者がいると自殺や変死によって殺害しようとする。世間でよく轢死者があったレールの付近や、溺死者のあった水辺等に変死者が出やすいのはこのためである、と記されている。

岡田茂吉は新興宗教である世界救世教の教祖であるが、先述の浅野和三郎と交流があり、心霊主義を学び、その影響を受けていたことから、地縛の霊という言葉を使ったものと思われる。

シバナガ幽霊［しばながゆうれい］

沖縄県国頭《くにがみ》郡でいう幽霊の一種。昭和一〇年（一九三五）発行の佐藤清明著『現行全国妖怪辞典』にあるもので、舌長幽霊の意味であるという。同書では沖縄県国頭郡には幽霊が多く、舌長、首長、山羊、豚、牛等の幽霊があると記しており、本書では**首長幽霊**も取り上げている。

写真に写った登山姿［しゃしんにうつったとざんすがた］

写真に現れた死者。田中貢太郎著『新怪談集　実話篇』（昭和一三年（一九三八））に収録された「写真に写った登山姿」にあるもの。それによれば、昭和八年（一九三三）の夏、ある大学教授が登山をした際、槍《やり》（槍ヶ岳の略称か）のクレバスが面白いとその景色を写真に撮ったが、現像してみると、その場にいなかったはずの登山をしている青年が写っていた。そこで友人にその話をし、写真を見せると、彼は驚いてそれはその前年同じ場所で遭難し、腐乱死体で見つかった大阪商科大学（現・大阪市立大学）の学生であると教えてくれた。教授が写真を撮ったのは、学生が遭難してちょうど一年目の日だったのだという。そして写真を学生の家族に見せると、たしかに本人だと言って涙を流したのだと記されている。

借金を取り返させようとする幽霊
［しゃっきんをとりかえさせようとするゆうれい］

金に執着した幽霊。明治三三年（一九〇〇）に刊行された左右田秋満編著『古今実説　幽霊一百題』第八八「老母の霊娘に貸金の取返し方を迫る」にあるもの。

それによれば、名古屋の巾下《はばした》町（現・愛知県名古屋市西区幅下）に住んでいたある老女は常々節約して小金を貯めていたが、何田という者にこの金を貸したところ、あれこれと言い逃れされ、金を返してもらえなかった。それを苦にして老女は病気になり、死んでしまった。しかしその老女の幽霊がときどき現れ、自分の娘に向かって「何田に貸した金を早く取り返せ」と迫った。娘は浅ましく思い、わずかな金に執着して母は迷っているのかと僧侶に頼んで懇《ねんご》ろに弔ってもらったが、その効果はなく、やはりときどき現れて借金を取り返すよう迫ったという。

借金を取り返しに現れる死者の話は多いが、自分で取り返さずに人に命じるパターンは案外珍しい。

終電車に乗る妖婆
［しゅうでんしゃにのるようば］

老婆の怨霊が語られるもの。昭和九年（一九三四）発行の田中貢太郎著『日本怪談全集』に収録された「終電車に乗る妖婆」にある。それによれば、大正一三年（一九二四）の春のこと。東京都の芝区宇田川町（現・港区の一部）から三田に向かう終電車があると、風呂敷を背負って、息を切らした六〇歳くらいの老婆が乗って来るということがあった。しかしこの老婆は大門と金杉橋の間の辺りで消えていなくなってしまう。その老婆の正体は、かつて神明町の下駄屋だった人で、大正一二年（一九二三）の暮れ、宇田川町の鳥屋の前で電車に轢《ひ》かれて死んだが、その財布には三〇円の金が入っていた。そのため、金に未練のある老婆の怨霊が電車に乗るのだろうと噂《うわさ》されたという。

この話の冒頭で、著者の田中貢太郎は「怪談も生活様式の変化によって変化する。駕籠《かご》ができれば駕籠に怪しい者が乗り、人力車ができれば人力車に、鉄道馬車ができれば鉄道馬車に、汽車ができれば汽車に、電車ができれば電車に、自動車ができれば自動車に、飛行機ができれば飛行機に、怪しい者が乗るのである」と述べているが、その言葉の通り、怪しい者たちはさまざまな乗り物の中に現れている。

一二号室の怪異
［じゅうにごうしつのかいい］

特定の場所に現れる死者。田中貢太郎著『新怪談集　実話篇』（昭和一三年（一九三八））に収録された「十二号室の怪異」にあるもの。それによれば、昭和五年（一九三〇）一一月一四日のこと、総理大臣浜口雄幸が狙撃され、帝国大学の附属病院に入院したことで、警視庁の警官たちが動員され、警備が行われた。

その際、警官たちは島薗内科という病院

の一室、一二号室に宿泊することとなったが、その部屋には寝台が三つあった。そしてその真ん中の寝台で寝ていると、入口の扉がすうっと開いて白い衣服を着て髪を後ろへ垂らした女が入って来る。その女は真っ青な顔をした二七、八の女だが、真ん中の寝台に近づくと毛布の上から寝ている人間を押さえつけるのだという。

その女はこの病室で死んだらしいといわれていたが、詳しいことは伝わっておらず、またその後、部屋は取り壊されてしまったのだという。

ジュリグヮーマジムン ［じゅりぐゎーまじむん］

沖縄に伝わる妖怪の一種。昭和六年（一九三一）五月一五日発行の『郷土研究』五巻二号に収録される金城朝永の「琉球妖怪変化種目」等にあるもの。ジュリ（尾類）は沖縄の方言で遊女を意味し、遊女が死後、変化したものだと考えられている。ジュリマジムン、ジュリガーマジムンなどとも呼ばれる。

沖縄市教育委員会編『沖縄市文化財調査報告書第26集　むかしばなしI』には、次のように書かれている。現在の沖縄県沖縄市の仲原から美原に向かう途中の小高い山にジュリ墓という墓があり、そこに幽霊が立つという噂《うわさ》があったため、仲原に住むひとりの男が確かめに行くと、噂通り暗闇に青白い顔の女の幽霊が立っていた。腰を抜かすほど驚いたが、「フンドシでマジムンを避けることができる」という言い伝えを思い出し、自分のフンドシを脱いで棒に結び、振り回した。しかしそのフンドシを誰かに摑《つか》まれ、慌てて逃げ帰った。翌日、男がその場所に行ってみると、摑まれたと思ったフンドシは松の枝に引っかかっていた、という昔話が収録されている。

称名寺の幽霊 ［しょうみょうじのゆうれい］

子を助けるために現れた幽霊。高知県の郷土史家であった寺石正路が著し、大正一四年（一九二五）に刊行された『土佐風俗と伝説』にある。

それによれば、昔、潮江《うしおえ》天満宮（高知県高知市）の裏手に称名寺という寺があったが、この寺前に夜な夜な幽霊が出るという噂《うわさ》があった。そのため、山田某という者が朋友二人とともに幽霊の存在を確かめようとその寺に向かった。

夕方に寺前に着き、近くの小川に掛かった橋に腰かけて夜まで待っていると、橋下の暗いところに怪しい者が現れ、山田某の足を摑《つか》んだ。そのため、山田某が「先ほどから冷ややかな手で橋下から俺の足を摑む者がある」と言うと、朋友二人は驚いて先を争って逃げて行った。

山田はひとり残されたが、自分の足を摑む手を逆に摑んで引き上げてみると、白い着物を着た乱れ髪の女がやつれた姿でいたため、「あなたはどなたか。どうしてここに来たのか」と問いかけた。すると女は「私はこの近くに住む豆腐屋の何某の妻で、先に死んでしまったのですが、夫が迎えた後妻が邪慳《じゃけん》な人間で、私が残してきた子どもを苦しめているため、一言恨みを言おうとたびたび家に帰るも、門口に神仏の守り札が貼ってあって入ることができないのです。そのため、往来の人に頼んでその守り札を取り除いてもらおうと思っていたのですが、会う人は皆逃げてしまってどうしようもない状態にありました。どうか情けをいただき、願いを聞き入れて、その守り札を取り除いてください」と願ったため、山田は「たやすいこと」と幽霊に同行し、その豆腐屋の門口に至ると守り札を引き剝《は》がした。すると女の幽霊は大変に嬉しそうな顔をしてその門の中に向かったが、家に幽霊が入るや否や女の叫び声が聞こえた。後に聞けば後妻は前妻の死霊に取り殺されたのだという。

近世の**生妬《なまねた》き妻の幽霊**、**逆立ちの霊女**などに見られる札剝がしを頼む幽霊の一種。注目したいのは橋の下から山田某の足を摑む場面で、何者かに足を摑まれたことを友人に話すと、摑まれた人間を置いて友人たちが逃げて行く、という展開は現代で「友達だよな?」などの題で語られる都市伝説と類似している（現代の**足を摑む手**も参照）。その先行をなす話かもしれない。

シリー ［しりー］

沖縄県の那覇市《なはし》でいう死霊。昭和一〇年（一九三五）発行の佐藤清明著『現行全国妖怪辞典』にあるもので、亡者が成仏せず、夜間に迷い歩くものだという。

死霊が引き合う ［しりょうがひきあう］

死にまつわる怪現象。垣田五百次・坪井忠彦編によって著され、大正一四年（一九二五）に刊行された『口丹波口碑集《こうひしゅう》』にあるもの。それによれば、西別院村の笑路《わろうじ》および柚原《ゆのはら》（現・京都府亀岡市西別院町笑路および柚原）は、互いに一三、四町（約一・四〜一・五キロ）隔たって隣同士の集落であったが、一方の集落で男が死ぬともう一方の集落で女が死に、その逆もあった。つまり異性の者が交互に冥土に旅立つという伝承があったが、これは互いの死霊が引き合うからだと信じられていたという。

白い子犬を抱いた女 ［しろいこいぬをだいたおんな］

タクシー幽霊のひとつ。昭和一三年（一九三八）発行の田中貢太郎著『新怪談集実話篇』に収録された「白い小犬を抱いた女」にあるもの。それによれば、ある運転手が護国寺（東京都文京区）の墓地を通っていたところ、白い小犬を抱いた女が車を停め、逢染橋という場所を行先として告げた。そして目的地に着くと、女は「ちょっと待っててね」と言って、小犬を抱いたまま降りて家に入って行ったが、そのまま一時間経っても帰ってこない。運転手は仕方なしに彼女が入って行った家を訪れたが、出てきた老婦人はこの家に若い娘はいないと言う。そこで土間の方を見ると、あの女が抱いていた小犬がちょこなんと座っている。

そこで運転手が「この犬を抱いてきた方ですよ」と言うと、老婦人は突然目に涙を浮かべ、「それでは、やっぱりうちの娘でございますよ、明日が一周忌になりますから、それで帰って来たものですよ」と言ったという。

死者が墓地で車を呼び止め、自分の家へ帰るという展開は典型的なタクシー幽霊の怪談だが、ここでは生きた小犬が登場する点が面白い。犬は死んだ自分の主人を迎えに行っていたのだろうか。

白い物を着た幽霊［しろいものをきたゆうれい］

正体不明の幽霊。明治三三年（一九〇〇）に刊行された左右田秋満編著『古今実説幽霊一百題』第四二「任天居士幽霊を打んとす」にあるもの。それによれば、田島任天という人物が一七歳の時、郷里である大和国長原村（現・奈良県の一部）に白い衣を着た者が現れるということがあった。

ある夜、任天がこれを見に行くと、本当に白い物を着た幽霊が出た。その姿は朦朧《もうろう》としていたが、任天が近くにあった木刀を手に取ってこれを打とうとすると、その者は逃げてしまった。なおも打とうと追って行くと、その者はどんどん逃げて行くため、ますます追うとますます逃げ、一〇丁（約一・一キロ）も追うと消えてしまった。これは田島任天本人が語っていたことだという。

死を呼ぶ洋剣［しをよぶさーべる］

死者の宿った洋剣。明治三三年（一九〇〇）に刊行された左右田秋満編著『古今実説 幽霊一百題』第三二「刀剣を拾ひ非業の最期を遂ぐ」にあるもの。

それによれば、明治一一年（一八七八）の夏の末頃のこと、熊本県である農民が秣《まぐさ》を刈っている時、一個の髑髏《どくろ》を発見した。それは西南戦争で死んだ軍人の物かと思われたが、その側の草を刈ってみると、全身の白骨が洋服のような物を纏《まと》った状態で出てきて、その側に一腰の洋剣（サーベル）が落ちていた。表面こそ錆《さ》びているが、土の付いた方を見ると黄金に輝いており、細身に似合わず重いのは金無垢《むく》であろうと思われた。農民はこれは大変価値のある物だと思い、籠の中にそれを入れて持ち帰った。

しかしその夜、軍服を着た厳《いか》めしい、また高貴な人間が農民の枕元に現れた。すると不思議なことに農民は急に発熱し、その苦しさはたとえようもなかった。これはあの洋剣を持っていた死体の幽霊で、臨終の際にまで惜しいと思っていた物を持ち帰ったので、恨んで現れ、祟ったのだろうと思われた。このままでは命も取られると農民は翌朝早くに洋剣を元あった場所に捨てた。

しかしどこから漏れ聞いたものか、同じ村に住む士族の男が農民を嘲笑《あざわら》い、「死んで無用の刀剣を惜しむのは亡者の心得違い。万一、霊が出て返せと言うのであれば、その時は説諭してやろう」などと言い、あの洋剣を持って帰って来た。しかしその夜から様子がおかしくなり、「この剣が欲しいということで来たのか」「この剣は秘蔵の物で、死ぬまで離さなかったのに、今更人の手に渡るのは残念だ。返せ、返せ」などと口走ったため、さては剣の持ち主が祟ったか、と噂《うわさ》になった。この士族の男は洋剣を持ち帰って三日目にこの剣で自分の喉を深く突き刺し、非業の最期を遂げた。そのため、やはりこれは洋剣の持ち主の亡霊の祟りだと噂されたという。

死を呼ぶ死霊 ［しをよぶしりょう］

葬式にまつわる習俗。昭和八年（一九三三）に発行された『旅と伝説』六巻七号に収録された浅井正男著「各地の葬礼―京都府舞鶴地方―」にあるもの。それによれば、京都府の舞鶴地方では葬式から帰って来た際には盥《たらい》一杯分の水を門口に用意しておき、それで足を洗い、草鞋《わらじ》から下駄に履き替え、塩を撒《ま》いてその上を踏んでから家に入る。合葬から帰って来る場合は門口で柄杓《ひしゃく》一杯くらいの水を流し、その上に塩を撒いて踏んでから家に入る。そうしないと一緒についてきた死霊が離れず、間もなくその家に死人があると伝えられているという。

神経病の幽霊 ［しんけいびょうのゆうれい］

幽霊は本当に存在するわけではなく、個人の神経の病理が見せる錯覚、幻だとする考え方。近代初期に現れたもので、文明開化により西洋医学の知識が流入したことで発生したものと考えられる。

例えば悪事を働いた人間は良心の呵責《かしゃく》によって神経病となり、被害者の幽霊を見ることになる、しかしこれは個人のみに見える幽霊であるため他の者には見えない、というようなもの。近代初期にはこの解釈にのっとった作品が作られたり、新聞記事などで幽霊を目撃した体験談の原因を神経病に求めるものが多くあった。

この解釈を扱った作品で有名なものに三遊亭圓朝《えんちょう》の落語『真景累ヶ淵《しんけいかさねがふち》』があり、この怪談は「今日《こんにち》より怪談のお話を申上げまするが、怪談ばなしと申すは近来大きに廃《すた》りまして、余り寄席《せき》で致す者もございません、と申すものは、幽霊と云うものは無い、全く神経病だと云うことになりましたから、怪談は開化先生方はお嫌いになさる事でございます。それ故に久しく廃って居りましたが、今日になって見ると、却って古めかしい方が、耳新しい様に思われます」という言葉で始まる。ただし圓朝は、幽霊が神経病に起因するということに肯定的ではないようで、続く語りでは「何でも怖いものは皆神経病におっつけてしまいますが」などと言う。また『真景累ヶ淵』の「真景」は「神経」との洒落になっているが、物語中では明らかに神経病ではありえない怪現象も描かれている（近世の**累**《かさね》も参照）。

三浦正雄の論文「日本近現代怪談文学史：神経病としての怪談」によれば、「読売新聞」の記事の変遷を見ると、この考え方は明治八年（一八七五）頃から一四年（一八八一）頃までに書かれたものがほとんどで、明治末期から大正期に入ると姿を消してしまったという。

より科学が発展した現代においても幽霊を脳や神経、精神疾患を原因とする幻視、錯覚と見なす考え方は一般的だが、その一方で幽霊の実在を信じる人も多い。筆者個人としても、幽霊の目撃談が幻視・錯覚に起因することがある、ということは否定しないものの、それで幽霊の存在そのものを否定はしたくないと思う。死後のことは分からないからこそ、そこにいったい何があるのか、ロマンを感じていたいのだ。

シンライナマツ ［しんらいなまつ］

アイヌ語で幽霊を表す言葉のひとつ。大正三年（一九一四）発行の『人類学雑誌』第二九巻第七号に収録された吉田巌著「アイヌの妖怪説話」にあるもの。

心霊 ［しんれい］

死者の霊魂の存在やそれが起こす現象を表現する際に使われる言葉。もともとは精神を表す言葉だったが、近代において「Spiritualism」の和訳として「心霊主義」が使われて以降、死者の霊魂に対して使われる傾向が強くなった。

そもそも心霊主義とは、「人間には各自の霊魂が宿っており、幽体、霊体、本体がある。人間は肉体の死後も霊体が滅びずに霊界といった上位の世界に向かう。肉体を持った人間も一定の方法でこの死後の世界の住人と交信することが可能。また、死後の世界に赴かず、地上に留まり続けるものもあり、そういった霊は地縛の霊と呼ばれる」などといった思想のことで、もともとはアメリカで生まれ、イギリスなどで発展し、日本でも近代には浅野和三郎などを通して流入した（**地縛の霊**も参照）。心霊主義においては死後の人間の霊魂の存続を科学的に証明しようとする活動が行われ、大正期にはメディアを通して大衆の間にも浸透した。死者の霊の存在が迷信として一蹴されず、現在でも広く信じられているのは、この時代、科学という最新の知識のもとに死者の霊魂が語られていたことも一因としてあると考えられる。

さらに七〇年代になると、中岡俊哉やつのだじろう、新倉イワオら心霊研究家たちの作品が人気を博し、オカルトブームが巻き起こる。彼らは心霊科学、心霊主義で使われていた用語を積極的に使った。**心霊写真**、**守護霊**、**地縛霊**、**背後霊**（いずれも現代）、動物霊といった言葉ももともとは心霊研究の中で使われていたもので、この時代はそれが一般に浸透した。また死者の霊魂が起こす現象や、霊媒などが死者の霊魂の力を借りて不思議な力を発揮する現象、テレパシーや千里眼、透視、予知などは心霊現象と呼ばれるが、現在、一般にこの言葉を使う場合は死者の霊魂が起こす恐ろしい現象、という意味合いが強くなっている。

水中の音楽 ［すいちゅうのおんがく］

死者の音楽が聞こえるもの。垣田五百次・坪井忠彦編によって編纂《へんさん》され、大正一四年（一九二五）に刊行された『口丹波口碑集《こうひしゅう》』にある。それによれば京都の伏見（現・京都府京都市伏見区）の戦隊の軍楽隊が亀岡（現・京都府亀岡市）の赤十字社発会式に招かれた帰り、増水した川を渡った。その際、軍楽隊は早瀬に合わせて演奏を始めたが、船頭の気のゆるみで船が転覆し、皆帰らぬ人となった。そのためか、今でも雨が降る夕方には水の底から笛太鼓の音がするのだという。

水中の機織り声 ［すいちゅうのはたおりごえ］

死者の声が聞こえるもの。高知県の郷土史家であった寺石正路が著し、大正一四年（一九二五）に刊行された『土佐風俗と伝説』にある。それによれば、昔、高知県香美郡槙山《まきやま》郷大栃《おおどち》（現・香美市物部町大栃）におせんという二五、六歳の女がいた。容姿はさして美麗ではないが、心根が優しく、土地の自慢の娘であった。

この大栃村落の下に長さ・高さがそれぞれ一八間（約三二・七メートル）の吊り橋があったが、歩くとふらふらと揺れる不安定な橋で、ある時、おせんが機織りの道具を頭上に戴《いただ》き、この橋を渡っていた際、足を踏み外して水中に落ちてしまった。落下場所は深さ一〇尋《ひろ》（約一八・三メートル）もある場所であったため、おせんはそのまま溺死してしまい、彼女の亡骸《なきがら》は機織り道具とともに日を経ても浮き上がることはなかった。

それからというもの、この橋を通る人は女の声とともに機を織る音を聞くようになった。また、橋の下の深淵に二尋（約三・六メートル）の女性用の帯が漂っているのを見て、気絶した者もいたのだという。

諏訪森の火 ［すわのもりのひ］

死者が火となって現れたもの。歴史学者の及川儀右衛門が伝承を収集し、取りまとめて大正一三年（一九二四）に発行した『筑紫野民譚集《みんたんしゅう》』にある。それによれば、筑後の津福村（現・福岡県久留米市津福本町）に宮木山池青寺という禅寺があり、この寺近くに宮木長者という長者がいた。この長者の娘は容姿端麗で、安武村（現・築上郡築上町安武）の西野長者という富豪のもとに嫁に行くことになった。

しかしそれから二〇年後、宮木長者と西野長者の家同士が対立するようになり、病に倒れた宮木長者は最期に一目娘に会いたいと願ったものの、西野長者の家ではそれを許さなかった。宮木長者は結局娘に会えぬまま亡くなったため、哀れんだ人々は西野長者の屋敷に近い諏訪森にその亡骸《なきがら》を葬り、数多《あまた》の財宝を供えて弔った。

ある時、盗賊がこの宮木長者の墓を暴い

て財宝を奪ったが、逃げる途中に宮木長者の怨霊によって取り殺された。またこの怨霊は怪火となってその後もしばしば現れたため、宝暦六年（一七五六）、安武村の神官がこれを神として祀《まつ》り、諏訪神社と称した。しかしその後も怪火は現れたという。

瀬坊主・瀬女 ［せぼうず・せおんな］

川に現れる魂。昭和三年（一九二八）発行の近藤喜一著『信達民譚集《みんたんしゅう》』にあるもの。夜中、福島県の阿武隈川《あぶくまがわ》で漁をしている人々が目撃するというもので、男の場合は瀬坊主、女の場合は瀬女と呼ばれる。瀬坊主は川の精とも、水死者の亡霊とも、獺《かわうそ》などの悪戯《いたずら》ともいわれている。

瀬女は石女《うまずめ》（子どもを産めない女性）が眠っている間に肉体から抜け出た魂が川に現れるものとされ、女としての苦痛のない代わりに瀬女となる苦行を神から課せられているという。また、瀬女が現れた時、翌朝に魂が抜け出した女の下駄を見ると濡れている、とも記されている。

戦死者の凱旋 ［せんししゃのがいせん］

日露戦争にまつわる怪異譚《たん》。田中貢太郎著『新怪談集　実話篇』（昭和一三年（一九三八））に収録された「戦死者の凱旋」による。

それによれば、明治三七年（一九〇四）、国府台《こうのだい》（千葉県市川市国府台にあった陸軍の施設）に補充兵として招聘《しょうへい》され、野砲連隊に入営した男性が体験したという話で、その男性は午前二時頃になると、三、四町（約三二七～四三六メートル）離れた根本の辺りから突然「ドッ、ドッ、ドッ」というような数多《あまた》の靴音を聞いたという。それは兵営の方へ近づいてきて、営門の前まで来たと思うと、高い靴音を響かせて営庭へ入って行く。しかしそこには何も見えず、靴音は連隊本部の手前まで行くと消えてしまう。

そのうちにその靴音は、戦死した勇士の霊が懐かしの原隊へ帰って来ている音なのだということが分かった。しかし、その靴音を聞くのは控兵と不寝番《ねずのばん》の者ばかりで、同じ衛兵でも営門や火薬庫を守っている者には全然聞こえなかったという。そしてこの靴音が聞こえて二、三日すると新しい補充兵が出征することになった、と語られている。

ソコ幽霊 ［そこゆうれい］

長崎県の平島でいう海の怪。昭和九年（一九三四）発行の『嶋』通巻昭和九年前期号に収録された桜田勝徳著「肥前平島と出水の長島」にあるもの。それによれば、同県の西彼杵《にしそのぎ》郡平島（現・西海市崎戸町平島）では、ソコ幽霊に憑《つ》かれると船が動かなくなる。このソコ幽霊は海坊主のようになったり、幽霊船になったりもするらしい。

袖を引きちぎる幽霊 ［そでをひきちぎるゆうれい］

生前の家に現れた幽霊。明治三三年（一九〇〇）に刊行された左右田秋満編著『古今実説　幽霊一百題』第四九「幽霊出てて下女の袖を引く」にあるもの。それによれば、江戸柳原（現・東京都千代田区の神田川の南岸方面）に酒屋の市兵衛という者がいたが、その妻は天和三年（一六八三）の夏に死去した。

　その後、ある夕暮れに幽霊が現れて下女の袖を引いたため、下女は悲鳴を上げて倒れ、人々が顔に水をかけるなどして目を覚まさせた。その下女の片袖は引きちぎられてなくなっていたが、翌朝市兵衛の亡妻の塚を見ると、引きちぎられた袖がその上に掛かっていたという。

空を見る女 ［そらをみるおんな］

自分の家に帰って来た死者。田中貢太郎著『新怪談集　実話篇』（昭和一三年（一九三八））に収録された「空を見る女」にあるもの。それによれば、小説家の綿貫六助が体験した話だという。綿貫氏が宮城県仙台市の歩兵連隊にいた頃、彼は大工の家に下宿していた。ある蒸し暑い夜、綿貫氏は何かの気配を感じて目が覚め、窓を見た。開けっ放しの窓の外では桐の葉が風に揺られていたが、そこにぼんやりと黒い影が浮かび、するすると動いて美しい女の姿になった。真っ白な襟元へ乱れかかった鬢《びん》の毛を夜風になぶらせ、うつむき加減に歩くその女は、大柄な紺と茶の縦縞《たてじま》銘仙を着て、淡紅色の伊達巻を締め、朱鷺色《ときいろ》の袖口をちらちらさせながら梯子段《はしごだん》の方まで行き、綿貫氏の方を振り返った。それは何とも言いようのない凄艶な顔であったという。

　翌朝、綿貫氏は気味が悪かったため、別の下宿へと移ったが、後になって調べて見ると、彼が下宿していた大工の家には、春まで肺を患った若い娘と老夫婦が住んでいたことが分かった。その娘はいつも二階の窓から華美な模様の衣服を着て、寂しそうに空を見上げていたという。しかし病気が重くなったため他の地に移った。そしてその娘が亡くなったのと、綿貫氏が窓の外に怪異を見た時刻は同じであったということだ。

算盤坊主 ［そろばんぼうず］

算盤を弾く死者。垣田五百次・坪井忠彦編によって編纂《へんさん》され、大正一四年（一九二五）に刊行された『口丹波口碑集《こうひしゅう》』にあるもの。それによれば、西別院村笑路《わろうじ》（現・京都府亀岡市西別院町笑路）の西光寺の傍らには一本の榧《かや》の木があるが、夜遅くにそこを通ると、坊主のような風体の男がその木の下で盛んに算盤を弾き出すのだという。

　これはかつて西光寺の小坊主が計算を誤って和尚に罵られ、この木で首を吊って死んだものが現れているとも、狸《たぬき》の仕業《しわざ》だともいわれていると記されている。

台湾から来た幽霊［たいわんからきたゆうれい］

恨みから海を渡った幽霊。明治三三年（一九〇〇）に刊行された左右田秋満編著『古今実説　幽霊一百題』第四四「幽霊台湾より来つて浮気男を苦るします」にあるもの。

それによれば、名古屋に住んでいた男が明治三〇年（一八九七）に台湾に渡り、台北で芸妓屋を開業した。この男はもとより好色家だったため、抱え芸妓のひとりと通じ、末は女房にするなどと言って稼がせていた。しかしこの男は下女とも関係を持っており、この下女が妊娠して男児を生んだことから男はこの下女を女房とした。

裏切られた芸妓は酷《ひど》く腹を立て、男を責め立てたため、男の方は破れかぶれになって訳の分からぬ返答をする。そこで芸妓も負けずに喋《しゃべ》り散らし、互いに暴言の末、芸妓は「覚えておれ」と一言言い捨てて去った。その夜、芸妓は川に身を投げて死んでしまった。

しかし翌日の夜からこの芸妓の幽霊が男のもとに来て責め悩ますようになったため、男はついに病気となり、台湾を出て愛知県名古屋市に帰ったが、幽霊もついてきたため病は癒えなかった。その後、男は愛知病院に入院したが、その後は退院したとも聞かない、と記されている。

タクシー幽霊［たくしーゆうれい］

タクシーに乗り込む幽霊。ひとつ目は墓地の手前などで若い女性客を乗せると、いつの間にか客が消え、座席がぐっしょり濡れている、運転中に死んだ人間を乗せたことが分かるパターンである。もうひとつは、客を目的地である自宅と思しき家に連れて行くと、財布を取ってくるから待っていてほしいと言われ、待てども客が戻ってこないため、しびれを切らして家を訪ねると年輩の女性が出てくる。その人に先ほどの客の話をすると突然泣き崩れ、それは死んだ娘だ、と言われるなどのパターンである。この場合、目的地に着いてから乗せていたのが死者だったことが分かる。

京都府京都市北区にある深泥池《みぞろがいけ》および東京都港区の青山墓地を舞台にしたものが有名。深泥池の怪談は昭和四四年（一九六九）に新聞や週刊誌でタクシー運転手の体験談が掲載されたため、深泥池がタクシー幽霊発祥の地とされることがあるが、青山墓地を舞台にしたタクシー幽霊の怪談は昭和一三年（一九三八）刊行の田中貢太郎著『新怪談集　実話篇』にすでに複数例掲載されているため、こちらの方が早い（**西久保の女**も参照）。

またこの怪談の場合、アメリカ等で語られる都市伝説「消えるヒッチハイカー」との類似が指摘されることが多い。こちらもヒッチハイクした人間を車に乗せたところ、いつの間にかいなくなっており、後でその人間が死んでいたことが分かるという展開で、タクシー幽霊によく似ている。池田香代子他編著『ピアスの白い糸』によれば、アメリカ、カナダ、ドイツ、韓国などでこの類の話が語られていたというため、国際的に分布する都市伝説であることが分かる。日本では古いものだと近世の怪談集『諸国百物語』に類似した話がある（近世の**きく**を参照）。

また、松谷みよ子著『現代民話考3』によれば人力車、自転車、バス、電車で同様の怪異が伝わっている他、死者ではなく死にかけた人間の魂をタクシーに乗せた話や、死んだ母親がタクシーに乗ってミルクを買いに行く話、タクシーではないがトラックに乗って子どもに乳を飲ませに行く話など、子育て幽霊と自動車が組み合わさった話も載る。

竹五郎［たけごろう］

男色の嫉妬により現れた死者。明治三三年（一九〇〇）に刊行された左右田秋満編著『古今実説　幽霊一百題』第二八「男色の嫉妬死して怨鬼となる」にあるもの。

それによれば、明治二九年（一八九六）頃、北海道釧路集治監（北海道川上郡標茶《しべちゃ》町《ちょう》）にて、竹五郎という囚人と、同じ監房にいた三吉という囚人が深い男色の契りを結び、兄弟の約束をしていた。

看守らはこれを知り、放っておくわけにもいかないため、二人を離れた監房に入れ、最後には顔さえ合わすことができないようにした。しかし三吉はその新しい監房で別の囚人と男色の契りを交わした。

これを知った竹五郎は嫉妬心を起こし、悔しいと思って監房内で縊死《いし》した。その夜、三吉がふと目を覚ますと竹五郎が枕元に座っている。三吉がどうして来たのかと尋ねても竹五郎は答えず、恨みを含んだ目で睨《にら》みつけたため、三吉は恐ろしくなって同房の人を起こすと、竹五郎は見えなくなった。

翌朝になって竹五郎が死んだことが分かり、いよいよあれは幽霊だとなったが、その夜以降も竹五郎は三吉の枕元に現れた。はじめは三吉の目にだけ見えたが、次第に他の囚人の目にも見えるようになり、とうとう三吉だけ別の房へ移すよう要望が上がった。

監獄ではやむを得ず三吉を転房させたが、そちらにも竹五郎は現れた。皆最初は怖がっていたが、次第に慣れていき、誰も話題にしなくなった。そのうちに三吉の目にも竹五郎は見えなくなったが、その後はどうなったのか不明だという。

たたりもけ

死者の怨念が怪異をなすもの。昭和一二年（一九三七）発行の内田邦彦著『津軽口《こう》碑集《ひしゅう》』によれば、たたりもけは虐殺された者の怨念が殺した者はいうに及ばず、その家族、時には数代にわたって祟るものをいい、津軽一般であったことなのだという。

その祟り方も一様ではなく、疾病を流行らせる場合もあれば、閉めたはずの戸が夜中に勝手に開くこともある。青い炎が屋内に現れ、赤子の泣き声が聞こえる場合もあるという。

このたたりもけが現れた話の具体例として、次のような話が語られている。ある者の家に旅の僧が一泊した際、この僧が黄金を持っているのを見て、その者は欲に駆られて僧に石を括《くく》りつけて川に沈め、黄金を奪った。結果、家にたたりもけが現れるようになったという。

また、このたたりもけの名前についての考察も記されている。「たたりもけ」とは「祟り蛙」と書き、「蛙《かえる》の祟り」を表すが、青森県津軽地方では方言として嬰児《えいじ》を「もけ」と呼んでいることから、堕胎された嬰児がその家に祟るものだったのではないかという。この地方ではかつて堕胎の風習が盛んであったが、赤子の霊は特に恐ろしく、その威力は一〇〇年経ても衰えないものだから、堕胎を行ってはならない、という教えが語られていたことが記されている。

ただし先述したように、旅の僧がたたりもけとなった話もあることから、嬰児以外の死者についてもたたりもけになるものと考えられていたようだ。

民俗学研究所編『綜合日本民俗語彙』では「タタリモッケ」の名で記録されており、青森県北津軽郡嘉瀬村（現・五所川原市）では、嬰児の霊として恐れられている。タタリモッケの魂は梟《ふくろう》に宿るともいう、と記されている。

昭和一一年（一九三六）発行の『ひと』第一六号に収録された波多郁太郎・戸板康二著「たたりもっけ」では、「たたりもっけとは、一口に言うと、家筋に祟る怨霊の信仰である」と述べられており、「もっけ」と呼ばれるものの例がいくつか述べられている（**もっけ**、**かぜもの**、**さえこ**、**長名子《ちょなこ》**、**とびがみ**を参照）。

旅人の祟り ［たびびとのたたり］

祟りを起こした死者。大正四年（一九一五）に刊行された内田邦彦著『南総の俚俗《りぞく》』にあるもの。それによれば千葉県の本納（現・茂原市本納）で昔、ある旅人に厠《かわや》を貸した家があった。しかし旅人が首から財布を外して庭の木の枝にかけておいたのを忘れて去ってしまった。しばらくして戻ってきたが、家の主が財布を隠したため見つからず、さらに家の主に問い詰めても取り合わなかったため、自分の主人に申し訳ないと川に身を投げた。

それ以来、この家の人は常に眼疾を患うようになったという。

タマガイ ［たまがい］

沖縄でいう霊火。佐喜眞興英が沖縄島中部地方の民俗を調査し、大正一四年（一九二五）に刊行された『シマの話』によれば、タマガイは凶事のある家に昇る霊火だとしている。

また、塩月亮子の論文「沖縄における死霊観の歴史的変遷」においては、シニマブイ（死霊）の一種で、村人に災厄をもたらすもののひとつとしてタンガイが挙げられている。これはヨーカビーと呼ばれる場合もあるという。

タマン ［たまん］

青森県で人魂や幽霊を表す名前。昭和一〇年（一九三五）発行の佐藤清明著『現行全国妖怪辞典』にあるもので、他にも青森県では姿が見えず、戸に当たったり、足音がしたりと音のみが聞こえることをいう言葉としても使われると記されている。また、鹿児島県では人魂のことをタマンといい、オタマジャクシのような形をしているとも記されている。

ダリ ［だり］

人を疲弊させたり、空腹にさせるもの。**餓鬼憑《つ》き**（近世）の類。紀伊国（和歌山県および三重県南部）などに伝承される。大正一三年（一九二四）刊行の森彦太郎編『南紀土俗資料』には山道などを歩いて疲弊することをだりつくという、だりに憑かれた時は米という字を手に書いて吸うとよい、とある。

昭和一八年（一九四三）発行の『民間伝承』九巻一号に収録される大藤時彦著「ヒダル神」には、三重県飯南郡森村青田《おおだ》（現・松阪市飯高町青田）のカツエ坂という坂では、よく人や牛がダリに憑かれ、動けなくなる、という話が載せられている。

ダリ仏 ［だりぼとけ］

餓死者が人に憑《つ》くもの。昭和一八年（一九四三）発行の『民間伝承』九巻一号に収録される大藤時彦著「ヒダル神」にある。

それによれば、愛知県の振草村大字下粟《あわ》代《しろ》（現・北設楽《きたしたら》郡東栄町振草下粟代）から神田《じんで》（現・同町振草古戸《ふっと》神田）へ行く途中にある花丸峠の路傍には、「ダリ仏」という苔《こけ》むした墓石があるが、これは寛永（一六二四～四四）の頃、行き倒れた人を埋葬したもので、空腹の旅人がその前を通ると急にだるくなり、足が痺《しび》れ顔が青くなって倒れてしまうという。

血染の幽霊 ［ちだらけのゆうれい］

夢に現れる幽霊。明治三三年（一九〇〇）に刊行された左右田秋満編著『古今実説幽霊一百題』第四〇「血染の幽霊」にあるもの。それによれば、播州室津（現・兵庫県たつの市御津町室津）に徳浄寺という寺院があったが、その座敷の中に一畳敷だけ誰も掃除しない場所があった。理由は不明だが、昔からこの場所を触る者があると、その夜、必ず夢に血染めの男が来て胸を押さえるのだと伝えられており、実際に胸を押さえられた人がいたためなのだという。この血染めの男は何者なのか、知る人もいないと語られている。

忠太の幽霊［ちゅうたのゆうれい］

農夫の幽霊。昭和三年（一九二八）発行の近藤喜一著『信達民譚集《みんたんしゅう》』にあるもの。それによれば、福島県伊達郡伊達崎《だんざき》村（現・桑折町《こおりまち》）の下郡に昔、忠太という農夫がいたが、その人が死んで葬式をしたところ、幽霊となって棺の上の空中を飛んで行った。

忠太の葬られた寺は下郡の竜泉寺であったが、ある時本堂が家鳴り、振動したかと思うと、本堂の隅で手習いをしていた子どもたちの側で陰火が燃え、その煙の中に朦《もう》朧《ろう》と人の姿が現れた。子どもたちは恐ろしさから机に突っ伏していたが、ひとりが机を踏み越えて住職のもとに行き、これを告げた。

住職は「さては忠太がまた雨が降って困っているのだろう」と言って、傘を広げて本堂に行き、読経した。しばらくして傘から手を放すと、傘は縦横に本堂の中を飛び回り、やがて畳の上に落ちたが、その後は何の怪異もなかったという。

千代［ちよ］

風呂場に現れる怨霊。田中貢太郎が著し、昭和一三年（一九三八）に刊行された『新怪談集　物語篇』に収録されている「風呂供養のこと」に記されるもの。

それによれば、播磨（兵庫県西南部）と但馬（兵庫県北部）の国境にあった谷合の地に数十戸の集落があった。明治一五、六年（一八八二、八三）頃の秋のこと。この集落に二六、七歳の旅僧がやって来て、勘右衛門という猟師の家に一夜の宿を乞うた。この家には千代という一六歳の美しい娘がおり、旅僧もまあ眉目秀麗であったため、大雨で旅僧の滞在が長引くうちに二人は恋仲となり、旅僧はこの集落の近くに庵《いおり》を結びたいと言うようになった。

一方、勘右衛門の妻はこの旅僧が大金を持っていることを知り、娘を利用して何とかそれを得ようと画策し、勘右衛門はなぜ旅の僧がろくに経も知らず大金を持っているのかといぶかしがっていた。さらに勘右衛門は集落の居酒屋で、政治の世界で謀反《むほん》を起こし、人を殺して逃げて来た者がいると聞いたが、あの旅僧なのではないか、という話を耳に入れ、さらに疑いを強めていた。

そんなある日、潔癖で風呂が好きな旅僧がいつものように風呂に入り、千代がその背中を流したり、肩を揉んだりしていた際のこと。突然銃声が響き、旅僧は胸を銃弾で貫かれて死亡した。この旅僧は政治犯などではなく、さまざまな場所を荒らしまわっていた強盗だと分かったが、この男を撃った人間は分からず、当時の状況から勘右衛門が怪しいと逮捕された。

恋人を殺され、父親がその容疑者として連れて行かれた千代は狂乱し、どこの家の風呂でもおかまいなしに覗き込んでは泣く、ということを繰り返したが、しまいには空の浴槽に裸で入っていたり、万一これを妨げる者でもあると、火をつけようとするので手がつけられなかった。そのため勘右衛門の家では、千代を座敷牢《ざしきろう》に入れて監禁したが、千代はいつの間にか抜け出し、浴槽で自ら火をつけて焼死した。また、旅僧の男を殺した真犯人が縊死《いし》したが、それは千代に失恋した集落の若者だった。

それ以降、集落の家々の風呂に千代の怨霊が夜な夜な現れるようになった。そのためこの集落では共同風呂を作り、そこで皆が風呂に入るようになった。また、千代の命日には、風呂供養ともいうべき一種の行事を営んで千代の霊を慰めた。集落ではその日は一日行水もしないで風呂桶《ふろおけ》を浄め、供え物をし、灯明を上げたのだという。

長名子［ちょなこ］

家に祟る霊。昭和一一年（一九三六）発行の『ひと』第一六号に収録された波多郁太郎・戸板康二著「たたりもっけ」にあるもの。それによれば、青森県の長橋村（現・五所川原市長橋）で、四谷某という家の娘が私生児を産んだ。その子は長名子と名付けられ、娘は父親のもとに長名子を連れて行った。しかし父親は私生児を認めず、家から帰されるため、娘は何度も父親のもとに連れて行くうち、長名子は前掛けの中で窒息して死んでしまった。

長名子を産んだ娘は八〇余歳まで生きたが、雨の夜には窓が明るくなり、赤子の泣き声が聞こえると言っていたという。晩年には自分で縄を襷《たすき》にして掛け、赤子の真似をして這《は》って歩いたと記されている。

また、この娘の家の者は皆特定の病にかかるが、いたこに長名子を下してもらったところ、「皆の体の紫の斑点は、おれが殺された時の指の跡だ」と答えたため、これも長名子の仕業《しわざ》であることが分かったという。

鼓打五郎兵衛［つづみうちごろうべえ］

死へと誘う霊。明治三三年（一九〇〇）に刊行された左右田秋満編著『古今実説幽霊一百題』第六〇「先夫の霊三回忌に旧妻を誘ふ」にあるもの。それによれば、江戸の境町（現・東京都中央区日本橋人形町辺り）に鼓打五郎兵衛という者がいたが、その妻はもともと風呂屋の遊女で、わけあって五郎兵衛が迎え入れていた。

しかしこの五郎兵衛は死の病に侵されていた。妻はたとえもしものことがあっても新たな夫は持たないと彼に告げ、五郎兵衛もそれを喜び、とうとう亡くなった。

しかしその後、人々の勧めを断り切れず、彼女は神田鍋町（現・東京都千代田区鍛冶町の辺り）の丸屋吉兵衛という者のもとに嫁いだ。そして五郎兵衛の三回忌が来て、追善供養などを行った時、眠っている妻が起き上がって「何としてもそこへ参るぞ」と言った。吉兵衛はこれを見て「何があったのか」と問うと、妻は「ただ今先夫が来て、早く参れ、参れと呼び招かれた」と言った。その後、妻は病に倒れ、三日目に死んでしまった。これは寛文年中（一六六一～七三）のことであったという。

　死んだ人間が残された者のもとに現れ、死へ誘う話は現代にも多い（現代の**あの世へ誘う夢**および**道連れ幽霊**も参照）。また近世にも死の三年後に親しい友人を誘いに来た死者の話がある（詳細は**菊右衛門**を参照）。

溺死人の幽霊［できしにんのゆうれい］

　自分の死を伝えた幽霊。明治三三年（一九〇〇）に刊行された左右田秋満編著『古今実説　幽霊一百題』第四五「幽霊を見て溺死人の有るを知る」にあるもの。

　それによれば、江州堅田（現・滋賀県大津市堅田）に住む人が、夏の夕暮れに湖畔を逍遥《しょうよう》していると、水際に白い人影がぼんやりと立っていた。誰だろうと思い、近づいてみると、二〇間（約三六・四メートル）ほど離れた場所まで来た途端、白い人影は消えて、一塊の陰火が燃え上がった。

　普通の人であればこの時点で逃げるところだが、その人はなおも調べてみようとその燃えた跡まで行ったところ、溺死した女の屍《しかばね》が水際に漂っていたという。

寺へ来る死者［てらへくるししゃ］

　死者が生前と同じ姿、もしくは死の直前の霊魂として寺に参詣するもの。近世以降に多く見られる話で、本書に掲載した話だと近世の**駒井蔵主**《ぞうす》がその例に当たる。

　近代においては明治三三年（一九〇〇）に刊行された左右田秋満編著『古今実説　幽霊一百題』第六二「霊魂死にさきたつて檀那寺《だんなでら》に詣づ」にある。病で寝込んでいた人物が寺に参詣したため、住持が快復したのかと喜んでいたところ、その人物はもう死の直前にあり、とても動けるような状態ではなく、翌日に死んでしまった、という話が収録されている。

　松谷みよ子著『現代民話考5』では近現代におけるこの類話がさまざまに載せられている。その知らせ方もさまざまで、実際に死者や死の直前にある者が寺を訪れる場合、下駄の音が聞こえる、風もないのに鐘が鳴る、声が聞こえるなど音や声が聞こえるもの、寺の僧侶にだけ姿が見えるもの、火の玉が現れるもの、気配を感じるものなどがある。

手を洗う亡者［てをあらうもうじゃ］

　寺にまつわる怪異。田中貢太郎著『新怪談集　実話篇』（昭和一三年（一九三八））に収録された「手を洗う亡者」による。それによれば、これは田中貢太郎氏が実際に体験したという話だという。田中氏は少年時代、肺が弱かったため、岡山県の小野田町（現・岡山市北区清輝本町）の町外れにある天龍寺という寺に寄寓していたが、その寺の住職の話では、この寺で葬式をして、墓地に送る者は夜中、自分で手を洗いに来るのだという。実際に田中氏もそれらしき音を聞いたり、障子の向こうに黒い影を見たと書かれている。

電報に先立って家に帰った亡魂［でんぽうにさきだっていえにかえったぼうこん］

自分の死を知らせた死者。明治三三年（一九〇〇）に刊行された左右田秋満編著『古今実説　幽霊一百題』第六一「亡魂電報に先たつて家に帰る」にあるもの。それによれば、京都葛野《かどの》郡衣笠村（現・京都府京都市北区衣笠の辺り）に河田某という者がいた。元はある宮家の臣だったが、その後は役所に勤め、妻子を家に残して東京にいた。

明治三〇年（一八九七）の秋の頃のこと。この河田某の妻が寝苦しく、奇妙な心持ちとなったため、起きて縁先の戸を開いたところ、明るい月の下、庭に東京にいるはずの夫が立っていた。

妻は愛慕の情に耐え兼ねて走り寄ったが、その姿は消えてしまった。妻は茫然《ぼうぜん》としていたが、そこに門戸を叩く者があり、はっとして対応すると、電信であった。それを受け取り、読んでみると、夫が急病で死去したと書かれていたという。

自分の死を知らせに、死者が親しい者のもとを訪れる話は多い。また戦時中には戦場で亡くなった兵士が家族に姿を見せ、それを知らせる話が多く語られた。現代の**戦死を告げる兵隊**も参照。

トイヘンクラ［といへんくら］

アイヌ語で妖怪を表す言葉のひとつ。大正三年（一九一四）発行の『人類学雑誌』第二九巻第七号に収録された吉田巌著「アイヌの妖怪説話」にあるもの。

この他、大正一三年（一九二四）刊行の中田千畝著『アイヌ神話』ではトイヘンクラは悪鬼の長であるタツウナラベ（「谷地の叔母」の意）の子孫であり、肥大した体、大きな頭、天を突くように鋭く上に伸びた毛髪を持ち、カバノキを擦り合わせるような音を出して歩く。昼間は棲《す》み処《か》である魔宮に籠もっているが、夜になると出現し、人や熊をはじめとする動物に取り憑《つ》いて狂乱させる、と考えられていたことが記されている。

トゥカプ［とぅかぷ］

アイヌ語で幽霊を指す言葉。「トカプチ」と言う場合もある。

トカプチは今でいう十勝（北海道東部）の元になった言葉でもあるが、その語源として、永田方正著『北海道蝦夷《えぞ》語地名解』においては昔、十勝アイヌが凶暴であったため、それを憎んだために生まれた言葉だと記されている。また中田千畝著『アイヌ神話』においては、この付近のアイヌの集落に、夜になると怪魔が襲ってきたが、この姿を見た者は恐怖のあまり気を失ったと記されている。

同行する怨霊 ［どうこうするおんりょう］

殺人事件にまつわる幽霊。田中貢太郎著の「同行する怨霊」（『新怪談集　実話篇』収録）にあるもの。昭和元年（一九二六）二月一二日の夜、岐阜県大垣市伝馬町の自転車屋に強盗が入り、熟睡中の店主福野信行が殺害された。警察の捜査の結果、精米店の次男・安田次郎が逮捕される。それは福野信行の命日から一〇〇日目であった。

そして弁護士がこの次郎と面接した時、次郎は奇妙な話をした。犯行一ヶ月後、次郎が東海道線米原駅のある旅館に昼食を食べに入った際、婢《はしため》が二つ膳を持って来て、ひとつを安田の前に置き、もうひとつをその左に置いた。安田は変に思い、「ひとりで来ているのに、なぜ二つ持ってくるのだ」と尋ねると、婢は怪《け》訝《げん》な顔をして「だってお二人でおあがりになったじゃありませんか」と言う。話を聞くと、二五、六の男がいたといい、彼女が語るその容貌は殺したはずの福野信行とそっくりだったという。

ひとりで来たはずが同行者がいると思われ、水を二つ置かれるといった話は現代でも幽霊譚《たん》としてよく聞かれる。

また、この事件にまつわる怪異譚は他にも二つあり、ひとつはこの事件では安田は斧《おの》で福野信行の頭を粉砕して殺したが、その際に右手に付着した血がいくら擦ってても取れなかったこと。もうひとつは被害者宅である福野家にて、畳の上に置いてあった鉄瓶が踊るように動き、それが一〇分も続いたことだという。

道心坂の怪 ［どうしんざかのかい］

死者の声が聞こえるもの。外山暦郎によって著され、大正一五年（一九二六）に刊行された『越後三条南郷談』にある。それによれば、新潟県本成寺村大字月岡（現・三条市月岡）の山から下田の郷へと下る崖道は、元は木深い坂道だったが、ある時、木こりが旅の尼僧を殺害した。そのため、特に雨の降る夜などにはその尼僧の妄念が現れるという。

豆腐を買いに往く水夫 ［とうふをかいにいくすいふ］

死者が姿を現したもの。昭和一三年（一九三八）発行の田中貢太郎著『新怪談集　実話篇』に収録された「豆腐を買いに往く水夫」にあるもの。それによれば、小説家の里見弴《とん》が語った話で、美術評論家の柳宗悦の兄が体験したのだという。その男性は船乗りをしており、船が伊豆の下田（現・静岡県下田市）に行った時、部下とともに宿屋で酒を飲んでいた。すると元部下で親しくしていた水夫がやって来たため、豆腐を買って来てくれるよう頼んだ。その水夫は「行って来ましょう」と言って味《み》噌《そ》漉《こ》しを持って出て行ったが、それきり帰ってこなかった。後になって分かったことでは、水夫が現れたのは、水夫が乗っている船が沈没し、彼が溺死した時刻であったという。

徳蔵［とくぞう］

事故を引き起こす幽霊。田中貢太郎によって著され、昭和一三年（一九三八）に刊行された『新怪談集　物語篇』に収録されている「幽霊の衣裳」にあるもの。天保（一八三〇～四四）の頃、吉原角町河岸（現・東京都台東区千束の辺り）の潰《つぶ》れた女郎屋に出現した幽霊で、浅黄木綿の三つ柏《かしわ》の単《ひと》衣《え》を纏《まと》った二四、五の姿で階段や便所、部屋の中など、さまざまな場所に現れた。その正体はかつてこの女郎屋で働いていた若者で、病気の親に送る金に困り、客の金を盗んだために牢屋《ろうや》に入れられたまま病死した徳蔵という人物なのだという。また、彼が纏っている服は、かつて店の妓に貰《もら》った物だった。

女郎屋が潰れた後、その空き家に住んだ蔦芳《つたよし》という男にたびたび目撃された。蔦芳は中村座に勤めていたが、この幽霊のことを歌舞伎役者であり、『東海道四谷怪談』で**お岩**（近世）・小平・与茂七を演じた三代目尾上菊五郎に話したところ、幽霊の衣装について悩んでいた菊五郎にその幽霊の衣装をよく見てくれと頼まれ、幽霊の衣装を観察し、菊五郎に伝えた。

そして菊五郎はこの幽霊を参考に小平の衣装を作り、芝居に出たところ、好評を博したという。

毒薬を散布する幽霊［どくやくをさんぷするゆうれい］

復讐《ふくしゅう》のために毒を撒《ま》く幽霊。明治三三年（一九〇〇）に刊行された左右田秋満編著『古今実説　幽霊一百題』第四「幽霊食物に毒薬を散布す」にあるもの。

それによれば、明治二五年（一八九二）の東京石川島監獄（東京都中央区佃）で、寅吉《とらきち》という囚人が飯を食わなくなったため、教誨師《きょうかいし》の山科凌雲が理由を尋ねると、幽霊がやって来て飯に毒薬を振りかけるため、食べることができないのだと言う。そこで凌雲が「こうなればすべてを包まず話して懺悔《ざんげ》せよ。そして恨む人の菩提《ぼだい》を弔い、成仏させてやれば、その恨みも晴れるであろう」と言うと、寅吉は自分の過去を語り始めた。その話によると、寅吉は一五人を殺害したが、その中でも残酷な殺し方をした者が三人いて、その幽霊が毎日来るのだという。明治七年（一八七四）頃、殺人が露見した寅吉は捜査が厳しい東京にいられなくなり、身を隠すためにさ迷い歩いていたが、武州（東京都と埼玉県、神奈川県東部）と相模（神奈川県）境にある小仏峠にて、ある夫婦とその娘と思しき一六、七歳の娘が歩いているのを見つけ、すれ違いざまに短刀を抜いて彼らを脅した。夫婦を縛り付けて娘を蹂躙《じゅうりん》、金子を奪った後、命乞いをする三人を深い谷間に落として殺した。毎日現れて飯に毒薬をかけるのはこの三人の幽霊なのだと告白した。

その後、山科凌雲の力で三人の幽霊は成仏したが、寅吉は疫病で亡くなった、と語られている。

とびがみ

変死者の霊が変化するもの。昭和一一年（一九三六）発行の『ひと』第一六号に収録された波多郁太郎・戸板康二著「たたりもっけ」にある。それによれば、青森県の中川村（現・五所川原市の一部）では、変死者の霊はとびがみとなり、これに憑《つ》かれるとかかとの少し上の筋が痛くなる。そのため、イタコに頼んで祈ってもらうか、戸外に水を撒《ま》くと治るという。

同書には実際にとびがみになった者の例も記してあり、中川村のある者が隣村の谷井という家の田から稲を盗もうとし、見つかって逃げる際に後ろから鉈《なた》をぶつけられて死んだ。その霊はとびがみとなり、今も谷井の家の大木に光り物が下がることがあるという。

共潜き［ともかづき］

海に現れる死者。三重県志摩郡（現・志摩市）でいう妖怪で、海女《あま》が海に潜っていると別の海女、もしくは自分そっくりの海女を目撃し、相手はアワビなどを手渡してくる。これをそのまま受け取ったり、手を引かれて海中に引き込まれると命はない。もしアワビなどを手渡された際には、後ろ手で受け取ればよいとされる。

昭和九年（一九三四）に発行された『嶋』通巻昭和九年前期号に収録の山口貞夫著「志州の島々」によると、海底でひととおりアワビを取ってもう息がないと思う時、友がなお拾っているのを見て自分ももうひとつ、二つと無理をしている間に息が切れて死んでしまうことがある。その魔除けのために晴明九字の印と縦四本、横五本の線を書いた印をそれぞれ手ぬぐいの表裏に縫い付け、二つ折りにして持ち運ぶのだという。

共潜きの正体は語られないことが多いが、松谷みよ子著『現代民話考3』では海女の亡霊であるとしている。

【な】

永田大道［ながたたいどう］

恨みのために現れた僧。田中貢太郎が著し、昭和一三年（一九三八）に刊行された『新怪談集　実話篇』に収録された「血みどろの男の顔」にあるもの。富山県魚津町（現・魚津市の中心部）の立泉寺に永田大道という僧侶がいた。大正九年（一九二〇）の春、大道は師の許しを得て東京の曹洞宗大学（現・駒澤大学）に入学するが、大道には魚津町に人知れず馴染みを重ねていた歌妓の菊葉という女がいた。そのため、それだけが心残りだった。

　大道は何かと理由をつけて魚津町に帰っては菊葉と会っていたが、ある時、彼女を東京へ誘った。しかし菊葉は大道のことを何とも思っていなかったため、適当に喜び、翌日の夜一一時に会う約束をして別れた。

　しかしいざ当日になると菊葉は姿を現さず、大道は絶望と怒りから菊葉への恨みを記した遺書をしたため、金沢行きの最終列車に飛び込んで自殺した。死体は顔が分からないほどめちゃくちゃになっていたという。

　その後、菊葉にあてた遺書は本人に送られたが、その内容は新聞にも掲載され、それによって菊葉は一躍有名となり、地元で一番の人気となった。そんなある日、菊葉が人力車に乗って帰っていると、立泉寺の墓地を通った時、突然車の幌《ほろ》の上に何かが落ちた。菊葉は慌てて車を停めさせたが、車夫は何もないと言って、さらに五、六歩歩いたところで車夫が「いけねえ、誰か松の木にぶらさがってやがらぁ」と言った。

　菊葉は驚いて幌窓のセルロイド越しに外を見たが、いつの間にかそこにいる車夫の後ろ姿が印半纏《しるしばんてん》でなく、絣《かすり》の羽織を着た若い男の物に変わっていた。

　見覚えのあるその姿に菊葉が思わず声を上げると、その男が振り返った。それは血みどろになった大道の顔であった。菊葉はそれを見て気を失ったが、それ以来少しずつおかしくなり、二週間ばかりして、「堪忍してよ、堪忍してよ」と言いながら悶絶《もんぜつ》して亡くなったという。

ナガレカンジョ［ながれかんじょ］

水死者に対する供養のひとつ。昭和一一年（一九三六）発行の『方言』六巻四号に収録された倉田一郎著「総漁村語彙」にあるもの。それによれば、千葉県夷隅《いすみ》郡興津町鵜原《うばら》（現・勝浦市鵜原）の海岸部では、海で死んだ人をお盆に寺で供養し、旧七月二四日の夕方、大勢の女性が太鼓を叩きながら海辺に行き、ひとりがその供物を海に入って流す風習を指す言葉なのだという。

また、このお盆の時期に泳ぐと海で死んだ人が現れ、足を持って海へ引き入れるため、遊泳は禁忌とされていると記されている。

亡骸を教えた老夫［なきがらをおしえたろうふ］

自分の亡骸の場所を告げた死者。湯本豪一編著『明治妖怪新聞』によれば、明治九年（一八七六）八月一九日付の「郵便報知新聞」に掲載されたもの。

　それによれば、薬研堀町（現・東京都中央区の一部）に住む小島某が台所に新しく井戸を掘ろうと考えていた時のことだという。明治九年八月一一日の夜、ふと小島某の女房が目を覚ますと、枕辺に老夫の姿が現れ、「私は子細があってこの地で迷っている者であるが、今度掘り起こす井戸の中に我が亡骸がある。掘り出して葬り、仏果を得させてくれるのであれば、末永く家内を守護しよう」と言うと、暁の露とともに消えてしまった。

　そのため、女房が夫に始終を語ったところ、早速職人を呼んで井戸を掘ることになったが、実際に白骨が掘り出されたため、しかるべき場所に知らせた後、即日回向院《えこういん》に埋葬し、丁寧に供養したという。

二階ワラシ［にかいわらし］

座敷わらしの一種。昭和一〇年（一九三五）発行の佐藤清明著『現行全国妖怪辞典』にあるもので、岩手県九戸《くのへ》郡では座敷わらしのうち二階に居るものを二階ワラシと呼ぶのだという。

西久保の女［にしくぼのおんな］

自動車に乗る死者。田中貢太郎が著し、昭和一三年（一九三八）に刊行された『新怪談集　実話篇』に収録された「通夜の晩」にあるもの。それによれば、雨の夜の二時過ぎ、麻布（現・東京都港区北東部）へ客を送って行ったタクシーの運転手が帰りに青山墓地の並木路に差し掛かった時、傍らの墓の陰から若い女が出てきて、自動車を遮るようにして止めた。

　女は「芝の西久保までね」と言うため、運転手は気味悪く思いながらも女の言う通りに車を走らせ、彼女の家まで行った。そこで女は「ここでいいから、待っててね」と言って家の中に入って行ったが、いっこうに出てこない。そのためしびれを切らしてその家に行くと、中から数人の気配がして、ひとりの四〇歳前後の品のある女性が出てきた。そこで運転手が事情を説明すると、女性が「どんな姿をしていました」と言うため「絵羽織を着ていたようですが」と答えた。

　するとその女性は「まあ娘が、娘が」と泣き出した。話を聞くと、一人娘が前夜投身自殺をしたので、通夜をしているところなのだという。運転手はこれも何かの因縁だろうとそこで通夜に参加し、翌朝帰ったが、それから一ヶ月ばかり精神を病んだようになったという。

　現代によく見られる**タクシー幽霊**の怪談であり、この類の怪談でよく舞台となる青山墓地がすでに登場していることが注目される。同書には他にも二つ「丸髷《まるまげ》の女」「母親に逢いに来た女」という題で青山墓地で死者を乗せた運転手の話が載せられているため、この時代にはすでに青山墓地はタクシーに乗る死者が出る場所として知られていたのかもしれない。

　また、乗せた客が実は死者で、目的地でそれが判明するという展開は近世の『諸国百物語』にすでに見られるが（近世の**きく**も参照）、タクシー幽霊の怪談はこのパターンと乗せた乗客がいつの間にか消えているパターンの二つが多く、そのどちらも『新怪談集　実話篇』に掲載されている（後者のパターンについては**濠端の怪**を参照）。

ぬくいとか

死者の怨念が宿った衣服。小山真夫が著し、昭和八年（一九三三）に刊行された『小《ちいさ》県郡民譚集《がたぐんみんたんしゅう》』にあるもの。それによれば、弘化四年（一八四七）に善光寺大地震があった際、犀川《さいがわ》が岩倉山（長野県長野市）の崩れでせき止められ、それが一度に崩壊して川中島（同市の三角地帯）が水で押し流された。

この時、ある人が流れてきた簞笥《たんす》の中にあった着物を持って行き、自分の物として使っていたが、真夜中にその着物を着ていると、着物が「ぬくいとか、ぬくいとか」と声を発した。

これは簞笥の持ち主が簞笥と一緒に流され、中にあったこの良い着物が惜しい、惜しいと思い詰めながら溺死し、その一念が着物に憑《つ》いて異変を生み出したのであろうと考えられていたという。

猫娼妓［ねこしょうぎ］

昭和三年（一九二八）発行の近藤喜一著『信達民譚集《みんたんしゅう》』にあるもの。筆者命名。同書によれば、明治維新頃の話。福島県伊達郡桑折町《こおりまち》の妓楼・松島屋の厠《かわや》に猫の顔をした娼妓が現れた。これを目撃した平山市兵衛という人物は驚いて隣の厠の戸を開けたが、そこにも猫面女身の怪物がいたという。厠に入れない市兵衛は仕方なく妓楼に帰ったが、その途中、心配して見に来た娼妓と出くわし、驚いて気を失ってしまった。

後に調べてみると、この松島屋である時、病気を患った娼妓を厠の側の薄暗い部屋に寝させたまま世話もしなかった。この娼妓はあまりに薄情な妓楼の人々を恨み、悲惨な我が身の運命に泣いて憤死した。それからというもの、その部屋から深夜に女の忍び泣きの声が漏れたり、真っ暗な廊下で島《しま》田髷《だまげ》の女が笑っている、ということが起こるようになった。しかし猫の顔の幽霊が厠の中に現れたのはそれが初めてであったという。その妓楼では亡くなった娼妓のために盛んな法要を行ったところ、怪異は現れなくなったと記されている。

根津宇右衛門［ねづうぅえもん］

主のために現れた霊魂。明治三三年（一九〇〇）に刊行された左右田秋満編著『古今実説　幽霊一百題』第三「根津宇右衛門死して諫言《かんげん》す」にあるもの。

それによれば、甲府（現・山梨県中央部）の綱重公は放蕩《ほうとう》淫逸で、素行が収まらなかった。そのため、付家老の根津宇右衛門がしばしば諫言したが、聞き入れないため、七日にわたって側を離れず、諫言し続けた。すると綱重公は怒って宇右衛門を手打ちにしたが、宇右衛門の精神（魂）は斃《たお》れてもなお止まらず、綱重公が不行跡のことをしたならば霊魂が現れて生きている時と変わらず諫言したという。

野村坂の死霊変怪
［のむらざかのしりょうへんかい］

さまざまな怪事を起こした死霊。高知県の郷土史家であった寺石正路が著し、大正一四年（一九二五）に刊行された『土佐風俗と伝説』にあるもの。それによれば、昔、高知県の長岡郡後免町（現・南国市の中心部および北部）の東北にあった野田神社の前の坂は、野村坂と呼ばれていた。かつてこの場所に野村何某《なにがし》という郷士がいたが、家が絶え、その名が地名に残るのみとなっていた。

この坂には変怪が多く、坂の上で大牛に遭遇して川に突き落とされそうになった人や、小石を蹴ったところ無数の怪火になって体を焼かれそうになった人などがいた。またある時、筏師《いかだし》の二人が坂の近くの川で筏を流していたところ、前方に突然大岩が現れた。そこで目を閉じて真言秘密を唱えて進んだところ、無事大岩を通過したが、今度は水が干上がって筏を流せなくなった。無理に進むと筏が岩に当たって砕けてしまうため、仕方なく堤に上がろうとすると、そこにひとりの郷士が立っていた。そこで助けを求めると、郷士は「さようか」と言って手を差し伸べたが、その手が筏師の顎《あご》に触れたかと思うと氷のように冷たく、筏師は驚いて気絶した。

この郷士はかつて滅んだ野村何某で、坂で起きる怪事はこの死霊が起こしていたのだという。

【は】

箔姫
［はくひめ］

蛇と化した死者。昭和三年（一九二八）発行の近藤喜一著『信達民譚集《みんたんしゅう》』にあるもの。それによれば、昔、福島県伊達郡立子山村（現・福島市立子山）の地頭の娘に箔姫という美人がいた。詳細は不明だが、箔姫はある恋のいきさつから嫉妬の炎を燃やし、深潭《しんたん》に身を投げた。その後、箔姫の悪霊が大蛇となり、その深潭に棲み着くようになった。そのため、この場所は箔姫ヶ淵《ぶち》と呼ばれたという。

また、飯坂大鳥城（福島県福島市）城主の佐藤庄司の家臣であった信夫小太郎治重という者がこの大蛇を退治したという話も伝わっているようだ。

箱を背負った女 ［はこをせおったおんな］

菓子売りの女が死後現れたもの。田中貢太郎著『新怪談集　実話篇』（昭和一三年（一九三八））に収録された「箱を背負った女の姿」による。

　秋田県を流れる雄物川の河口には貨物船が船がかりしており、そこに菓子や鮨《すし》を売りに行く者も多かった。梅雨の時期のある日、雨で川の水が充満している時、菓子売りの女が長方形の大きな菓子箱を背負ってこの河口に売りに行ったが、船が岸から離れていたため、艀《はしけ》に乗って船まで行く途中、川の中に落ちて溺死してしまった。

　それからしばらくした夜、ある人がその女が住んでいた家の前を通ると、家の前の縁台に誰かいたため、声をかけようと近づくと、そこにいたのは大きな箱を背負った者だった。よく見ると、あの溺死した女が髪も服もびしょ濡れになった状態でそこにいたのだという。

梁の上の子 ［はりのうえのこ］

悲惨な最期を遂げた子どもの霊魂。大正九年（一九二〇）発行の佐々木喜善の『奥州のザシキワラシの話』にあるもの。それによれば、岩手県の遠野地方では無惨な最期を遂げた童子の霊魂はそのまま屋内に留まると考えられていた。実際に土淵《つちぶち》村字火石（現・遠野市土淵町）の庄之助殿という家で、ある年の九月二九日の晩、人々が集まって餅を食っている最中に不意に桁《けた》の上から女子の小櫛《こぐし》が落ちてきた。これはと皆が驚いて見上げたところ、一部の人間の目に髪を乱した女子の顔が梁《はり》にくっついて下を見つめているのがたしかに見えたという。これはかつて飢饉《ききん》の時、召使いの少女が飢え死にしたことがあり、その娘の魂魄《こんぱく》がいまだに梁桁の上に留まっているのだということであった。

　同書には他にも土淵村山口の薬師某という家で、天明（一七八一～八九）の頃の飢饉の際、盗み癖のある子どもを父親が山に連れて行き、疲れて岩の上で眠っているところを斧《おの》で切り殺した。その際、子どもは目を覚まして「父《とと》は何をする」と言ったが、父親は「そのわけはあの世で聞いてくれ」と言って、頭を砕いて殺してしまった。その子の魂魄が家に帰り、梁にくっついていて、今でもときどき悲しそうな声で最期の言葉を繰り返すのだ、という話が載せられている。また同じように土淵村の栃内《とちない》の山下という家でも子どもの霊魂が梁の上に棲んでいて、念仏講があった際、村の人たちが念仏を唱えると、それを梁の上から繰り返した、という話が載せられている。これも天明の飢饉の際に殺された子で、**座敷わらし**に似た行動を取り、人々を驚かせるのだという。

日忌み様 ［ひいみさま］

伊豆大島に伝わる亡霊。昭和一一年（一九三六）刊行の山田貞夫著『伊豆大島図誌』

によれば、伊豆大島の泉津（現・東京都島《とう》嶼《しょ》部の大島町泉津）に代官があり、非常に暴虐であったため、村の若者二五名が謀《たばか》って正月二四日の夜、暴風雨に紛れて代官を打ち殺した。その後、若者たちは波治加麻《はじかま》神社の杉の木を切り倒して丸木舟を造り、それに乗って海へ逃げた。

　しかし風波のために舟は転覆し、全員が溺死した。以降、この若者たちの亡霊が正月二四日の夜、五色の旗を立てて丸木舟に乗って海上からやって来るようになった。そのため、伊豆大島ではこの日を忌むようになったという。

　同書では日忌み様の正体を他に悪代官の亡霊とする話も紹介している（**海難法師**を参照）。

　また、同書ではこの両説が生まれた経緯について、もともとこの地域では二四日の晩に二五霊と呼ばれる霊が船に乗って五色の旗を立てて泉津を訪れるという伝承があり、旧家の門井家の主人が深夜、衣服して（「身なりを整えて」の意か）浜に行き、そこに神酒を供え、二五霊を迎えるという風習があった。この神を迎える行事が変化して、亡霊が来る話となったのではないかと考察している。

東江上の怪火［ひがしえうえのかいか］

　夫婦が火となって現れるもの。佐喜眞興英が琉球（沖縄県）の口碑《こうひ》を集め、大正一一年（一九二二）に刊行した『南島説話』六三「東江上の怪火」に記されている。それによれば、昔、久志間切東江村（現・沖縄県国頭《くにがみ》郡伊江村東江上）に仲の良い夫婦がいた。ある日、妻が名護に買い物に行った際、夫は途中まで妻を迎えに行ったが、ふと悪戯《いたずら》を思いつき、顔を隠して別の男のように見せ、妻に迫る振りをした。

　一方、妻は夫恋しさに家路を急いでいたため、その男の正体が夫だとは気付かず、振り切って逃げようとしたが、なおも追ってくるため、思わず簪《かんざし》でその男を刺し殺してしまった。そして脇目もふらず家に帰ったが、夫の姿がないため、隣人に尋ねると自分を迎えに行ったと言う。不審に思い、道を戻って先ほどの男の顔を見ると、それは愛する夫であった。妻は嘆き悲しみ、やがて夫を刺し殺したのと同じ簪で自分の喉を突いて死んだ。

　以降、東江上にときどき怪火が見えるようになったが、それはこの夫婦の無念の炎であるのだという。

　昭和四年（一九二九）に刊行された島袋源七著の『山原《やんばる》の土俗』では、この怪火は**遺念火**のひとつとして紹介されている。

ヒダル神［ひだるがみ］

　空腹を発生させる死者。類似した伝承は多いが、昭和一八年（一九四三）発行の『民間伝承』九巻一号に収録される大藤時彦著「ヒダル神」では、人に取り憑《つ》いて急激な空腹を発生させる怪の総称をヒダル神としてまとめている。それによれば、ヒダル神の信仰は西日本に限られ、名前はヒダル神もしくは**ダリ**が多いとされる。

同書によれば、これに憑かれることが多いのは峠道で、憑かれると急激に空腹を覚え、足腰が立たなくなる。多くの場合は食事をしないで峠道を越すと憑かれるとされる。もし憑かれた場合は米でも何でも、時には木の葉でも口にするか、「米」の字を指で手のひらに書いてそれを舐《な》めると助かるという。ただし**ジキトリ**に憑かれた人間が肉を食ったが治らなかったという話があるため、穀物を食べなければならないとも記されている。

昭和三〇年（一九五五）発行の民俗学研究所編『綜合日本民俗語彙』では、山の峠などを行く人に飢餓を感じさせる悪霊で、近畿地方の丹波（京都府中部・兵庫県北東部）・但馬（兵庫県北部）・摂津（大阪府北西部・兵庫県南東部）をはじめ各地でいう。また北九州では山路を通る者が急に空腹疲労を感じて動けなくなるのをダラシという怪物の仕業《しわざ》としている。これに憑かれる場所は大抵は決まっており、かつてその地で餓死した者があって、その霊が留まって行人を悩ますのだと説明される、ということが記されている。

柳田國男著『妖怪談義』では随筆『雲萍《うんぴょう》雑志《ざっし》』にあるものがヒダル神の類の最古の記録とあるが、これについては近世の**餓鬼憑き**を参照。

ヒチマジムン［ひちまじむん］

人を迷わせる幽霊。単に「ヒチ」と呼ぶ場合もある。民俗学者の島袋源七が沖縄本島の国頭《くにがみ》地方の民俗調査を行い、その調査結果をまとめ、昭和四年（一九二九）に発行した『山原《やんばる》の土俗』に記されているもの。これは琉球（沖縄県）の至るところで話を聞く幽霊で、道の辻にいて、道を通る人を迷わせるのだという。また走るのが速く、水面を駆け回ったり、山川を跋渉《ばっしょう》することもある。そのため、これに惑わされた者が一夜のうちに二、三〇里（約七八・五〜一一七・八キロ）も離れた場所に捨てられることもあるという。

また、人に赤飯と白飯を選ばせて振る舞おうとするが、その時赤飯が欲しいと言う人には赤土を食わせ、白飯を望む者は海に連れて行って波の泡沫を食わせるのだという。

シチ、シチマジムン、シキ、シキーなどと呼ばれるものと同じだとされることもある。注目したいのは先述の赤飯と白飯を選ばせる話で、色を選ばせてその結果によって別の被害を与えるという話は学校の現代の怪談などに多く見られるが、ヒチマジムンはその先駆をなしている。

人を埋めた塚［ひとをうめたつか］

死者が火となって現れたもの。垣田五百次・坪井忠彦編によって著され、大正一四年（一九二五）に刊行された『口丹波口碑《こうひ》集《しゅう》』にある。それによれば、京都府千歳村国分（現・亀岡市千歳町国分）に、いつの頃か人と鉦《かね》とを箱詰めにして生き埋めにしたことがあり、その跡地には塚が残っている。その人が埋められた原因は伝わっていないが、埋められた人は三日三晩地下で鉦を叩いていたという。

そして四日目の夕方、この場所から火の玉が出て、その日以降毎夜のように辺りを飛び回ったという。

ヒモジイ様 ［ひもじいさま］

餓死した旅人が怪をなすもの。昭和五年（一九三〇）発行の『旅と伝説』三巻五号に収録された山崎善圀著「山口県大島郡の伝説と方言」にある。

それによれば、いつの頃の話か、道者とも乞食ともつかぬ姿をした旅人が山口県周防大島の屋代村から安下庄町《あげのしょうちょう》（いずれも現・山口県大島郡周防大島町）へ行くため、源明峠の難路を歩いていた。この旅人は酷《ひど》く飢えており、青白い顔で杖《つえ》を使って何とか歩いていたが、頂上に辿《たど》り着いたところで下る道が砂利交じりの急な坂道であるのを見て絶望し、「生きて苦痛を味わうよりは死んで鬼になった方がましだ」と考え、源明峠に座り込み、動かなくなった。そのまま数日が過ぎ、ついに野垂れ死にしてしまった。

後日、この旅人の死骸は土地の者に発見されたが、旅人が誰であるか知る者がいなかったため、その場所に葬って碑《いしぶみ》を建てた。これは後に「ヒモジイ様」と呼ばれるようになり、もし源明峠で「ああ、腹が減った」と言うとたちまち足腰が立たなくなる。その時は一口の握り飯をヒモジイ様に差し上げると足腰が立つようになるという。

『旅と伝説』三巻六号に収録される宮本常一著の「周防の大島（四）」でも同様の伝説が載せられているが、こちらは源明峠で「腹が減った」と言うのではなく、思うだけでたちまち腹が減って動けなくなる、と記されている。

また平成六年（一九九四）発行の学校の怪談研究会編『日本全国縦断　学校のこわい話』では兵庫県の小学校であった話として、次のような話を載せている。その学校で遠足の行事で学校付近の峠に行った際のこと、一人の男子生徒が突然お腹を抱え、しゃがみ込んでしまった。そこで教師がどうしたのかと尋ねると、彼は直前に昼食を取ったにもかかわらず急激な空腹を訴えたため、他の生徒たちを集めておにぎり五個、それに菓子類を分けてもらい、この男子生徒に食べさせた。

男子生徒は五個のおにぎりをぺろりと平らげ、さらに菓子類を口に放り込んでやっと一息つき、それで動けるようになったが、その様子を見ていた一人の老人が彼らにこんな話を教えてくれた。

それによれば男子生徒が急に空腹で動けなくなったのは、ヒモジイ様という妖怪が憑《つ》いたからなのだという。この妖怪に憑かれた人間は急に空腹感に襲われ、一歩も動けなくなってしまう。そんな時は手のひらに米の字を書くと助かると伝わっているのだという。

それからその小学校では、遠足でその峠

に行く際には、急に空腹になったら手のひらに米の字を書くようにと、半ば冗談交じりに教えられるようになったと書かれている。

病女の幽霊 ［びょうじょのゆうれい］

何度も現れる幽霊。明治三三年（一九〇〇）に刊行された左右田秋満編著『古今実説 幽霊一百題』第五「二重峠癩病人を殺して自首す」にあるもの。

それによれば、肥後国（熊本県）の二重峠でのこと。宮崎重太郎という者が夜にこの峠を通りかかると、女が倒れ、苦しんでいる様子であった。そこで介抱してやると、女は自分は癩病《らいびょう》（ハンセン病）で家にいることもできず、この病気は肥後の本妙寺清正公（加藤清正）を信じればご利益があると、同じ病気の人々が清正の墓に集まっていると聞き、そこを目指して旅をしていたのだという。重太郎は捨て置くこともできず、女の胸の辺りを撫でたが、そこにたしかに金の感触があった。

にわかに悪心が湧き上がった重太郎は、辺りに人がいないことを確認して腰から手ぬぐいを取り、それを女の首に巻き付けて力を籠めると、女はあっけなく死んでしまった。その後、改めて女の胴巻きを取り出して見ると、一五〇円もある。こんな重病人では世の中に楽しいこともないだろうと勝手な理屈をつけ、重太郎はその場を去った。

峠を半ばまで下り、一服しようと岩場を見ると、ひとりの女が座っている。これ幸いにと火を貸してもらうため、近づくと、振り返った女の顔は先ほど殺したあの女であった。重太郎が二歩、三歩と後ずさると、女はにこにこと笑みを浮かべる。その恐ろしさは言葉にもできず、重太郎は叫んで尻もちをついたが、その瞬間に女の姿は消え失せた。

重太郎は慌てて起き上がり、足を速めて麓に至ると、夜も明けたため、ほっと一息ついた。直後、「先ほどからお待ちしておりました」と呼ぶ者があり、そちらを見れば先ほどの女が道端の石に腰かけている。重太郎は驚いて振り返ることもせず一目散に逃げ出した。しかし女は海へ行けば海に、山へ行けば山に、宿屋に泊まれば宿屋に、雪隠《せっちん》（便所）に行けば雪隠に、とにかくどこにでも現れて重太郎を苦しめたため、一ヶ月後、重太郎はついに大津の町（現・熊本県菊池郡大津町）の警察署に出頭し、罪を自白したという。

平山婆 ［ひらやまばばあ］

老夫婦の怪異。田中貢太郎著『新怪談集 実話篇』（昭和一三年（一九三八））に収録された「平山婆」による。福岡県嘉穂郡漆生《うるしお》村（現・嘉麻市漆生）に平山というところがあり、そこに坑夫の一家が住んでいた。家族構成は夫婦と夫の両親という四人だったが、明治の末、その両親が病気で死んでしまう。しかしそれから間もない頃のこと、妻が押し入れを開けると、そこに爺《じい》さんと婆さんがいた。妻がそれを夫に知らせ、夫が押し入れを開けるとやはり老夫婦がいて、行儀よく座っていた。

夫が何か言いたいことがあるのか、と尋ねると、二人はぱっと消えてしまった。しかしその後も押し入れを開けるたびに爺さんと婆さんが現れるため、村でも評判になり、やがてその怪異は「平山婆」と呼ばれるようになった。

しかしあまりにこの平山婆が評判になってしまったため、息子夫婦はそこにいられなくなり、別の炭鉱地に引っ越した。だがそこにも爺さんと婆さんはついてきたという。

現れるのは爺さんと婆さんだが、なぜか名前は「平山婆」と呼ばれている。

古杣［ふるそま］

死者の声と音が聞こえるもの。大正四年（一九一五）に刊行された『郷土研究』三巻五号に収録される高村日羊著「土佐長岡郡より」にある。

それによれば、深山で「いくぞーいくぞー」という人の声が鳴り渡ると、やがて木の折れる音がして近くに大木の倒れる音がする。しかしそちらに行っても何もない。これを古杣といい、昔、伐木の際に木に打たれて死んだ者が出す音なのだという。

他にも山の神、山中に忘れられた杣道具がこの音を発生させると語られる場合もある。

平六銀杏［へいろくいちょう］

植物に宿った死者。高知県の郷土史家であった寺石正路が著し、大正一四年（一九二五）に刊行された『土佐風俗と伝説』にあるもの。それによれば、当時から一七〇年ほど昔というから、一七五五年頃のこと。高知県香美郡槇山《まきやま》（現・香美市南東部）の里に服部五衛門という庄屋がいた。この庄屋は里人を虐待し、年貢米を納められぬ者は庭に生えた大銀杏に逆さ吊りにして松葉で燻《いぶ》り殺すという残忍非道の人間だった。

ある年、村に不作があり、平六という男が惣代《そうだい》となって五衛門に年貢の容赦を乞いに行ったが、争論となり、平六は捕らえられて例の銀杏の木に逆さ吊りにされ、燻り殺された。この時、平六は苦し紛れに「殺すならひと思いに殺せ。七代までこの恨みは祟る」と叫び、ついに焚き殺された。

その後、五衛門の家ではさまざまな怪事が起こり、五衛門もまた乱心してその銀杏の木で首を吊って死んだ。その後、雨の降る夜などはその銀杏の木から物凄い笑い声が聞こえるという噂《うわさ》も流れた。

この服部家は七代で絶えたが、銀杏は平六銀杏と呼ばれ、その木の下に小さな祠《ほこら》が作られ、平六の亡霊を祀《まつ》ることとなったという。

へっつい幽霊［へっついゆうれい］

落語に語られる幽霊。三代目桂三木助や六代目三遊亭圓生《えんしょう》が語って広まった『へっつい幽霊』に登場するもの。

ある道具屋のへっつい（竈《かまど》）は、誰かが買っても翌日にはその客が、引き取ってくれ、と買った時の金額よりも安い金額で返しに来る不思議なへっついだった。そんなことが何度も続くので、ある時、道具屋の主人が客に理由を尋ねると、夜中に痩せた男の幽霊が現れ「金を出せ」と脅かしてくるのだと明かした。

やがてあの店の品は幽霊が出ると噂《うわさ》が立つようになり、困った道具屋は、三両出すからへっついをもらってくれ、と人を探し始める。それを聞いた博打好きの長屋の熊は、隣に住む悪友で、遊び人の若旦那とともに引き取るが、運ぶ途中にへっついを落としてしまい、角が欠ける。するとへっついの中から三〇〇両もの大金が出てきたため、二人は大喜びして山分けし、一晩で使い果たしてしまった。

すると翌晩、へっついから幽霊が現れた。若旦那が悲鳴を上げ、隣の熊が駆けつける。熊が幽霊にお前は何者かと尋ねる。幽霊は左官で長五郎といい、熊と同じく博打好きで、大当たりを取って三〇〇両をこのへっついの中へ隠し、フグを食ったところ、これに当たって死んでしまったのだという。

幽霊が三〇〇両を返してくれと言うので、若旦那の実家へ行って訳を話し、金を都合して幽霊に返した。しかし幽霊は根っからの博打好きであったため、それを元金にして熊と丁半博打に興じ始める。しかし、この勝負は熊のもとに運が舞い込み、幽霊はすっからかんになる。それでも幽霊は懲りずに「もう一勝負」と頼み込む。さすがの熊も「銭がねえならおしまいだ」とあしらうが、幽霊は言う。

「銭がなくってもわたしは幽霊です。決して足は出しません」

この話の元になったのは安永二年（一七七三）に出版された笑話本『俗談今歳花時《ことしばなし》』にある「幽霊」だとされる。こちらについては近世の**禁平**を参照。

前半の売ったへっついが何度も戻ってくるという話は、現代では中古車の話として類似した怪談が語られることが多い（現代の**中古車の怪**も参照）。中古車の場合も車に幽霊が出るから、という理由で戻ってきて再び売りに出される、という話になっていることもあるが、時には運転手が必ず事故を起こし、死亡するため、中古車が戻ってきて再び売られ、犠牲者を増やしていく、という形で語られることもある。

亡妻の愛着 ［ぼうさいのあいちゃく］

子に執着した亡霊。高知県の郷土史家であった寺石正路が著し、大正一四年（一九二五）に刊行された『土佐風俗と伝説』にあるもの。それによれば、昔、高知県香美郡山田村（現・香美市土佐山田町）の西町に平助という者がおり、妻との間に一子をもうけたが、妻は出産後七ヶ月で病死してしまった。

平助は貧しかったため、乳母を雇う金もなく、赤子を抱いて貰《もら》い乳をして日々を送っていたが、丑三《うしみ》つ頃（午前二時頃）になるとこの赤子が必ず夜泣きをした。その原因が分からず、平助は困り果てていた。

その頃、山田の東町に四郎兵衛という者がおり、平助の事情を聞いて同情していた。またこの頃、誰が言うともなく平助の妻の墓に火が出るという噂《うわさ》があったため、四郎兵衛が夜にこれを見に行くと、噂にたがわず丑三つ頃に墓の上に一塊の燐火《りんか》が燃え出て、それから白衣の女幽霊が明滅して現れ、平助の家の前に移動した。その直後、赤子の泣き声が聞こえてきた。

そこで四郎兵衛は亡婦が遺児に執着しているのだろうと、このことを平助に語った。平助は夜泣きの原因が分かって喜び、寺僧を呼んで亡妻の供養をなし、もう小児のことを気遣うことのないようにと告げたところ、それ以降赤子の夜泣きはぱったりとなくなったという。

坊さんは鯨に生まれ変わる

〔ぼうさんはくじらにうまれかわる〕

死にまつわる俗信。昭和八年（一九三三）発行の『旅と伝説』に収録された井花伊左衛門著「各地の葬礼—滋賀県高島郡西庄村—」にあるもの。同書によれば、滋賀県高島郡西庄村（現・高島市北東部）では、坊さんが死ぬと鯨に生まれ変わるといわれており、実際に何年か前に土佐（高知県）でとれた鯨の腹に「江洲高島郡海津町西浜何々寺住職何某」と記されていたという言い伝えがあるとされる。

近世の『片仮名本・因果物語』にも僧が鯨に生まれ変わったという話が記録されている（詳細は近世の**鯨になった破戒の坊主**を参照）。

帽子のない水兵

〔ぼうしのないすいへい〕

汽車に現れる死者。田中貢太郎著『新怪談集　実話篇』（昭和一三年（一九三八））に収録された「帽子のない水兵」にあるもの。それによれば、まだ横須賀行きの汽車が電化していない頃のこと。夕方の六時四〇分頃、この汽車が田浦駅（神奈川県横須賀市田浦町）を発車したところで帽子を被っていない水兵が現れ、影法師のようにふらふらと車内を歩いて二等車の方へと行くのだという。この水兵は昔、三人連れで田浦の海へと遊びに行った際、帽子をなくして探していたところ、汽車に轢《ひ》かれて死んだ水兵なのだとされる。

法華経堂の怪火

〔ほっけきょうどうのけちび〕

死者が火となって現れるもの。高知県の郷土史家であった寺石正路が著し、大正一四年（一九二五）に刊行された『土佐風俗と伝説』にある。それによれば、高知城下（現・高知県高知市）に法華経堂と呼ばれる場所があるが、その由来には俗に怪火と呼ばれる火が出たことが関係しているという。

昔、ひとりの飛脚がこの場所で大事な手紙を落とし、それを悔やんで自殺した。その後、飛脚の遊魂が火となってこれを探すようになったため、後世追善のために一字一石の法華経を埋めた、もしくは宝篋印塔《ほうきょういんとう》を建てた、と伝えられており、これによりその辺りが法華経堂もしくは宝篋堂と呼ばれるに至ったのだと語られている。

また別の話として、ある時、佐分利丈次郎という若者が従者を引き連れて鹿狩りをした際、山を下りる時、松明《たいまつ》を二、三〇燃やしていたため、戯れに従者たちと「怪火も我らが火には及ぶまい」と口々に言ったところ、遊火が数千百個に分かれ、峰も麓も覆った（峰や麓に降り注ぎ、その上に被さったということか）。そこで丈次郎らが「これには及ぶまい」と三〇ばかりの松明を一ヶ所に集めたところ、遊火たちもひとつに集まって大火となった。

丈次郎らが離れると遊火も分かれ、集まるとひとつになるということを繰り返したため、さすがに丈次郎らも恐ろしくなり、言葉を発さずに山を下りたという。

また、法華経堂の怪火は草履《ぞうり》の裏に唾を吐きかけ、「怪火よう」と呼べばすぐに飛んで来るという話も載せられている。

『土佐風俗と伝説』には続けて、この怪火が人を殺した話も載せられている。五台山寺（高知県高知市）の万慶という和尚が馬場某という武士とともに夜道を歩いていたところ、介良橋《けらばし》という橋で北西の方向に青、赤に燃えている怪火を見た。馬場は、これが日頃聞く法華経堂の怪火に違いないと、先述の草履の裏に唾を吐きかけて怪火を呼ぶ方法を試したところ、怪火は流星のように飛んで来て、二人の足元で大きな火の塊となった。その時は万慶が口で呪文を唱え、杖《つえ》で怪火を打つと蛍火のようになって消失した。

しかしその翌日の夜、馬場がひとりで介良橋を歩いていた際、また怪火を呼ぶと同じように足元で火の塊となったため、竹杖で打ったところ、怪火は数個に分かれ、四方から馬場を取り囲んだ。馬場はやむを得ず橋から身を躍らせて川に飛び込んだが、怪火は右往左往と馬場に付き纏《まと》って離れず、馬場はついに満ち潮の中に没した。その死体は明け方頃に漁師の網に掛かったという。

法華僧の怪 [ほっけそうのかい]

恨みのため怨霊となった僧。田中貢太郎によって著され、昭和一三年（一九三八）に刊行された『新怪談集　物語篇』に収録された「法華僧の怪」にあるもの。それによれば、ある寺の住職が変わり、その新しい住職が檀家に挨拶をしていたところ、その住職が愛碁家《あいごか》であったため、ある家で碁を嗜《たしな》む夫人に勝負を挑まれた。しかし住職の方が遥《はる》かに強かったため、それ以来、夫人はよく寺にやって来ては碁をするようになったが、度が過ぎたために家族との仲は冷え切り、ついに夫と子どもたちに逃げられ、寺に住み込むようになった。

しかしその女は同じく寺に住み込んでいた青年画家と恋仲になり、それを住職が知ると、寺の物を勝手に売って金を作った上、青年画家と駆け落ちした。このことは檀家に知られてすぐに大問題となり、住職は女に裏切られた苦しさと、檀家からの糾問に耐え切れず、縊死《いし》した。

それからというもの、夜になると住職の怨霊が女のもとに現れるようになり、それを見た青年画家は女の金を奪って姿をくらませた。その後、女は何度も自殺を図ったが死ぬことができず、寺に行って玉音という名の尼となったが、その寺にもまた、法華僧の姿をした住職の死霊が現れた。そして玉音はそれから一ヶ月ほどして正気を失い、弟の家に引き取られたという。

骨が足りない、トコトコトン［ほねがたりない、とことことん］

汽車に現れる死者。田中貢太郎著『新怪談集　実話篇』（昭和一三年（一九三八））に収録された「隧道《すいどう》内の怪火」にあるもの。それによれば、兵庫県と岡山県の県境にある上郡《かみごおり》（現・兵庫県赤穂郡上郡町）と三石（現・岡山県備前市三石）間の隧道工事は多くの犠牲者を出してようやく竣工《しゅんこう》した。そのためか、ここを通る汽車は車輪の音が「骨がたりない、トコトコトン」と聞こえるのだといわれた。また、ある夏には線路の上に青い火がとろとろと燃え上がり、列車へと凄い勢いで飛んで来た。その際には列車が大きく揺れたという。

【ま】

マカト［まかと］

兄を救おうとした霊。佐喜眞興英が琉球（沖縄県）の口碑《こうひ》を集め、大正一一年（一九二二）に刊行した『南島説話』六二「妹の霊兄を救わんとする話」にあるもの。

それによれば、ある村に、マカトという娘を亡くした後、二年ばかり経ってその兄も腸カタルで危篤に陥った家があった。この兄はときどき「マカトがそこいらを歩きおる」と言ったため、これをユタに尋ねてみると、それはマカトが兄の病気を心配して、神を拝み、祖先を祀《まつ》って平癒を祈って歩いていることが分かった。しかしその甲斐なく、兄は死んでしまったという。

孫八［まごはち］

自分自身で文書を記し、残された者への遺言を頼んだ幽霊。田中貢太郎によって著され、大正一〇年（一九二一）に刊行された『黒影集』に収録の「幽霊の自筆」にあるもの。

それによれば、遠州灘（静岡県御前崎から愛知県伊良湖岬にかけての海域）の戸島の側を通っていたある船に、土州安芸郡崎の浜（現・高知県室戸市佐喜浜町）孫八と名乗る幽霊が現れた。孫八はこの付近で大《おお》時化《しけ》にあって二〇人の仲間とともに海に飲まれて死んだため、それを故郷に知らせてほしいと頼んだ。そしてその証拠のため、矢立と紙を譲り受け、書をしたためると、それを船頭に託して消えてしまった。

　船はそのまま大阪へ向かい、大阪に着くと土佐まで孫八が書いた書類を届けに行った。それが本当に孫八が書いた物か確かめるため、彼が親しかった住吉の女が呼ばれたが、女は書面を見て泣き崩れ、「たしかに孫八殿に相違ございません」と答えたという。

松井某の妻［まついなにがしのつま］

　嫉妬から現れる幽霊。明治三三年（一九〇〇）に刊行された左右田秋満編著『古今実説　幽霊一百題』第五〇「亡妻の嫉妬ながく家に祟る」にあるもの。それによれば、備前（岡山県）岡山市徒士町《かちまち》というところに一軒の空き家があったが、この家には怪しい女の幽霊が出現するため、一ヶ月と住み続ける者はいなかった。そのため、誰と言うともなく幽霊屋敷と呼ばれた。

　なぜこの家に幽霊が出るようになったかといえば、昔、この家に住んでいた松井某という小学校教員の妻による。ある時その妻が病を患い、寝たきりになった。この妻は嫉妬深い性格であったが、病になってからはそれがいっそう強くなり、しばしば夫に「私が死んだならあなたは良い妻を迎えるのでしょう。ああ、妬《ねた》ましい」としばしば言った。そして病が重くなり、いよいよ命も危ういという時に、恐ろしい顔つきで夫に対し「私が死んだ後、妻を迎えるのですか」と問うた。これに夫である松井某は大いに恐れを抱き、決して妻を迎えないことを誓った。これにより妻は喜んだまま死んだ。

　しかし人の勧めもあり、松井某は後妻を迎えた。それからというもの、毎夜亡妻の幽霊が現れるようになった。松井某は大いに恐れ、この家を引っ越した。

　松井某はこのことを誰にも語らなかったが、この家に住む人の中には生前の彼女を知る者がいたため、「あれは松井某の亡妻の幽霊だ」と噂《うわさ》が流れるようになった。これは明治二六年（一八九三）頃のことであったという。

　同書の第六三「亡妻の幽霊住家を離れず」もほぼ同様の筋書きで収録されている。この後妻を迎えないと誓った夫が後妻を迎えたため、現れる先妻の幽霊の話は近世に多い（近世の類例は**黒色の女房**、**三年目の幽霊**、**生妬《なまねた》き妻の幽霊**を参照）。

魔の電柱の幽霊［まのでんちゅうのゆうれい］

　事故を引き起こす幽霊。田中貢太郎によって著され、昭和一三年（一九三八）刊行の『新怪談集　実話篇』に収録された「魔の電柱」にあるもの。それによれば、昭和一〇年（一九三五）九月二八日の夜八時頃、駒込神明町（現・東京都文京区本駒込）行きの市電が下谷池の橋の弁天（現・東京都台東区上野公園内の不忍池辯天堂《しのばずのいけべんてんどう》）前を進行中、女の乗客が悲鳴を上げて逃げ出そうとしているかのように電車の窓から上半身を出し、そこにあった電柱に顔を打って昏倒した。後で女性に話を聞くと、電車で座っていたところ、隣の席に全身血みどろの幽霊が現れたため、驚いて逃げようとしたのだという。その電柱はそれまでにも毎月五、六人が頭をぶつけて負傷しており、魔の電柱と呼ばれていたのだと語られている。

ミカクシ［みかくし］

死人にまつわる伝承。昭和八年（一九三三）発行の『嶋』一巻三号に収録された桜田勝徳著「長門六島村見聞記」にあるもの。それによれば、山口県の相島（現・萩市相島）では、死人は明るみにいることを嫌うため、誰にも気付かれず、時には荒磯に投げ出されている死体などが、身隠ししてくれ、と頼むこともあると伝えられているという。

ミコシ［みこし］

化ける幽霊。昭和八年（一九三三）発行の『嶋』第一巻第六号に収録された桜田勝徳著「肥前江の島記」にあるもの。幽霊の一種だが、武者修行の侍などに化けるのだという。

三原の幽霊屋敷［みはらのゆうれいやしき］

家の者がことごとく死んで幽霊屋敷となった家。歴史学者の及川儀右衛門が伝承を収集し、取りまとめて大正一三年（一九二四）に発行した『筑紫野民譚集《みんたんしゅう》』にある。それによれば、元弘（一三三一～三四）の頃、庄島（現・福岡県久留米市荘島町）に三原次郎知久という武士がいた。その子・三原右衛門久安は妻を貰《もら》い、一男一女をもうけたが、その妻は女子が一二歳、男子が九歳の頃に病で死んでしまった。

久安は若く美しい葛という後妻を貰い、寵愛《ちょうあい》したが、この葛は心根が良からぬ者で、継子二人を忌み、自身が懐妊してからはいっそう甚《はなは》だしくなった。ある時、知久と久安の親子が戦のために家を留守にすると、葛はかねてからの邪望が叶う時が来たと喜び、短刀を手に罪もない姉弟を追い回した末、弟を刺殺した。葛は姉も殺そうとしたが、庭で飛び石に躓《つまず》いて腹を打ち、そのまま死んだ。しかしその怨霊が姉に取り憑《つ》き、やはり殺してしまった。

さらに三原父子も戦地で死んだため、三原の家は滅んでしまった。戦場から父子の戦死を報ずるため、早打ちが三原の家にやって来ると、人の気配がなく、不審に思いながら奥を覗くと、鬼女らが現れたため、早打ちは驚いて逃げ出したが、今度は首が長く伸びた怪物がゲラゲラ笑っているところに遭遇したため、命からがら家を出た。

以来、三原の家は幽霊屋敷と呼ばれるようになり、放置されたため、邸内には草が生い茂り、葛が這《は》い延びて屋敷の塀一面に絡みついた。そのため、この付近は葛塀町と呼ばれるようになり、人々はここに住むのを嫌がったという。

みん

鬼に責められた娘。小山真夫が著し、昭和八年（一九三三）に刊行された『小県郡《ちいさがたぐん》民譚集《みんたんしゅう》』にあるもの。それによれば、ある六部（行脚する僧）が日暮れ時に村はずれの古堂の縁の下に泊まった際のこと。夜中になるとがらんがらんと音がするため、そちらを見ると、三人の鬼が鉄の棒を引き摺《ず》ってやって来ていた。そして鬼たちは火を焚き始め、しばらくすると「さあ始めましょう」と言って、「みんさいや、みんさいや」と呼んだ。すると新墓の中から「はい」と返事があり、痩せた娘が現れた。

鬼たちはこの娘に対し「秤《はかり》の目を盗んだこと思い知れ」「桝《ます》の目を盗んだことを思い知れ」「尺度の目を盗んだことを思い知れ」と言いながら鉄棒で叩き始めた。みんと呼ばれた娘は「ひぃーひぃー」と泣き叫んでいた。

しばらくして鬼たちは「今夜はこれで許す。明日の晩また来るから心得ていろ」と言い、どこへともなく去って行った。

早朝になって六部は村に行き、みんの家を訪ねてこの話をすると、みんの父親は「みんが鬼の責めを受けるようなことはあるまい」と言って六部とともに古堂の縁下に泊まったが、やはり鬼がやって来てみんを責めていた。そのため、六部とみんの父親は相談して和尚を呼び、経を上げてもらったところ、ようやく鬼がみんを責めることはなくなったという。

迎えに来る殺した実母
［むかえにくるころしたじつぼ］

自分の家に帰って来た死者。田中貢太郎著『新怪談集　実話篇』（昭和一三年（一九三八））に収録された「殺した実母が迎えに来る」にあるもの。それによれば、昭和三年（一九二八）六月二七日のこと、大阪玉造署（大阪府大阪市）に四〇歳ほどの男が自分の母親を殺したと言って出頭してきた。

その男は西村金太郎という者であったが、西村の話によれば、大正一〇年（一九二一）八月二八日、当時六二歳だった実母が胃がんで長らく病床に就いていた。そして実母は病気が良くならない上、息子夫婦に世話を掛けるのは忍びないと、どうせ病死するなら自分が生んだ子に手に掛けてもらいたいと西村に告げた。

西村は最初のうちは断っていたが、実際、生活難にあったため、ある夜、ふらふらと実母の言う通りその首を手拭いで絞めて殺してしまった。その後、何食わぬ顔をして生活していたが、この頃になって殺した実母が夢に現れ、「お前を迎えに来た」と言うため、ついに自首することとしたという。その後、西村がどうなったのかは分かっていない。

モー三月［もーみつき］

監獄に現れた幽霊。明治三三年（一九〇〇）に刊行された左右田秋満編著『古今実説　幽霊一百題』第七四「放免にならんとせし囚人死して家を慕ふ」にあるもの。

それによれば、東京巣鴨監獄（東京都豊島区）に懲役で一四年間服役し、満期放免となった松本某という者がいたが、その人物がまだ服役していた頃のこと。松本某が監獄で病気になり、病室にいた時、もうひとり熱病に掛かって病室に入った囚人がいた。その囚人は一〇年の刑期で、すでに九年九ヶ月服役しており、あと三月で放免になるはずだった。そのため、「モー三月で放免になる、モー三月の間は死なぬ。モー三月」と言い続けていた。しかし病気は次第に重くなり、「モー三月なのに残念だ。モー三月」と言って、ついに死んでしまった。

その後、松本が夜中に目を覚ますと、その囚人が死んだ辺りから「モー三月、モー三月」という声が聞こえてきた。夜明けになり、他の囚人に話をすると、同じように「モー三月」という声を聞いた者が五、六人いた。

以降、夜中に目を覚ました囚人は二、三回はこの声を聞いたという。

この松本某という囚人は、他にも東京巣鴨監獄で発生した幽霊談を語っている（詳細は**監獄を徘徊する囚人の幽霊**を参照）。

モーレン［もーれん］

岡山県でいう亡霊のこと。昭和一〇年（一九三五）発行の佐藤清明著『現行全国妖怪辞典』にあるもの。同じく亡霊を「もうれん」と読むものに三重県度会《わたらい》郡の引亡霊《ひきもうれん》がいる。

もっけ

人を祟る死霊。昭和一一年（一九三六）発行の『ひと』第一六号に収録された波多郁太郎・戸板康二著「たたりもっけ」にあるもの。それによれば、もっけ、もしくはたたりもっけは家筋に祟る怨霊なのだという。青森県の津軽半島にある七里長浜の出来島（現・つがる市木造出来島）には、もっけのある家が多いという。その理由は、昔、ここに難破船が漂着することが多かったが、村人たちは長柄の鎌を使って生き残った者を殺し、その金品を掠《かす》めていたという。そのため、今でも他の村の者がこの村の家の厠《かわや》に入ると怪異があるとされる。

どうして村の者ではなく他の村の者に怪異が起こるのかは不明だが、殺された者がなんらかの現象を発生させるのだろう。同書では他にも越後谷という家の者が三之助という阿波国（徳島県）の船頭を殺したため、その家に祟りが起きていることを記している。

「勿怪の幸い」など、一般的に使用する「もっけ」については、古代の**物怪**《もののさとし》を参照。

もる火〔もるび〕

もり火ともいう。怪火のひとつ。昭和一二年（一九三七）発行の内田邦彦著『津軽口碑集《こうひしゅう》』によれば、青森県五所川原市に伝わっているもので、雨の夜、水死や縊死《いし》のあった場所に現れる真っ青な火だという。その姿は人の指ほどの太さの両足がだらりと下がり、その上にこれよりやや太い胴があり、頭も同じぐらいの太さがある。

空中をふわふわと進むが、もしもる火に憎まれ口を叩くと、その人について離れず、叩けば細かく砕けてさらにくっつく。化け物の中でもっとも恐ろしいものであるという。

同書には、もる火は灯火のある部屋には入らず、念仏を唱えれば去るという対処法も記されている。

モレ〔もれ〕

方言の一種。鹿児島県でいう亡霊のこと。昭和一〇年（一九三五）発行の佐藤清明著『現行全国妖怪辞典』にあるもの。

モンコ〔もんこ〕

昭和一六年（一九四一）発行の岩手県教育会岩手郡部会編『岩手郡誌』にあるもの。岩手県岩手郡でいう幽霊のこと。亡魂から来ているという説があるが、秋田県や青森県ではお化けや幽霊をモッコといい、これらは東日本で多い妖怪や幽霊を指す幼児語、モウコから来ているとも考えられていることから、モンコもその可能性がある。

【や】

ヤアコ〔やあこ〕

方言のひとつ。昭和一〇年（一九三五）発行の佐藤清明著『現行全国妖怪辞典』にあるもの。佐賀県杵島郡でいう幽霊のこと。

ヤナカジ〔やなかじ〕

沖縄で病を引き起こすと考えられているもの。佐喜眞興英が沖縄島中部地方の民俗を調査し、取りまとめて大正一四年（一九二五）に刊行した『シマの話』によれば、ヤナカジは「悪風」と書き、子どもに蕁麻《じんま》疹《しん》を引き起こすという。これを治すためには、悪風がこの子どもに憑《つ》いてはならない理由を語りながら、古草履《ふるぞうり》で子どもの皮膚を擦らなければならない。それでも治らない場合は古い笊《ざる》に芋を入れ、村はずれに持って行って大急ぎで逃げ帰ったのだという。

また、塩月亮子の論文「沖縄における死霊観の歴史的変遷」によれば、ヤナカジは事故死者などの魂で、健康な人を羨《うらや》ましがって憑く。イチャイカジ（行き遭う風）またはアクフー（悪風）ともいい、星（フシ、その時の運勢）が弱い人が偶然これに行き遭うと、体にぶつぶつができたり、熱が出たりする。ユタが煙草の煙を吹きかけたり、草履で顔を擦ったりして治す、という言い伝えがあったことが記録されている。

ヤナムン［やなむん］

沖縄において死者が変化したもの。民俗学者の島袋源七が沖縄本島の国頭《くにがみ》地方の民俗調査を行い、その調査結果をまとめて昭和四年（一九二九）に発行した『山原《やんばる》の土俗』に記されている。それによれば、ヤナムンは子孫の絶えた死者で、供養も絶えてしまった者がなるとされる。こっそりと出現し、食物の御初（神に供えるできたての食物）を奪うのだという。

同様に供養する子孫がいなくなった死者を正体とする沖縄の怪に現代の**シーマチチリムン**がいる。

屋根裏の三味線［やねうらのしゃみせん］

死者の奏でる音楽が聞こえたとされる話。民俗学者の早川孝太郎が地元の民俗を取りまとめ、大正一〇年（一九二一）に刊行した『三州横山話』にあるもの。それによれば、明治二四年（一八九一）頃の秋のこと、ある家の屋根裏で三味線の音がしきりに聞こえた。しかし屋根裏に人が住んでいるはずもなく、人々が不安に思っていると、その家の祖母が今日は親類の娘の命日だから、その娘の思いが来て、三味線を弾いたのだろうと言ったという。

この娘は生まれながらに盲目で、三味線を習っていたが、一八の歳に亡くなったのだという。

山口の一つ火［やまぐちのひとつび］

死者が火となって現れたもの。小山真夫が著し、昭和八年（一九三三）に刊行された『小県郡民譚集《ちいさがたぐんみんたんしゅう》』にある。それによれば、長野県の太郎山（上田市）の山懐に山口という村があった。かつてこの村にいた美しい娘が松代（現・長野市松代町）の若者と相思の関係となり、毎晩、太郎山、大峰、五里峰、鏡台山、妻女山などの険しい山々の峰伝いにその若者のもとに通っていた。

娘はその際に温かい餅を持って行ったが、若者はどうしてこんな長い道中を温かい搗《つ》きたてのような餅を持って来られるのかと疑問に思い、尋ねた。すると娘は家を出るときに糯米《もちごめ》を摑《つか》んで、一生懸命に山を渡るうちに餅になっているのだと答えた。若者はこの娘が毎晩険しい山を渡ってくること、そしてこの餅のことなどが不信となって重なり、いっそ人知れずこの女を殺してしまおうと考えて、太郎山から大峰に行く途中にある刀の刃と呼ばれる難所で待ち伏せ、娘を断崖絶壁から突き落とした。

　以来、太郎山の中腹には毎夜ひとつの火玉が現れるようになり、山口の一つ火と呼ばれたという。

ヤマミサキ［やまみさき］

　山に現れる亡霊。昭和八年（一九三三）発行の『嶋』一巻三号に収録された桜田勝徳著「長門六島村見聞記」にあるもの。それによれば、山口県の相島（現・萩市相島）に伝わるヤマミサキは山にいる恐ろしい亡霊で、崖から落ちて死んだ者、難船して死んだ人は、死後八日目までヤマミサキになるのだとされる。

　この他、四国中国地方ではミサキという名前を死者の霊魂が出現するものとして語る例が多く、山ミサキは山に現れ、川ミサキは川に現れる、などという伝承もある。

有機交流電燈［ゆうきこうりゅうでんとう］

　大正一三年（一九二四）発行の宮沢賢治の詩『春と修羅』の序文にて語られる言葉。「わたくしといふ現象は仮定された有機交流電燈のひとつの青い照明です（あらゆる透明な幽霊の複合体）」とあり、それに続いて「風景やみんなといつしよにせはしくせはしく明滅しながらいかにもたしかにともりつづける因果交流電燈のひとつの青い照明です（ひかりはたもち　その電燈は失はれ）」と記される。

　ここから、有機交流電燈はなんらかの幽霊の複合体であることが分かるが、宮沢賢治のいう幽霊が死者の霊魂を表しているのかは、この詩からは明確に読み取れず、何を指しているのかは現在もさまざまな意見がある。

ユーリー［ゆーりー］

　沖縄で幽霊や妖怪全般を表す言葉。語源は「幽霊」だと考えられる。昭和四年（一九二九）発行の島袋源七著『山原《やんばる》の土俗』では、沖縄の妖怪変化は四種類に分類できるとし、ユーリー、**ヤナムン**、マジムン、**シチ**・シチマジムンを挙げている。このうち、ユーリーは身の丈が高く、長い髪が顔を覆い、自由自在に身長を変えることができるとする。また、同書では沖縄県国頭《くにがみ》郡今帰仁村《なきじんそん》に伝わる話として、ユーリーに出会ったら「シータカ、シータカ」と言ってその身長を高くするよう促し、次に「シーヒク、シーヒク」と言って低くさせてから鞭《むち》や木の枝でぶちのめすのだと記している。これにより打ちのめされたユーリーは、蛍火のような青い光を周囲に散乱させるのだという。この背が高くなったり、低くなったりする特徴は中国地方に伝わる次第高や日本各地に伝わる見越入道などの妖怪に似ている。

また、人間の死者がその正体であるとされる場合もあり、塩月亮子の論文「沖縄における死霊観の歴史的変遷」では、沖縄県北部のある村落では、不幸な死を遂げたために成仏できないでこの世をさ迷っている死霊は**死マブイ**と呼ばれ、村人に災厄をもたらす悪霊の一種として認識されており、その一種としてユーリーが挙げられている。

また、金城朝永の論文「琉球妖怪変化種目」においては、ユーリーは那覇《なは》では単に人間の死霊のみに使用されているが、それ以外では人間・動植物・器物にも使用されている、と記されている。

幽霊［ゆうれい］

近世では文学、芸能、絵画など、さまざまな分野において幽霊が活躍したが、近代に入ると文明開化、西洋科学の流入とともに幽霊が迷信として実在を否定されるようになっていく。明治初期には幽霊を見せるのは当人の罪の意識や神経の問題であり、実際に存在するのではない、ということが語られるようになった（**神経病の幽霊**も参照）。ただしこの言説は明治末期の頃には姿を消していった。また明治三三年（一九〇〇）には当時の幽霊との遭遇体験などが集められた『古今実説　幽霊一百題』が刊行されており、明治期における人々が幽霊とどのように出会ったかを追体験することができる。

加えて、明治末期から大正期にかけて欧米の心霊思想（スピリチュアリズム）が流入し、日本の知識人や文化人に大きな影響を与えた。心霊はもともと「精神」の意味で使われていたが、「Spiritualism」の訳語として「心霊主義」が使われ、後に死者の霊によって引き起こされる超常現象を科学的に論じるための用語に変化していった。また、この言葉は現代において再び変化するが、それについては**幽霊**（現代）および**心霊**を参照。

その正確性はともかく、死者の霊を科学的に実証しようとする心霊思想は、科学の後ろ盾を得たことで一般の人々の間にも受け入れられやすかったらしく、広く流行した。こういったことから、妖怪が前近代の存在として実在しないものと考えられていったのに対し、幽霊はその実在が受け入れられた。

また、妖怪との関係でいえば、現実の生物とは異なる、不思議な姿や力を持つとされるものを妖怪として括《くく》るようになったのは近代以降だが、それに伴って幽霊を妖怪の中に入れるかどうか、という区別が発生した。自らの研究を「妖怪学」と名付け、世の中の不思議を究明した哲学者・井上円了は、妖怪と幽霊を区別せずに扱っている。一方、日本民俗学の祖・柳田國男は「お化け」と「幽霊」は別物であるとし、お化けは特定の場所に出る、幽霊は特定の相手を目指して出る、と区別した。これについては「皿屋敷」の**お菊**（近世）など、特定の場所に現れる幽霊が多くいるが、現在もこの区別の仕方は多くの場所で見かける。

風俗学者の江馬務は『日本妖怪変化史』の中で人間の霊を含めて妖怪変化として扱っているが、これを「生霊」「死霊」「幽霊」の三種類に分けるという試みを行っている。同書によれば、死霊は死んだ後、精霊が仮の姿を見せないで活動するもの、生霊は人間が生存中にその精霊が遊離して活動するもの、幽霊は死して後、そのうつせみの姿を現して活動するもの、という。しかしこの区分は今では使われることはほとんどない。ただ、姿を現す霊と現さない霊がいる、というのは現在にも通じる概念である。

このように、近世を経て近代においても大衆に受け入れられた幽霊であるが、現代においても幽霊は現役で活躍し続けている。

幽霊図（河鍋暁斎）［ゆうれいず］

近世後期から近代初期にかけての画家・河鍋暁斎《かわなべきょうさい》が明治三年（一八七〇）に描いたもの。痩せこけた男の幽霊が、口に生首の髪を咥《くわ》えている姿が描かれている。

また、河鍋暁斎は慶応三年（一八六七）にも同名の「幽霊図」という作品を描いているが、こちらは行灯《あんどん》の光の向こうからぼんやりと浮かび上がる女の幽霊を描いている。

幽霊にうなされている最中に屁をたれる［ゆうれいにうなされているさいちゅうにへをたれる］

幽霊にまつわる俗信。昭和一五年（一九四〇）三月一日に発行された『旅と伝説』一三巻三号に収録された寺田伝一郎著「羽後浅舞町近傍見聞書（続）」によれば、秋田県の浅舞町（現・横手市平鹿町浅舞）では、幽霊にうなされている時、屁をたれるといっそう強くうなされると考えられていたのだという。

幽霊も怒るのだろうか。

幽霊の写真［ゆうれいのしゃしん］

その名の通り幽霊が写り込んだ写真のこと。現代でいう**心霊写真**に近いが、近代ではこういった写真は幽霊写真、もしくは幽霊の写真と呼ばれることが多かった。

大正三年（一九一四）刊行の井上円了著『おばけの正体』では、「幽霊の写真」と題して幽霊が写った写真について記している。それによれば、最古の例は西南戦争の翌年、すなわち明治一一年（一八七八）に熊本県の熊本鎮台で撮影された写真で、現場にはいないはずの兵士の姿がぼんやりと写っていたという。また他にも青森県上北郡三沢村（現・三沢市）にて石場寅次郎の母が知人の女性と写真師を呼んで写真を撮ったところ、二人の間に数年前にコレラで死んだはずの夫が写っていたという話が載せられている。円了はこの幽霊の写真の話を写真師に尋ねてみたところ、一度写したガラスをよく磨かず再び写すと、先に取った写真がぼんやりと写り込むことがあるという答えがあったことから、幽霊は決して奇怪なものではないと結んでいる。

同じく西南戦争の兵士の幽霊が写真に写った話が、明治三三年（一九〇〇）に刊行された左右田秋満編著『古今実説　幽霊一百題』第一八「幽霊来て写真に入る」に記録されている。これは明治一五年（一八八二）頃の肥後国熊本米屋町（現・熊本県熊本市中央区米屋町）での話で、豊瀬某という写真師のもとに二人の兵士が来たため、その写真を撮ろうとしたところ、ひとりの兵士が追加で現れた。そこでその三人の写真を撮ると、なぜか写真には四人写っていて、四人目の兵士は真ん中に立っている兵士よりもおよそ三尺（約九〇センチ）ほど左上におり、胸から上だけがあって、下の方は消えており、これは幽霊だろうと噂《うわさ》になったという。

昭和一三年（一九三八）刊行の田中貢太郎著『新怪談集　実話篇』にもいくつか幽霊が写真に現れた話が載せられている（**レンズに現れた女**、**死児の写真**、**写真に写った登山姿**も参照）。

このように死者を写した写真は近代にもいくつも見られたが、現代に入り、七〇年代になると**心霊写真**（現代）として爆発的なブームを引き起こす。

幽霊墓［ゆうれいばか］

死人に関する俗信。昭和八年（一九三三）発行の『旅と伝説』六巻一〇号に収録された近藤喜博著「因幡南部の伝説―西郷村にて採集―」にあるもの。それによれば、昔、豊臣秀吉が日本を統一していた時代、弓河内（現・鳥取県鳥取市河原町弓河内）に大家という大富豪の家があった。

その家の主人が大金を兵山丸の大という場所に埋めに行った時、下男に金を負わせてその山の目的地に赴いた。そして金を入れた壺《つぼ》を埋め、そこに白南天の木を植え、帰ることとしたが、途中で下男が口外することを気にして、主人は下男を殺害し、供養のためにそこに墓を建てた。その墓からは下男の亡霊が現れたため、幽霊墓と呼ばれるようになった。

幽霊火の行列［ゆうれいびのぎょうれつ］

民俗学者の濱田隆一が天草島の伝承を調査し、まとめて昭和七年（一九三二）に発行した『天草島民俗誌』五九「幽霊火の行列」に載る。それによれば、昔、ある夜に宮田村（現・熊本県天草市倉岳町宮田）でせさきという岬角から数十の火が上がり、宮田の寺の方へと続いて飛んで行くということがあった。寺の僧が夜を徹して大施餓鬼を行ったところ、夜が明ける頃にやっと鎮めることができたのだという。

ユーレー［ゆーれー］

民俗学者・山口麻太郎が自身の出身地である長崎県壱岐島の伝承を民俗調査し、取りまとめて昭和九年（一九三四）に発行した『壱岐島民俗誌』にあるもの。それによれば、海で死んだ人は「ユーレー」となり、島、軍艦、和船などの形になって現れるものもあるのだという。これははじめザーザーと浪が立ち、すぐにそれらの形になって現れると語られている。

また、夜間大勢の乗組員のようにエイヤ、エイヤと掛け声を揃《そろ》えて現れる場合もあり、「アカトリ」を貸せと言ってくる場合もある。その時は柄杓《ひしゃく》の底を打ち抜いて貸さねば、それで船に潮を汲み込んでくるのだという。

さらに夜間汽船や軍艦にいっぱい灯を灯してみせることもあり、この灯は点いたり消えたりするという。これはシキユーレーと呼ばれるのだとされる。

近世の**舟幽霊**の類だが、島や軍艦に化けるなど独自の伝承が見られる。またシキユーレーについては**シキ幽霊**も参照。

ユシヤ ［ゆしや］

歌を歌った骸骨。佐喜眞興英が琉球（沖縄県）の口碑《こうひ》を集め、大正一一年（一九二二）に刊行した『南島説話』にあるもの。それによれば、昔、ユシヤという歌の上手な尾類（ジュリ、遊女のこと）がおり、彼女の歌を聞いた者は誰もが魅了された。そしてこのユシヤが死んだ後、その遺骨がカマス（藁《わら》むしろを二つ折りにして作った袋）に入れられて故郷へ運ばれる時、運搬夫たちが途中の村で村芝居をしているのを見て、芝居でも見ながら休憩しようとカマスを側に置き、芝居を見ていた。芝居が佳境に入り、ある歌が中心となる劇の番となったが、歌の途中で乱調し、中断した。しかしその歌を引き継いで歌い出した者があり、その歌はとても美しく、聴衆を魅了した。歌が終わった後、その美曲の歌い手を探してみると、それはユシヤの遺骨であったという。

ユリンボ ［ゆりんぼ］

方言のひとつ。昭和一〇年（一九三五）発行の佐藤清明著『現行全国妖怪辞典』にあるもの。宮崎県でいう幽霊のこと。同書では他にも宮崎県では幽霊をユリと呼ぶことが記されている。

妖蛸 ［ようだこ］

蛸にまつわる怪異譚《たん》。昭和一三年（一九三八）発行の田中貢太郎著『新怪談集 実話篇』に収録された「妖蛸」にあるもの。それによれば、明治二二、三年（一八八九、九〇）頃のこと、北海道函館市の立待岬で二人の男女が身投げし、心中したが、女の方が生き残った。男は山下忠助という海産問屋の若旦那で、女は函館の花柳界で知られた水野米という常磐津の師匠であった。

米はその後、何事もなかったように五稜郭に近い場所に住む網元の妾《めかけ》となった。三年ばかりして米が妊娠したが、それは本当の妊娠ではなく、原因不明の奇病であった。米の腹は日に日に大きくなっていき、そのまま死んでしまった。死体は火葬されたが、不思議なことにその死体は手足ばかりが焼けて、胴体はそのままであった。火葬を担当していた者は用意していた薪がなくなっても焼けない死体に我慢しきれなくなり、側にあった漁師の手鉤《てかぎ》を手に取り、死体の腹に打ちつけた。するとその腹が裂け、中から大きな蛸が出てきて達磨《だるま》の新公という男に飛び掛かった。

　達磨の新公は米の弟であったが、本当の弟ではなく、米が歌妓《げいしゃ》をしていた頃からの情夫であった。蛸はこの達磨の新公に向かって真っ黒で毒々しい墨を吐きつけた。それは新公の顔から胸の辺りを真っ黒に染め、新公は悶《もだ》え苦しんだ。

　蛸は火葬を担当していた者により叩き殺され、結局さらに薪を追加して蛸もろとも残った米の死体が焼かれたが、今度はすぐに焼けた。

　それから数日して、網元の主人が火鉢の側でうとうととしていると、米の姿が見えてしきりに謝った。主人がはっと思って目を開けると、あの新公が悶死したという知らせが来た。

　それからいろいろ噂《うわさ》があったが、それによると米が海産問屋の若旦那と立待岬から投身したのは、新公が仕組んだものであった。米は茨城県の水戸の生まれで、水泳の心得があったため、身投げすると見せかけてそのまま沖の方へ泳ぎ、新公の小舟に乗り込んだのだ。それを見た若旦那は米を追ったが、米と新公は舟板を使って若旦那を散々に殴りつけて沈めたのだという。

　アメリカ発の都市伝説に海で遊んだ少女が見覚えのない子を妊娠し、調べると腹の中に蛸がいた、実は海で偶然蛸の卵が彼女の子宮に入り込み、そこで成長していたのだ、というものがあるが、妖蛸は殺された男の恨みが蛸となって女の胎内に入り込んだようである。

【ら】

臨死体験に現れる死者

［りんしたいけんにあらわれるししゃ］

臨死体験の際に遭遇する死者。主に自分の家族や親族、友人など親しい者で、すでに死んでいる人間が現れ、川の向こうや花畑の向こうから「こちらに来てはならない」といったことを語り、それに従って引き返すと意識が戻る。そして自分が実は事故や病気等で生死の境をさ迷っており、何とか息を吹き返したのだ、といったことが分かり、あの臨死体験で見た死者は自分を助けてくれたのだ、と理解するという体験談に登場することが多い。

　明治四三年（一九一〇）に発表された柳田國男編『遠野物語』には、すでにこれに類する話が載せられている。それによれば、昔、飯豊（現・岩手県遠野市土淵町《つちぶちちょう》飯豊）の菊池松之丞という人が傷寒を病んだが、菩提寺《ぼだいじ》であるキセイ院に行こうとして足に力を込めたところ、不意に空中に飛び上がり、そのまま浮かびながら寺へと向かった。

寺に着くと門に人だかりができていたため、どうしたのだろうと思いながら門から中に入ると、紅の芥子《けし》の花が見渡す限りに満開で、その花の中に死んだはずの父が立っていた。父は「お前も来たのか」と言うため、何か返事をしながら進んでいくと、今度は死んだ我が子がいて「トッチャ、お前も来たか」と言った。松之丞が「お前はここにいたのか」と言って近づくと、「今来てはいけない」と言う。

この時、門の方から騒がしく自分の名前を呼ぶ者があったため、嫌々ながら引き返したところで意識が回復し、親族の者たちが集まって自分に水をかけるなどして生き返らせようとしていたことが分かったという。

この他、現代ではこのような臨死体験にまつわる話は数多《あまた》に記録されている。一方、逆に見知った人間が死後、体験者を死の世界に誘い込もうとする話もある。こちらは現代の**あの世へ誘う夢**を参照。

霊の稲虫［れいのいなむし］

虫になった怨霊。民俗学者・折口信夫が大正一〇年（一九二一）長崎県の壱岐島を訪れ、その伝承を記録し、取りまとめた『壱岐民間伝承採訪記』にあるもの。それによれば、壱州生まれの盗賊・熊沼右衛門が獄門になった後、その怨霊がイナゴになって田を荒らしたのだという。

レンズに現れた女［れんずにあらわれたおんな］

写真を撮る際に出現したという死者。田中貢太郎著『新怪談集　実話篇』（昭和一三年（一九三八））に収録された「レンズに現れた女の姿」にあるもの。それによれば、神奈川県の保土ヶ谷（現・横浜市保土ケ谷区）の某寺の僧侶が横浜に写真を撮りに行ったところ、写真師は機械が故障したと言って撮影を中断した。そのため、僧侶が別の写真屋へ行くと、そこでもレンズが故障したと言うため、どうしたことかと思いながら次の写真屋へ行くと、また機械に故障が起きたと言われ、断られる。そのため、なぜそんなに機械が壊れるのだと詰問すると、写真屋は「あなたは、こうしてみると一人だが、黒い布を被ってみると、後ろへ女の顔が出てくる」と言う。

そのため、警察を呼んで警察に写真を撮影してもらうと、できあがった写真には、僧侶の頭の上で髪を振り乱す女が座っていた。この写真に現れた女はその僧侶の先妻で、病死する前に後妻を貰《もら》ってくれるなと遺言したにもかかわらず、僧侶が再婚したためにこの怪異が起きたのだという。

今でいう**心霊写真**（現代）、当時でいえば**幽霊写真**（**幽霊の写真**）だが、写真を撮る前にレンズに現れるのは珍しい。

別れに来た細君［わかれにきたさいくん］

最期の挨拶に現れた死者。田中貢太郎が著し、昭和一三年（一九三八）に刊行された『新怪談集　実話篇』に収録された「別れに来た細君」にあるもの。それによれば、松山（現・愛媛県松山市）の長屋忠明という政治家がある年の議会中、新橋（現・東京都港区新橋）の旅館に泊まり、夜遅くまで調べものをしていると、不意に部屋の入口の襖《ふすま》が開き、松山に残してきたはずの細君が現れた。

細君はしとやかに両手をついて座っており、長屋が驚いて声をかけようとすると、俯《うつむ》いて「おさきへ、失礼いたします」と言って消えてしまった。そこに電報が来て、細君が病気で亡くなったという知らせがあったという。

近世の『耳嚢《みみぶくろ》』などによく見られる、死んだ直後、もしくは死の直前の人間の霊が親しい者のもとに現れ、最期の挨拶をしていくという話のひとつ。時代が変わってもこういった死者の話は語られていたようだ。

コラム 02

シーツを被った幽霊

日本の幽霊の衣装といえば白い死装束に天冠のイメージが強く、デフォルメされて幽霊が描かれる場合、高確率でこの姿で描かれます。

　では西洋はどうかというと、頭から白いシーツを被った姿が有名ではないでしょうか。日本でも藤子不二雄の漫画『オバケのQ太郎』のQ太郎や、せなけいこの絵本『ねないこだれだ』のおばけなどは、このイメージに近いデザインで描かれています。

　このシーツを被った幽霊のイメージは、中世から近世にかけてのヨーロッパにおいて死者を埋葬する際、その遺体を包むために使われた白い布に由来するようです。これはシュラウド（埋葬布）と呼ばれ、一六世紀のイギリスではすでに泥棒がシーツを被って幽霊のふりをして犯罪を行った記録が残っているなど、幽霊のイメージとして普遍的なものになっていたようです。

　一八〇四年にはイギリス、ロンドンのハマースミス地区で白い布を被った幽霊が出現するという噂《うわさ》が流れたために、白い服を着ていた人物が幽霊を探していた自警団によって射殺されるという事件も起きています。また一九世紀から二〇世紀にかけては演劇で白い布を被った幽霊が演じられ、映像作品においては世界最古のホラー映画とされるフランスの『悪魔の館』（ジョルジュ・メリエス監督、一八九六年）においても白い布を被った姿で表現されています。

　そして現在でも創作の中には白い布を被った幽霊のイメージが使われていますし、ハロウィンには白い布を被って幽霊に扮する子どもたちがたくさんいるようです。

　日本で近世に生まれた幽霊のイメージが浸透しているように、西洋でも古い幽霊のイメージが定着しているのです。

現代

（昭和後期〜令和）

【あ】

アイヌクルセイ［あいぬくるせい］

アイヌ語で人間の死体を表す言葉。知里真志保著『分類アイヌ語辞典 人間編』にある。基本的に魂が抜けた亡骸《なきがら》を指すが、北海道の沙流《さる》地方などではこれが化けて人を害することがあるという伝承があったようだ。

アイヌシリ［あいぬしり］

アイヌ語で幽霊を表す言葉。田村すず子編著『アイヌ語沙流《さる》方言辞典』にあるもの。「アイヌ」は「人間」、「シリ」は「様子」を表す。「人間のようで人間でないもの」を表しているものか。

アイヌトゥカプ［あいぬとぅかぷ］

アイヌ語で幽霊を表す言葉。人間の幽霊を指す。

萱野茂著『萱野茂のアイヌ語辞典』にある。「アイヌ（人）」＋「トゥカプ（幽霊）」の意味。同書によれば、この言葉は「化けた人間」や「幽霊に化けた人間」を表すというが、具体的にどのようなものを指すのか不明。また悪口にも使われるという。

アイヌライトゥカプ［あいぬらいとぅかぷ］

アイヌ語で亡霊を表す言葉。

萱野茂著『萱野茂のアイヌ語辞典』にある。名前は「アイヌ（人間）」＋「ライ（死ぬ）」＋「トゥカプ（幽霊）」となる。

アイヌラマッ［あいぬらまっ］

アイヌ語で幽霊や魂、人魂を表す言葉。

知里真志保著『分類アイヌ語辞典 人間編』にあるもの。「アイヌ」は「人間」、「ラマッ」は「魂」や「命」を表すアイヌ語。

赤いクレヨン［あかいくれよん］

死者が物によって存在を示すもの。一九九〇年代から語られていると考えられる都市伝説で、内容は以下のようなもの。

ある夫婦が一軒家を購入した。中古物件ではあるが日当たりも良く、中も新品同然だったため、二人は満足していた。そんなある日、妻が廊下を掃除していると、赤いクレヨンがひとつ落ちていた。夫婦には子どもはなかったため、前の住人の忘れ物だろうとゴミ箱に捨てた。しかし次の日も、その次の日も赤いクレヨンは同じ場所に落ちている。夫婦はそれを疑問に思い、調べてみると、明らかにそのクレヨンが落ちていた廊下の突き当たりの先にもうひとつ部屋がある。図面を見ても、外から見てもその事実は変わらなかった。

二人がその壁を叩いてみると、他の壁を叩いた時とは違う音がする。そこで夫婦が隠された部屋周辺の壁紙を剝《は》がしてみたところ、開かないように釘打ちされた扉が現れた。夫婦がどうにかしてその扉を開くと、そこには何もない小さな部屋があった。しかしその部屋の壁一面は、クレヨンで幼い子どもが書いたであろう赤い文字によって埋め尽くされていた。

おかあさんごめんなさいここからだしておとうさんがおかあさんここからだしてごめんなさいごめんなさいおとうさんはおかあさんここからだしてごめんなさいおとうさんおかあさんごめんなさいここからだしておとうさんおかあさんだしてだしてだしてだしてだして……

この話についてはタレントの伊集院光が平成九年（一九九七）頃にＴＢＳのテレビ番組『山田邦子のしあわせにしてよ』内の怖い話企画で発表したものが最初と語っている。また都市伝説として流布するうちにクレヨンの色が緑や青になっていたり、クレヨンが落ちているという怪談部分がなくなり、単に怪しい部屋を発見して確認したところ、中にびっしりと赤い文字が書き込まれていた、という死者の出現の要素が消えたものも現れている。

赤いスリッパの怪［あかいすりっぱのかい］

スリッパにいたずらする幽霊。マイバースデイ編集部編『わたしのまわりの怪奇現象１０００』にある。ある学校では五階に幽霊が出る、という噂《うわさ》があった。五人の生徒がこの学校で合宿を行った際、この噂を確かめに五階に向かったところ、途中に赤いスリッパがあった。そして五階に着いたものの、何もなかったため、帰ろうとすると、あの赤いスリッパが逆方向を向いていた。

五人の中のひとりがこれを持って帰ろうとしたが、途中でやめて廊下に置き、少し行って振り向くと、置いた時とは逆の方向を向いていたという。

赤いヤッケの女［あかいやっけのおんな］

スキー場に現れる死者。日本民話の会 学校の怪談編集委員会著『学校の怪談10』にあるもの。群馬県利根郡水上町（現・みなかみ町）のあるスキー場に現れるという死者。二〇歳ほどの年齢の赤いヤッケを着た髪の長い女性で、滑走禁止のエリアを滑っているという。ある少年たちがこれを見て、危ないと声をかけたところ、その女性が振り返ったが、その顔は半分に割れて血が溢《あふ》れ出ていた。女性はおいでおいでをするように少年たちを手招きしたが、少年たちはへなへなと座り込んでしまった。夜になって発見された時には凍え死ぬ直前であったという。

この女はかつてそのスキー場で滑走禁止の崖から落ち、頭を半分に割って死んでしまった女性のなれの果てなのだと語られている。

赤電車の幽霊［あかでんしゃのゆうれい］

電車に現れる幽霊。今野圓輔《えんすけ》著『日本怪談集　幽霊編』にあるもの。それによれば大正七、八年（一九一八、一九）頃、東京都の宇田川町（現・港区浜松町一丁目）に赤電車の幽霊と呼ばれる怪談が持ち上がった。

当時、銀座方面から来て宇田川を終点とする市電があったが、その市電の赤電車（最終電車のこと）にのみ現れる老婆がおり、車掌が切符を切りに来ると忽然《こつぜん》と消え失せていたという。この幽霊見たさに電車は連日満員となったそうだ。

アクロバティックサラサラ［あくろばてぃっくさらさら］

名前は略して「アクサラ」「悪皿」などとも呼ばれる。赤い服を着てなんらかの帽子を被っており、目は空洞で、背が異様に高い長い黒髪の女であり、さまざまな行動を取るとされる。

初出は2ちゃんねる（現・5ちゃんねる）オカルト板に平成二〇年（二〇〇八）九月二二日に立てられた「ヤヴァイ奴に遭遇したかもしれん」スレッドにて語られたもので、スレッドを立てた人物によると、場所は福島県で、身長一八〇センチほどの女の姿をしており、帽子を被っていて、さらさらとした髪を伸ばしていたという。

同スレッドでは同じく福島県に住む人物からの情報として、その女は当時から五年ほど前にはすでに語られており、「アクロバティックサラサラ」と呼ばれていることが書き込まれた。またその人物によると、アクロバティックサラサラはあるマンションの屋上から飛び降りて地面すれすれで消えたり、走行中の電車の前に急に現れたなどの話が語られていたという。

また別の福島県在住の人物は、友人が酔ってアクロバティックサラサラに絡んだ結果、その友人の自宅にアクロバティックサラサラが現れ、その後行方不明になったという話を書き込んでいる。

そしてこのアクロバティックサラサラの正体が、死んだ人間の女性のなれの果てなのではないかという話が、平成二〇年一〇月七日に書き込まれた。それによれば、福島県にかつて存在したあるビルで、当時二七歳だった女性が子どもを抱いたまま屋上から飛び降りた。彼女は妊娠九ヶ月目の時に相手に逃げられて結婚していなかったという。

その死体の腕には無数の傷があり、体はぐちゃぐちゃで、来ていた服は血で赤く染まり、なぜか目玉がなくなっていた。また子どもは即死だったが、不思議なことに女性の方は八メートルほど這《は》ったような血痕が残っていたという。

以来、このビルで原因不明の飛び降り自殺が相次ぐようになり、またビル内の会社に血まみれの髪の長い女が出るようになった。そのため、ビルは間もなくして潰《つぶ》れ、取り壊されたと語られている。

あけみ便所［あけみべんじょ］

便所で死者の声が聞こえるもの。松谷みよ子著『現代民話考7』によれば、神奈川県川崎市のある小学校に「あけみ便所」と呼ばれる便所がある。この学校が建つ前に井戸があったが、あけみという少女が誤ってこの井戸に落ちて死に、母親がその後を追って身を投げた。

その井戸があった場所に作られたのがあけみ便所で、母親が「あけみー」と呼ぶ声が聞こえるのだという。

足取り美奈子さん［あしとりみなこさん］

足を欠損した死者。マイバースデイ編集部編『わたしのまわりの怪奇現象１０００』にあるもの。それによれば、かつて美奈子ちゃんという少女が交通事故で死亡した。それ以来、美奈子ちゃんは友達の夢に現れ、「右足はいらないの？」としつこく聞いてくるようになった。初めのうちは友達も無視していたが、毎晩のように夢に現れるため、ある日思わず「いらない」と答えてしまった。その翌日、友達は交通事故に遭い、右足を失った。

そしてこの話を読んだ人の夢にも美奈子ちゃんが現れるという。

『わたしのまわりの怪奇現象１０００』には実際に美奈子さんが現れた話が載り、その際には「これは私の足だからあげない」と答えると美奈子さんの気配が消えたという話も見える。同編者の『わたしの学校の幽霊』においては、交通事故で右足を失い、その怪我が元で死んでしまった「足とりみなこさん」という少女が「足をください」と言って出てくることがあるが、この時「はい」と言ってしまうと朝までに足をもぎ取られてしまう。これを回避するためには、「みなこさん、成仏してください」と声に出して言わなければならないという話が載せられている。

名前の表記は松山ひろし著『カシマさんを追う』に拠《よ》る。また常光徹他編著『魔女の伝言板』においては「アシトリミナコ」の名が見られるが、足を奪う怪異のひとつとして紹介されているのみで、詳しい性質への言及はない。他にも渡辺節子・岩倉千春編著『夢で田中にふりむくな』には「あしとりみなこさん」の名が見られ、夢に出てきて足を取っていく怪異のひとつとして紹介されているものの、こちらも詳しい説明はない。

足を掴む手［あしをつかむて］

全国的に流布する怪談。内容は以下のようなもの。ある三人の男たちが墓場で肝試しをし、車に乗って帰ろうとした時のこと。車がなかなか発進せず、運転手の顔色が青白く変わり始めた。他の二人が異変に気付いて心配していると、運転手は二人に向かって「俺たち、友達だよな？　何があっても友達だよな？」と確認するように問いかけた。二人が「ああ」「もちろんだ」などと同意すると、運転手は「なら俺の足元を見てくれ」と言う。二人が彼の足元を覗き込むと、車の底から生えた白い手が彼の足首を摑んでいた。それを見た二人は悲鳴を上げて車から飛び出して逃げ出した。しかし二人が見捨てたことを後悔して恐々と戻ってみると、すでにそこには車も、運転手の姿もなかった。それ以来、姿を消した彼は見つかっていないという。

　オチとして運転手の死体が見つかる話になっていたり、運転手が発狂していたりする場合もある。怪談の題名としては運転手が友人に語り掛ける際に発する「友達だよな?」という言葉が使われていることが多い。また、自動車を停めている状態ではなく、運転中に足を摑まれ、突然車を停車し、それを不審に思っている友人たちに「友達だよな?」の問いかけを行うパターンも存在する。

　舞台となるのは墓場の他、海、トンネル、山道、林などさまざまだが、**心霊スポット**である、運転手は霊感がある人間であるなど条件が設定され、足を摑むのは死者であるということが示唆される場合が多い。ただし、その死者が何者であるかを特定する話はほとんどない。また池田香代子他編著『ピアスの白い糸』によれば、相模湖ピクニックランド（神奈川県相模原市）、東京都の奥多摩、富士山に登る道など、具体的な場所が語られることもあるという。

　現代で広く語られる都市伝説の一種だが、近代にはすでに、この死者が足を摑む、友人にそれを知らせる、友人がそれを見て逃げる、という展開が見られる話がある。詳細は近代の**称名寺の幽霊**を参照。

アナイシㇼ［あないしり］

　アイヌ語で死人、死人の幽霊を表す言葉。萱野茂著『萱野茂のアイヌ語辞典』にあるもの。それによれば、アイヌはアナイシㇼと遭遇する場合があり、その場合は背中を向けて右の拳を前に突き出し、屈伸しながら「フム　カッポヘアン（なんだその姿は）」と何度も繰り返すのだという。

あの世へ誘う夢［あのよへさそうゆめ］

　夢と死者にまつわる怪異。夢の中に死んだはずの親しい人間が現れ、その人間がいる世界に夢を見ている人間を誘おうとするもの。よく語られるのは臨死体験の際、花畑や三途《さんず》の川の向こうに死んだはずの人間がおり、こちらに来いと誘ってきた、というもの。この類の話は、逆にこちらに来るな、と言って帰らせてくれたおかげで死なずに意識を取り戻した、と語られることも多い。

　松谷みよ子著『現代民話考4』にはこういった体験談が複数例載せられている。同書に載る話の中には夢を見た時点ではその人間が死んだことを知らない、というパターンもある。例えば長野県のある人物が体験した話では、昭和五四年（一九七九）、知人のAさんという人物が夢の中に訪ねて来て、手伝ってもらいたいことがあると言うため、彼に従って道を歩いていくと、白一色の世界に出た。Aさんは持っていた杖《つえ》で地面に長方形の図を描き、そこを掘ってもらいたいとシャベルを渡すため、その通りにしていると、Aさんは「頼むよ、できあがるまでね」と言って去って行った。そこで夢が覚めたが、また次の朝、その夢の続きを見た。穴を掘り終わった後、Aさんがついてきてほしいと言うため、従うと小さい板葺《いたぶ》きの掘立小屋があった。中に入るとAさんは土間から板の間へ上がり、板を一枚剝《は》いで覗いてごらん、と言うため、覗くと足元から銀色の螺旋《らせん》階段が続いており、遥《はる》か下方に温泉が湧いていた。

　Aさんに一風呂浴びないかと誘われるも、それを断ると、Aさんは螺旋階段を下りて行った。途中で二度ほど上を向いて手を振っていたが、やがて見えなくなった。後で聞いたところ、Aさんはその夢を見た日に亡くなっていたという。

アンカディ［あんかでぃ］

沖縄の方言のひとつ。昭和六二年（一九八七）法政大学沖縄文化研究所発行の『琉球の方言　11巻：八重山・与那国島』にあるもので、病気をもたらす悪い風を指す。これが起きるのは、悪霊が近くで片足を丘にかけ、他方の足で風を起こしているためだとされる。

イシネレプ［いしねれぷ］

アイヌ語で化け物や幽霊を表す言葉。萱野茂著『萱野茂のアイヌ語辞典』にある。名前は「イシネレ（化ける）」＋「プ（もの）」で「化けるもの」となる。

一本足の幽霊［いっぽんあしのゆうれい］

戦争の犠牲者の幽霊。石田泰照編著『子供が喜ぶ現代のこわい話』に収録される「一本足の幽霊」にあるもの。それによれば、昭和二〇年（一九四五）六月のこと。東北の田舎町で激しい空襲があり、夏子という若い女性が犠牲になった。その亡骸《なきがら》は爆風のために全身が膨れ上がって黒ずんでおり、目は見開いたままで、頬には血の塊がべったりとついていた。また、左足が付け根から失われていたという。

　人々は周囲を探したが、夏子の左足はけっきょく見つからず、爆弾で粉々にされたのだろうということになり、夏子の亡骸は左足がないまま葬式に出された。そしてその夜、空襲で家を失った人々は防空壕の中で眠っていたが、真夜中を過ぎた頃に防空壕の入口ですすり泣く女の声が聞こえてきた。

　人々が起きてその泣き声に耳を澄ませると「誰か……誰か……わたしの左足を捜し出しておくれ。片脚では天国へも地獄へも行けないよ……」と言っている。その時、誰かが「あっ、一本足の幽霊だ！」と声を上げたが、防空壕の入口の人影は、青い小さな火になって遠ざかって行った。

人々は夏子の幽霊に違いないと考えたが、どうすることもできなかった。しかし夏子の幽霊は夜ごとに現れるようになり、「誰か、左足を捜しておくれ……お願いでございます」と訴え、涙を流した。

そのため、人々は改めて彼女の左足を捜すことにしたが、なかなか見つからない。その時、一羽のカラスが防空壕近くの高い崖の上の木のてっぺんから飛び立ち、輪を描いて舞っていた。人々はあそこに夏子の左足があるのかと思い、捜して見ると、そこに夏子の左足があった。

人々は夏子の墓を掘り起こし、そっと左足を添えて二度目の葬式を上げた。それ以来、夏子の幽霊が出ることはなかったという。

足を失った幽霊が足を求めてさ迷う話は多々あるが、この幽霊は**カシマさん**や**さっちゃん**、**テケテケ**とは異なり、他人の足を奪うことはせず、失われた自らの足のみを求めている。

また『子供が喜ぶ現代のこわい話』の刊行年は昭和五〇年（一九七五）であるため、昭和四七年に出現した記録が残るカシマさんよりは遅いものの、テケテケやさっちゃんよりも早い。戦時中が舞台なこともあり、話が採取された年代によっては最初期の足を捜す幽霊の可能性もある。

犬鳴峠 ［いぬなきとうげ］

福岡県宮若市と同県糟屋《かすや》郡久山町の境を跨《また》ぐ峠。**心霊スポット**として知られる。本項目ではこの峠にあり、同じく心霊スポットとして知られる旧犬鳴トンネルや、付近に存在するという犬鳴村も含めて紹介する。

ASIOS・廣田龍平著『謎解き「都市伝説」』によれば、この周辺を舞台とした怪談で文献で確認できるもっとも古いものは、昭和五七年（一八八二）発行の中岡俊哉著『恐怖の心霊写真集　地縛霊篇』で、昭和五五年（一九八〇）に心霊スポットとして知られる「旧道・犬鳴きトンネル」に遊び半分で行ったところ、翌日、事故で重傷を負ったとして、現地に行った際の写真が**心霊写真**として投稿されている。

また昭和六三年（一九八八）には旧犬鳴トンネルでリンチされ、焼殺されるという殺人事件が発生しており、この犠牲者の幽霊が火達磨《ひだるま》の状態で出現するといった話もよく聞かれるようになった。

また、吉田悠軌他著『実話怪談　犬鳴村』によれば、この犬鳴にまつわる怪談は車内に無数の手形がつくといった体験談、女もしくは白い服の女の目撃談、生首が転がっていたという情報の三つに集約されるのだという。このうち、女もしくは白い服の女の目撃談については、犬鳴峠の近くにある力丸ダムにて、これまでに二度女性が殺害された事件が起きていることが影響しているという。また生首については、かつて新旧犬鳴トンネル付近にマネキンの首が放置されていたためだと推測されている。

またこの犬鳴峠の付近には犬鳴村という

地図にない村があるという都市伝説も知られているが、この村は現代社会と隔離した生活を送る村人たちが住む村とされ、足を踏み込むと襲ってくるなどと語られることが多く、死者が襲ってくる**杉沢村**とは趣が違う話であることが多い。一方、犬鳴村も死者に襲われるとするパターンもあり、令和二年（二〇二〇）公開の映画『犬鳴村』（清水崇監督）では、村に迷い込んだ人間が死者に襲われるストーリーとなっている。

イノトゥ［いのとぅ］

アイヌ語で霊魂を表す言葉。知里真志保著『分類アイヌ語辞典　人間編』にあるもの。アイヌの人間が死ぬと、イノトゥがごろごろと音を轟《とどろ》かせながら天へ昇ると考えられていた。

上杉和泉［うえすぎいずみ］

疫病を流行らせた死者。昭和二四年（一九四九）刊の宮本常一著『越前石徹白《いとしろ》民俗誌』にあるもの。それによれば、当時から一〇〇年ばかり以前のこと、上杉和泉という人物が美濃（岐阜県南部）の旦那場（仕事の得意先）で流行病により死亡した。そこで親族の者がその村に亡骸《なきがら》を埋めたが、以降、この村では疫病が流行った。そのため、山伏に見てもらうと、徳のある人を村の下に埋めたのが良くないため、上の方に埋め直せ、ということであった。その通りにすると、すっかり疫病は収まったという。

ウェノソユンペ［うぇのそゆんぺ］

アイヌ語で悪霊の意味。萱野茂編『萱野茂のアイヌ語辞典』にあるもの。田村すず子編『アイヌ語沙流《さる》方言辞典』では「悪い憑《つ》きもの」と訳されている。分解すると「ウエン（悪い）」＋「オソヨン（外からの）」＋「ペ（もの）」となる。

ウグワンブスク［うぐわんぶすく］

琉球（沖縄県）でいう死者の祟り。塩月亮子の論文「沖縄における死霊観の歴史的変遷」によれば、沖縄県北部のある村落では、祖先に対するウグワン（御願）が足りない場合、先祖が祟って子孫を病気や事故などの不幸な目に遭わせることを指して「ウグワンブスク」と呼ぶのだという。

ウチブセ［うちぶせ］

昭和三〇年（一九五五）発行の民俗学研究所編『綜合日本民俗語彙』一巻にあるもの。岩手県遠野（現・遠野市）でいう生霊、死霊の祟りのことだとされる。

腕が切れた女の子［うでがきれたおんなのこ］

腕を欠損した死者。久保孝夫編著『女子高生が語る不思議な話』にあるもの。それによれば、ある中学校でひとりの少女が技術室の中に入った際、木材を切断する道具が勝手に動き出し、その少女の腕を切ってしまった。以来、その少女は夜遅くなると技術室に現れるようになったが、グラウンドからその技術室が見えるため、もし遅い時間帯にグラウンドの側を歩くと、その少女が追いかけてくる。その際、腕がないため、肩を振って走ってくるという。

衛生兵を殴る屍 ［えいせいへいをなぐるしかばね］

死体が動き出すもの。松谷みよ子著『現代民話考2』にある。それによれば、昭和二〇年（一九四五）頃の青森県弘前市弘前陸軍病院での話。この病院では死者が出ると引き取り手が到着するまで屍室《ししつ》に安置し、衛生兵をひとりつけておいた。時には衛生兵は死体と一対一で夜を明かすこともあったが、夜中に死体が動き出し、衛生兵を殴りつけるという噂《うわさ》があったという。

同書では、ある衛生兵が死体を寝台の上に寝かせ、胸の上で手を組ませておいたところ、真夜中になって組んだ手を振りほどき、すぐ側にいた衛生兵を殴りつけたという話が体験談として載せられている。

おいらん淵 ［おいらんぶち］

山梨県甲州市塩山一之瀬高橋にある史跡であり、有名な**心霊スポット**。五五人の遊女が犠牲になったことから五五人淵とも呼ばれる。別冊宝島『現代怪奇解体新書』の小池壮彦著「おいらん淵の真実」においては、ある女性がこの淵に赴いたところ、何人もの女が狂ったように踊る姿が見えたという。

その由来は戦国武将・武田勝頼の死に伴う甲州征伐の折、武田氏の隠し金山といわれた黒川金山が閉山となった際の伝説による。その金山には、鉱山労働者の相手をするため五五人の遊女が遊郭にいたが、彼女たちから金山の秘密が漏れることを防ぐため、酒宴の興に柳沢川の上に藤蔓《ふじづる》で吊った宴台の上で彼女らを舞わせ、その間に蔓を切って宴台もろとも淵に沈めて殺害したと伝わっている。そのためかこの場所では遊女の幽霊がたびたび目撃されているという。

「おいらん淵の真実」にて詳しく調査が行われており、それによれば実際に事件があったのは、この場所よりもさらに上流のゴリョウ滝の辺りであったとされ、事件を説明する看板と小さな供養碑が建てられている。

また花魁《おいらん》という言葉はそもそも江戸時代、吉原遊郭にて生まれた言葉であり、当時は高級遊女を指す言葉であったため、少なくともこの場所がおいらん淵と呼ばれるようになったのは戦国時代からかなり年を経た後だと思われる。

なお、山梨県以外にも「おいらん淵」と呼ばれる場所があり、松谷みよ子著『現代民話考3』には次のような話が載っている。東京都の奥多摩渓谷にはかつて武田信玄の金鉱があったが、徳川家康が攻めて来たため鉱山を埋めた。その時、採鉱夫の慰安のために花魁を連れて来ていたので、始末に困り、渓谷の上で宴台に乗って酒盛りをしていた三六人の花魁を台から落として殺した。そのために道の両脇に三六人の花魁の幽霊がずらりと並んで出る、という話が記されている。

また北海道札幌市にも「おいらん淵（渕）」と呼ばれる史跡がある。合田一道著『北海道こわいこわい物語』によれば、明治二八年（一八九五）頃、札幌の呉服屋の若旦那が東京の吉原から無理に身請けした花魁がいたが、この花魁には想い人がおり、東京に帰ろうとしたため、座敷牢《ざしきろう》に監禁された。しかしある冬の日、花魁は檻《おり》を破って外に出て、そのまま豊平川で溺死体となって発見される。それ以来、その付近で泳ぐと花魁に川に引き込まれるという噂《うわさ》や、花魁に手招きされ、ついて行くと必ず死ぬ、といった話が語られるようになったという。また浜道人著『北海道・ロマン伝説の旅』では、この川には河童が現れて人を引き摺《ず》り込むという話が語られている。

なお、いずれのおいらん淵（渕）も現代では心霊スポットとして扱われている。

応援する幽霊 ［おうえんするゆうれい］

励ましてくれる幽霊。合田一道著『北海道　幽霊の住所録』にあるもの。それによれば、北海道札幌市の滝野霊園に現れたという女性の幽霊で、ある若者たちがこの霊園で肝試しをしていると、ひとりの女が墓に向かって手を合わせていた。近づくと女は「わたしは死んで何年も経つけど、あなたもがんばってください」などと小声で言っていたという。

また2ちゃんねる（現・5ちゃんねる）オカルト板に立てられた「死ぬ程洒落にならない怖い話を集めてみない？　275」スレッドには、平成二三年（二〇一一）八月四日の書き込みとして前日に女の幽霊とすれ違ったが、そのすれ違いざまに「……ガンバ」と呟《つぶや》かれた、という話が載せられている。

なお、現代の幽霊がすれ違いざまに発する言葉としては「見えてるくせに」が多い（詳細は**見えてるくせに**を参照）。

オカリヤ様 ［おかりやさま］

学校に現れる幽霊。日本民話の会 学校の怪談編集委員会著『学校の怪談12』に福島県福島市からの投稿として載るもの。それによれば、ある中学校は昔、首切り場だったとされ、その校庭に立っている石碑の付近には幽霊が現れ、オカリヤ様と呼ばれている。また石碑を蹴ったりすると何かが起きるという。

このオカリヤ様については現在も**心霊スポット**として扱われており、「おかりや様」「御鎌屋様」とも書かれる。場所は福島市鎌田にある北信中学校とされ、指をさしたり、石碑を蹴ったりした人が骨折したなどという体験談が語られている。

オコッコ［おこっこ］

アイヌ語で化け物、亡霊、幽霊、妖怪などを表す言葉。萱野茂編『萱野茂のアイヌ語辞典』にあるもの。同書ではオコッコは道の西側を歩くため、生きた人は道の西側を歩かないようにするという話が記録されている。

またこの言葉で蛇を表す場合もあり、アイオイナという神によって生まれた毒蛇の化け物「ニッネオコッコ」、蛇に憑《つ》かれることを意味する「オコッコパラトゥ」といったアイヌ語もある。

押し入れのお化け［おしいれのおばけ］

子どもに友好的な幽霊。2ちゃんねる（現・5ちゃんねる）オカルト板に立てられた「【全米が】なんか笑える霊体験13【テラワロス】」スレッドにて、平成二一年（二〇〇九）九月四日に書き込まれた話に登場する。

それによれば、報告者がまだ保育園に通っていた頃、隣の老夫婦の家に遊びに行くのを日課にしていたが、その老夫婦は「押し入れにお化けが住んでいるんだよ」と報告者を脅かしていた。報告者はそれを信じ、極力押し入れに近づかないようにしていた。

ある日、いつものように老夫婦の家に遊びに行くと、二人とも家を留守にしており、仕方なく家を後にしようとした。その時、老夫婦の家の庭で飼われていた犬が吠え出したため、振り返ると、玄関のドアが勝手に開き、しばらくして薄暗い家の中からポロシャツにチノパンという姿の中年男性が現れた。その男性は人間ではないらしく、半透明だったが、丁寧に玄関の戸を閉め直した後、報告者の方を振り返り、にこっと笑いながら手を振った。それと同時にその男性は空へ吸い込まれるように消えたのだという。

おしん

老婆の幽霊。日本民話の会 学校の怪談編集委員会編『学校の怪談16』にあるもの。それによれば、ある学校の普段は物置にされている「おしんの部屋」と呼ばれる部屋に一二月一二日のみ現れる老婆の幽霊で、名前に「しん」とつく子どもをさらうという。

オボ［おぼ］

産女《うぶめ》の類。昭和二六年（一九五一）発行の今野圓輔《えんすけ》著『檜枝岐《ひのえまた》民俗誌』にあるもの。それによれば、オボは難産で死んだ女の霊、もしくは現世では赤ん坊を産めなかった浮かばれぬ妊婦だといい、あの世でお産をする者がオボに化けるのだという。また、オボは自分に赤ん坊がいるために浮かばれないので、道行く人に赤ん坊を抱いてもらい、その間に念仏を唱えて成仏し、どこかへ行ってしまう。そのため、残された赤ん坊を人間が育てようとすることがあるが、この赤ん坊は化け物であるため、人間には到底育てることができないのだとされる。またオボの赤子の顔を自分と向かい合わせにするように抱くと喉笛に噛《か》みついてくるため、必ず頭が向こう側に向くように抱かねばならないとされる。

　同書では、福島県南会津郡檜枝岐村にはオボが出現したといわれている場所があることも記されており、その場には桂《かつら》が生えているため、その桂は「オボ桂」と呼ばれたという。この場所に出るオボは夜の暗い時刻に人が通ると赤子を抱いて現れ、「アカを抱いてくれ」と頼んだり、赤子を背負って現れ、通りがかった人間をくすぐるともいわれていた。このオボに遭遇した場合は身に着けている紐《ひも》や布片（布切れ）などを投げるとその紐を解こうとするため、その隙に逃げられると伝わっていたようだ。

　当時の檜枝岐村では実際にオボに遭遇した実例があったわけではないが、そうした事実があった、という話だけは村中が知っており、信じられていた。そして自分の子どもが生まれると、どこの家でも必ず「オボタテ」を行った。これはオボが生まれた赤ん坊をくすぐって泣かせることを防ぐために行われたのだという。

おらんさん

　特定の場所に現れる幽霊。2ちゃんねる（現・5ちゃんねる）オカルト板に立てられた「子供の頃の不思議な体験4」スレッドにて平成二六年（二〇一四）一二月一四日に書き込まれたもの。

　それによれば、当時から数十年前のこと、報告者の母方の実家がある山間の村には、「お化けが出るから絶対に行ってはいけない」と言われている場所があった。それを聞いた報告者が好奇心からその場所に赴いたところ、手入れされていない草原のような場所の真ん中に石碑があり、その隣に立つ赤い着物の女性を目撃した。報告者は恐ろしくなってすぐに祖父母の家に戻ったが、言いつけを守らなかった報告者に祖父が激怒、それ以降は祖父の家とは疎遠になってしまったと語られている。

　後に報告者が母親に聞いた話では、そのお化けは「おらんさん」と呼ばれており、母親も夜更かししたり悪いことをすると「おらんさんが来るよ」「おらんさんに連れて行かれるよ」と言われ、しつけられていたという。

　また、このおらんさんにまつわる次のような話も残っているという。昔、村にひとり者の男がいたが、ある日、その家に怪我した女が転がり込んだ。その女は本名は不明だが「おらんさん」と呼ばれ、男と夫婦のように過ごした。しかしおらんさんは大金の隠し場所を知っていたため、おらんさんがいると村に悪いことが起きる、と村人たちはおらんさんと男を村から追い出した。その後、村に立て続けに不幸が起きたため、これはおらんさんの祟りではないかと言われるようになり、男の家があった場所に碑を建てて供養したのだという。

報告者は、実際には、大金を持っていた女を村で殺した話を隠すためにできたのではないか、と推測している。たしかに、大金を持った外部からの旅人を殺害し、金銭を奪う異人殺しの話は日本中多くの場所に残っている。これもそういった話のひとつだったのかもしれない。

おんぶ幽霊［おんぶゆうれい］

都市伝説にて語られる幽霊。内容は以下のようなもの。夫婦と息子の三人で暮らす家族があったが、些細《ささい》なことで夫婦喧嘩が起こり、夫は誤って妻を殺害してしまう。

夫は妻の死体を隠蔽《いんぺい》し、息子には「お母さんはお婆ちゃん家へ行っているから帰って来ない」と嘘《うそ》を言った。子どもは不思議そうな顔をしていたが、納得し、ずっと何も聞いてこなかった。

しかしある時、息子が不意に「ねえ、お父さん」と話しかけてきたため、ついに妻を殺したことがばれた、こうなれば息子も殺さねばならないと思いながら、「なんだい？」と聞き返すと、息子はこう言った。

「なんでお父さんはいつもお母さんをおんぶしているの？」

全国的に語られる怪談で、最後に殺された妻が自分にずっと憑《つ》いていたという真相が判明するという話。自分が殺した女がずっと背中におり、それが子どもにだけ見える、というモチーフは近代にすでに語られている。

【か】

骸骨模型の怪［がいこつもけいのかい］

学校の怪談の定番で、理科室にある骸骨模型が怪異をなすというもの。日本民話の会 学校の怪談編集委員会編『学校の怪談大事典』では、理科室にある骸骨は本当は死んだ人間の骨で、真夜中に動いて「助けてー！ 埋葬してー！」と叫ぶという。

このように骸骨模型が本物の死体を使っているという怪談は多く、中には生きた人間と入れ替わろうとする危険なものもいる。

また日本民話の会 学校の怪談編集委員会編『学校の怪談12』では、北海道稚内市《わっかないし》からの投稿として、ある小学校の標本室にある骸骨模型は実は本物で、この骸骨のせいで何人かの教師がアキレス腱を切る怪我をした、という話が載せられている。しかし骸骨模型がなぜアキレス腱を狙うのかは不明である。

カカガイムン［かかがいむん］

方言のひとつ。昭和六二年（一九八七）法政大学沖縄文化研究所発行の『琉球の方言 11巻：八重山・与那国島』にあるもので、「カガイムヌ」ともいう。悪霊、懸かりもののことだという。「懸かりもの」が変化して「カカガイムン」「カガイムヌ」になったものか。

ガキの声［がきのこえ］

餓鬼にまつわる話。昭和二四年（一九四九）刊の宮本常一著『越前石徹白《いとしろ》民俗誌』にあるもの。それによれば、石徹白村（現・岐阜県郡上市《ぐじょうし》および福井県大野市の一部）の下島の大岩という場所では、昔ケガチ（飢饉《ききん》）があった時、ここに死んだ人たちを捨てた。そのためか、この場所ではガキツキ（近世の**餓鬼憑《つ》き**を参照）が起きたり、トントンと手杵《てぎね》をつく音が聞こえたりするようになった。また、ここで笑い声がするとその年は豊作であるが、泣き声が聞こえると凶作だと伝えられているという。

カシマさん［かしまさん］

現代の怪談の中で数多《あまた》に語られる幽霊。その姿は体の一部を欠損した女性もしくは軍人であることが多く、問いかけに正しく答えられない人間の体の一部を奪う、という話が多い。

問いかけは「足をよこせ」「腕をよこせ」など、直接的に体の一部を要求するものがあり、これには「今使っています」「今必要です」などと答えるとよいとされる。また「足いるか」「腕いるか」など手足の必要性を問いかけるパターンには「いります」「今使っています」など、やはり手足が必要な旨を答えるものが多い。「私の足はどこにあるの？」「私の腕はどこにあるの？」など、カシマさん自身の欠損した部位のありかを問う場合もあり、この場合は特定の地名を答えるなどの対処法がある。「この話誰から聞いた？」という質問には「カシマさんです」と答える場合が多い。

また、問答無用で退散させる方法として「カシマさん」と三回唱える、「カは仮面の仮、シは死人の死、マは悪魔の魔」という呪文を唱える、などのものがある。

出現場所もさまざまでトイレ、枕元、夢の中、話を聞いた人間のもとなどがある。

不幸の手紙のように人から人に感染する性質も持ち、カシマさんの話を聞いた場合は同じ話を一定人数にしないとその夜、カシマさんが現れる、などと語られることも多い。

この幽霊については松山ひろし著『呪いの都市伝説 カシマさんを追う』にて詳細な調査を行っている。同書によればカシマさんが最初にメディアに現れたのは昭和四七年（一九七二）で、同年の「平凡パンチ」八月七・一四日合併号に掲載された話として、北海道札幌市の中学生たちの間で夜中の一一時から一二時頃に化神魔サマという下半身のない妖怪が現れ、三つの質問をするという噂《うわさ》が流れた。この質問に答えられないと呪い殺されてしまう。またこの話を聞くと三日目の夜に化神魔サマは現れるが、それを防ぐためには三日以内に同じ話を五人に正確に伝えねばならない、という内容だったようだ。この時点で体の欠損、被害者への問いかけ、不幸の手紙型の感染というカシマさんの基本要素が揃《そろ》っていることが分かる。

　また同書によれば、同年一〇月一一日付「朝日新聞」新潟版に、新潟県糸魚川にカシマという顔の半分が焼け爛《ただ》れた、片足または両足の女幽霊が鈴の音を合図に現れると記されていたようだ。

　初期の時点で話に変化が見られるように、カシマさんの話には無数のパターンがあり、フルネームとして語られる場合はカシマレイコであることが多い。

　カシマという言葉が指すものについてもさまざまなものがある。有名なものは現れる幽霊自身の名前であるというものだが、他にも幽霊の出身地、幽霊に「この話を誰から聞いた」と問われた際に答える名前、幽霊を撃退するための謎の呪文、有名な霊能者の名前などのバリエーションがある。

　生前について語られる場合もあるが、その内容も多岐にわたる。鉄道事故で体の一部を失った、もしくは体がバラバラになった女性、空襲で足を失くした女性、四肢を切断された旧日本兵、脚のない兵隊、難病に絶望し身を投げた女性、硫酸を浴びせかけられた女性、自殺した少年、事故で片足を失い、絶望して自殺したバレリーナ、同じように事故で腕を失い、絶望したピアニストなどさまざま。

　また平成八年（一九九六）七月一五日にはインターネットサイト「Alpha-WEB　こわい話」に「鹿島さん」というタイトルの話が投稿され、ネット上で広まった。この話では兵庫県加古川市で第二次世界大戦終戦直後、アメリカ兵によって強姦され、両手両足の付け根を銃で撃たれたために四肢切断をする手術を受けた女性が正体とされる。女性は一命を取り留めたものの、絶望して線路に飛び込み、死亡。その後、手足と頭部のない肉塊が加古川市に住む人々のもとに現れ、これを目撃した人は必ず死亡した。そこである人物が鹿島神社にこのことを相談すると、これから身を護るためには「鹿島さん」と三回呼んで、鹿島神社の神を呼べばよいと教えられた。そしてこの話を知った人間のもとにも肉塊が現れるため、もし現れた場合には「鹿島さん」と三回唱えるとよいという。

　以上のように、この怪談は「カシマ」という名前を共通要素として、さまざまなバリエーションが語られている。今の世にも新たなカシマさんの話が生まれているかもしれない。

カシンデ［かしんで］

アイヌに伝わる怨霊。更科源蔵著『アイヌの神話』にあるもの。それによれば、惨《むご》い殺された方をしたアイヌの首長で、怨霊と化した後、病気の神と結託して北海道を荒らしたのだという。

カシンデと類似したカスンデ、**カスンテ**（近代）という名前はアイヌに伝わる話の中でよく村の首長として登場する他、疫病神と人との間に生まれた半人半神の怪物として語られる話もある。

壁男［かべおとこ］

壁に塗り込められた死者。常光徹著『学校の怪談5』にあるもの。それによれば、九州のある学校ではかつて壁に塗り込まれて行方不明になってしまった職人がおり、彼が行方不明になったのと同じ七月一五日に壁を叩くと内側から叩き返してくる音が聞こえたり、「外に出してくれ」と声がしたり、壁に人型の黒い染みが浮かび上がってくるという。

このように、学校の建築中に犠牲になった死者がなんらかの怪異を発生させるという話は多々ある。松谷みよ子著『現代民話考7』では、東京都八王子市で小学校を造る際に人柱にされた女性がおり、毎夜トイレからすすり泣く声が聞こえてきた、という話や、群馬県で校舎を建設している際、壁塗りの作業中に足を滑らせて落下した人がいたが、その事故現場の裏側に当たる理科室で大人の手の跡が現れるようになったという話、茨城県のある学校の建設中、ボーリング作業で事故に巻き込まれた作業員がおり、完成した校舎に夜な夜なその作業員の幽霊が現れたという話などが載せられている。

カマ幽霊［かまゆうれい］

集団で現れる幽霊。マイバースデイ編集部編『学校の恐怖伝説』に山口県からの投稿として載るもの。それによれば、ある大きな団地でかつて男の住人が急に鎌で団地内の人々を殺したという事件があった。その事件は見通しの悪い道で行われたが、事件後、この道に誤って足を踏み入れると、事件の被害者となった住人たちの霊が鎌を持って追いかけて来るという。

場所は団地の見通しの悪い道となっているが、ひとりの人間が突然一定の地域に住む住人を殺して、その住人が幽霊となり、迷い込んだ人間を襲う、という話の構造は**杉沢村**に類似する。

カミをくれ［かみをくれ］

学校の怪談などで全国的に語られる怪談。例として近藤雅樹他編著『魔女の伝言板』にあるものを記す。

ある小学校の校舎から離れた運動場の隅にある、古い汚い女子トイレの一番奥の個室で少女が用を足し、外に出ようとするとドアが開かない。さらに便器の中から人の唸《うな》るような音が聞こえてくるが、ある少女が学校のトイレで用を足していた時には、便器の中から「カミくれー」という声が聞こえてきた。少女はトイレットペーパーを引っ張り出して便器の中に入れたが、声は止まず、やがて紙がなくなってしまった。少女が泣きながらもう紙がないことをその声の主に向かって伝えると、「お前のその美しい髪が欲しいのだ！」という声と同時に便器から手が伸びてきて、少女の髪を摑《つか》み、そのまま便器の中に引き摺《ず》り込んでしまい、少女は死亡した。

実はずっと昔、そのトイレができた時、髪の長い女の子がこの個室に入り、足を滑らせて便器の中に落ち、死んでしまった。その霊が今もこのトイレに棲んでいるのだといわれている。

髪を引っ張る際の言葉は「その紙じゃない、この髪だ！」である場合が多い。なお、多くの怪談ではこの「カミくれ」「カミをくれ」というものの正体は不明のまま、犠牲者が便器の中に引き摺り込まれる場面で終わることが多く、先述した話のようにその正体が死者の霊であると語られるものは珍しい。

この他の例だと、不思議な世界を考える会編『怪異百物語9』には、校則のため無理やり先生に髪を切られ、トイレで自殺した女子生徒の霊が夜になると「カミをくれ」という声を出す話が記録されている。これに類似したものでは松谷みよ子著『現代民話考7』において、兵庫県のある女学院の話として同じく、ある生徒が校則のために髪を切られてから開かずの便所ができ、そこから「カミが欲しい、カミが欲しい」という声が聞こえてくるようになり、それにトイレットペーパーを投げてやると「このカミが欲しい！」と髪を摑まれたという話が載せられている。

このタイプの怪談は、古くは昭和五二年（一九七七）出版の奥成達著『怪談のいたずら』において、怪談の手法の例として次のような話が載っている。殺人事件の被害者が公衆便所に投げ込まれ、その便器の奥から「紙をくれ」というか細い声が聞こえるようになった。そこでちり紙を投げ込んでやるが声は途絶えず、もう一枚しか残っていないというところで突然語り手が大声を上げ、「その紙じゃない、このカミだ！」と聞き手の髪を引っ張るとよいとされている。

皮はぎあきちゃん［かわはぎあきちゃん］

顔面の皮を欠損した幽霊。マイバースデイ編集部編『わたしの学校の幽霊』にあるもの。

それによれば、かつて、あるところにあきちゃんという少女がいた。彼女の顔はイボだらけで、あきちゃんはそれをコンプレックスに思っていた。そんなある日、あきちゃんはもしかしたら顔の皮を一枚剝《は》げば綺麗な肌の美人になれるかもしれないと考え、自分の顔にカミソリを突き立てた。

あまりの激痛に気を失いそうになりながら、あきちゃんは顔の皮を一枚剝いでしまった。しかしそれが元で彼女は死んでしまった。

この話を聞いた人間のもとには、夜になるとこのあきちゃんが現れ、「顔の皮をちょうだい」と皮を剝ごうとする。助かる方法はただひとつ、「私はあなたよりも、もっと醜いです」と言い、目をつむって手を合わせるしかない。そうしなければ顔の皮を剝がされてしまうという。

姦姦蛇螺［かんかんだら］

ネット上で語られた怪物。平成二一年（二〇〇九）三月二六日に階段投稿サイト「ホラーテラー」に投稿されたもの。それによれば、「生離蛇螺」「生離唾螺」「姦姦唾螺」「だら」などとも呼ばれる。上半身は六本の腕がある人間の女性の姿をしているが、下半身の形は不明。この下半身を見てしまった者は姦姦蛇螺の怨念を浴び、命が助からないと伝わっている。基本的に山か森の中の一定区画の中で封印されており、周期的にその封印の場所は移されるとされる。

この姦姦蛇螺はもともと人間であり、神の子としてさまざまな力を代々受け継いで来たある巫女《みこ》の一族のひとりだった。しかしある時、人を食らう大蛇に悩まされていた村人たちがこの巫女の一族に大蛇の討伐を依頼し、それを受けて巫女の家は特に力の強かったひとりを退治に向かわせる。

この巫女は大蛇を倒すべく懸命に立ち向かうが、わずかな隙を突かれて下半身を大蛇に食われてしまう。それでも巫女は村人たちを守るため、さらに大蛇に立ち向かうが、勝ち目がないと判断した村人たちは、あろうことか巫女を生け贄《にえ》にする代わりに村の安全を保障してほしいと大蛇に持ち掛ける。大蛇は強い力を持っていた巫女を疎ましく思っていたため、それを承諾。食べやすいように村人たちに巫女の腕を切り落とさせ、四肢を失った巫女を呑んだ。それによって村人たちは一時は平穏を得た上、巫女を大蛇に食わせたのは巫女の家の者たちが考案した計画だったと明かされる。この時、巫女の家族は六人だった。

しかし平穏が続くわけではなかった。まず大蛇が姿を見せなくなったはずの村で次々と死体が見つかるようになり、それらは右腕、左腕のどちらかを失っていた。最終的に巫女の家族六人を含む一八人が死亡し、生き残ったのはわずか四人だった。

しかし残った四人の村人は巫女の家で怨念を鎮める方法を調べ、以下のような方法を編み出した。

まず死んだ村人に見立てた六本の木に、同じく死んだ村人に見立てた六本の縄を張って六角形の空間を作り、その中にひとつの箱を置いた。箱の中には、巫女の家族に見立てた六本の棒が、姦姦蛇螺の姿に似せて入れてあった。そして箱の中の四隅には、生き残った四人の村人に見立てた四本の棒を置いた。そうやって森や山の一定区画に放し飼いにするようにして姦姦蛇螺を封じた。しかし、いまだなお姦姦蛇螺の怨念は残っており、それを晴らすため年に一度神楽を舞ったり、祝詞《のりと》を奏上するなどして供養が行われているという。

このようにある一定の区画に封じられているため普段は姿を見せない姦姦蛇螺だが、先述した棒の形を崩す、あるいは注連《しめ》縄《なわ》によって形作られた六角形を崩すという行為をすれば封印を解かれ、人を襲うこともあるとされ、「ホラーテラー」に投稿された体験談では、この棒の形を崩したために姦姦蛇螺に襲われた三人の若者の恐怖体験が記されている。ただこの時は姦姦蛇螺にとっては遊びだったらしく、下半身を見せなかったため、三人とも無事に生き残ることができたという。

先述したように姦姦蛇螺の下半身が何であるかは明かされていないが、大蛇に食われたという過去、また姦姦蛇螺の姿に見立てて置かれた六本の棒の置き方が蛇の形を思わせることなどから、下半身は蛇と想像されることが多い。また令和三年（二〇二一）一一月からは、この姦姦蛇螺をメインキャラクターとしたともつか治臣氏による漫画作品『令和のダラさん』が個人連載としてウェブ上で公開され、翌年三月にはKADOKAWAより商業版が連載されている。

カンテラを下げた駅員［かんてらをさげたえきいん］

電車に現れた幽霊。松谷みよ子著『現代民話考3』にあるもの。それによれば、昭和一八、九年（一九四三、四四）の頃、国鉄の駅員をしていた女性が、東京都新宿区の四ツ谷駅から信濃町駅に向かう途中の最終列車で幽霊を目撃したという。この幽霊は列車が四ツ谷駅を出て、トンネルを潜って少し行った時に、運転手の目の前にカンテラを下げた駅員の姿で現れたが、運転席の高さを通り抜けていくため、生きた人間ではないことが分かった。

その正体はかつて作業中に事故死した男の駅員であったと語られている。

キジマさん［きじまさん］

話を聞くと現れる死者。大迫純一著『あやかし通信「怪」』にあるもの。それによれば、キジマさんという人物がある日轢《ひ》き逃げに遭った。彼の友人たちが病院に着いた時には、すでにキジマさんは虫の息で、両手足が切断されて、全身に包帯が巻かれ、その隙間から片方の目だけが覗いているという状態だった。

キジマさんは友人たちに「俺をこんなにした犯人を探し出してくれよ」と伝え、それを友人たちが約束すると息を引き取った。しかし結局犯人は捕まらず、友人たちも探し出すことはできないまま一年が過ぎる。その一周忌に、友人たちが彼の墓前で犯人が見つからなかったことを謝っていると、突然キジマさんが死んだ時と同じように手足を失い、片目以外を包帯に覆われた姿で墓石の前に現れた。そして彼は友人たちに向かって「俺を殺したんは、お前やろ！」

と言い放った。それに対し友人たちが慌てて否定すると、キジマさんは消えてしまった。

以来、キジマさんは彼の話を聞いた人間のもとに現れるようになり、キジマさんは自分で犯人を捜しているのだという噂《うわさ》が流れた。

実はこの話は作り話だが、問題はそれにもかかわらず、このキジマさんが話を聞いた人間のもとに実際に現れたという体験談が後を絶たないということである。そしてもうひとつ恐ろしい話がある。この話を聞いた者は、必ずある問いに同じ答えを返すというのだ。「包帯の間から覗いていた目は、左右どちらか」という問いに対して、「左目」と。

不思議な世界を考える会編『怪異百物語6』には怪異の名前がKさんとなっている類似した話が載るが、こちらは作り話であったとは語られておらず、またKさんが現れた際には問いに対して「違う」と答えればいいという対処法も載っている。同シリーズの『怪異百物語3』では戦時中に足を撃たれ、そのまま片足を失い死亡した兵士の霊とされており、夜になると現れて「足、いりますか?」と尋ねてくる怪異として紹介されている。これに対しては「いる」と答えると翌朝足が三本になり、「いらない」と答えると足が一本になっているという。これを回避するためには「あります、あります、きじまさん」と答えるといい、と記されている。

このように体の一部を奪ったり、話を聞くと現れる、という特徴は名前が似た**カシマさん**からの影響を受けているものと考えられる。松山ひろし著『呪いの都市伝説カシマさんを追う』ではキジマさんという名前はカシマさん系列の怪談の中でも関西方面に多く見られるとしている。

同書にはいくつかキジマさんにまつわる話も載せられており、ひとつ目は昭和五五年(一九八〇)頃関西にある大学のクラブで語られていたという話で、富山県滑川市《なめりかわし》の踏切で事故に遭い、手足がバラバラになったキジマさんという少女が、死後三日経ってから友人の枕元に現れ、「右手がないの」「右手をちょうだい」「足もないの」「足をちょうだい」と尋ね、それに「いいよ」と答えてしまった少女はその二日後、交通事故に遭って右腕が千切れてしまったという怪談となっている。またこの話を聞いた人は三日後枕元に血みどろの少女が立つが、その問い掛けに決して「はい」と答えてはいけないとされる。

二つ目は愛媛県で昭和五九年(一九八四)頃語られていたという話で、キジマサンという高知県の人物が保険金目当てに線路に両足を置いて自ら切断しようとしたが、失敗して命までも失ってしまった。その保険金は親戚に分けられたが、キジマサンはその保険金を受け取った額がもっとも少ない親戚のもとへ足がない姿で現れ、「足いるか?」と尋ねた。これに対し親戚が「はい、いります」と答えると「どうしてだ?」と返ってきたため「歩くためです」と答えた。すると今度は「命いるか?」と尋ねてきたため「はい、生きるために」と答えるとキジマサンは消えた。しかしその男は翌朝発狂してしまい、それを目の当たりにした妻が急いでそのことをもっとも多額の保険金を受け取った人物に連絡したが、信じてもらえなかった。しかしキジマサンはその人間のもとに現れ、彼は翌朝階段の下で血まみれになって死んでいたという。

他にもカシマさんと組み合わされた話がある。キジマが男、カシマが女のカップルとされており、結婚を誓い合う仲だったがキジマが轢《ひ》き逃げに遭って両足を失い、一命は取り留めたものの痛みに気が狂って事故から三日後に自殺してしまう。カシマは犯人が許せずに自力でその犯人を見つけ出して殺し、しかし警察に捕まって死刑を言い渡される。そして事故から一週間後、仮面をつけられて絞首刑になってしまった。この話を聞くと三日後にキジマが、一週間後にカシマが立て続けに夜中の二時に枕元に現れる。このときキジマは「君の足をくれないか?」と尋ねてくるので足を布団に隠し、「私も足がないのであげられません」と答えなければいけない。するとキジマは確認しようと布団をまくってくるのでこの時「キジマのキはキチガイのキ、キジマのジは自殺のジ、キジマのマは魔物のマ」と言わなければならない。またカシマは「キジマを殺したのはおまえか?」と聞いてくるので、「違います」と答えねばならない。するとカシマは鎌を取り出して「鎌で刺して悲鳴をあげたら犯人だ」と言って来るため、刺される前に「カシマのカは仮面のカ、カシマのシは死刑のシ、カシマのマは魔物のマ」と答えねばそのまま殺されてしまうという。

着物学院の幽霊 ［きものがくいんのゆうれい］

ラーメン屋に現れる幽霊。松谷みよ子著『現代民話考3』にあるもの。それによれば、かつて大阪府のある着物学院で火事があった。この着物学院はビルの上の階にあったため、救助に当たった人が下にネットを張って飛び降りろと言ったが、着物を着た女性たちは下着をつけていなかったため、恥ずかしがって飛び降りず、そのまま焼け死んでしまった。

その後、火事のあった着物学院の生徒がいつも通っていたラーメン屋に現れるということがあった。しかしその生徒は火事で死んだはずの女性で、その姿は顔が焼け爛《ただ》れていたという。この女性はけっきょくラーメンを食べずに去っていた。

また、この着物学院の付近では着物を着た女性がタクシーを呼び止めることがあるが、行先は「着物学院まで」「墓場まで」と告げ、走っている途中に消えてしまうと語られている。

キャンシー ［きゃんしー］

電話をかけてくる死者。マイバースデイ編集部編『わたしのまわりの怪奇現象100』にあるもの。それによれば、あるマンションの四階にキャンシーとナンシーが住んでいた。二人は愛し合っていたが、キャンシーはなぜか自殺してしまった。

ナンシーは悲しみに暮れていたが、ある時、電話が鳴って「もしもし、僕キャンシー。今一階にいるの」と言った。その電話は何度かかかってきて、二階、三階と次第に近づいて来る。ナンシーが怯えていると、また電話が鳴った。その向こうでキャンシーが言った。

「もしもし、僕キャンシー。今ここにいるの！」

メリーさんと同様、電話をかけながら近づいて来る死者の話。この手の話は昭和六三年（一九八八）には語られていたことが確認できる（詳細は**近づいてくる亡夫**を参照）。

金魚鉢を被った幽霊
［きんぎょばちをかぶったゆうれい］

ある家に現れる幽霊。2ちゃんねる（現・5ちゃんねる）オカルト板に立てられた「死ぬ程洒落にならない怖い話を集めてみない？　265」スレッドにて平成二三年（二〇一一）五月二三日に書き込まれた話に登場する。

それによれば、この幽霊は報告者の大学時代の友人が住んでいたワンルームのマンションに出現したとされる。この部屋は前の住人が自殺した事故物件だったが、その友人はオカルト好きであったため、あえてこの物件を選んだ。報告者も友人の引っ越し初日に手伝いのためその部屋を訪れたが、部屋にはぽつんとひとつ、床に金魚鉢が置かれていた。その金魚鉢は下見の段階ではなかった物らしく、友人も不思議がっていたが、そのまま引っ越し作業を進め、やがて夜になった。

その日、報告者もこの部屋に泊まることとなったが、夜中、尿意を覚えて目を覚まし、トイレで用を足して戻ってみると、友人の枕元に女の人が立っていた。その姿は白いワンピースを着た女だったが、なぜか頭に金魚鉢を被っており、その頭で報告者の友人の寝顔を見下ろしていたという。そして幽霊は報告者の方を振り返ると、金魚鉢を床に置き、そのまま消えてしまった。

翌日、報告者が友人にこのことを話すと、初日から幽霊が現れるとは幸先がいいと、友人はその部屋に住み続けた。その後も何度か幽霊は現れたが、金魚鉢を被った状態で友人の方を見つめる以外は何もしてこなかった。

さらに友人はその金魚鉢でランチュウを飼い始め、これなら迂闊《うかつ》に金魚鉢を被ることはできないだろうなどと言っていたが、その数日後から大学に顔を出さなくなり、連絡も取れなくなった。そのため、友人の家族が合鍵を使って中に入ったところ、そこには金魚鉢に頭を突っ込んで死んでいる友人の姿があったという。

警察は自殺と判断したが、報告者が友人の葬式でその家族に聞いた話では、前の住人も金魚鉢に頭を突っ込んで自殺していた、ということだった。

奇跡的にランチュウは無事だったため、友人の家族が飼うことになったが、ランチュウが入っていたあの金魚鉢はどうなったのか、それは分からないと記されている。

金魚鉢が死因となるのはかなり珍しいが、近世に山東京伝が記した読本『梅花氷裂』には、金魚鉢に頭を突っ込んで死んだ藻之花という女性の霊が登場する。

グスヌタタイ［ぐすぬたたい］

沖縄の方言のひとつ。昭和六二年（一九八七）法政大学沖縄文化研究所発行の『琉球の方言　11巻：八重山・与那国島』にあるもので、怨霊、先祖の祟りを指す言葉。

グソー・ヌ・ニービチ［ぐそー・ぬ・にーびち］

琉球（沖縄県）における冥婚の風習。「後生の婚礼」を意味する。「トートーメニービチ（位牌《いはい》婚礼）」などと呼ばれることもある。塩月亮子の論文「沖縄における死霊観の歴史的変遷」によれば、沖縄本島のほぼ全域に伝わる風習だという。

家族の急病、不慮の事故、家畜の頓死などに遭った際、これが何かの祟りではないかとユタを訪ねて占ってもらうと、離縁された後に死んだ妻、婚約を済ませた後に死んだ女（または男）、恋愛関係のまま死んだ女（または男）、「ニービチ」すなわち正式な婚礼を挙げずに死んだ妻（または夫）等の死霊がニービチの儀を求め、その怨念が祟りとなって遺族や子孫、関係者の間に現れていると指摘される場合がある。この時、グソー・ヌ・ニービチを行う必要が生じ、人々は女性の遺骨を男性の墓に移して正式な夫婦として合葬するのだという。

首なし暴走族［くびなしぼうそうぞく］

バイクに乗る幽霊。マイバースデイ編集部編『わたしのまわりの怪奇現象１０００』にあるもの。それによれば、国道一三号線のあるカーブでバイクに乗って現れる暴走族の幽霊で、集団で出現するという。

首なしライダーなど、首を失ったライダーの幽霊は多くいるが、集団で現れるのは珍しい。

首なしライダー［くびなしらいだー］

バイクに乗る死者。首から上を欠損した男がバイクに乗って現れるというもので、これに追い抜かれた自動車やバイクは必ず事故を起こすなどという。

池田香代子他編著『ピアスの白い糸』では、平成元年（一九八九）に千葉県の大学生から採取した話として、ある場所で暴走族に悩まされる男性が木と木の間に糸を張り、バイクを転ばせようとした。しかしこの糸がライダーの首に食い込み、頭部を切断してしまった。その後、ライダーたちがこの場所を走っていると、首のないライダーが追い抜いて行ったという話が載せられている。そのため、八〇年代末には語られていたものと考えられる。

場所は東京都の奥多摩に出現するとされることが多く、『ピアスの白い糸』や松谷みよ子著『現代民話考3』では真っ黒な装束の首なしライダーが追いかけて来て、これに追い抜かされると事故を起こす、追い抜かされないようにスピードを上げても必ず追い抜かされる、という話が載せられている。

他にも木原浩勝他著『都市の穴』によれば兵庫県の六甲山には切り落とされた首の方が大声を上げながら宙を飛んでいたという目撃談がある。またこれとほぼ同様の話が久保孝夫編著『女子高生が語る不思議な話』において、富士山近くの六郷山を舞台にして語られている。

常光徹著『学校の怪談7』には二人乗りのバイクで首のない男がバイクを運転し、後ろに乗った女が男の首を抱えているという話が記されている。

首を持った女の幽霊 ［くびをもったおんなのゆうれい］

トンネルに現れる幽霊。合田一道著『北海道　幽霊の住所録』にあるもの。それによれば、北海道千歳市の支笏湖《しこつこ》へ行く途中にあるトンネルのカーブを曲がったところには、首を持って立っている女の幽霊が出るのだという。

車に乗る幽霊 ［くるまにのるゆうれい］

いつの間にか車の中にいる幽霊。北彰介編『青森県の怪談』にあるもの。それによれば、青森県青森市から弘前市へと通じる国道七号線が、間もなく青森市新城へと入ろうとする場所は大きな坂になっているが、ある雨の夜、この坂の上で若い女性が交通事故で死んだ。それからというもの、雨の降りしきる夜、自動車で坂を登ろうとすると、バックミラーにべったりと髪を張り付かせ、真っ青な顔で口から赤い血を流している女が映るようになったという。これは交通事故で死んだ女が車を恨めしく思って現れるのではないかといわれている。

自動車の座席に現れるという点では**タクシー幽霊**（近代）に似るが、あちらが自動車の外から車を呼び止めて乗り込んでくるのに対し、こちらは突然車内に出現する。

松谷みよ子著『現代民話考3』では「いつのまにか乗っている死者」として、電車などを舞台にする場合も含め、この類の怪談が多く集められており、その中には幽霊が消えた後、座席が濡れているというタクシー幽霊と同じ展開を見せるものもある。同じように車内に突然出現する死者の話としては、**マツタケバーチャン**も参照。

原爆少女 ［げんばくしょうじょ］

戦死者の幽霊。松山ひろし著『呪いの都市伝説　カシマさんを追う』によれば、松山氏が運営していたWEBサイトに平成一五年（二〇〇三）九月に投稿された話で、投稿者によれば七〇年代中頃に大阪府で語られていたものだという。

それによれば、広島県で原爆の犠牲になった少女の幽霊が、話を聞いた三日後に現れるというもので、少女の姿は被爆によるケロイドで焼け爛《ただ》れているが、「わたしきれい」と尋ねてくる。これに対し「きれい」と答えねばならない。その後「わたしはどこから来たか」と尋ねられるので、「広島」とは答えず、「カシマ」と言えばよいとされる。

『呪いの都市伝説　カシマさんを追う』では、この話は同じく大阪で語られていた**ひろしまの幽霊**がルーツとなっているのではないかと記されている。

コインロッカーベイビー
【こいんろっかーべいびー】

罪を告発する死者。全国的に語られる都市伝説で、内容は以下のようなもの。

ある女性が行きずりの男と性行為をし、妊娠してしまう。そのまま赤子を生んだものの、育てきれなくなった女性はその赤子を駅のコインロッカーに入れ、立ち去った。

女性はずっとその駅を避けていたが、数年後、仕事でどうしても使わなければならなくなった。そして女性がかつて赤子を捨てたコインロッカーの前を通り過ぎようとした時、泣いている男児を見つけた。周りの人々はその子どもに気付いていないかのように無視して通り過ぎて行く。そのため女性はその子に声を掛け、宥《なだ》めてから「お父さんは？」と尋ねた。しかし子どもは首を横に振るばかり。そこで「お母さんは？」と尋ねてみると、突然男児は顔を上げて女性を睨《にら》みつけ、「お前だ！」と叫んだ。

舞台は東京都の渋谷駅とされることが多い。池田香代子他編著『ピアスの白い糸』によれば、昭和六二年（一九八七）にこの形式の怪談はすでに記録されていたらしい。

「コインロッカーベイビー」という名称については、もともと一九七〇年代前半に多発した実際の赤子遺棄事件を指す言葉であり、当時は社会問題にもなった。最古のものは昭和四五年（一九七〇）二月三日、渋谷の百貨店のコインロッカーにて発生した事件で、新聞紙に包まれビニール袋に入れられた新生児の遺体が発見されたことで母親と思しき人物が指名手配されている。

しかしその後も赤子遺棄事件は増え続け、昭和四八年（一九七三）には四六件に達して「コインロッカーベイビー」という言葉が流行語にまでなったという。

またコインロッカーに捨てられた赤子にまつわる怪異譚《たん》としては他にもいくつか例がある。

平野威馬雄著『日本怪奇名所案内』には、コインロッカーベイビーが社会問題化したすぐ後の昭和四九年（一九七四）、新名古屋駅で大学生がコインロッカーで赤子の泣く声を聞き、「赤ちゃん遺棄事件」を思い出したという話が載っている。

この話では、大学生が赤子の泣き声を聞いた一〇日後、そのコインロッカーで実際に赤子遺棄事件が発生するという、未来を見てしまった展開になっている。同じく平野威馬雄著『日本怪奇物語』では「赤ん坊幽霊」という題で、昭和五二年（一九七七）一〇月末の大阪梅田駅を舞台にこんな話が載せられている。ある女性が駅のコインロッカーに手荷物を入れ、用事を済ませて夜の九時頃駅に戻った時のこと。ロッカーの間の狭い通路を奥へと入って行くと、急に生温かい空気が辺りに立ちこめ、頬にぬるりとした柔らかなものが触れた。女性は驚き、これを払い除けようとしてその物体を見ると、それは紫に変色した裸の赤ん坊で、女性は恐ろしくなってそこから逃げようとした。

すると今度はロッカーの蓋が一斉に開き、そこから赤ん坊の幽霊が数多《あまた》に現れ、泣きながら彼女の周りをぐるぐると回り出した。女性は逃げ出したが、後で聞いた話によれば、その駅のロッカーでは赤ん坊の死体遺棄事件が何度もあったのだという。

国道の美少女［こくどうのびしょうじょ］

道路に出現する亡霊。学研ムック『恐怖の心霊ゾーン・ガイド─幽霊出没地帯ガイドブック』にあるもの。それによれば、静岡県焼津市を走る国道一五〇号線に大崩海岸沿いを走る旧道があるが、かつてここに「国道の美少女」と呼ばれる亡霊が出現したという。

その正体は地元の店に勤めていた一七歳の少女で、昭和四〇年（一九六五）、この少女を乗せていたオート三輪が国道一五〇号線のカーブを曲がり切れずに横転し、漏れ出したガソリンに火がついて炎に包まれた。その際、オート三輪に乗っていた運転手ともうひとりは何とか脱出し、一命を取り留めたが、少女だけはそのまま焼け死んでしまった。

それから間もなくして、少女の亡霊が夜な夜な事故現場の道端に現れ、道行く車に向かって手を振るようになった。少女の亡《なき》骸《がら》は全身が無惨に焼け爛《ただ》れた思わず目をそむけたくなるような状態だったが、亡霊の少女の姿は生前にも増して愛らしく、人々は「国道の美少女」と呼ぶようになった。

しかし現場ではこの美少女の亡霊に惑わされるのか、事故が多発し、昭和四二年（一九六七）に少女の霊を慰めるための鎮魂式が行われた。

それでも同じ場所で事故が続き、現場を走っていたトラックが突然火を噴いたり、横転した車を引き上げようとした作業員が次々と人怪我をするなど奇怪な現象が起きるようになった。

そして昭和四六年（一九七一）には現場付近で大崩落事故が発生し、そこを通りかかった車が土砂に埋もれ、運転手が死亡した

現在、この旧道は使われておらず、海の上に橋桁が掛けられて道路が新設されたが、国道の美少女は今度はそちらに出現すると噂《うわさ》されているという。

午前二時の美女［ごぜんにじのびじょ］

決まった時間に現れる亡霊。マイバースデイ編集部編『わたしのまわりの怪奇現象1000』にあるもの。それによれば、夜中の二時に目が覚めたとしたら、それは女の亡霊に起こされたからなのだという。こ

の時、その女が「わたしってきれい？」と聞いてくることがあるが、これには「はい、きれいです」と答えねばならない。「いいえ」と答えると即座に恐ろしいことが起きるという。

　この「わたしってきれい？」という問いかけは口裂け女と共通する。ただこの午前二時の亡霊の場合、どうしてこの問いかけをするのか、またなぜ亡霊といわれているのかなどは明かされていない。

小坪トンネルの女幽霊 ［こつぼとんねるのおんなゆうれい］

心霊スポットに現れる幽霊。学研ムック『恐怖の心霊ゾーン・ガイド―幽霊出没地帯ガイドブック』にあるもの。それによれば、神奈川県逗子《ずし》市にある小坪トンネルは通称「お化けトンネル」と呼ばれ、上に火葬場があることもあって、心霊スポットとして知られている。さまざまな怪現象が起きるトンネルだが、内部を走行中、トンネルの天井を見ると逆さにぶらさがる女の幽霊が現れることがあるという。この女幽霊は恐怖におののいたように目を見開き、何か言いたげに口を開いていたと語られている。

　他にも白い服の女が立っている、突然大きな音がしてリアウィンドウに血染めの手の跡がつく、トンネルを抜けると後部座席に見知らぬ女がいる、などの現象が起きたことが記されている。

　小坪トンネルで発生する怪現象は他にもさまざまな媒体で語られており、松谷みよ子著『現代民話考3』では男四人、女ひとりという構成の若者のグループがこのトンネルに肝試しに行ったところ、上からぽたぽたと血が落ちてきて、続いて何かが天井に落ちた音がしたと思うと、横のガラス窓に人間の腕が見え、フロントガラスに人間の首が転がってきたため、女ひとりを残して逃げた。翌朝戻ってみると、女は死んでいた、という話が載せられている。これに近い展開は**足を摑《つか》む手**や**杉沢村**に見られ、怪談の定番である。

　幽霊探検隊編『関東近郊　幽霊デートコースマップ』では、このトンネルを車で走っていたところ、後ろにいた車がどうにかして車を停めようとしてくるため、車を停めて文句を言いに行くと、「あなたの車の上に女の人が座って、後ろの窓から中に入ろうとしていた」と教えられた話が載せられている。この怪談も定番で、日本各地を舞台に車の上に老婆が乗っていたとか鬼が乗っていたという話など、さまざまなバリエーションの話がある。

　小坪トンネルは心霊スポットとして有名になったため、そういったさまざまな怪談の舞台として語られやすいのかもしれない。

今度は落とさないでね ［こんどはおとさないでね］

　罪を告発する死者。都市伝説で多く語られる話で、内容は以下のようなもの。

　ある美男美女の夫婦がおり、二人の間に息子が生まれたが、酷《ひど》く醜い顔をしていたため、夫は両親のどちらにも似ていないその子どもを不貞の子ではないかと疑った。妻は否定したものの、ノイローゼのようになり、その子を一歩も家から出さず、周りの人々には流産したと言い訳していた。

その三年後、妻は初めて子どもを遊園地に連れて行った。子どもは大喜びだったが、遊んでいるうちに「トイレに行きたい」と言ったので、母は子どもを崖の縁に連れて行き、子どもが小便をしている最中に後ろから突き落とし、殺してしまった。

それから数年後、また夫婦の間に子どもが生まれた。それはとても可愛らしい子で、夫婦に大切に育てられた。そして三年後、夫婦は子どもをあの遊園地に連れて行った。すると子どもが「トイレに行きたい」と言ったため、またあの崖に連れて行き、そこでさせた。すると子どもが振り返り、かつて突き落としたあの子どもの顔になってこう言った。

「お母さん、今度は落とさないでね」

子どもが突き落とされる場所は崖の他に船、フェリーの上、川、海、湖、池などさまざまに語られるが、水辺であることが多い。また池田香代子他編著『ピアスの白い糸』にある例を見ると、子どもを殺す理由も上記のように醜い姿をしていたから、という他に、抱きかかえて小便をさせていた際に誤って落としてしまったという不可抗力のもの、子どもを産んだが育てるための財力がなく仕方がなく手に掛けるというもの、父親が分からない子どもで邪魔な存在だったためというもの、再婚するために前夫の子どもが邪魔だったからというものなど、子殺しの理由についてさまざまに語られているが、殺された子どもの兄弟となるはずだった子どもが母親または父親に対して子殺しの罪を告発するという点は共通している。

このようにかつて殺した相手が自分の子どもに生まれ変わり、罪を暴露する話は「六部殺し」「こんな晩」などと呼ばれ、古くから怪談として日本各地に伝わっている（近世の**こんな晩**も参照）。また、血縁者が自分の子どもとして転生し、自分の供養が足りなかったことを責めるパターンが近世に存在している。血の繋《つな》がる人間同士の転生、という点ではこちらも近い（近世の**二一歳まで腰の立たなかった子、孫に転生した祖父**も参照）。

また、転生した子どもが罪を告発する、という点で見ればもっとも古いものだと、平安初期に記された『日本霊異記』巻中にある「行基大徳、子を携ふる女人の過去の怨みを視て、淵《ふち》に投げしめ、異しき表《しるし》を示し縁」にも、転生した赤子を淵に投げて殺す場面が記されている（詳細は古代の**負債を取り立てる子**を参照）。これはインドから中国を経由して日本に入って来た仏教説話が元になっていると考えられ、こういった話は「討債鬼故事」などと呼ばれる。「討債鬼故事」には金を奪われた被害者が死後、金を取り返すために加害者の子どもに転生する、という特徴が見られ、先述した「こんな晩」では金を奪われる、子どもが転生するという要素を受け継いでいるものの、金を取り返すという要素がなくなり、罪の告発のみとなっている。そして「今度は落とさないでね」は金を奪われる要素もなくなり、殺された子どもが転生して罪を告発する、という要素が残るのみになっているなど、時代を経て構造がシンプルになっていることがうかがえる。

この自分の子どもを海や湖、川などの水を使って殺し、その子どもが次の子どもに転生する、という展開はラフカディオ・ハーン（小泉八雲）が著し、明治二七年（一八九四）に出版された『知られぬ日本の面影』にある「持田の百姓」においてすでに見られる。明治四一年（一九〇八）に発表された夏目漱石の小説『夢十夜』の第三夜でも六部殺しのモチーフが使われているが、こちらも金銭目的などの殺した動機が記されていない。

また、近代以前の殺人者は男性が多いのに対し、現代の「今度は落とさないでね」では母親という女性が殺人者として語られる場合が多い。これについて『ピアスの白い糸』では「子に対するかつての家長としての男性の立場と、子に対する今日の女性の立場のありようが、殺人者の性別の変容をもたらしたと考えられる」と考察されている。

【さ】

佐伯伽椰子［さえきかやこ］

映像作品に登場する怨霊。平成一二年（二〇〇〇）発売の清水崇監督のオリジナルビデオ作品『呪怨』『呪怨2』およびそれを原作とした平成一五年（二〇〇三）公開の映画『呪怨』をはじめとする『呪怨』シリーズに登場する。また、このシリーズには伽椰子の息子・俊雄をはじめ、他にもさまざまな幽霊が登場している。

伽椰子は白いワンピースを着た真っ白な肌の血まみれの女の姿をしており、生前の住家であり、死亡現場ともなった家、通称「呪いの家」「呪われた家」に出現する。また場合によっては血まみれではなく真っ白な肌の女の姿で出現することもある。呪いの家に入って来た人間をことごとく呪い殺すか害を与えるが、時には家にまったく関係ない人間にも襲い掛かるため、その目的は定かではない。

作品の冒頭でタイトルになっている「呪怨」について、「強い恨みを抱いて死んだモノの呪い。それは、死んだモノが生前に接していた場所に蓄積され、『業』となる。その呪いに触れたモノは命を失い、新たな呪いが生まれる」と説明されており、佐伯家の呪いはこの呪怨そのものなのではないかとも考えられる。

一度呪いの家に入った人間がいれば、伽椰子はその人間がどこにいようとその場所に出現する。その出現場所は布団の中、床、天井、股の下などさまざま。劇場版『呪怨』では仏壇の中から現れ、犠牲者の頭を摑《つか》んで引き摺《ず》り込むという、『東海道四谷怪談』で**お岩**（近世）が使う仏壇返しのような技も披露した。

犠牲者の体を摑んでどこかに引き摺り込むという殺害方法を好むが、他にも髪で絞め殺す、取り憑《つ》いて操る、テレビや電話に異変を起こすなどさまざまな能力を見せる。また、胎内に宿り、現世へ転生するなどの能力も見せている。呪いの家に出現する場合は天井裏から現れ、床に這《は》いつくばり、喉の奥から絞り出すような声を発しながら階段を腕と足を使って下りて来る。これは伽椰子がまだ人間だった頃、その死体が天井裏に隠されていたためである。

また自身であの世へ連れて行ったことで幽霊となった息子・俊雄がおり、この俊雄もまた伽椰子とともに生きている人間をあの世へと導く存在として描かれる。

生前の伽椰子は普通の主婦で、佐伯剛雄という人物と結婚し、一人息子の俊雄をもうけて平和に暮らしていた。しかし大学時代の同級生で、片思いの相手であった小林俊介が俊雄の担任教師となったことで歪《ゆが》んだ想いを抱くようになり、日記に彼のことを記し始める。

そしてその頃、二人目の子どもができないことから病院で検査を受けた剛雄が、自身が精子欠乏症であると診断され、さらに伽椰子の日記を見つけたことで俊雄は自分ではなく伽椰子と小林の子であると思い込む。

逆上した剛雄はカッターで伽椰子を滅多切りにした上、二階に放置するが、死にかけた状態で階段を下りてきたため、とどめを刺され、ゴミ袋に入れられて天井裏に放置される。しかし怨霊と化した伽椰子は息子の俊雄をあの世に引き込み、剛雄を呪い殺す。以降、呪いの家に取り憑き、人を殺害するようになった。

平成二六年（二〇一四）公開の『呪怨　終わりの始まり』では設定が変わっており、伽椰子は山賀俊雄という少年の幽霊の被害者として描かれる。俊雄は虐待を受け、手足を縛られて押し入れに入れられ、餓死した結果、幽霊となり、その家を訪れる人間を殺害するようになった。しかし伽椰子と剛雄の佐伯夫婦が引っ越してきた際には赤子を切望する伽椰子の胎内に宿り、佐伯俊雄として転生する。

この俊雄は剛雄の子どもではないため、彼にまったく懐かず、自分の子ではないと知った剛雄が伽椰子を殺害したことで伽椰子は幽霊と化す。翌年公開の続編『呪怨　ザ・ファイナル』（落合正幸監督）もこの設定を引き継いでおり、呪いの家が破壊され、更地になったにもかかわらず続く俊雄と伽椰子の恐怖が描かれる。

また番外編的な扱いであるが、平成二八年（二〇一六）公開の『貞子vs伽椰子』（白石晃士監督）では『リング』シリーズの怨霊・**山村貞子**と対決する。世界観はどちらのシリーズも引き継いでおらず、呪いの家に出現する怨霊という設定は引き継いでいるものの、一家心中により死亡したなど、過去は変わっている。

さっちゃん

童謡にまつわる怪談。童謡「サッちゃん」に出てくるさっちゃんの噂《うわさ》を聞いた夜、枕元にバナナの絵を置いておかないと、黒い服を着て、大きな鎌を持った女が現れ、その人間の手足を切り取って殺してしまうという。

森京詞姫著『学校のコワイうわさ　花子さんがきた!!』にあるもの。この話では童謡のタイトルと違い、「さっちゃん」とすべてひらがなで表記されている。また同書は平成六年（一九九四）に刊行されているが、同年に放映されたアニメ『学校のコワイうわさ　花子さんがきた!!』でもこのエピソードが放映されている。

この話ではさっちゃんの噂の内容は伏せられており、それに伴ってさっちゃんが幽霊だとは記されていないが、以降、さっちゃんにまつわる怪談がさまざまに語られるようになった。

例えばマイバースデイ編集部編『学校の恐怖伝説』では、「サッちゃん」の歌の二番には「バナナが半分しか食べられない」という内容があるが、これはバナナを半分食べたところで自動車に轢《ひ》かれ、さっちゃんが死んでしまったからであり、この話を聞いた人間は寝る前にバナナかバナナの絵を置いておかないと、布団から出ている体の部分を切り落とされる、という話が載せられている。

他にも木村浩勝他著『都市の穴』では「サッちゃん」の二、三番目の歌詞はさっちゃんが死んでしまったことを表しており、さっちゃんは病気だったためにバナナを半分しか食べられなかった、事故に遭って体が半分しかなくなったため、バナナも半分しか食べられない、といった都市伝説があることが記されている。また同書にもあるようにチェーンメールにて「サッちゃん」には実は四番の歌詞があるという説も流れている。その内容とは、

さっちゃんはね　電車で足をなくしたよ
だからおまえの足を　もらいに行くよ
今夜だよ　さっちゃん

であるが、もし足を失いたくない場合は三時間以内に五人にメールを回すよう指示するといった内容が続く。

松山ひろし著『カシマさんを追う』にはこのチェーンメールをさらに発展させたようなチェーンメールがあったことが紹介されている。それによればさっちゃんのフルネームは桐谷佐知子で、一四歳の頃に踏切事故で電車に轢かれ、下半身を失って死亡した。それから数年後、彼女の当時のクラスメートの男子が童謡「サッちゃん」の歌を元にして四番目の歌詞を作り上げ、面白がってその歌を広めていった。そしてその三日後、男子たちは足のない死体として発見された。

そしてこのメールを読んだ人間は、三時間以内に五人の人間に同じメールを転送しなければ足を探しにさっちゃんが現れると

いう。

　またポプラ社編集部編『映画「学校の怪談」によせられたこわーいうわさ』ではブランコに乗りながら「サッちゃん」の歌を歌うと翌日手首と足首を切り取られる、三番まで歌うとさっちゃんが現れ、あそぼと誘われて断ると殺される、といった話が記録されている。

　もちろんこの童謡に四番は存在せず、作詞者である阪田寛夫氏もサッちゃんのモデルは死んだ少女であるなどということは一度も語ってはいない。おそらく先述した『学校のコワイうわさ　花子さんがきた!!』をきっかけに子どもたちを中心としてさっちゃんの怪談が広まり、後に**テケテケ**や**カシマさん**などの足を奪う幽霊と組み合わさるなどして、バリエーションを広げていったものと考えられる。

サワリ［さわり］

死霊等が人に憑《つ》くもの。吉田禎吾著『日本の憑きもの』によれば、島根県出雲市のある集落では、生霊、狐、死霊等が人に憑くことをサワリと呼ぶのだという。

　同書では昭和四三年（一九六八）、実際に著者が会った神官を務める人物から聞いた話として、その人物の息子が戦後復員してまもなく、死んだおばのサワリにより腰が痛くなったことを記している。このおばには子どもがなく、それを気にして死んだため、神官の息子にサワッタのだといい、祟りとは別物だと話していたのだという。

サンゴちゃん［さんごちゃん］

小学校に伝わる幽霊。ＷＥＢサイト「TBS NEWS DIG」にて令和五年（二〇二三）八月五日に掲載されたもので、青森ＴＶの記者が青森県青森市内の小学生二〇人に取材をした際に語られたものだという。

　それによれば、サンゴちゃんは小学校の三階よりも上に存在する、立ち入り禁止になっている屋上にいるとされ、その屋上へ出る扉を叩いて物音を発したり、扉の近くにある物を動かして脅かすいたずらをするかわいらしい幽霊だが、ひとりで会いに行くと危険なのだとされる。

　それはサンゴちゃんは生前、ひどいいじめを受けており、それによって人間はもちろんのこと、動物すべてを憎んでいることから、友人や先生に何も言わずに屋上に来た人間がいるとサンゴちゃんの恨みを買い、跡形もなく食べられて行方不明になってしまうのだという。

爺さんの杖［じいさんのつえ］

死者が夢に現れるもの。松谷みよ子著『現代民話考4』にある。それによれば、千葉県在住のある人物が体験したという話で、昔、その人物の長男がまだ小学生の頃、東京都の高尾山へと遠足に行き、そこで祖父へのお土産として杖を買ってきた。祖父はたいそう喜び、孫に貰《もら》った物だからと肌身離さず持っていた。

その後、その老人は八〇歳で亡くなったが、杖はまだ残っていたため、ひとり暮らしで難儀しているお婆さんにその杖を渡すことになった。しかし一日、二日経ってからそのお婆さんは杖を返しに来て、夢に知らない老人が現れ、「婆さん、悪いけど、その杖けえしてもらいたいんだけど。おれその杖とられちゃうと困っちゃうんだよ」と言ったのだと説明した。その老人の顔の特徴を聞くと、その杖を使っていた本人に間違いがなかったため、杖は彼の墓に供えたという。

シーマチチリムン ［しーまちちりむん］

沖縄でいうシニマブイ（死霊）の一種。塩月亮子の論文「沖縄における死霊観の歴史的変遷」（平成一三年（二〇〇一））によれば、シーマシヤー、シーマシジャーともいい、男でも女でも子孫がおらず、跡を弔ってくれる人がいない状態で死んでしまった人のことで、その人物が住んでいた屋敷を買うと祟られると伝えられているという。

事故死亡者0の日 ［じこしぼうしゃぜろのひ］

事故死した人間の祟り。マイバースデイ編集部編『わたしのまわりの怪奇現象１００』にあるもの。それによれば、ある町では「事故死亡者０の日」が定められているが、その日に限って交通事故が多発するという。これはかつて「事故死亡者０の日」に居眠り運転した車に撥《は》ねられて死んだ女性の祟り、もしくは呪いと噂《うわさ》されているそうだ。

事故物件 ［じこぶっけん］

なんらかの事故や事件により前の住人が死亡した物件のこと。多くの場合、幽霊の出現や怪現象の発生があると語られる。

主婦の友インフォス情報社編『事故物件サイト・大島てるの絶対に借りてはいけない物件』によれば、「事故物件」とはもともと不動産関係者の間で使用されていた業界用語だが、「殺人事件や火災による死亡事故などの歴史的事実があった物件」を事故物件と定義し、インターネット上で誰でも見られる形で公示したＷＥＢサイト「大島てる」により、一般に広まったのだという。また、平成二四年（二〇一二）のテレビ番組の企画以降、事故物件住みます芸人として活動している松原タニシの活躍もあり、より多くの人々が知る言葉となったようだ。

つまり事故物件は特殊な事故、事件があった物件を指す言葉であり、心霊現象の有無は事故物件であるか否かには関わってこない。一方、先述した松原氏の著書『事故物件怪談　怖い間取り』シリーズでは多くの心霊現象と遭遇しているなど、事故や事件が心霊現象の発現のきっかけとなっているとされる場合も多い。

なお、特定の物件に死者が出現するという話は平安時代からあり、例えば平安京にあった河原院という邸宅には、河原院を建てた人物である**源融**《みなもとのとおる》（古代）の霊が、彼の死後に河原院を譲り受けた宇多法皇の前に現れたという話が複数残っている。また源経頼の日記『左経記』には、同じく平安京にあった堀川殿に**橘逸勢**《たちばなのはやなり》（古代）が死も居ついているため、代々の領主は心地よく住むことができなかった、とある。

近世、近代においてもこういった物件は幽霊屋敷、化物屋敷などと呼ばれていた話が多く残っている（近世の**家城村の空き家の化け物**および**化物屋敷の下人の男女**、近代の**三原の幽霊屋敷**などを参照）。

人が生前住んでいた家に執着して現れるというのは、いつの時代も変わらないことなのかもしれない。

獅子谷七郎［ししたにひちょう］

神として祀《まつ》られた死者。鹿児島県出水《いずみ》郡長島町に属する離島・獅子島には獅子島神社という神社があるが、この神社に祀られているのは獅子谷七郎の霊であり、この島主であった獅子谷七郎その人であるという。口碑《こうひ》によれば、永禄八年（一五六五）獅子谷七郎は、島津忠兼公が天草越前守と戦をした際、獅子島の高嶺の城から忠兼公を迎え撃ち、雉《きじ》の矢に射られて戦死したという。その後祭神主従の怨霊により、島民は雉の肉を食すれば腹痛を起こして死亡したため、雉の名を呼ぶことさえ憚《はばか》るようになり、「不言の鳥」と呼んだ。このような事情により、七郎の霊を慰め、島の守り神として奉斎したのが獅子島神社であるという。

鹿児島県神社本庁によれば、獅子島神社は創建の時期が不明であるという。そのため、この口碑もいつ頃からあるか確認できないことから、現在確認できる時代として現代に収録するが、成立はより遡《さかのぼ》る可能性が高い。

自転車幽霊［じてんしゃゆうれい］

自転車に乗る幽霊。北彰介編『青森県の怪談』にあるもの。それによれば、昭和三〇年（一九五五）頃の青森県青森市にて、ある人が夜自転車で西平内から浅虫へ向かっていた時、トンネルの前で若い女性に自転車に乗せてくれと声を掛けられた。そこでその人が女性を自転車の荷台に乗せると、女性はその人の後ろから抱き付いてきた。しかししばらく走らせていると自転車を停めてもいないのにもかかわらず、女性の気配が消えた。後ろを振り返ると女性の姿がない。その人は、交通事故で亡くなった女性の幽霊だったのだと思うと急に恐ろしくなり、急いで自転車を漕《こ》いで浅虫へ向かったという。

近代の**タクシー幽霊**の自転車版のような話だが、類例は多く、松谷みよ子著『現代民話考3』には次のような話が載る。神奈川県で自転車に乗っていた少年が林の中から女の人に声を掛けられ、怖くなって家に帰った。そしてこのことを話したところ、翌朝、両親が警察に通報し、警察が調べるとそこに死後五日から六日経った女性の死体があったという。

日本民話の会 学校の怪談編集委員会著『学校の怪談9』では自転車を漕いでいると後ろがやけに重くなり、振り返ると血だらけのおじさんがにやーっと笑っていたという話が載っている。

信濃川の亡霊 ［しなのがわのぼうれい］

川に現れた亡霊。松谷みよ子著『現代民話考2』にあるもの。それによれば、大正一〇年（一九二一）、ある男が新潟県十日町市近くの信濃川で舟を浮かべて夜釣りをしていた時のこと。ふと背後に気配を感じ、振り向くと、白い着物を着た背の高い女が立っていて、「釣れるかーい」と言った。男は仰天して舟を陸につけ、夢中で逃げ帰ったが、寝込んでしまった。これは川流れの亡霊だったのだろうか、と記されている。

死ねばよかったのに ［しねばよかったのに］

全国的に語られる怪談。例として近藤雅樹他編著『魔女の伝言板』にあるものを記す。

幽霊が出るとして有名な崖があり、そこでは幽霊が車で急カーブを曲がろうとする人を脅かして、崖から落としてしまうといわれていた。ある日、若いカップルがドライブをしていた時、この崖まで来たが、長時間の運転でうとうとしており、つい居眠り運転をしてしまった。しかしその時、例の幽霊が崖に出現し、はっと気付いた男性は慌ててハンドルを切り、崖から落ちずに済んだ。

振り返ると、幽霊はじっとこちらを見ていたが、幽霊のおかげで崖から落ちずに済んだため、「良い幽霊だな」と男性が思っていると、何百メートルも離れた幽霊のところから「死ねばよかったのに」と呟《つぶや》く声が聞こえてきた。

展開によっては崖や峠の手前で突然車内に幽霊が現れ、それに驚いた運転手が慌ててブレーキをすると、墜落の寸前だった。あの幽霊が止めてくれたのかと感謝していると、再び幽霊が現れ「死ねばよかったのに」と聞こえるパターンや、カップルのうち彼女の方が突然うわごとのように道案内をし始め、それに従って運転していると突然崖に出る。慌ててブレーキを踏み、危機一髪で事故は回避するが、彼女の方を見ると、彼女ではない何者かの声で「死ねばよかったのに」と聞こえるパターンがあるなど、バリエーションは多い。幽霊が出現せずにカーナビやラジオから「死ねばよかったのに」と聞こえる場合もある。

また最後に聞こえる言葉も「死ねばいいのに」「落ちればよかったのに」「畜生」「くそう」「あと少しだったのに」「どうして落ちなかったの」といった複数のパターンが見られる。また声は女性ではなく男性のものとされることもある。

多くの場合、この幽霊がどうして現れる

のかは語られず、ただ幽霊、霊であるとのみ語られることが多い。

珍しい話ではマイバースデイ編集部編『音楽室に霊がいる！』には、愛知県の高校生から投稿された次のような怪談が載っている。幽霊が出ると有名な高原をドライブしていたところ、走っている途中から「死ねよ」とどこからともなく声が聞こえてきて、三度目に運転手の耳にも届いたため車を停めると、崖の直前だった。その声が助けてくれたのだと安堵《あんど》したところ、「死ねばよかったのに」と声が聞こえてきた。継続的に話しかけてくる幽霊の例であり、殺意がすごい。

シバカズコ［しばかずこ］

飯場に出た幽霊。合田一道著『北海道こわいこわい物語』にあるもの。それによれば、昭和四一年（一九六六）、北海道上川郡新得町の造材飯場に四〇人ほどの人々が住み込みで働いていた。

当時、この飯場には青白い顔で髪をしとどに濡らした女の幽霊が出現し、頻繁に目撃されていた。年齢は二七、八歳ほど。絣《かすり》の着物を着ており、まず炊事夫の夫婦の寝室に出現した。それから数日すると、今度は複数の飯場の者たちの前に同時に現れた。また眠っていた十数人の作業員が同時にうなされるという現象も起きた。

そのため祈禱師《きとうし》を呼んで占ってもらったところ、この幽霊は「シバ　カズコ」という女性で、氏名を紙に書いて供養するようにと言われた。そこで飯場の作業員全員が仕事を休み、供養を行うと、霊は出なくなった。

シバカズコはその当時から七年前、青森から行商に来て行方不明になった人物であったという。

地縛霊［じばくれい］

その名の通り特定の地に縛られた霊。中岡俊哉著『地縛霊　覗き見た死後の世界』では地縛霊について「人が死んだり、殺されたりした土地や建物に浮かばれないまま憑依《ひょうい》している霊のことである」と定義している。

また、大島清昭著『現代幽霊論』では現代日本で語られる地縛霊の特徴について、死者がその特定の場所に固定される原因は大別して三パターンがあるとし、「屍体《したい》が存在する（した）場所」「自らが生命を落とした場所」「生前、関わりが深かった場所」の三つのどれかに固定化される、と記されている。現在の認識もこれらから大きくずれることはないだろう。

地縛霊となった死者は、自殺など自分が死んだ際の行動を繰り返す、恨んだ相手を待ち続ける、無差別に通りかかった人間に害を加えるなどの行動を取ると語られることもある。

特定の場所に現れる死者は別段現代になって語られるようになったわけではなく、例えば平安末期に記された『今昔物語集』には落雷で死んだ男がその死んだ場所に現れ続けたという話が載せられている（古代の**鬼殿の霊**を参照）。また同じく『今昔物語集』に登場する**源融**《みなもとのとおる》（古代）など、平安貴族が死後、生前の自分の住居に留まり続けたという話も多い。そういった話は当時の貴族の日記にも記録されている。

また中世の能に語られる幽霊は、基本的に自分が死んだ場所から動かず、そこを通りかかった旅人や旅の僧と言葉を交わす。幽霊が登場する話が数多《あまた》に語られるようになった近世においても、そういった話が多数残っている。自分が殺された井戸に毎夜出たという**お菊**（近世）の幽霊などは有名だろう。

地縛霊という言葉自体は近代の**地縛の霊**でも述べた通り、元は心霊主義、心霊科学で使用していた「Earthbound spirit」の訳語であり、中岡俊哉やつのだじろうといった著名人が「地縛霊」の名を使用したことで広まり、定着したものと考えられる。ただし、心霊主義、心霊科学における「Earthbound spirit」と現在通俗的に使われる「地縛霊」は定義が異なるため、留意する必要がある。

また、自宅や職場が死の現場となり、死者がそこに留まって怪異をなしていると見なされる場合、その建物や部屋を指して**事故物件**と呼ぶことがある。加えて、成仏できない霊魂が特定の場所に留まらず、移動する場合は**浮遊霊**と呼ばれることが多い。

邪願霊［じゃがんれい］

映像作品に登場する幽霊。昭和六三年（一九八八）に発売されたオリジナルビデオ作品、石井てるよし監督『邪願霊　狙われた美人キャスター』に登場するもの。作曲家の女性であったが、マンションから飛び降りて死亡。その後、かつての恋人であった河西というプロデューサーがアイドルに自身の作曲した「ラヴ・クラフト」という曲を歌わせようとしたため、次々と怪現象を引き起こし、アイドルと河西を殺害する。

内容はフェイク・ドキュメンタリーで、アイドルのキャンペーンプロジェクトをレポートすることになったテレビスタッフの記録映像を再編集した、という体裁で描かれる。

幽霊の登場シーンは映像の中にいつの間にか白い服の女が紛れ込んでいる、といった形で見え、決して顔ははっきりと見せない。怪現象が引き起こされる場面でも幽霊は現れず、現象だけが発生する。物語の最後には謎のビデオテープが登場するが、そこに記録されているのは幽霊の視点と思しき映像で、やはり顔を見せることはない。

この作品は後の『女優霊』、そして『リング』へと繫《つな》がっていくジャパニーズホラーの先駆をなすものとして評価されており、実際に後のジャパニーズホラー作品で使われるような演出が随所に見られる。日本のホラー映画の歴史という点から見ても重要な作品だ。

銃くれ［じゅうくれ］

軍隊にまつわる怪異譚《たん》。松谷みよ子著『現代民話考2』にあるもの。それによれば、昭和四年（一九二九）頃、香川県善通寺市にあった帝国陸軍善通寺特科隊の工兵隊の弾薬庫を見張っていた歩哨《ほしょう》が、疲労のためうつらうつらとしていると、いつの間にか持っていた銃が消えていた。これは巡視に来た営兵指令が眠っている歩哨を見て銃を取ったものだったが、銃を失った歩哨はこのままでは営倉（軍隊の刑務所）に入れられると悩み、近くにあった柳の木で首を吊った。以来、雨が降る夜にはその歩哨が幽霊となって、「銃くれ」と言いながら現れるという。

一三日に歌う幽霊［じゅうさんにちにうたうゆうれい］

歌う幽霊。マイバースデイ編集部編『わたしのまわりの怪奇現象1000』にある。ある小学校の音楽室では、毎月一三日になると放課後、誰もいない音楽室からピアノの音と、それに合わせて歌う女の声が聞こえ、幽霊の仕業《しわざ》だといわれていたという。

守護霊［しゅごれい］

憑《つ》いた人間を守護する霊のこと。その人間の先祖や家族、友人など近しい関係にあった者の死者が守護霊となる、と語られることが多い。その人間の運を向上させたり、悪霊などから守ったり、人生を導くなどという。

もともとは西洋において人間の霊魂が死後に存続するという思想・信仰である心霊主義、もしくはそれを科学的に証明しようとする心霊科学において語られる概念。

近代にはすでに使われており、日本において最初期に心霊主義を導入した浅野和三郎の著書『神霊主義』においては「guardian spirit」「guardian angel」の訳語として使用されている。同書や春川栖仙《せいせん》著『心霊研究辞典』によれば、心霊科学における守護霊は先天的に人間の守護に当たっている他界の居住者であり、神界から命じられて人のもとに赴くため、決して後天的に替えることができない存在であるとされる。また各人間には先天的に自分と同性のひとりの守護霊がついており、それは過去の時代の人霊であることが多いが、一部には竜神等自然霊が守護霊となっているなど例外も存在するとされる。

現代においてはスピリチュアルブームが起きた際、守護霊の声を聞く、という霊能者が多く現れた。

初期化幽霊［しょきかゆうれい］

電子媒体を初期化する幽霊。2ちゃんねる（現・5ちゃんねる）オカルト板に立てられた「【全米が】なんか笑える霊体験16【テラワロス】」にて平成二二年（二〇一〇）八月一七日に書き込まれた話に登場する。

それによれば、この幽霊は報告者が通っていた高校のパソコンルームに居着いていたもので、長い髪に死装束という古風な姿をしていたという。この幽霊はパソコンルームで教師がひとりで仕事をしていると現れ、フロッピーディスクをひと撫でする。するとデータが吹き飛び、初期化された状態になるため、非常に恐れられていたという。

また時が経ち、CD－ROMやHDDが登場するようになると、それを初期化する業《わざ》を覚えて今なお活躍しているのだと語られている。

女優霊［じょゆうれい］

映画に描かれる幽霊。平成八年（一九九六）公開の中田秀夫監督の映画『女優霊』に登場するもの。

映画内ではまず、ある映画スタジオで撮影されたテストフィルムに未現像の映画フィルムが紛れ込み、そこに写り込む形で登場する。白いワンピースを着た長い黒髪の女だが、基本的にぼかした姿で描写され、明確に姿を現すのはクライマックスのみである。

この幽霊の出現以降、撮影スタジオで女優の転落事故が起きたり、撮影中の女優がけたたましく笑い出したりするなど、異変が起きるようになる。

実はこの幽霊自体は昭和四六年（一九七一）のあるドラマの撮影時に出現しており、その際にも女優の落下事件が起きていた。そして、このドラマこそが先述したテストフィルムに紛れ込んでいた未現像のフィルムの正体だった。ドラマの内容は次のようなものである。ある屋敷に住む母親と子どもが架空の女を想像し、それが真夜中に歩き回る、という設定の遊びをする。しかし男ができ、子どもが邪魔になった母親は、やがて多重人格のようになり、作り出したその架空の女の人格になりきり、子どもを殺害しようとする。

しかし撮影が進むにつれ、その架空の女が本当にステージに出現したという噂《うわさ》が流れ、女優が撮影用の足場から落ちたのも、その女のせいだと語られるようになったという。

劇中ではっきりとは示されないが、この現実化した架空の女こそがスタジオにたびたび現れていた幽霊の正体と思われる。終盤ではっきりと姿を現すが、その姿は白いワンピース姿の美女にもかかわらず、お歯黒を塗った歯を見せてけたたましく笑い、人間をどこかへ引き摺《ず》り込んでしまう。

女優霊というタイトルに登場するものの、ドラマの設定、しかも物語の中でさえ架空とされた女が現実に現れたものであるため、そもそも死者の霊なのかさえも不明である。

創作した幽霊が現れるという点では近代の**応挙の幽霊**と同じなのだが、愛嬌《あいきょう》があったあちらの幽霊と違い、こちらはただひたすら不気味で目的不明の幽霊として現れる。そしてこの『女優霊』でコンビを組んだ映画監督の中田秀夫と脚本の高橋洋はこの二年後、『リング』を作る。この『リング』に登場する**山村貞子**は、白いワンピースや長い黒髪など、女優霊と共通するデザインを持っている。

汁だけババア [しるだけばばあ]

ラーメン屋に現れる死者。不思議な世界を考える会編『怪異百物語3』にあるもの。それによれば、汁だけババアは有名なラーメン屋の主人だった人物で、死んでからもラーメンの研究のため、各地のラーメン屋を訪れては勝手に人のラーメンの汁を吸って味見する。不思議なことに、このばあさんが現れた店はその後、大繁盛するという。

死んでも競馬 [しんでもけいば]

夢に現れる死者。渡辺節子・岩倉千春編著『夢で田中にふりむくな』にあるもの。それによれば、ある家で賭け事が好きな男性が亡くなったが、数ヶ月後、その男性の妻であった女性の夢に男性が現れ、競馬の予想を告げた。そこで女性が半分冗談のつもりでその馬券を買ったところ、見事に的中した。

その後も男性は大きなレースがあるたびに女性の枕元に出現し、予想を教えるようになったという。

人力車の後押しをする幽霊 [じんりきしゃのあとおしをするゆうれい]

夫を助けようとする幽霊。松谷みよ子著『現代民話考3』に載っている。昔、東京都の深川（現・江東区深川の辺り）を走っていた人力車の車夫の妻が、幼い子どもを残して亡くなった。しかし妻は死んでも夫を助けようとするらしく、雨の夜には必ず幽霊が現れて、夫が走らせる人力車を後押ししたのだという。

人力車幽霊 [じんりきしゃゆうれい]

人力車に現れた幽霊。北彰介編『青森県の怪談』にあるもの。それによれば、明治の頃、人力車夫が人力車を引いて青森県の東津軽郡荒川村八ツ役（現・青森市八ツ役）を通り青森（現・青森市）へ向かっていると、妙見のガンドウ橋というところに女性が立っていて、人力車に向かって手招きした。車夫が車を停めると女性は無言のままに乗り込んで来たので、車夫がそのまま車を走らせると、女は大繁盛している成金の家の前で人力車から降り、その家の門内に消えてしまった。車夫は代金を貰《もら》っていないことに気付き、お金を貰おうと家の玄関を叩くと、女中が出てきて家には誰も来ていないと言う。そこで車夫はこの家の成金の主人に騙《だま》された女の亡霊がやって来たのだと気付き、身の毛のよだつ気持ちがしたという。

松谷みよ子著『現代民話考3』にはこれ

に類似した話として、沖縄県那覇市の辻遊郭付近で若い女を人力車に乗せ、家まで送ったが、それが風邪をこじらせて亡くなる直前の遊女の魂であったと判明する話や、やはり辻遊郭付近で乗せた美しい中年の女性の正体が、夫の不倫に悩み、投身自殺した女の幽霊で、幻を見せて車夫を自分が身を投げた川に誘い込もうとする話が載せられている。

心霊写真［しんれいしゃしん］

なんらかの理由により死者の姿、死者の体の一部、もしくは死者を正体とする発光体などが写り込んだ写真のこと。持っていると祟りがあるため、供養しなければならないとされることもある。また、死者が写るのではなく、写真に写った人間の体の一部が消えているなどの異変がある場合、近いうちにその部位を負傷するなど、不吉な出来事を予知、示唆する写真も心霊写真と呼ばれる。

もともとは西洋で生まれた死後の霊魂の存続・実在を信仰する心霊主義、心霊科学の中で使われていた言葉で、春川栖仙《せいせん》著『心霊研究辞典』によれば心霊写真の元祖は一八六一年のアメリカまで遡《さかのぼ》ることができるという。また三浦清宏著『近代スピリチュアリズムの歴史』によれば、イギリスでの最初の心霊写真も一八七二年に撮影されている。また二〇世紀初頭には、ウィリアム・ホープが偶然心霊写真を撮ってからは趣味でそのような写真を撮っていたが、やがて心霊写真師としての噂《うわさ》が広まり、さまざまな人々が彼のもとを訪れるようになった。その中には日本の心霊研究家、浅野和三郎や福来友吉もあったという。ホープの写真はハリー・プライスによって一九二二年、トリックであると指摘されたが、彼は一九三三年に死去するまで、本物かどうかはともかく、心霊写真を撮り続けたという。

心霊主義や心霊科学においては、目に見えない死者の姿を確認することができる手段のひとつであり、不吉なものではなかったが、日本では心霊写真はまた別の受け入れられ方をするようになる。

そもそも日本において死者が写った写真の歴史は明治時代まで遡る（近代の**幽霊の写真**を参照）。しかしそういった写真は幽霊の写真、幽霊写真と呼ばれていた。「心霊写真」という名前自体は大正九年（一九二〇）に心霊研究家の大和田徳義が『心霊写真の研究』という著作を刊行しているため、その頃から存在していると思われるが、この語を使うのは心霊主義や心霊科学に携わる人々がほとんどであった。しかし一九七〇年代、オカルトブームが起きたこの時代に、日本の心霊写真は大きく転換することになる。

日本における心霊写真の歴史を追った本に、小池壮彦の『心霊写真　不思議をめぐる事件史』があるが、同書によれば、昭和四八年（一九七三）には東京銀座の松坂屋デパートで「四次元の神秘をさぐる不思議な世界展」が開催され、そこで展示された心霊写真をテレビ番組で放送、さらに日本テレビの深夜番組『11PM』にて神奈川県の江の島で撮られた心霊写真が紹介されるなど、かつてない心霊写真ブームが発生したという。そしてつのだじろうの漫画『うしろの百太郎』や、中岡俊哉編著『恐怖の心霊写真集』などの著作で使われたことにより子どもたちの間に広まるようになり、昭和四〇年代後半、つまり一九七〇年以降には通俗的に心霊写真の語が使われるようになったとされる。またその頃には心霊写真を持っていると不吉である、祟りがあるという感覚ができあがっており、戦前の身内の霊が写った写真をお守りのように扱うという感覚から大きく変化していたという。

　他にも心霊写真ブームが本格化した昭和四八年（一九七三）以降はテレビでも心霊写真が盛んに放映されるようになり、多くの人々の間に広まっていったようだ。一方、先述の中岡俊哉ははじめ、心霊写真の鑑定はそれが**地縛霊**であるか、**浮遊霊**であるかを判別することに限定していたが、昭和五四年（一九七九）刊行の『実証・恐怖の心霊写真集』では、写真を写したカメラマンが体調不良を訴えた、中岡自身も体調を崩したなどの理由により心霊写真を供養する必要が生じた。そのため、これ以降は心霊写真の鑑定の内容に「霊障」があるかどうかが含まれるようになった。その動きは中岡以外にも広まり、心霊番組などでもよく見られるような、投稿された心霊写真を霊能者が鑑定し、そして神社仏閣を頼るなどして供養する、という一連のシステムが生まれたとされる。

　一九九〇年代に入ると、メディアが単に移りの悪い写真まで心霊写真として紹介し始め、それに自称霊能者がコメントをつける、といったことが常態化したため、やがて心霊写真ブームは沈静化していった。しかし九〇年代末になると、今度はビデオ市場で心霊映像、心霊写真を集めたビデオが流行し、心霊写真の人気は復活したという。また二一世紀に入り、パソコンが普及していくと、今度はインターネットの世界でも心霊写真が紹介されるようになった。

　そして令和を迎えた現在でも、夏になればテレビ番組で心霊写真が紹介されている。日本において、明治期に写真に写り込んだ死者たちは、一世紀を超えて今も写真の中に生き続けている。

心霊スポット［しんれいすぽっと］

不思議な音が聞こえる、**心霊写真**が撮れる、霊など異様なものが見える、体調に異変が起きるなど、なんらかの心霊現象が発生するとされる特定の場所のこと。トンネル、廃墟《はいきょ》、海辺、山中と人の気配が少なかったり、自殺や事故など、死を容易に想像させる場所であったり、一見何の変哲もない街中の商業施設や、駅の中などの場合もある。

　現在は一般に浸透している言葉だが、及川祥平著『心霊スポット考――現代における怪異譚《たん》の実態』によれば、この言葉が使われるようになったのは一九八〇年代なのだという。そして心霊スポットはその場所で過去に事件や事故があった場合はもちろんのこと、そういったものがなくても遡《さかのぼ》って凄惨な過去が作られることがある。

同書によれば、人々がその空間を心霊スポットとして認識するのには、三つの要件があるという。筆頭は、場所と幽霊との関係だ。先述したようにかつて事件や事故が起きた場所という場合もあれば、何も起きていない場合もある。同書によれば、なんらかの出来事が幽霊の仕業《しわざ》として解釈されさえすれば、幽霊それ自体は出現しなくても、心霊スポットとして認識されるのだという。すなわち、心霊スポットとは人々がそこに「幽霊を見出そうという構え」を見出す場所、より厳密にいえば「幽霊との遭遇可能性への期待に支えられた場所」であることをひとつ目の要件として定義する。二つ目は心霊スポットと呼ばれる場所が神社などの宗教的な施設、史跡や廃墟、時には日常の移動空間などであることに触れ、そういった場所を心霊スポットとして認識するのは、その空間の意味、場所性を共有できない立場の人々からの意味付けであり、そこに「幽霊との遭遇可能性」が期待される時、心霊スポットとして分節され始めるのだという。及川氏はこの要件を「部分的で文脈依存的な空間への名付け」と呼んでいる。

そして最後の要件として氏は「広域の人々に認知されており、かつ訪問への促しの有る空間」であることを挙げる。これは不気味な空間であったり、幽霊が出現するとされている空間にも心霊スポットとされるものとされないものがあり、後者はその場所を知っているのが限られた人間だったり、学校や病院など自由に出入りできない空間であったりする。そういった場所は心霊スポットとはならないのだという。

実際、心霊スポットと呼ばれる場所は現在日本各地にあるが、そこで囁《ささや》かれるような殺人事件や凄惨な事故、自殺などが実際にあった場所は少ない。特に廃墟などは一家惨殺や一家心中が行われた、と語られることが多いが、ただ単に経営が破綻して手放した物件だったり、住んでいた人が引っ越しただけだったりする。分かりやすい例では昭和六〇年（一九八五）に発生した「日本航空一二三便墜落事故」では、飛行機は御巣鷹《おすたか》の尾根（群馬県と長野県の境にある高天原山《たかまがはらやま》の尾根）に墜落したが、その名前のため、現場から一・七キロほど離れた御巣鷹山（群馬県多野郡上野村）が混同されて心霊スポットとして扱われている場合がある。その場所を心霊スポットとするのは、そこにいる死者よりも観測する生者なのだろう。

杉沢村［すぎさわむら］

かつて青森県にあったとされる村。都市伝説に語られる地図にない村の話で、その村は人里離れた山奥にあったが、昭和初期、この村に住むひとりの青年が突然おかしくなり、住民全員を殺害、その後、自ら命を絶った。そして事件を覆い隠そうとする自治体により杉沢村は地図から消え去ったが、村は今も青森県のどこかにあり、虐殺の犠牲者たちの霊が迷い込んだ人々の命を奪うのだという。

この廃村へ続く道の途中には「ここから先へ立ち入る者、命の保証はない」と書かれた看板があり、村の入り口には朽ちた鳥居と、髑髏《どくろ》のような形の石がある。村の中に入ると、廃墟《はいきょ》となった家に大量の乾いた血がこびり付いているなどと語られる。

現在発見できた最古の例は平成七年（一九九五）に発行された弘前大学の特定研究報告書『境界とコミュニケーション』に収録された小池淳一の論文「世間話と伝承」である。小池氏が弘前大学の学生たちにレポートとして提出を求めたという学生たちが知る「こわい話」の中に、この話が記録されている。それによれば青森には怖い名所として杉沢村と月光の滝というものがあり、杉沢村は噂《うわさ》として聞いたものであるが、かつてひとりの男がその村の住人を全員殺害し、浮かばれない霊たちがそこに肝試しに来る人を死の道に引き摺《ず》り込んでしまうという。また現在は村ではなく墓所となっているが、ここで恐怖体験をし、何人も病院送りになっている、という内容が記されている。

平成九年（一九九七）七月一七日にはWEBサイト「怪異・日本の七不思議」に杉沢村の話が投稿され、青森空港付近にあると場所の情報が書き込まれている。平成一一年（一九九九）一月三〇日にはWEBサイト「心霊怪奇倶楽部」にて、杉沢村は通称「首狩村」といい、青森空港に近い青森流通団地からまっすぐ山に向かうとゴルフ場があり、その向こうの道路脇にある鳥居を潜って行くと着く、という具体的な情報が載せられている。同年には先述した「怪異・日本の七不思議」にてこの場所の写真が投稿されている。当地は現在も杉沢村に繋《つな》がる場所として知られているが、吉田悠軌著『禁足地巡礼』によれば、一九九〇年代にはこの場所は近隣の道路も整備されていなかったものの、平成一九年（二〇〇七）に汚泥・し尿処理施設が建設されたことをきっかけに開けた土地になり、開発が進んだのだという。また現在はネットでこの場所を見ることができ、地図に登録されてしまっている。

その後、平成一二年（二〇〇〇）八月にテレビ番組『奇跡体験！　アンビリーバボー』で杉沢村が取り上げられ、ネット上だけでなく全国的に知られるようになった。

この杉沢村のルーツになったと考えられるものは昭和一三年（一九三八）に岡山県でひとりの人間が一夜にして引き起こした大量殺人事件「津山事件」とされることが多い。横溝正史の『八つ墓村』の元になったものが杉沢村の事件であると語られることもあるが、これも津山事件をもとにしているので関係はない。また森村誠一の小説およびそれを原作とした映画『野性の証明』に登場する架空の集落「風道地区」がモデルになっているという説もある。風道地区は設定では岩手県にあるとされるが、農作物の軟腐病原菌に侵されて狂気に陥った若者が斧《おの》を使い、自分の住む集落の住人たちを皆殺しにするという展開が見られる。この際、生き残ったのはこの青年の娘である少女だけで、彼女はたまたま自衛隊の工作員に助けられ、その工作員によって若者は殺害される。また映画の中盤には廃村となった村が映像として登場する。先述したＷＥＢサイト「怪異・日本の七不思議」では、この津山事件と風道地区の話が混ざり、杉沢村の伝説が生まれたのではないかと考察されている。

　他にも昭和二八年（一九五三）に青森県中津軽郡新和村《にいな》（現・弘前市）で発生した「青森県新和村一家七人殺害事件」の影響があるのではないか、という説もある。これはリンゴ園農家の三男である青年が実家に侵入し、一家七人を猟銃で射殺した事件だ。しかしあくまで一家惨殺であり、村を滅ぼしたわけではない。

　フィクション作品が杉沢村に影響を与えた説としては、平成一三年（二〇〇一）発行の『スプラッターカーニバル』が早い段階で指摘している。同書によれば、和製スプラッター映画のジャンルとして村民虐殺映画があるとされ、先述した『八つ墓村』や『野性の証明』の他、昭和三四年（一九五九）公開のカルト映画で、警官対村民の大規模な殺し合いが描かれる『九十九本目の生娘』（曲谷守平監督）や、先述の津山三〇人殺しを題材にした昭和五八年（一九八三）公開の映画『丑三《うしみ》つの村』（田中登監督）などが挙げられている。

　なお、日本に限らなければ、アメリカでは一九六四年に『２０００人の狂人』という映画が公開されている。これは南北戦争で北軍に全滅させられ、地図から消えた南部の村が、一〇〇年に一度だけ現実世界に姿を現し、そこに住む二〇〇〇人の村人たちの怨霊が北部の人間を村に誘い込み、復《ふく》讐《しゅう》するというストーリーで、地図から消えた村で、殺された村人の怨霊が村に入った人間を襲う、という基本部分が杉沢村と一致する。ただし映画自体はハイテンションで虐殺が進行するため、杉沢村の話のようなじめじめとした雰囲気はあまりない。この映画はスプラッター映画の先駆けとなり、後のホラー映画に大きな影響を与えた。他にも殺人一家の住む土地に旅行者が迷い込む一九七七年公開の映画『サランドラ』など、この手の未知の集落に迷い込んだ人間が、その場所に棲む何者かに襲撃されるという話は洋画のホラージャンルに昔から多い。

　また、杉沢村の入り口の鳥居の下には髑髏の形をした石があるとされるが、青森県には実際に髑髏の形をした岩を祀《まつ》る石神神社があり、これがイメージの形成に影響した可能性もある。

戦死を告げる兵隊

［せんしをつげるへいたい］

夢に現れる死者。主に第二次世界大戦において戦地で死亡した兵隊が、故郷で待つ家族や親しい人の夢の中で自分の死を知らせるというもの。松谷みよ子著『現代民話考４』に複数の体験談が載せられている。

その知らせ方はさまざまで、自分が死にゆく様子を夢の中で見せるもの、自分の死について知らせる軍事郵便を先に夢の中で届けるもの、無言で姿や影を現すもの、自ら戦死したことを告げるものなどがある。

また、富山県で語られていた話として、戦争中に戦地へ行っている人間が元気に帰って来る夢を見て、それを人に話すと間もなく戦死の知らせが入る、そのためそのような夢を見たら絶対に他人に話してはならない、と語られていたことが記録されている。

相名勝馬［そうなかつま］

中古車に現れる死者。不思議な世界を考える会編『怪異百物語3』にあるもの。それによれば、ある国道沿いの中古車販売店で高級外車が一〇万円という破格の値段で売られていた。実はこの中古車は暴走族のリーダーだった「相名勝馬」という男が乗っていたもので、警察を煽《あお》りながら走行していた際に電柱にぶつかり、頭部を切断する事故を引き起こして死亡していた。しかし彼の葬式には仲間が誰も来ず、それから一週間が過ぎた頃、かつての暴走族のメンバーのところへ相名勝馬が現れ、「手をくれ」「足をくれ」などと声を掛けてきて、それからメンバーはその通りの場所を怪我することとなった。

さらに事故車として修繕され、売り出された彼の中古車にも相名勝馬は現れ、新たな持ち主が運転している途中に助手席に出現しては車を事故に導いていた。しかし彼が出てきた場合にも対処法はある。彼の名前を連続でうんと速く唱えれば彼の秘密に気付くはずだ。もし分からなければ彼の名前を逆さに読むと、おのずとそれが見えてくる。

中古車の怪と**カシマさん**が組み合わさったような話だが、その本質は言葉遊びにあり、「そうなかつま」を逆に読むと「まつかなうそ」つまり「真っ赤な嘘《うそ》」になるという仕掛けになっている。

常光徹編著『みんなの学校の怪談　緑本』には、ある女の子が学校に忘れ物を取りに行った際、教室に入った瞬間ドアが閉まって開かなくなり、後ろから「そうなかつま」という声がした。その謎を一分以内に答えないと死んでしまうという話が載っている。

僧文是［そうぶんぜ］

僧侶の幽霊。松山ひろし著『呪いの都市伝説　カシマさんを追う』にあるもの。それによれば、昔、文是という僧がいたが、山越えの途中に盗賊たちに襲われ、身ぐるみを剝《は》がされた上で殺された。その後、盗賊たちは文是の死体を逆さまに埋めた。そのために文是は成仏できず、この世をさ迷い歩いている。

この話を聞くと三日以内に夢に逆立ちをした文是の幽霊が現れる。これに出会うと取り憑《つ》かれ、殺されてしまうが、「そうぶんぜ」と三度唱えれば文是の霊を追い払うことができるという。

文是が逆さに埋められ、逆立ち状態で現れるという話は、近世の**逆さまの幽霊**を思い起こさせるが、この話の場合、逆さになっている理由はその名前にある。「僧文是」を逆さに読むと「ぜんぶうそ」になり、話がまったくの作り話であることが分かる仕掛けになっているのだ。

「そうぶんぜ」と呼ばれる話にはさまざまなバリエーションがあるが、この名前が指すものは人名ではなく寺であることも多い。

また先述した『呪いの都市伝説　カシマさんを追う』ではカシマさんを追い払う際の呪文が「そうぶんぜ」になっている話も載せられている。

祖霊［それい］

先祖の霊を表す言葉。『日本民俗大辞典』によれば、清められた先祖の霊魂である「みたま」をいい、個人の死者を表すのではなく、子孫の供養を受けてカミとなり、祖先の一般集団霊となった、没個性化した集合的な霊を指して使われるのだという。

祖先の霊を表す言葉としては、古くは平安時代に先霊が使われているが、祖霊は比較的最近使われるようになった語句らしく、大本敬久『魂祭の歴史と民俗』（『国立歴史民俗博物館研究報告　第191集』収録）によれば、「民俗語彙から派生した語彙ではなく、柳田國男以降の民俗学研究において創出した学術用語」であるという。そしてこの祖霊が最初に使われたのは昭和二一年（一九四六）に発表された柳田國男の『先祖の話』だが、大本氏は同論における『祖霊』の語彙の初出は『歳徳神の御姿』であり、「『是《これ》ほど数多く又利害の必ずしも一致しない家々の為に、ひとつひとつの庇護《ひご》支援を与え得る神といへば先祖の霊を外にしては、さう沢山あり得なかつたらうと思ふ。新たな死者に対する追慕の情が濃《こまや》かになり回向《えこう》追慕の作法が繁くなると共に、祖霊を神と祭ることが段々に不可能になつて来た』とあり、ここでは『祖霊』をある種、定義された用語や学術用語レベルとしてではなく単なる『先祖の霊』の略称として使っていると判断できる」と述べている。そして「柳田の文章を確認すると『みたま』の語彙を基礎として用いてさまざまな精霊を説明し、『祖霊』を一部分用いている。それを柳田の次世代の民俗学研究において『祖霊』が強調されていったといえるのではないだろうか」とも述べている。

このことから、祖霊は明治時代以降、民俗学等の学術の中で定着していった言葉と考えられる。

現在も祖霊信仰は息づいており、お盆や彼岸に祖先の霊を祀《まつ》る行事は全国で行われている。

ゾンビ［ぞんび］

なんらかの要因によって死体が動き出すもの。多くの場合、自我を失って食欲のみで動く存在として描かれ、これに噛《か》みつかれた人間は同じゾンビになる、痛覚がないため体の一部を欠損しても動き続け、息の根を止めるためには頭部を破壊するしかない、などの特徴が語られる。また、現代においては死体がなんらかの要因で動き出した場合、「ゾンビ」「ゾンビのよう」という形で呼ばれることが多く、死者の霊魂が現れる幽霊と対照的な使われ方をする。

　現代よく知られるゾンビの特徴は、ジョージ・A・ロメロ監督の映画『ナイト・オブ・ザ・リビングデッド』（一九六八年）をはじめとするリビングデッドシリーズに登場するゾンビが元になっている。

　第一作の『ナイト・オブ・ザ・リビングデッド』では突然出現した生ける屍《しかばね》たちによって翻弄される生者たちが描かれる。またこの作品では「ゾンビ」という名前は使われず、「グール」と呼ばれるが、第二作『ゾンビ』（ジョージ・A・ロメロ監督、一九七八年）は邦題がそのまま「ゾンビ」となっており、日本のみならず世界中のゾンビのイメージに多大な影響を与えた。

　同シリーズのゾンビの設定は大まかに書くと以下のようなものになる。ゾンビは死体が動き出すもので、生前の自我を失っており、人肉を求めて歩き回る。生きた人間を見つけると襲い掛かり、その肉を食らう。体の一部が欠損したり、腐敗していても問題なく動くことができるが、動きは緩慢で走ることはほとんどない。動きを止めるためには頭部を破壊する必要がある。頭部が残っている死体は時間が経過するとゾンビと化す。一方、死体がゾンビ化する理由については明らかにされていない。

　先述のように、同シリーズではゾンビ化する死体は頭部が残っていることが条件であるため、例えば土葬された死体などもゾンビとして蘇《よみがえ》り、土の中から現れる。そのため、ゾンビに噛まれた者がゾンビになる、という吸血鬼のような特性はない。しかしゾンビに噛まれれば人は死ぬため、作中ではゾンビに噛まれた後にゾンビになる描写がいくつも見られる。これがゾンビに噛まれた者はゾンビになる、というイメージの形成に繋《つな》がる要因のひとつとなったのだろう。

　もともとゾンビはブードゥー教に伝わる存在で、呪術によって犯罪者の遺体を蘇らせ、生前の罪を償わせるために働かせるというものと考えられていた。映画でもリビングデッドシリーズ以前は初のゾンビ映画である『恐怖城　ホワイト・ゾンビ』（ヴィクター・ハルペリン監督、一九三二年）をはじめとして、ゾンビは呪術者によって使役される意思のない死体として描かれていた。しかし現在の日本におけるゾンビはロメロゾンビのイメージがほとんどだろう。

　国産のゾンビといえばカプコンが平成八年（一九九六）に発売したテレビゲーム『バイオハザード』がまず思い浮かぶ。この作品におけるゾンビはT－ウィルスという人工的に開発されたウィルスに感染した人間とされ、ロメロのゾンビのように緩慢に動き、人肉を求める。感染者の体液が体内に入ることで感染し、噛まれたり爪で引っ掻かれるなどすると同じようにゾンビ化してしまう。このT－ウィルスは人間以外の動植物にも感染し、さまざまな怪物に変貌させた。また同シリーズにはT－ウィルス以外にもさまざまなウィルスが登場する。このゲームは国内外で大ヒットとなり、現在も続くシリーズとなっている。

文芸の世界でも平成元年（一九八九）に刊行された小説、山口雅也著『生ける屍の死』をはじめ、さまざまな作品でゾンビが取り上げられている。また漫画作品でも平成一〇年（一九九八）には死体をゾンビとして蘇らせる力を持つ女子高生・姫園れい子を主人公とした三家本礼《みかもとれい》の漫画『ゾンビ屋れい子』の連載が始まり、平成二二年（二〇一〇）にはゾンビとなった少女・散華礼《さんかれ》弥《あ》がヒロインとなるはっとりみつるの漫画『さんかれあ』の連載が開始している。ちなみに「さんかれあ」という名前はルチオ・フルチのゾンビ映画『サンゲリア』に由来している。

このように日本の創作の中でも活躍しているゾンビだが、学校の怪談などにもたまに登場する。例えば常光徹編著『みんなの学校の怪談　赤本』には次のような話が載っている。ある学校の体育館にリンゴが落ちていたため、ひとりの少女がそれを拾った。すると翌日も翌々日も落ちていて、しかも拾うたびに増えていく。そこである日拾わないでいると、「拾え、拾え」と後ろから声が聞こえ、見るとゾンビがいてリンゴを落としていた（拙著『日本現代怪異事典』にリンゴゾンビの名で収録）。

日本民話の会 学校の怪談編集委員会編『学校の怪談12』には、長野県南安雲郡（現・安曇野市と松本市の一部）からの投稿として、学校の体育館の下に墓地があり、そこから死体が一体ずつ出てくるというゾンビ映画のワンシーンのような話が載せられている。

フジテレビ「いきなりフライデーナイト」編『いきなり怖い話』には、中学三年生の少女が寝ていた際、息苦しさから目を覚ますと、ゾンビ映画に出てくるような五人の人間がいた、という話が載せられている。

ゾンビ看護師［ぞんびかんごし］

全国的に語られる都市伝説に登場する幽霊、もしくは生ける屍《しかばね》。例として近藤雅樹他編著『魔女の伝言板』にあるものを記す。

広島県のある高校で、ひとりの少女が教室に忘れ物をして、夜、学校に取りに行った。教室に入ると廊下の方から車いすを押す音が聞こえてきたため、少女は急いでドアを開け、車いすの音が去って行った方向とは逆の方向に走った。しかしいつも階段があるところに階段がなく、そのまままずっと走るとトイレがあったため、一番奥の個室に入った。隠れていると、次第に車いすの音が近づいて来て、トイレの前で止まった。そしてトイレの中に入って来たかと思うと、個室をひとつずつノックしている。その音は次第に近づいて来て、少女が次は自分の番だと思った時、ノックの音は途絶えた。ほっとした少女が上を見ると、そこには自分を見下ろす看護師の顔があった。

この高校はもともと病院であったが、原爆でなくなったため、看護師の幽霊が出るのだという。

　原文では看護師は看護婦となっている。学校の怪談として語られることが多い話で、その正体は語られないまま車いすや台車を押す顔色の悪い看護師が現れ、トイレに隠れた人間を探し、ドアをノックしていく。そして自分のドアがノックされず、安心していたところ、上を見るとドアと天井の隙間から看護師が覗いていた、と語られることが多い。そのため、先述したように看護師の幽霊であると断言される話は珍しい。

　また、学校の場合は元が病院だった、と語られることが多いが、廃病院が舞台になる場合もある。

　この怪談については別冊宝島『現代怪奇解体新書』にて小池壮彦氏が詳しく考察しており、それによればこの怪異が最初に文献で語られたものは昭和五〇年（一九七五）刊の平野威馬雄著『お化けの住所録』で、「手押し車を押す看護婦の幽霊」という話で載っているが、これはもともと埼玉県上福岡市立第一中学校で起きた幽霊騒動が元ネタだという。この騒動では、戦時中の兵器工場の跡地に建てられた第一中学校のトイレに白い幽霊が出るという噂《うわさ》が発生しており、それが看護婦の幽霊の噂に化けたのだとされる。ただし『お化けの住所録』ではただ看護婦の幽霊が出るというのみで生徒を追い掛ける展開はなく、七〇年代に子どもたちが尾ひれを付けてこの怪談を語っていく過程で、今の形になったのではないかと考察している。

【た】

田中君［たなかくん］

夢に現れる死者。渡辺節子・岩倉千春編著『夢で田中にふりむくな』にあるもの。それによれば、ある日、田中という名前の高校生が友人三人とそれぞれの彼女とともにツーリングに出かけた。行先は群馬県の赤城山で、田中のバイクは最後尾にいた。しかし、先頭を走っていた人間が田中のバイクがついて来ていないことにふと気が付く。事故にでも遭ったのかと戻ってみたが、その形跡は見当たらない。結局、それ以来田中は行方不明となり、その恋人は数日後に戻って来たものの何も覚えていなかった。

　そして田中の恋人が戻って来た夜、田中

と一緒にツーリングに出かけていたひとりがこんな夢を見た。夢の中でバイクの側に立っていると、肩をポンポンと叩かれ、振り返ると顔も体も右半分がぐちゃぐちゃになった田中の姿があった。その後、田中の夢を見た友人はバイク事故で死亡。その死体は顔の半分がぐちゃぐちゃになっていたという。その友人の葬式の晩、今度は同じツーリングのメンバーだった女子が田中の夢を見た。そして同じように夢で田中に肩を叩かれて振り返り、後日彼女もまた事故で顔に一生残る大怪我をしてしまう。この田中の夢の噂《うわさ》はたちまち彼が通っていた高校内で広まり、今でもその学校に通う生徒たちの間では「夢で田中にふりむくな」と伝えられているという。

ネット上では「田中君」の名前で紹介されることが多く、この話を聞いてしまうと数日以内に田中君が現れ、肩を叩かれて振り返ってしまうと数日のうちに事故に遭う、もしくは死んでしまうとされ、これを回避するためには肩を叩かれても無視しなければならないといった話が続く場合が多い。

田中さん［たなかさん］

鏡から現れる幽霊。池田香代子他編著『走るお婆さん』にあるもの。それによれば、夜の一二時ちょうどに鏡を見ると「田中さん」という幽霊が鏡の中から出てきて、鏡の中に連れて行かれ、跡形もなく消えてしまう。また、これを助けようとするとその人間も道連れにされるのだという。

なぜ幽霊なのか、なぜ田中という名前なのかといったことは明らかにされていない。よく似た名前に**田中君**という幽霊がいるが、こちらはバイク事故で死んだ少年の幽霊とされる。

太郎くん［たろうくん］

学校の怪談で語られる幽霊。主に男子トイレに現れるとされ、女子トイレに現れる**トイレの花子さん**と対になることが多い。花子さんとの関係はさまざまで、ボーイフレンドだったり、兄や弟だったり、友達だったりなどする。

花子さん研究会編『トイレの花子さん』においては、ある学校の男子トイレと女性トイレがひとつになったトイレにて、男子トイレ側の三番目の便器の前に三〇秒以上立っていると便器から血が流れて来る。これはかつて上級生にいじめられてトイレで自殺した太郎くんという少年の血だという噂《うわさ》があったという話が記されている。またこのトイレの女子トイレ側には太郎くんの妹で、トイレに閉じ込められて死んでしまった花子さんも出ると語られている。

フジテレビ出版『木曜の怪談　紫の鏡』では、花子さんは良いお化けだが太郎くんは悪いお化けで、「太郎くんあそぼ」と言いながら男子トイレの左から一番目の個室に入ると、太郎くんが現れてあの世へ連れて行かれてしまうという話が載る。日本民話の会 学校の怪談編集委員会編『学校の怪談11』では、埋められた井戸で雨の日になると花子さんと太郎くんが会っているという話が載せられている。

　太郎くんの話が単独で語られる場合もあり、常光徹著『学校の怪談9』には茨城県からの投稿として、ある小学校の二階の男子トイレの三番目を三回叩き、「太郎くん」と呼ぶと青い帽子を被った少年が戸の上に座っているとの話を紹介している。これを見て逃げると捕まってどこかに連れ去られるが、逆に太郎くんを追いかけると助かるという。常光徹編著『みんなの学校の怪談 赤本』には太郎くんが「野球をして遊ぼう」と誘ってくる話が載る。

　日本民話の会 学校の怪談編集委員会編『学校の怪談6』においては夜九時になると脳みそを食らう太郎くんが現れるという話が載る。他にも常光徹著『学校の怪談「A」』においては「一本足のたろうくん」という怪異が紹介されている。この怪異は男子トイレの右から二番目を四回ノックしてドアを開けると出現するとされ、「足、何本ありますか」と尋ねてくる。これに「一本」と答えると便器の中に引き摺《ず》り込まれ、「二本」と答えると片足を奪われ、「三本」と答えると消えてしまうという。

近づいてくる亡夫 ［ちかづいてくるぼうふ］

　電話をかけてくる死者。フジテレビ「いきなりフライデーナイト」編『いきなり怖い話』にあるもの。それによれば、ひとりの女性が夫を亡くした。ある日のこと、その女性が寝ていると、真夜中に電話がかかってきた。受話器を取ると、死んだはずの夫の声で「今、家の近くの公園にいるんだ」と言って電話を切ってしまった。次の夜、また真夜中にどこからか電話がかかってきた。今度もやはり死んだ夫の声で「今、家の前の公衆電話にいるんだ」と言う。

　女性は誰かのいたずら電話だろうと考えていたが、次の夜も電話がかかってきた。

「今、玄関の前にいる」

　女性は急いで玄関の戸を開けてみたが、そこには誰もいなかった。

　そして次の夜、やはり電話が鳴った。妻がいつものように受話器を取ると、夫の声が響いた。

「今、お前のうしろにいる！」

　メリーさんに代表される電話をかけながら次第に近づいて来る死者の話だが、『いきなり怖い話』が昭和六三年（一九八八）発行のため、現在筆者が見つけた中ではもっとも古い事例。ただし、同書でも相手に語って驚かせる話として載っているため、この時代にはすでにこの手の怪談は定番だった可能性がある。

地下で鐘つく死者の群れ ［ちかでかねつくししゃのむれ］

　東京都中野区にある中野ブロードウェイにまつわる怪談のひとつ。渡辺浩弐著『中野ブロードウェイ怪談』によれば、中野ブロードウェイの地下五〇メートルには秘密の寺院が存在し、そこでは夜ごとに死者が鐘をついているのだという。

　同書によれば、これは都市伝説のひとつ

で、中野ブロードウェイの地下では実際に鐘をつくような音が聞こえるが、その正体は地下に無数に生息するズムシではないかと推測されている。

チクワエカリ［ちくわえかり］

　アイヌ語で脳卒中の発作で倒れること。知里真志保著『分類アイヌ語辞典　人間編』にあるもの。意味は「チ（我々が）」＋「クワ（杖《つえ》）」＋「エカリ（に当たる）」で「我々が杖に当たる」という意味になる。アイヌでは目に見えぬ死人がつく杖に当たった時、脳卒中を起こすと考えられていた。更科源蔵著『アイヌの民俗（下）』によれば、アイヌの文化においては墓標のことを杖（クワ）と呼ぶ、とあることから、死人の杖とはこの墓標を指しているのかもしれない。

　他にも脳卒中で半身不随になることは「ライカムイカル（死者の霊にぶつかる）」「ライカムイオシコニ（死者の霊に追いつく）」などと表現されており、脳卒中を起こすことは死霊の仕業《しわざ》だと考えられていたらしい。

中古車の怪［ちゅうこしゃのかい］

　事故車が怪異をなすもの。池田香代子他編著『ピアスの白い糸』にある。それによれば、群馬県のある中古車販売店に白いソアラが五万円という安値で売られていた。しかしその車は乗ると必ず事故を起こし、首を失うといういわくつきの車なのだという。その理由は次のようにいわれている。かつてこの白いソアラは暴走族の持ち物で、その暴走族が警察に追いかけられて逃げた時、仲間が窓から体を乗り出していて、看板に頭をぶつけて首が取れてしまった。以来、この車を運転すると頭を切断する事故に遭うようになったのだとされる。

　中古車が怪異をなす話は車種がソアラと指定されている話が多く、同書には他にも九万円のソアラが群馬県の中古車センターで売っているという話が載せられている。それによれば、このソアラの前の持ち主が彼女とドライブしていた際、細い道でたまたま彼女が窓から首を出していたところ、何かにぶつかって首が取れてしまった。以来、夜にそのソアラを運転すると、窓に血だらけの女性の首が映るようになった、という話が載せられている。

　他にも異常な安さで売られている中古の高級車を買ったところ、その新たな持ち主が事故を起こして死亡。自動車はなぜか無傷で、再び中古車販売店に戻って来る。その自動車は再び激安で売られ、また犠牲者を出して中古車販売店に戻って来るという話もある。近代の**へっつい幽霊**のように中古品が何度も戻ってくる話だが、こちらはそのたびに人死にが出るので質《たち》が悪い。

中古船の怪［ちゅうこせんのかい］

　船にまつわる怪異譚《たん》。松谷みよ子著『現代民話考3』にあるもので、事件や事故の現場となった中古船に死者が出現する話が複数掲載されている。

例えば香川県のある人物から聞いた話としては、香川県の島から九州の方へ漁に行ったうたせ（帆で走る船）が、釣り船とぶつかって転覆させてしまった。釣り船に乗っていた人々はうたせに助けを求めたが、後で面倒なことになると思い、船頭はすがってきた釣り人の指を鉈《なた》で切断し、海に落として見捨てた。

その後、船頭はその船で漁をする気がしなくなり、船を売ってしまったが、新しい持ち主がそのうたせで漁に行って、あの事故が起きた場所へ差し掛かった。すると舳《へ》先《さき》からずぶ濡れの男が船に乗ってきて、さぶた（ハッチ）をひとつひとつ開けながら「船は一緒でも船頭が違う」と言って、海へと戻って行った。

あの事故のことは元の船頭が酔って語るなどして噂《うわさ》になっていたため、亡霊が出た、ということになって、その船は取り壊されたが、その舟板を使った家が火事で丸焼けになるという事件が発生した。また、釣り人の指を切った船頭はその後警察に捕まったという。

この他にも同書では以下のような話が載っている。殺人事件の現場となった船が売りに出され、ある海運会社の物となった。それからその船の番人に雇われた男がある時、船の部品を売り飛ばそうとして捕まった。その男は毎晩のように若い船員の幽霊が出るので恐ろしくて堪らず、酒を飲んでまぎらわせていたが、給料だけでは酒代がとても足りずに船の部品を売っていたのだという。

チンジンサン［ちんじんさん］

死者を神として祀《まつ》るもの。昭和二四年（一九四九）発行の『民間伝承』一三巻二号（通巻一三〇号）に収録された樫山茂樹著の「タイラの結合―熊野岩田村岡の字組織―」にある。それによれば、和歌山県西牟《にしむ》婁《ろ》郡岩田村（現・上富田町）に伝わっていた屋敷神で、変死した人の霊や牛馬の死霊を祀ったものだという。

つなひきに出場した幽霊［つなひきにしゅつじょうしたゆうれい］

生きた人間に紛れ込む幽霊。マイバースデイ編集部編『わたしのまわりの怪奇現象１０００』にあるもの。それによれば、ある学校の体育祭でクラス対抗のつなひきがあったが、ひとつのクラスの出場者の人数だけ何度数えても合わなかった。ふと気が付くと、別のクラスの集まりの中にひとり見慣れない男子生徒がおり、それが煙のように消えてしまった。どうやら人数が合わなかったのは、その男子生徒の幽霊が現れたり消えたりしていたためだったという。

つぼ姫さま［つぼひめさま］

トイレに現れる死者。松谷みよ子著『現代民話考7』にあるもの。それによれば、和歌山県田辺市の田辺第三小学校に伝わる話で、この学校の校舎がある場所は、かつて田辺の城があった場所だったが、ある時城の姫が殺され、壺《つぼ》に入れられて埋められてしまった。その理由は家来に裏切られた、父親に殺された、姉に殺されたなどとさまざまに伝わるが、そのつぼ姫さまが埋められた場所が小学校の便所の、ある個室の下だということは共通している。そのためかその個室に入ると祟りを受ける、下から手が出てくる、「助けて」と声がするなどという。

山岸和彦他編『怪異！　学校の七不思議』には宮城県のある小学校に伝わるものとして、その学校に残された木造校舎の汲み取り式の女子トイレで、手前から四番目の個室につぼ姫さまが出現するという話が載る。このつぼ姫さまはトイレに入った人間を便器に引き摺《ず》り込む、七度呼びかけると返事をする、ノックして「遊びましょ」と言うと深夜遊びに来るなどと噂《うわさ》されていたようだが、名前の由来は不明である。

テケテケ［てけてけ］

主に学校の怪談に語られる化物。上半身だけの人間の姿をしており、人間を見つけると肘を使って高速で走り、追いかけて来る。その際に「テケテケ」という奇妙な音がするため、この名で呼ばれる。もしテケテケに追いつかれると、殺されるなどという。

テケテケの他にパタパタ、トコトコ、テクテクなど、この類の上半身だけの姿で現れる化物を指す名前は多い。これらの追いかけて来る上半身の怪は、大別して元からそういう姿をした正体不明の化け物と、事故等で下半身を失った人間が死後に現れるものの二パターンがある。本項目ではテケテケを代表例として、**カシマさん**、**さっちゃん**を除く上半身だけで現れる存在全般を扱う。

松山ひろし著『カシマさんを追う』によれば、テケテケは沖縄県が発祥の地になっている可能性が高く、実際に同氏が運営していたＷＥＢサイト「現代奇談」に投稿された、昭和五五年（一九八〇）に沖縄県で語られていたという以下のような話が紹介されている。それによれば、公園で遊んでいると、近くに駐車している車の屋根に頬《ほお》杖《づえ》をついて、こちらを見ている少年がいる。その少年をしばらく見ていると、上半身だけ出て「テケテケ～」っと近づいて来る。怖くなってしゃがみ込むといなくなる。この少年は「テケテケェ～」「テクテクゥ～」「シャカシャカァ～」と呼ばれていたが、これは沖縄方言特有のイントネーションだったという。

また、池田香代子他編著『ピアスの白い糸』では、日本民話の会　学校の怪談編集委員会編『学校の怪談13』を参考に「テケテケ」の名がつけられた上半身は、はじめは沖縄にきわめて多く見られた、と記されており、最初期のテケテケは沖縄県で発生したものと考えられる。ただし『学校の怪談13』には「テケテケ」という名前がついていない上半身の化け物についても多く投稿されており、鹿児島県からの投稿として「パタパタさん」、滋賀県からの投稿として「コトコトさん」、神奈川県からの投稿として「カタカタ」などが掲載されている。

　こういった上半身だけの化け物は正体が語られず、ただそういう姿をしているものとして登場することが多い。つまりその背景に人間の死者がおらず、最初からそういう姿をしたお化け、という語られ方をする。

　これは学校外の怪談にも見られ、例えば先述の『ピアスの白い糸』では「サクサクー」という名で、スキー場の穴に落ちている女性を助けたところ、その女性には下半身がなく、笑いながら上半身をばたつかせて助けた人間を追いかけた、という話が載るが、この女性がなんらかの事故によって下半身を失った、などの話は語られない。また宮城県の観音橋という場所に午後四時三〇分に「パタパタ」が出るが、これに見つかると下半身を切り取られ、パタパタの仲間にされてしまう。パタパタは鎌を持っており、体の一部に腐っているところがあり、パタパタと音を立てて歩く、という話も載せられているが、こちらも死んだ人間がパタパタになる、というより人間をパタパタに変えてしまう、というニュアンスが強い。

　また学校の怪談では、空中を飛ぶ上半身の怪が語られる場合もあるが、こちらはテケテケやパタパタといった名前が語られることは少ない。これらの名前は肘や体が地面に着いた時に立てる音に由来するからだろう。

　ASIOS・廣田龍平編『謎解き「都市伝説」』によれば、平成元年（一九八九）のマイバースデイ編集部編『わたしは幽霊を見た！』で「テケテケ」が紹介されており、これが文献上確認できる最古の例だという。

　日本民話の会　学校の怪談編集委員会編『学校の怪談大事典』では、噛《か》み付かれるとその部分が腐る、テケテケ笑って、テクテク歩くといった話が載り、また回避方法として地面に伏せる、足を隠すなどの方法が記されている。不思議な世界を考える会編『怪異百物語1』においては、旧校舎に出現する斧《おの》を持って「テケテケ」と口で言いながら追いかけて来る上半身だけのおじさんの姿をした怪異が載る他、同シリーズの『怪異百物語2』には「私の名前、知ってる?」と問い、それに「知らない」と答えると「えー、わたしテケテケさんだよー」と名乗る胸から上だけの姿をした怪異が記されている。

　次に人間の死者と上半身の怪が結び付けられているパターンを記す。有名なのは踏切事故と組み合わされるもので、基本的に舞台は冬の北海道となる。

　内容はなんらかの理由で急いでいる女子高生が遮断機の下りている踏切を渡ろうとして列車に轢《ひ》かれ、上半身と下半身の間で体が切断される。列車の運転手が様子を見に来ると、上半身が動き、助けを求めて這《は》って来る、というもの。その後、運転手は上半身から逃げるために電柱に登って凍死しており、その背中に女子高生の上半身がしがみついていた、と語られる場合もある。

ここから派生したと思われるのが上半身の怪に繋《つな》がるパターンで、鉄道事故で体が二分されて死亡した人間がその後、幽霊となって現れる、と語られるものや、先ほどの踏切事故伝説の最後の部分で運転手は死んでいるが、女子高生の上半身が消えていた、とされるものなどがある。この場合は失った足を求めて出現すると語られる場合が多く、同じく足を欠損した幽霊・カシマさんのように話を聞いた人間のもとに現れる、というチェーンメールのような性質を持つ場合も多い。

先述した『謎解き「都市伝説」』によれば、この事故で下半身を欠損した存在が鉄道事故と組み合わされたものでもっとも古い例は、雑誌「ポップティーン」平成元年（一九八九）一一月号に掲載された「パタパタおばけ」と呼ばれるもので、北海道からの投稿とされ、線路で撥《は》ねられ、下半身がなくなって死んだ子どもの霊が、夜になると手で走って車を追いかけて来る、という話だったという。また「週刊少年ジャンプ」で連載されていた真倉翔原作・岡野剛作画の漫画『地獄先生ぬ～べ～』第一七話「てけてけの怪の巻」（平成六年（一九九四）掲載）でも踏切事故伝説とテケテケが組み合わされている。ただし、この話は「てけてけ」の生前の名前が「K・R」である、話を聞くと三日以内に現れ、「足、いるか」と尋ねるなど、カシマさん（K・Rはカシマさんのフルネームとしてよく使われるカシマレイコに由来する）との組み合わせも見られるため、踏切事故伝説、てけてけ、カシマさんの三つの要素が取り入れられている。テケテケとカシマさんの混同が進んだのも、この漫画の影響があったのかもしれない。ちなみにこの一九九四年はさっちゃんが手足を斬り落とす存在として『学校のコワイうわさ　花子さんがきた!!』の書籍、アニメに登場した年でもある。

他にも鉄道事故が関わるものとしては、渡辺節子・岩倉千春編著『夢で田中にふりむくな』に「コツコツばばあは曲がれない」として、深夜の踏切事故によって胸から下の部分から真っ二つにされ死亡した老婆がおり、夜にその踏切を通ると「コツ、コツ」という音とともに胸から下がない老婆が追いかけてくるという。この老婆は非常に速い速度で走ることができるものの、直角に曲がれないため、追いかけられた場合には思い切って直角に曲がればよい、とも書かれている。

電車幽霊 ［でんしゃゆうれい］

電車に乗り込んでくる幽霊。松谷みよ子著『現代民話考3』にあるもの。それによれば、岡山県で赤穂線が開通した昭和三六年（一九六一）からしばらく経った頃のこと。この路線を利用していたある男性が、同じ車両に美しい娘が乗っていることに気が付いた。彼女はいつも同じ車両の出入り口近くの同じ場所に座っているが、どこで降りるのだろうと気を付けていてもいつも知らぬうちに消えてしまう。そんなことが続くため、ある日彼女が座っていた席を見てみると、その場所がぐっしょりと濡れていたという。

それから娘が姿を消したのは赤穂線の工事の際に壊された無縁墓のあったところだと分かり、その墓は娘のものだったために化けて出たのだと語られていたそうだ。

いつの間にか乗っていた乗客が消え、その跡が濡れている、という展開は**タクシー幽霊**（近代）と同じ。同書には東京都の市電に現れた老婆の幽霊についても記されている（詳細は**赤電車の幽霊**を参照）。

天井から降る顔［てんじょうからふるかお］

戦死者が起こしたと考えられる怪異。マイバースデイ編集部編『わたしのまわりの怪奇現象１０００』にある。それによれば、ある学校の演劇部が体育館で練習をしていた際のこと。夜になってある部員が何気なく天井を見上げていると、無数の顔がぼうっと白く浮かんでいて、恨めし気に部員たちを見つめていた。そしてその顔の群れが一斉に落ちて来て、部員たちの体に当たると砕けて飛び散った。その際にはひんやりとした感覚があったという。

この体育館がある場所は、かつて戦争で亡くなった人のために作られた慰霊墓地だったということだ。

トイレの花子さん［といれのはなこさん］

学校の怪談に語られる幽霊。学校の三階の女子トイレ、その三番目のドアを三回ノックし、「花子さん、遊びましょう」と言うと「は～い」という少女の声がする。これは花子さんという名前の幽霊のもので、「何して遊ぶ?」という問いかけをしてくるが、これに対しておままごとと答えると包丁で突き刺され、首絞めごっこと答えると首を絞められる、などという。

三番目の花子さん、三丁目の花子さんといった名前で語られることもある。また男子トイレを舞台として語られる場合は**太郎くん**という男児の幽霊とされるパターンがある。

花子さんは声だけが聞こえる場合と姿を現す場合があるが、後者の場合は赤いスカートをはいたおかっぱの少女の幽霊、赤い着物を着た少女の霊とされる話が多い。

また現れるトイレは三階や奥から三番目の個室といった三にまつわる場所が多いが、それ以外の場所にも現れる話もある。またノックの回数も三が多いが、一回から一〇〇回を超えるものまでさまざまだ。そして花子さんを呼び出すと「は～い」と返事が聞こえるだけのもの、というのが基本だが、「何して遊ぶ?」と問い掛けられるパターンも有名で、先述したようにその回答によりさまざまな怪現象が起きる。また「水泳しましょ」と言うとトイレの中に吸い込まれてお化けにされる、「バカ」と言うと時速一〇〇〇キロで走って来て腕を食われる（日本民話の会 学校の怪談編集委員会編『学校の怪談６』）、体育館で花子さんを呼び出すとボールが飛んで来てドッジボールになるが、ボールに当たると死亡する（日本民話の会 学校の怪談編集委員会編『学校の怪談11』）などの例もある。

他にもトイレの換気扇が勝手に動く、電気が勝手に消える、トイレの水が勝手に流れるなどトイレ内の設備に影響を及ぼす話もある。

花子さんが幽霊となった経緯にも諸説あり、その過去として語られることが多いのは戦争の空襲でトイレに逃げ込み、そのまま空襲の犠牲となって焼死してしまった、変質者に追いかけられてトイレに逃げ込んだが、けっきょくそこで殺されてしまった、親から虐待を受けていて学校のトイレまで逃げて来たが、そこで親に殺されてしまったといった話である。その他にも太郎さんという少年に振られたショックでトイレで自殺したためだという話（近藤雅樹他編著『魔女の伝言板』）、生前、太郎くんという男子とサッカーをしていた際、学校のトイレへ飛んで行ったボールを取りに行ってそこにいた不審者に殺された、さらに様子を見に行った太郎くんも殺され、それからそのトイレに二人の霊が出現するようになった（久保孝夫編『女子高生が語る不思議な話』、『学校の怪談11』）、学校の図書室の窓から落ちて死亡した、学校の女子トイレの三番目で死んだ（常光徹著『学校の怪談4』）、腹痛でトイレに駆け込んでいた花子という少女が学校の火事に巻き込まれ、逃げ遅れて死亡した、花子さんと太郎くんがかくれんぼをしていて、花子さんがトイレの三番目に隠れた際に空襲で爆弾が落ち、死んでしまったというものもある。他にも、学校のトイレの二番目に入り、バナナの皮を踏んでしまって頭を打ち、亡くなった（常光徹編著『みんなの学校の怪談　赤本』）、校舎の屋上から飛び降り自殺した花子さんという少女の霊が、飛び降りたところにあった一階の女子トイレに棲み着いた、ある学校ができる以前に三歳の少女が殺されてバラバラにされる事件があり、その死体が埋められた場所の真上にトイレが建てられたため、そこに体がバラバラになった花子さんの霊が出る（花子さん研究会編『トイレの花子さん』）、かつていじめられて自殺した少女の霊で、そのいじめの際に顔が醜いと言われ何度も顔を洗わされていたため、死後も飛び降り自殺により顔が潰《つぶ》れた状態でトイレの洗面台の前に現れ、そこにやって来た生徒を同じく醜くするためにトイレの窓から突き落とそうとする（花子さん研究会編『トイレの花子さん2』）、トイレに閉じ込められた少女がドアをこじ開けようとして手を真っ赤な血に染めて死亡した、昔の汲み取り式トイレで便器の中に落ちてしまった花子という名前の少女の霊が「あそぼうよ〜」と声を出すようになった、太郎くんと花子さんがいじめられてトイレに閉じ込められ、二人は落ちていたマッチを使って自殺し、その怨霊がいまだトイレに居ついている（フジテレビ出版『木曜の怪談　紫の鏡』）などというものがある。

その歴史は古く、松谷みよ子著『現代民話考7』では、昭和二三年（一九四八）に岩手県黒沢尻町（現・北上市中心部）で体育館の便所の奥から三番目に入ると「三番目の花子さん」と呼びかけられ、下から白い手が出てきたという話があったという。ただこれは呼びかけられるのはトイレに入った人間となっているため、現在語られる花子さんの話とは立場が逆である。また日本民話の会 学校の怪談編集委員会編『学校の怪談大事典』によれば、同じく昭和二三年にはすでに「花子さん」と呼ぶと「はーい」と返事が返ってくるパターンの話が語られていたとされるが、これの出典となったものは見つからなかった。ASIOS・廣田龍平著『謎解き「都市伝説」』によれば、「トイレに花子さんが出る」という噂《うわさ》で、はっきりと年代が特定できるものは一九六〇年代後半からあり、七〇年代には噂が日本各地に点在しているという。また八〇年代になると、同時代の子どもの報告が子ども向けの雑誌に載るようになり、花子さんに関する投稿が頻繁に見られるようになったようだ。

　またそのフルネームが語られることもあり、常光徹著『学校の怪談4』には神奈川県の小学校において花子さんの出るトイレに一冊の本が置いてあり、そこに「一八七九年に長谷川花子誕生」と書かれていたという話が載せられている。

　一九九〇年代に入ると学校の怪談がブームになるが、その嚆矢《こうし》となった平成二年（一九九〇）刊行の常光徹著『学校の怪談』には、すでに複数の花子さんの話が掲載されている。また平成五年（一九九三）には花子さん研究会による『トイレの花子さん』シリーズの第一作が刊行した。さらに平成六年（一九九四）には森京詞姫著『学校のコワイうわさ　花子さんがきた!!』が刊行され、同年にはフジテレビ系の子ども番組『ポンキッキーズ』内で短編アニメとして放映。トイレの幽霊というだけでなく、他の怪異から子どもを助けてくれる幽霊という子どもの味方としての属性を確立する。『学校のコワイうわさ　花子さんがきた!!』の著者、森京詞姫は同書のあとがきで「花子さんというわさ話は、全国に広がっていて、いろんな花子さんがいますよね。この本に出てくる花子さんは、どちらかというと、こわいというイメージよりは、やさしいイメージの花子さんです。それは、本当は、お化けとか妖怪とかいわれるものたちの中には、昔、人間と仲良く暮らしていたものたちもいたんじゃないかと、思っているためです」と記している。

　このやさしい花子さんのイメージは同氏によって作られたものだが、子どもたちの間にはそれが広まっていったのだろう。平成八年（一九九六）発行の花子さん研究会編『トイレの花子さん5』においては、花子さんはいじめられっ子を守り、いじめっ子を襲うという話が複数見られる。その中で彼女は「ワルをやっつける超パワーおばけ」などとも呼ばれている。平成一〇年（一九九八）に発行された同シリーズの『帰ってきたトイレの花子さん』では、他の先生たちにいじめられている女性教師の味方となり、いじめを行っていた先生たちをこらしめる話や、いじめられている少女の味方となり、次にその子をいじめたら呪ってやるといじめっ子たちに告げる花子さんの話などが載っている。

花子さんに関する話では、呼び出す方法が多いが、遭遇した際の対処法や弱点も多数伝わっている。牛乳が苦手、一定の回数「ごめんなさい」と謝るといったものが多いが、他にも一二という数字が嫌い、白い色が苦手（常光徹著『学校の怪談8』）、「りん、きゃく、とう、しゅう」と二回唱えると消える（『学校の怪談6』）、「黄色、黄色」と唱えると出てこない、三度回り「はーなこさん」と呼び手を叩くと出ない（『学校の怪談11』）、一〇〇点の答案用紙を見せると「おどろきモモの木パパイヤー」などと言って退散する。逆に〇点の答案用紙を見せると「一緒に遊ぼう」と言って来たり、「うぉーほほほほ」と言いながら追いかけて来る（『みんなの学校の怪談　赤本』）などという話も伝わる。

花子さんに家族がいるという話も多く、『トイレの花子さん2』では母親とともに現れる話が載り、常光徹著『学校の怪談5』には男子トイレに花子さんのお爺《じい》さんがいるという話や、妹のゆう子さんがいるという話が載る。常光徹著『新・学校の怪談5』には花子さんのお父さんが出現する話があり、ポプラ社編集部編『映画「学校の怪談」によせられたこわ～いうわさ』には花子さんのお婆さんの話が載せられている。

飛ぶ女 ［とぶおんな］

空に現れる死者。日本民話の会 学校の怪談編集委員会編『学校の怪談大事典』にあるもの。それによれば、飛んでいる飛行機の窓から機内を覗き込む女の怪。あるスチュワーデスがその女を見ると、それは過去に飛行機事故で亡くなった同僚のスチュワーデスだったという。

今野圓輔《えんすけ》著『日本怪談集　幽霊編』には、昭和三六年（一九六一）発行の週刊「女性自身」に載っていた記事として、高度一万メートルの上空でスチュワーデスの格好をした女が丸窓にしがみつき、外から自分の名前を呼んでいることに気付いた機内のスチュワーデスがその女をよく見ると、それは殺人事件の犠牲となった同僚のスチュワーデスだったという話が載せられている。

他に類例としては、常光徹著『学校の怪談「D」』に、飛行機の窓の外から女がこちらを覗くという気味の悪い夢を見たため、三日後の旅行で搭乗する予定だった飛行機をキャンセルしたところ、その飛行機が墜落したという話が載る。これについては死者であるとは語られていない。

戸を倒す女 ［とをたおすおんな］

恨みのために現れる死者。松谷みよ子著『現代民話考5』にあるもの。それによれば、神奈川県横須賀市の稲荷谷戸《いなりやと》に、屋内にいっさい襖《ふすま》や障子などの仕切りがないという奇妙な家があった。

噂《うわさ》によれば、この家に住む若大婦の夫は、かつて許嫁《いいなずけ》を捨てて今の妻と一緒になった人物で、捨てられた許嫁はこれを恨み自殺した。以来、襖や障子を立てて夫婦が寝ていると、自殺した許嫁が戸をばっさりと倒し、恐ろしげな顔をしてその上にじっと覆い被さるようになった。これはどこに引っ越しても現れたため、その夫婦は寒中でも戸を立てられなくなったのだという。

ドンドン橋のガス［どんどんばしのがす］

死者が怪異をなすもの。空知地方史研究協議会著『空知の民話シリーズ第3集　空知のむかし話』にある。それによれば、北海道樺戸《かばと》郡新十津川町にあるドンドン橋は昔から霧がかかることで知られているが、この霧は「ドンドン橋のガス」と呼ばれている。この霧は亡霊の魂がさ迷うことによって生じるのだといわれている。

　また同書では、実際にこの土地に住む人が語った話として、大正の初めの頃、小豆売りの老人が小豆を売り上げた金を持ってこの辺りを歩いている時、貧しさからその小金欲しさに玉男という男が馬車の棒立で老人を叩き殺し、死体をドンドン橋まで持って来て、そこで氷の隙間に死体を放り込んだ、という事件があったことも語られている。ドンドン橋に霧がかかるのは、亡者がそのような人間の因業を見せないようにしているからだ、とも語られている。

【な】

中河原海岸水難事故の亡霊［なかがわらかいがんすいなんじこのぼうれい］

海に現れたとされる死者。松谷みよ子著『現代民話考5』にあるもの。それによれば、昭和三〇年（一九五五）七月二八日、三重県津市で橋北中学校の生徒たちが安濃《あのう》川《がわ》河口近くの海（通称・中河原海岸）で水泳訓練をしていたところ、女生徒たちが一斉に溺れ始めた。救助活動が行われたが、多くの女生徒が犠牲になった。

　この水難事故から生き残ったひとりが言うには、あの日溺れもがきながら、海中にもんぺをはき頭巾をぐっしょりと濡らした女性たちがたくさんおり、こっちへおいでと招いている光景を見たという。

　実はこの事件のちょうど一〇年前の昭和二〇年（一九四五）七月二八日、津市は五度目の空襲を受け、市街地のほとんどが壊滅した。その時、逃げ場を失った人々が津警察署の地下室に逃げ込んだが、この人々も蒸し焼きにされて死んでしまった。そして犠牲になった人々はこの安濃川の河口付近に葬られた。そのため、あの海に現れた亡霊は、空襲の犠牲になった人々だったのではないかと伝えられている。

　この話は橋北中学校水難事件や中河原海岸水難事故と呼ばれる水難事故にまつわる

怪談としてよく知られている。この他にも女生徒たちは頭巾にもんぺ姿の亡霊に足を摑《つか》まれ、溺れさせられた、という話もよく聞かれる。

今野圓輔《えんすけ》著『日本怪談集　幽霊編』では、週刊「女性自身」に昭和三八年（一九六三）に掲載された話としてこの亡霊の話を載せており、「防空頭巾の集団亡霊」と題している。これを受けてか、水木しげるは『決定版　日本妖怪大全　妖怪・あの世・神様』等の著作においてこの亡霊たちを「集団亡霊」と名付け、頭巾を被った亡霊たちが海で女生徒を襲う様子を描いている。

一方、この亡霊事件の真相を追求した後藤宏行著『死の海』では、この亡霊譚《たん》自体がマスメディアによって誇張・創作されたものであることを解き明かしている。

同書によれば、昭和三〇年当時、プール設備を備えた学校は少なく、河川や海で水泳の授業を行うことが普通だった。七月一八日から始まった水泳訓練は、同月二八日に最終日を迎える。そのためこの日はテストが行われる予定であり、四〇一名の生徒がテスト前の体慣らしとして男女に分かれて海に入っていた。天気は快晴、気温は三〇度を超え、波も穏やかで、絶好の海水浴日和であったという。

しかしそれからわずか数分後、突然約一〇〇名の女生徒が一斉に溺れ出した。叫び声に気付いた男子生徒や教師陣、地元の漁師などが救助に当たったが、最終的に三六名の命が奪われた。

この事件で生き残った生徒たちの証言によれば、溺れた理由は大波にさらわれたというものと、海底の流れに引き摺《ず》り込まれた、という二つのものがあった。またメディアや国会は、この事故の発生は教師たちの管理責任であるとし、教師たちの責任が追及された。

つまり事故当時においては、亡霊の存在は囁《ささや》かれてはいなかった。この海難事故の背景に死した女たちが現れるのは、約一年後、昭和三一年（一九五六）七月二九日の「伊勢新聞」の記事であったという。この記事では、事故から生き残った女生徒のひとりが、海の底からたくさんの女性たちが自分を引っ張りに来た、と証言したことと、また事故から一〇年前の同月同日、空襲によって津市中心部が壊滅し、その無縁仏が中河原海岸に埋められた、という話も記されている。

そして事故から八年後、先述したように「女性自身」に記事が掲載され、その際に生還者のひとり、梅川弘子氏の手記と題した記事が載せられた。この話の中で、頭にぐっしょりと濡れた防災頭巾を被り、もんぺをはいた女性たちが波間から近づいてきたという証言が載せられた。また、津市の警察署の地下室に逃れた人々が空襲で死んだ、という先述の話もここで登場する。そしてこの死体の一部は中河原海岸に埋められたとも記されている。

しかし『死の海』によれば、「女性自身」の記事以来、現在に至るまで、中河原海岸事故の亡霊の目撃者とされてきた梅川弘子氏（梅川は旧姓、現在は中西弘子氏。以下中西氏と表記）は、一度も亡霊を見たと証言していないという。中西氏はその後何度も書籍やテレビ等でこの事件について語っているが、そのつど亡霊を見た証言者、もしくは見ていない証言者という真逆の二つの立場で登場している。そして『死の海』の著者である後藤氏が改めて彼女に話を聞いたところ、本人は亡霊を目撃したと話したことはなく、「女性自身」に手記として掲載された記事も、実際には記者が中西氏の話を元に書いたもので、彼女の証言とは食い違うのだという。

つまり中河原海岸の亡霊たちは、メディアによって作り出された存在だったのだ。

殴る霊［なぐるれい］

物理的な攻撃を仕掛ける霊。不思議な世界を考える会編『怪異百物語3』にあるもの。それによれば、ある霊感の強い人が仲間と公園を通った時、木の下に幽霊が立っているのを見かけた。それを仲間に伝えたところ、そのうちのひとりがふざけて俺が殴ってやると言い出し、その木の下で闇雲に腕を振り回し始めた。見えないためなかなか当たらなかったが、霊感の強い人が「そこだよ」と言った瞬間、振り回した腕の一撃が霊に当たった。直後、霊がその男を殴り返し、気絶させてしまったという。

同シリーズ『怪異百物語7』では、霊感の強い少年が道を歩いていた際、後ろから幽霊に殴られたという体験談が載せられている。

他にも首を絞めてくる霊と幽体離脱によって肉弾戦に持ち込み、勝利する話もある（詳細は**幽体離脱に負けた霊**を参照）。

名越トンネルの老婆［なごえとんねるのろうば］

老婆の幽霊。松谷みよ子著『現代民話考3』にあるもの。それによれば、神奈川県鎌倉市の名越トンネルには、夜の一二時頃に老婆の幽霊が出現するという。この時間にトンネルを走り抜けようとすると老婆の幽霊も並走し、車窓に老婆の顔がへばりついたり、トンネルの上から血の雨が降ったりする。ただし、トンネルを出るとこの老婆は消えるという。

ぬれねずみのばあさん

漫画家の小野佐世男が幼少時に遭遇したという幽霊。小野佐世男著『猿々合戦』昭和二八年（一九五三）に収録された「幽霊」に記されているもの。かつて彼が家族とともに東京都の赤坂（現・港区赤坂）に引っ越した時のこと。その家は大きく立派だったが、酷《ひど》く家賃が安かった。ある日、小野は二階にある自分の部屋で寝ようとしていたが、どうしてか目がさえてまったく眠れなかった。その時、掛布団の足の先に動く気配を感じ、頭を持ち上げると、そこに水でも浴びたようにぐっしょりと濡れた老婆の生首があった。どす黒い口許から覗く白い歯が震え、何か蚊の鳴くような声が洩れている。顔面の皮膚は渋茶で、びっしょり雫《しずく》が垂れた髪が、一すじ、二すじ額に貼りついており、その垂れた髪の毛の間から、見開いた目が小野を睨《にら》みつけていたという。

小野は飛び起きて大声を上げようとしたが、喉はからからに乾き、身動きひとつできなかった。そうしていると老婆の首が小野の方に迫って来た。生首に見えたその首には体があり、着物がぴったりとまつわりついた、骨と皮さながらの上半身が見えたという。老婆は四つん這《ば》いの姿勢で小野の布団の上を這い上がってきて、その重みが布団を通して感じられた。老婆はそのまま小野の腹に乗り上がると、その細い指を小野の首に絡めてきた。さらに老婆の顔が目の前に迫り、その濡れ髪が小野の顔を覆い、氷のように冷たく、血を含んだ息がかかったという。さらに血走った老婆の眼球がぽたりと小野の顔に落ち、直後、崩れるように音を立てて老婆の顔が小野の上に被さってきた。その時やっと小野の体が動くようになり、飛び上がった小野は慌てて家族にこのことを報告した。すると、彼の姉も同じ目に遭っていたことが分かった。さらにその後、小野の父も二階で寝たところこの老婆と遭遇した。

近所の商人の語るところによると、この家はもともとあの老婆のもので、独り身の寂しさから甥《おい》っ子と二人暮らしを始めた。しかし甥は老婆の財産に目がくらみ、老婆を殺害してその死体を小さくへし折り、箱に詰めて台所にある井戸に沈めてしまった。この犯罪は六年間発覚しなかったが、七年目に、老婆を殺した甥と、彼と一緒になった女がおかしくなり、警察が調べたところ、白骨化した老婆の死体が見つかったという。その老婆の亡霊が小野たちのもとに現れていたのだ。

この「ぬれねずみのばあさん」は、この老婆に遭遇した小野の父がこの霊を指して呼んだ名前に拠《よ》る。

背後霊〔はいごれい〕

名前の通り人間の背後に取り憑《つ》いている霊とされることが多い。元は心霊主義、心霊科学で使われていた言葉で、板谷樹・宮沢虎雄著『霊魂の世界―心霊科学入門―』によれば、人間に憑いてその人間を護っている霊魂の総称で、**守護霊**や指導霊を含むという。

一方、現在一般的に使われる場合、悪意を持つ死者の霊が人に取り憑くものを背後霊と呼ぶことが多い。例えばマイバースデイ編集部編『わたしのまわりの怪奇現象1000』には、夜、ひとりで道を歩いている時、肩を叩かれたらそれは背後霊の仕業《しわざ》であり、右から振り向くと良いが、左から振り向くと命を吸い取られる、という話が載せられている。

ハカゼ ［はかぜ］

人に憑《つ》く霊。吉田禎吾著『日本の憑きもの』にあるもの。それによれば、高知県のある集落に伝わる存在で、非業の死を遂げた人の霊が山野をさ迷っているものなのだという。これに憑かれることを「ハカゼにうてる（当たる）」と言い、それが起きると急に寒気がしたり、高熱が出たりするのだと伝えられる。

またこの正体として**七人みさき**（近世）の話が語られる場合もある。その話によれば、昔、この地方で七人の武士が惨殺され、それが怨霊となって山野をさ迷い、ハカゼとなって人に憑くのだという。

袴くれ ［はかまくれ］

軍隊にまつわる怪異譚《たん》。松谷みよ子著『現代民話考2』にあるもの。それによれば、昭和一〇年（一九三五）頃、和歌山県において和歌山歩兵第六一連隊で衛兵を命じられた者は、夜間の巡察の際、一番離れた兵舎の便所を見回るのを恐れた。これはかつて袴を紛失した兵が上官に叱られるのを恐れ、この便所で首を吊り、その後便所の中から「袴くれ、袴くれ」という声が聞こえてくるようになったといわれていたからだという。

ハサナーマジムン ［はさなーまじむん］

沖縄でいう幽霊の一種。福地曠昭著『沖縄の幽霊』にあるもの。それによれば、沖縄県名護市にあるハサナー山という山に現れるとされ、季節が秋から冬にかけての頃、空が暗くなり始めると、この山のてっぺん近くにひとつ、光が現れる。この光は東に動き、夜が明けるまでに川上という場所の近くの川の側まで下って来る。

この光はハサナーマジムンと呼ばれており、人に出会うとその人を引っぱり回して山や川を歩かせ、散々にくたびれさせる。そして夜が明けるとその人を放って消えてしまうのだとされる。

このハサナーマジムンの正体はシキーと呼ばれる幽霊で、シキーはこうやって人を連れ回してくたびれさせるものなのだといわれている。

シキーについては近代の**シキ幽霊**も参照。

八甲田山の亡霊 ［はっこうださんのぼうれい］

青森県の八甲田山に現れる死者。明治三五年（一九〇二）一月、日本陸軍第八師団の歩兵第五連隊が青森市街から八甲田山の田代新湯（現・青森市駒込）に向かう雪中行軍の途中で遭難し、訓練の参加者二一〇名中一九九名が死亡する八甲田雪中行軍遭難事件が起きたが、その亡霊が出現するという話がよく語られる。

典型的な話は若いカップルが遭難記念碑

の銅像を夜に車で見に行ったところ、女性がトイレに行きたくなり、男性に車で待つよう頼んでトイレに行った。するとそこに八甲田山で亡くなった日本陸軍の歩兵隊たちがさ迷い出て、男の方は恐ろしさから女を置いて帰ってしまう。取り残された女はトイレの中で一晩中その行進の足音に苛《さいな》まれ続け、その翌日男がその場所に戻ってみると、髪が真っ白になった女を発見する、というもの。また丸山泰明著『凍える帝国』においては、山中で兵士に道を聞かれた、肩を叩かれた、といった体験談が記録されている。また同書では他に、この雪中行軍隊が遭難した直後からすでに亡霊の足音が聞こえたという怪談が語られていたことが記されている。

　近年ニュースになったものでは、平成二六年（二〇一四）五月一七日の深夜、無人の別荘から一一九番通報があり救急隊が出動したという事件があった。この時、電話の向こうからはザーザーという雑音しか聞こえず、今も電話が発信された原因は不明であるが、風のいたずらといった説の他に、かつての歩兵隊が助けを求めて電話をかけたのではないかという噂《うわさ》が囁《ささや》かれている。

　他に松谷みよ子著『現代民話考2』においては軍隊が八甲田山に入った当時のことについてこんな話が語られている。八甲田山は旧暦の一二月一二日を中心にした一ヶ月を「山の神の季節」と呼んでおり、この時期に山に入ると山の神に取り殺されると考えられていた。そして日本陸軍がこの山に入らんとしたのがその季節の真っただ中であったため、地元の年寄りたちは止めようとしたが、陸軍はそんな迷信に惑わされてたまるかと出発し、遭難してしまったという。

はんごう

　死者の声が聞こえるもの。松谷みよ子編著『現代民話考2』にある。それによれば、栃木県宇都宮市郊外にあった日本陸軍の旧宇都宮軍師団の兵舎に伝わっていたという話で、ある時、ひとりの兵卒がこの兵舎にあった井戸で飯盒《はんごう》を洗おうとして誤って落としてしまった。当時の軍隊では軍服のボタンひとつでも「天皇閣下のもの」という軍律があったため、飯盒を失くしては後でどんな厳罰を受けるか分からないと思い悩み、兵卒は井戸に身を投げてしまった。それからというもの、夜になると井戸の底から「は〜ん〜ご〜お〜う……」という声が聞こえるようになったという。

　同書には他にも長野県と群馬県の境にある白根山の話として、行軍してきた兵隊のひとりが飯盒を失くし、池に身を投げた。雨の降る寂しい夜などにはその池から「ハンゴー、ハンゴー」とすすり泣く声が聞こえるため、「ハンゴウ池」と呼ばれるようになった、という話が載せられている。

ピアノの怪 ［ぴあののかい］

　学校の怪談のひとつ。音楽室にまつわる怪談の定番で、松谷みよ子著『現代民話考

7』には昭和二〇年（一九四五）頃の話として、群馬大学学芸学部の校舎の講堂で真夜中にピアノの音が聞こえたという話が収録されている。その正体はピアノを習っていたが、結核を患い、止められているにもかかわらずこっそりと弾いていた女性だという。その女性は後に結核で死亡したが、そのピアノでは音が鳴る以外にも血が滴る、ひっかき傷のようなものが現れる、鍵盤に血の跡があり、その通りに曲が鳴ったという話が語られていたという。

また同書には、栃木県真岡市《もおかし》真岡小学校に昭和四〇年代前半頃に七不思議のひとつとして伝わっていた話として、ある女の子が講堂のステージにあったピアノを弾いていたところ、突然ピアノの蓋が閉まり、指をすべて切断されて死亡し、その少女がピアノを弾きに現れるという話や、岩手県盛岡市上田の師範学校でピアノがうまく弾けないのを苦にして自殺した人がおり、その現場となった練習用の個室に夜になると幽霊が出る、と語られていたという話などが載る。

日本民話の会 学校の怪談編集委員会編『学校の怪談4』には、放課後になると誰もいない音楽室からピアノの音がするという話が載せられている。これは、昔この学校に通っていたピアノが大好きだった少女が事故で死亡し、その無念から夜になるとピアノを弾きに来るのだという。

常光徹編著『学校の怪談 赤本』では、地震で学校の音楽室のピアノの下敷きになった女の子がおり、その霊が音楽室に現れるという話や、授業参観の演奏会でピアノを弾く予定だった少女が当日の朝、交通事故で死亡し、以来、演奏会の日が近づくと音楽室のピアノが勝手に動き出したり、誰かが来ると「一緒に演奏しよう」という声が聞こえたりするという話などが載せられている。

光ゆうれい［ひかりゆうれい］

学校に現れる幽霊。常光徹著『新・学校の怪談3』にあるもの。それによれば、この光ゆうれいは幽霊にしては珍しく昼にしか見えないという。またこの幽霊は太陽の動きと同期して光を放ち、夜が近づくにつれてその光は弱くなり、太陽が完全に沈むとともに見えなくなってしまうらしい。

同書では大阪府からの投稿として載せられている。日光に同期する幽霊はかなり珍しい。

ピト［ぴと］

アイヌ語で死者の霊魂を表す言葉。

知里真志保著『分類アイヌ語辞典 人間編』にある。「死ぬ」を意味する「ライ」と組み合わせ、「ライピト」と言うこともある。

ひめゆりの塔の幽霊［ひめゆりのとうのゆうれい］

戦死者の幽霊。松谷みよ子著『現代民話考6』にあるもの。それによれば、沖縄県糸満市にあるひめゆりの塔の辺りでは、月夜になるとたくさんの女学生が集まり、歌を歌いながら髪をとかすのだという。これは死んだひめゆり部隊の女学生だといわれていると語られている。

また小池壮彦著『心霊写真　不思議をめぐる事件史』によれば、昭和四八年（一九七三）一月六日に放送されたテレビ番組「火曜スペシャル」で、ひめゆりの塔を撮影した映像に幽霊が写ったと話題になったという。また、大島清昭著『Jホラーの幽霊研究』によれば、昭和六三年（一九八八）に発売されたオリジナルビデオ作品『邪願霊』の脚本を担当した小中千昭は、沖縄のひめゆりの塔を写した一六ミリフィルムに写っていた亡霊の姿が印象に残っており、その姿が『邪願霊』の幽霊の見せ方に帰結するのだという。同書によれば、『邪願霊』はいわゆるジャパニーズホラー映画の始祖とも呼ばれる作品であり、もしこの映像が「火曜スペシャル」のものだとすれば、ひめゆりの塔の幽霊は日本のホラー映画文化に多大な影響を与えた、ということになるのかもしれない。

百円ばばあ ［ひゃくえんばばぁ］

金をせびる死者。渡辺節子・岩倉千春編著『夢で田中にふりむくな』にあるもの。それによれば、関西のとある国道と県道の境にある交差点には一台の自動販売機が設置されている。ここでジュースを買おうとするといつの間にか隣に老婆が立っており、自販機を使おうと小銭を持っている人間の手をじっと見つめ、唐突に「それはわしの一〇〇円じゃないかね」と問う。何度否定してもこの問いを繰り返すため、一〇〇円を渡すとその老婆の姿は消えてしまうという。その正体は昔、一〇〇円を握って買い物に出かけ、その自販機がある交差点で車に轢《ひ》かれて死亡した老婆なのだそうだ。

ポプラ社編集部編『映画「学校の怪談」によせられたこわーいうわさ』には「百円ば〜さん」という名前の怪が載り、それによれば夜中ひとりで歩いていると「一〇〇円くれ〜」とせがむ老婆が出現するという。この老婆にせがまれると逃げられないらしい。

またさくらももこの漫画『ちびまる子ちゃん』一巻には、幽霊などではなく、実在する不審者と思しき者として「100円おばさん」という人物の話が載っている。この女性は静岡県のある高校付近に出現し、「一〇〇円貸して！」と凄い迫力で迫って来るが、貸しても返って来ることはないという。著者のさくらももこも、このおばさんと遭遇したと記されている。百円ばばあもこういった実在の人物の話が誇張され、幽霊として語られるようになったのかもしれない。

ヒュー・ジャックマン似の幽霊 ［ひゅー・じゃっくまんにのゆうれい］

2ちゃんねる（現・5ちゃんねる）オカルト板に立てられた「【全米が】なんか笑える霊体験14【テラワロス】」スレッドにて、平成二一年（二〇〇九）一〇月三日に書き込まれた話に登場する。

それによれば、報告者が東京都世田谷区の下北沢で借りた1DKで五万円という物件に居着いていたと語られている外国人の幽霊で、俳優のヒュー・ジャックマンに似ているのだという。

この幽霊は報告者に直接危害を加えることはなかったが、報告者が買って来たステーキを見て一人芝居をして馬鹿にする、お経を読んでも効かず、聖水をかけてもにやにやした顔で肩をすくめる、中指を立てると血相を変えて怒りの身振り手振りをし、その後、靴を隠すなど、かなり庶民的な性格をしていたことが語られている。

避雷針の幽霊［ひらいしんのゆうれい］

三重県のある小学校に伝わる七不思議のうちのひとつ。実業之日本社編『都市伝説&怪談DX』にあるもの。それによれば、雷が鳴る夜、学校の屋上の避雷針に突き刺さった幽霊が現れるという。

ひろしまの幽霊［ひろしまのゆうれい］

戦死者の幽霊。松山ひろし著『カシマさんを追う』によれば、昭和四七年（一九七二）頃、大阪府で語られていたという。

その内容は、夜中に一人で寝ていると、原爆で体が半分溶けた幽霊に起こされることがあるというものである。幽霊はまず「ここどこ?」と質問してくるが、これには「カシマ」と答える。次の質問は「あんたどっから来たん?」で、これには「ホッキャーロ」と答える。これは北海道の意味だが、このように言わねばならない。三つ目の質問は「あんた足ある?」で、これには「ない」と答える。そして最後の質問は「今ひま?」で、これには「忙しい」と答えなければならない。もし一文字でも間違ったらどこかに連れて行かれて二度と帰って来られないという。

ブキミちゃん［ぶきみちゃん］

トイレに現れる幽霊。花子さん研究会編『トイレの花子さん4』にあるもの。それによれば、香川県の小学生から投稿された話とされ、ブキミちゃんは**トイレの花子さん**の妹で、校内を徘徊《はいかい》しており、事故を引き起こしたり、悪事をそそのかしたりするのだという。またその姿形もその時々によって違い、時には人に取り憑《つ》いて異常な行動を起こさせる。

実際にブキミちゃんの仕業《しわざ》とされる事例では、生徒を屋上から突き飛ばして殺す、男子生徒に取り憑き、その友人の耳を食い千切らせる、といった洒落にならない悪事を行っていることが記されている。

同書には他にも、広島県の小学校に通う女子生徒からの投稿として、こんな話も載せられている。その女子生徒が通う学校では、女子トイレの一番奥の個室の前で三回まわり、ドアを六回叩くと花子さんが「遊ぼう」と言うという話が伝わっていた。女子生徒の友人がそれを試すと実際に花子さんが現れ、「今度来る時は友達連れて来て。そしたらいい物あげる」と教えられたと言うため、女子生徒はその友人に連れられて花子さんの出るトイレに行くことにした。

　しかしトイレに行く途中から何かが後をついて来るような気配がし、また友人の様子もおかしかった。そうしているうちにトイレについてしまったが、友人はトイレの前で三回ではなく四回まわった。すると、トイレが開き、ぶくぶくと太って口の端から泡のような物を吹き出し、首のないフランス人形を抱えた少女が現れた。

　女子生徒が「これが花子さんか」と困惑していると、不気味な少女は自分は「ブキミちゃん」であり、トイレの前で三回ではなく四回まわると自分が現れるのだと告げた。

　その上、友人は女子生徒を見てにやにやと笑い、「この子の首がいいんじゃないかしら。その人形にとっても似合うわよ」と告げた。そして今度は笑い出して「冗談よ。だって首はもう用意してあるんですもの」と告げた。直後、ブキミちゃんが廊下の奥を指さすと、女子生徒も知っている同級生の生首が廊下の奥からずるずるとこちらに向かって来ていた。

　女子生徒はそれを見て気絶したが、気づいた時には家で眠っていた。翌日、学校であのブキミちゃんと出会った時間帯に、ともにブキミちゃんと出会った友人と、生首だけで現れた同級生が、二人とも事故で即死したと知らされたという。

　同書では他にも、人に取り憑いて心身を乗っ取るブキミちゃんの話や、悪魔的な力を使い、自分が思った通りの現象を引き起こして自分をいじめている女生徒に大怪我を負わせるブキミちゃんの話などがある。他にも、遊ぼうと言われて「うん」と返事をしてしまうと一年以内に返事をした人間が死ぬという話を語る華子という名前の転校生の少女がおり、その華子は転校前の学校で「ブキミちゃん」と呼ばれていたという話などが紹介されている。トイレの花子さんの妹と語られる話が多く、花子さんから派生したと思われる存在だが、ブキミちゃんの場合、非常に凶悪で残虐な行動を取ると語られることが多い。

　ポプラ社編集部編『映画「学校の怪談」によせられたこわーいうわさ』では、ブキミちゃんはトイレの花子さんの妹とされ、人に乗り移って暴れたり怪我をさせたりする狂暴な幽霊であるという話が語られている。

　この他にも、交通事故で死んだ意地の悪い少女の霊が夢に現れ、なくしたハーモニカを取りに行けと複雑な道順を教えられ、間違えると夢から二度と出られなくなるという話が語られることがあるが、これは真倉翔原作・岡野剛作画の漫画『地獄先生ぬ〜べ〜』の一二九話「ブキミちゃんの巻」で描かれた物語が元になっているものと思われる。

フダくれ ［ふだくれ］

賭け事が好きな死者。松谷みよ子著『現代民話考5』にあるもの。それによれば、大阪府泉北郡忠岡町在住の人が昭和二〇、一年（一九四五、四六）頃に聞いた話で、博打が大変に好きなやっさんのおっさんという人がいたが、死んだ後「フダくれ、フダくれ」と化けて出た。そのため、フダを墓に入れてやると出なくなったという。

同様に死んだ後も賭け事を行った話に近世の**禁平**、近代の**へっつい幽霊**、現代の**死んでも競馬**がある。

踏切の六部 ［ふみきりのろくぶ］

踏切に現れる怨霊。松谷みよ子著『現代民話考3』にあるもの。それによれば、福島県耶麻《やま》郡猪苗代町《いなわしろまち》の翁島に下るところにある踏切は、よく飛び込み自殺が起きる上、この場所で死んだわけではない轢死体《れきしたい》までも引き摺《ず》られてくることがある。これは明治三二年（一八九九）、岩越鉄道の工事の時、ちょうどこの踏切のところにあった塚を北側に移したためであるという。この塚は昔生きながら墓穴に埋まった六部のもので、その怨霊が今も人を踏切に引き込むのだろうといわれている。

浮遊霊 ［ふゆうれい］

死者の霊が特定の場所に留まらず、辺りをさ迷っているもの。自分の死を受け入れられない霊、自分の死を自覚していない霊などとされる場合もある。

日本では一九六〇年代終盤には、すでにこの名前が使われていることが確認できる。こういった霊の種類を指す言葉は、心霊主義や心霊科学の用語がそのまま使われていることが多いが、浮遊霊については該当するものが見つからない。これはもともと心霊主義においては**地縛の霊**（earthbound spirit　近代の該当項目を参照）が地上に留まり続け、幽界や霊界に昇ることができない霊を指していたのに対し、現代の**地縛霊**は特定の場所に留まる霊として語られるようになったことによる。そのため、特定の場所に留まるわけではないが、地上から離れない霊を指す言葉が必要になったことから、地縛霊と対になる形で浮遊霊という言葉が使われるようになったのではないかと推測できる。

ブリッジ女 ［ぶりっじおんな］

ネット上で語られた死者。怪談投稿サイト「怪談投稿」にて、平成一四年（二〇〇二）九月八日に掲載されたもの。

それによれば、北山と呼ばれるある山の前を走る農道でのこと。その農道はまっすぐに道が延びており、夜になるとほとんど人気もなくなるため、車を猛スピードで走らせるのにはもってこいの場所だったという。

深夜三時頃、その農道であるカップルが

白のスポーツカーを走らせていたところ、一瞬、道の脇に白いものが見えた。引き返してみると、白い服を着た女が立っている。不気味に思ったカップルはその場を去ったが、一キロほど進んだところでサイドミラーを見て悲鳴を上げた。そこには、四つん這《ば》いで車を追いかけて来る先ほどの女が見えた。

　二人はさらにスピードを上げ、女を振り払おうとしたが、女は次第に車に近づいて来る。そしてとうとう車の横に来た時、女が四つん這いなのではなく、関節を逆方向に曲げてブリッジの姿勢をしていることに気が付いた。

　そして女はカップルの男性の方と目が合うと、「っち！　違ったか！」と言って、消えてしまったという。

　後で聞いた話によると、当時から十数年前、この農道を歩いていた女性が猛スピードで走って来た白い車に轢《ひ》かれ、手足が逆方向に曲がる大怪我を負って、血まみれになりながらしばらく生きていたが、救急車が到着する前に亡くなった。その際、死の直前まで「し……ろい……車……」と言い続けていた。それ以来、女性は自分を殺した白い車を探し続けているという。

　女が四つん這いで追いかけて来る話は現代で多く見られ、若い女だったり、老婆だったりする。ブリッジで追いかけて来る話は少ないが、正体が語られないものだと渡辺節子・岩倉千春編著『夢で田中にふりむくな』には、東京都奥多摩の道路を舞台にしてこんな話が載せられている。ある二人の若者がこの道路を走っていると、すごい美人がいたため、ひとりは乗せようと提案したが、もうひとりはそれを拒否し、そのまま通り過ぎた。しばらくすると、運転手をしていた若者が青ざめて「後ろ、後ろ見ろ」と言う。そこでもうひとりが振り返ると、先ほどの女がブリッジしたまま走って来ていた。

　余談だがブリッジで移動する女、というと映画『エクソシスト』（一九七三年）で悪魔に憑《つ》かれた少女、リーガンが階段をブリッジで降りてくる場面が有名だが、実はこの場面は二〇〇〇年に公開されたディレクターズ・カット版にしかなく、ブリッジ女の話はそれ以前から語られているため、同映画の影響で生まれたわけではないことが分かる。

『プレデター2』を好む幽霊

［ぷれでたーつーをこのむゆうれい］

映画を好む幽霊。2ちゃんねる（現・5ちゃんねる）オカルト板に立てられた「ほんのりと怖い話スレ　その105」にて、平成二六年（二〇一四）一一月二〇日に書き込まれたもの。それによれば、報告者が昔使用していたDVDプレイヤーは、なぜか勝手に映画『プレデター2』のディスクが入っていたという。他のディスクが入っていれば報告者がいない隙にそれを取り出して勝手に『プレデター2』が入れられ、それを無視すると次第に『プレデター2』のディスクが入っている頻度が上がっていった。逆に一度でも『プレデター2』を見ると、それからしばらくは催促がなかった。

報告者は、これは『プレデター2』が好きな幽霊の仕業《しわざ》だと考えていたが、ある時、そのDVDプレイヤーの電源が急に落ちたと思いきや、動かなくなった。それはちょうど『プレデター2』を見ていた時だったため、プレイヤーとディスクの縁を感じた報告者は、中に入っていたそのディスクごと回収業者に渡して廃棄したという。

当時、業者に回収された家電は少しの修理をされてアジア圏などで再び使われていたという話があったが、もしそうだとすれば、あのDVDプレイヤーは他の国でも『プレデター2』を見たがっているのかもしれない、と文章は締めくくられている。『プレデター2』は一九九〇年に公開されたSF映画で、監督はスティーヴン・ホプキンス。地球外からやって来た狩猟を好む異星人と、ロサンゼルスの刑事との戦いを描いた作品であり、今でも根強い人気がある。もし幽霊がこの映画を好んでいたのだとしたら、生前に思い入れのある映画だったのかもしれない。

風呂の幽霊 ［ふろのゆうれい］

風呂場に出る幽霊。渡辺節子・岩倉千春編著『夢で田中にふりむくな』によれば、風呂の天井の四隅にはたくさんの霊がおり、人が髪の毛を洗っていたりすると後ろから殺そうとするという。

髪を洗っている最中に後ろに幽霊がいる、という話は多いが、この話に語られる幽霊はかなり攻撃的である。

ベースカバーを行う幽霊 ［べーすかばーをおこなうゆうれい］

野球をする幽霊。2ちゃんねる（現・5ちゃんねる）オカルト板に立てられた「ほんのりと怖い話スレ　その１０３」スレッドにて、平成二六年（二〇一四）七月三一日に書き込まれた話に登場する。

それによれば、報告者の出身高校の野球グラウンドには、ベースカバーを行う幽霊がいたという。このグラウンドで野球を行い、一二塁間のゴロを一塁手がキャッチし一塁側を向くと、すでに誰かがベース上で捕球体勢をとっている。そのため一塁手がボールを投げると、一塁上の誰かはふっと消えてしまう。端から見ると、一塁手が焦って誰もいない一塁にボールを投げてしまったように見える。

そのため、このグラウンドで一塁手をする場合、捕球後はまずはゆっくり一呼吸して周りを見回し、的確な判断をしてからボールを投げねばならないという。

坊さんの幽霊 ［ぼうさんのゆうれい］

子どもを連れて行くと語られていた幽霊。2ちゃんねる（現・5ちゃんねる）オカルト板に立てられた「ほんのりと怖い話スレ　その１０１」スレッドにて、平成二六年（二〇一四）三月三日に書き込まれたもの。それによれば、報告者の母親の祖母、つまり報告者の曽祖母《そうそぼ》は生前、「あんまり遅くまで遊んでると、坊さんの幽霊にあの世に連れてかれるよ」と報告者の母親を脅していたという。ある日、報告者の母親が「坊さんの幽霊って何？」と聞くと、「坊さんの幽霊はそんなにいない。たいてい死んでも成仏するか、徳の高い神様みたいなもんになる。でも、中には理由は分からんけど、化けて出る奴もいる。そういう奴は危ない。生前修行してたせいなのか分からんけども、とても力が強い。あたしには妹がいたんだけどね、子どもの頃連れて行かれた」と語ったのだという。

　報告者の母親の話では、曽祖母の妹は病死しており、不審な死に方をしたわけではないことも語られている。また、同スレッドではこの話への反応として、自分の家でも子どものしつけに「子どもは早く寝ないと連れてかれるよ」という文言が使われており、この坊さんの幽霊が現れる際には錫杖《しゃくじょう》の音が聞こえるのだといわれていたことが書き込まれている。

　ちなみに僧侶の霊が現れる話は仏教説話集などでは定番で、古代から数多く語られている。

保健室のねむり姫 ［ほけんしつのねむりひめ］

　ある学校の保健室に現れる幽霊。日本民話の会 学校の怪談編集委員会編『学校の怪談3』にあるもの。それによれば、ある保健室でひとりで寝ていると、人がいなかったはずの隣のベッドがまるで人が寝ているように膨らんでいることがあり、「苦しい……助けて……」という声まで聞こえてくる。しかしそれに慌てて掛布団を捲《まく》っても、そこには誰もいないのだという。

　実はこの学校ではかつて学芸会で「ねむり姫」の劇をやった際、主役であるねむり姫を演じた女子生徒が役を終えた後、急に体調を崩して保健室で寝ていたところ、そこで急性心不全を起こし、誰もいない保健室でひとりで死んでしまったという事件があった。それ以来、具合の悪い生徒がひとりで保健室にいると、このねむり姫が現れるようになったのだと語られている。

ポシウシ ［ぽしうし］

　アイヌに伝わる亡霊。川上勇治著『サルウンクル物語』にあるもの。それによれば明治の頃、沙流《さる》郡平取町の二風谷《にぶたに》に布施重衛門という和人がいた。重衛門は当時アイヌ社会で和人とアイヌの結婚が禁じられていたにもかかわらず、ウエカラペというアイヌの娘と結婚した上、妻の妹であるポシウシとも心を通わせ、密通するようになった。これには最初の結婚は見逃していたアイヌの人々も怒り、アイヌの戒律では罰することができない布施重衛門はどうにもできないにしても、同じアイヌであるポシウシには罰を与えることにした。そしてポシウシは片足のアキレス腱を切られ、鼻を削ぎ落とされた。コタン（村）一番の美女と評判だったポシウシは見るも哀れな姿になり、ポシウシは狂ったように泣いたという。

責任を感じた布施重衛門は妻と別れ、ポシウシと長年連れ添った。また大きな漁場を開き、アイヌたちにも慕われるようになったが、七五歳になった時、自分の足で歩けるうちに故郷に帰り、故郷で死にたいと彼女を捨てて南部（現・岩手県）に帰ってしまった。

　ポシウシは「故郷へ帰るのなら自分を殺してから帰って」と言うほど取り乱し、泣いて縋《すが》ったが、最後には承諾し、彼を見送った。ポシウシは離れていく船を追って不自由な足で何度も転びながら走り、夫を呼んだが、布施重衛門は彼女に謝りながら遠くへ去ってしまった。

　それから何年か経ち、ポシウシはぼんやりと日々を過ごしていた。彼女には子どもがいなかったが、彼女の姉と布施重衛門との間に生まれた子どもたちが彼女の世話をしてくれていた。

　そして日が経つにつれて、ポシウシの中で自分の腱を切り、鼻を削いだコタンの者たちへの恨みが強くなっていった。ポシウシはその恨みを何とか晴らしたいと考えた。自分を捨てた夫よりも自分を傷つけた者たちへの恨みが勝ったポシウシは、日ごとに怨念の化身となっていった。

　死期が迫ったポシウシは、自分の世話をしてくれる姉の子どもたちに「私は死んでも神の国へは行かず、恨みを晴らすつもりだ」と告げた。そして「私が死んだその日から夜、お前たちや子どもが外の便所に行く時は必ず着物の袖を頭にかぶせて出ておくれ。間違ってお前たちに悪さをしないように、私は着物の袖を頭にかぶった者には手を出さないことにする」と告げた。

　そしてポシウシが死んだ。その葬式が済まないうちから、ポシウシの亡霊がコタンのあちこちに現れるようになった。

　月の明るい夜、子どもを連れて外に出たあるアイヌは、自分の目の前にポシウシが立っているのを見た。片手で杖《つえ》をつき、もう片手でまさかりを担いだ黒い老婆の姿をしていたという。そしてこの亡霊が現れて以来、コタンの人々が次々と変死体で見つかるようになった。

　時にはこの亡霊は戸口を突き破って家の中に侵入した。その際には眠っていたはずの子どもがすでに息絶えていたという。

　ポシウシの亡霊は毎晩のように出現したため、コタンのアイヌたちは彼女を鎮めるためのカムイノミ（祈禱《きとう》）を行ったが、亡霊はなおも現れ続けた。そのため二風谷のアイヌたちは門別（現・沙流郡日高町）の日蓮宗の和人の名僧を呼び、ポシウシを供養してもらった。それでやっと亡霊は出なくなったという。この亡霊騒動があったのは明治三三年（一九〇〇）頃であったと記されている。

歩哨の恋人の幽霊

「ほしょうのこいびとのゆうれい」

　軍隊にまつわる怪異譚《たん》。松谷みよ子著『現代民話考2』にあるもの。それによれば、ある時、帝国陸軍の歩哨が見張りの時間に恋人を呼び、こっそり会おうと約束したところ、直前で見張りが交代となるということがあった。

何も知らない恋人の女は約束の時間にその歩哨のもとに赴くが、見張りは交代しているため、その恋人は不審者として見張りに殺害される。それ以降、この恋人の幽霊が出現するようになった、というもの。同書では類似した話が複数掲載されている。

ポスター十字［ぽすたーじゅうじ］

幽霊を呼ぶ方法。マイバースデイ編集部編『わたしのまわりの怪奇現象１０００』にあるもの。それによれば、部屋の四方の壁すべてにポスターを貼ると、その部屋の中心から幽霊が出てくるという。

渡辺節子・岩倉千春編著『夢で田中にふりむくな』にはこれに類似した話として、寝室の壁の四面にポスターを貼ると、霊が抜けられなくなるため、金縛りに遭いやすくなるという話が載せられている。

ホボラ［ほぼら］

怪火の一種。松谷みよ子著『現代民話考3』にあるもの。それによれば、岡山県倉敷市下津井に住む男性が体験したという話で、昭和四七年（一九七二）、その男性が舟に乗っていたところ、錨《いかり》の辺りでホボラがぼうぼうと燃えるのを見た。ホボラが燃えるのは死人が水が欲しいからだとか、魂が供養してほしいからだとか、何か要求がある時に燃えるのだという。

この話に限らず、岡山県では死者が火の玉や船の姿で現れることをホボラ、ホボラ火と呼ぶことがある。

【ま】

真嘉比道の逆立ち幽霊［まかんみちのさかだちゆうれい］

沖縄県那覇市《なはし》にある真嘉比道に出現したという幽霊。昔、琉球王国時代の沖縄に一組の夫婦がいた。夫は波名城真三郎といい、妻はマヅルといった。マヅルは美人と評判だったが、真三郎は妻が誰かに取られやしまいかと恐れるあまり、神経衰弱に陥り、ついには危篤状態に陥る。

真三郎は死後、妻が他の男のもとに嫁ぐと思うと死んでも死にきれないと言い、マヅルは何があっても決して再婚などしないと誓うが、真三郎は信用しなかった。そのため、マヅルは自分の鼻を削ぎ落とし、他の男が寄ってこない醜い容貌となった。その後、真三郎は回復したが、妻の醜い容貌に耐えられず、遊女と恋仲になって、その女と共謀してマヅルを毒殺する。

　しかしマヅルはそのまま幽霊となり、夫にまとわりつくようになった。夫は足があるからやって来るのだと考え、妻の墓を掘り起こして死体の両足を長い釘で打ち付けた。さらに幽霊が自分の家に入らぬよう、寺社の護符を貼って対策した。

　しかし妻の幽霊はなおも現れた。足を釘付けにされたため、逆立ちで現れるようになり、夜な夜な真嘉比道をさ迷っていた。それを知った池城《いけぐすく》里之子《さとぅぬし》という武士がこの亡霊を哀れに思い、夫の家の札をすべて剝《は》がしてしまった。これにより妻の幽霊は夫と愛人を殺し、里之子はマヅルの亡霊の導きによって出世したという。

　戸田有希乃の論文「マダン橋とマカン道—伝承の混同—」（島村恭則・日高水穂編『沖縄フィールド・リサーチ』収録）によれば、この話はもともと昭和四二年（一九六七）に出版された島袋盛敏・翁長俊郎著『琉歌全集』に収録されている「月や音から変ること無さめ、変て行くものや人の心」という歌と、大正初期に球陽座という劇団によって上演された芝居『秋の空の口伝』を組み合わせ、昭和四三年に上演した『まかん道の逆立ち幽霊』という芝居で描かれた物語だという。これが現在の沖縄県で知られる真嘉比道の逆立ち幽霊の元になっているようだ。

　上記から分かる通り、この幽霊譚《たん》は創作されたものだが、沖縄県に伝わる伝承として紹介されたり、現在の真嘉比道は**心霊スポット**として扱われているなど、幽霊の存在は創作ではなく、実際に伝わっていたものと見なされていることも多い。

　危篤に陥った男が妻に対し、死後、妻が自分以外の誰かのもとに行くのが心配だと言うため、妻が自分の鼻を削いで誰のもとにも行かないと証明する話は、江戸時代初期の『きのふはけふの物語』（慶長一九年（一六一四）～寛永元年（一六二四）頃成立）に見られ、また逆立ちの幽霊が武士に助けられて復讐《ふくしゅう》を遂げる話は延宝五年（一六七七）の『諸国百物語』に記された「端井弥三郎幽霊を舟渡しせし事」にも見られる（近世の**逆さまの幽霊**も参照）。

　こういった近世の物語の要素も、真嘉比道の逆立ち幽霊の物語に取り入れられているのかもしれない。

マツタケバーチャン［まつたけばーちゃん］

　自動車に現れる死者。不思議な世界を考える会編『怪異百物語3』にあるもの。それによれば、ある一家がマツタケ狩りに広島県の島に遊びに来た時、祖母が山の中で迷ってしまい、とうとう帰って来なかった。それからというもの、夜にその山の付近を車で通ると、車内にいつの間にか老婆が座っているという現象が起きるようになり、きっと家に帰りたかったあの老婆なのだと噂《うわさ》が囁《ささや》かれるようになった。この老婆を乗せないためには、人や荷物などで車の座席に空席がなくなるようにすればよいという。

また、常光徹編著『みんなの学校の怪談 緑本』では広島県からの投稿として、雨の降った夜に峠を越えようと車を走らせていると、後ろの席に老婆が座っていることがある。そのお婆さんは「マツタケおばあさん」と呼ばれているという話が載せられており、同様の話かと考えられる。

マッチョなノースリーブの幽霊 [まっちょなのーすりーぶのゆうれい]

ボランティア精神を持つ幽霊。2ちゃんねる（現・5ちゃんねる）オカルト板に立てられた「【全米が】なんか笑える霊体験29【テラワロス】」にて平成二六年（二〇一四）一月二三日に語られたもの。

それによれば、報告者が仕事上がりにゴミを出しに行くと、ゴミ置き場で畳んだ段ボールをてきぱきと整理しているマッチョなノースリーブの人が見えた。そのため、「お疲れ様です」と入り口で声をかけてみたが返事はなく、よく見ると体が消えていて、両腕だけが消え損ねたようにそこにあったという。その場所は**心霊スポット**扱いされている場所だったが、特に怖い思いはしなかったという。

この幽霊の正体については明確なことは明かされていないが、同スレッド内では、亡くなった後も働き続ける勤勉な人、散らかし放題のゴミ置き場を見るに見かねた心優しいマッチョの幽霊など、さまざまに推測されている。

マディムヌ [までぃむぬ]

沖縄の八重山・与那国島に伝わるもの。昭和六二年（一九八七）法政大学沖縄文化研究所発行の『琉球の方言 11巻：八重山・与那国島』にある。幽霊の一種で、これに見られると病気で死ぬという。沖縄では妖怪や幽霊の総称としてマジムンを使うが、同じものか。

魔の第四コース [まのだいよんこーす]

学校の怪談のひとつ。日本民話の会 学校の怪談編集委員会著『学校の怪談大事典』によれば、学校のプールの第四コースで泳ぐと、何者かに足を引っ張られるのだという。

これに類する話は全国の学校にあり、足を引っ張る者の正体を死者とする話は多く、第四コースで泳いでいる途中に心臓発作などで死亡した人間の霊であるなどと語られる。第四コースと指定されることが多いのは「四」が「死」と繋《つな》がるためで、これに限らず四を不吉な数字とする学校の怪談は数多《あまた》にある。なお、第三コースや第七コースが怪異を発生させるコースと指定される場合もある。

岩倉千春他編著『幸福のEメール』では、千葉県の大学生から聞いた話として次のような話を載せている。ある中高一貫校の学校のプールは七コースだが、その中央に当たる第四コースである女子生徒が泳いでいると、何者かに足を引っ張られた。そのプールには夜中になると、中央にぼおっと兵隊が立っているという噂《うわさ》もあるという。

　松谷みよ子著『現代民話考7』には宮城県古川女子高校のプールでかつて亡くなった人がおり、それ以来第四コースを泳いでいると白い人影が見えるようになったという話や、宮崎県のある学校では第四コースで泳ぐのは不吉といわれており、実際に泳ぐと突然足に髪の毛が絡まったり、足を引っ張られたりする話などが載せられている。

マラソン幽霊［まらそんゆうれい］

　筑波大学にある男子寮には、かつて午前〇時になるとランニングシャツを着てたすきをかけた幽霊が壁の向こうから突如現れ、部屋から部屋へと走り去って行くという怪奇現象が起きていた。そこで寮生が一計を案じ、幽霊の通り道として最後の部屋になる部屋にゴールテープを張った。そして幽霊がそのゴールテープに差し掛かると、彼は満足そうに両手を上げてそのまま消え、二度と出てくることはなかった。実はこの幽霊はかつて筑波大学の陸上部員だった学生で、何年も前にゴール直前で心臓発作によって死んでしまい、ゴールできなかった無念から寮の中にさ迷い出ていたのだという。

　ランニング幽霊と呼ばれることもある。死因や正体は特定されず、ただマラソン、ランニングを行う幽霊が出現する、と語られる場合もある。

　筑波大学にまつわる都市伝説のひとつだが、他の場所を舞台として語られることもある。例えば不思議な世界を考える会編『怪異百物語6』には、夜九時頃に学校に行くと、マラソンのゴールの直前で死んでしまった男の子の幽霊が包丁を持って泣きながらグラウンドを走っており、それを見た人は包丁で刺されるという怪談が記されている。またマイバースデイ編集部編『わたしのまわりの怪奇現象1000』では、裸足で雪の上を走っていく幽霊がマラソン幽霊として紹介されている。

ミイラ［みいら］

　人為的もしくは自然に動物の死体が腐敗しないまま乾燥し、残ったもの。古代エジプトにおいて来世に死者が蘇生するため、死体を加工してミイラとしたものや、日本において僧が土中などに入って絶食し、瞑想したまま絶命してミイラ化した即身仏などが知られる。

　死体であるはずのミイラが蘇《よみがえ》るという話については、古くは一八二七年にジェーン・ルードンが発表した小説『The Mummy!: Or a Tale of the Twenty-Second Century（ミイラ、二二世紀の物語）』があり、二一二六年を舞台にクフ王のミイラが復活する物語が描かれている。これは蘇生したミイラを扱った最初の作品であると考えられる。またシャーロック・ホームズシリーズで有名なコナン・ドイルも一九〇三年に『競売ナンバー二四九』というミイラ小説を書いている。しかし日本でミイラが有名となったのは映画『ミイラ再生』（一九三二年）だろう。この作品では古代エジプトの高僧・イムホテップが蘇生し、暗躍する。作中では包帯を巻かれた状態で動くミイラの姿はほとんど登場しないが、その続編『ミイラの復活』（一九四〇年）では全身に包帯を巻いたまま徘徊《はいかい》するミイラの姿が描かれ、現在、ミイラやマミーと呼ばれる怪物はこのビジュアルが定着している。

　こういったミイラはテレビゲームなどのキャラクターとして登場していることから、死体というよりもそういった姿のモンスターとして認識されているのかもしれない。そのためか、学校の怪談にミイラが登場する話がいくつかある。

　例えばマイバースデイ編集部編『わたしのまわりの怪奇現象１０００』には、ある学校の七不思議のひとつとして校舎の屋上の展望台にミイラが棲み着いている、という話が記されている。ほんとにあった怖い話委員会編『ほんとにあったこわい話１』には、大阪府堺市からの投稿として一二月一二日の深夜一二時一二分一二秒に小学校の朝礼台の上でミイラが踊るという話が載せられている。

　また、変わったものでは池田香代子他編著『走るお婆さん』では、**紫鏡**のように一定の年齢まで覚えているとその身に不幸が起こるという言葉の中に「黄色いミイラ」が挙げられている。

　同じように現代において死体が動く存在の代表である**ゾンビ**については、当該項目参照。

ミイラのような死体［みいらのようなしたい］

　死体が動き出したもの。日本民話の会 学校の怪談編集委員会著『学校の怪談10』にある。病院に入院した少女が夜にトイレに行ったところ、ミイラのように体中に包帯を巻き、ピンクのパジャマを着た人が出てきた。さらにその翌日もトイレでこの人物と遭遇したため、次の日、看護師にその患者のことを聞いてみると、それは「田中さん」という女性で、火事で全身に大火傷をし、入院していた。しかし看護師は、その田中さんは一昨日すでに亡くなっているのだと告げた。そして、その遺体がまだ霊安室にあるのだとも。

　その日の午後、田中さんの遺体は家族に引き取られたが、少女の他にも夜に歩いている田中さんを見た人が大勢いたため、大騒ぎとなった。また、田中さんの遺体の足元には、誰が置いたかも分からないスリッパが一足、きちんと揃《そろ》えて置かれていたのだという。

見えてるくせに［みえてるくせに］

　幽霊が発する言葉。さまざまな場所で語られる都市伝説で、霊感のある人物が横断歩道などの向こう側に異質な雰囲気をまとった人間の姿を見る。今までの経験からそれが死者であることを悟ったその人物が、幽霊と目が合わないように無視して通り過ぎようとするが、幽霊の横に来た時に幽霊が「見えてるくせに」と呟《つぶや》く、というもの。

　幽霊の姿は通常の人間とほとんど変わらないものの他、血まみれの女性であったり、兵隊であったりするが、ぼそっと「見えてるくせに」と言う以外には何もしてこないことが多い。

右手のゆくえ〔みぎてのゆくえ〕

　腕を欠損した死者。マイバースデイ編集部編『わたしのまわりの怪奇現象1000』にあるもの。それによれば、ある女の人が電車に轢《ひ》かれて死んでしまった。その際、女性の右手が千切れてなくなった。

　この話を聞いた人のもとには夜中、その女性が現れて「わたしの右手知りませんか?」と尋ねてくる。その時、「知りません」と答えると右手を持って行かれてしまう。そのため、聞かれたら「知っています」と答え、南の方を指さして「あっちです」と答えるとよいという。

水子霊〔みずこれい〕

　その名の通り水子（生まれたばかり、もしくは生まれる前の赤子）の霊のこと。現代では特に生まれる前に中絶された赤子を指すことが多く、死後に母もしくは父のもとに現れ、危害を加えたり、罪を再認識させるなどする。

　水子が祟る話は、近世では井原西鶴が記した『好色一代女』に蓮の葉笠を被り、腰から下が血まみれの子どもたちが九五、六人も現れ、「おんぶして、おんぶして」「惨《むご》い母様」と泣いていた。これを見た女は、これは自分が堕胎した子どもたちなのだろうかと語ったという話が載っている。

　また本書に収録した話だと、近代の**たたりもけ**や**長名子**《ちょなこ》などがあるが、頻繁に語られるようになったのは現代に入ってからだと考えられる。

　学研ムック『幽霊の本』では、水子霊に対する過剰な怯えは近年のもので、怪しげな祈禱師《きとうし》や霊能者、占い師、金儲《かねもう》けに走った寺などの宣伝によるところが大きいと批判している。

　この水子供養のブームと商品化について詳しく考察したヘレン・ハーデカー著『水子供養　商品としての儀式』によれば、七〇年代、オカルトブームの一環として水子供養が開始されたという。

　この時代、マスメディアや商業主義的な霊能者たちによって水子供養キャンペーンが盛んに行われた。当時、一〇代以外のすべての年齢層で中絶率が減少し始めていたにもかかわらず、多種多様な中絶の表象が映画やフィクション、新聞・雑誌等の相談欄に登場し、多様な視点から中絶が描かれるようになった。そしてメディアは水子供養を行う寺社を宣伝したり、霊能者を紹介するなどした。さらに霊能者や水子にまつわる怪異譚《たん》を紹介するメディアは水子の恨みや怒りを代弁し、水子は祟るものであるから、供養しなければならないと結論して、水子の供養を促す。この場合、対象は主に女性であった。

つまり水子の霊への恐怖と罪悪感を煽《あお》ることで水子供養を商品化し、金銭に変えていたということになる。

また、七〇年代のオカルトブームでは、**地縛霊**や**浮遊霊**といった、特定の言葉に「〜霊」という名前が与えられ、属性で分けるという方法が大きく広まった時代でもあった。同書では、水子供養もまたこのオカルトブームの一環として開始されたと指摘している。

このオカルトブームの立役者のひとりである中岡俊哉の『タナトロギー入門』（昭和四八年（一九七三））には「水子の霊」という言葉が見られる他、「中絶霊」という言葉も使われている。

水子供養ブームは一九九〇年代には下火になった。しかし現在でも、この「水子は祟る」という概念は生き続けており、堕胎や子殺しによって亡くなった子どもの霊が祟り、恐怖をもたらすという話は多い。これはある意味因果応報な物語として好まれているという要素もあるのかもしれない。

しかし世の中には堕胎を選ぶのにさまざまな事情があることを忘れてはならない。それに人が勝手に水子の怒りや恨みを代弁するのは、何より死んだ赤子に対する冒瀆《ぼうとく》だろう。第三者が好き勝手に語ることができるような問題ではないのだ。

水沼美々子 ［みずぬまみみこ］

秋元康の小説『着信アリ』（平成一五年（二〇〇三））および三池崇史監督の映画『着信アリ』（平成一六年（二〇〇四））をはじめとした一連のシリーズに登場する少女の怨霊。

生前は普通の子どもであったが、他者を熱心に看病することで周囲から同情、称賛される状態を快感に感じる「代理ミュンヒハウゼン症候群」という精神疾患を患っていた。この疾患のために妹を包丁で傷つけ、看病するという行動を繰り返しており、その際に「病院に連れて行ってあげる……」という言葉を発し、早く良くなるように、と赤い飴《あめ》を与えていた。しかしこれが母親に露見し、母親が妹を病院に連れて行こうとした際に喘息《ぜんそく》の発作を起こすも無視され、そのまま死亡。享年一〇歳であった。その恨みから死後は怨霊と化し、まず母親を殺害。その後、無関係な人間を次々に犠牲にしていった。

美々子は犠牲となる人間を携帯電話を通して選別しており、選ばれた人間のもとには「死の着信メロディ」と呼ばれる音楽が流れる。その電話を取ると携帯電話の持ち主が死ぬ瞬間の断末魔が聞こえ、着信履歴には携帯電話の持ち主が死ぬ時の未来の時刻が表示される。そして実際に持ち主が死亡すると、携帯電話に登録されている他の人間の連絡先の中から次の犠牲者を選ぶ。

場合によっては電話ではなくメールが送られてくることもあり、その際には死の際の写真や動画が添付される。

殺害方法もさまざまで、念力によって犠

牲者の体を捻《ね》じ曲げたり、高所から落とすなどする。また、自身の姿も、腕や体の一部のみが現れるなど、全身を見せない場合もあれば、直接姿を現すこともある。その際は生前使用していた喘息用の呼吸器の音が聞こえ、妹を傷つけるのに使用した包丁を凶器として使用することが多い。また、他人に乗り移ったり、他人の姿に化けて現れることもある。また自分が殺した人間の死体を操ることもできる。

犠牲者の死体の口の中には赤い飴玉が詰まっているが、これは美々子が生前、妹を虐待した後に与えていた飴玉と同じ物。また死の着信メロディは美々子が生前好んで見ていた子ども向け番組で流れていた『I LOVE MOM』という曲だとされる。

シリーズ二作目の『着信アリ2』ではその出生の秘密として、母親の水沼マリエが家に押し入って来た男に強姦された末に生まれたと語られている。また同作ではリー・リィという台湾人の少女が怨霊として登場するが、美々子もまた彼女によって殺害された被害者であることが示唆されている。

『リング』シリーズの「呪いのビデオ」のように呪いを感染させていく怨霊だが、美々子の場合はチェーンメールのように拡散を促すのではなく、携帯電話から携帯電話へ、連絡先を辿《たど》って勝手に感染するという質《たち》の悪さがある。また美々子自身も被害者を長時間にわたって苦しめてから殺すことを好み、日本のホラー映画に登場する幽霊の中でもかなり性格が悪い。

道連れ幽霊 ［みちづれゆうれい］

生きた人間を死に誘う幽霊。さまざまな形で語られる怪談だが、ここでは渡辺節子・岩倉千春編著『夢で田中にふりむくな』にある話を示す。

それによれば、留学中だったAという女性が帰国したが、迎えに来るはずのBという彼氏の姿が見当たらない。待ち合わせ場所のホテルでBに電話をしようとすると、突然、自分の隣に親友のCと、その彼氏のDが立っていることに気が付いた。

驚いたAが事情を尋ねると、Cは、実はBがここへ来る途中に事故で即死したと言う。あまりに突然のことにAが泣きじゃくり、CとDが慰めていると、突然ドアを激しくノックする音が聞こえ、Aの名前を呼ぶBの声が響いた。Aは思わずドアを開けようとしたが、CとDは「開けると連れて行かれる」とそれを止めようとする。しかしAはB恋しさに二人を振り払い、ドアを開けると、そこには無事な姿のBがいた。BはAを引っ張り出すと、ドアを閉め言った。

「いいか、死んだのはあの二人の方なんだ。用ができたんで、二人に迎えを頼んだんだけど、その途中で事故って、即死した。二人は君を道連れにする気だったんだ」

そしてAとBがそっともう一度部屋を覗くと、中は空っぽの空間だったという。

ほとんどの怪談で四人が登場し、うち二人が死者、ひとりが道連れにされそうになり、もうひとりがそれを助ける、という展開で語られる。三人が一緒に事故に遭い、二人が即死、もうひとりは臨死体験の中で即死した二人に道連れにされそうになるも、恋人や配偶者の呼びかけで目を覚ます、というパターンもある。

耳を買いにくる人［みみをかいにくるひと］

店に現れる死者。マイバースデイ編集部編『わたしのまわりの怪奇現象１０００』にあるもの。それによれば、秋田県由利郡（現・由利本荘市と、にかほ市および秋田市の一部）の国道一〇八号線はカーブが多く、事故が起こりやすい場所だが、そこである女性が事故に遭って死亡した。以来、この事故現場近くのマーケットに「私の耳売ってませんか?」とその事故で死んだ女性が買い物に来るようになったという。

ミミをくれ［みみをくれ］

人体の一部を欲する死者。久保孝夫編著『女子高生が語る不思議な話』にあるもの。それによれば、パンの耳が好きな男の子がおり、いつもおやつ代わりに食べていた。ある日、その男の子が交通事故で死んでしまう。母親は悲しみ、毎日泣いて暮らしていたが、男の子が生前好きだったパンの耳を仏壇に供えることを欠かさなかった。

ある日、仏壇から「耳くれ～耳くれ～」という声が聞こえたため、母親が仏壇に近づき、「坊や、どうしたの?」と聞くと、「耳くれ～耳くれ～」と繰り返す。そのため、母親がもう一度尋ねると、仏壇の中から手が伸びて来て、母親の耳を摑《つか》み、「お前の耳をくれ～」と言って、持って行ってしまったという。

類例は多く、マイバースデイ編集部編『わたしの学校の七不思議』では、パンのみみが好きな子が事故で死亡し、それから数日後母親の夢にその子どもが現れ、「みみ、ちょ～だ～い」と言う。そこで母親は次の日仏壇にパンのみみを供えたところ、いきなりその子の霊が現れ「そのみみじゃない……。この耳だ!」と叫んだという話が載る。

不思議な世界を考える会編『怪異百物語1』では、親と子の関係が逆転した以下のような話が載る。

あるところに父と息子二人で暮らす家族がいた。父親はパンの耳が好きで、毎日毎日パンの耳ばかり食べていた。しかしある日父親がパンの耳の食べ過ぎで死んでしまう。息子はとても悲しみ、毎日のように父親の墓参りに行っていた。するとある日、墓の中から「ミミをくれ」という声が聞こえて来た。大好きだったパンの耳を欲しがっているんだと考えた息子は急いで近くのパン屋に赴き、パンの耳をたくさん買って来て、墓前に供えた。すると墓の中から「そのミミじゃない、お前の耳だ」と大声がして、息子は耳を毟《むし》り取られて死んでしまったという。

人体の一部を同音異義語と勘違いさせる展開は**カミをくれ**と共通しており、この怪談から派生したのではないかと考えられる。

無人踏切の三姉妹［むじんふみきりのさんしまい］

踏切に現れる死者。松谷みよ子著『現代民話考３』によれば、週刊「女性自身」昭和三六年（一九六一）八月一四日号に掲載されたものだという。それによれば、東京都世田谷区の豪徳寺駅付近の無人踏切には、かつて白いブラウスを纏《まと》った三姉妹が出た。この姉妹はかつてこの踏切で轢《ひ》かれた小泉幸子、麗子、恵子という女性で、幸子と麗子の二人は昭和二四年（一九四九）に江ノ島行きの電車に撥《は》ねられて死んでおり、残る恵子は昭和三六年に同じくこの踏切で轢かれた。そのため、暗い夜には三姉妹が揃《そろ》って踏切に現れていたが、遺族の抗議が実を結んで信号機と慰霊碑ができると、姿を現さなくなったと語られている。

紫鏡［むらさきかがみ］

この言葉を二〇歳まで覚えていると死ぬ、不幸になるといった都市伝説が有名だが、この言葉が呪いの言葉となった背景に、人の死が関わっていることが語られる場合がある。

池田香代子他編著『走るお婆さん』によれば、週刊「女性自身」平成八年（一九九六）二月二七日号に以下のような話が掲載されたという。

ある女の子が大切な手鏡をちょっとした悪戯心《いたずらごころ》から絵具で紫色に塗ってしまった。しかしその後女の子が鏡をいくら拭いても色は落ちず、そして女の子は自分のしたことを後悔し、一日も鏡のことを忘れることはなかった。やがて彼女は二〇歳の時病気で亡くなった。「紫鏡、紫鏡」と呟《つぶや》きながら……。

他にも木原浩勝他著『都市の穴』ではこんなルーツが載る。

終戦直後のこと、もうすぐ二〇歳になる女性が楽しみにしていた成人式を目前に死亡した。その女性は日頃から紫色の鏡を愛用しており、片時も手放さないほど大切にしていたが、なぜかその鏡は彼女の死後見つかることはなかった。そして成人式当日、その女性の知人が行方不明になるという事件が起こり、その人の部屋の床に紫色の鏡がぽつんと置かれていた。そして「ムラサキノカガミ」という言葉を二〇歳まで忘れなければ、この知人のように鏡の持ち主の女性を呼び寄せてしまい、鏡の中の彼女の世界へ連れて行かれてしまうという。こちらの話では死者が実際に姿を現している。

フジテレビ出版『木曜の怪談　紫の鏡』はこの都市伝説がタイトルになっているが、そのルーツにまつわる話も複数掲載されている。

まずひとつ目は少女にまつわる話で、ある少女が母親に鏡を買ってもらい、とても気に入っていつもそれを持ち歩いていたが、交通事故で死亡し、その際に彼女の血が鏡に付いて紫色になった、という内容だ。

　そして二つ目は、次のような内容だ。ある姉弟が家の箪笥《たんす》の中から聞こえてくる微《かす》かな泣き声を聞き、その箪笥の四段目に入っていた小さな袋を開けると、小さな鏡が現れるとともに泣き声が聞こえなくなり、そしてその鏡を手に取った瞬間鏡が紫色に変わった。実はその鏡は、姉弟の曽祖母《そうそぼ》がかつて恋人から貰《もら》った鏡で、事情があってその恋人と結ばれなかった曽祖母はそれを見て毎日のように泣いていた。そして曽祖母が亡くなってからは彼女の命日になると鏡がしくしくと泣き声を上げるようになった。その鏡は代々娘に引き継がれるようになったが、その鏡のことを覚えている間は結婚できないと伝えられているのだという。

　三つ目は轢《ひ》き逃げに遭った少女の話で、彼女はお気に入りの青く縁取られた手鏡を持ち歩いていたが、事故の際その鏡の青い塗料が少女の血の赤と混ざって紫色となった。そして轢き逃げの犯人が二〇歳ほどの年齢であったことから、それ以来少女の亡霊がこの話を知っている二〇歳の人間を次々と呪い殺すようになった。そのため二〇歳になるまでにこの話を忘れなければならない、という内容になっている。この話も死者の呪いであると明言されている。

　四つ目は昔ある少女がひとつの鏡を大切にしていたが、誰かにその鏡を紫色のペンで塗り潰《つぶ》されてショックを受け、その犯人を恨みながら死んだという内容だ。それ以来、その紫の鏡を見た人が二〇歳までその鏡のことを覚えていると死ぬという。

　この他にも同書には、空から紫色の手鏡が降ってくるが、その手鏡を拾った少年が悪魔になる話、三つの願いを叶えてくれる紫の鏡があるが、その鏡のことを二〇歳まで覚えていると不吉なことが起きるなど、死者が登場しない話も多数収録されている。

　花子さん研究会編『トイレの花子さん5』には埼玉県の中学校に伝わる話として、次のような怪談を紹介している。ある学校のトイレで首を絞められて殺され、顔が紫色に変色した少女の死体が見つかったという事件があり、それ以来学校のトイレの鏡に紫色の顔の少女が映るようになった。またその少女は死後も成長して二〇歳ほどの年齢の女性の姿となっていたため、それが「紫鏡という言葉を二〇歳まで覚えていると死ぬ」という噂《うわさ》となって広まったという。

　紫鏡のように、一定の年齢まで覚えていると死ぬ、不幸になるという言葉は多数あるが、そのバックボーンが語られる話は紫鏡ぐらいしかない。また、もし紫鏡という言葉を二〇歳まで覚えていたとしても、白い水晶、黒いカーネーション、水色の鏡、ピンクの鏡、永遠に光る金色の鏡、ホワイトパワーなどの言葉を覚えていると無効化できるという話も多い。

ムラサキババア［むらさきばばあ］

学校の怪談にて語られる死者。ムラサキ

ババア、もしくは紫婆はさまざまな話が全国の小学校で語られているが、日本民話の会 学校の怪談編集委員会編『学校の怪談2』には、その過去を語る話が載せられている。

それによれば、ムラサキババアはかつて貧乏な家に生まれた娘で、ぼろぼろの着物一枚しか持っていなかった。その娘がまだ少女だった頃、彼女は地主の娘が持つ紫色のケープの付いた洋服に憧れていたが、ある風の強い日、そのケープが落ちているのを見つけた。少女が、一度だけ肩に掛けてみようとそっとそれを肩に持っていった時、地主の娘がケープを落としたことに気づいて、それを持っている少女を泥棒と罵った。少女はそれから手癖の悪い人間と思われ、何ひとつ良いことが起きることもなく歳を取って死んでしまった。のちに、その女性がかつて住んでいた場所に学校のトイレが建ち、女性はムラサキババアとなって出現するようになったのだという。しかし、ある時ムラサキババアと遭遇した女子生徒が紫色のお守りを握りしめて「ムラサキ、ムラサキ……」と唱えたところ、成仏したのか姿を現さなくなった、と語られている。

他にもフジテレビ出版『紫の鏡 木曜の怪談』においては、学校の校門付近に出現するムラサキババアの話が載る。この老婆はかつて孫がいじめられて死亡したため学校にそのことを訴えたものの、学校は相手が年寄りだと思い話を聞かず、それどころか孫は事故で死んだのだと彼女に言い聞かせたのだという。そのために老婆は「お前らの話はもう聞きたくない」と自分の耳を切り落とし、死亡した。それ以来、霊となって各地の学校に出没しては無差別に生徒を切りつけるようになったとされている。ただしこの話については真倉翔原作・岡野剛作画の漫画『地獄先生ぬ～べ～』の第九二話「怪異・ムラサキババアの巻」と内容がほぼ一致しているため、これが元になった可能性が高い。

特にこの老婆の正体を死者と語らない話も多い。近藤雅樹他編著『魔女の伝言板』では、ある小学校で頭の先からつま先まで紫色の服を着た老婆が子どもの肝臓を奪うという話があったという。また、その話が語られていた小学校で、トイレに紫色の服を着て風呂敷包みを持った老婆が籠もって大騒ぎになり、後から噂《うわさ》が大きくなって、あれは「紫色婆」だとか「肝臓が欲しいと言っていた」などの話が語られていたという。

また日本民話の会 学校の怪談編集委員会編『学校の怪談大事典』によれば、**トイレの花子さん**の叔母とされるもの、トイレの個室のドアをノックして名前を呼ぶと出現するもの、「カミをくれ」と言うもの、「足を一本下さい」と言い、それに出会った人は次の日足がなくなっているなど、他のトイレを舞台にした怪談と組み合わさったものが多く記録されている。

メリーさん ［めりーさん］

次第に近づいて来る死者。常光徹著『学

校の怪談』にあるもの。それによれば、メリーさんという少女がいたが、友人の家に遊びに行く途中、信号無視の自動車に撥《は》ねられ、死亡した。

自動車はメリーさんを無視して走り去ったが、それを運転していたのは若い男で、その男はあの事故の後、自宅であるマンションの四階の部屋に閉じ籠もっていたが、翌日の新聞にメリーさんが死亡したという記事が載り、自分が殺人を犯したことを知った。

その新聞を読み終わった直後だった。電話が鳴ったため、恐る恐る受話器を取ると、その向こうで「もしもし、わたし、メリーさんよ」という少女の声がした。男が驚き、どこからかけているのかと問うと、「あなたのマンションの前の電話ボックスよ」と答え、電話は切れた。

その翌日、また電話が鳴り、取ると「もしもし、わたし、メリーさんよ」という声がした。そして今度は「あなたのマンションの一階にいるの」と告げた。

その翌日には二階、さらにその翌日は三階と、電話がかかってくるたびにメリーさんは近づいて来る。そして五日目、いつものように電話がかかってきて、男が受話器を取ると、メリーさんは「四階よ。あなたの部屋の前にいるの」と告げた。

男は慌てて玄関に向かい、ドアの外に飛び出したが、そこには誰もいない。それでもうろうろと辺りを見回していると、また電話が鳴った。男がそれを取ると、「わたし、メリーさんよ」という声が聞こえてきた。

男が「どこにいるんだ！」と問うと、メリーさんはこう答えた。

「あなたのうしろにいるの」

メリーさんの電話といえば、捨てた西洋人形が電話をかけながら近づいてくる話が有名だが、このように轢《ひ》き逃げに遭って死んだ少女が電話をかけてくるパターンもある。メリーという名前からか、少女は外国人であると指定されている話も存在する。

また、常光徹編著『みんなの学校の怪談赤本』には、福島県で轢き逃げに遭って死亡したメリーさんという少女がおり、雨の金曜日の午後五時から六時の間、彼女が轢き逃げに遭った場所を通ると、プロミスリングを着けて傘を差し、ナイフを握ったメリーさんが現れるという話が載る。彼女からの被害を免れるためには、彼女が好きだったポテトチップスを渡せば助かるという。同書には他にも、ある少女が職員室で突然鳴り出した電話を取ったところ、「わたしメリー、いま、あなたの後ろにいるのよ」という声がして、振り向くと五年前に亡くなったメリーさんの霊がいて、少女を懐かしそうに見つめた後、二分ほどで消えてしまったという話も載せられている。

これらは轢き逃げに遭った、電話をかけてくるという共通点から、恐らくメリーさんの電話の怪談から派生したものではないかと考えられる。

また、ネット上では次のような話も語られている。メリーさんという名の少女がいじめに遭い、大事にしていた人形の手足を胴体から外され、校内のどこかに隠された。メリーさんは必死に探したものの見つからず、ショックで自殺した。以来、怨霊と化したメリーさんが校内に現れ、手足のない人形を渡して「手足を探せ」と迫り、彼女の告げる期限内にすべて探すことができないと、見つからなかった部分の体の部位を奪われるという。これは真倉翔原作・岡野剛作画の漫画『地獄先生ぬ〜べ〜』の一編「メリーさんの巻（前・後編）」とほぼ同じ展開のため、この話が元になって語られているものと考えられる。

【や】

やけどを負った幽霊
[やけどをおったゆうれい]

話を聞くと現れる幽霊。マイバースデイ編集部編『わたしのまわりの怪奇現象100』にあるもの。それによれば、昔、大火事に遭って逃げ遅れ、全身に火傷を負って死んだ人がいた。その姿は人の形をした肉塊ともいうべきほどで、どこに目があるかも分からないような状態だったという。

そして、この幽霊は話を聞いた人間のところへ一週間後にやって来る。窓に鍵がかかっていようと、扉が閉まっていようと入って来るという。

カシマさんや**テケテケ**のような話を聞くと現れる幽霊だが、ただやって来るというのみで、対処法ややって来た結果がどうなるのかが分からず、不気味な幽霊だ。

夜叉神ヶ淵の怪
[やしゃがみがぶちのかい]

死者の住む町。久保孝夫編著『女子高生が語る不思議な話』にあるもの。それによれば、あるカップルが夜叉神ヶ淵という渓谷で車を停めた。この渓谷に落ちた者は死体も発見できないといわれる深い谷で、自殺の名所でもあった。女がその谷底を覗き込んでいると、いつの間にか男がいなくなっていた。彼が落ちてしまったと思った女は助けを呼ぶため近くの町へ向かうが、町の人々は彼女のもとに集まって来るも誰も話を聞いてくれない。そのため、どうしようかと困っていると、町の人々の中に谷底に落ちたはずの彼氏がいた。そこで女は思い出した。自分たちは二人一緒に谷底に落ちたのだと。その瞬間に彼女の意識は覚醒し、気が付くと病院のベッドにいた。あの小さな町は、夜叉神ヶ淵に落ちた浮かばれない死者たちの棲む幻の町だったのだという。

転落による臨死体験、死者の棲む町へ迷い込むなど、この話にそっくりな物語が描かれる映画に一九六二年公開の『恐怖の足跡』（ハーク・ハーヴェイ監督）という作品がある。この映画が元になって語られるようになった話だろうか。

野戦病院の幽霊［やせんびょういんのゆうれい］

死体が動き出したもの。松谷みよ子著『現代民話考2』にある。それによれば、第二次世界大戦時、敵兵の弾で足を負傷した兵士が野戦病院に運ばれたが、薬が間に合わず、麻酔なしで両足の膝から下を切断した。しかし兵士は治療の甲斐なくそのまま死亡した。

そんなある晩、真夜中に何かを引き摺《ず》るような音が聞こえ、続けて何かがひっくり返るような音が手術室から聞こえてきたため、看護師が懐中電灯を持って廊下に出ると、太い血の跡が二本、手術室の方に延びていた。そのため手術室を覗くと、死んだはずの兵隊がガーゼに血を含ませて吸っていたのだという。

弥平はいねか［やへいはいねか］

海から現れる死者。松谷みよ子著『現代民話考3』にあるもの。それによれば、ある漁師が夜に漁から帰って来た際、あと少しで船着き場というところで船が傾いたため、驚いてそちらを見ると、頭からぐっしょりと濡れた中年の男が船のへりに手をかけて「弥平はいねか」と尋ねた。驚いている間にも船が傾いていくため、漁師はとっさに節分の豆を鷲掴《わしづか》みにして「弥平はいね」と言ってその豆を投げつけると、その男は消えてしまった。

後で土地の知り合いに聞いてみると、その辺りで弥平という人が旅人を殺して金を奪ったことがあったのだという。

旅人を殺して金を奪う話は異人殺しの話の定番だが、同書では実際にこの体験をした漁師が語った話として記録されている。

山村貞子［やまむらさだこ］

小説および映画に登場する幽霊。平成三年（一九九一）刊行の鈴木光司の小説『リング』をはじめとするシリーズや、その映画化で平成一〇年（一九九八）公開の『リング』（中田秀夫監督）をはじめとする『リング』シリーズに登場する。

小説版と映画版ではかなり設定が異なるが、終始幽霊として登場するのは映画シリーズである。まずは原作となる小説版の貞子について記述する。

『リング』およびその続編『らせん』、貞子の過去を描いた番外編『バースデイ』によれば、貞子は昭和二二年（一九四七）、伊豆大島にて超能力者の母の娘として生まれる。半陰陽者（性分化疾患）であった。しかし母親は超能力の実在を疑われ、マスコミのバッシングを受けて、東京都伊豆大島の三原山に身を投げて自殺。貞子も超能力を受け継ぐが、そのためにさまざまな怪事件を引き起こす。昭和四一年（一九六六）、結核を患った父親の主治医に強姦され、さらに井戸に突き落とされて死亡する。この際、相手が天然痘《てんねんとう》を患っていたことで天然痘に感染。死後、彼女の怨念が人類を恨む天然痘の怨念と混ざり、リングウィルスという新種のウィルスを生み出す。

　このリングウィルスは貞子の怨念が念写されたビデオテープを見た人間に感染し、一週間後の同時刻にその人間の心臓周辺の冠状動脈に肉腫を発生させ心筋梗塞《こうそく》を誘発し、殺害する。この呪いを解く方法はビデオをダビングして他の人間に見せる、つまりウィルスの増殖に手を貸すことだとされる。ビデオの内容は貞子の故郷である伊豆大島の三原山の様子、超能力についての映像、伊豆大島の古い方言で語られるメッセージ、超能力実験を非難する人々の様子、生まれたばかりの赤子、貞子が殺害される間際に見た光景などが映されており、最後に、映像を見た者は一週間後に死ぬ、死にたくなければビデオをダビングし、まだ見ていない他者に見せろ、という旨のメッセージが表示される。

　しかし作中では、このビデオに悪戯《いたずら》で上書きした者が現れ、最後の警告が消えたビデオが誕生する。これによりリングウィルスは突然変異を起こし、呪いから逃れる方法は「ビデオのダビング」ではなく、ビデオの情報を別の媒体に転換することに変化し、雑誌記事や小説に貞子の呪いについて記されていれば、それを見た人間に感染するという状態になり、より感染力を増した。

　第二作目『らせん』ではこのリングウィルスに感染した場合、増殖に手を貸せば死は免れるものの、リング状の形をしたウィルスが精子のような姿に変形する。そして男性であれば脳に侵入してリングウィルスを増殖させるための文章を作らせ、女性であればウィルスがその子宮に侵入し、受精して胎内で貞子を再生させる。さらに出産までにかかる期間は一週間であるとされる。

　生まれた貞子は生前の記憶を持っており、一週間で成人まで成長する。さらに半陰陽者として自己増殖能力を持っているため、自分で自分自身を妊娠し、出産するという方法で増殖する。これにより貞子は全世界の人類を殲滅《せんめつ》し、貞子のみの世界にしてしまう。

　そして完結編『ループ』では、この貞子が増殖した世界が実は環境シミュレーター上で作り上げられた仮想世界「ループ」であったことが明かされる。しかし貞子は現実世界にも侵食し始め、リングウィルスは現実世界へと持ち込まれて転移性ヒトガンウィルスへと変異し、猛威を振るう。ループから現実世界に移行した高山竜司は、これを撲滅すべくワクチンを作成し、リングウィルスが蔓延《まんえん》する前のループ世界に戻ってこのウィルスを無効化したことで事態は収束する。

　このように原作における貞子は仮想世界に生まれた怨霊で、ウィルスとして猛威を振るうが、映画版では仮想世界の設定はなくなっており、貞子も現実に存在する恐るべき怨霊として描かれている。

映画版『リング』は基本的に原作の設定をなぞるが、ビデオに「呪いのビデオ」という呼称が与えられており、その内容も非常に不気味なものになっている。またテレビから貞子が這《は》い出して来て、顔に垂れた長い黒髪の間から睨《にら》みつけ、殺害するという場面が描かれるのも映画のオリジナルである。また、リングシリーズはこの作品を起点にして時系列が複数に分岐する。

平成一一年（一九九九）公開の続編『リング2』（中田秀夫監督）や貞子の過去を描いた『リング0　バースデイ』（鶴田法男監督）では、貞子は井戸に落とされてから三〇年にわたり生き続けていたという人間離れした設定が追加され、その出生も母親の志津子が海から来た魔物に犯されたことで生まれたものと示唆されている。

この貞子は生前に、普通の人間としての貞子と、化け物としての貞子の二人に分離したとされる。人間の貞子は母親、つまり志津子に似ているが、化け物の貞子は父親、つまり海から来た魔物に似ていると語られている。

化け物の貞子は生家の二階に監禁されていたが、人間の貞子は一八歳になった頃、入団した劇団の団員にリンチされて死亡。その後、この貞子は蘇《よみがえ》る際にもうひとりの貞子と融合し、怪物と化して劇団員を殺害した後、父親として彼女を育てていた伊熊平八郎によって井戸に落とされ、再度殺される。そして三〇年後、呪いのビデオを介して人々を呪う怨霊と化したとされる。

また、令和元年（二〇一九）公開の『貞子』は『リング２』の続編とされ、少女の体を乗っ取って現世に帰還しようとする姿が描かれている。

『リング』と同時公開となった『らせん』（飯田譲治監督）では、原作と同様貞子が高野舞という女性の子宮を利用して復活するが、貞子本人ではなく舞の姿を借りて現世に蘇る。

こちらの時系列の続編には平成二四年（二〇一二）公開の『貞子３Ｄ』（英勉監督）およびその続編で翌年公開の『貞子３Ｄ２』がある。これらの作品ではインターネットで呪いの動画を広めるなど、時代に即した力を見せている。

また平成三〇年（二〇一八）には『呪怨』シリーズとのクロスオーバー作品『貞子vs伽椰子《かやこ》』（白石晃士監督）が公開されている。これは他のシリーズとは異なり、呪いのビデオが都市伝説として語られる世界で、貞子はそれが具現化するような形で登場し、伽椰子と戦う。

最新作となる令和四年（二〇二二）公開の『貞子ＤＸ』（木村ひさし監督）は『リング』の続編とされ、ＳＮＳが密接に関わる現代ならではの展開が見られる。

この『リング』シリーズにおける呪いのビデオとダビングによる拡散は、幸福の手紙や不幸の手紙、チェーンメールなどに見られる、不幸を避けるためには同じ文章を複製して複数人に送らなければならないという要素の影響がうかがえる。

こういった要素は、口頭で同じ話を一定

人数に伝えなければ幽霊が現れると語られる**カシマさん**や**テケテケ**、**さっちゃん**などの怪談にも見られ、ネットの世界では電子掲示板やSNSなどで同じ文章を複製して投稿することを求めるものなどがある。貞子が時代に合わせてさまざまな媒体で呪いを拡散しているように、元祖不幸の手紙も時代に合わせて進化しているようだ。

槍をつく死体［やりをつくしたい］

妾《めかけ》を殺した本妻。松谷みよ子著『現代民話考5』にあるもの。それによれば、明治（一八六八〜一九一二）の頃の大阪府でのこと、ある大金持ちの本妻が亡くなったが、この大金持ちには妾がたくさんいたため、死んでも死に切れなかったのか、夜になって棺の中で死体が動き出した。本妻は槍を手に取ると、それを杖《つえ》のようについてゆっくりと廊下を歩いて行き、ついに妾の部屋まで辿《たど》り着いて、その妾を刺した。妾の悲鳴を聞いた女中たちが慌てて部屋に行くと、本妻と妾が一緒に倒れて死んでいたという。

ユイムン［ゆいむん］

沖縄における死霊の一種。塩月亮子の論文「沖縄における死霊観の歴史的変遷」（平成一三年（二〇〇一））にあるもの。それによれば、ユイムン自体は海からの漂着物を指す言葉だが、そういった物には海のヤナムン（溺死者など）が憑《つ》いていることがあるため、もし家に入れると病気や家庭的不幸が起きるという。ただし魚のように沖から自分で岸に寄ってくるものは問題ないとされる。

幽体離脱に負けた霊［ゆうたいりだつにまけたれい］

生者に負かされた死者。フジテレビ「いきなりフライデーナイト」編『いきなり怖い話』にあるもの。それによれば、ある男性が部屋で休んでいると、突然胸が押し潰《つぶ》されるように息苦しくなって目が覚めた。妹か母がふざけて乗っかっているものだと思い、「人が気持ちよく眠っているのに、お前は！」と叫ぶと、眠っている自分の顔が見えた。

どうやら幽体離脱をしてしまったらしく、男性の幽体は実体の足首の辺りで繋《つな》がっており、自分を見下ろすように立っていた。そして、その実体の上に乗っかり、首を絞めている得体のしれない何かがいる。しかし意識がはっきりと目覚めていなかった男性は、その得体のしれない何かに怒りを感じ、「人が眠っているのに、貴様！　何様のつもりだ！」と叫び、幽体のまま、その得体のしれないものの首を逆に締め付け、さらに振り回した。

するとその得体のしれない霊らしきものは何とも言えない恐ろしい形相で振り返り、火の玉のようにゆらゆらと部屋の中を漂った後、消えてしまった。直後、男性は気が遠くなり、気が付いた時には元の体に戻っていたという。

また、安藤君平編著『「超」怖い話』には、幽霊と戦うため、自ら幽体離脱を行い、格闘と絞め技により幽霊を追い払った話が載せられている。

幽霊［ゆうれい］

現代における幽霊は、霊とともに死者の霊魂が現世で存在を示すもの全般を表す総称として使用される。幽霊と呼ばれる場合、視覚的な姿を現すものを指す場合が多いが、姿を現さず、人に取り憑《つ》いたり、音や声を発したり、なんらかの怪現象を起こしたりする場合でも、その原因が死者であると考えられる場合は、原因となっている存在を指して幽霊と呼ぶことがある。

幽霊（近代）において、幽霊と妖怪が区別されるようになったことを書いたが、それは現代でも続いている。

よく例に挙げられるのは小松和彦と諏訪春雄の幽霊の定義だろう。

まず小松和彦は『怪異の民俗学〈六〉幽霊』で、幽霊は妖怪の一部であり、生前の姿で現れ、固有名詞や個性、個人史を担って出現するものと定義している。また『日本怪異妖怪大事典』では、幽霊は妖怪の下位カテゴリーであるが、妖怪化した人間の特殊形態であるという。動物の一種である人間が他の動物と区別され、特別扱いされるように、他の妖怪と区別される存在として特別扱いされているのが幽霊であるとする。

一方、諏訪春雄はその著書『日本の幽霊』にて、幽霊は必ず死者であり、死後の世界である「他界」の住人がこの世に現れるもので、妖怪はおおむね生者であり、生活空間の周縁に広がり、人間の営みによって可変する「異界」に住むものであり、別物であると述べている。また幽霊は人間であったものが人間の形をして出現したもので、それに対し妖怪は人間以外の形をとって出現するとも述べる。

幽霊を妖怪に含めるか否かについては学問的な問題となるため、本書においてはどちらが正しいということは控える。ただ、現代という時代を舞台にした幽霊譚《たん》の場合に限定すれば、幽霊が指す範囲はより広い。

現代における幽霊は生前の姿で現れることは必須条件となっておらず、死者の霊魂がその存在を示す場合の総称として使われるためで、声や音だけが聞こえる、見えない何かが人に取り憑く、廃墟《はいきょ》などで怪現象を起こす、首がない、体がバラバラであるなど、明らかに生前とかけ離れた姿で現れるなどしても、それが死者そのもの、もしくは死者が起こした現象であると考えられる場合には、幽霊の存在が語られるのである。

現代における幽霊という言葉の使い方は、死者の霊魂全般を指すものが多く、現代人にとっての幽霊とは、「死者がなんらかの存在を示すもののうち、死体でないもの」と言えるぐらいには広くなっている。なお、死体の場合は**ゾンビ**とは呼ばれても幽霊と呼ばれることは少ない。首が切断されたライダーが首のない状態でバイクに乗って現れる**首なしライダー**など、現代で幽霊と呼ばれるものは明らかに肉体が死んだ状態の姿で現れることも多いが、それが死体そのものが動き出したか、死体とは別に現れるかで大きく扱いが変わる。幽霊が死者の霊魂である、ということは前提となっているようだ。

　また、幽霊と妖怪の大きな違いとして、幽霊は実在を受け入れられやすく、妖怪は受け入れられにくいというものがある。これは近代において幽霊が心霊主義のもとに科学的に肯定され、大衆に受け入れられた、という過程もあるが、七〇年代に発生したオカルトブームにて、心霊研究家でもあった中岡俊哉やつのだじろう、新倉イワオなどが活躍し、心霊研究にのっとって死後の霊魂の存続を前提とした解説や紹介を行ったことも要因のひとつではないかと考えられる。

　中岡俊哉はその著書『タナトロギー入門』にて、霊は実在するが、妖怪はフィクションであり、心霊現象とは区別すべきであると記している。つまり妖怪は実在しないが、死者の霊魂は実在するという。すべての人間がそうというわけではないが、現在の一般的な認識はこれに近いのではないかと思われる。

　ただし、妖怪と呼ばれないものの、幽霊でもない不可思議な存在が都市伝説や学校の怪談、ネット怪談や実話怪談など、現代でもさまざまな場所で語られている。決して彼らがいなくなったわけではないことはここに記しておきたい。

　また、現代の幽霊は目に見えるものと見えないものが混在していながら、どちらも自然に受け入れられている。例えば都市伝説や学校の怪談などに語られる**トイレの花子さん**や**カシマさん**、**テケテケ**などは誰の目にも見える存在として語られることが多い。一方、**おんぶ幽霊**や**見えてるくせに**の幽霊などは、特定の人間にのみ見えることを前提として怪談を成立させている。**心霊写真**や心霊映像などは、肉眼では見えないものが写真や映像に写り込んだものとされる。また、目に見えないはずの幽霊を見てしまう人間は霊感がある、といわれる場合が多いが、現代のすべての幽霊譚で幽霊に遭遇する人間が霊感のある人間というわけではなく、むしろ普通の人間が幽霊と遭遇する話の方が遥《はる》かに多い。さらに先述したように、幽霊の発する声や音だけが聞こえる、見えない幽霊が人に取り憑くといった話もある。

　この見える幽霊、見えない幽霊は基本的に同じ話には同時に出てこないため、どちらも違和感なく受け入れられる。そのため、どのような場面でも幽霊が活躍する余地があり、さまざまな怪談の主役として幽霊たちが抜擢される。

　現在でも夏になれば心霊番組が放送され、**心霊スポット**や**事故物件**など、幽霊が出るという場所の情報は絶えない。ある意味現代は、幽霊の全盛期と呼べる時代なのかもしれない。

幽霊自動車［ゆうれいじどうしゃ］

無人の自動車が走るもの。池田彌三郎著『日本の幽霊』によれば、昭和初期の頃、タクシーの運転手たちの間では「幽霊自動車」の存在がひとつの噂《うわさ》として広まっていた。深夜に東京でタクシーを流していると、運転手の乗っていない無人の自動車とすれ違うことがある。これが噂の「幽霊自動車」で、これに出会った運転手は必ず二、三日中に事故を起こしてしまうのだという。そしてこれを恐れた当時のタクシー運転手たちの間では、魔除けとしてバックミラー等に人形をぶら下げるようになったらしい。

同書によればこれは昭和五、六年（一九三〇、三一）頃の話だという。

また松谷みよ子著『現代民話考3』には、昭和二五年（一九五〇）頃まで出現していた例として、宮崎県の西都原《さいとばる》（現・宮崎県西都市大字三宅西都原）にある鬼の窟《いわや》という横穴式石槨墳《せっかくふん》のところを夜に歩いていると、黒い無人の自動車が静かに走って来てその人の目の前に停まるが、やがて消えてしまう、という話が載せられている。

幽霊電車［ゆうれいでんしゃ］

電車にまつわる怪異。今野圓輔《えんすけ》著『日本怪談集　幽霊篇』にあるもの。かつて東京都で運行していた玉川電車（東急玉川線）では、終電車がとっくに出てしまったある真夜中、渋谷区の線路上にひとりの女性を乗せた電車が現れ、それは安全地帯に着くや否や消えてしまったという。

幽霊電車と呼ばれる存在は他にも多く、常光徹著『学校の怪談3』には真夜中に死者を乗せて走る電車が幽霊電車と呼ばれている。

近藤雅樹他編著『魔女の伝言板』では、次のような話が載る。ある女性が都会を離れて静かな場所でひとり暮らしをしていると、駅も線路もないのに電車の音が聞こえるため、外を覗いたところ、家の前を走る電車がうっすらと見えた。そして、その電車にはお年寄りや体の弱そうな人が乗っていた。翌日、このことを大家に話すと、その電車は幽霊電車といい、死んでゆく人たちが乗っているのだと教えられた。この幽霊電車を見ると一週間以内に死亡してしまうという。

幽霊屋敷［ゆうれいやしき］

死者の声が録音されるもの。近藤雅樹他編著『魔女の伝言板』にあるもの。それによれば、北海道旭川市郊外に一家惨殺が起きたとされるY邸という家があった。そこに若い数人のグループが肝試しに出かけたが、その際にテープレコーダーを持って行った。録音スイッチを押して廃墟《はいきょ》の中を探検したが、特に何も起きない。そこで車に戻り、テープレコーダーを起動すると、以下のような音が記録されていた。

「おじゃましまーす」

――はい、どうぞ。

「何もないね」
――そんなことはありませんよ。
「帰ろうか」
――待て、こら！

そこにはいなかったはずの女性の声が、若者たちの言葉に応答する形で記録されており、驚いた若者たちは慌てて家に帰った。そしてその中のひとりが家に着くと、母親から先ほど電話があったと告げられた。母親によると、電話はYという人からで「戻って来い！」と言っていたという。

全国的に語られる都市伝説で、舞台となるのは普通の一軒家の廃墟の場合以外にも廃病院、廃校などさまざま。話の展開としてはその廃墟に若者たちが録音、もしくは録画機器を持って侵入する。その時点では何も起きないが、後で録音・録画機器を再生すると、誰のものか分からない声が若者たちの言葉に答える形で入っている。そしてその声は最後に廃墟から出て行く若者たちを呼び止めるようなものである。この理由として、廃墟の中にあった指輪やカルテなどを持ち帰ろうとするため、それを止めようと声を上げる、というパターンも多い。そして自宅に戻ると電話がかかってきて、録音・録画されたものと同じ声で廃墟に戻って来い、もしくは持って行った物を返せ、という旨のことを告げる、などの流れになる。

さらに過激な展開が見られる話もあり、渡辺節子・岩倉千春編著『夢で田中にふりむくな』に収録されている「おあずかりしています」という話では、京都の宇治市の廃病院に行った五人の少年のうち、ひとりが病院の中に忘れ物をしたと言って戻るも、そのまま帰って来なくなる。数日後、その少年の家に電話がかかってきて「お宅のお子さんをお預かりしています」と言うため、警察が捜査に向かうと、霊安室にその少年の死体が放置されていた、と語られる。この話では肝試しと最後に電話がかかってくる、という部分は幽霊屋敷の怪談と共通するが、録画機器や録音機器が登場しない、という違いがある。

実在の廃墟を舞台にこの怪談が語られることもあり、北海道小樽市にかつて存在した廃病院・旧朝里病院が舞台となったものなどがある。

また、単純に幽霊が出る物件については**地縛霊**、**事故物件**を参照。

ユミコさん［ゆみこさん］

話を聞くと現れる死者。学校の怪談研究会編『日本全国縦断　学校のこわい話』にあるもの。それによれば、ある高校で、ユミコといういじめられっ子が自殺をした。そのユミコさんの葬式の三日後、生前にユミコさんと一番親しく付き合っていた女生徒が、高校のトイレの洗面台で手を洗っていると鏡の中でユミコさんが後ろを横切った。思わず女生徒はいつもの調子で声を掛けてしまったが、直後に彼女はもうこの世のものではないことに気が付き、さらに体が金縛りに遭ってしまった。そこで「ユミコ、お願い成仏して」と三度唱えるとやがて金縛りが解け、体が自由になった。

女生徒はそのことをクラスの友人に話したが、満足に取り合ってはもらえなかった。しかしその三日後、彼女の話を聞いた友人たちもまたユミコさんの姿を見るようになった。そしてそのたびに彼女たちは金縛りを体験した。

もしユミコさんが彼女の話を聞いた者のもとに現れ、金縛りに遭ってしまった場合には、ユミコさんの名前を三回唱えればよいという。

予知する死者［よちするししゃ］

電話で連絡を行った死者。松谷みよ子著『現代民話考3』にあるもの。それによれば、岡山県総社市の消防署に「中須賀団地の東側の踏切で、列車に人が轢《ひ》かれた」という電話があった。そのため、さっそく救急車が駆け付けたが、現場では何も起こっていない。ひと通り調べても何もないため、いたずら電話だったかと引き上げようとすると、列車に人が飛び込んだ。すぐに救急車で病院に運び、その人は一命を取り留めたが、後で電話の主を調べてみたところ、発信者は三日前にすでに死んでいた人だったという。

【ら】

ライカムイ［らいかむい］

アイヌ語で幽霊を表す言葉のひとつ。萱野茂著『萱野茂のアイヌ語辞典』にあるもの。直訳すると「ライ（死ぬ）」＋「カムイ（神）」で「死んだ神」という意味になる。

ライタマヌム［らいたまぬむ］

アイヌ語で死者の霊魂を表す言葉。知里真志保著『分類アイヌ語辞典　人間編』にあるもの。

龍ケ崎の女［りゅうがさきのおんな］

車の前に現れる死者。松谷みよ子著『現代民話考3』にあるもの。それによれば、茨城県龍ケ崎市の町はずれの松林の前をタクシーが通ると、決まって女が前に立つということがあった。この女は車を停めると消えてしまうため、辺りを調べてみたところ、古い井戸があり、その中に女の死体が放置されていた。

あの女はこれを知らせたくて車の前に立ったのだろうと、タクシーの運転手は語っていたという。

リリーさん [りりーさん]

学校に現れる死者。学校のトイレの鏡の前で「リリーさん、リリーさん、リリーさん、こっちへ来て。一緒に遊ぼうよ」といった呪文を唱えた後三回指を鳴らすとリリーさんなるものが出現し、どこまでも異様な速さで追いかけて来るか、あるいは死ぬまで不幸が続くことになるという。

リリーさんは体全体に包帯を巻き付けた姿をしているとされ、その正体は昔、学校で教師をしていた女性で、冬のある日、学校が火事になった際、逃げ遅れた生徒を助けようとして焼け死に、その霊がリリーさんとなって現れる。呼び出してしまった際の対処法としては、リリーさんは学校から出られないため、学校からすぐに出て近づかないか、鏡を向けて「リリー去れ、リリー去れ、リリー去れ」と三回唱えると消えてしまうなどと語られる。

もともとは平成八年（一九九六）七月二〇日に関西テレビで放送されたスペシャルドラマ『学校の怪談R』の第二話「妖怪リリーちゃん」に登場したもので、このドラマで作られたキャラクターが後に学校の怪談として発展した可能性が高い。

降井直人の論文「現代人と世間話─トイレの怪談を中心にして─」（『山陰民俗研究』第六号収録）においては、兵庫県神戸市立港島中学校に伝わる怪談として、リリーさんの話が平成一一年（一九九九）に同校の生徒から採話されていることが確認できる。

また平成一四年（二〇〇二）発行の実業之日本社編『心霊体験大百科』においては、鏡に向かって「リリーちゃん、リリーちゃん、リリーちゃん、こっちに遊びにおいでなさい」と言って指を三回鳴らすと、包帯だらけで頭から血を流した人が追いかけて来るという話が載り、平成・九年（二〇〇七）発行の常光徹著『新・学校の怪談3』では、大分県からの投稿として「リリーさん、リリーさん、うちに遊びに来てください」と指を鳴らしながら言うと現れるという「ようかいリリー」の話が載せられている。この話でも鏡を向けて「リリーされ、リリーされ」と唱えると鏡の中に戻って行くとされる。また平成二五年（二〇一三）七月二四日に放送されたTBSの番組『水トク!』の「世界の怖い夜　真夏に震える絶叫SP」においては「体育館のリリーさん」という名前で、ある廃校に伝わる怪談として紹介されていた。ここにおけるリリーさんは、トイレの鏡の前ではなく、体育館のステージで名前を呼んで指を鳴らすと現れると語られていた。

霊が活動しない日 [れいがかつどうしないひ]

霊にまつわるジンクス。マイバースデイ編集部編『わたしのまわりの怪奇現象100』にあるもの。それによれば、夕焼けが美しい日は、霊はあまり活動しないのだという。

霊感テスト〔れいかんてすと〕

自分に霊感があるかを判別できるとされる方法。「霊感占い」とも呼ばれる。やり方はまず静かな場所で目を閉じ、自分が生まれ育った家の玄関の扉を想像する。そして想像の中でその扉を開けて家に入り、家中の窓をひとつひとつ開け、玄関に戻ってまた逆の順番に窓を閉めていく。その途中廊下を歩いている誰かとすれ違った人間は、霊感のある人間なのだという。

霊感をテストするのではなく、自分の家に見知らぬ人間がいた場合、その場所に幽霊がいるといったように自宅の幽霊の有無を判別する方法として語られることもある。

ネット上でも散見される方法だが、平成二年（一九九〇）出版のマイバースデイ編集部編『わたしのまわりの怪奇現象１０００』にはすでにこれと似た「想像力ゲーム」というものが見える。これは目をつむって自分の家を想像し、玄関から入って押し入れや引き出しの中、トイレ、台所など部屋中をくまなく覗く。その際に家の中で出会った人間のうち、見知った人間の場合はそれは半年以内に死ぬ者で、知らない人間やすでに死んでいる人間がいた場合は、それは家に潜む霊なのだという。

霊のとりついた柱〔れいのとりついたはしら〕

建造物に霊が宿ったもの。マイバースデイ編集部編『わたしのまわりの怪奇現象１０００』にある。それによれば、ある高校の渡り廊下には異常に大きな柱があり、他の柱に比べて前に突き出ている。そのため、人がぶつかる事故が多発しており、ある時、走っていた生徒が頭からぶつかって即死するという事件が起きた。

その後、校内合宿で、柱の近くの裏庭で死んだ生徒の霊が目撃されたという。また今もその柱で怪我をする人は絶えないと記されている。

老女カコリ〔ろうじょかこり〕

戦死者とされる老女。マイバースデイ編集部編『わたしのまわりの怪奇現象１０００』にあるもの。それによれば、昔、広島に「カコリ」という名の老女がおり、よく家の戸の修理をしていたが、戦争で亡くなった。

この「カコリ」という名前を口に出すと、三日以内に自分の家や他の場所の戸やドアを開けた時、モンペ姿の人影が見えるのだという。

カシマさんや**テケテケ**のように話を聞くと現れる存在に似るが、こちらは口に出すと現れること、特に危害を加えてくる話がないことなどが異なる。

【わ】

わすれもの

死者の声が聞こえるもの。渡辺節子・岩倉千春編著『夢で田中にふりむくな』にある話を例として示す。

あるところによく忘れ物をする男の子がいた。毎日電車通学をしていたが、必ずいくつか忘れ物をして帰って来た。

ある日、母親がその男の子を送り出し、テレビを見ていると、いつもその男の子が乗る電車が事故を起こしたというニュースが流れた。死者が多数いると報道されたため、母親はびくりとしたが、きっといつものように何か忘れ物をしたと言いながら帰って来るだろうと待っていた。すると、玄関の方で声がしたため、ほっとして見に行くと、そこには誰もおらず、ただ戸が開いているのみだった。

どうしたのかと思っていると、不意に男の子の声がして「お母さん、ぼく、体忘れてきちゃった……」と言った。

常光徹著『学校の怪談3』には、柿の実を取ろうとして木から落ち、死亡した少年の話として同様の怪談が記されている。

また、声が聞こえるのではなく字が残るものもある。その場合は忘れ物がひどい少年に忘れ物帳を持たせたところ、その少年が事故に遭い、体がばらばらになる、もしくは頭部を欠損する怪我を負って死んでしまう。その後の捜索の結果、頭部だけがどうしても見つからない。それからしばらくして、少年の残した忘れ物帳が出てくるが、母親がその中を見てみると、事故があったその日のページに「ぼくのあたま」と書かれていた、という話になっている。この場合は、死者は直接出てこず、忘れ物帳という道具を通してその存在が示唆される。

笑う自殺者「わらうじさつしゃ」

現代でよく語られる怪談のひとつ。例として、樋口明雄編著『続「超」怖い話』に収録された「落ちていく女」という話を紹介する。それによれば、二つの棟がエレベーター・シャフトで繋《つな》がれるH字型の構造をしている団地があった。ある時、ひとりの男性が建物の内側に面する通路を歩いていた際、向かい側の棟を何の気なしに眺めていると、彼の目の前を女が真っ逆さまに落ちていった。すれ違う瞬間、男性は女と目が合ったが、女はその瞬間に笑った。男性は度肝を抜かれたものの、すぐに女が落ちていった地面を見たが、そこには死体も何もなく、ただ赤いシミのようなものが残っていた。この団地は自殺の名所として知られているが、飛び降りていく人の姿が何度となく目撃されることがあるのだという。

これは自殺した人間が死後も自殺の瞬間を繰り返していると思われる話だが、松山ひろし著『壁女』に収録される「飛び降りた女」では、自殺者が生きた人間であるパターンが紹介されている。これはある男性が旅行先のホテルで窓から見える夜景を撮影していたところ、不意に目の前を白いものが通り過ぎる。しばらくするとホテルに救急車やパトカーが集まり、先ほどの白いものが屋上から飛び降りた女性であったことが分かったが、後で写真を現像すると、ちょうど女が窓の外を落ちていく瞬間が捉えられており、その顔はカメラの方を見ながらにやりと笑っていた、というもの。

同書には他にも、誰かから電話がかかって来て窓の外を見るように言われ、そちらに目を向けると、落下していく女と目が合った、というパターンも紹介されている。

童ん子の霊〔わらびんくわのれい〕

子どもの霊が現れたもの。松谷みよ子著『現代民話考3』にある。それによれば、昭和二、三年（一九二七、二八）沖縄県国頭《くにがみ》郡大宜味《おおぎみ》村《そん》字喜如嘉でのこと。ある女性が子どもの頃、夕暮れ時に父親が走らせる自転車の荷台に乗り、移動していると、小さな少年が自転車の前輪に巻き込まれそうになりながら歩いていた。そこで女性が父にそのことを伝えると、「何を言ってるんだ」と言うばかりで、その子どものことは見えていないようだった。

後で聞いた話では、その辺りの海側の方に昔、風葬跡のような墓地があり、「ワラビ墓」と呼ばれていたという。そのため、女性が見たのは童の子の霊だったのだと分かったのだと記されている。

ンニトゥヌミカディ〔んにとぅぬみかでぃ〕

方言のひとつ。昭和六二年（一九八七）法政大学沖縄文化研究所発行の『琉球の方言　11巻：八重山・与那国島』にあるもの。八重山・与那国島で死人の霊、怨霊を表す言葉。

五十音順索引

この索引は、本書収録の全怪異を五十音順に配列したものである。

か

さ

た

な

は

ま

や

死者の表現索引

この索引は、出典資料中において、記されている死者がどのような名称で表現されているのかを分類し、五十音順に配列したものである。

妖女

雷神

霊(りょう・れい)

行動・現象・生者との関わり索引

この索引は、死者が起こした行動、死者が発生させたと考えられる現象、死者の生者に対する干渉などを分類し、五十音順に配列したものである。

死後に子を産む

死後のことを伝える

死後の世界を案内する

事故を知らせる

事故を発生させる

事故を誘発する

自殺を誘発する

死者同士で争う・罵り合う

死者同士で交流する

死者同士で婚姻する

死者の町に迷い込む

死者を従える

子孫に転生する

祟りを起こす

毒薬を散布する

富や力を授ける

友のもとを訪れる

取り憑く

槍を突き刺す

行き倒れにさせる

夢に現れる

おわりに

本書を読んでいただき、ありがとうございます。

この本は幽霊をはじめとした人間の死者を集めた事典ですが、書くきっかけとなったのは、古くから語られてきた妖怪の話や、現代に語られる都市伝説、学校の怪談などを調べていたことでした。

例えば、妖怪を集めようと古典文学や民間伝承、伝説などを扱った資料を読んでいると、高確率で幽霊に遭遇します。彼らは、現代の感覚でいえば妖怪と同じくこの世の理《ことわり》から外れた存在ですが、妖怪と同じか、それ以上に多くの話に登場するのです。

都市伝説や学校の怪談などではより顕著で、現代の怪談は人間の死者が怪異をなす話が非常に多く、たとえ死者が姿を現さなくても、何か怪現象が起こればそれを死者に起因するものとして扱う話が多くあります。

その一方、既存の妖怪事典等では、そこまで多くの種類の幽霊は扱われていません。これは単純に幽霊を片っ端から集めると妖怪以上に幽霊の数が増えかねない問題が発生しますし、一般的な感覚としても、何となく妖怪と幽霊は違うもの、という無意識の区別があるのが要因なのではないかと思います。

ただ、私はさまざまな資料を読むうちに、時代によって死者の表現や捉え方が変わっていくことや、どのような時代にも人間の死者がさまざまな形でこの世に現れていること、そして現代においては怪異譚《たん》の主役として八面六臂《はちめんろっぴ》の活躍をしていることなどを見ていて、現在も愛され続けている幽霊たちを中心に集めた事典も面白いのではないかと思ったのです。その結果、生まれたのがこの事典です。

今回は、人間が死後に霊として現れたものだけでなく、生まれ変わりや妖怪への変化を含め、「人間が死後にその存在を示したもの」をテーマに集めましたが、人がどのような過程を経て命を失い、その死者がどのような理由で死後に現れるのか、伝承でも、創作でも、そこにはさまざまなドラマがあり、また死後に現れる姿や発生する怪異もバリエーションに富んでおり、改めて調べ、集めていて大変楽しく、また新鮮な感覚で執筆することができました。

死者が現世に現れる話はありふれたもののように思えますが、古代から現代にかけて、時代を問わずに語られてきたこともまた事実です。この本が、日本において幽霊やそれに連なるものたちが、時代ごとにどのように語られ、受け入れられてきたか、それに興味を持っていただくきっかけになれば、とてもうれしく思います。

二〇二四年五月

朝里 樹

- 吉田禎吾著『日本の憑きもの』1999年、中公新書
- ラフカディオ・ハーン著、田代三千稔訳『怪談・奇談』1956年、角川文庫
- 渡辺節子、岩倉千春編著『夢で田中にふりむくな』1996年、ジャパンタイムズ出版
- 渡辺浩弐著『中野ブロードウェイ怪談』2023年、星海社
- 和田英松校訂『水鏡』1930年、岩波文庫

【論文】

- 伊藤龍平（2003）「昔話『幽霊の歌』にみる伝承の変容」『口承文藝研究』26, pp.14-26, 日本口承文藝學會
- 笠井昌昭（1964）「北野天神縁起説話の成立過程」『同志社大学人文科学研究所紀要』7, pp.17-43, 同志社大学人文科学研究所
- 塩月亮子（2001）「沖縄における死霊観の歴史的変遷　静態的社会人類学へのクリティーク」『国立歴史民俗博物館研究報告』91, pp219-234, 国立歴史民俗博物館
- 三浦正雄（2007）「神経病としての怪談：日本近現代怪談文学史（1）」『埼玉学園大学紀要　人間学部篇』7, pp.268(49)-255(62), 埼玉学園大学
- 吉田巖（1914）「アイヌの妖怪説話」『人類學雜誌』29巻7号, pp.267-276, 一般社団法人 日本人類学会
- 吉田巖（1914）「アイヌの妖怪説話（續）」『人類學雜誌』29巻10号, pp.397-409, 一般社団法人 日本人類学会

【WEBサイト】（最終閲覧2024年5月）

- 「Alpha-Web こわい話（インターネットアーカイブ）」 https://web.archive.org/web/20041209133425/http://www.alpha-web.ne.jp/fun/kowai/cont.htm
- 「うしみつのかね」http://raira314.web.fc2.com/
- 「岡山県立図書館　電子図書館システム　デジタル岡山大百科　現行全国妖怪辞典」https://digioka.libnet.pref.okayama.jp/detail-jp/id/kyo/M2017091318360887288
- 「怪談投稿（インターネットアーカイブ）」http://web.archive.org/web/20110826084541/http://homepage3.nifty.com/kaidan/ghost0.htm
- 「現代奇談（インターネットアーカイブ）」http://web.archive.org/web/20050328044119/http://osi.cool.ne.jp/
- 「国際日本文化研究センター　摂関期古記録データベース」https://rakusai.nichibun.ac.jp/kokiroku/
- 「国立アイヌ民族博物館アイヌ語アーカイブ」https://ainugo.nam.go.jp/
- 「国立歴史民俗博物館データベース」https://www.rekihaku.ac.jp/doc/t-db-index.html
- 「5ちゃんねる」https://www2.5ch.net/5ch.html
- 「TBS NEWS DIG　現代に息づく怪談・都市伝説　ムラサキババア・サンゴちゃん・進化する花子さん…　あなたはいくつ知ってる？『小学生にきいた怖い話』」https://newsdig.tbs.co.jp/articles/-/639205
- 「深川江戸資料館　資料館ノート」https://www.kcf.or.jp/fukagawa/outline/pr/

ての儀式―近代日本のジェンダー／セクシュアリティと宗教―』2017年、明石書店
- 法政大学沖縄文化研究所編『琉球の方言　11巻：八重山・与那国島』1987年、法政大学沖縄文化研究所
- 北海道庁編『北海道の口碑伝説』1940年、日本教育出版社
- ポプラ社編集部編『映画「学校の怪談」によせられたこわーいうわさ』1996年、ポプラ社
- マイバースデイ編集部編『わたしのまわりの怪奇現象1000』1990年、実業之日本社
- マイバースデイ編集部編『わたしの学校の幽霊』1993年、実業之日本社
- マイバースデイ編集部編『学校の恐怖伝説』1995年、実業之日本社
- 松尾聰、永井和子校注・訳『新編　日本古典文学全集18　枕草子』1997年、小学館
- 松谷みよ子著『現代民話考2　軍隊・徴兵検査・新兵のころ』2003年、ちくま文庫
- 松谷みよ子著『現代民話考3　偽汽車・船・自動車の笑いと怪談』2003年、ちくま文庫
- 松谷みよ子著『現代民話考4　夢の知らせ・火の玉・ぬけ出した魂』2003年、ちくま文庫
- 松谷みよ子著『現代民話考5　死の知らせ・あの世へ行った話』2003年、ちくま文庫
- 松谷みよ子著『現代民話考6　銃後・思想弾圧・空襲・沖縄戦』2003年、ちくま文庫
- 松谷みよ子著『現代民話考7　学校・笑いと怪談・学童疎開』2003年、ちくま文庫
- 松谷みよ子著『現代民話考8　ラジオ・テレビ局の笑いと怪談』2003年、ちくま文庫
- 松山ひろし著『呪いの都市伝説　カシマさんを追う』2004年、アールズ出版
- 馬淵和夫、国東文麿、稲垣泰一校注・訳『新編　日本古典文学全集35　今昔物語集（1）』1999年、小学館
- 馬淵和夫、国東文麿、稲垣泰一校注・訳『新編　日本古典文学全集36　今昔物語集（2）』2000年、小学館
- 馬淵和夫、国東文麿、稲垣泰一校注・訳『新編　日本古典文学全集37　今昔物語集（3）』2001年、小学館
- 三浦清宏著『近代スピリチュアリズムの歴史　心霊研究から超心理学へ』2008年、講談社文庫
- 水木しげる著『決定版 日本妖怪大全　妖怪・あの世・神様』2014年、講談社文庫
- 水木しげる著『幽霊画談』1994年、岩波新書
- 宮負定雄著、佐藤正英、武田由紀子校訂・注『奇談雑史』2010年、ちくま学芸文庫
- 宮尾しげを編注『江戸小咄集1』1971年、平凡社
- 民間伝承の会編『民間伝承　第4巻』1972年、国書刊行会
- 村上興匡、西村明編『慰霊の系譜　死者を記憶する共同体』2013年、森話社
- 森京詞姫著『学校のコワイうわさ　花子さんがきた!!』1994年、竹書房
- 森田悌訳『日本後紀（上）全現代語訳』2006年、講談社学術文庫
- 森田悌訳『日本後紀（中）全現代語訳』2006年、講談社学術文庫
- 森田悌訳『日本後紀（下）全現代語訳』2007年、講談社学術文庫
- 安田登著『異界を旅する能　ワキという存在』2011年、ちくま文庫
- 安村敏信監修『幽霊画と冥界』2018年、平凡社
- 柳田国男著『遠野物語　付・遠野物語拾遺』2004年、角川ソフィア文庫
- 柳田國男著『妖怪談義』1977年、講談社学術文庫
- 矢野誠一編『落語登場人物事典』2018年、白水社
- 山崎美成著『海録　江戸考証百科』1999年、ゆまに書房
- 山田雄司著『跋扈する怨霊　祟りと鎮魂の日本史』2007年、吉川弘文館
- 山田雄司著『怨霊とは何か　菅原道真・平将門・崇徳院』2014年、中公新書
- 湯本豪一編『明治妖怪新聞』1999年、柏書房
- 横山泰子、飯倉義之、今井秀和、久留島元、鷲羽大介、広坂朋信著『皿屋敷　幽霊お菊と皿と井戸』2015年、白澤社

- 日本民話の会　学校の怪談編集委員会編著『学校の怪談3　保健室のねむり姫』1991年、ポプラ社
- 日本民話の会　学校の怪談編集委員会編著『学校の怪談10　真夜中のミステリー・ツアー』1992年、ポプラ社
- 日本民話の会　学校の怪談編集委員会編著『学校の怪談12　体育館であそぶ霊』1992年、ポプラ社
- 日本民話の会　学校の怪談編集委員会編著『学校の怪談16　100不思議通信スペシャル』1994年、ポプラ社
- 日本民話の会　学校の怪談編集委員会編著『学校の怪談大事典』1996年、ポプラ社
- 根岸鎮衛著、長谷川強校注『耳嚢（上）』1991年、岩波文庫
- 根岸鎮衛著、長谷川強校注『耳嚢（中）』1991年、岩波文庫
- 根岸鎮衛著、長谷川強校注『耳嚢（下）』1991年、岩波文庫
- 延広真治校注『新日本古典文学大系　明治編6　落語　怪談咄集』2006年、岩波書店
- 長谷川端校注・訳『新編　日本古典文学全集54・太平記（1）』1994年、小学館
- 長谷川端校注・訳『新編　日本古典文学全集55・太平記（2）』1996年、小学館
- 長谷川端校注・訳『新編　日本古典文学全集56・太平記（3）』1997年、小学館
- 長谷川端校注・訳『新編　日本古典文学全集57・太平記（4）』1998年、小学館
- 服部幸雄著『さかさまの幽霊　〈視〉の江戸文化論』2005年、ちくま学芸文庫
- 花子さん研究会編『トイレの花子さん』1993年、ベストセラーズ
- 花子さん研究会編『トイレの花子さん2』1993年、ベストセラーズ
- 花子さん研究会編『トイレの花子さん3』1994年、ベストセラーズ
- 花子さん研究会編『トイレの花子さん4』1995年、ベストセラーズ
- 花子さん研究会編『トイレの花子さん5』1996年、ベストセラーズ
- 播摩光寿、磯水絵、小林保治、田嶋一夫、三田明弘編『續古事談』2002年、おうふう
- 春川栖仙編『心霊研究辞典』1990年、東京堂出版
- 東アジア恠異学会著『怪異学の可能性』2009年、角川グループパブリッシング
- 樋口明雄編著『続「超」怖い話』1993年、勁文社
- 平野威馬雄著『日本怪奇物語』1986年、日本文芸社
- 広坂朋信訳・注『実録四谷怪談　現代語訳「四ツ谷雑談集」』2013年、白澤社
- 福岡市博物館編『幽霊・妖怪画大全集』2012年、福岡市博物館
- 福地曠昭著『沖縄の幽霊』2000年、那覇出版社
- 福田素子著『債鬼転生　討債鬼故事に見る中国の親と子』2019年、知泉書館
- 不思議な世界を考える会編『怪異百物語1　現代の妖怪』2003年、ポプラ社
- 不思議な世界を考える会編『怪異百物語3　奇人・怪人・不思議人』2004年、ポプラ社
- フジテレビ「いきなりフライデーナイト」編『いきなり怖い話』1988年、フジテレビ出版
- フジテレビ編『紫の鏡　木曜の怪談怪奇倶楽部発ウワサのホラー・ストーリー』1996年、フジテレビ出版
- 別冊宝島『現代怪奇解体新書』1998年、宝島社
- 福田アジオ、神田より子、新谷尚紀、中込睦子、湯川洋司、渡邊欣雄編『日本民俗大辞典　上』1999年、吉川弘文館
- 福田アジオ、神田より子、新谷尚紀、中込睦子、湯川洋司、渡邊欣雄編『日本民俗大辞典　下』2000年、吉川弘文館
- 藤巻一保、東雅夫、小池壮彦、羽田守快、本宮晃、豊嶋泰國著『幽霊の本　血と怨念が渦巻く妖奇と因縁の事件簿』1999年、学研プラス
- 藤本勝義著『源氏物語の〈物の怪〉　文学と記録の狭間』1994年、笠間書院
- ヘレン・ハーデカー著、塚原久美監修・翻訳、清水邦彦監修、猪瀬優理、前川健一翻訳『水子供養　商品とし

- 高田衛校訂『近世奇談集成（一）』1992年、国書刊行会
- 高橋克彦編『日本の名随筆　別巻64　怪談』1996年、作品社
- 竹居明男編『北野天神縁起を読む』2008年、吉川弘文館
- 竹田恒泰著『怨霊になった天皇』2009年、小学館
- 武田祐吉、佐藤健三訳『読み下し　日本三代実録（上巻）』2009年、戎光祥出版
- 竹原春泉画『桃山人夜話　絵本百物語』2006年、角川ソフィア文庫
- 田代慶一郎著『夢幻能』1994年、朝日新聞出版
- 太刀川清校訂『百物語怪談集成』1987年、国書刊行会
- 太刀川清校訂『百物語怪談集成（続）』1993年、国書刊行会
- 橘健二、加藤静子校注・訳『新編　日本古典文学全集34　大鏡』1996年、小学館
- 田中貢太郎著『日本怪談実話〈全〉』2017年、河出書房新社
- 田中貢太郎著『日本怪談全集Ⅰ』1970年、桃源社
- 田中貢太郎著『日本怪談全集Ⅱ』1970年、桃源社
- 田中貢太郎著『戦前の怪談』2018年、河出書房新社
- 田中貢太郎著『日本怪談大全　第2巻　幽霊の館』1995年、国書刊行会
- 谷川徹三編『宮沢賢治詩集』1950年、岩波文庫
- 知里真志保著『知里真志保著作集　別巻2　分類アイヌ語辞典　人間編』1975年、平凡社
- 堤邦彦著『日本幽霊画紀行　死者図像の物語と民俗』2020年、三弥井書店
- 常光徹著『学校の怪談』1990年、講談社 KK 文庫
- 常光徹著『学校の怪談4』1993年、講談社 KK 文庫
- 常光徹著『学校の怪談9』1997年、講談社 KK 文庫
- 常光徹著『新・学校の怪談3』2007年、講談社 KK 文庫
- 常光徹編著『みんなの学校の怪談　緑本』1995年、講談社 KK 文庫
- 常光徹編著『みんなの学校の怪談　赤本』1995年、講談社 KK 文庫
- 鶴屋南北著、河竹繁俊校訂『東海道四谷怪談』1956年、岩波文庫
- 鳥山石燕著『鳥山石燕　画図百鬼夜行全画集』2005年、角川ソフィア文庫
- 中岡俊哉著『タナトロギー入門　霊魂は不滅である』1973年、祥伝社
- 中岡俊哉著『地縛霊　覗き見た死後の世界』1985年、二見書房
- 中田祝夫訳注『日本霊異記（上）全訳注』1978年、講談社学術文庫
- 中田祝夫訳注『日本霊異記（中）全訳注』1979年、講談社学術文庫
- 中田祝夫訳注『日本霊異記（下）全訳注』1980年、講談社学術文庫
- 永田方正著『北海道蝦夷語地名解　附・アイヌ地名考』1972年、国書刊行会
- 中野幸一校注・訳『新編　日本古典文学全集14　うつほ物語（1）』1999年、小学館
- 中野幸一校注・訳『新編　日本古典文学全集15　うつほ物語（2）』2001年、小学館
- 中野幸一校注・訳『新編　日本古典文学全集16　うつほ物語（3）』2002年、小学館
- 西尾光一、小林保治校注『新潮日本古典集成　古今著聞集（上）』1983年、新潮社
- 西尾光一、小林保治校注『新潮日本古典集成　古今著聞集（下）』1986年、新潮社
- 西田耕三校訂『仏教説話集成（一）』1990年、国書刊行会
- 西野辰吉編『地蔵堂通夜物語』1996年、勉誠社
- 日本民話の会　学校の怪談編集委員会編著『学校の怪談2　放課後のトイレはおばけがいっぱい』1991年、ポプラ社

- 後藤宏行著『死の海』2019年、洋泉社
- 小中千昭著『ホラー映画の魅力　ファンダメンタル・ホラー宣言』2003年、岩波アクティブ新書
- 小林保治、増古和子校注・訳『新編　日本古典文学全集50　宇治拾遺物語』1996年、小学館
- 小松和彦、常光徹、山田奨治、飯倉義之編『日本怪異妖怪大事典』2013年、東京堂出版
- 小松和彦責任編集『怪異の民俗学２　妖怪』2022年、河出書房新社
- 小松和彦責任編集『怪異の民俗学６　幽霊』2022年、河出書房新社
- 小松和彦編『怪異・妖怪文化の伝統と創造：ウチとソトの視点から』2015年、国際日本文化研究センター
- 小山聡子著『もののけの日本史　死霊、幽霊、妖怪の1000年』2020年、中公新書
- 小山聡子、松本健太郎編『幽霊の歴史文化学』2019年、思文閣出版
- 小山弘志、佐藤喜久雄、佐藤健一郎校注・訳『新編　日本古典文学全集58　謡曲集（1）』1997年、小学館
- 小山弘志、佐藤喜久雄、佐藤健一郎校注・訳『新編　日本古典文学全集59　謡曲集（2）』1998年、小学館
- 近藤雅樹、高津美保子、常光徹、三原幸久、渡辺節子編著『魔女の伝言板　日本の現代伝説』1995年、白水社
- 近藤瑞木編『百鬼繚乱　江戸怪談・妖怪絵本集成』2002年、国書刊行会
- 権藤芳一、中川彰、霧乃五郎著『日本の幽霊　能・歌舞伎・落語』1983年、大阪書籍
- 今野圓輔著『日本怪談集　幽霊篇　上』2004年、中公文庫 BIBLIO
- 今野圓輔著『日本怪談集　幽霊篇　下』2004年、中公文庫 BIBLIO
- 酒井紀美著『夢語り・夢解きの中世』2021年、吉川弘文館
- 崎原恒新著『琉球の死後の世界　沖縄その不思議な世界』2005年、むぎ社
- 酒向伸行著『憑霊信仰の歴史と民俗』2013年、岩田書院
- 佐々木喜善著『遠野のザシキワラシとオシラサマ』2007年、中公文庫 BIBLIO
- 佐藤和彦、樋口州男編『後醍醐天皇のすべて』2004年、新人物往来社
- 左右田秋満編『幽霊壱百題　古今実説』1900年、其中堂書店
- 左右田秋満編、志村有弘訳『実話怪談　幽霊百話』2021年、河出書房新社
- 更科源蔵著『更科源蔵アイヌ関係著作集Ⅰ　アイヌ伝説集』1981年、みやま書房
- 更科源蔵著『更科源蔵アイヌ関係著作集Ⅲ　アイヌの神話』1981年、みやま書房
- 更科源蔵著『更科源蔵アイヌ関係著作集Ⅳ　アイヌの民俗』1982年、みやま書房
- 慈円著、大隅和雄訳『愚管抄　全現代語訳』2012年、講談社学術文庫
- 繁田信一著『呪いの都　平安京　呪詛・呪術・陰陽師』2022年、吉川弘文館
- 実業之日本社編『こわーい！都市伝説＆怪談 DX』2007年、実業之日本社
- 柴田宵曲編『奇談異聞辞典』2008年、ちくま学芸文庫
- 柴田實編『御霊信仰』1984年、雄山閣
- 島村恭則、日高水穂編『沖縄フィールド・リサーチ2007』2008年、秋田大学
- 釈了意著、神郡周校注『狗張子』1980年、現代思潮社
- 主婦の友インフォス情報社編『事故物件サイト・大島てるの絶対に借りてはいけない物件』2015年、主婦の友社
- 諏訪春雄著『日本の幽霊』1988年、岩波新書
- 諏訪春雄著『霊魂の文化誌　神・妖怪・幽霊・鬼の日中比較研究』2010年、勉誠出版
- 空知地方史研究協議会編『空知の民話シリーズ第３集　空知のむかし話』1985年、空知地方史研究協議会
- 髙岡弘幸著『幽霊　近世都市が生み出した化物』2016年、吉川弘文館
- 高田衛編・校注『江戸怪談集（上）』1989年、岩波文庫
- 高田衛編・校注『江戸怪談集（中）』1989年、岩波文庫
- 高田衛編・校注『江戸怪談集（下）』1989年、岩波文庫

- 市古貞次校注・訳『新編　日本古典文学全集45　平家物語（1）』1994年、小学館
- 市古貞次校注・訳『新編　日本古典文学全集46　平家物語（2）』1994年、小学館
- 一柳廣孝著『怪異の表象空間』2020年、国書刊行会
- 伊藤慎吾、中村正明著『〈生ける屍〉の表象文化史　死霊・骸骨・ゾンビ』2019年、青土社
- 井上光貞、大曾根章介校注『日本思想大系7　往生伝・法華験記』1974年、岩波書店
- 井原西鶴著・横山重校訂『好色一代女』1960年、岩波文庫
- 岩崎徹太発行『完全復刻　旅と伝説　第12巻』1978年、岩崎美術社
- 岩崎徹太発行『完全復刻　旅と伝説　第16巻』1978年、岩崎美術社
- 岩崎徹太発行『完全復刻　旅と伝説　第25巻』1978年、岩崎美術社
- 宇治谷孟著『続日本紀（上）　全現代語訳』1992年、講談社学術文庫
- 宇治谷孟著『続日本紀（中）　全現代語訳』1992年、講談社学術文庫
- 宇治谷孟著『続日本紀（下）　全現代語訳』1995年、講談社学術文庫
- 及川祥平著『心霊スポット考——現代における怪異譚の実態』2023年、アーツアンドクラフツ
- 大迫純一著『あやかし通信「怪」』2002年、ハルキ・ホラー文庫
- 大島清昭著『J ホラーの幽霊研究』2010年、秋山書店
- 沖縄市立郷土博物館編『沖縄市文化財調査報告書第26集　むかしばなしI』2002年、沖縄市教育委員会
- 梶原正昭、大津雄一、野中哲照校注・訳『新編　日本古典文学全集53　曾我物語』2002年、小学館
- 学研ムック『恐怖の心霊ゾーン・ガイド—幽霊出没地帯ガイドブック』2002年、学研プラス
- 学校の怪談研究会編『日本全国縦断　学校のこわい話』1994年、永岡書店
- 萱野茂著『萱野茂のアイヌ語辞典』1996年、三省堂
- 川上勇治著『増補版　サルウンクル物語』2003年、すずさわ書房
- 北彰介編『青森県の怪談』1978年、津軽書房
- 木原浩勝、市ヶ谷ハジメ、岡島正晃著『都市の穴』2003年、双葉文庫
- 京極夏彦著『妖怪の宴　妖怪の匣』2020年、角川文庫
- 日下力訳注『保元物語　現代語訳付き』2015年、角川ソフィア文庫
- 倉野憲司校注『古事記』1963年、岩波文庫
- 久保孝夫編著『女子高生が語る不思議な話』1997年、青森県文芸協会出版部
- 経済雑誌社編『国史大系　第6巻　日本逸史　扶桑略記』1897年、経済雑誌社
- 源信著、石田瑞麿訳注『往生要集　上』1992年、岩波文庫
- 源信著、石田瑞麿訳注『往生要集　下』1992年、岩波文庫
- 小池壮彦著『心霊写真　不思議をめぐる事件史』2005年、宝島社文庫
- 合田一道著『北海道こわいこわい物語』1988年、幻洋社
- 合田一道著『北海道幽霊の住所録　HBC へ寄せられた情報から』1991年、幻洋社
- 小島憲之、直木孝次郎、西宮一民、蔵中進、毛利正守校注・訳『新編　日本古典文学全集2　日本書紀（1）』1994年、小学館
- 小島憲之、直木孝次郎、西宮一民、蔵中進、毛利正守校注・訳『新編　日本古典文学全集3　日本書紀（2）』1996年、小学館
- 小島憲之、直木孝次郎、西宮一民、蔵中進、毛利正守校注・訳『新編　日本古典文学全集4　日本書紀（3）』1998年、小学館
- 小島孝之校注・訳『新編　日本古典文学全集52　沙石集』2001年、小学館
- 後藤昭雄、池上洵一、山根對助校注『新日本古典文学大系32　江談抄　中外抄　富家語』1997年、岩波書店

参考資料

- 青木正次全訳注『雨月物語　上』1981年、講談社学術文庫
- 青木正次全訳注『雨月物語　下』1981年、講談社学術文庫
- 秋山虔、山中裕、池田尚隆、福永武彦校注・訳『新編　日本古典文学全集31　栄花物語（1）』1995年、小学館
- 秋山虔、山中裕、池田尚隆、福永武彦校注・訳『新編　日本古典文学全集32　栄花物語（2）』1996年、小学館
- 秋山虔、山中裕、池田尚隆、福永武彦校注・訳『新編　日本古典文学全集33　栄花物語（3）』1998年、小学館
- 秋好政寿著、九州歴史研究会訳・編『大友記の翻訳と検証』2016年、九州歴史研究会
- 浅野和三郎著、熊谷えり子翻訳『神霊主義　心霊科学からスピリチュアリズムへ』2003年、でくのぼう出版
- 浅見和彦校注・訳『新編　日本古典文学全集51　十訓抄』1997年、小学館
- 浅見和彦、伊東玉美訳注『新版　発心集（上）　現代語訳付き』2014年、角川ソフィア文庫
- 浅見和彦、伊藤玉美訳注『新版　発心集（下）　現代語訳付き』2014年、角川ソフィア文庫
- 浅見和彦、伊藤玉美責任編集『新注　古事談』2010年、笠間書院
- ASIOS、廣田龍平著『謎解き「都市伝説」』2022年、彩図社
- 阿部秋生、秋山虔、今井源衛、鈴木日出男校注・訳『新編　日本古典文学全集20　源氏物語（1）』1994年、小学館
- 阿部秋生、秋山虔、今井源衛、鈴木日出男校注・訳『新編　日本古典文学全集21　源氏物語（2）』1994年、小学館
- 阿部秋生、秋山虔、今井源衛、鈴木日出男校注・訳『新編　日本古典文学全集22　源氏物語（3）』1995年、小学館
- 阿部秋生、秋山虔、今井源衛、鈴木日出男校注・訳『新編　日本古典文学全集23　源氏物語（4）』1996年、小学館
- 阿部秋生、秋山虔、今井源衛、鈴木日出男校注・訳『新編　日本古典文学全集24　源氏物語（5）』1997年、小学館
- 阿部秋生、秋山虔、今井源衛、鈴木日出男校注・訳『新編　日本古典文学全集25　源氏物語（6）』1998年、小学館
- 阿部正路著『日本の幽霊たち　怨念の系譜』1975年、日貿出版社
- 天野文雄著『能楽名作選　上　原文・現代語訳』2017年、KADOKAWA
- 天野文雄著『能楽名作選　下　原文・現代語訳』2017年、KADOKAWA
- 安楽庵策伝著、鈴木棠三訳『醒睡笑　戦国の笑話』1964年、平凡社
- 池田香代子、大島広志、高津美保子、常光徹、渡辺節子編著『ピアスの白い糸　日本の現代伝説』1994年、白水社
- 池田香代子、大島広志、高津美保子、常光徹、渡辺節子編著『走るお婆さん　日本の現代伝説』1996年、白水社
- 池田弥三郎他編『日本民俗誌大系　第1巻　沖縄』1974年、角川書店
- 池田弥三郎他編『日本民俗誌大系　第2巻　九州』1975年、角川書店
- 池田弥三郎他編『日本民俗誌大系　第3巻　中国・四国』1975年、角川書店
- 池田弥三郎他編『日本民俗誌大系　第4巻　近畿』1975年、角川書店
- 池田弥三郎他編『日本民俗誌大系　第5巻　中部Ⅰ』1974年、角川書店
- 池田弥三郎他編『日本民俗誌大系　第6巻　中部Ⅱ』1974年、角川書店
- 池田弥三郎他編『日本民俗誌大系　第7巻　北陸』1974年、角川書店
- 池田弥三郎他編『日本民俗誌大系　第8巻　関東』1975年、角川書店
- 池田弥三郎他編『日本民俗誌大系　第9巻　東北』1974年、角川書店
- 池田弥三郎他編『日本民俗誌大系　第10巻　未刊資料Ⅰ』1976年、角川書店
- 池田弥三郎他編『日本民俗誌大系　第11巻　未刊資料Ⅱ』1976年、角川書店
- 池田弥三郎他編『日本民俗誌大系　第12巻　未刊資料Ⅲ』1976年、角川書店
- 生駒哲郎著『畜生・餓鬼・地獄の中世仏教史　因果応報と悪道』2018年、吉川弘文館
- 石井明著『円朝　牡丹燈籠　怪談噺の深淵をさぐる』2009年、東京堂出版
- 石田泰照編著『子供が喜ぶ現代のこわい話』1975年、文教書院
- 板谷樹、宮沢虎雄著『霊魂の世界―心霊科学入門―』1967年、徳間書店

【カバー図版】

「百物語　お岩さん」葛飾北斎（島根県立美術館所蔵〈永田コレクション〉）

「百物語　こはだ小平二」葛飾北斎（島根県立美術館所蔵〈永田コレクション〉）

「百物語　さらやしき」葛飾北斎（島根県立美術館所蔵）

【本文図版】

- P145：「於岩のぼうこん」歌川国芳（個人蔵）
- P150：「百物語　さらやしき」葛飾北斎（島根県立美術館所蔵）
- P154：『新形三十六怪撰』「保多舞とうろう」月岡芳年（個人蔵）
- P182：「百物語　こはだ小平二」葛飾北斎（島根県立美術館所蔵〈永田コレクション〉）
- P216：「殿中幽霊図」矢野夜潮（福岡市博物館所蔵　画像提供：福岡市博物館 / DNPartcom）
- P233：「絹本墨画淡彩　返魂香之図」円山応挙（久渡寺所蔵　画像提供：弘前市教育委員会）
- P235：「怪談乳房榎図」伊藤晴雨（全生庵所蔵）

朝里 樹（あさざと・いつき）

怪異妖怪愛好家・作家。1990年、北海道に生まれる。2014年、法政大学文学部卒業。日本文学専攻。在野で怪異・妖怪の収集・研究を行う。著書に『日本現代怪異事典』（笠間書院）、『日本のおかしな現代妖怪図鑑』（幻冬舎）、『日本現代怪異事典 副読本』（笠間書院）、『歴史人物怪異談事典』（幻冬舎）、『世界現代怪異事典』（笠間書院）、『つい、見たくなる怪異な世界』（三笠書房）、『山の怪異大事典』（宝島社）、『日本怪異妖怪事典 北海道』（笠間書院）、『21世紀日本怪異ガイド100』（星海社）、『玉藻前アンソロジー　殺之巻』『玉藻前アンソロジー　生之巻』（文学通信）、「放課後ゆ〜れい部の事件ファイル」シリーズ（集英社）、『続・日本現代怪異事典』（笠間書院）ほか。

日本怪異幽霊事典

2024年7月5日　初版第1刷発行

著者　朝里 樹

発行者　池田圭子

発行所　笠間書院

〒101-0064　東京都千代田区神田猿楽町2-2-3

電話:03-3295-1331　FAX:03-3294-0996

https://kasamashoin.jp　mail:info@kasamashoin.co.jp

ISBN 978-4-305-71015-4

アートディレクション　細山田光宣

装幀・デザイン　鈴木沙季（細山田デザイン事務所）

本文組版　キャップス

印刷／製本　平河工業社

本書収録の事項には、現在の社会通念から見て不適切と思われる表現が含まれておりますが、史料的な価値を考慮し、当時のものをそのまま採用しております。ご了承ください。